Goldmann Ratgeber

HERBERT A. LÖHLEIN

HANDBUCH DER ASTROLOGIE

Liebe · Ehe · Partnerwahl
Beruf · Begabung

Wilhelm Goldmann Verlag

1. Auflage August 1973	· 1.–15. Tsd.
2. Auflage August 1975	· 16.–25. Tsd.
3. Auflage November 1976	· 26.–40. Tsd.
4. Auflage Februar 1979	· 41.–50. Tsd.
5. Auflage Juni 1980	· 51.–60. Tsd.
6. Auflage November 1981	· 61.–72. Tsd.

Made in Germany
Genehmigte Taschenbuchausgabe
Die Originalausgabe ist unter dem Titel »Löhleins Handbuch der Astrologie«
im Kindler Verlag, München, erschienen
Umschlagentwurf: Atelier Adolf & Angelika Bachmann, München
Satz und Druck: Presse-Druck Augsburg
Verlagsnummer: 10517 · Lektorat: Renate Richter/Cornelia Schmidt-Braul
Herstellung: Lothar Hofmann/He
ISBN 3-442-10517-X

Inhalt

Vorwort

Dieses Handbuch ist in erster Linie für den Laien gedacht, dem zwar der Begriff »Astrologie« aus den Zeitungs- und Illustriertenhoroskopen vertraut ist, der aber mit den komplizierten Berechnungen, den vieldeutigen Ausdeutungssystemen und dem aus dem Mittelalter überkommenen Wust an Regelmaterial nichts Rechtes anzufangen weiß. In den letzten Jahrzehnten ging manche entscheidende Wandlung auf diesem umstrittenen Wissensgebiet vor sich, und selbst der Schweizer Psychologe C. G. Jung (u. a. Verfasser des Werkes *Psychologische Typen*) setzte die Tierkreistypen in Beziehung zu seinen Forschungen und gestand: »Die moderne Astrologie nähert sich mehr und mehr der Psychologie und klopft bereits vernehmlich an die Tore der Universitäten!«

Tatsächlich ist die Deutung der einzelnen Tierkreistypen heute schon weithin bekannt und hat zu der emsig praktizierten Astropsychologie geführt, die im Bereich der Partnerschaften und der Ehe besonders populär wurde.

Das Hauptanliegen des Autors bei der Abfassung dieses Buches war die praktische Verwertbarkeit astrologischer Erfahrungen für den Laien. Die erste Bekanntschaft des Autors mit dem uralten Sternen-Weistum erfolgte im Jahr 1923 und war von ebensoviel Skepsis und Mißtrauen begleitet wie bei jedem Menschen, der sich nur am Rande mit einer Materie befaßt, die in dem Ruf steht, nicht »exakt wissenschaftlich« erfaßbar zu sein, andererseits aber doch eine vorurteilslose Prüfung verdient. Seither sind mehr als vier Jahrzehnte Praxis im In- und Ausland darüber hinweggegangen, und viele Tausende von Lebensläufen wurden anhand der individuellen Horoskope ausgewertet, zum Teil in zeitraubenden statistischen Reihenuntersuchungen.

Im Verlauf dieser vier Jahrzehnte kamen mir sämtliche Systeme, alle neueren Forschungen und Ergebnisse zu Gesicht und wurden auf ihren Wahrheitsgehalt und vor allem auf ihre praktische Verwendbarkeit geprüft. Hierbei wird es keinem ernsthaften Forscher auf diesem abseitigen Wissensgebiet anders ergehen: Nach anfänglicher Begeisterung und Faszination ergibt sich nach Jahren Abstand und nüchterne Kritik, wobei sich viel Spreu vom Weizen sondert. Was schließlich übrigbleibt, ist jener Bodensatz des Bewährten, des hundertmal Geprüften und Gesiebten. So handelt es sich bei diesem »Handbuch« in erster Linie um »Wissen aus Erfahrung« (oder empirische Astrologie). Nur was sich in siebzig von hundert Fällen tatsächlich bewährte, wurde als Erfahrungstatsache in dieses Buch aufgenommen. Es kann von jedem Interessenten anhand seines eigenen Horoskops nachgeprüft werden.

Gemäß der Häufigkeit von Fragenkomplexen aus der Praxis wurde den Kapiteln Berufsbegabung, Kindererziehung, Partnerteste aufgrund der astropsychologischen »Wahlverwandtschaften« bzw. der gegensätzlichen Typen ein besonders breiter Raum zugeteilt. Der Leser soll speziell auf Lebensgebieten, die ihm die meisten Probleme aufgeben, sofort brauchbare und fundierte Ratschläge erhalten! Somit ist dieses Handbuch in erster Linie auf die Praxis abgestellt. Die leichtverständliche, fremdwörterfreie, aber fundierte Orientierung über eines der interessantesten Wissensgebiete war zweite Forderung. Seit Jahren ist die Astrologie wieder in aller Munde – am meisten in den USA. Teils wird sie verlästert oder belächelt wie seit eh und je, teils leidenschaftlich verfochten. Die Vereinfachung des kaum mehr überschaubaren und komplizierten Stoffes wurde zum letzten Anliegen dieses Buches, wobei aber die Forschungen und Ergebnisse bewährter Experten namentlich aufgeführt wurden. Im ganzen möchte dieses Buch dem interessierten Laien Umwege sparen, die der Autor selbst in reichem Maß gegangen ist.

Nicht ganz überflüssig mag die Versicherung sein, daß dieses Handbuch weder »Grundsätze« noch fanatische »Glaubenssätze« aufstellt. Es ist lediglich »aus der Praxis für die Praxis« geschrieben worden! Eine Flut begeisterter Zuschriften, die zeitweise vierzig bis sechzig Briefe pro Tag erreichte, ausführliche Schilderungen eigener Lebensläufe von seiten der Klienten haben dazu beigetragen, jenes Erfahrungsmaterial zu sammeln, dessen Auswertung in diesem Handbuch wiederum dem Leser zugute kommt.

Hinsichtlich der sattsam bekannten Einwände gegen die Astrologie wurde auf die umfangreiche Fachliteratur verwiesen.

Da der gesamte Wissensstoff von der einstigen Astrologie bis zur heutigen Kosmobiologie und Kosmopsychologie samt den ausländischen Neuerscheinungen im Zeitraum von vier Jahrzehnten nahezu unübersehbar geworden ist, hat sich der Autor darauf spezialisiert, die komplizierte Materie für den Laien unter Fortlassung verwirrender Fachausdrücke in erster Linie »lesbar« zu gestalten!

Juli 1968

Herbert A. Löhlein
Mitglied der Federation of Astrologers
Washington/USA

Vom Sinn der Astrologie

Was vermag die Astrologie dem Menschen zu geben?

Um es gleich vorweg zu beantworten: In erster Linie Erkenntnis des eigenen Wesenskerns! Die Astrologie gehört, wenn sie wissenschaftlich betrieben wird (also von der genauen individuellen Geburtsminute ausgeht), zu den modernen Wissenschaften wie Graphologie (Handschriftendeutung) oder Phrenologie (Schädelformenkunde). Allerdings sind die Deutungsmöglichkeiten auf astrologischem Wege ungleich umfassender und vielseitiger, wenn auch schwieriger als bei den eindeutig zutage liegenden Schriftzügen eines Menschen. Es bedarf also langjähriger Praxis samt der Fähigkeit des Abwägens und Kombinierens von teils positiven, teils negativen Aussagen, die ein Horoskop liefert.

Aber schon die Deutung jener Tierkreiszeichen, in denen sich die Sonne, der Mond, der Aszendent oder wichtige Gestirne zur Zeit der Geburt befanden, liefert dem Laien manche interessante Aufhellung des eigenen Wesensbildes, beispielsweise sehr genaue Aussagen über die Gefühlsanlage, Temperamentslage, die psychologischen Hintergründe seiner Reaktionen, Fähigkeiten und Begabungen, über seine Vitalität, seine Erbfaktoren und die persönlichen Entfaltungsmöglichkeiten bzw. die Fähigkeit, sich in der Außenwelt erfolgreich durchzusetzen. Soweit es sich also um die grundsätzliche Erkennung des eigenen Standortes handelt, liefert die moderne Astropsychologie eine ganze Reihe brauchbarer und zuverlässiger Hinweise, die dazu anregen können, die im Geburtsaugenblick verankerten Anlagen zur Entfaltung zu bringen. Diese stellen sozusagen den »Fundus« dar, aus dem der Mensch zeitlebens schöpft. Darüber hinaus aber versucht die Astrologie auch noch die schicksalhafte Verbundenheit des Menschen (= Mikrokosmos) mit dem Kosmos zu deuten. Die Methoden der Deutung sind freilich sehr verschieden.

Längst ist die mittelalterliche Ansicht von der »zwangsläufigen« Abhängigkeit des Menschen von Gestirnseinflüssen restlos überholt. Im nächsten Kapitel werden diese Zusammenhänge zwischen Mensch und Kosmos ins richtige Licht gerückt. In der Deutung eines »festgelegten« Schicksals lag bislang das größte Wagnis und selbstverständlich auch eine ständige Quelle von Irrtümern, die der Astrologie heftige Angriffe einbrachten.

Weitaus gesicherter ist die Deutung (Analyse) und Auslegung des Geburtshoroskops! Sie ist, wie die Ergebnisse einer ganzen Reihe von Prüfungsaufgaben anhand unbekannter Geburtsdaten in den astrologischen Fachzeitschriften zeigten, durchaus in der Lage, dem Suchenden in grundsätzlichen Fragen seines Lebens, aber auch den Eltern in Erziehungsfragen eine umfassende Antwort zu erteilen. Hierbei gehen die Aussagen beim wirklichen Könner (der immer auch Psychologe sein sollte!) bis in die feinsten Schattierungen der geistigen und seelischen Gesamtanlage.

Längst handelt es sich nicht mehr um ein starres System von »Typen«, die hinsichtlich ihres Denkens, Handelns und Wollens eine irgendwie geartete »Abhängigkeit von Gestirnen« aufweisen. Die moderne Astrologie hat weit mehr Gemeinsamkeit mit der heutigen Tiefenpsychologie, die ebenfalls von Grundformen des Verhaltens spricht (siehe auch die »Typenlehre« von C. G. Jung).

Wer um seine inneren Anlagen oder – psychologisch ausgedrückt – um seinen »Typ« weiß, kennt auch seine Möglichkeiten. Sie mit vollem Willenseinsatz zu entfalten und damit zum Erfolg zu führen, ist Sache seiner ureigensten Entscheidung, die ihm niemand abnehmen kann und die er noch weniger vom »Wirken der Gestirne« als Geschenk erwarten darf!

Vieles ist dem Menschen »auf den Leib geschrieben« – anderes ist ihm zeitlebens wesensfremd. Die »Anziehungskraft des Bezüglichen« vermag ein individuelles Horoskop überraschend genau herauszuarbeiten!

Wer die teils harmonischen, teils auseinanderstrebenden Seelenkräfte bändigen und wirksam zum Einsatz bringen will, muß versuchen, sich selbst zu zergliedern, um schließlich Vorzüge und Fehler auf einen gemeinsamen Nenner zu bringen. Das Horoskop zeigt diese Vielschichtigkeit der Charakteranlagen in den Aspektierungen der einzelnen Gestirne auf, die allerdings nicht als »planetare Fernwirkungen« verstanden werden dürfen, sondern als Symbolwirkungen (wie dies im zweiten Teil dieses Handbuchs ausführlich dargestellt wird). Die reinliche Scheidung zwischen einer tatsächlich angenommenen »planetaren« Rückwirkung auf das menschliche Schicksal und der modernen Symbollehre, die zwar noch die alten klassischen Planetensymbole benutzt – jedoch nur als Umschreibung psychologischer Tatbestände –, zieht sich als roter Faden durch das vorliegende Buch und sollte vom Leser stärkstens beachtet werden!

Das Individualhoroskop (und nur von diesem ist hier die Rede!) kann dem Suchenden oder Zweifelnden die Hauptrichtung seines Lebens, um nicht zu sagen: den »Weg des geringsten Widerstands« aufzeigen. Ferner vermag es ihn anzuleiten, Eigenschaften zu »züchten«, die zwar anlagemäßig vorhanden sind, aber erst entwickelt werden müssen. An dieser Stelle wird es nötig, auf die ehrgeizigen, aber oftmals verfehlten Versuche der Eltern hinzuweisen, ihre Kinder in eine Bahn zu zwängen, die ihrer innersten Wesensanlage überhaupt nicht gemäß ist. Wenn die Verstandeskräfte oder die intellektuelle Reife nicht ausreichen, die manuellen (handwerklichen) Fähigkeiten aber überwiegen, so wird der Zwang zum Studium zum Mißerfolg führen müssen. Umgekehrt: werden musische Fähigkeiten unterdrückt oder gar bekämpft, weil der junge Mensch in eine »realistische« oder finanziell tragfähige Position gedrängt werden soll, so muß dies mit einem psychischen Komplex enden. Auch dieses Dilemma wäre aus der gesamten Horoskopanlage deutlich zu erkennen, da sich auch die »Umwege zum Ziel« aus gewissen Konstellationen ablesen lassen. Aus jahrzehntelanger praktischer Erfahrung in Berufs- und Begabungsanalysen darf ich dem Leser versichern, daß gerade dieser Teil der Astropsychologie die zuverlässigsten Ratschläge liefert und so manchem jungen Menschen, der jahrelang in die Irre ging, von vornherein den richtigen Start hätte aufzeigen können.

Im übrigen spiegeln die vielfältigen Anfragen von verantwortungsbewußten Eltern, die seit vielen Jahren tagtäglich an den Autor gelangen, deutlich den Umbruch, der sich in bezug auf öffentliche Anerkennung astrologischer Forschungsergebnisse vollzogen hat. Selbst Pädagogen und Berufsberater ergänzen ihre mechanischen Teste mit den Aussagen des individuellen Horoskops – allerdings ohne besondere Erwähnung. In den USA dagegen wird die Astropsychologie ganz öffentlich in die Berufsberatung, aber auch in psychologische Schulungskurse einbezogen – insbesondere dann, wenn ein junger Mensch »vielschichtige« Wesensanlagen aufweist, die mit den herkömmlichen Psychotesten nicht mehr exakt festgestellt werden können.

So können beispielsweise künstlerische Fähigkeiten durchaus mittels solcher Teste, aber noch weit besser durch das Horoskop erkannt werden. Und nur das letztere kann darüber hinaus aussagen, ob sich diese Begabung auch finanziell bzw. beruflich als tragfähig erweist. Gerade dieser Gesichtspunkt wäre für eine Beurteilung auf ferne Sicht entscheidend!

Hinsichtlich der Frage nach der »Nutzanwendung« astrologischen Wissens kommen wir zum Schluß zu einem Hauptpunkt: Nahezu achtzig Prozent aller Leserzuschriften an den Autor dieses Buches betrafen das Lebenskapitel: Liebe und Ehe!

Hier scheint sich die Astropsychologie längst in weiten Volkskreisen durchgesetzt zu haben. In der Tat kann die sogenannte

Vergleichsanalyse zwischen zwei individuellen Horoskopen auf Anhieb Harmonie oder Schwierigkeiten, Haltbarkeit der Ehe oder Scheidungstendenz aufzeigen.

Aufgrund praktischer Erfahrungen zeigte sich die Eheberatung auf astrologischer Grundlage als überaus helfend und klärend. Sehr oft konnten bestehende Irrtümer, falsche Vorstellungen über den Wesenskern des Partners oder der Partnerin ausgeräumt werden, so daß ein tieferes Verständnis aufkam – zumal dann, wenn einer der Partner allzu »ichbezogen« war und alles vom »Du« erwartete!

Übrigens haben die meisten Eheberatungs- und Ehevermittlungs-Institute die Frage nach dem genauen Geburtsdatum des Partners längst in ihre Karteikarten aufgenommen und vergleichen – wenn auch in sehr primitiver Form – die jeweiligen »Geburtszeichen« miteinander. Geschähe dies aufgrund der indivdiuell errechneten Horoskope, so wären die Aussagen ungleich umfassender und genauer!

Der spezielle Erfolg der astrologischen Beratung bei Ehen bzw. den Liebesbeziehungen zweier Partner haben den Autor ermutigt, diesem interessanten Lebens- und Schicksalsgebiet einen sehr breiten Raum in diesem Handbuch zuzumessen. Aufgrund eines umfangreichen statistischen Auswertungsmaterials wurde hier erstmals versucht, ein bestimmtes Tierkreiszeichen allen übrigen zwölf Zeichen gegenüberzustellen. Beispielsweise kann eine »Widder-Frau« (oder Stier-, Zwillinge-Frau usw.) alle zwölf männlichen »Sternenpartner« (Widder bis Fische) hinsichtlich der »typischen« Wesensmerkmale, Gefühlsanlagen und der Willensreaktionen mit ihrem eigenen Sternzeichen vergleichen. In meinen diesbezüglichen Presseveröffentlichungen im In- und Ausland (»Der Partner vom anderen Stern«) standen diese Charakterschilderungen stets im Mittelpunkt des öffentlichen Interesses und erbrachten leidenschaftliche Diskussionen aus dem Leserkreis.

Hat es einen Sinn, mit seinem Horoskop zu leben?

Diese Frage grenzt an den Begriff des Schicksals überhaupt! Und hier scheiden sich bekanntlich die Geister: Die einen sind überzeugte »Lenker ihres Schicksals« und verneinen jedwede Abhängigkeit von »übergeordneten Kräften oder Mächten«. Andere wiederum fühlen sich einbezogen in kosmische Geschehen und glauben an einen »Lenker des Schicksals« bzw. an Vorbestimmung.

Wie immer auch Ihr Standpunkt sein mag – die Frage ist an sich müßig. Man könnte ebensogut fragen: Benötigen Sie zum Reisen einen Fahrplan, oder reisen Sie auf eigene Faust?

Was dieses Buch betrifft, so möchten wir hinsichtlich schicksalsbezogener Fragen den letzten Entscheid der Praxis, also den Erfahrungen mit einem Horoskop überlassen. Was diese betrifft, so zeigen ernsthafte Forschungen aus vier Jahrzehnten, daß es nachprüfbar und erwiesenermaßen Erfolgswellen gibt, in denen alles leichter gelingt, manchmal sogar manches mühelos zufällt. Andererseits hat jeder Mensch (am deutlichsten wohl in seinem Berufsleben) schon feststellen können, daß zu anderen Zeiten seltsame Hemmungen, äußere Behinderungen oder ernste Widerstände eintreten, die es einfach unmöglich machen, mit der vielgerühmten Brachialgewalt des »gußeisernen« Willens zum Erfolg oder zum Durchbruch zu kommen!

Wir möchten diese Tatsache als Schicksalsrhythmik bezeichnen, wobei übrigens derselbe Begriff auch in der »Biorhythmik« (bezüglich der Hochs und Tiefs auf geistigem, seelischem oder körperlichem Gebiet) vorkommt.

Es wird wohl kaum einen Menschen geben, der bei realistischer Überprüfung seines bisherigen Lebenslaufs nicht feststellen könnte, daß es sogenannte »Kerben« in seinem Schicksal gab, beispielsweise Umbrüche einschneidender Art, Totalveränderungen, existentielle Tiefs, in denen einfach nichts gelang. Zuweilen ergab sich auch nach einer Zeit absoluter Stabilität im Aufstieg ein völliger Wechsel in den Zielen oder Plänen, den man Jahre vorher niemals für möglich gehalten hätte! Solche Einschnitte können ein bis drei Jahre dauern. Dann wieder öffnet sich ganz plötzlich eine Tür, ein »Zufall« greift ein, äußere Aufstiegsmöglichkeiten beenden die Stagnation.

Wir können es aus Erfahrung bestätigen: Solche »Wellen«, Rhythmen oder »Gezeiten« im Schicksal kann man vorausberechnen – nicht nur im Beruf, auch im ehelichen Zusammenleben, sogar auf körperlichem Gebiet. Allgemein bekannt ist längst der »Siebener-Rhythmus« (das »verflixte siebente Jahr«), der Zwölfer- und der Zwanziger-Rhythmus (neben einigen anderen).

Wer diesen eigenartigen Wellenbewegungen in seinem Horoskop nachgeht, findet eine überaus merkwürdige Bestätigung: Diese »Gezeiten« laufen mit größter Zuverlässigkeit ab, so daß man sowohl die positiven als auch die negativen genau vorausberechnen kann. Auf diesen Teil der »Vorhersage« oder der Prognose wird im zweiten Teil dieses Buches näher eingegangen, die speziellen Methoden der Berechnung werden dort eingehend erläutert.

Zunächst aber noch einmal zurück zum Wert eines exakt berechneten, also individuellen Horoskops: Nicht jeder Mensch ist von vornherein in der Lage, aus einem Horoskop Nutzen zu ziehen! In erster Linie sind es die labilen, willensschwachen, leicht mutlosen oder etwas schwermütigen Menschen, die von solchem »Vorherwissen« eher seelisch und geistig bedrückt und belastet als etwa getröstet oder angespornt werden! Es liegt wohl auf der Hand, daß diesen Menschen eine tiefreligiöse Bindung, ein irgendwie geartetes »Vertrauen in eine höhere Fügung« weit mehr nützt, als etwa der vorwitzige Blick hinter die wohltätig geschlossenen Schleier vor der Zukunft. Wir würden niemandem raten, sich mit seinem Horoskop zu befassen, der nicht gleichzeitig über eine gesunde Realistik, über Kritikfähigkeit und Selbstvertrauen in die eigene Kraft verfügt! Einen Menschen, der in sich selbst gefestigt ist und »strebend sich bemüht«, das Beste aus seinem Schicksal zu machen, kann kein Horoskop beeinflussen.

An dieser Stelle sieht sich der Leser vielleicht veranlaßt, zu fragen: Wozu dann überhaupt ein Horoskop? Mit diesem Einwand aber befinden wir uns mitten im Kern jenes jahrtausendealten philosophischen Problems, das noch niemand mit überzeugender Klarheit zu lösen verstand: Ist der Mensch frei, oder gibt es ein »Fatum« – eine Abhängigkeit vom Schicksal?

Der ausübende Astrologe, der in seiner Praxis Tausende von Lebensläufen anhand individueller Horoskope nachgeprüft und kontrolliert hat, kann die Antwort geben: *Schicksal (oder »Geschicktes«) ist Rohstoff!* Wir selbst bestimmen, was wir daraus machen! Hier drängt sich der biblische Vergleich auf mit dem »Pfund«, das uns gegeben wurde und mit dem wir zu wuchern haben.

Es ist glatter Unsinn, zu behaupten, daß wir von den »Sternen am Firmament« abhängig seien! Beachten Sie aber genau die Formulierung: »Sterne am Firmament«!

In keiner Weise können sie uns leiten oder »dirigieren« – dies war der naive mittelalterliche »Sternglaube«, der von den Ergebnissen der heutigen wissenschaftlichen Forschungen längst überholt ist. Die viel zitierten und irrtümlich zu »Popanzen« ernannten »Sterngötter« sind in Wahrheit in unserer eigenen Brust. Daher auch jener weithin bekannte zweite Lehrsatz der Astrologie: »Der Weise regiert seine Sterne.« In diesem einfachen Lehrsatz liegt das ganze Geheimnis der Astrologie verborgen. Der größte Teil dieses Buches befaßt sich daher in Anbetracht der Wichtigkeit dieser Erkenntnis ausschließlich damit, den einstigen Sternglauben als das zu entschleiern, was die moderne »Astrologie« wirklich ist: eine *Symbollehre,* in Wahrheit eine andere Form von Tiefenpsychologie, wie schon C. G. Jung bekannte. Daß das menschliche Leben wie alles Erschaffene im Kosmos einen tieferen Sinn und damit auch Zweck, Zielrichtung, Entwicklung und Fortschritt beinhaltet, wird dem klar, der sich eingehend mit diesem »Rohstoff« Schicksal befaßt. Kein Mensch kann sich dieser »zugeteilten« Aufgabe entziehen, jeder muß sich zwangsläufig mit ihr auseinandersetzen: In dem Gedicht *Urworte Orphisch* hat Goethe dies überzeugend zum Ausdruck gebracht:

Wie an dem Tag, der Dich der Welt verliehen,
Die Sonne stand zum Gruße der Planeten,
Bist alsobald und fort und fort gediehen
Nach dem Gesetz, wonach Du angetreten.
So mußt Du sein, Dir kannst Du nicht entfliehen,
So sagten schon Sibyllen, so Propheten;
Und keine Zeit und keine Macht zerstückelt
Geprägte Form, die lebend sich entwickelt.

Diese Eingliederung in kosmische Gesetzmäßigkeiten nimmt ihren Anfang mit dem ersten Schrei nach der Geburt. Der Augenblick, in dem der Mensch »das Licht der Welt erblickt«, unterliegt einer ganz bestimmten »kosmischen Situation«, die niemals wiederkehrt und auch vorher nicht in gleicher Form bestand. Es handelt sich in der Tat um eine »Prägung«, eine Art Gesetz, das uns eingeboren ist. Dieser Zustand der »kosmischen Situation« spiegelt sich nun im individuellen Horoskop (das aus diesem Grund auf der exakten Geburtsminute aufgebaut sein muß).

Der weitere Verlauf des Schicksals beruht auf der »geprägten Form, die lebend sich entwickelt«. Sie beinhaltet außerdem erbbiologische Gegebenheiten aus den Elternpaaren, aber auch andere Abhängigkeiten wie jene vom Geburtsland, vom Geburtsmilieu oder der sozialen Lage der Eltern.

Mit diesem »Rohstoff« an irdischen Gegebenheiten und Entwicklungsmöglichkeiten geht der Mensch ins Leben. Kein »Stern«, aber auch kein Mensch seiner Umwelt kann ihn jemals hindern, an der Entfaltung seiner ureigensten Fähigkeiten zu arbeiten.

Gerade in diesem Punkt unterscheiden sich die Forschungen der modernen Symbolastrologie von den einstigen »unabänderlichen«

und daher fatalistisch orientierten Auffassungen. Selbstverständlich ist der Mensch auch zu jeglichem Irrtum frei: Er kann etwa seinen Begierden, Lüsten, Leidenschaften leben und gerät dann – selbstverschuldet – auf die schiefe Bahn und damit zu jenem Punkt, wo ihm die Folgen seiner Fehler und Irrtümer drastisch vor Augen geführt werden. Keinesfalls aber wäre dies eine Folge seines »Horoskops«!

Es könnte aber sehr wohl Hinweise geben hinsichtlich Willensschwäche, Triebhaftigkeit, Verführbarkeit oder sonstiger moralischer Defekte (auch aus Erbfaktoren). Man könnte vielleicht zugeben, daß es dem einen Menschen wesentlich leichter fällt, »gut« oder charakterfest zu bleiben, erfolgreich zu werden, als einem anderen, dessen kosmische Prägung schwieriger, problematischer, spannungsreicher ist. Immer aber liegt es im ureigensten Willen des Menschen, den Rohstoff Schicksal nach eigenem Gutdünken zu formen.

Daß es hierbei zu einem Versagen oder gar zu »Kurzschlüssen« im Sinne des Selbstmordes kommen kann, liegt nicht nur am »Schicksal«, sondern unter Umständen an der besonderen Problematik, der ein Mensch mit seinen seelischen Kräften nicht gewachsen ist. Es ist andererseits erwiesen, daß ein Horoskop solche seelischen Großkrisen anzeigt. Und hier ergibt sich wiederum der Nutzen eines Horoskops: Es kann solchen gefährdeten Menschen über Eltern, Erzieher, am meisten wohl über die frühe Anleitung zu intensiver Selbsterziehung bei der Bewältigung ihrer Probleme helfen. So gut wie immer zeigt ein richtig errechnetes Horoskop solche »Schicksalsverdichtungen« an – beispielsweise in den spannungsgeladenen Aspekten gewisser Planetensymbole untereinander (darüber im zweiten Teil dieses Buches eingehende Erläuterungen unter *Aspektlehre*). Was es indessen nicht aufzeigen kann, ist die eigene Entscheidung des Menschen im Sinne der »Freiheit des Handelns«, die allerdings in hohem Maß von seinem geistigen Standort und der seelischen Stärke abhängt. Am Beispiel von »Selbstmörderhoroskopen« haben wir die entsprechenden Konstellationen aufgezeigt. Der individuelle Entschluß zu einer Handlung, einer Tat, kann von keinem »Gestirn« erzwungen werden. Ein bekannter östlicher Jogalehrer erläuterte das Problem der »Handlungsfreiheit« in einem Vortrag über »Fatum oder Willensfreiheit« anhand einer Zeichnung des »schwingenden Pendels«.

Schicksal oder »Geschicktes« wäre der Rohstoff für die zwangsweise Entwicklung und Reifung des Menschen. Gewiß – der kann die Aufgabe »verweigern« (Beispiel des Selbstmordes) oder »annehmen«. In der Annahme liegt bereits die Nötigung zur Verarbeitung (»... Dir kannst Du nicht entfliehen«). Auf welche Weise und mit welchem Erfolg er den »Rohstoff« Schicksal verarbeitet, hängt wesentlich von seinem »Typ«, seiner Temperamentsanlage, seiner Willenskraft und seiner geistigen Erkenntnis (siehe Pendelsymbol) ab. Wie sollte eine »Gestirnwirkung« all diese vielfältigen und höchst individuellen Entscheidungsmöglichkeiten eines Menschen kurzerhand überwältigen und »zwingen«?!

Es leuchtet ein, daß eine psychologisch begründete Astrologie zu ganz anderen Schlüssen kommen muß. Eine der wichtigsten Folgerungen, die sich aus diesem veränderten Blickwinkel ergeben, lautet:

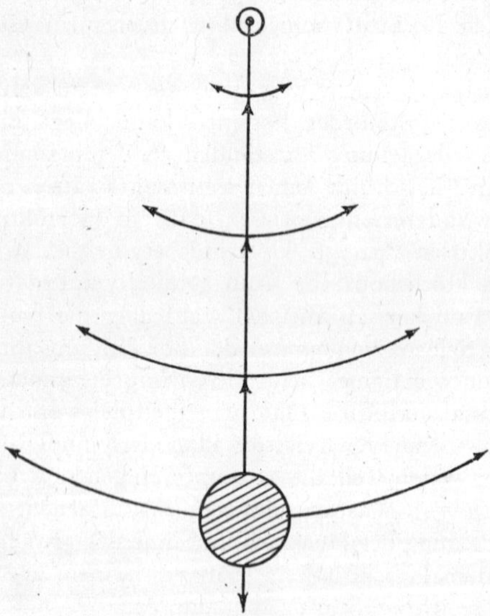

Der geistig und seelisch unentwickelte Mensch, der seinen Leidenschaften ohne Hemmungen nachgibt, gleicht dem untersten Pendelausschlag: Er unterliegt allen äußeren Einflüssen, wie das Pendel der Schwere. Je höher sich der Mensch entwickelt, an sich arbeitet (bildlich gesprochen: am Pendel emporsteigt), desto geringer wird der Ausschlag des Pendels. Am obersten Punkt der Entwicklung angelangt, kommt er in die »Stille«, ruht in sich selbst, gelangt zur »Mitte« seines eigenen Wesens.

Es leuchtet ein, daß eine psychologisch begründete Astrologie zu ganz anderen Schlüssen kommen muß. Eine der wichtigsten Folgerungen, die sich aus diesem Blickwinkel ergeben, lautet:

Es gibt kein »gutes« oder »schlechtes« Horoskop – daher auch keine »guten« oder »schlechten« Konstellationen!

Die Wertung eines Horoskops ging in der mittelalterlichen Astrologie von sogenannten »Glücks-« oder »Unglückshoroskopen« aus, die den Menschen schon vom Geburtsaugenblick an seinem Schicksal »auslieferten«. Grotesk ausgedrückt, könnte ein Mensch sein »Horoskop« zum Sündenbock stempeln mit der Behauptung, er könne eben nicht anders handeln. Die Geschichte der einstigen Astrologie weiß genügend Fälle, in denen sich gekrönte Herrscher auf die Auslegungen ihrer Hofastrologen stützten, so Kaiser Caracalla (Sohn von Septimus Severus), der seinen Bruder Geta kurzerhand umbringen ließ, um die Alleinherrschaft ausüben zu können, »wozu er von den Sternen ermächtigt war«.

Nie hat die wissenschaftlich arbeitende Astrologie (am wenigsten die moderne) solchen Unsinn der unabänderlichen Abhängigkeit vom Schicksal gelehrt. Er wurde lediglich von den Gegnern der Astrologie absichtlich benutzt, um dieses Wissensgebiet (das sowohl staatliche als auch kirchliche Organisationen liebend gern ausrotten möchten – aus Gründen, über die wir am Schluß dieses Buches noch genauer berichten) lächerlich zu machen. Wer sich über dieses interessante philosophische Problem eingehender unterrichten will, dem sei das Gesamtwerk von Frhr. von Klöckler empfohlen, besonders: *Astrologie als Erfahrungswissenschaft.*

Der Philosoph Hans Künkel unterscheidet in seinem Buch *Schicksal und Willensfreiheit* Schicksal, das aus unserer Körper- und Seelenverfassung stammt, und ein »von außen her geschicktes Schicksal«. Wie der Mensch aber dieses »Geschickte« annimmt, erträgt oder formt (also sich selbst bewährt), ist seine ureigenste Tat, und der »Sternhimmel« ist an diesen seinen Taten in keiner Weise beteiligt! Die weitverbreitete indische Lehre vom »Karma« (selbstverschuldetes Schicksal) wäre völlig gegenstandslos, wenn der Mensch »zwangsweises Schicksal« erleiden müßte!

Rudolf Steiner, der Begründer der Anthroposophie, unterscheidet eine dreifache Natur des Menschen: Der Körper ist weitgehend vom Gesetz der Vererbung abhängig, die Seele von den eigenen Handlungen und Taten, der Geist aber vom Gesetz der Wiederverkörperung (Reinkarnation) – eine Lehre, die auch fast alle östlichen Philosophiesysteme durchzieht.

Während nun die Wissenschaften unablässig voranschritten und sich gemäß neueren Erkenntnissen stetig wandelten, verhielten sich manche Astrologen, als »ob nichts geschehen wäre«. Dieser Umstand brachte die Astrologie bei den »exakten Wissenschaften« immer mehr in Verruf, und manche Akademiker, die sich dieses unterentwickelten Wissengebietes annahmen, erlitten einen »Prestigeverlust«.

Zum Beispiel befaßte sich Professor Dr. H. Bender vom Institut für Parapsychologie an der Universität Freiburg in den fünfziger Jahren mit großangelegten Reihentesten anhand von Geburtsdaten, die den praktizierenden Astrologen (auch der Autor dieses Buches beteiligte sich einige Jahre an diesen Testen) zur Auswertung übermittelt wurden. Selbstverständlich wußten diese nichts von den Horoskop-Eignern. Die Versuche liefen über mehrere Jahre und wurden dann abgebrochen. Angeblich waren die Ergebnisse ungenügend. Möglicherweise aber mußten von vornherein gewisse »Zugeständnisse« an die Forderungen akademischer Auftraggeber einkalkuliert werden. Auffallenderweise ergaben »Untersuchungen über den Wahrheitsgehalt der Astrologie« (ganz besonders bei Fernsehsendungen!) stets »negative« Wertungen, so daß in dieser »Methode« ein gewisses System liegt.

In einer absolut fairen und objektiven Weise berichtet dagegen ein Könner auf diesem Gebiet, Bibliotheksdirektor Wilhelm Knappich, in seinem neuen und umfassenden Werk *Die Geschichte der Astrologie* über die »Grenzen« dieser Wissenschaft: »So ist auch das menschliche Schicksal sicherlich nicht, wie die Fatalisten lehren, bis in alle Einzelheiten von Gott vorherbestimmt; er hat ja auch die Welt nicht fertig und vollkommen geschaffen, sondern dem Bösen und dem Zufall einen weiten Spielraum gelassen, uns aber die Wahlfreiheit gegeben, damit wir uns im Kampf gegen das Übel bewähren. Sonst wäre jede Wildbachverbauung, jeder technische Fortschritt, jede Sozialvorsorge ein Eingriff in die göttliche Allmacht.« (S. 323). Keinesfalls unberechtigt ist der Vorwurf Knappichs, daß die meisten Astrologen die modernen Forschungen auf dem Gebiet der Elektronik, der Feld- und Quantentheorie so gut wie überhaupt nicht beachten!

Mit diesem Buch möchten wir veraltete, aber immer wieder übernommene Irrtümer ausräumen. Was sich aufgrund praktischer Erfahrungen anhand von Hunderten von Lebensläufen als richtig erwiesen hat, wird in moderner Form, aber leichtverständlich, dem Laien dargelegt. Dies führt uns zunächst zum Ausgangspunkt der Astrologie: zum Horoskop bzw. zum Geburtsaugenblick.

Zeichen am Himmel

Die Geburtsminute eines Menschen

Längst weiß auch der Laie, daß das Tagesdatum der Geburt nichts anderes aufzeigen kann als eben die Tageskonstellationen, die der Mensch mit Tausenden gemeinsam hat, die ebenfalls an diesem Tag geboren wurden. Man spricht hier vom sogenannten »Sonnenstandshoroskop« – also von jenem Zeichen und Grad, in dem sich die Sonne am betreffenden Tag befand. Diesen Sonnenstand haben Tausende von Menschen gemeinsam – er sagt nichts über die Individualität des Menschen aus.

Die Forderung nach der Geburtsstunde ist daher selbstverständlich. In Wahrheit handelt es sich um die Geburtsminute, die theoretisch gefordert werden müßte – aber nur wenige Menschen wissen sie von sich genau.

Was die »Zeichen am Himmel« betrifft, so sind sie gleichbedeutend mit ganz bestimmten Planetenpositionen (in Grad und Zeichen) sowie deren gegenseitiger Aspektierung. Sie sind aus den astronomischen Gestirnständen zu ersehen, müssen aber erst auf die individuelle Geburtsminute eines Menschen umgerechnet werden – eine mathematische Aufgabe, die jeder Volksschüler lösen kann.

Mit dem ersten Schrei, mit dem sich die Lungen füllen, wird das junge Menschenwesen aus dem vegetativen Dasein des Embryos in die Welt entlassen, deren »Licht es nunmehr erblickt«.

Dieser Beginn *selbständigen* Lebens bildet das mathematische Fundament für die Berechnung eines individuellen Horoskops. Seit einigen Jahren werden in den Entbindungsanstalten die genauen Geburtsminuten festgestellt.

Hier werden nun von den Gegnern bereits die ersten Einwände erhoben: Der »Beginn des Lebens« sei doch nicht die Geburt, sondern schon der Augenblick der Empfängnis (Konzeption). Der Einwand ist für die Ausdeutung eines Horoskops gegenstandslos, da es sich hier um den Beginn selbständigen Lebens handelt. Übrigens kannten schon die alten Astrologen Berechnungsmethoden, mit deren Hilfe man vom genauen Geburtsaugenblick – sofern man ihn exakt kannte – auf den Zeitpunkt der Konzeption schließen konnte. Dieses »Empfängnishoroskop« liefert indessen nur Angaben über erbbiologische Faktoren, ferner Schlüsse auf den Verlauf des Embryowachstums.

Was die »Zeichen am Himmel« betrifft, so handelt es sich um die Planetenkonstellationen und ihre gegenseitigen Aspektierungen. Sie »prägen« diesen Geburtsaugenblick zu einem einmaligen! Schon zehn bis fünfzehn Minuten später können sich wichtige Konstellationen verändern.

Weitere wichtige Umstände sind der Geburtsort, das Geburtsland und dessen besondere Landeszeit. Das Horoskop wird nämlich bezogen auf den Schnittpunkt zwischen Horizont und Meridian. Die Unterschiedlichkeit der Landeszeiten (mitteleuropäische, westeuropäische, osteuropäische, Atlantik-Standard-Zeit usw.) erschwert die Berechnungen außerordentlich, abgesehen von den willkürlich angeordneten Sommerzeiten und doppelten Sommerzeiten. Fast unmöglich werden exakte Horoskopberechnungen für Rußland, Polen, Indien, Japan usw. In Rußland wissen die meisten Menschen nicht einmal ihren genauen Geburtstag, geschweige denn eine Geburtsstunde. Geburtsangaben mit einer Fehlerquelle von fünfzehn Minuten nach vor oder zurück können noch als »genau« gelten. Größere Differenzen von einer Stunde und mehr ermöglichen kein »exaktes Horoskop« mehr.

Im letzteren Fall benötigt der Astrologe etwa drei bis fünf markante Ereignisdaten aus der Vergangenheit (beispielsweise Todesdaten der Eltern, Heiratsdatum, Operationsdaten usw.). Mit Hilfe solcher zurückliegender Ereignisse kann man ungenaue Geburtsstunden »korrigieren«, was allerdings zeitraubende mathematische Berechnungen nötig macht (Näheres über solche Korrekturmethoden im letzten Teil des Buches).

Mit einer möglichst genauen Geburtsstunde (je genauer, desto treffsicherer die späteren Deutungen) sind wir nun in der Lage, das individuelle Horoskop zu errechnen – vor allem den sogenannten »aufsteigenden Grad« am Ostpunkt des Horoskops oder den Aszendenten! Mit ihm beginnt das »Buchstabieren«, und er leitet über zur »Anatomie des Horoskops«.

Der Aszendent ist der »individuellste« Punkt. Schon nach vier Minuten steigt am Meridian ein neuer Grad auf und verändert damit auch die Aszendentengrade. Höchstens eineiige Zwillinge besitzen annähernd gleiche Geburtsdaten, obzwar auch hier der Geburtszeit-Unterschied fünf bis zehn Minuten betragen kann. Bei zwei-eiigen Zwillingen können sich Stundendifferenzen ergeben, so daß solche Zwillinge sehr verschiedene Charakteranlagen und Fähigkeiten besitzen. Bei eineiigen Zwillingen zeigen sich oft verblüffende Ähnlichkeiten, und selbst auffallende Schicksalsereignisse stimmen zeitlich überein. Speziell in der englischen Fachliteratur gibt es überzeugende Sammlungen solcher Zwillingsdaten mit gleichlaufenden Schicksalen.

Bekannt ist beispielsweise jener Fall, der damals durch die englische Presse ging: Gleichzeitig mit König Georg II. von Großbritannien (gleicher Geburtsort und gleiche Geburtsstunde!) wurde ein Mann namens Samuel Hennings geboren. Als nun Georg II. den Thron bestieg, gründete Hennings ein eigenes Geschäft und wurde damit selbständig. Als Georg II. heiratete, befand sich auch Mr. Hennings auf dem Standesamt – am gleichen Tag. Schließlich hatte er die gleiche Anzahl von Kindern des gleichen Geschlechts. Wenn der Fall historisch nicht beglaubigt wäre, würde man die letzte Parallele für unmöglich halten: Samuel Hennings starb am gleichen Tag und zur gleichen Stunde wie Georg II.! Dieser Fall ist allerdings in der Sammlung englischer Zwillingsgeburten einmalig und sensationell, da es sich ja um zwei Menschen aus völlig verschiedenen Gesellschaftsschichten handelt.

Geburtsort	Nummer	G.	Geburtszeit	Todeszeit	Todesursache
Genf	176/177	m	11. Feb. 1876, 14.00	Aug. 1922	Selbstmord durch Ertränken
Genf	(Zwill.)	m	11. Feb. 1876, 14.15	Apr. 1922	Selbstmord durch Ertränken
Genf	47	m	18. Feb. 1901, 2.45	11. Feb. 1910	Erstickung d. Kohlenoxyd
Plainpalais	88	m	18. Feb. 1901, 3.00	22. Mai 1909	Erstickung durch Ertrinken
Basel	498	m	18. Feb. 1901, 4.00	18. Feb. 1901	Erstickung durch Fruchtwasser-Aspiration
Basel	1701	f	19. Juni 1900, 6.45	31. Dez. 1903	Verbrennungen
Versoix	22	m	19. Juni 1900, 11.00	5. Apr. 1904	Verbrennungen
	Anfgsb.				
Collonges s/Salève (F.)	Gal.	m	1. Dez. 1894, 16.00	27. Juli 1918	im Krieg gefallen
Rostock	K. S.	m	1. Dez. 1894, 18.30	26. Sept. 1917	im Krieg gefallen
Rostock	H. S.	m	3. Dez. 1894, 1.00	26. Sept. 1917	im Krieg gefallen
Genf	Mu.	f	3. Dez. 1894, 4.30	5. Sept. 1906	Verbrennungen
Rostock	R. B.	m	23. Aug. 1891, 3.30	31. Okt. 1914	im Krieg gefallen
Rostock	E. H.	m	23. Aug. 1891, 7.00	24. März 1918	im Krieg gefallen
Rostock	W. S.	m	23. Aug. 1891, 7.45	23. Okt. 1915	im Krieg gefallen

Erstaunlich sind die umfangreichen Untersuchungen des astrologischen Statistikers Karl Ernst Krafft über die Schicksale von Zwillingsgeburten. Die nachfolgende Tabelle (nur ein Ausschnitt aus vielen Hunderten) ist seiner Broschüre *Astro-Psychologie* entnommen und zeigt eine auffallende Parallele von Todesjahren und Todesursachen trotz verschiedener Geburtsstunden auf.

Aus dieser frappierenden Zusammenstellung muß geschlossen werden, daß selbst der gewaltsame Tod ebenfalls in gesetzmäßiger Beziehung zum Geburtsdatum steht! Von einem »Zufall« kann hier wohl nicht mehr geredet werden. Die Wahrscheinlichkeit, daß *drei* Knaben aus völlig verschiedenen Familien (!), welche im gemeinsamen Zeitraum von eineinviertel Stunden geboren wurden, später zufällig alle drei einen frühzeitigen Tod durch Ersticken finden, ist fast gleich Null. Geburtsdatum, Lebenslänge und Todesart stehen hier in so engem Zusammenhang, daß nur Stand und Lauf der Gestirne als Ursache in Frage kommen können. Es gibt aber auch Fälle mit völlig verschiedenem Geburtsort, aber gleichen Geburtsdaten: Am 15. VIII. 1875 wurde in Leipzig der Komponist Eduard Buhle geboren.

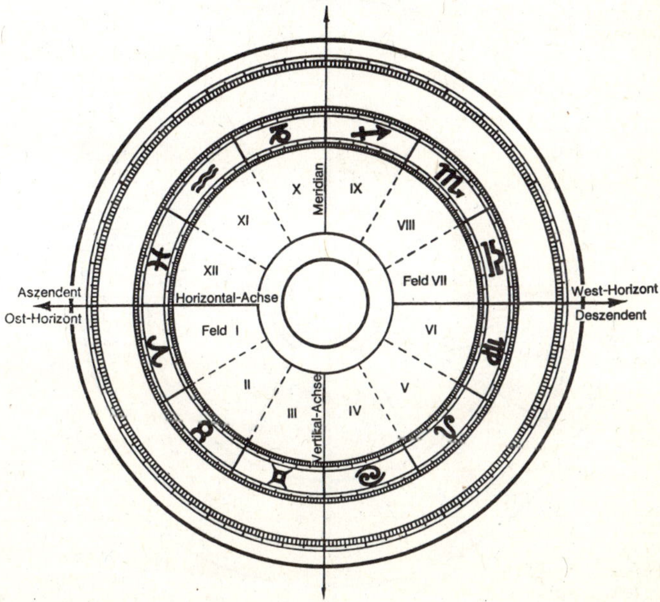

Am gleichen Tag kam in London ein anderer Musiker, der spätere Geiger Colleridge-Tylor, zur Welt. Eduard Buhle starb in jungen Jahren, und zwar im November 1913, der englische Geiger im September 1912 (verschiedene Geburtsstunden!). Die englische Statistik bringt etwa dreihundert solche Vergleichsdaten.

Der Aszendent ist zugleich die »Häuser«- oder Felderspitze I des Horoskops und symbolisiert das eigene Ich, die engere Umwelt, den Körper, die Persönlichkeit. Zieht man von dieser Spitze I eine waagrechte Linie zum gegenüberliegenden Punkt, so erhält man den »absteigenden Grad« oder den Deszendenten des Horoskops. Die Linie selbst symbolisiert die »Horizontalachse« des Horoskops und verläuft von Feld I zu Feld VII. Sie stellt den »Weg vom Ich zum Du« dar (Feld VII = Partner(in), Teilhaber, enger verbundene Personen, aber auch Öffentlichkeit und öffentliches Wirken). Heirat und Ehepartner werden also vom Feld VII angedeutet.

Um auf diese individuelle Achse im Horoskop zu kommen, sind nötig: Geburtsstunde, Tag, Monat, Jahr und Ort der Geburt! Ferner die Gestirnstandsauszüge des Geburtstages (= Ephemeriden) sowie die Häusertabellen zum jeweiligen Geburtsort.

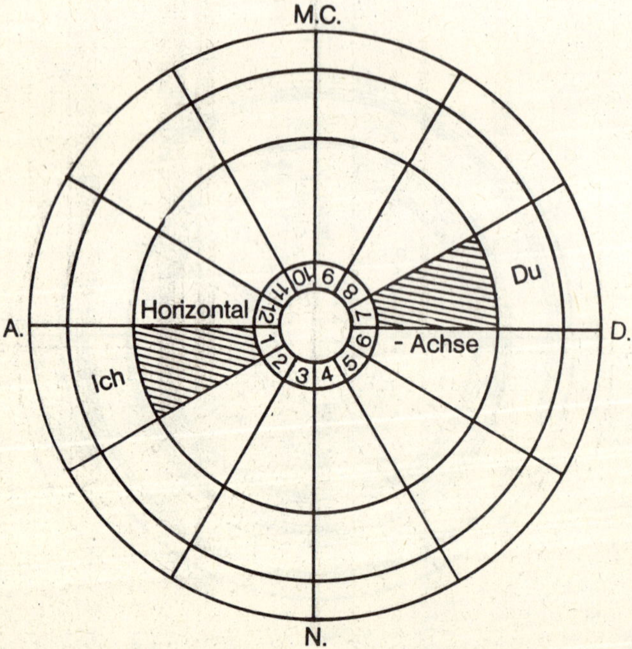

Mit Hilfe dieser Tabellen findet man auch den zweiten Punkt eines individuellen Horoskops: den Meridian oder die Felderspitze X. Sie symbolisiert den Beruf, die soziale Lage, das Lebensziel, nach neueren Autoren auch die Individualität. Verlängert man diese Achsenspitze nach unten, so erhält man die Spitze IV des Horoskops. Sie symbolisiert die Eltern, das Elternhaus, die Häuslichkeit, den Wohnungsbereich – kurz: das »Milieu«, aus dem der Geborene stammt, genauer: die Heimat. Die Linie selbst (von Spitze IV zu X) stellt die »Vertikalachse« eines Horoskops dar und symbolisiert den Weg aus Heimat, Elternhaus und Geborgenheit »hinaus in die Welt«, in den Beruf, zur äußeren Entfaltung (= Spitze X).

Mit diesen beiden Hauptachsen sind wir nun im Besitz des »Skeletts«. Um es mit »Fleisch« zu umkleiden, benötigen wir die einzelnen Planetenplätze gemäß den Gestirnstandsauszügen, aber umgerechnet auf den Geburtsort. Schließlich verhelfen uns die »Häusertabellen« auch noch zu den »Zwischenfeldern«: II, III, V, VI, VIII, IX, XI und XII. Das Gesamthoroskop weist also zwölf Felder oder »Häuser« auf. Sie symbolisieren die einzelnen Lebens- und Schicksalsgebiete gemäß folgender Aufstellung:

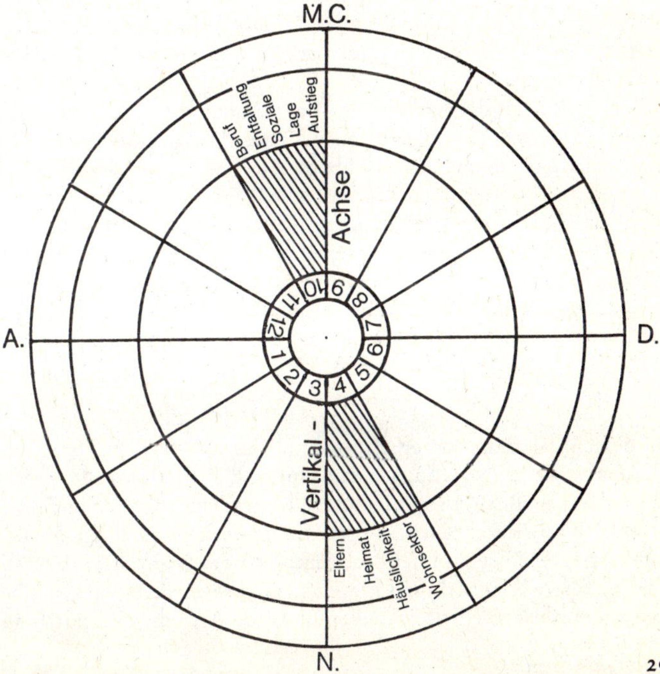

Feld I

Eigene Persönlichkeit, Wesenskern, körperliche Konstitution, seelische und intellektuelle Anlagen, äußere Erscheinungen, Temperamente, Gemüt.

Dieses Erdraumfeld ist neben dem Feld X das wichtigste im ganzen Horoskop. Seine Aussagen betreffen die Lebensbasis, den Ausgangspunkt, die Startmöglichkeiten, aber auch die Vitalität. Das Zeichen an der Spitze (am Aszendenten) ist für diese Aussagen am bedeutungsvollsten. Befindet sich nahe dieser Spitze I ein Planet, so werden diese Aussagen gemäß dem Symbol dieses Planeten verändert. Zeigen sich mehrere Planeten im ersten Feld, werden die Deutungen schwieriger, und man kann auf vielseitige Charakteranlagen schließen.

Füllt ein einziges Zeichen das ganze erste Feld aus, so hat es eine überragende Bedeutung. Sehr oft aber zeigt sich auch noch das nächstfolgende Zeichen im ersten Feld, so daß es mit berücksichtigt werden muß.

Feld II

Dieses Erdraumfeld bezieht sich auf materiellen Besitz, Finanzen, Einkommen, Vermögen (das erworben werden muß), Schaffens- und Besitztrieb.

Das zweite Feld zeigt die Art der Einnahmequellen, aber auch die Finanzkrisen, die Vermögensverluste. Die eventuell anwesenden Planetensymbole geben nähere Auskunft über Stabilität des Besitzes oder schwankende finanzielle Verhältnisse, über die Art der wirtschaftlichen Veranlagung (Sparsamkeit oder Aufwand) und schließlich noch über die materiellen Absicherungen. Ob Geld leicht und mühelos zufällt oder schwer erworben werden muß, wird ebenfalls aus Zeichenbesetzung und Planetenkonstellation sowie den ins Feld II fallenden Planetenaspekten ersichtlich.

Feld III

Es bezieht sich in erster Linie auf Geschwister, Anverwandte, Nachbarn, Zweckbeziehungen zur Umwelt, Privatleben. In zweiter Linie hat es Bezug zu kleineren Reisen, zu Korrespondenzen, Briefen, Nachrichten, Neuigkeiten, Besuchen, Dokumenten. Schließlich läßt es Schlüsse zu über die Mentalität des Geborenen und seine Verhaltensweisen. Mehrere Planeten in diesem Feld wirken überaus vielschichtig. Reden, Schreiben und jede Art von »Vermittlung«, auch der Zwang zu häufigen Berufsreisen zeigt sich hier. Die Hauptbedeutung sollte jedoch auf das Gebiet Geschwister, Verwandte, Nachbarn gelegt werden.

Gemäß den jeweiligen Zeichen an Spitze III oder im Feld selbst wird die Art des Denkens beziehungsweise die geistige Entwicklung symbolisiert.

Feld IV

Mit diesem Erdraumfeld sind wir wiederum an einem sogenannten »Eckfeld« angelangt, das außerdem der Vertikalachse angehört. Die Bedeutung dieses Feldes ist außerordentlich wichtig für die Deutung der Tradition, des Herkommens, der Familie, des Elternhauses und der Elternteile (auch des eigenen Verhältnisses zu diesen). Der Ursprung und die Heimat (auch das Verlassen der Heimat), die Verankerung in der Familie sind die wichtigsten Aussagen dieses Feldes. Daneben gibt es Auskunft über Wohnungsangelegenheiten, Eigenbesitz, Verbleiben in der Heimat oder Auswanderung. Das gesamte Geburtsmilieu wie auch der Vater werden je nach Zeichen- und Planetenbesetzung von diesem Feld aufgezeigt. In der alten klassischen Astrologie wurde das Feld IV auch dem Alter beziehungsweise den Verhältnissen am Lebensende zugeteilt. Wichtige Konstellationen in diesem Eckfeld eines Horoskops ergaben überzeugend richtige Aussagen.

Feld V

Hier handelt es sich wieder um ein »Zwischenfeld«, das von alters her in Bezug gesetzt wurde zum »zufallenden Glück« eines Menschen – vorwiegend im Hinblick auf Glücksspiel, Lotterie, Wetten, überhaupt Spekulationen. Weiterhin symbolisiert es Spiel, Vergnügungen, Theater, aber auch Schulen und Lehrer. Es gibt Hinweise auf Kinder, Nachkommenschaft, Geburten, auch auf die Liebe und auf illegitime Beziehungen. Genußliebe oder auch Hemmungen, Komplexe auf sexuellem Gebiet sind aus Konstellationen, Zeichenbesetzung und Aspekten auf Feld V zu ersehen. Die Aussagen dieses Feldes sind überaus vielschichtig und nicht absolut zuverlässig, wie sich in der Praxis ergab.

Feld VI

Es symbolisiert in erster Linie das Lebensgebiet »Gesundheit – Krankheit«, also die körperlichen Angriffsflächen. Hierbei hat sich gezeigt, daß das Zeichen an diesem Feld nur untergeordnete Bedeutung hat, dagegen liefern Planetenkonstellationen in diesem Feld zuweilen überzeugende Hinweise auf das jeweilige Körpergebiet und die Art der Erkrankung. Eine weitere Bedeutung liegt auf dem Arbeitsgebiet: Hier zeigt es den »Brotberuf«, die alltägliche Berufsarbeit an (also nicht die Begabung oder das wirkliche Berufsziel), die aus wirtschaftlichen oder sonstigen Gründen geleistet werden *muß*. Schließlich hat es noch zu tun mit Untergebenen, Personal, Dienerschaft, Angestellten. Sehr überzeugend konnte aus diesem Feld festgestellt werden, ob ein Mensch »untergeordnete« Arbeit zu leisten hat, zum Beispiel in Anstellungspositionen. Manchmal zeigt es freiberufliche Tätigkeiten an. Im ganzen also wäre das »Arbeitsfeld«, symbolisch auch das »Haus der Unterordnung« unter fremden Willen. Merkwürdigerweise hat sich gezeigt, daß wichtige (oder gar mehrere) Konstellationen in diesem Feld die persönliche Durchsetzung und die Ausbreitung der eigenen Person (Expansion) erheblich behinderten.

Entgegen der Fragwürdigkeit anderer »Zwischenfelder« sind die Aussagen dieses Feldes beachtlich.

Feld VII

Hier handelt es sich wiederum um ein überaus stark wirkendes »Eckfeld«, und zwar an der Horizontalachse des Horoskops. Hatten wir es im Feld I mit dem eigenen Ich zu tun, so begegnen wir im Feld VII dem »Du« – also dem Ehepartner, dem Teilhaber, den Geschäftspartnern wie überhaupt jedem enger verbundenen Menschen, der den eigenen Lebensweg kreuzt. Die Aussagen dieses Feldes haben sich sehr überzeugend bewahrheitet, besonders die Verhältnisse der Ehe sind aus der Gesamtkonstellation dieses Feldes gut abzulesen (darüber eingehende Deutungen in dem Kapitel: *Planetenpositionen in den zwölf Zeichen)*. Beispielsweise sind Ehescheidungen, Trennungen, Vielzahl der Bindungen oder auch Einehe überzeugend ersichtlich. Im Gegensatz zum Feld V (= illegale Bindungen) zeigt Feld VII nur die legalen Beziehungen an. In zweiter Linie werden aus diesem Feld eventuelles »Wirken in der Öffentlichkeit« wie überhaupt öffentliche Positionen ersichtlich. Auch Feindschaften, Gegner, Prozesse (öffentlicher Art) sind Symbole von Feld VII. Die Spitze dieses Feldes zeigt den »absteigenden Grad« oder den Deszendenten auf (im Gegensatz zum Aszendenten, dem »aufsteigenden Grad«). Planetenkonstellationen in Feld VII haben auch eine zeitliche Aussage: Sie wirken sich mehr oder minder erst nach der ersten Lebenshälfte aus, etwa zwischen dem 35. und 50. Lebensjahr. In einem ganz allgemeinen Sinn hat dieses Feld Bezug zur menschlichen Umwelt und damit natürlich auch zu erheblichen Wirkungen, die aus dieser Umwelt kommen oder aber in diese ausstrahlen.

Feld VIII

Wiederum ein »Zwischenfeld«, dessen Aussagen etwas problematisch sind und zu Fehldeutungen Anlaß geben können. Es handelt sich nach alter klassischer Manier um das »Feld des Todes«. Manchmal zeigt es die Umstände des Todes an, weit öfter aber Erbschaften, Legate oder Gewinne aus dem Tod anderer (indirekt handelt es sich hier auch um »Vermögenszuwachs«). Auch die Mitgift des Ehepartners sollte dieses Feld andeuten, was sich nicht immer bestätigt. Im ganzen hat es mehr psychische Bedeutung, indem es den Menschen auf Dinge hinweist, die mit ernsten Fragen um das Lebensziel, das Schicksal und den Tod schlechthin zu tun haben. Dies wurde mehrfach beobachtet. Auch Forscher im Grenzbezirk der Wissenschaften wie etwa der Parapsychologie, der Jenseitsforschung usw. hatten sehr häufig starke Besetzung des Feldes VIII. Wenn dies der Fall ist, zeigen die realistischen und materiellen Interessen eines Menschen einen gewissen Mangel. Deutungen bezüglich Todesfällen oder Todesart eines Menschen sollte man gänzlich unterlassen, da hierzu exakte und wirklich gesicherte Erfahrungen keineswegs vorhanden sind.

An Horoskopen von Selbstmördern wurden Reihenteste vorgenommen, wobei die Ergebnisse äußerst mangelhaft waren: Das Feld VIII zeigte bei diesen Fällen sehr oft keinerlei Planetenbesetzung auf. Erst unter Hinzuziehung der Aspekte und der »Zeichenherrscher« konnte man (hinterher!) diese Symbolik ausdeuten. Man benütze also die Aussagen dieses Feldes mehr zu Forschungszwekken, beispielsweise im Fall von ungewöhnlicher Vermögenszunahme durch Erbschaften.

Feld IX

Wieder ein »Zwischenfeld«: bedeutsam für »große Reisen«, Beziehungen zum Ausland, Aufenthalte im Ausland oder Auswanderung. Im übertragenen Sinn hat es daher auch Bezug zu erweitertem Gesichtskreis, zur Philosophie, zu höherer Erkenntnis (im Gegensatz zum Feld III, dem Feld des »Alltagsdenkens«), zur Weltanschauung überhaupt. Damit besteht auch eine Beziehung zur Religion, zu ideeller Weltanschauung. Sehr starke Besetzung dieses Feldes brachte stets Interesse an philosophischen, weltanschaulichen Problemen, manchmal auch an Sekten und entsprechenden Vereinigungen. »Fernsehnsucht oder Weitendrang« hatten manchmal überzeugende Konstellationen in diesem Feld. Im Gegensatz zu den übrigen »Zwischenfeldern« kann man daher diesem Feld und seinen Aussagen mehr Vertrauen entgegenbringen.

Feld X

Außer dem Feld I (und dem Aszendenten) gehört dieses Eckfeld zu den wichtigsten überhaupt. Es begrenzt die Vertikalachse, die von der Spitze IV zur Spitze X reicht, genauer gesagt: vom »Schoß der Familie«, dem Elternhaus (= Feld IV) und der Geborgenheit hinaus in die Fülle des Lebens, in die berufliche Bewährung und damit zur »Ausbreitung« des Menschen (Expansion): Feld X. Damit symbolisiert es in erster Linie den Beruf (den ideellen, angestrebten!), die Vorgesetzten, überhaupt die gesamte berufliche Umwelt, die soziale Stellung oder den Aufstieg im Leben (bzw. die Schwierigkeiten und Widerstände im Beruf). Zeichen- und Planetenbesetzung geben sehr gute Hinweise auf die Fähigkeiten, Begabungen, den »richtigen Start«, aber auch auf die »Umwege«, die Positionswechsel, die beruflichen Umstellungen. Im ganzen hat dieses Feld eine überragende Bedeutung, sogar im zeitlichen Ablauf des Schicksals: sehr starke Besetzung von Feld X zeigt rasche Entwicklung, Hauptereignisse im Berufsschicksal an, wobei die Lebensjahre von 20–30 am meisten betont sind. Die Spitze X ist sozusagen der »Scheitelpunkt« des Horoskops: die Sonne erreicht gegen Mittag ihren höchsten Stand, das Feld X zeigt den »Lebensmittag« an. Im Gegensatz hierzu hatte die Sonne im Feld IV ihren tiefsten Stand: Mitternacht.

Es hat sich erwiesen, daß ein Mensch mit stark wirkenden Konstellationen im Feld X oder gar mit der Sonne in der Nähe der Spitze X (Mittagsgeburt!) eine beachtenswerte Ausstrahlung besitzt und sich in der Regel über die Stufe der Geburt erhebt. Dies liegt in erster Linie an der eigenen psychischen Haltung und Einstellung zum Leben. Konstellationen am oberen Meridian, also im Feld X eines Horoskops, zeigen auf, daß der Mensch mehr »nach außen gerichtet ist« und den persönlichen Erfolg, den Aufstieg anstrebt (was der Schweizer Psychologe C. G. Jung als »extrovertierte« Haltung bezeichnete). Im Gegensatz hierzu sind »Mitternachtsgeburten«, also Konstellationen am tiefsten Punkt des Horoskops, Symbole für Menschen, die mehr »nach innen gerichtet sind« (introvertierte Typen).

Feld XI

Dieses Feld zeigt die Freunde (oder auch die Gönner) an, die man sich erwirbt, von denen man Hilfen zu erwarten hat. Im ganzen ist es das Symbol für die Wünsche und Hoffnungen, die ein Mensch hegt, beziehungsweise für das, was er vom Leben erwartet. Ob diese Erwartungen auch erfüllt werden, geht vom gegenüberliegenden Feld V aus und wird dort beantwortet. Es handelt sich wieder um ein Zwischenfeld; zum Teil ergaben sich manch treffende Ergänzungen zum Thema »Glück« und Erfolg über die verbundene Umwelt. Statistische Beobachtungen an Konstellationen in diesem Feld ergaben weit mehr Treffer bei negativ wirkenden Planeten in diesem Feld. So war der Neptun im Feld XI ein deutlicher Hinweis auf unzulässige bis unkorrekte oder hinterhältige Freunde, die dem Horoskopeigner mehr schadeten als nützten oder ihn gar anonym belasteten.

Dies zeigte sich beispielsweise im Horoskop des ehemaligen Reichskanzlers Friedrich Ebert (geboren: 4. II. 1871 in Heidelberg). In seinem Horoskop befindet sich der Neptun in 19 Grad Widder im Feld XI, verletzt von Merkur und Uranus gleichzeitig. Freunde verließen ihn und ließen ihn fallen. Er wurde zwischen den Intrigen der Links- und Rechtsradikalen zerrieben.

Feld XII

Das letzte Feld im Horoskop hat Beziehung zu den Feinden, Gegnern (manchmal auch Prozeßgegnern). Die Angaben aus dem Altertum sind größtenteils überholt und treffen nicht zu. Die besten Deutungen ergeben sich aus psychologischer Sicht: Das zwölfte Feld ist Symbol für persönliche Hemmungen, innere oder äußere Widerstände, Komplexe, Neurosen, die dem Geborenen die Durchsetzung in der Außenwelt erschweren. Manchmal zeigt sich das Motiv der inneren Zurückhaltung, der Abkapselung von der Umwelt, weil die seelische Haltung zu sensibel, zu empfänglich oder auch ängstlich ist. Die klassische Astrologie verband mit dem Feld XII die Einschränkung persönlicher Rechte oder der eigenen Freiheit, also auch den Aufenthalt in Gefängnissen, in geschlossenen Anstalten. Man nannte es das »Unglücksfeld«. In Wahrheit kann es sich aber weit mehr auf psychologische Hintergründe beziehen, die das tatkräftige Handeln einschränken. In diesem Sinn ist auch das Motiv der »Selbstbeschränkung« gegeben, der »inneren Reife«, des Studierens, des Sich-Abschließens vom lauten Lärm des Alltags. Die Tendenz des »Opferns«, der sozialen Hilfe am Mitmenschen, die Tätigkeit als Krankenschwester oder in sozialer Fürsorge waren zuweilen überzeugend gut ersichtlich. Man nannte das Feld auch das »Exil« oder die »Verbannung«. Von solch krassen Formulierungen abgesehen, erkannte man das Feld XII vielfach als ein Motiv persönlicher Behinderungen, Erschwerungen, Widerstände von außen, also der Schicksalsprüfungen oder »Bewährungsproben«. Gemäß neueren Beobachtungen symbolisiert dieses Feld das »Reich der Seele«, wobei es psychische Fähigkeiten oder Begabungen vertieft, die äußere oder materielle Durchsetzungsfähigkeit aber schwächt. Deshalb war auch die Vitalität bei starken Planetenbesetzungen im Feld XII nie sonderlich stark, oft ergaben sich langwierige Krankenhausaufenthalte oder wiederholter Zwang zu Behandlungen. Treffendstes Symbol für das Feld XII wäre bei geistig wachen Menschen der »Weg nach innen«. Veräußerlichte Menschen stoßen dagegen hier auf »Begrenzung«.

Das Horoskop beginnt zu reden

Planeten-Symbole

	Planet:	*Polarität:*	*Regiert das Zeichen:*
☉	Sonne	positiv	Löwe
☾	Mond	negativ	Krebs
☿	Merkur	gemischt	Zwillinge/Jungfrau
♀	Venus	negativ	Stier/Waage
♂	Mars	positiv	Widder/Skorpion
♃	Jupiter	positiv	Schütze/Fische
♄	Saturn	negativ	Steinbock/Wassermann
⛢	Uranus	positiv	Wassermann
♆	Neptun	negativ	Fische
⯓	Pluto	positiv	Skorpion

Tierkreiszeichen	Die Sonne durchläuft dieses Zeichen vom:
♈ Widder	21. III – 20. IV.
♉ Stier	21. IV. – 21. V.
♊ Zwillinge	22. V. – 21. VI.
♋ Krebs	22. VI. – 22. VII.
♌ Löwe	23. VII. – 23. VIII.
♍ Jungfrau	24. VIII. – 23. IX.
♎ Waage	24. IX. – 23. X.
♏ Skorpion	24. X. – 22. XI.
♐ Schütze	23. XI. – 21. XII.
♑ Steinbock	22. XII. – 20. I.
♒ Wassermann	21. I. – 19. II.
♓ Fische	20. II. – 20. III.

Die Symbolsprache der Planeten

Der Horoskopaufriß mit den zwölf Erdraumfeldern zeigt gewissermaßen die Bühne an, auf der das künftige Stück des Lebens gespielt wird. Ausgehend vom eigenen Ich und dem körperlich-seelischen Standort (Aszendent) über die Entwicklung von Fähigkeiten und Begabungen zum Beruf oder der sozialen Position im Leben (Meridian oder Berufsspitze X) über die engeren Bindungen bis zur Heirat (Feld VII) und zum schließlichen Lebensende (Feld IV) liegen alle Möglichkeiten (»Rohstoff«) für die individuellen Rollen bereit, die ein Mensch zu spielen hat. Nur das »Stück« selbst bleibt noch stumm. Es bedarf der Schauspieler, der Rollenverteilung, der »Handlung«. Es sind die Planeten, die in ihrer jeweiligen Position im Geburtshoroskop (den »Konstellationen«) in der ihnen eigenen Symbolsprache zu reden beginnen.

Daß hierbei die uralten Göttersymbole noch als Handelnde auftreten, brachte der Astrologie von seiten der »Aufgeklärten« immer wieder ein Lächeln ein. Waren doch diese Himmelskörper als »Sterngötter« schon den alten Babyloniern geläufig, und auch die Griechen gaben den Planeten ihre eigenen Götternamen gemäß den Wirkungen, die ihnen zugeteilt wurden: So waren etwa Venus (Aphrodite) die »Liebesbringerin«, Mars (Ares) der »Kriegsgott«, Jupiter (Zeus oder Jovis) der »König der Könige«, Saturn (Kronos) der »Vater der Zeit oder des Alters«.

Mit dieser antiken Rollenverteilung der Planetengötter und ihrem historischen Hintergrund hat die moderne Astrologie nur noch die Namen gemeinsam. Kein Astrologe braucht jemals den Himmel mit seinen Planeten und Fixsternen zu betrachten. Die Feststellung des Planetenortes zur Zeit der Geburt ist eine rein mathematische Angelegenheit. So ist die »Sprache der Planeten« nur noch symbolisch zu werten.

Einst gab es sieben »Beherrscher der Welt«: die sieben Planeten. Später wurden weitere entdeckt: Uranus, Neptun, Pluto. Aber schon heute rechnet die Astrologie mit weiteren Planeten innerhalb unseres Sonnensystems, die noch nicht offiziell entdeckt wurden, aufgrund ihrer Störungen anderer Planetenbahnen aber vermutet werden, ohne indessen astronomisch gesichert zu sein.

Wie immer diese Urbilder einer mythischen Sterngötterreligion auch heißen mögen, sie sind im Grunde nichts anderes als Symbole für »Wirkungskräfte«, die man gemäß jahrtausendealter Erfahrungen feststellen konnte. Es liegt also weder Zufall noch Aberglaube hinter diesen antiken Vorstellungen, denn man könnte die Planeten ebensogut in Form psychologischer Leitbilder zum Ausdruck bringen, was der Psychologe Jung bereits versuchte, indem er die einstige Astrologie als Brücke zur Tiefenpsychologie bezeichnete. Als wichtigstes »Gestirn« in jedem Horoskop wie ja auch in unserem Planetensystem erscheint die Sonne. In der »Sonnenstandshoroskopie« ist sie der einzige bekannte Faktor; mit ihm arbeiten die Zeitungshoroskope. Wer jedoch seinen individuell errechneten Horoskopaufriß besitzt, wird anhand des genauen Sonnenstands in einem der zwölf Felder bereits erheblich mehr erfahren können als aus einem der »Sonnenstandshoroskope«.

Charakteristik der einzelnen Symbole

☉

Sonne: Symbolisches Leitbild für Individualität, Lebenswillen, Vitalität, Macht.

Es ist wohl selbstverständlich, daß dieses Zentralgestirn die Quelle alles Lebens symbolisiert und damit den Lebenswillen, die schöpferische Kraft und den hinter der Materie befindlichen Geist. Es prägt unsere Individualität, unsere schöpferischen Fähigkeiten, das Selbstbewußtsein und unsere geistigen Energien.

Der Sonne entsprechen individuelle Freiheit, Entfaltungsmöglichkeiten, Erfolg, Einfluß, Ehren, Aufstieg, Machtstreben, aber auch die Grenzen eigener Machtentfaltung.

Je nach der Position in den Erdraumfeldern und der Konstellation (einschließlich Aspektierung* von seiten der anderen Planeten) im individuellen Horoskop ergibt sich eine ganz bestimmte Aussage über die Durchsetzungskraft, den Selbstbehauptungswillen und die Möglichkeiten innerer und äußerer Entfaltung eines Menschen. Eine kraftvolle Sonnenposition verrät stets Sein statt Schein.

Selbstverständlich zeigt jedes Planetensymbol Wirkungen auf den verschiedensten Gebieten des Lebens. Im Bereich der äußeren Welt entspricht das Symbol »Sonne« allen Mächtigen, Hochgestellten, den Leuten in Amt und Würden. Im Bereich der Natur verkörpert die Sonne das Licht, das Feuer, die Hitze. Biologisch hat sie Bezug zu den körperlichen Energien, zur Vitalität. Rein körperlich »beherrscht« sie das Herz, den Kreislauf.

* Siehe das Kapitel *Aspektlehre.*

Im Bereich der psychologischen Reaktionen vertritt die Sonne das Streben nach Erkenntnis, aber auch nach Anerkennung, Geltung, Aufstieg und Ansehen der eigenen Person. Es ist kein Zufall, daß jene Menschen, die unterm Sonnenzeichen Löwe geboren wurden, diese Eigenschaften in ganz besonderem Maß zeigen. Dies ist der Grund, warum man unter einem »Löwe-Typ« eigentlich die Verkörperung jener spezifischen Eigenschaften versteht, die man der Sonne zuschreibt. Wiederum ist hier ein deutlicher Zusammenhang mit der »Typenpsychologie« von C. G. Jung ersichtlich.

Tatsache ist, daß die jeweilige Sonnenposition in einem Horoskop hinsichtlich Felderstellung (siehe unter *Planetenpositionen in den zwölf Zeichen*), Zeichen und Aspektierung überzeugend verrät, ob unser »Schicksal« in Abhängigkeit oder Freiheit, in schöpferischer Erfüllung unserer wirklichen Anlagen oder aber in mühevoller Fron und mit mangelnder Durchsetzungsfähigkeit verläuft. Die »Qualität« der Sonnenposition kann Generosität, Großmut, Selbstsicherheit aufzeigen – im Sinn einer persönlichen »Ausstrahlung« des Wesenskerns. Im Fall negativer Aspekte und »geschwächter« Sonnenkonstellationen (siehe das Kapitel *Planetenpositionen in den zwölf Zeichen*) ergeben sich Überheblichkeit, falscher Stolz, Hochmut und Eitelkeit. Alle diese positiven oder negativen Eigenschaften sind »Spiegelungen« der innersten Wesensanlage, haben also ihren Ursprung im Charakter. Die Sonne selbst hat nichts mit diesen Eigenschaften zu tun, sondern gilt hier lediglich als Symbol! Der Tiefenpsychologe, der nichts von Astrologie weiß, käme bei Aufhellung der seelischen Situation seines Patienten auf die gleichen Ursachen: Eitelkeit als überhöhtes Verlangen nach Beachtung, Überheblichkeit als Tarnung für Mangel an Durchsetzungskraft, Hochmut als Mangel an Substanz im eigenen Ich, Despotismus (Tyrannei) als negative Übersteigerung von Autorität. Hierfür gibt es ganz bestimmte »Aspektverletzungen« auf die Sonne, die solche Charaktermängel sofort aufzeigen (siehe das Kapitel *Die Lehre von den Aspekten*). Aus ihnen entsteht »Schicksal«, das sich der Horoskopeigner aber selber schafft.

Im Bereich der Familie symbolisiert die Sonne den Vater, im Beruf den Vorgesetzten, im weiblichen Horoskop den Ehegatten. Die Sonne hat einen ganz allgemeinen Bezug zum männlichen Prinzip. Wiederum durch jahrhundertelange Erfahrung hat sich erwiesen, daß die Sonne im Zeichen Löwe am stärksten wirkt – hier bringt sie ihre Eigenschaften am besten zum Durchbruch. Sie »beherrscht« also das Zeichen Löwe. Die alte, »klassische« Astrologie teilte jedem Gestirn bestimmte Zeichen zu, die seinem Wesen am besten entsprachen oder diesem entgegengesetzt waren. Man sprach von »Zeichenherrschaft« (Löwe), »Erhöhung« (Sonne im Widder), aber auch vom »Fall« (Sonne im Wassermann). Diese etwas willkürlichen Einreihungen werden heute nicht mehr beachtet, da man die Tierkreiszeichen-Wirkung mehr im psychologischen Sinn auffaßt. Die Kraft und Schwingung des »Sonnenprinzips« teilt sich jedem Zeichen mit, wenn auch stets in etwas veränderter Art – ähnlich dem Spektrum eines Prismas. Dies ist auch der Grund, warum man niemals ein einzelnes Zeichen oder einen einzelnen Planeten zu einer »Deutung« von Charakter und Wesensart eines Menschen heranziehen darf: Solche Ausdeutungen sind einseitig, mangelhaft und umreißen keinesfalls die gesamte Persönlichkeit. Erst in der Zusammenschau (Synthese) aller Horoskopelemente, die die Fähigkeit des Kombinierens voraussetzt, ergibt sich der vielschichtige Wesenskern eines Menschen.

Wenn man in einer gewissen Sparte der Astrologie von einem »Marsjahr« oder »Sonnenjahr« spricht, so haben diese »Jahresherrscher« keinerlei Einfluß auf das individuelle Horoskop. Es wäre völlig abwegig, zu behaupten, ein Mensch mit der Sonne im Zeichen Löwe habe in einem »Sonnenjahr« besondere Erfolge. Auch die Zuordnung der Sonne zum Sonntag hat für einen »Sonntagsgeborenen« keinerlei Bedeutung. Diese Dinge gehören der Jahrmarktastrologie an.

Während man nun beim Sonnenstand im Zeichen Löwe die »typischen« Löwe-Eigenschaften am besten wahrnehmen kann (siehe das Kapitel *Planetenpositionen in den zwölf Zeichen*), weil dieses Zeichen eben auch dem »Feuerelement« zugehörig ist (siehe das Kapitel über die *Lehre von den Elementen*), so wird beispielsweise die Kraft der Sonnenenergie in einem Zeichen des »Wasserelements« (Krebs, Skorpion, Fische) wesentlich verändert gemäß diesem Element, das die Gefühls- und Empfindungswelt symbolisiert. Beobachtet man die psychischen Reaktionen solcher Menschen aus den Zeichen Fische oder Krebs, wird man sofort erkennen, daß die äußere motorische Energie und Willenskraft unterm Löwen umgewandelt wird in Richtung vertiefter Gefühle und mangelnder Durchschlagskraft. Die Lebensgebiete, auf denen sich die Sonnenwirkung am stärksten zeigt, sind durch die Stellung der Sonne in einem bestimmten Erdraumfeld gekennzeichnet. Aber auch jenes Feld, das vom Sonnenzeichen Löwe besetzt ist und daher »von der Sonne beherrscht« wird, ergänzt diese Aussage. Man vermeide grundsätzlich, von einer »günstigen« oder »ungünstigen Sonnenkonstellation« zu sprechen – dies wäre ein Rückfall in die überholte Ansicht vom »Einwirken eines Gestirns« auf die menschliche Handlungsfreiheit. Positive Sonnenstellungen machen es dem Menschen leichter, seine Anlagen und Fähigkeiten zur Geltung zu bringen. Negative Sonnenpositionen (beispielsweise in den Feldern VI, VIII oder XII oder in schwierigen, kontrastreichen Aspekten) fordern zu größeren Mühen, stärkeren Einsätzen und härterer Selbstbeherrschung heraus, also zur »Arbeit an sich selbst«.

☾

Mond: Symbolisches Leitbild für Gefühl, Empfindung, Veränderlichkeit, Seele, Unterbewußtsein.

Daß der Mond im astrologischen Sprachgebrauch zu den Planeten gerechnet wird, ist ohne Belang. Im Gegensatz zur strahlenden, »schöpferischen« Sonne ist der Mond nur Reflektor, Sammler. Er hat in erster Linie mit dem reflektierenden Denken, dem Gefühl, der Empfindung, der Gemütswallung zu tun und symbolisiert damit die Persönlichkeit (im Gegensatz zur Individualität = Sonne). Es ist daher verständlich, daß der Mond zuweilen viel stärker die Wesensart eines Menschen widerspiegelt (besonders bei Frauen!), da er eben die seelischen Reaktionen anzeigt – nämlich das Passive, Aufnehmende, Beeindruckbare und alles, was mit dem Unterbewußtsein zusammenhängt. Er ist das Symbol für Stimmungen, Launen, für den Wechsel in Ansichten, Plänen und Zielen. Dieser Wechsel entspricht jener eigenartigen Rhythmik des Mondes in der Natur (Ebbe und Flut) und der Rhythmik gewisser Fortpflanzungsfunktionen. Vor allem ist der Mond der polare Gegensatz zur Sonne (Sonne: »heiß und trocken«, Mond: »feucht und kalt«). Im Bereich der Familie symbolisiert der Mond Mutter, Gattin und Schwester – also das weibliche Prinzip (die Sonne vertritt das männliche Prinzip). Körperlich hat er nach alten und immer wieder bestätigten Erfahrungen Bezug zum Magen, zum Verdauungssystem, zur Lymphe, hinsichtlich der äußeren Erscheinung zum pyknischen Typ. Schon an der Gesichtsform ist sofort der überwiegende Mondeinfluß erkennbar, und zwar bei vollen, runden Gesichtern, weichem Fleisch – am Körper füllig bis aufgeschwemmt –, weichen Zügen und etwas bleichem Teint.

Der Mond wirkt am stärksten in dem ihm zugeordneten Zeichen Krebs, aber auch Sonne oder Aszendent im Zeichen Krebs zeigen noch sehr deutliche »Mondeinflüsse« an. Bekanntlich gehört dieses Zeichen dem »Wasserelement« an (= Bereich des Gefühls, der Empfindungen). Wer infolge einer starken Mondposition im Horoskop mehr auf die Einflüsse des Mondes anspricht, zeigt daher größere Anfälligkeit bis Abhängigkeit von plötzlich auftretenden Launen und Stimmungen, unter denen er häufig zu leiden hat, weil sie aus dem Bereich des Unterbewußten stammen und nur mit sehr großer Selbstbeherrschung gebändigt werden können. Ein solcher Mensch wird anfällig gegenüber allen Umwelteindrücken, die er schnellstens aufnimmt (der Mond ist »Sammler«, Reflektor). Die seelische Wandelbarkeit ist stärker als die Vorherrschaft des Verstandesdenkens oder des Willens. »Mondtypen« sind daher weicher, empfänglicher, anlehnungsbedürftiger – was besonders bei Kindern auffällt – und in hohem Maß abhängig von Umweltverhältnissen und -beziehungen. Allerdings öffnet ein starker Mondeinfluß auch alle jene Bezirke des »Unterbewußten« – etwa das Reich der Träume –, aus denen das Ahnungsvermögen (Intuition) und die Einfühlungsgabe stammen.

Viel stärker hängt der Mond von jenem Zeichen ab, in dem er sich zur Zeit der Geburt aufhält (die Mondkonstellation ist nur über die genaue Geburtsstunde errechenbar). Krebs und Fische entsprechen ganz seiner Wirkungsart; hier kommen seine Eigenschaften am auffallendsten zur Geltung. Im äußeren Bereich des Wirkens symbolisiert ein gut aspektierter Mond Beliebtheit und Bekanntwerden in der Öffentlichkeit (Popularität) – etwa bei Schauspielern. Zeitlich gesehen regiert der Mond das Kindesalter und die frühe Jugend. Man schließt aus der Stellung des Mondes auf Reisen, »Fernsehnsucht«, Romantik, Phantasie.

Sehr zu beachten sind beim Mond stets die Aspekte anderer Planeten, die ihm überhaupt erst eine gewisse »Substanz« verleihen, ihn formen und prägen (siehe auch unter *Die Lehre von den Aspekten und Planetenpositionen in den zwölf Zeichen).* Er braucht in erster Linie Sonnen- oder Merkuraspekte. Bei ungünstiger Aspektierung zeigt sich die Triebnatur beziehungsweise das »Getriebenwerden« von den eigenen Wünschen, Ideen, Phantasien und Begierden. Bei Kindern und jüngeren Menschen äußert sich dies als auffallende Unrast, seelische und geistige Unruhe, wobei sie von einer Idee oder Beschäftigung rasch wieder abspringen, um einer neuen zu folgen, die ebenfalls nicht lange anhält. Sie wirken zerstreut und sind der Schrecken der Eltern und Erzieher. Alle unbeherrschten Triebe, Wünsche und Instinkte wuchern dann und stempeln solche Menschen zu haltlosen, allen Eindrücken unterworfenen Individuen.

Hinsichtlich des Berufslebens ergibt sich ein eigenartiger Zusammenhang mit äußerer Unruhe, Wandern, Reisen, Wechseln der Position oder der Wohnung, häufiger Verbindung zur Öffentlichkeit, zum »Volk«, zum Kollektiv. Da der Mond sehr genaue Hinweise auf die Persönlichkeit eines Menschen (nicht auf seine Individualität) liefert, muß seine Gesamtkonstellation, Aspektierung und Felderstellung in einem Horoskop immer sehr genau beachtet werden.

☿

Merkur: Leitbild für Intellekt, Verstand, Sprache und Schrift, Vermittlung.

In der griechischen Astrologie war Merkur oder Hermes der »geflügelte Götterbote«, der zwischen »Göttern« und Irdischen vermittelte, der Gott der Kaufleute und Schriftgelehrten. In der modernen Astrologie ist er das Symbol für das Denken, den ordnenden Verstand. Ebenso wie im Fall des Mondes ist die Aspektierung des Merkur von größter Wichtigkeit, denn die wirkliche »Tiefe« des Intellekts, die Substanz des Denkens ergibt sich nur über die vielfältigste Berührung und Beziehung des Merkur zu den übrigen Gestirnen; die »merkurischen Kräfte sind schillernd, vielseitig, täuschend«. Merkur wird tatsächlich zum Überbringer aller Gaben, die er über die Aspekte anderer Planeten erhält. Seine »Reichweite« geht von geistiger Leere, Dürftigkeit oder Schwätzerei bis zu wirklicher Originalität, Erkenntnis, ja Genialität. So ist seine jeweilige Stellung in den Feldern, im Zeichen, aber besonders im Aspekt von ausschlaggebender Bedeutung, wenn man den »geistigen Standort« eines Menschen ergründen will.

Die Ergebnisse statistischer Reihenuntersuchungen über die Aussagen des Merkursymbols in einem Horoskop waren sehr überzeugend: Sprache, Rede, intellektuelle Gewandtheit, Gedächtnis, Auffassungsgabe, Logik, Ausdruckskraft in Rede und Schrift waren in allen Fällen gut zu ersehen. Sogenannte »schlechte Aspekte« auf den Merkur schmälerten diese Fähigkeiten keineswegs, sondern verlagerten sie und verstärkten dann List, Schlauheit, Täuschung, Schwindel und Kritik. Lediglich Merkurkonstellationen ohne jede Aspektierung hatten Bezug zu einer niederen Geistigkeit ohne innere Substanz.

Am überzeugendsten offenbart die Merkurposition im Horoskop die sprachliche Beweglichkeit, die von der Debatte über die Satire bis zum Sarkasmus reichen kann. Der »substanzlose« Merkur symbolisiert immer erhöhte Neugierde, Sensationslust, manchmal Lüge oder Boshaftigkeit. Der betreffende Mensch neigt zur Tagesmeinung, ändert schnell seine Ansichten und »schwätzt« drauflos.

Aspektierungen zum Uranus, Saturn oder Jupiter bringen eine erfinderische, originelle, geniale Geistigkeit. Um die »Reichweite« des Merkursymbols richtig abzuschätzen, bedarf es langer praktischer Erfahrungen, denn ein »Merkurtyp« kann infolge seiner wendigen Intelligenz auch »blenden«.

Der äußere Sektor der Merkurwirkungen zeigt sich im Handel, im Verkehr, im Schrifttum und in der Literatur, in der Vermittlertätigkeit (Makler aller Art), aber auch in wissenschaftlichen und forschenden Berufsgruppen. An wichtigen Eckfeldern des Horoskops oder gar in Aszendentennähe wirkt Merkur »jung« und verleiht über viele Jahrzehnte geistige Spannkraft und jugendliches Aussehen. Körperlich gibt er die »asthenische« Form (schmalgliedrig, schlank). Ihm zugeordnet sind das Nervensystem, die Nervensubstanz, das Sprechen und die Sprachorgane, von den Gliedmaßen die Hände und Finger. Sprachhemmungen – besonders solche nervöser Art – und Taubheit sind meist auf Aspektverletzungen des Merkur zurückzuführen.

Begabung für technisches, lineares Zeichnen, für Graphik, aber auch für alle übrigen schriftlichen Ausdrucksmittel fand sich bei starken Merkurkonstellationen.

Das »niedere« Tätigkeitsfeld des Merkur kann bezeichnet werden mit den Stichwörtern: Handel, Kauf und Verkauf, Vermittlung, Verbindungen, Beziehungen, Agenturen, »Tagesneuigkeiten«. Er fördert Findigkeit und Gewandtheit, Ruhelosigkeit und Vielgeschäftigkeit (Telefonieren, Fahren), Nervosität und Mangel an Konzentration und Ausdauer. Jeder Merkur bedarf daher dringend »aufbessernder« Aspekte – wie etwa über Saturn –, will er das gründliche, wissenschaftliche, konzentrierte Denken übermitteln. Ein Uranusaspekt verleiht ihm Originalität, Erfindersinn. Ein Jupiteraspekt vertieft den Intellekt. Seit alters ist er der Herrscher über das Zeichen Zwillinge, das seinem Wesen entspricht. In seinem zweiten Zeichen Jungfrau lenkt er den Blick auf die Einzelheiten einer Sache, fördert also das Ordnen, Einreihen, Gliedern, die Kritik. Sehr interessant ist in diesem Zusammenhang die Häufung von Kritikern, Lehrern, Statistikern, Mathematikern im Zeichen Jungfrau – dem zweiten Merkurzeichen. Auch Sprachlehrer, Übersetzer, Dolmetscher hatten »merkuriale« Konstellationen. Noch genauere Deutungen erfährt der Leser im Abschnitt »Merkur und seine Stellung in den zwölf Zeichen«.

♀

Venus: Leitbild für Liebe, Erotik, Sexualität, Harmonie, Schönheit, Kunst.

Die klassischen Astrologen des Altertums nannten die Venus das »kleine Glück« – im Gegensatz zu Jupiter, dem »großen Glück«. Bei den Griechen war sie Aphrodite, die Göttin der Liebe. In der psychologischen Symboldeutung hat sie Bezug zur Harmonie, zur Verbindung alles Getrennten in der Liebe, zur Hingabe an das »Du« – wobei auch die Hingabefähigkeit gemeint ist, zum Ausgleich der Kräfte und zur Versöhnung der Gegensätze. Im männlichen Horoskop zeigt sie eher den Gegenstand der Liebe auf, im weiblichen die Art und Intensität der Liebe.

Die »Verfeinerung aller rohen Kräfte«, die Veredelung der Sinne und Leidenschaften, die künstlerische Gestaltungskraft und das Gesetz der Harmonie sind das Anliegen der Venus, das sie je nach ihrer Gesamtkonstellation im Horoskop durchzusetzen trachtet. In hohem Maß eignet ihr auch der Formensinn, das Verlangen nach Ästhetik, daher auch alles künstlerische Wollen, jede »Veredelung« und Verfeinerung von Stoff und Materie, jegliches Schönheitsgefühl und Verlangen nach Anmut.

Die Konstellation der Venus symbolisiert, wieviel und in welcher Qualität diese Grundtendenzen in Erscheinung treten können. Wirkt sie beim einen mehr in die vergeistigte Sphäre des Stoffes, also in die Richtung künstlerischen Schaffens, so führt sie beim anderen zum Versinken in den Niederungen der Materie und der Leidenschaften. Die »Nachtseite« der Venus bewirkt Begierde, Verweichlichung, Laster und Leichtsinn. Wie immer handelt es sich um die Substanz, die im Symbol der Venus angelegt ist. Und diese wird erkenntlich durch die Felderstellung im Horoskop, durch das Zeichen, in dem sie sich aufhält, und am besten durch die Aspekte, die sie von anderen Planeten erhält.

Im günstigen Sinn handelt es sich um das »Gleichgewicht der Gegensätze«, also um Harmonie, den Genuß am Schönen, Kultivierten und Verfeinerten. So ist die Venus seit alters symbolisch die Sachwalterin der Künste und aller Dinge, die »der Schönheit dienen«. Hinsichtlich der Gefühle zielt sie auf die Erotik im weitesten Sinn. Bei schlechter Aspektierung führt sie zum Laster und zum Absinken in die Bereiche der bloßen Sexualität.

Sie veredelt die Sinne und das Streben eines Menschen. Ausgesprochene »Venustypen« zeigen daher Verfeinerung, modisches Gefühl, harmonische Tendenz im Gemeinschaftsleben, natürlich auch ein Verlangen nach »angenehmem Leben«, Erfolg auf mühelose Art, wobei Geduld, Ausdauer und heftiges Wollen sehr selten ausgeprägt sind. Gegen rein körperliche Arbeit besteht Abneigung. Gesellschaftliche Talente und ein »geschliffenes«, liebenswürdiges Benehmen sichern diesen Typen den äußeren Erfolg im Leben.

In hohem Maß ist die Venus Symbol für Ästhetik und Lebensgenuß verfeinerter Art. Sie ist das absolute Gegenteil des »kriegerischen«, aktiven, befehlenden und »autoritären« Mars. Venus und Mars sind kosmische »Gegenspieler«. Dieses spannungsgeladene Verhältnis zeigt sich überzeugend auch auf dem irdischen Plan – im Verhalten von Venus- zu Marstypen – etwa Künstlern zum Militär.

Sehr überzeugend ist dieser ewige Kampf »Venus kontra Mars« im Horoskop von Erich Kästner ersichtlich (geboren: 23. II. 1899 in Dresden): Hier befindet sich die Venus in 18 Grad Steinbock im exakten Oppositionsaspekt zum Mars in 19 Grad Krebs. Kästners pointierte Zeitsatire, die zeitweilig grimmig-bissigen Humor zeigt, ist der »rote Faden« in seinen Büchern; sie wendet sich gegen alle »marsgeladenen« Mächte und Weltanschauungen.

Auch auf dem rein körperlichen Sektor ist der Venuseinfluß sofort erkennbar in den äußeren Formen, die weicher, abgerundeter, verfeinerter, hübscher sind (Venus ist ein »weibliches Symbol«). Ihre besten Gaben zeigt sie im Zeichen der Waage, über das sie herrscht. Man wird besonders bei Waage-Geborenen – Waage am Aszendenten oder Sonne in der Waage – diesen Hang zur Verfeinerung, zur Ästhetik, zum Lebensgenuß, zur Liebe und zu den Künsten feststellen können. Die Beeinflußbarkeit durch äußere Eindrücke und die leichte »Verführbarkeit« sind groß.

Unterster Aspekt der einstigen »Aphrodite« und der modernen »Venus« ist die »käufliche Liebe« (siehe *Lehre von den Aspekten und Planetenpositionen in den zwölf Zeichen*). Sie kann zum Laster, zur Ausschweifung, zur steten Begierde führen. Vom kultivierten Geschmack zur Geschmacklosigkeit ist es oft nur ein Schritt. Die Gesamtaspektierung der Venus in einem Horoskop zeigt an, welche Erfahrungen ein Mensch auf dem Gebiet des Sexus, der Triebsphäre, mit dem anderen Geschlecht macht. Auch die Reaktionsweise des Gemüts ist sofort ersichtlich. In ihrem zweiten Zeichen Stier – in dem die Venus ebenfalls »herrscht« – macht sie den Menschen bodenständiger, derber, den irdischen Genüssen zugeneigter. Hier führt sie zum Eindringen in den Stoff, die Materie (= Stier).

Rein körperlich symbolisiert die Venus die Sexualsphäre, die Nieren und die Blase, die Venen und die Drüsentätigkeit, im weiblichen Horoskop speziell die Unterleibsorgane.

Die Berufsgruppen liegen bei starker Venusbetonung stets im Bereich der Künste (sehr oft Schauspielkunst, Musik, Gesang, Tanz, Rhythmik). So zeigt sich beispielsweise im Horoskop von Marilyn Monroe (geboren 1. VI. 26) die Venus in maximaler Konstellation im Feld I der eigenen Persönlichkeit und genau im Schnittpunkt von Mond und Pluto: »Massenwirkung«, Idol, »Sexbombe«. Auch sämtliche »Verschönerungsberufe« – Friseure, Schneiderinnen, Modekünstler – haben ausgeprägte Venustendenzen. Im männlichen Horoskop symbolisiert Venus die Freundin, die Geliebte – im Gegensatz zur Gattin oder Mutter = Mond –, ganz allgemein aber Frauen, junge Mädchen. Die Temperamentsanlage bei starker Venusbetonung ist sanguinisch, die Körperform nähert sich der pyknischen (abgerundete Formen).

♂

Mars: Leitbild für Wille, Energie, Tatkraft, Kampfgeist.

In der Welt der Materie ist der Mars das Kampfsymbol schlechthin und steht für Auseinandersetzung, unbeherrschte Leidenschaftlichkeit und triebhafte Begierde im Gegensatz zur ideellen Liebe. So wird der Mars zum Gegenspieler der Venus, denn er fördert Abneigung, Trennung oder Konflikte. In der negativen Übersteigerung bringt er Gewalt, Zerstörung, Unterjochung. Psychologisch ist er das Symbol des Leitens und Führens, der treibenden Kraft und des Verlangens nach »Herrschaft«. Wiederum kommt es vor allen Dingen auf die Konstellation in Feld und Zeichen, am meisten auf die Aspektierung von seiten anderer Planeten an. Gemäß dem derzeitigen Entwicklungszustand der Menschheit entspricht die marsische Energie noch überwiegend dem Kampf aller gegen alle, dem Krieg und der Zerstörung. Als positives Symbol steht er für Mut, Tapferkeit und alle motorischen Willensimpulse, ohne die es keinen Fortschritt, keine Bewegung und keine Selbstbehauptung gäbe. Das alte klassische Symbol »Mars« war gleichbedeutend mit »Übeltäter«. In der modernen Deutung der »Entsprechungen« bedeutet der Mars nur noch »Antrieb, Aktion«. Gewiß fehlt ihm ausgeglichene Harmonie; die marsischen Energien sind oft blindwütig auf ein Ziel gerichtet.

Im Körperlichen entsprechen dem Mars Zeugung und Fortpflanzung, weshalb ihm auch die männliche Sexualfunktion zugeordnet wird. Er beherrscht außerdem die Muskeln, Sehnen und die Gallenblase. Ferner zeigt er den athletischen Typ an, und unter den Temperamenten eignet ihm das cholerische.

Erfährt das marsische Prinzip keine Bändigung oder Beherrschung, so versinkt es völlig in den Stoff, in die Materie, löst asoziale Instinkte aus und tendiert zum Verbrechertum, zur Gewalt und in besonderen Fällen zum Sadismus. Es kommt dann zu Rache, Haß, schrankenlosem Ausleben der niederen Instinkte, Machtrausch und gewalttätigem Durchsetzen des eigenen Ichs. Diese schädigenden oder gewaltsamen Tendenzen haben nichts mit dem Gestirn Mars am Himmel zu tun, sondern sind Endergebnisse aus Erbanlagen, negativen Milieuverhältnissen, mangelnder Selbsterziehung und Umwelteinflüssen der frühen Jugend. Im praktischen Teil dieses Buches fügen wir einige typische »Mörderhoroskope« bei, um die Marsverletzungen im Horoskop aufzuzeigen. Solche Aspekte sind nicht »aus sich selbst wirkend«, also keinesfalls »Schicksal« andeutend. Sie können immer nur Deutungssymbol sein, das einen Rückschluß auf die psychologischen Reaktionen, die Tatbereitschaft, das Überwuchern der Triebkräfte zuläßt. Der Mensch wird also nicht zum Mörder, weil er einen »gewalttätigen Mars« im Horoskop besitzt, sondern seine Charakteranlagen sind gewalttätig und schränken die Überlegung, die geistige Beherrschung niederer Triebkräfte ein. Der Mars befindet sich in Wahrheit in der eigenen Brust, in der gesamten Seelenanlage inklusive aller Erbschäden. Dieses Beispiel möge für alle übrigen Gestirnsymbole gelten.

Was der Mars im Horoskop aufzeigt, ist das Maß der vorhandenen Willenskraft – die Quantität –, aber auch die Zielrichtung dieses Willens – die Qualität des Mars. Im Abschnitt »Mars in den zwölf Zeichen« erläutern wir diese Zielrichtung. Die Aspekte auf dem Mars zeigen dagegen seine Energie – die Quantität – an. Vermengt sich beispielsweise die Marsschwingung mit jener des »Saturnprinzips« (siehe den Abschnitt *Saturn*), so zeigt dies bei genügender geistiger Entwicklung des Menschen die Fähigkeit zur Selbstbeherrschung: Die Triebkräfte kommen unter die bändigende Gewalt des Willens, der Vernunft. Beim gegenteiligen Fall einer verletzenden Aspektierung des Mars (siehe unter *Aspekte*) ergibt sich eine *Tendenz* zu Gewalttätigkeit, Starrsinn, Aufsässigkeit, Auflehnung usw. Da der Mars auch noch das Maß des »Freiheitsstrebens« aufzeigt, kann man aus seiner jeweiligen Konstellation überzeugend gut ersehen, ob und mit welchen Mitteln sich ein Mensch im Leben oder im Beruf durchzusetzen vermag. So bekommt der verfeinerte, »geschliffenere« Mars – über Merkuraspekte – leicht einen Einschlag von Ironie, Satire. Sehr »schlechte« bis negative Aspekte oder Zeichenbeeinflussungen lassen in die Niederungen der Begierden und Leidenschaften absinken. Die Aspekte sind indessen nur Anzeiger, nicht Auslöser! Der Mensch selbst erfüllt sie mit Leben, mit der Tat, ist selbstverantwortlich für seine eigene Entscheidung. Daher unser Hinweis: Es gibt keine guten oder schlechten Konstellationen. Wer zu jeder Stunde seines Lebens seine Willensimpulse, seine Entscheidungen, seine Triebe überdenkt, beherrscht, mit Hilfe von Intellekt und Vernunft lenkt, kann unter keinen Umständen von seinem »Mars« ferngesteuert werden! Das Zeichen, das vom Mars beherrscht wird, ist der Widder. Hier kommen die marsischen Energien am reinsten zum Ausdruck. Es zeigt sich dann die »feurige« Wesensanlage, die Neigung zur Impulsivität, zur Ungeduld, zur Schnelligkeit des Denkens und Handelns, des Redens und Urteilens am klarsten. Tatsächlich sind diese Eigenschaften hauptsächlich bei Menschen mit Sonne im Zeichen Widder oder mit dem Widder als Aszendenten anzutreffen. Der Drang zur Führung und Leitung ist als »typische Marseigenschaft« so gut wie immer vorhanden und bestätigt überzeugend die Wirkung der Tierkreiszeichen. Widder wirkt immer »stellvertretend« für den Mars. Die Entsprechungen von Planetensymbolen und Tierkreiszeichen sind das Gerüst einer psychologischen Horoskopdeutung (siehe Seite 36, Tafel der Planetensymbole). Sie zeigen die »Hintergründe« des Handelns auf und damit die Tatsache, daß der Mensch kein Befehlsempfänger irgendwelcher Sterne ist, sondern gemäß seiner seelischen und körperlichen Anlage und seinen geistigen Fähigkeiten sein Schicksal selbst formt. Seine Zukunft entsteht also weitgehend aus den Handlungen und Impulsen der Gegenwart. Im soziologischen Sinn symbolisiert der Mars alle Waffenträger – Militär, Polizei –, alle Berufe, die mit Werkzeugen und Maschinen zu tun haben – Schlosser, Schmiede, Mechaniker, Dreher usw. –, aber auch Chirurgen, Bildhauer, die gehobenen technischen Spezialberufe, ferner Jäger, zuweilen auch Chemiker, Sportler, Politiker, Ingenieure, auch alle Berufe der Stahl- und Maschinenbranche, der Eisenindustrie, der Waffenfabrikation usw., schließlich jede handwerkliche Begabung schlechthin. Auch das Metzgereigewerbe ist ihm unterstellt. Körperlich symbolisiert der Mars die Muskeln, die Galle, die Sexualfunktionen. Wenn er sich in »Eckfeldern« eines Horoskops befindet, sollte man ihm größte Beachtung schenken. In der mittelalterlichen Astrologie wurde ihm jedwede Art von Unglück, Unfall, Mord, Tod, Verletzung, Operation zugeschrieben. Die moderne Astrologie benützt ihn nur noch als Symbol und Leitbild für Wille oder Tat.

♃

Jupiter: Leitbild für die Fülle, das »Glück«, Weisheit, Gesetz, Religion, Ehren, Reichtum.

Die alten Astrologen nannten ihn *fortuna maior* oder das »große Glück«. In allen Horoskopen ist er das »aufbessernde« Symbol, bedeutet er Hilfe, Förderung, Protektion. Meist wird er im weltlichen, materiellen Sinn gedeutet als »Symbol der Finanzen«, des sozialen Aufstiegs und der zu erwartenden Ehren und Auszeichnungen.

In Wahrheit hat er Bezug zur geistigen Erweiterung, zur Erkenntnis und Weltanschauung wie überhaupt zur Philosophie; »Jupiter« vertritt das »Gesetz«, die Weisheit, im Unterschied zum alltäglichen Intellekt. Je nach seiner Konstellation und seinen Aspekten symbolisiert er die »geistige Sicht« eines Menschen, aber auch die vertrauensvolle Hingabe an »höhere Ordnungen« samt dem »Glauben an die Gerechtigkeit«. Insofern hat der Jupiter auch Bezug zum Optimismus, zur Lebensfreude, zur Harmonie und zur inneren und äußeren Freiheit. Man spricht von einem »jovialen« Menschen und meint damit den Jupitereinschlag der Großmut und Großzügigkeit.

Psychologisch gesehen ist der Jupiter Symbol für die innere Erkenntnis, die frei macht, vor allem durch Erfüllung des Gesetzes, wobei hier das »innere Gesetz« gemeint ist. In seiner besten und schönsten Anlage führt der Jupiter kraft innerer Erleuchtung und Erweiterung des geistigen Gesichtskreises zu echter Humanitas und jenem »Herrschertum«, das Gewalt und Willkür nicht nötig hat, das vielmehr durch innere Vornehmheit und Adel der Gesinnung überzeugt. Daß die echten »Jupitertypen« in unserem materialistischen Zeitalter sehr selten geworden sind, versteht sich von selbst.

In der Vulgär- oder Alltagsastrologie wird Jupiter zur Entsprechung für allgemein menschliches Glück, Geld, Reichtum, Ehren und Aufstieg. Von all diesen Dingen ist im Horoskop einiges zu entdecken: zum Beispiel das »zufallende Glück«, eine Erleichterung, etwa durch elterlichen Besitz, Erbschaften oder durch sonstige Förderung, Möglichkeit der Entfaltung und Erfüllung. Die Geschenke Jupiters können allerdings sehr verschieden sein: Der eine sucht und forscht im Geistigen, bildet sich weiter und verlangt nach den »Wassern des Lebens«, der Erkenntnis. Ein anderer will schlechthin »Geld«, Erweiterung seines Geschäfts, Aufstieg im Beruf oder Geld durch Heirat. Was hier »geschenkt« werden kann, hängt also sehr vom erreichten geistigen Standpunkt ab. Nicht immer sind Güte und Weisheit – die wahren Geschenke Jupiters – die gesuchten Geschenkartikel. Die Jupiterkonstellation im Horoskop vermittelt ein ziemlich genaues Bild der Wünsche und Forderungen eines Menschen an das Schicksal. Die genaue Deutung des Jupitersymbols ist indessen nicht immer leicht, denn schon ein einziger negativer Aspekt mindert seine »Gaben«, die schöpferischen Kräfte, und so wird dann aus Weisheit intellektuelles Wissen, aus Freiheit Zwang, aus Macht Gewalt, und der echte Herrscher wird zum Revolutionär. Die negative Entsprechung des Jupitersymbols bedeutet Auflehnung, Prahlen, Genußsucht, Scheinheiligkeit, Hochmut, Verschwendung, Flachheit und Konflikt mit dem Gesetz, der Behörde oder dem Vorgesetzten.

So unendlich vielseitig – und daher keinesfalls leicht erkennbar – die Jupiterwirkung ist, so durchzieht sie doch immer der eine rote Faden: der Zug zur Ausdehnung der Persönlichkeit. Der echte »Jupitertyp« strahlt diese Herrschertendenz so aus, daß man sie als selbstverständlich empfindet. Fehlt es dem Jupiter an Substanz, wird alles zur »Angabe«, Prahlerei, Großspurigkeit, Aufgeblasenheit. Dem »geborenen Vorgesetzten« ordnen sich Untergebene willig und reibungslos unter. Der Angeber hat Zwang nötig und provoziert Auflehnung.

Von alters her symbolisiert der Jupiter auch das Gesetz, das Gericht, den Richter, den Anwalt und den Prozeß, ebenso häufig die staatlich anerkannte Kirche – nicht die Sekten! –, die geistliche und weltliche Obrigkeit. Jeder im Horoskop »verletzte« Jupiter ist ein Symbol der Auflehnung, des Rebellentums gegen die Obrigkeit oder das Gesetz, die Vorschriften und den Zwang. In diesem Fall macht Jupiter den Menschen zum Kämpfer gegen die Ordnung. Im positiven Sinn bringt er Freiheit von Gesetz durch dessen Anerkennung.

In der rein materialistischen Deutung des Jupitersymbols hat er Bezug zum Geld schlechthin, im besonderen zum Kapital, also zur größtmöglichen Anhäufung von Geld. Es liegt im Wesen des negativen Jupiter, daß er übersteigert, beziehungsweise das Verlangen nach Überhöhung, Übersteigerung auslöst: Sicherungsverlangen wird zum Anhäufen von Vermögen, Verlangen nach Persönlichkeitsentfaltung wird zur Prunksucht und Üppigkeit, aus gesundem innerem Stolz wird Eitelkeit, und selbst im Bereich der körperlichen Freuden, wie Essen und Trinken, kommt es zur Üppigkeit, zur Fettsucht und zu den weithin bekannten Lebererkrankungen, den typischen »Jupiterkrankheiten«.

Ob positiv oder negativ – das »jovische Prinzip« ist die »Ausdehnung«, die Ausbreitung der Person, die Fülle oder das Verlangen danach.

Im höheren geistigen Aspekt aber ist Jupiter das Symbol für die Regierenden, für die »Repräsentation«, im früheren monarchischen Gedanken das »Gottesgnadentum«.

Materiell liegt die Entsprechung auf sozialem Aufstieg: der Großkaufmann, der Unternehmer schlechthin, der Bankier, der Verwalter der großen Werte, der Würdenträger, der »Topmanager« – sie alle befinden sich unter »Jupiterwirkung«, die sie psychologisch als Charakteranlage bereits von Natur aus besitzen. Werden die Werte zu Scheinwerten, so ergibt dies den Hochstapler – auch er vertritt den negativen Jupiter!

Körperlich hat der Jupiter in überzeugender Weise Bezug zur Leber und Galle, zum arteriellen Blutstrom, zum Schlagfluß, zur Fettsucht, auch zu Drüsenstörungen, zu Schwellungen, zur Vollblütigkeit, ferner noch zu Hüftgelenkerkrankungen, Ischias, Hexenschuß, Schenkelbrüchen, Sportunfällen, auch zur Zuckerkrankheit. »Jupitertypen« sind an der Leibesfülle, sehr oft auch an der Kahlheit beziehungsweise frühem Haarausfall erkennbar. So gut wie immer ist die pyknische Konstitution vorhanden.

Jupiter herrscht im Zeichen Schütze; in diesem Zeichen vermag er seine typischen Eigenschaften am besten auszuwirken. Die frühere Ansicht, daß er in anderen Zeichen etwa schlechter konstelliert wäre, ist überholt – er wirkt eben nur in anderer Richtung, wie beispielsweise in seinem zweiten Zeichen, das er beherrscht: in den Fischen. Hier fördert er mehr die Genußfreude, vermindert die Energie. Frühere Behauptungen, daß ein schlecht aspektierter Jupiter zu finanziellen Verlusten, überhaupt zu Risiken geschäftlicher Art oder zu häufigen Konflikten mit der Umwelt tendiert, haben sich nicht restlos als gesichert erwiesen. Näheres im Kapitel über die Aspekte.

♄

Saturn: Leitbild für Einschränkung, Begrenzung, Hemmung, Widerstand, Härte, das Alter.

Saturn, im griechischen Mythos Kronos, der »Gott der Zeit«, ist in Wahrheit der Gegenspieler der Sonne. Symbolisiert diese den Geist oder das Licht, so der Saturn die Finsternis oder die Materie. Man nannte ihn früher *infortuna maior* oder »das große Unglück«.

In der modernen psychologischen Entsprechung bedeutet er die Hemmung, die Sorge, die Pflicht, die harte Arbeit oder die Bewährungsprobe schlechthin. Er ist das Symbol der Einsamkeit – innerlich als Vereinsamung, äußerlich als Trennung –, der Absonderung vom Du, allerdings auch der Erfahrung und der Vertiefung der eigenen Persönlichkeit. Er zwingt zur Reife, zur Konzentration, zur Selbstbescheidung.

Mahatma Karamchand Gandhi,
geboren 2. X. 1869, 11.12 Uhr in Porbandarx.

Das Horoskop zeigt wie alle »Spannungshoroskope« eine Reihe von Oppositions- und Quadratverletzungen, wobei die Mars/Venus-Opposition zu Jupiter/Pluto am meisten auffällt und auch den gewaltsamen Tod aufzeigt. Das dreifache Trigon zwischen Mond, Saturn und Neptun zeigt den passiven Widerstand oder den Verzicht auf Gewalt überzeugend an. Der Saturn am Aszendenten im Schützen spricht für eine Geburtsstunde von 11 Uhr vormittags, entgegen der zweiten Version der Geburtsstunde um 7.45 Uhr. Saturn im Feld I und nahe dem Aszendenten: entbehrungsreiches Leben, Verzichte, geistige Kämpfe (Saturn im Schützen!).

Die Saturnwirkung kann man hinsichtlich der seelischen Haltung als »Tiefgang« bezeichnen. Der »Saturntyp« tendiert zur Depression, zur Schwere der Gedanken, im Gegensatz zum »Jupitertyp« zum Pessimismus. Das eigene Wirken und Wollen stößt im Bereich der Materie auf Widerstand. Der geistige Prozeß des Reifens, aber auch der körperliche Prozeß des Alterns untersteht dem Saturn, denn er ist das Prinzip des Erstarrens – auch des bekannten Altersstarrsinns –, des »Versteinerns«. Im Geistigen ist er das Symbol des Bewahrens, daher auch der Tradition oder des Festhaltens am Alten und Bewährten. Im negativen Aspekt zeigt der Saturn die Motive von Härte, Kälte, Egoismus, Haß, Sorgsucht und Geiz.

Der »Saturntyp« ist daher ichbezogen, in sich selbst konzentriert, gleichgültig gegenüber dem Nebenmenschen. Der geistig Entwickelte nützt die Begrenzung als Anlaß zu Konzentration, Zähigkeit im Wollen und Suche nach dem eigentlichen Lebensziel. Der Saturn setzt Schranken, engt die Vielseitigkeit der Interessen ein, wehrt Zersplitterung ab und führt zur Zielstrebigkeit.

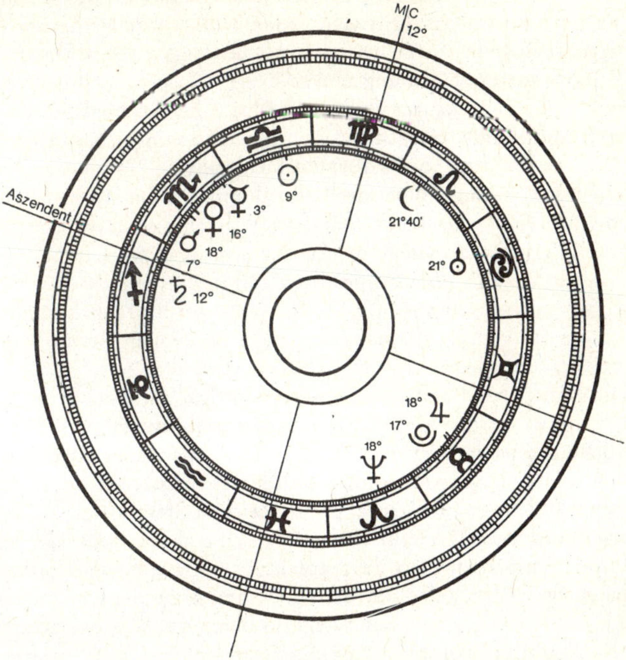

Diese Ziele können überaus ehrgeiziger Natur sein, bestehen oft im Verlangen nach sozialem Aufstieg, vor allem nach materieller Absicherung für das Alter.

Somit sind die Entsprechungen des Saturn in erster Linie Lebensernst, Ausdauer, Unermüdlichkeit, Fleiß und Gründlichkeit. Es hat sich in der Praxis erwiesen, daß der echte »Saturnier« niemals auf leichte, mühelose Weise zu den Schätzen dieser Welt kommt. Im Innersten hegt er daher Angst vor der Armut, manchmal auch Furcht vor dem Kommenden. So greift er zu den Sicherungen des Lebens: Lebensversicherungen, Immobilien, Haus- und Grundbesitz. Einmal zu Besitz gekommen, münden alle seine Anstrengungen im Motiv des Bewahrens, der »Sicherheiten« auf lange Sicht. Wer starke Saturnpositionen im Horoskop besitzt, verspürt die Symbolwirkung als innere Schwermut, Melancholie, seelische Depression.

Das Gemüt ist belastet und das Aufschließen anderen Menschen gegenüber erschwert. Saturntypen reden wenig, am wenigsten über die eigenen Probleme. Sie neigen zur Seßhaftigkeit, reisen nicht allzuviel, bleiben bodenständig und in den Ansichten, Überzeugungen konservativ. Sehr häufig findet man hier die Grüblernaturen, die auch Kummer oder Sorgen »in sich hineinfressen«. Das Leben und die Welt erscheinen ihnen voller Problematik.

Wiederum kommt es bei der Saturnkonstellation in einem Horoskop sehr auf die Zeichenstellung, am meisten aber auf die Aspekte anderer Planeten an (siehe hierzu auch die Kapitel *Die Lehre von den Aspekten* und *Planetenpositionen in den zwölf Zeichen*). Hier zeigt sich, inwieweit sich der Mensch aus dem Stoff und seiner Begrenzung zu befreien vermag, oder ob er im ewigen Kampf mit der Materie zu unterliegen droht.

Die Arbeit wird bei starkem Saturneinfluß zur Pflicht schlechthin, sie gewinnt den Charakter der »Erdenschwere«, des Müssens. In diesem Zusammenhang werden die Aspekte des Saturn zur Sonne, zum Mond oder zum Aszendenten besonders wichtig und aufschlußreich, am meisten aber das Zeichen Steinbock, in dem der Saturn herrscht. Man kann auf Anhieb eine ganze Reihe der bisher genannten Eigenschaften des Saturntyps bei Leuten mit Sonne im Zeichen Steinbock oder mit Steinbock am Aszendenten feststellen. Die körperliche Entsprechung liegt im Bereich des Knochensystems, der Gallenblase, der Milz und der Gelenke, besonders häufig der Knie und der Kniescheibe sowie diesbezüglicher Unfälle. Die äußere Erscheinung zeigt den asthenisch-athletischen Typ, der eher hager als fleischig ist. Viele Menschen aus dem Zeichen Steinbock, aber auch solche mit sehr stark konstelliertem Saturn klagen über Rheuma, Gicht, Stoffwechselkrankheiten. Diese Krankheiten haben zu tun mit der Kristallisation, der Grieß- oder Steinbildung (z. B. in der Galle). Sehr häufig sind unter Saturneinwirkung auch langwierige Hauterkrankungen zu finden. Die Verkalkung und Erstarrung gemäß den »Saturnperioden« ist sehr gut festzustellen, besonders zwischen dem 55. und 70. Lebensjahr. Der Steinbock als »Symbol des Kletterns« bezieht sich hier auf die Hindernisse, die Schwierigkeiten, den Berg der täglichen Mühe. Bei sehr guter Anlage im Horoskop zeigt sich im letzten Lebensdrittel der soziale und materielle Aufstieg, während das erste Lebensdrittel bis fast zur Lebensmitte durch Abhängigkeit bestimmt ist. Oft liegt gemäß den statistischen Erfahrungen dicht neben der erreichten Höhe der Sturz in die Tiefe, wie bei Napoleon, sozusagen als Symbol der Machtüberschreitung, der Überheblichkeit oder der Verblendung.

Das zweite Zeichen, in dem der Saturn herrscht, ist der Wassermann. Hier wirkt er in geistige Bereiche und führt zur Erkenntnis. Im Berufssektor sind charakteristisch Berufe der Landwirtschaft, des Gartenbaus und Bergbaus, ferner das gesamte Grundstückswesen, der Immobilienhandel. Auch die »niederen Bereiche« der Natur unterstehen ihm – Steine, Erden, Kohle, Mineralien –, unter den Wissenschaften die Mathematik, außerdem die Architektur, das gesamte Baufach, Fabriken, Kohlenbergwerke, Eisen- und Stahlwerke.

Mit dem Planetensymbol Saturn war in der mittelalterlichen Astrologie die Reihe der »Sternengötter« abgeschlossen. Die weiterhin folgenden Gestirne wurden erst in den letzten Jahrhunderten gefunden.

♅

Uranus: Leitbild für Umbruch, Veränderung, Wandlung, Umwertung aller Werte.

Uranus wurde 1781 von Herschel entdeckt, und lange Zeit wurde er auch nach ihm genannt. Uranus gehört zu den interessantesten Gestirnsymbolen der neueren Astrologie, denn er ist Künder des technischen Zeitalters und zeigt das Kommende, Reformierende und Revolutionäre an, weshalb ihm die Erfinder, die Techniker und Entdecker angehören. Der gewaltige, schon seit fünfzig Jahren spürbare Umbruch der Weltanschauungen und Regierungssysteme wird ihm zugeschrieben. Seine äußere materielle Wirkung zielt vorwiegend in die Richtung der Technik und Physik, insbesondere hat er Bezug zur Atomphysik, zur Kybernetik, zur Elektronik und auch zur Astronautik. Im seelischen Bereich erhöht er die Intuition, die Einfühlungsgabe, und fördert bei sehr starken Konstellationen in einem Horoskop Interesse wie auch Begabung zur Psychologie, zur angewandten Menschenkenntnis und zur Psychosomatik, der Lehre von den seelischen Einflüssen auf den Körper. In langjährigen statistischen Untersuchungen ergab sich als immer wiederkehrendes charakterliches Motiv ein Verlangen nach innerer und äußerer Freiheit und Unabhängigkeit. Daher auch die Beziehung zum Rebellentum im Geistigen, zu geborenen Revolutionären und Unruhestiftern. Die Wirkung des Uranus ist plötzlich, unvorhergesehen, und seine häufigsten Tendenzen im Beruf und im sozialen Bereich sind Umbruch, Veränderung, totale Umstellung, wobei die bisherige Stabilität aufhört und völlig Neues beginnt. Der zeitliche Wirkungshöhepunkt des Uranus liegt um das 21. Lebensjahr herum, dann wieder auf dem 41. bis 43. Lebensjahr, wobei sich speziell in diesen Jahren stets einschneidende Wenden ergeben. Meist werden dann »überholte« Zustände radikal beendet.

Zum Wesen des Uranus gehört der Erkenntnisdrang – auf niederer Ebene wird er zur bloßen Neugier –, die geistige Anregbarkeit, aber auch die seelische Reizbarkeit. »Uranusbetonte« Horoskope sind Symbole für Außenseiter, für Individualisten, für eigenwillige bis eigensinnige Verfechter von Überzeugungen oder Weltanschauungen. Der Eigensinn ist auch sonst sehr spürbar, so daß solche Menschen von vornherein jeglichen Zwang und jede Bevormundung strikt und leidenschaftlich ablehnen. Es besteht stets eine Neigung zu Reformen; Menschen mit starkem Uranuseinfluß sind niemals konservativ oder verteidigen das Althergebrachte.

In einer überzeugenden Weise zeigen sich alle bisher genannten Eigenschaften und seelischen Reaktionen bei Leuten mit der Sonne im Zeichen Wassermann oder dem Aszendenten im Wassermann. In diesem Zeichen herrscht der Uranus; dort bringt er seine speziellen Wesenszüge am reinsten zur Auswirkung.

Was der Uranus im höheren Sinn wirklich beabsichtigt, ist der geistige Durchbruch zur Erkenntnis, zur Überwindung der Materie, denn auch noch nicht allgemein bekannte seelische Fähigkeiten werden von ihm geweckt. Überdies ist er das eigentliche Gestirn der Astrologen (Merkuraspekte zum Uranus), aber auch der Psychologen und Psychotherapeuten.

Körperlich hat er Bezug zum Nervensystem, zum Kreislauf, ferner zu krampfartigen Erscheinungen und Lähmungen, überaus häufig zu nervösen Erkrankungen – Neurosen, Psychosen –, zu Krampfadern, Verrenkungen, Verstauchungen und Quetschungen. Sehr starke Verletzungen des Uranus durch ungünstige Aspekte anderer Gestirne sind Symbole für geistige Störungen. Ferner unterstehen ihm die Unterschenkel, Fußgelenke und Knöchel.

Eine überaus häufig festgestellte Beziehung zeigt der Uranus zur Elektrizität, zur Hochfrequenztechnik, Radartechnik und Elektronik. Man findet unter den Berufen immer wieder Elektrotechniker, Ingenieure, überhaupt Techniker aller Sparten, Radio- und Fernsehfachleute, Filmregisseure, aber auch Piloten, Chauffeure, ferner Lebensreformer, Magnetiseure, Psychoanalytiker und Heilkundige, Erfinder und Bastler.

Stark uranusbetonte Typen sind völlig unkonventionell, zuweilen sehr exzentrisch in Manieren und Neigungen; sie verachten Vorschriften oder Verbote, unterwerfen sich keiner irgendwie gearteten Obrigkeit. Auch hinsichtlich Liebe und Ehe haben sie sehr eigenwillige Ansichten und bevorzugen die persönliche Ungebundenheit, die unverbindlichen Liebesbeziehungen, wie überhaupt Wassermann als Zeichen des Uranus eher Freundschaft fördert als feste Bindungen. Näheres über diesen Bereich der Liebe und Ehe siehe unter *Liebe und Ehe im Zeichen Wassermann.*

Ist der geistige Reifegrad unterdurchschnittlich, so werden »Uranustypen« zu Außenseitern der menschlichen Gesellschaft und beunruhigen sich selbst und ihre engere Umwelt. In solchen Fällen sind die Lebensverhältnisse und beruflichen Positionen abnorm schwankend, ungesichert und von zahllosen Umbrüchen begleitet. Im äußeren politischen Geschehen (Welthoroskop) symbolisiert Uranus Revolutionen, politische Unruhen, Wetterkrisen, Erdkatastrophen. Eine spezielle Beziehung hat Uranus zur Kraftfahrtechnik, zur Motorisierung.

♆

Neptun: Leitbild für Täuschung, Illusion, Zersetzung, Altruismus, Inspiration, Opferung.

Der Neptun wurde 1846 als seinerzeit fernster Planet unseres Sonnensystems entdeckt. Völlig exakt erforscht ist er noch nicht, obwohl man weiß, daß er Einfluß auf das Gefühlsleben nimmt, auf die Phantasie, die Inspiration, aber auch auf ekstatische oder rauschbedingte Erlebnisse, zum Beispiel durch Marihuana, LSD usw.

Neptun ist Symbol für die Empfänglichkeit des Gemüts, für die Anfälligkeit gegenüber Versuchungen oder für die Abhängigkeit von Genußgiften, Drogen, Medikamenten, Spritzen und damit auch für jedwede Süchtigkeit.

Der höhere und höchste Aspekt des Neptun ist die Inspiration, die Intuition und damit die Ansprechbarkeit auf feinere und feinste Einflüsse – etwa im Bereich der Kunst auf Musik. Der Neptun beherrscht die Traumwelt, das Unterbewußtsein, die Tiefenwelt der Seele, daher auch Visionen, Hellfühlen, Telepathie, Wahrträume und das Gesamtgebiet der Radiästhesie – das Arbeiten mit der Wünschelrute. Ihm ist auch die Dichtung und die Märchenwelt zugeordnet. Oft bleibt es nur bei einer Art Naturbegabung für unterbewußte Fähigkeiten wie das »zweite Gesicht«, Medialität oder ähnliche Dinge. Geht diese seelische Lockerung und Anfälligkeit des Unterbewußtseins mit einem geistig nicht genügend gefestigten Wesenskern einher, so zeigt sich die verwirrende, chaotische Wirkung des Neptun häufig im Sinn einer allzu heftigen Phantasie oder krankhafter Überempfindlichkeit oder als schwankender Wille, der auf jeden äußeren Eindruck sofort reagiert. Insgesamt zeigt sich dann eine Beeinflussung durch andere Menschen. Auch die Abhängigkeit von stimmungserhöhenden Drogen und Medikamenten, ferner täuschende Sinneswahrnehmungen, Halluzinationen und psychische Angstzustände sind »neptunische« Wirkungen.

Der Durchschnittsmensch zeigt bei sehr starken Neptunkonstellationen – etwa in Aszendentennähe – eine erhöhte Feinfühligkeit und manchmal eine künstlerische Anlage. Markante Aspektverletzungen des Neptun haben eine Entsprechung zu Unkorrektheit, Unzuverlässigkeit, Schwindel und Betrug.

Der Neptun hat im Körperlichen Beziehung zum Lymphsystem, zum Sonnengeflecht, zur Zirbeldrüse, ferner zu Gärungs-, Zersetzungs- und Fäulniserscheinungen. Neuere Forscher haben bei statistischen Untersuchungen von Krebskranken stets den Neptun in ganz bestimmten Konstellationen gefunden. Die stärkste Beziehung aber ergab sich zu psychischen Leiden, Gemütsstörungen, Hypochondrie, Epilepsie.

Das Zeichen Fische kommt seiner Gesamtwirkung am nächsten, und daher »herrscht« er in diesem Zeichen, das ohnehin die flutende, träumerische, nach innen gerichtete seelische Haltung symbolisiert. Einfühlungsgabe und Phantasie sind ja auch in diesem Zeichen am stärksten ausgeprägt. Reicht die geistige Substanz aus, kann der verwirrende und chaotische Neptuneinfluß gebändigt werden. In diesem Fall erhöht sich die Intuition, und so fand man Komponisten, Musiker, Lyriker, Märchendichter und Maler stark vom Neptunsymbol beeinflußt. Aber auch die Auswüchse der »gegenstandslosen« Malerei haben eine Beziehung zum Neptun.

In der Berufsstatistik hat sich ferner eine Beziehung zur Schiffahrt, zum Fischereiwesen, zum Getränkehandel, Tabakhandel, zu Badeanstalten, Drogerien, Bars und Gastwirtschaften ergeben. Dem Neptun untersteht ferner der Film, die »Traumfabrik«.

Sehr viele Sektierer und religiöse Mystiker zeigen Neptuneinfluß. Die Deutung dieses Gestirns ist schwierig. Falls der Neptun keine besonders wichtige Konstellation an Eckfeldern besitzt, sollte man ihn nicht allzusehr beachten, angenommen, wenn er im Aspekt mit Sonne, Mond und Merkur ist. Außerdem braucht er fünfzehn Jahre, um ein Tierkreiszeichen zu durchlaufen, und hat vermutlich weit mehr Einfluß auf Generationen, auf den Zeitgeist, auf herrschende Kunstformen und psychopathische Erscheinungen. Wenn er etwa die Mitte eines Zeichens erreicht hat – nach etwa acht Jahren –, wirkt er am auffälligsten, je nach der Eigenart des Zeichens.

Pluto: Leitbild für Masse, Kollektiv, Zwang, Macht, Gewalt.

Diese Deutungen sind noch umstritten, denn Pluto wurde erst 1930 entdeckt. Zahlreiche astrologische Forscher haben sich mit ihm eingehend beschäftigt, so der Franzose Alexandre Volguine, in Deutschland Fritz Brunhübner und andere. Man erkannte zunächst eine Mischung von Merkur, Jupiter und Mars. Auf das Individuum hat er weniger Einfluß als auf die Masse, das Kollektiv. Wer ihn im Horoskop an einer auffallenden Stelle – etwa am Aszendenten oder Meridian – besitzt, hat in persönlicher oder beruflicher Hinsicht großen Einfluß, wird aber zu erhöhtem Willenseinsatz gezwungen, oft zur Mobilisierung aller Kräfte. Aber auch ungewöhnliche Erfolge, Einwirkung auf die Masse, also ungeheure Breiten- oder Tiefenwirkung über das berufliche – auch künstlerische – Schaffen zeigten Pluto-Einfluß. Ungewöhnlicher Geldzufluß, plötzliche Popularität, »meteorhafter« Aufstieg werden von ihm bewirkt. Eingehendere Forschungen über die Plutowirkung liegen mehrfach vor; sie haben sich als äußerst treffend erwiesen – so in dem Buch des Astrologen Parm: *Pluto*. Aber noch ist vieles im Stadium widersprüchlicher Auffassungen. Der Entdecker Plutos war der Astronom Lowell, der ihn am 21. Januar 1930 in Flagstaff/Arizona mit dem Fernrohr fand.

Noch wogt der Streit über das dem Pluto zugehörige Tierkreiszeichen hin und her. Zunächst reihte man ihn in die Wirkung des Zeichens Skorpion ein. Andere schreiben ihm den Widder zu, Volguine glaubt gemäß seinen Einzeluntersuchungen an das Zeichen Schütze. Einigermaßen bestätigte sich bisher als »typische« Plutowirkung die Erneuerung, der Umbruch, der Altes beseitigt. Pluto läuft pro Jahr nur eineinhalb Grad im Tierkreiszeichen vorwärts. Eine allzu große individuelle Bedeutung kann man ihm also noch weniger zuschreiben als dem Neptun. Viele glauben, daß er den Anbruch des Atomzeitalters symbolisiere.

Meine eigenen Untersuchungen anhand von Hunderten von Horoskopen mit auffallenden Pluto-Aspekten oder -Konstellationen ergaben beinahe überzeugend, daß er überdurchschnittliche Erfolge oder Glücksfälle bringt, ganz besonders aber ein plötzliches Bekanntwerden, also erhöhte Einflußnahme auf die Masse. So kamen ein Komponist und ein Schallplattentexter unter Plutotransit zu plötzlichem Reichtum; beide wurden weithin bekannt. Weite Reisen, ungewöhnliche und plötzliche Erweiterungen des Gesichtskreises, auch Weltreisen, ungewöhnliche Begegnungen und Kontakte, im ganzen also das Herausheben des Menschen aus dem Alltag in völlig neue Erlebnisse – dies waren bislang die auffallendsten Plutowirkungen.

Die Lehre von den Aspekten

Die Winkelbeziehungen der Planeten unter sich

Harmonische Aspekte – Disharmonische Aspekte – Entfernungstabelle über die Umkreiswerte – Konjunktionsaspekte – Sextilaspekte – Quadrataspekte – Trigonalaspekte – Oppositionsaspekte

Schon mehrfach war in den bisherigen Ausführungen von Aspekten der Planeten unter sich die Rede. Diese astrologische Lehre, die in der Praxis fest begründet ist, versteht darunter die gegenseitigen Anblickungen (= Aspektierungen) der Gestirne.

Diese Winkel haben bald eine stärkere, bald eine schwächere Wirkung. Der engste Winkel, den zwei oder mehr Gestirne bilden können, ist der Zusammenschein, die »Zusammenkunft« oder die

	☉	☽	♆	♅	♄	♃	♂	♀	☿
☉	-	13	10	11	12	12	11	11	11
☽	13	-	8	9	10	10	10	10	10
♆	10	8	-	6	7	7	6	6	6
♅	11	9	6	-	8	8	7	7	7
♄	12	10	7	8	-	9	8	8	8
♃	12	10	7	8	9	-	8	8	8
♂	11	10	6	7	8	8	-	8	8
♀	11	10	6	7	8	8	8	-	8
☿	11	10	6	7	8	8	8	8	-

Konjunktion (0–10 Grad Entfernung). Was ein solcher Aspekt charakterlich oder schicksalsmäßig bedeutet, davon später. Eine Entfernungstabelle zeigt an, bis zu welchem Umkreis (= Orbis) ein Aspekt noch gilt. Im Fall von Sonne mit Venus wären es z. B. äußerstens etwa 11 Grad.

Befinden sich nun zwei oder mehr Planeten in einer Entfernung von 180 Grad, so spricht man astronomisch von einem »Gegenschein« oder einer Opposition. Man nennt diesen überaus wichtigen Aspekt auch »Spannungsaspekt«.

Zählt man von einem Gestirn 60 Grad nach beiden Seiten und befindet sich in dieser Entfernung ein anderes oder mehrere Gestirne, so sind beide miteinander in einem Sextilaspekt (oder zwei Zeichen Entfernung). Dieser Aspekt wirkt zwar nicht so stark wie die Konjunktion oder Opposition, aber er ist doch deutlich wahrnehmbar.

Befinden sich schließlich zwei oder mehr Gestirne 120 Grad oder vier Zeichen voneinander entfernt, so spricht man von einem Trigonalaspekt. Dieser Aspekt ist äußerst wichtig und wirkt sehr harmonisch, begünstigend.

Haben zwei oder mehr Gestirne drei Zeichen oder 90 Grad Entfernung voneinander, so nennt man dies einen Quadrataspekt oder eine »Quadratur«. Auch dieser Aspekt ist äußerst markant in der Wirkung!

Außer diesen wichtigsten Aspekten gibt es astronomisch noch zahlreiche andere, wie z. B. Halbsextile (30 Grad Entfernung), Halbquadrate (45 Grad Entfernung), Quinkunx (150 Grad Entfernung) und eineinhalb Quadrate (135 Grad Entfernung) sowie den Parallelschein (zwei Planeten im gleichen Abstand vom Äquator). Doch sind diese Aspektgruppen in bezug auf ihre Wirkung mehr oder minder umstritten, teils auch nicht sonderlich spürbar, und gemeinhin werden sie vom Laien außer acht gelassen. Der Fachastrologe allerdings rechnet auch mit diesen kleineren Aspekten, insbesondere dann, wenn sie sich gradgenau ergeben und daher »exakt« werden, wie man dies nennt.

Die Wirkung der Aspekte auf Charakter und Schicksal

Es ist selbstverständlich nicht gleichgültig, in welcher Entfernung zwei oder mehr Gestirne einander »bestrahlen« oder aspektieren. Einmal zeigt sich die Wirkung harmonisch, und man spricht daher auch von »harmonischen« Aspekten – ein andermal ist die Wirkung eines Aspekts ausgesprochen »disharmonisch«, und man spricht dann von »Spannungs«- oder disharmonischen Aspekten. Worum es sich im Grunde dreht, das heißt, welche spezifischen Ursachen bei diesem oder jenem Aspekt wirksam werden, kann ebensowenig wissenschaftlich exakt erklärt werden, wie der Physiker heute sagen kann, was Elektrizität wirklich ist. Man kennt nur die Wirkungen. Auch bei den Aspekten kann man lediglich durch Erfahrung und Beobachtung aussagen, wie die Wirkung praktisch sein wird. Diese Erfahrung ist allerdings jahrtausendealt.

I. Die Wirkungen des Konjunktionsaspekts ☌

Zwei im Zusammenschein oder in Konjunktion befindliche Planeten vereinigen sozusagen ihre Strahlungen miteinander, und es wird bei diesem Aspekt klar, daß der Zusammenhang harmonisch sein wird, wenn sich harmonische Planeten miteinander vereinigen – daß er aber disharmonisch sein muß, wenn antagonistische Planeten ihre Strahlen vereinigen.

In der Praxis würde beispielsweise die strahlende feurige Sonne als Symbol der Lebenskraft, der Ausdehnung, der Erfüllung in Konjunktion mit dem Saturn, dem Symbol der Einengung, der Kälte, des Widerstands, keine sehr günstige Aspektwirkung ergeben. Beide Gestirne sind antagonistisch, das heißt, ihre Wirkungen überschneiden sich, heben sich möglicherweise gegenseitig auf. Hier wird die Sonnenkraft durch den Saturn gehemmt. Dies ist freilich nur eine sehr oberflächliche Darstellung dieser Konjunktion, denn in Wirklichkeit kommen auch noch die Felderkonstellation und die Zeichenbesetzung beider Planeten samt allen übrigen Aspekten, die auf diese Planetenkonjunktion treffen, in Frage. Es sei noch bemerkt, daß auch die Geschwindigkeit eines laufenden Gestirns, die Exaktheit eines Aspekts (10–12 Grad Entfernung sind nicht mehr »exakt«) bei der Beurteilung eine große Rolle spielen.

Für den Laien ist es also nur wichtig zu wissen, daß die Konjunktion und deren Beurteilung ganz und gar von der Art und Qualität der Planeten abhängen, die diese Konjunktion bilden. In der astrologischen Literatur gibt es nun sogenannte »Regelbücher«, die alle möglichen Konjunktionen in ihrer Auswirkung schildern. Man kann aber darin nur Notbehelfe für den Anfänger sehen, denn die praktische Analyse eines Aspekts ist nicht immer leicht, und es gehört viel praktische Erfahrung dazu, um die Wirkung zweier oder gar mehrerer Gestirngruppen in einem Zeichen abzuschätzen. Daß jedoch eine Konjunktion der Sonne mit dem Glücks-

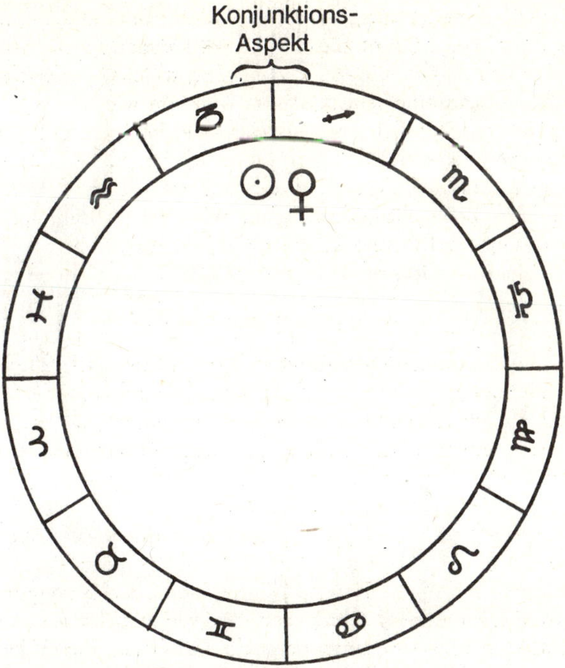

Beispiel für eine Konjunktion: Sonne und Venus

symbol Jupiter in einem Horoskop eine äußerst helfende, fördernde, expansive Wirkung zeitigt, wird jedem klar, der die Gestirne als Symbole und ihre Wirkungen als Entsprechungen auffaßt, wie wir dies unter dem Abschnitt der Planetensymbole schildern. So wird auch die Konjunktion der Sonne mit Mars die beiden feurigen, belebenden und impulsiven Entsprechungen dieser Gestirnsymbole nur noch erhöhen.

2. *Die Opposition und ihre Wirkung* ☍

Diesen Aspekt bezeichnet man als Spannungsaspekt, und seine Wirkung ist stets beunruhigend, disharmonisch, trennend, Auflehnung und Kampf fördernd. Hier prallen verschiedenartige Kräfte aufeinander, die zum Widerstreit tendieren. Es kommt nun allerdings

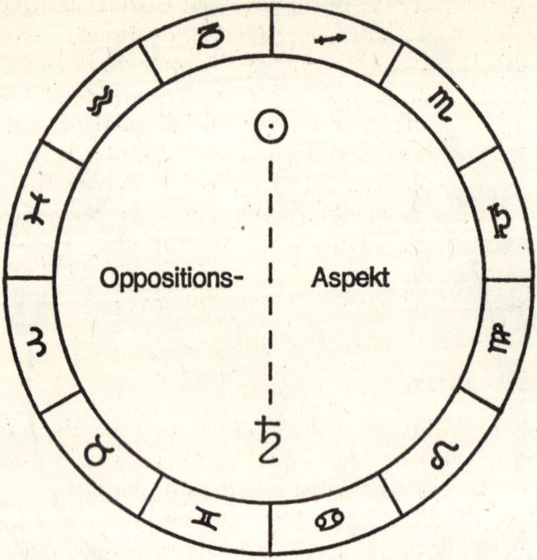

auch bei diesem Aspekt sehr darauf an, welche Planeten einander gegenüberstehen. Aber selbst zwei so harmonisch und glücklich wirkende Symbole wie Jupiter und Venus können, wenn sie sich gegenseitig in Opposition aspektieren, sehr unangenehme Charakterschwächen andeuten, wie Eitelkeit, Anmaßung, Neigung zum Aufwand und zur Verschwendung. Schicksalsmäßig treibt der Oppositionsaspekt zu Kämpfen mit der Umgebung, zu Reibungen, und im Fall des Mars mit Saturn (also Mars Opposition Saturn) kann es sogar zu großen Schicksalskrisen, Lebensbedrohungen, Kraftproben oder zu Querulantentum kommen. Aber erst das individuelle Horoskop wird aufzeigen, ob beispielsweise die Tendenz dieses Krisenaspekts dahin geht, die Krise zu erleiden, zu durchkämpfen, oder ob der unter solchem Aspekt geborene Mensch die innere Spannung ins äußere Schicksal hinausprojiziert, also selbst auslöst. Nichts wäre demnach falscher, als einen einzigen Aspekt aus einem Horoskop herauszunehmen und für sich zu betrachten. Im Grundsätzlichen besagt ja das Wort »Opposition« schon, daß es sich stets um Gegensätzlichkeit, Spannung handeln muß. Menschen mit zahlreichen Oppositionsaspekten im Horoskop müssen nun selbstverständlich keine Verbrechernaturen oder sonstwie vom Schicksal »Gezeichnete« sein – oft genug treiben diese Spannungsaspekte zur Tat, zur Durchsetzung schlechthin, und man findet dann Menschen von großem seelischen und geistigen Erfahrungsbereich, die möglicherweise in inneren Kämpfen und Seelennöten ihre Schwächen besiegen lernten. Daß unter solchen und ähnlichen Aspekten nichts mühelos in den Schoß fällt und das Leben in all seinen Varianten den Beigeschmack von Kampf erhält, ist freilich gewiß. Die astronomische Konstellation des Vollmonds beispielsweise ist astrologisch eine Opposition zwischen Sonne und Mond, den beiden »Hauptlichtern«. Im Horoskop eines Menschen zeigt diese Opposition ein inneres Zerwürfnis, innere Unzufriedenheit, eine konfliktgeladene Spannung im Seelischen an.

3. Die Wirkung des Quadrataspekts □

Dieser Aspekt wirkt sehr disharmonisch, und die alten klassischen Astrologen nannten ihn den »Winkel des Verdrusses«. In der Tat löst er viele Widerwärtigkeiten und Einschränkungen im Schicksal aus, auch materielle Kämpfe. Er macht sich praktisch als Hemmung, Widerstand oder Durchkreuzung bemerkbar. Zwar wirkt er aktiver, streitbarer als etwa die Opposition, die von außen eintreffenden Reizwirkungen erregen den Menschen. Das Wollen trifft auf Widerstand, und dadurch wird es zu noch größerer Anstrengung angestachelt. Menschen mit vielen Quadrataspekten im Horoskop müssen sich im Leben behaupten und erfahren viel Einmischung, Durchkreuzung ihres Wollens.

So zeigt ein Mensch mit Sonne im Quadrataspekt zum Mars die ganze jähzornige, marsische, antreibende, aufputschende, Unruhe stiftende Tendenz des negativen Marseinflusses. Entweder verbreitet er selbst Unruhe und Aufregung, oder er hat dieses Schicksalsmotiv durch die verbundene Umwelt zu erleiden. Diese genaueren Flächenwirkungen eines Aspekts sind nur über das Gesamthoroskop zu erfahren. Wiederum ist es natürlich notwendig, die beiden Planetensymbole genau zu erfassen, die jene sich durchkreuzenden Schwingungen (Quadratur) auslösen. Das Quadrat hat jedoch stets die Tendenz zur Heftigkeit, und im Fall von Mars und Venus kann es vorkommen, daß der Mensch zum Sklaven seiner Leidenschaften wird, wenn diesem Quadrat zwischen Mars und Venus im gleichen Horoskop nicht etwa andere Konstellationen bremsend entgegenwirken. Selbst das Quadrat zwischen dem so wohltätigen Glückssymbol des Jupiter mit Mars ruft die Kräfte der Auflehnung, der Freiheitsverteidigung, der inneren Unabhängigkeit, der Unmäßigkeit oder Übertreibung wach. Geraten zwei gewalttätige Symbole

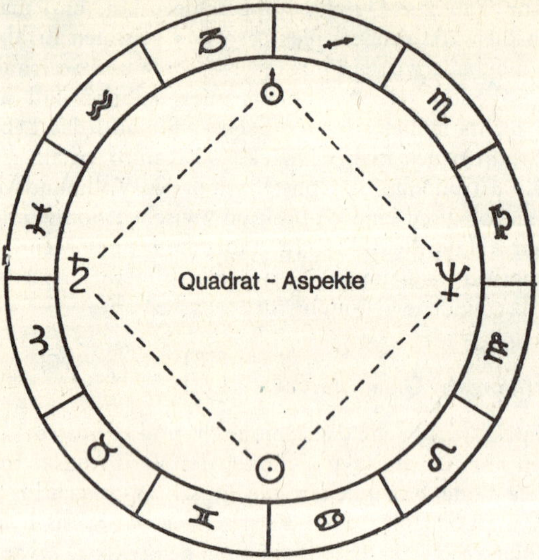

wie Mars und Uranus in das Kreuzfeuer dieser Quadratur, so zeigt sich notgedrungen eine Kampfnatur, deren innere seelische Spannungen irgendwann einmal zu Gewalt, zu Unfällen oder Verletzungen führen müssen. Allerdings verliert sich die Krisentendenz eines solchen Aspekts mit der zunehmenden Ungenauigkeit. So ist eine Entfernung von nahezu acht Grad kaum mehr recht wirksam oder spürbar. Ist der Aspekt aber »geschlossen«, das heißt exakt bis auf etwa 1–5 Grad Entfernung, so ist die Wirkung maximal bedeutsam. Die Tafel über den Umkreis der verschiedenen Aspekte zwischen den Planeten klärt über diese Frage auf. Ein Beispiel möge dies erklären: Befindet sich die Sonne in 3 Grad Löwe und der Mars in 15 Grad Skorpion, so fiele das exakte Quadrat der Sonne in 3 Grad Skorpion. Von hier bis zur Position des Mars in 15 Grad Skorpion wären noch 12 Grad Entfernung. Wie die Tafel des Umkreises aufzeigt, sind aber 11 Grad schon die äußerste Wirkungsgrenze.

4. Die Wirkung des Trigonalaspekts △

Astrologisch bildet er den günstigsten Abstand zwischen zwei Planeten und wird als harmonisch, schenkend und glückbringend angesehen. Er ist ein sogenannter »spannungsarmer« Aspekt, und

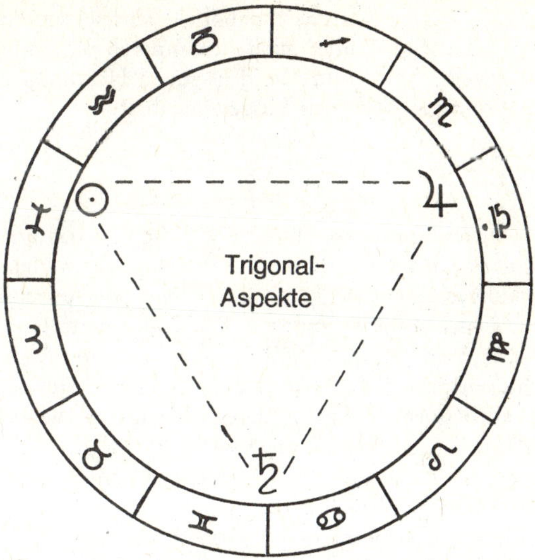

Menschen mit zahlreichen Trigonen im Horoskop ermangeln daher mitunter der Aktivität und der äußeren Durchsetzung, da er die Ruhe, das Behagen, das Verweilen symbolisiert. Im Geistigen aber kann er trotzdem Schöpferkraft, ja Inspiration andeuten. Im äußeren Schicksalsverlauf symbolisiert das Trigon alles Zufallende. Der Mensch braucht sich also weniger mühen, plagen und sorgen: Alles, was durch Felderbesetzung, Zeichenbesetzung und Planetensymbole angedeutet wird, zeigt eine schenkende Tendenz.

Es gibt nun freilich Trigone zwischen Planeten, die infolge ihres essentiellen Inhalts antagonistisch sind, also feindlich oder konträr. Hier wird sich der wohltätige Einfluß eines Trigonalaspekts nicht so eindeutig äußern können wie etwa jener »Berühmtheitsaspekt« zwischen Jupiter und Sonne, wenn diese beiden Gestirne miteinander im Trigon verbunden sind. Dies würde tatsächlich eine schenkende, gebende, zufallende Bedeutung haben – spezialisiert auf jene Lebensgebiete, die durch Felder- und Zeichenbesetzung angedeutet werden. Allerdings weiß der Fachastrologe durch langjährige Erfahrung, daß Planeten in ungünstiger Zeichen- oder Felderstellung auch im Trigonal bei weitem nicht so »schenkend«, gebend oder erleichternd wirken, wie es eigentlich dem Aspekt zukäme. Wie in allen Fällen gilt auch hier nicht der einzelne Aspekt, sondern die gesamte Horoskopanlage entscheidet erst. Im allgemeinen aber gilt für das Trigonal das Symbol der Erleichterung und der glücklichen Lebensumstände, auch der inneren Harmonie (wenn sich beispielsweise Sonne und Mond in einem Horoskop im Trigon aspektieren) und der seelischen Ausgewogenheit.

5. Die Wirkung des Sextilaspekts

Das Sextil hat eine geringere günstige Wirkung als das Trigonal und wirkt aufbessernd, falls andere schlechte Aspekte vorhanden sind. Seine Wirkung ist nicht frappant, auffallend oder durchschlagend, aber der Mensch erfährt manche Wohltat, mancherlei »kleines Glück«. Zwischen Merkur und Venus oder Merkur und den Hauptlichtern Sonne und Mond ist das Sextil ein äußerst gütiger, helfender, aufbessernder Aspekt, da es auch intellektuell wirkt.

Der nächstkleinere Aspekt des Sextils, das Halbsextil (30 Grad Entfernung), ist schon kaum mehr spürbar und wird in der Praxis meist nicht sonderlich beachtet, es sei denn, dieser Aspekt wäre völlig exakt. Im ganzen betrachtet, haben die Sextilaspekte in einem kritischen Horoskop eine abschwächende Wirkung.

Im ganzen betrachtet, kann man den Aspekten keine »guten« oder »bösen« Wirkungen beimessen. Höchstens harmonisch oder disharmonisch wirkende Einflüsse, je nach der Entwicklungsstufe.

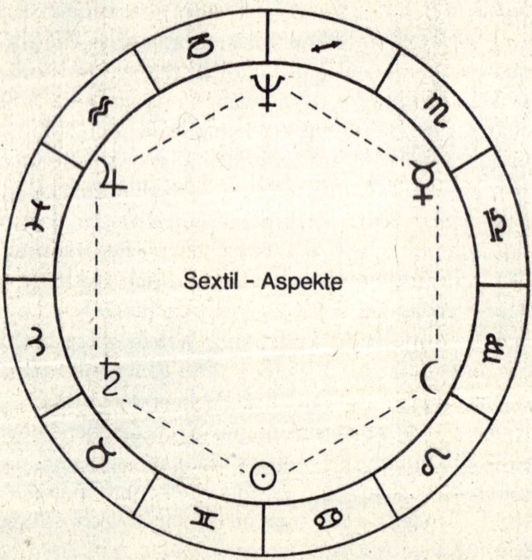

Es ist klar, daß eine Verbrechernatur oder ein Mensch auf niedriger, triebhafter Stufe eine Mars-Saturn-Opposition schicksalsmäßig anders erleidet als etwa ein geistig-schöpferischer Mensch.

a) Harmonisch wirkende Konjunktionen

☉ ♃ *Sonne/Jupiter:* Sozialer Aufstieg, Ehren, Ansehen, Würden, Berufserfolge, körperliche Widerstandsfähigkeit, Optimismus, Erhöhung der Lebensfreude oder der Lebenskraft. Günstig für den Vater, für die Durchsetzung, für den Gatten (im weiblichen Horoskop). Respektspersonen! Autorität, Loyalität, Toleranz, Selbstvertrauen.

☉ ♀ *Sonne/Venus:* Harmonie, Kunst, musische Anlage oder Befähigung, Liebesempfinden, Verfeinerung, Geschmack, Kultur, Verweichlichung, Ideale, Beliebtheit, Geselligkeit. Vergnügungslust, Lebensgenuß. Intensivierung der Gefühle.

☉ ☿ *Sonne/Merkur:* Diese Konjunktion wirkt nur günstig, falls Merkur nicht näher als 5–7 Grad an die Sonne herankommt! Falls eng mit der Sonne verbunden, entstehen ein stark subjektives Denken und Starrsinn in den Überzeugungen, oft auch gewisse Hemmungen im Reden. Weitergezogene Konjunktion erhöht die Schärfe des Denkens und Urteilens, merkuriale Talente in Rede, Schrift, Sprache, Reisen.

☉ ☾ *Sonne/Mond:* Nur günstig, wenn kosmisch gut konstelliert im Zeichen und harmonisch aspektiert (Neumondfigur!). Öffentliche Tätigkeit oder Beziehungen zur Öffentlichkeit, vielleicht Popularität. Günstig in der Wechselwirkung der Geschlechter (Liebe und Ehe). Geistige Balance. Das Tierkreiszeichen, in dem die Konjunktion stattfindet, ist von ganz besonderer Wirkung auf Körper und Schicksal.

☾ ♀ *Mond/Venus:* Sensibilität des Gemüts und der Empfindungen. Liebe, Ehe, Gattin von großer Rückwirkung auf das eigene Schicksal (besonders im männlichen Horoskop!), Geschmack, feines Benehmen, Kultiviertheit, Geselligkeit, Harmonie, Charme (im weiblichen Horoskop), etwas Eitelkeit. Kunstempfinden, Sinn für Rhythmik (Tanz, Gymnastik!).

☾ ☿ *Mond/Merkur:* Guter Intellekt, gewandte Sprache oder flüssiger Ausdruck, Gewandtheit im Geistigen, viele Reisen, Gedankenaustausch mit anderen Menschen; das Denken wird vom Gefühl her gesteuert. Literarische Interessen. Falls schlecht aspektiert: Indiskretion, Schwätzen, Unbeständigkeit im Geistigen. Kritik. Klatschsucht.

☽ ♃ *Mond/Jupiter:* Glück im Materiellen, Lotteriechancen, Geselligkeit, Popularität, oft ein öffentlicher Beruf, Reisen, sozialer und beruflicher Erfolg! Schlecht aspektiert: Allzu vertrauensselig, Eigensinn, Verschwendung, Sorglosigkeit. Meist hilfsbereit, energisch. Fast immer Eitelkeit.

☿ ♀ *Merkur/Venus:* Verfeinerung in Sprache, Ausdruck und Schrift, künstlerische Begabungen, Optimismus, heiterer Sinn für alles Schöne, Geselligkeit, starke Empfindsamkeit, Bildung, liebenswürdiges Naturell, innere Jugendlichkeit, innere Bindung an junge Menschen, günstig im Seelischen, Vorteile durch die Künste, durch Sprache und Schrift.

☿ ♃ *Merkur/Jupiter:* Intelligenz, geistiges Forschen, Zurückgezogenheit. Gelehrtenaspekt! Gutherzigkeit, etwas eigenwillig, zuweilen Dünkel, Selbstüberschätzung. Für Kaufleute oder Wissenschaftler ausgezeichneter Aspekt. Schlecht aspektiert ergibt sich Bluff oder Propaganda.

b) Konjunktionen mit »Übeltätern«

Es muß vorausgeschickt werden, daß diese Konjunktionen nicht immer ungünstig sein müssen. Es kommt hier noch mehr auf die kosmische Stellung im Tierkreiszeichen und auf die Aspektierung anderer Planeten an.

☉ ♄ *Sonne/Saturn:* Vereinsamung, Hang zu innerer Abschließung oder Arbeit in der Einsamkeit, Dissonanzen oder innere Abschließung vom Vater, wenig Hang zu Vergnügen oder Geselligkeit, Jugendzeit meist etwas hart oder einsam, Pflichtkomplexe, Mangel an Aufgeschlossenheit und Gelokkertheit, gehemmte Lebenskraft, körperliche Mängel, Stoffwechselstauungen, im allgemeinen Lebensernst und Zwang zur Einfachheit, manchmal depressive Gedankenwelt, wenig Anschluß an andere Menschen, zäher Aufstieg durch eigenes Können und eigene Arbeit! Mangel an Sprachtalent, Redeunlust, innere Verkrampfungen. Jugend schwer oder gesundheitlich kritisch.

☉ ♂ *Sonne/Mars:* Unfallgefahren! Krankheiten fiebriger, entzündlicher Art, Verletzungen, Tendenz zu harter Arbeit oder großen Energieeinsätzen, Energiesteigerung, Impulsivität, Voreiligkeit, innere Widerspenstigkeit, Trotz, Kämpfertum, Eigensinn! Überanstrengungen, Tatkraft. Im weiblichen Horoskop Einbuße des »Ewigweiblichen«, kämpferischer Gatte oder Selbstherrlichkeit.

☉ ♅ *Sonne/Uranus:* Mächtig wirkender Aspekt. Eigenwilligkeit, Widerspruchsgeist, Trotz, Unabhängigkeitsliebe, Freiheitslust! Reisen, Wechsel, Veränderungen. Trennungsaspekt (insbesondere bei Frauen!), plötzliche Kontakte, aber auch plötzliche Trennungen, wissenschaftliche, manchmal künstlerische, des öfteren technische Begabungen. Psychologenaspekt! Liebe zum Originellen, nicht Alltäglichen. Talente und Begabungen außergewöhnlicher Art. Reformer, Eigenbrötler. Mangel an Anpassungsfähigkeit. Aufregungen, innere psychische Spannungen, plötzliche Schicksalswenden.

☉ ♆ *Sonne/Neptun:* Musiktalent! Innere Empfindsamkeit und Sensibilisierung. Dramatik, Mystik, Okkultismus, Spiritismus, absonderliche Wissensgebiete, Psychometrie, Astrologie. Mangel an materiellem Erfolg. Enthusiasmus, Skandalgefahren bei schlechter Aspektierung! Manchmal Verleumdungen, böswillige Angriffe hinterhältiger Art, geheime Anfeindungen, Witwenaspekt! Eheverzögerungen, Verhinderungen. Empfindlicher Körper und manchmal Neigung zu Drogen, Medikamenten. Süchte und Manien. Starke Beeinflußbarkeit. Medienaspekt! Merkwürdige Lebenserfahrungen.

☉ ⯓ *Sonne/Pluto:* Führungsansprüche, Geltungsdrang, Übertreibungen. Unfallgefahren, Katastrophenaspekt (wenn schlechte Aspektierung)! Lebenskrisen irgendwelcher Art, Auseinandersetzungen mit Staat, Behörde, Vorgesetzten. Mangel an Unterordnung. Kritischer Aspekt! Noch nicht völlig erforscht. Bringt zweifellos Unruhe ins Leben.

☽ ♄ *Mond/Saturn:* Spartanische Lebensführung, Tendenz zum »einfachen Leben«, Sparsamkeit, Wirtschaftlichkeit, innere Härte, wenig freundlich zu anderen Menschen, reichlich kritisches Wesen! Manchmal Nörgelei, Selbstsucht. Immer realistisch, praktisch, arbeitsam. Psychisch etwas depressiv, bedrückt. Jugendzeit hart. Bedrückung durch die Gefühlsbindungen, die Ehe usw. Im männlichen Horoskop kritische Ehe, Liebesleben etwas depressiv, Triebhemmungen! Sexuelle Sphäre etwas problematisch. Erkrankungen: Magen, Verdauungssystem, Leber, Galle. Abmagerung. Lebenskämpfe, materielle Einschränkung.

☽ ♅ *Mond/Uranus:* Gefährliche Konjunktion! Starke seelische Erregbarkeit. Aufgeregter Mensch, spontane Handlungen, Trennungen von der Frau (im männlichen Horoskop), Gefühlshochspannung, tragisches Liebesleben. Fanatismus, Verbohrtheit in eigene Überzeugungen, unbelehrbar. Sehnsucht nach dem Wunderbaren und Außergewöhnlichen, sehr individuelle Lebensführung, außerordentlich freiheitslustig, man verträgt keine Unterdrückung. Übertreibungen im Denken, Fühlen und Handeln. Unausgeglichen! Körperliche oder nervliche Selbstschädigungen.

☽ ♇ *Mond/Pluto:* Übersteigerte Gefühlshandlungen, seelische Affekte. Gemüt völlig unausgeglichen. Triebhaftigkeit! Manchmal außergewöhnliche Popularität. Extreme!

☽ ♆ *Mond/Neptun:* Medienaspekt! Warmherzigkeit, Gefühlstiefe, Güte. Extreme Feinfühligkeit, innere Unzufriedenheit oder seelische Problematik, Gemütslabilität. Düstere Stimmungen, aber auch Euphorie und übersteigertes Seelenleben, innere Sehnsüchte unbestimmter, vager Art. Medien, Astrologen, Psychologen, Metaphysiker werden von diesen beiden Planeten stark beeinflußt. Manchmal innere Unsicherheit, Unzuverlässigkeit der Versprechungen, Stimmungs- und Ansichtenwandel, Gefühlsüberschwang. Problematische Ehe.

☽ ♂ *Mond/Mars:* Unternehmungsgeist, Energie, impulsive Natur, Wagemut, Tollkühnheit, Tätigkeit, Führungstalent. Extreme Handlungen. Zuweilen Güte, aber immer etwas kritisch. Seelische Spannungen, manchmal rebellisch oder revolutionär, tapfer. In den Gefühlen leicht aggressiv. Freimut.

☿ ♂ *Merkur/Mars:* Mentale Energie, streitbarer Geist, Redetalent, besonders in Diskussionen. Scharfe Sprache, angriffslustig, Satire bis Sarkasmus, Überarbeitungen, Streitsucht, Aggressionen; Feinde durch die eigene brüske Verhaltensweise. Tatkraft, Geradheit, Freimut, Offenherzigkeit, schriftliche oder rednerische Polemik, Schriftsteller, gut für Juristen, Verteidiger, Anwälte. Voreiligkeiten, Auseinandersetzungen im Schicksal.

☿ ♄ *Merkur/Saturn:* Nicht immer ungünstig! Aber immer etwas bedrückend, das Denken verlangsamend, hemmend, Konzentration fördernd. Pessimisten! Bedachtsamkeit, Methodik, Überlegung, Mühe, Vorsicht, gewisser Mangel an Selbstvertrauen, Tendenz zur Vereinsamung, depressives, bohrendes Denken. Soziale Rückschläge, langsame Persönlichkeitsentfaltung! Verzögerungen im Lebenserfolg. Egoismus, starke Ichbetontheit, manchmal in guten Horoskopen tiefes, einsichtsvolles Denken! Aber auch Eigensinn bis Hartnäckigkeit. Argumentationen, geistige Streiter! Zähigkeit und

Fleiß. Jugend meist kritisch bis schwer. Mangelnde Kontakte zu anderen Menschen oder Kontaktabbrüche.

☿ ♅ *Merkur/Uranus:* Eigenwilligkeitsaspekt! Originalität, Selbständigkeit, Freiheitsverlangen, unabhängiges Denken und Urteilen, schöpferische Anlage in allen Merkur/Uranus-Aspekten! Launischer Eigensinn. Talente! Innerer Stolz oder ein »Wissen um sich selbst«, individuelle Lebensführung, Exzentrizität, manchmal geistiger Dünkel. Aber immer guter Intellekt und bei sehr günstigem Merkur nebst ausgezeichneter Aspektierung Genie. Auf jeden Fall Individualisten!

☿ ♆ *Merkur/Neptun:* Täuschungen, Illusionen; schmiegsamer, schlauer Intellekt, zum Jenseitigen, Metaphysischen, Okkulten neigend. Grenzwissenschaften interessieren. Psychometrie, Hellseher! Außerordentliche Gefühlsverfeinerung, Vorstellungs- und Einfühlungsgabe, bei Aspektverletzungen aber auch Selbsttäuschungen und falsche Vorstellungen von anderen. Imagination, Phantasie!

☿ ♇ *Merkur/Pluto:* Hochstapelei und Betrügerein großen Stils, Reisen, sehr wechselvolle Lebensverhältnisse bei schlechtem Merkur. Bei gut konstelliertem aber Redetalent, Begabung zum Schreiben, Überredungstalent, Propagandawirkungen.

♀ ♄ *Venus/Saturn:* Pflichtgefühle, Einschränkung der Lebenshaltung, Tendenz zu spartanischem Leben, Triebhemmungen, Hindernisse im Liebesleben, Mangel an Kontaktfähigkeit, mangelnde Lebensfreude, erotische Komplexe oder Mangel an Erotik, »Pflichterotik«, problematische, bedrückende Herzensneigungen, die später belasten. Liebeskummer! Eifersucht, Ernüchterung in der Liebe. Trennungen.

♀ ♅ *Venus/Uranus:* Hohe Gefühlsspannungen, Erregbarkeit, rasche, impulsive Kontakte, die wieder gestört werden! Abbrüche von Beziehungen, Scheidungsaspekt! Eigenwillen, Launenhaftigkeit, Hysterie, Übererregbarkeit, Liebesabenteuer, nervöse Störungen, Eigensinn, Unabhängigkeitslust in der Liebe, schnelle Begegnungen und akute Abenteuer, Überspanntheit. Man sucht das Ungewöhnliche, nicht Alltägliche in der Liebe! Mangel an Treue oder leichte Ablenkbarkeit in Liebe und Ehe.

♀ ♆ *Venus/Neptun:* Tierliebe, Güte, Sensitivität, starke Phantasie, leicht beeindruckbares Gemüt, Nervenspannungen, Teilnahme an anderem Leid. Kunstinteresse! Mystik. Liebesenttäuschungen; manchmal Kummer und Einsamkeit. Nervenschwäche, Labilität des Willens, Mangel an Durchsetzungskraft, Sorgen mit dem Ehepartner, Aufopferung. Musikempfänglichkeit, starke Kunstinteressen! Enttäuschung in den Idealen und Vorstellungen! Anomalien.

♀ ♇ *Venus/Pluto:* Gesteigertes Trieb- und Gefühlsleben! Manchmal Ausschweifungen, Laster bei schlechter Venuskonstellation! Verschwendungssucht, Gewaltsamkeiten im Liebesleben. Einschneidende Trennungen und Liebeskonflikte aufrührerischer Art. Fanatische Bestrebungen im Liebesleben.

♀ ♂ *Venus/Mars:* Schnell empfindlich und verletzbar im Gemüt, Gereiztheit, Anteilnahme, starke Sinnlichkeit! Neigung zu Vergnügungen und zum Lebensgenuß an sich, Abenteuerlust im Erotischen, Mangel an Zartheit und Takt, Übertreibungen. Mitunter Robustheit im Benehmen (eher im männlichen Horoskop!). Die Gefühle machen zu schaffen!

♂ ♄ *Mars/Saturn:* Gefährliche und kritische Konjunktion! Gewalttätiger Einfluß, Lebensbedrohung, Unfälle und Verletzungen akuter Art, manchmal Opfer von Gewalttaten. Stoß-, Stich- und Schnittwunden, Hautleiden. Zerstörende Energien oder Energieballungen, manchmal verhaltene Natur mit seelischen Widerständen und inneren Kämpfen. Härte im Nehmen! Oft aber auch Härte gegenüber anderen. Manchmal brutales Durchsetzen eigener Interessen. Kritische Spannungen! Trennungen von eng verbundenen Menschen.

♂ ⛢ *Mars/Uranus:* Willensstärke, Mutproben, Freiheitskomplexe! Größte Unabhängigkeitslust, Auflehnung. Aggressionen, Nervenanspannungen außergewöhnlicher Art. Sture Hartnäckigkeit bis zur Selbstschädigung. Sportunfälle, Verletzungen, Lähmungen. Starke Auflehnung gegen alle Autorität, plötzliche Willensanspannungen, Unduldsamkeit, Offenheit, Brüskierung. Wenig Diplomatie! Berufskämpfe und -wechsel. Ortswechsel.

♂ ♆ *Mars/Neptun:* Künstlerische Begabungen! Musik! Eitelkeit und Selbstzufriedenheit, hochfliegender Ehrgeiz in Plänen und Ideen mit Gefahr der Durchkreuzung. List oder Übelwollen von seiten anderer Menschen, heimliche Feinde, schwer zu fassende Gegner, die den Ruf schädigen wollen. Auf Glanz und Erfolg folgen oft bittere Enttäuschungen und Ernüchterungen. Absturz von der Höhe. Innere Unzufriedenheit, Ausgenutztwerden, Energieschädigungen, Gemütsschwankungen! Auseinandersetzungen mit sich selbst.

Mars/Pluto: Höchsteinsätze von Tatkraft und Energie. Gewaltsamer Tod, Gewaltsamkeit im Schicksal, tragische Vorfälle mit nahen Angehörigen, körperliche Verstümmelungen. Äußerst kritisch.

Jupiter/Saturn: Kritischer Aspekt! Mühseligkeiten, Kämpfe im Materiellen, Entbehrungen, oft höchste Anforderungen an sich selbst und andere. Erfolge nur durch angestrengte Arbeit. Eifersucht! Unzufriedenheit mit sich selbst. Finanzielle Krisen.

Jupiter/Uranus: Rastlosigkeit im Geistigen, Tatkraft, Abneigung gegen jedwede Einschränkung! Auflehnung gegen den Vater oder Vorgesetzte. Neuerungen, Einfälle! Irreligiös, eigene Ansichten! Unkonventionell im Benehmen, Unstetheit, Wechsel im Beruf, ungewöhnliche geistige Interessen. Intellektuelle Begabung, Selbständigkeit wird erkämpft.

Jupiter/Neptun: Bei gutem Jupiter große finanzielle Gewinnmöglichkeiten. Humane Natur, tierfreundlich, gemütvoll. Kunstinteressen schöpferischer Art, Ideale, großer Gefühlsreichtum! Bei verletztem Jupiter oder Neptun auch Skandale und Haltlosigkeit im Moralischen, Lügen.

Jupiter/Pluto: Neigung zur Spekulation. Überheblichkeit. Vermögensverluste, Betrugsaffären. Nicht völlig erforscht! Bei günstigem Jupiter vielleicht außergewöhnliche Erfolge.

Saturn/Uranus: Eigenwille, Egoismus, Hartnäckigkeit in Handlungen, Reden, Gedanken, Plänen und Zielen! Standhaftigkeit, aggressive Methoden, Ichbetontheit! Hartnäkkige, immer gleichartig gerichtete Gemütszustände bei gleichen Anlässen, herrisches Wesen! Körperkraft und Zähigkeit, Gewalttätigkeiten! Schwere Lebenskonflikte und Probleme durch eigene Halsstarrigkeit, Ablehnung anderer Ansichten. Äußere Zustände neigen zu jahrelanger, wenn nicht lebenslänglicher Wirksamkeit – je nach der Saturn/Uranus-Stellung in den Horoskopfeldern. Krisen schwerster Art mit dem Partner, Scheidungen, Trennungen, Selbstquälerei!

Saturn/Neptun: Egozentriker, große Pläne, man hält seine Arbeit für überaus wichtig; oft außergewöhnliche Begabungen, Kämpfe zwischen materiellen und ideellen Bestrebungen, bei schlechtem Saturn Triebhemmungen oder Anomalien, seelische Hemmungen oder Neurosen von langer Dauer. Beschäftigung mit dem eigenen Ich.

♄ ♇ *Saturn/Pluto:* Ausdauer und Hartnäckigkeit. Körperliche Schädigungen, gewaltsamer Tod, Mißhandlungen, schwere Hemmungen, Enttäuschungen, materielle Verluste. Katastrophenaspekt! Zeigte bisher nur kritische Auswirkungen!

♅ ♇ *Uranus/Pluto:* Umwälzungen, Kampf. Zerstörend, trennend. Wirkung wenig erforscht, meist äußerst kritisch. Manchmal aber auch latent bleibend.

Bei Konjunktionen von drei und mehr Planeten kombiniere man gemäß den bereits angegebenen Planetenprinzipien und der Stellung im Horoskopfeld sowie im Tierkreiszeichen! Konjunktionen von drei und mehr Planeten in einem Zeichen machen dieses Zeichen dominierend im Horoskop.

Aus der Vielfalt der Symboldeutung eines Horoskopfeldes gehen bereits die Schwierigkeiten hervor, die ein Planetenprinzip in irgendeinem Horoskopfeld bei der Deutung mit sich bringt. Hier kann nur der Weg der eingehenden Analyse jedes Planetensymbols innerhalb seines Zeichens, in der Rückwirkung und Verbundenheit mit anderen Planeten durch die Aspekte und durch die Stellung innerhalb eines bestimmten Feldes zum Ziel führen. Jener Planet, der die Hauptachsenspitzen I, IV, VII und X besetzt oder aspektiert oder nahe an diesen Felderspitzen konstelliert ist, wird auch innerhalb des persönlichen Schicksals die führende Rolle spielen, und wir nennen ihn daher den *dominierenden Planeten!* Empfängt er eine ganze Reihe von Aspekten (zunächst gleichgültig ob »gute« oder »schlechte«), ist er also aufs vielfältigste mit anderen verbunden, so erhöht sich seine Wirkung zusehends.

Diese Herauskristallisierung des dominierenden Planeten (zuweilen können es natürlich auch zwei oder drei Planetenprinzipien sein!) wird uns später bei der zeitlichen Auswirkung der Planetenpositionen, bei der Bestimmung von Erfolgs- oder Schicksalsperioden im Leben ein wichtiges Hilfsmittel sein. Denn immer ist es der dominierende Planet, der in das persönliche Schicksal am nachhaltigsten eingreift und sozusagen den »roten Faden« bildet, der das bunte und vielfältige Schicksalsgewebe auffällig durchzieht.

Die angewandte Aspektlehre in der Vergleichsanalyse zweier Partner

Liebespartner – Ehepartner – Geschäftspartner – Teilhaber

Für diese Probleme bringt die Astrologie manche sehr befriedigende Lösung und Klärung. Zum mindesten kann ein Eheschluß zwischen Partnern, die in ihrem innersten Wesenskern völlig gegensätzlich sind und nur einer vorübergehenden körperlichen Anziehung unterliegen, vermieden werden. Es gibt Hunderte von Menschen, die unseren Lebensweg kreuzen, und es sind nur ganz wenige darunter, die uns geistig und seelisch wirklich bereichern, ergänzen und für ein Leben mit uns harmonieren können. Es ist nicht einzusehen, warum Irrtümer immer wieder begangen werden sollen, wenn es eine Möglichkeit gibt, von vornherein jene Freunde und Partner auszuwählen, die uns vorteilhaft ergänzen. Die Astrologie streift an die Hintergründe dieser Dinge und deckt uns die ursächlichen Zusammenhänge verfehlter Ehen, zum Scheitern verurteilter Bündnisse und unbefriedigender Freundschaften auf. Man mache sich noch einmal mit den Prinzipien der Aspektlehre vertraut. Man ersieht daraus, daß die Oppositions- und Quadraturaspekte am widerstreitendsten sind, daß die Konjunktion eine Bindung stärkster Art zwischen zwei Planeten darstellt, ferner daß die Sextil- und Trigonalaspekte harmonisch und ausgleichend wirken. All diese Beziehungen von Planeten infolge freundlicher oder disharmonischer Bestrahlung waren im Rahmen *eines* Horoskops (des eigenen oder eines fremden) gedacht. Die Vergleichshoroskopie wendet nun dieses Verfahren auch auf zwei oder mehrere Horoskope an, so daß dadurch alle Beziehungen aufgedeckt werden können, die zwischen zwei Menschen bestehen. In unserem Fall können wir nur mit einem Teil, wenn auch mit einem sehr wichtigen, rechnen: mit den Sonnenpositionen zweier Menschen beziehungsweise zweier Horoskope. Alle übrigen Werte, wie die Mondposition sowie jene der übrigen Planeten, müßten durch ein genaues, mathematisches Horoskop erst errechnet werden. Zum besseren Verständnis betrachte man sich nachfolgende Zeichnung.

Die Sonne einer Person A im ersten Ring des Horoskops findet ihre Opposition mit der Sonne des Partners B im zweiten Horoskop. Die Entfernung beider Sonnenplätze beträgt 180 Grad – also ein Oppositionsaspekt. In diesem Wort ist bereits symbolisch die Wirkung der beiden aufeinanderprallenden Kräfte angedeutet. Beide Punkte liegen auf einer Ebene und fliehen einander. In der Tat ist dieser Oppositionsaspekt in jedem Horoskop sehr feindlich, wenigstens materiell. Für höher entwickelte Menschen verwandelt er seine Nachteile zuweilen in Vorteile, indem er den Menschen durch Leid und Prüfung zu neuen Erkenntnissen führt. Völlig materiell eingestellten Menschen fügt er jedoch Verluste und Krisen zu.

Nehmen wir nun an, Punkt A wäre die Sonne eines Mannes im Zeichen Widder (wie auf der Zeichnung angegeben); Punkt B dagegen die Sonne einer Frau im Zeichen Waage. Beide Menschen lernen sich kennen. Die Gegensätzlichkeit in ihrem Wesen und in ihrem Charakter erzeugt ein gewisses Fluidum, das sie zunächst zueinander zwingen mag. Der feurige und energische Widder-Mann findet an der liebenswürdigen und höflichen, meist auch sehr hübschen Waage-Frau im ersten Augenblick Gefallen. Es entspricht seinem stürmischen Verlangen, diese Frau möglichst bald zu er-

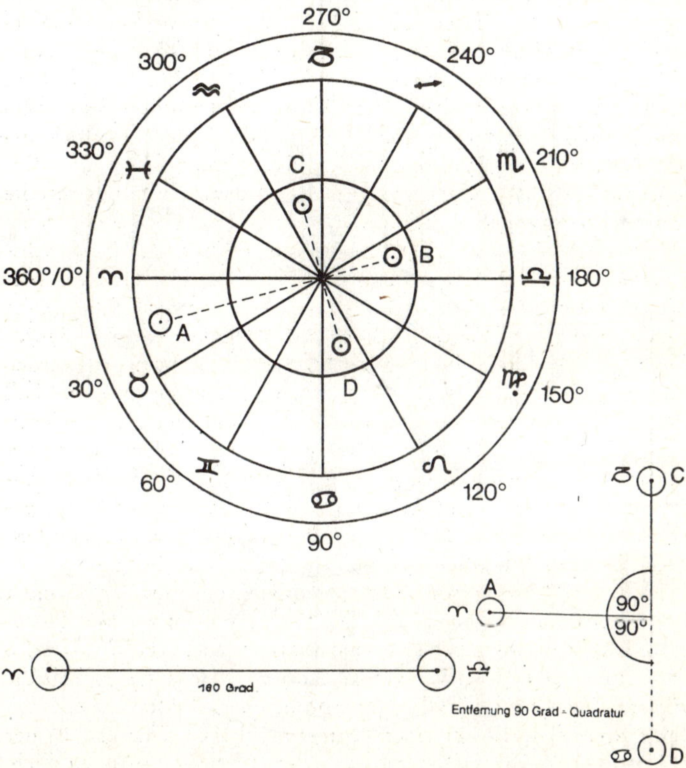

obern. Es kommen die ersten Enttäuschungen! Die Waage-Frau will absolut korrekt behandelt sein. Sie ist manchmal auch sehr wetterwendisch, nicht immer sehr erotisch veranlagt, oft eher kühl und überempfindlich. Sie verlangt großes Taktgefühl. Kraft einer inneren Gegensätzlichkeit fühlt sie sich sehr leicht abgestoßen, um so mehr, als sie ungeheuer sensibel ist. Sie schwärmt für das Ausgeglichene und Kultivierte, für alle Kunstgenüsse und überhaupt für verfeinerte Lebensbedingungen. Sie will seelisch erobert sein und wehrt die allzu betonte Aktivität im Wesen des Widder-Geborenen

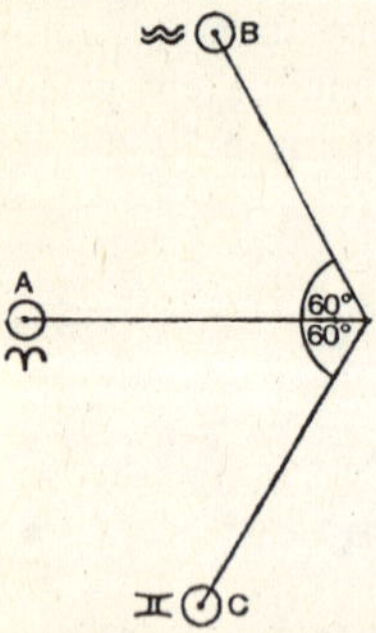

Entfernung 60 Grad = Sextil

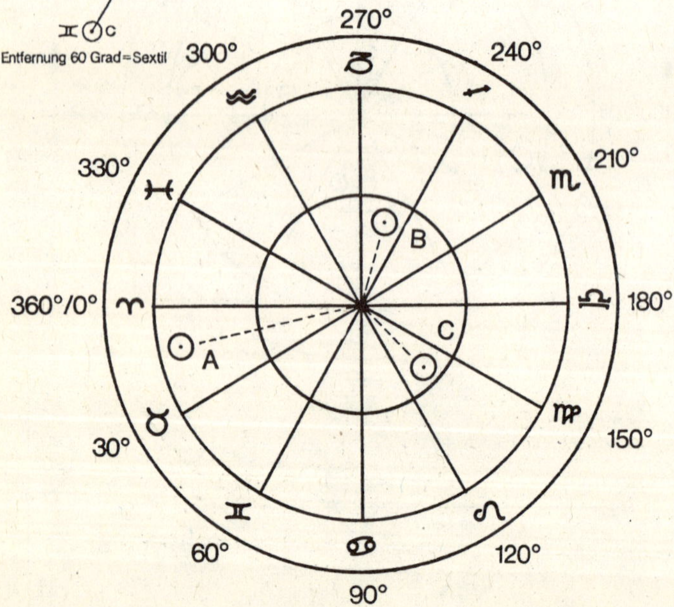

bewußt ab. Ist bis zu diesem Augenblick, der mit Naturnotwendigkeit eintreten muß, eine Ehe schon geschlossen worden, so ergeben sich – vielleicht noch nicht sofort, aber doch im Lauf der Zeit – unüberbrückbare Wesensdifferenzen. Wohl am meisten von seiten des Widder-Typs, der sich in dieser Frau getäuscht sieht. So besteht die Möglichkeit zu ernsten Differenzen und zu einer offenen Krise, falls der Widder-Mann einer Löwe- oder Schütze-Frau begegnen sollte, die sich wiederum gerade nach seiner speziellen, leidenschaftlichen Charakternote sehnt.

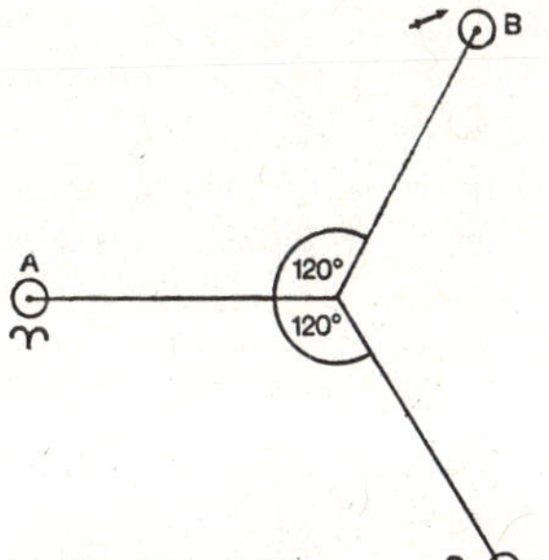

Entfernung 120 Grad = Trigon

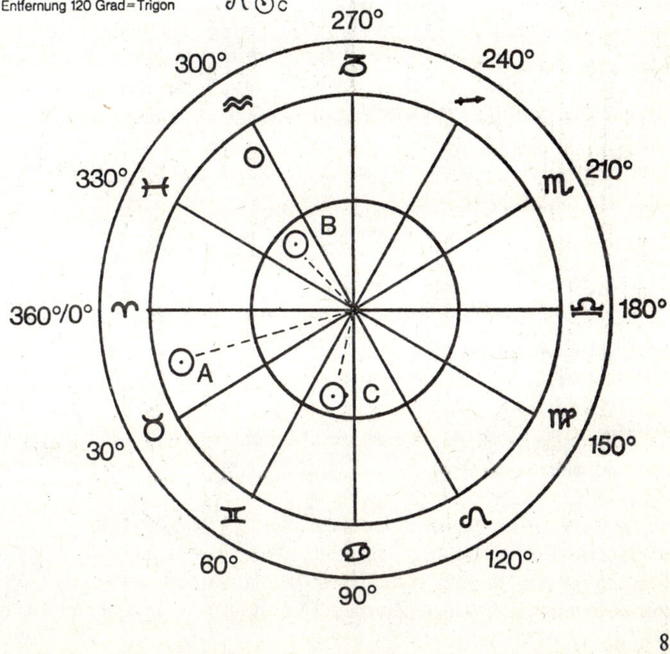

Dieser am Beispiel Widder/Waage vorgeführte problematische Fall kommt im wirklichen Leben tausendfach vor. Er sollte versinnbildlichen, wie die Tierkreiszeichen und zumal jene Zeichen, in denen sich die Sonne zur Zeit der Geburt aufhielt, die Menschen zusammenführen und trennen. Selbstverständlich hat der Mond in jedem Horoskop eine ähnlich starke Wirkung nebst den verschiedenen Planetenpositionen. Diese können aber nur durch ein mathematisch genau errechnetes Horoskop festgestellt und hier nicht berücksichtigt werden.

Außer der Opposition zweier Sonnenplätze in zwei verschiedenen Horoskopen, die sehr problematisch wirkt, gibt es noch die Quadraturaspekte (Entfernung zweier Planeten von 90 Grad), die ebenfalls trennend wirken und in jedem Horoskop einen bösartigen Einfluß ausüben. Sie bringen Verluste – in seelischer Hinsicht machen sie sehr disharmonisch, uneins mit sich selbst, zerrissen. Zwei Planeten in verschiedenen Horoskopen, die zueinander im Quadraturaspekt stehen, bringen Streit, starke Dissonanzen, wenn nicht überhaupt unüberbrückbare Feindschaften.

Sind diese beiden genannten Aspekte feindlich, so wirken die Trigonal- und Sextilaspekte außerordentlich harmonisch. Das Trigonal ist der stärkste Aspekt von beiden (Entfernung zweier Planeten von 120 Grad im Horoskop). Zwei Menschen, deren Sonnen (oder Sonne und Mond) zueinander im Trigonalaspekt sind, werden sich außergewöhnlich gut und rasch verstehen lernen (vorausgesetzt, daß die übrigen Planeten und der Mars keine ungünstigen Positionen einnehmen). Sie werden sich geistig und seelisch vorzüglich ergänzen, und diese Verbindung wird sehr dauerhaft sein. Selbst bei widerwärtiger Bestrahlung anderer Planeten bleibt noch ein Rest gegenseitigen Verstehens übrig.

Schicksalsaspekte im Horoskop

Die Wirkungen von Quadraten und Oppositionen im Geburtshoroskop – »Kreuzaspekte« und ihre Symbolwirkung

Verbindet man in einem Horoskop die Planetenpositionen durch gestrichelte Linien, so ergeben sich zuweilen auf Anhieb gewisse »Figuren«, etwa Kreuze, Quadrate oder auffallende Planetenhäufungen in einem einzigen Zeichen (Konjunktionsfiguren). Manche

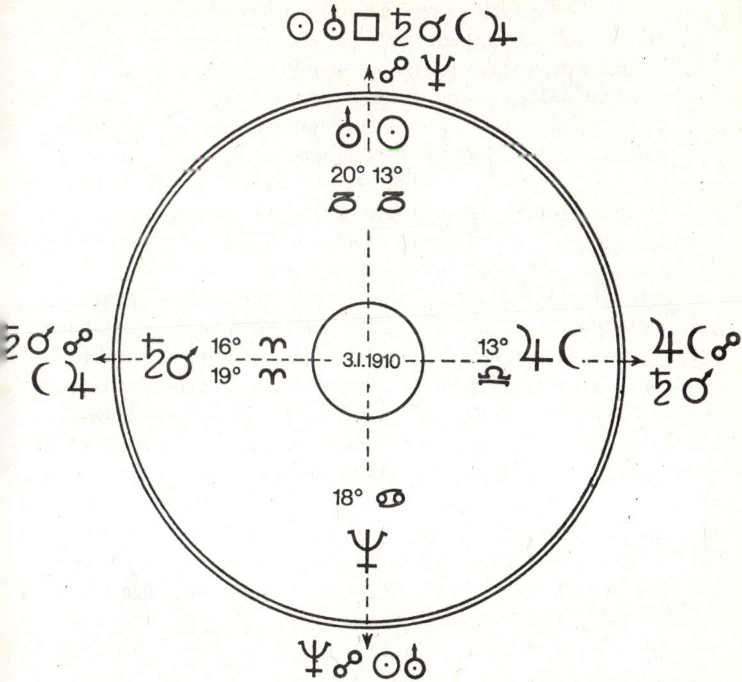

Schicksalshoroskope sind geradezu »gezeichnet«. Sie müssen keinesfalls immer Unglück auslösen, symbolisieren aber überraschend häufig Kämpfe im Leben, heftige Widerstände, innere oder äußere Hemmungen, und verlangen dann vom Horoskopeigner äußerste Leistungseinsätze und sehr oft Bewährungsproben.

Solche Figuren sind sofort an den Oppositionskreuzen erkennbar! Die beigegebene Zeichnung zeigt solche Konstellationen des Kampfes und der Mühe. Hierbei ist stets Saturn an einem der Kreuzbalken zu finden. Mars, Uranus oder Pluto am anderen. Die Opposition ist ein Aspekt von 180 Grad Entfernung, wirkt schicksalsmäßig bindend und trennend, ruft Krisen hervor, Trennungen, Krankheiten oder auch nur gewisse Verzichte, Resignation, Leid. Sind vier Planeten in einem Horoskop gegenseitig in Kreuzform verbunden, so haben wir außer den zwei Oppositionen auch vier Quadraturaspekte, jene Aspekte, die Prüfungen, erhöhtes Schicksal auslösen. Auch sie zeigen latente Einflüsse an und müssen genau wie die Glücksaspekte durch Transite oder Progressionen oder Direktionen aus der Latenz gehoben werden. Wie alles weniger Schöne im Leben treffen sie mit großer Präzision ein, und ihr Erwecker ist in der Regel der Saturn, ebensooft auch Uranus oder Mars. Sind bei diesen Kreuzkonstellationen auch noch die Hauptlichter (Sonne und Mond) mitbeteiligt, so ist auch körperliche Labilität und des öfteren gesundheitliche Belastung fällig. Kreuzfiguren mit Saturn, Mars, Pluto oder Uranus an den Balken sind sogenannte »karmische« Horoskope. Sie zeigen schweres Schicksal auf. Vermißte mit diesen Anzeichen im Horoskop sind selten zurückgekehrt. Sind sie von Uranus, Mars, Saturn/Mars oder Saturn/Pluto in den jeweiligen Oppositionsaspekten gekennzeichnet, so ist zu einer gewissen Zeit des Lebens akutes Schicksal fällig. Je mehr diese Kreuze mit den Horizontal- oder Vertikalachsen zusammenfallen, desto ausgesprochener ist die Lebenskrise, die Lebensgefahr. Der Beruf, die Finanzen, die Durchsetzung, die Partnerergänzung, das Elternhaus, die eigene Gesundheit können die jeweiligen Lebensgebiete sein, auf denen sich gehäuftes Schicksal entlädt. Das Horoskop zeigt diese Lebensgebiete symbolisch auf! Die Transite des Uranus und Saturn, des Mars oder des Pluto – je nach den verletzten Planeten – bringen die Schicksalsperioden, also die Gezeiten der Ebbe, zur Auslösung.

Es muß deutlich gesagt werden: Nicht lebenslänglich wirken diese Krisenkonstellationen, sie sind nur die Schicksalszeiger – wann des Menschen Stunde schlägt, zeigen die laufenden Planeten an! Menschen, deren Horoskope nicht ganze Kreuzkonstellationen, sondern nur einfach Oppositionsaspekte aufweisen, erleben nur gemäß den Transiten über diese »Influenzstellen« vorübergehendes Schicksal. Praktisch wird es kein Horoskop geben, das nicht Spannungen aufweist. Die außergewöhnlichen Schicksale aber, die Prüfungsperioden im Leben und die Höchsteinsätze sind in großer Regelmäßigkeit durch solche Kreuzkonstellationen angedeutet.

Schicksalsaspekte und ihre Wirkung im Horoskop

Um dem Laien eine gewisse Hilfe im Kombinieren wichtiger Planetenaspekte zu geben, seien im folgenden die Auswirkungen von Quadratur-(90-Grad-Entfernung zweier Gestirne) und Oppositionsaspekten (180-Grad-Entfernung zweier Gestirne) auf Charakter und Schicksal im allgemeinen stichwortartig analysiert:

♄ ☉ *Saturn/Sonne:* Harte Arbeit! Disharmonien oder Schicksal um den Vater. Dissonanzen mit einem Elternteil oder beiden. Erschwerte Kindheit. Wirtschaftliche Rückschläge. Körperlich-gesundheitliche Belastung. Brotberufe ohne Ideale. Unzufriedenheit. Viel Arbeit – wenig Gewinn. Durchsetzungsschwierigkeiten! Durchkreuzter Ehrgeiz. Innere Hemmungen, verzögerte Entfaltung. Im weiblichen Horoskop: oft »Witwenaspekt«, Trennung, Heiratsverzögerung.

♄ ☽ *Saturn/Mond:* Energieschwächung, Faulheit, Mangel an Vorsicht, Depressionen, Gemütsbelastungen! Mangel an Selbstvertrauen, Schüchternheit. Gefühlshemmungen. Mangel an Hingabefähigkeit (bei der Frau). Starrheit oder Härte. Zuweilen spartanisches Leben. Innere Freudlosigkeit. Mangel an seelischer Aufgeschlossenheit. Unverstandensein. Unglück der Mutter oder Schicksal mit der Mutter. Neigung zu nörgelnder Kritik! Mangel an Gemütlichkeit im engeren Umkreis. Pflichttendenzen in der Ehe oder Triebhemmungen.

♄ ♂ *Saturn/Mars:* Mitunter (nicht immer!) gewisse Härte, Gewalttätigkeit oder innere Herbheit. In guten Horoskopen Selbstzucht und Strenge (gegen sich wie gegen andere!). Energieballungen und Willensentladungen, Egoismus! Widerspruch wird schlecht vertragen. Erdulden körperlicher Gewaltsamkeiten! Zwangsperioden im Leben und Lebensgefahren. Verletzungen mit langwierigen Folgen. Erfolg nach harten Kämpfen!

♄ ☿ *Saturn/Merkur:* Boshaft, mißtrauisch, intrigant. Härte! Schroff oder brüsk im Betragen. Tyrannisches Wesen, Strenge! Konservativ, Eigensinn und übertriebene Zähigkeit. Enttäuschungen. Kritische Kindheit. Beengungen und Depressionen. Wirtschaftlichkeit. Lebensangst. Zurückgezogenheit. Wenig echte Freunde.

♄ ♀ *Saturn/Venus:* Pflichtgefühle! Triebhemmungen. Aufopferung in der Liebe und Ehe. Härten im Charakter. Treue, aber ohne Wärme. Mißerfolge oder viel Existenzkampf. Gefühlserkaltungen und Ernüchterungen. Früher Arbeitseinsatz. Dissonanzen mit der Mutter. Altersunterschiede oder soziale Unterschiede bei den Ehepartnern. Heiratsverzögerungen, Heiratsverhinderung, Entfremdung zwischen zwei Partnern! Glücksmindernder Aspekt!

♄ ♅ *Saturn/Uranus:* Ichbetont! Fanatiker! Heftigkeit, Launen! Trotz und Starrsinn bis zur Selbstschädigung. Ausweglose Situationen im Leben. Autoritätsverlangen. Herausforderung anderer Menschen. Hochmut oder Anmaßung, Mangel an Takt und Geduld. Gefährdung der körperlichen Sicherheit. Pflichtarbeit. Schwere Lebenskämpfe. Hysterie.

♄ ♆ *Saturn/Neptun:* Häufig Verrätereien, Skandale durch falsche Freunde, Hintergehungen und Verleumdungen, Rufschädigungen geheimer Art. Mißtrauen. Oft utopische Pläne und Ziele. Moralschädigungen. Nur wichtig, wenn in Eckfeldern oder stark aspektiert von anderen Planeten! Neurosen.

♄ ♇ *Saturn/Pluto:* Harte und zähe Lebenskämpfe! Gewalttätige Einflüsse im Schicksal auf lange Sicht. Zermürbende Umgebung. Fanatismus in den selbstsüchtigen Bestrebungen. Ertragenmüssen quälender Zustände oft bei Kriegsgefangenen!).

♅ ☉ *Uranus/Sonne:* Große Eigenwilligkeit mit Tendenzen zur Selbstschädigung. Trotz, Widerspenstigkeit. Manchmal geniale Begabung auf irgendeinem Gebiet, aber Mangel an harmonischer Verwertung. Plötzlicher Wechsel im Schicksal, im Beruf, in den Ansichten und Plänen. Nervöse Komplexe, seelische Spannungen! Haßmotive! Störungen geistiger und seelischer Balance. Impulsivität im Handeln. Phantasie. Gewisse Selbstverherrlichung. Exzentrizitäten!

♅ ☾ *Uranus/Mond:* Ebenfalls Eigenwilligkeit, Absonderlichkeit. Nervenanspannungen, Gefühlsspannungen. Trennungen von Frauen und von der Ehepartnerin. Vielseitigkeit der Interessen. Unabhängigkeitslust und Freiheitsbestrebungen. Innere Unzufriedenheit und Zerrissenheit der Gefühle. Manchmal Nervenkrisen. Übertreibungen! Unausgeglichenheit.

♅ ♂ *Uranus/Mars:* Eigensinn, Freiheitsverlangen! Revolutionär oder aufsässig gegen Bevormundung und Vorgesetzte, Vater und Respektspersonen. Innere Spannungen! Nervosität. Reizbarkeit, Schroffheit. Ebensooft aber auch Schüchternheit oder Sensibilität der Nerven, Ungeduld. Durchsetzung des eigenen Willens. Mangel an Anpassung und Diplomatie. Überarbeitungen, Übertreibungen. Unfalltendenzen!

♅ ☿ *Uranus/Merkur:* Taktlosigkeit, Unbeliebtheit. Allzu große Offenherzigkeit. Übertriebene Selbstschätzung. Eitelkeit, Dünkel! Begabungen. Illusionen. Angriffe auf Ruf und Ansehen. Querulanten! Fehlhandlungen. Nervosität.

♅♀ *Uranus/Venus:* Empfindlichkeit. Starrsinn, Hartnäckigkeit der Gefühle. Schicksal in den engeren Bindungen, in Liebe und Ehe! Ehekrisen! Trennungen. Todesfälle geliebter Menschen. Mißachtung der Konventionen. Unabhängigkeit in Liebe und Erotik. Tragische Trennungen. Liebeskummer. Kritisch für die Mutter! Nervöse Störungen. Gestörte Sexualität.

♅♆ *Uranus/Neptun:* Hypersensibilität. Spannungszustände im Gefühlsleben. Affektzustände. Neurosen. Manchmal künstlerische Begabung. Extreme. Fanatismus. Beeinflußbarkeit. Falsche Vorstellungen. Gefahr des Mediumismus. Innerste Unklarheiten. Zielverwirrungen.

♅♇ *Uranus/Pluto:* Fanatismus! Gewaltsames Schicksal oder gewaltsame Handlungen. Zerreißproben der Nerven oder körperliche Anstrengungen. Starre Ansichten. Kämpfe mit der Umwelt! Umstürze im Leben! Im besten Fall innere Auseinandersetzungen von großer seelischer Gewalt.

♃☉ *Jupiter/Sonne:* Leichtsinn, übertriebener Optimismus. Wagemut. Soziale und finanzielle Verluste. Unbekümmertheit um die Folgen von Handlungen. Abenteuerlust! Rebellisch bis aufsässig! Auflehnung gegen Autorität, Staat, Gesellschaft. Prahlerisches Wesen, Bramarbasieren und Aufschneiden. Mangel an gutem Benehmen. Neigung zu Sektenwesen und Okkultismus. Irreligiös. Zwangsweise Enthaltsamkeit infolge Leber- oder Galleschädigungen. Verschwendung. Tendenz zum Hasardieren. Falsches Prophetentum. Selbstüberschätzung, Ernährungsschäden.

♃☾ *Jupiter/Mond:* Ungünstiges mit Ausland und Ausländern. Gewisse Tendenz zum Sichgehenlassen. Unvorsichtigkeiten. Großer Optimismus. Leberkrankheiten. Üppigkeiten im Essen oder allzu großer Lebensgenuß. Mitunter auch das Gegenteil! Also Unausgeglichenheit im Genuß der Dinge. Mangel an Popularität oder Verlust derselben. Ehedifferenzen in männlichen Horoskopen. Manchmal Auslandsschicksal (negatives).

♃♂ *Jupiter/Mars:* Übertreibungen! Extreme! Allzu betontes Freiheitsgefühl und daher Kontroversen mit Staat, Behörde, Respektspersonen. Innere Auflehnung gegen Zwang oder Bevormundung. Trotz! Unzufriedenheit. Unausgeglichenheit im Handeln, Verschwendung. Innere Erregbarkeit und Intensivierung des Gefühlslebens. Explosivität des Gemüts.

Abenteuerliche Phantasie! Abhängigkeit von Laune und Stimmung. Mangel an Vorsicht und Überlegung. Nervenübererregungen, Mangel an Maß und Ziel! Spekulationsverluste. Auflehnungsaspekt!

♃ ☿ *Jupiter/Merkur:* Mangel an Konzentration, Zerstreutheit. Aberglauben. Religiöse Kämpfe oder Auseinandersetzungen. Unvorsichtigkeit, Nachlässigkeit. Übertreibungen. Mangel an Urteilsfähigkeit! Eigendünkel, Bluff. Mangel an Geschliffenheit, Mangel an Takt. Indiskretionen! Schädigungen durch Unehrlichkeit, Finanzverluste. Angriffe auf Geld, Ruf, Ansehen. Körperlich Leberschädigungen. Oft literarische Interessen oder sonstige künstlerische Neigungen.

♃ ♀ *Jupiter/Venus:* Eitelkeit, manchmal Phlegma (aber nicht immer!). Hang zur Selbstdarstellung und zur Verschwendung. Intensives, etwas exzentrisches Gefühlsleben. Innere Auflehnung. Gefühlsüberschwang! Geldverluste! Differenzen im Liebesleben. Unzuverlässigkeit.

♃ ♄ *Jupiter/Saturn:* Enttäuschungen, Depressionen, Unbeständigkeit. Innere Unzufriedenheit. Rastlosigkeit. Mangel an Erfolg oder schweres Ringen um den Erfolg. Selbstverleugnung und Mühen. Entbehrungen! Unterdrückung eigener Freiheit oder eigener Initiative (z. B. Militär). Mangel an Gelegenheiten im Leben. Mangel an Phantasie, Kleben am Buchstaben! Mangel an Orginalität. Paragraphenmenschen. Depressive Neigungen. Positionen ohne eigene Verantwortung. Pflichtmenschen! Differenzen mit dem Vater.

♃ ♅ *Jupiter/Uranus:* Rastlosigkeit, Tätigkeit! Gegen bestehende Ansichten und Überzeugungen. Auflehnung! Hang zum Wechsel, Unbeständigkeit. Eigenwilligkeit! Selbständigkeit, Mangel an Unterordnung. Allzu großer Freimut schädigt. Schroffheit. Unbeliebtheit bei Vorgesetzten! Stolz und Ichbetonung. Zuweilen Nörgler. Orts- und Wohnungsveränderungen, Berufswechsel!

♃ ♇ *Jupiter/Pluto:* Übersteigerte Machtkomplexe! Mangel an Einfügung in die Gemeinschaft. Störungen durch die Außenwelt, die Masse. Einflußnahme auf die Masse, zuweilen in autoritativem Sinn. Gefährliche Konstellation!

Alle bisher analysierten Aspektverletzungen gelten für die Quadratur- und Oppositionsaspekte. Für alle finanziellen und spekulativen Transaktionen sind die Jupiter/Saturn-Verletzungen am schädlichsten. Unter diesen Aspekten ist keinerlei Gewinn möglich.

Die Tierkreisanalyse

Die Entsprechungen der Tierkreiszeichen

Es mag für den Laien, der sich erstmals einem Horoskop gegenübersieht und nun die verwirrende Vielfalt der Planetenkonstellationen, Zeichenbesetzungen und gegenseitigen Aspektierungen erkennt, fast unmöglich sein, in irgendeiner Frage zu einer gültigen Aussage zu kommen. Dies um so weniger, als sich häufig eine ganze Reihe von Deutungsfaktoren in ihrer Wirkung überschneiden. Hier gibt es für den Anfänger einen Weg, diese Faktoren zunächst einmal summarisch zu erfassen.

Die Lehre von den »Qualitäten« der zwölf Zeichen ermöglicht Aussagen über die konstitutionellen Momente, die Temperamentsanlage und die daraus entspringenden Handlungsweisen. Obgleich diese Tierkreischarakteristik als Vulgärpsychologie bezeichnet wird, hat sie doch ihre Wurzeln in der Entsprechung zum Sonnenbahnsektor und symbolisiert damit die innere Wesensanlage eines Menschen: etwa wie er sein Schicksal gestaltet, beispielsweise als überwiegender »Tatmensch«, als Mensch der Überlegung oder der Anpassung.

Diejenigen Tierkreiszeichen, die in einem Horoskop am stärksten besetzt sind, geben – gemäß den nachfolgenden Ausführungen über die »Qualitäten« dieser Zeichen – nähere Hinweise. Es ist hierbei zu beachten, daß jene Zeichen, in denen sich Sonne, Mond, Aszendent und Meridian befinden, eine ganz besondere Rolle spielen. Zuweilen zeigen sich in einem Horoskop Planetenballungen in einem bestimmten Zeichen. Dann hat auch dieses Zeichen eine markante Bedeutung.

Das »kardinale« Kreuz: Widder, Krebs, Waage, Steinbock

Diese vier Zeichen gehören zu den »beweglichen« oder Kardinalzeichen (siehe Zeichnung). Wer also Sonne, Mond, Aszendent, Meridian oder Planetenhäufungen in diesen vier Zeichen besitzt, kann in einem allgemeinen Sinn als Mensch der Tat bezeichnet werden. Man wird bestätigt finden, daß solche Menschen von großer innerer oder äußerer Aktivität sind, denn die »kardinalen« Zeichen symbolisieren den vorwärtsdrängenden Geist, den Willen, kurz: die Tätigkeit an sich. Solche Menschen wollen nicht im Hintergrund bleiben, sie drängen nach vorn, oft – je nach Berufsposition – an die Öffentlichkeit, wollen beachtet sein, und tatsächlich

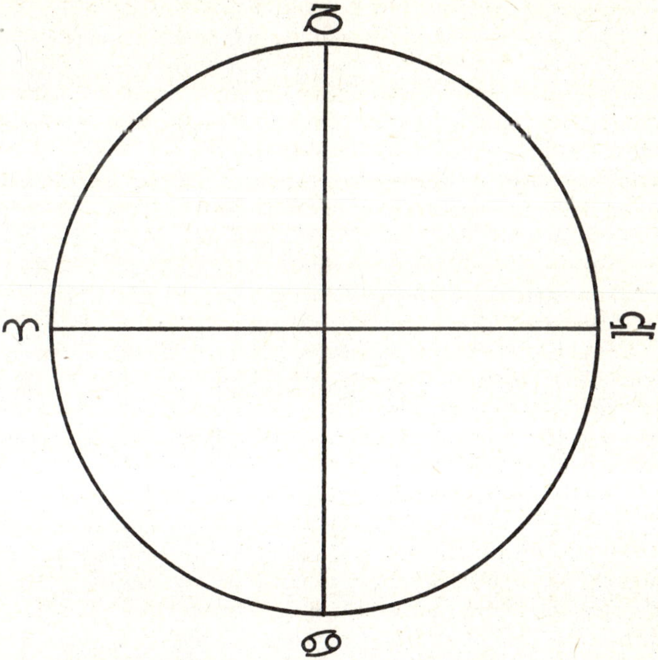

gelangen sie auch fast immer über den Kreis ihrer Geburt hinaus. Dies zeigt sich zum Beispiel in sehr überzeugender Weise bei Geschwistern. Jenes mit den meisten Planeten (oder markantesten Planeten, dem Aszendenten usw.) in diesen beweglichen Zeichen überflügelt die anderen, sei es in Wissen, Können, im Lernen oder im Beruf. Die Kardinalzeichen drängen zum Aufstieg im Sozialen und Gesellschaftlichen. Der Drang nach Führung, Leitung, nach Herrschen und Befehlen, nach Anerkennung oder Beifall, nach Beachtung innerhalb der Umwelt macht sich deutlich bemerkbar.

Wenn wir die spezifische Eigenschaft der Kardinalzeichen mit einem einzigen Wort belegen wollen, so ist es das Stichwort: Tätigkeit! Dies besagt freilich noch nichts über die Art dieser Tätigkeit, auch noch nichts über den Erfolg. Doch können wir, wenn wir im folgenden jedes einzelne dieser vier beweglichen Zeichen unter die Lupe nehmen, schon eher die Art und Weise dieser Aktivität erkennen.

Außer Tätigkeit zeigt sich Unternehmungslust schlechthin. Daß die Begeisterung, der Enthusiasmus und das Selbstbewußtsein unter diesen Zeichen Varianten aufweisen, ist selbstverständlich. So kann die angedeutete Energie eines Menschen unter dem Kardinalkreuz sprunghaft, schädigend, positiv oder negativ sein. Um dies festzustellen, bedürfte es bereits wieder des individuellen Horoskops und seiner speziellen Aussagen. Aber man wird von vornherein sagen können (und dies sogar bei einem Neugeborenen), daß sich dieser Mensch kaum für ein beschauliches Glück im Winkel, für einen Subalternposten oder eine untergeordnete, ewig gleichbleibende Tätigkeit eignet. Wir können ferner aus dem bloßen Überwiegen des kardinalen Elements voraussagen, daß dieser Mensch auch in all seinen Gefühlen, Empfindungen, Lebensäußerungen (also auch in der Liebe) große Aktivität zeigt, wirkliche Hingabe. Im Geistigen kann sich hier unmöglich Phlegma, Gleichgültigkeit, stumpfes Dahinvegetieren ergeben – die angeborene Ruhelosigkeit und der Schwung der Persönlichkeit verlangen nach Einsatz des Willens, nach Bewegung, Icherfüllung und Ichausdehnung.

Eine weitere auffallende Eigenschaft der Kardinalzeichen ist der Ehrgeiz, der die ichbetonten Gefühle immer wieder aufstachelt und dadurch in die Schicksalslinie das Symptom von Aufstieg, Veränderungen der Umwelt bringt. Ob es der Persönlichkeit gelingt, sich durchzusetzen, ob ihr durch diese Dynamik ihres Lebensstils Leid oder Freude winkt – dies ist wiederum erst über das individuelle Horoskop erfahrbar. Im Fall einer gering entwickelten Individualität und einer überwiegend triebhaften Persönlichkeit kann freilich ein Übermaß von Kardinalzeichenbesetzung große äußere und innere Unbeständigkeit, große Veränderungen und die Tendenz zu ewigem Wechsel auslösen. Übereilung, Impulsivität, Voreiligkeit, Mangel an Vorsicht und Überlegung, Maßlosigkeit: All dies wird dann zu einem schädigenden Faktor der grundsätzlichen »Beweglichkeit« dieser Zeichen.

Der praktisch tätige Astrologe weiß aus Erfahrung, daß die Prognosen bei betonter Kardinalzeichenbesetzung in einem Horoskop die besten Treffer ergeben. Dies liegt daran, daß Menschen dieser Zeicheneinflüsse auf die äußeren Eindrücke, Anregungen und Vorkommnisse am promptesten reagieren. Insbesondere zeigt sich dies bei Menschen mit starker Widder-Betonung im Horoskop (die Sonne als einziger Faktor im Zeichen Widder genügt allerdings nicht!).

Es kommt also sehr auf die innere Entwicklungsstufe und die praktischen Erfahrungen an, ob ein Mensch die heftige Dynamik des Kardinalkreuzes zu meistern vermag. Die Energie unter diesen Zeichen ist ähnlich wie Elektrizität eine Kraft, die sich zum Guten wie zum Bösen anwenden läßt. Somit darf man bei Auslegung dieser Zeichen im vorliegenden summarischen Sinn nie über die angedeuteten Wirkungen hinausgehen. Alles weitere ist Sache einer individuellen Deutung aus dem Gesamthoroskop.

Im folgenden seien nun gewisse Details gegeben, falls ein Horoskop ausgesprochene Planetenhäufungen in einem dieser vier Kardinalzeichen aufweist. In diesem Fall bekommt das Zeichen eine erhöhte Bedeutung für Charakter und Schicksal:

♈

Widder zeigt von allen vier Kardinalzeichen die stärkste Ichbetonung, Ichbehauptung und Ichdurchsetzung. Impulsivität und Reizbarkeit sind auffallend. Widersprüche werden nicht ertragen. Gefahr von Konflikten und Streitigkeiten mit der Umwelt. Starke Willenseinsätze und wechselnde Ziele. Viele Veränderungen im Leben.

♋

Krebs: Unter den vier Kardinalzeichen das schwächste, da hier die Gefühle und Empfindungen die Handlungen beeinflussen. Trotzdem sehr ehrgeizig, in den Bestrebungen und Willenseinsätzen eher ruhig als auffallend, aber ausdauernd und sehr zielstrebig. Mehr praktische als ideelle Ziele, mehr Überlegung in den Handlungen. Das Ichgefühl ist bedeutend, aber niemals aggressiv.

♎

Waage: Während ein »Widder« rein individuell und aus erhöhtem Ichgefühl heraus handelt, wird hier die Gemeinschaft angestrebt: Zusammenarbeit, Mitarbeit. Das »Du« gewinnt größere Bedeutung. Großes ehrgeiziges Streben, sehr oft eine Rolle in der Öffentlichkeit. Der Wille ist geschliffener, diplomatischer, schlauer, ideelle Ziele zeigen sich.

♑

Steinbock: Großer Ehrgeiz und große Zähigkeit. Ausdauer und planvolles Streben auf lange Sicht. Große Ichbetontheit und Sinn für Geltung, Aufstieg, Herrschaft. Realistischer Wille, der überlegt und ruhig handelt. Politische Interessen. Innerhalb der Allgemeinheit wird das eigene ehrgeizige Ziel angestrebt. Lebenspraktische Einstellung, sehr realistische Gesichtspunkte.

Die festen Zeichen oder das »fixierte« Kreuz: Stier, Löwe, Skorpion, Wassermann

Wer in diesen vier »festen« Zeichen Planetenhäufungen, Sonne, Mond, Aszendent oder Meridian besitzt, unterscheidet sich sehr deutlich und auffallend von den Menschen der vorhergehenden Kardinalzeichenbesetzung. In einem allgemeinen Sinn können wir ihn als *Mensch der Beständigkeit* bezeichnen. Seine Haupteigenschaften sind Widerstand, Festigkeit, Unbeirrtheit, Hartnäckigkeit und eine gewisse innere Ruhe, Besonnenheit sowie Geduld. Der Hang zum Konservativen ist ganz deutlich ausgeprägt. Dieser Typ kann sich nicht wandeln, ist keineswegs beweglich, sondern strebt in allem die Stabilität an. Ausdauer und Zähigkeit bringen seinen Unternehmungen und Bemühungen meist den endgültigen Erfolg, denn die »fixierten« Zeichen sind das Symbol für die gleichmäßig

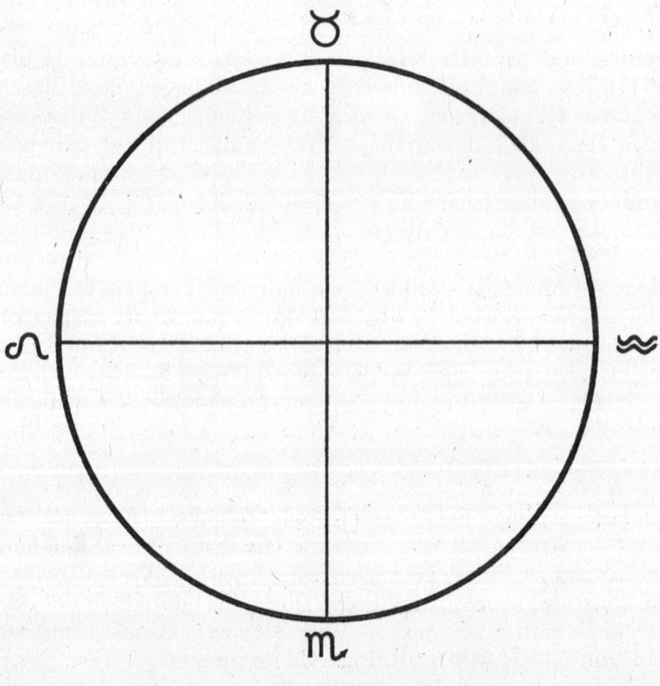

fortgesetzte Arbeit. Es fehlen jene ruckartigen, begeisterten Tateinsätze, die den Menschen der kardinalen Zeichen eigen sind. Gleichwohl wird hier die Arbeit geliebt, aber der Wille ist nicht abrupt, sondern kann über lange Zeitabstände unentwegt anhalten. Nichts wäre dem Typ der fixierten Zeichen unangenehmer als ununterbrochener Wechsel in Zielen, Ansichten oder Positionen. Am stärksten ausgeprägt ist hier die Wunschnatur, der Bereich der Triebe, Leidenschaften und Gefühle. Die letzteren können unwandelbar sein, ja hartnäckig bis eigensinnig. Dem Wechsel stellt der Mensch der festen Zeichen die innere Entschlossenheit entgegen. Auch bei widrigen Zeit- und Schicksalsverhältnissen wird er durchhalten, ebenso wird er auch seine einmal gefaßten Ansichten und Überzeugungen nicht leicht wieder ändern, niemals aber von heute auf morgen! Im Geistigen kann sich hier eher Fanatismus als Wendigkeit entwikkeln, und wir finden hier beispielsweise im politischen Denken die konservative Richtung vor. Auf die Versprechungen dieser Menschen kann man bauen, sie sind zuverlässig. Allerdings sind sie auch in ihren Gefühlen – Sympathien wie Antipathien – ebenso hartnäkkig und unbeugsam. Sind sie einmal enttäuscht, wird man sie nicht leicht wieder umstimmen können. Beruflich bevorzugt dieser Typ die ruhig und stetig arbeitenden Berufsgruppen (sehr häufig Beamtenlaufbahn!). In der Arbeit liegt der Hauptakzent auf Sorgfältigkeit und Genauigkeit. Die eventuell vorkommenden Rückschläge rauben ihm nicht die Tatkraft, er beginnt nach Verlusten zäh wieder von vorn.

Eine Besonderheit der fixierten Zeichen ist die Tendenz zum Festhalten, auch des erworbenen Vermögens, der erreichten Positionen, der geliebten Menschen. Während sich Menschen der kardinalen Zeichen leicht von einer Sache, einem Ding, einer Ansicht, einem Menschen trennen können, ist der Typ der fixierten Zeichen unwandelbar, anhänglich, ein Sammler im übertragenen Sinn. Ausgesprochene Wechselfälle zeigen sich bei ihm seltener, weil die Tendenz zum Wechsel schon von innen her bekämpft wird. Die Nachteile dieses gefestigten Temperaments liegen in einer allzu großen Konzentration oder Schwerfälligkeit, in einer inneren Hartnäckigkeit, die bis zum Eigensinn reichen kann. Trotz und Widerspenstigkeit kommen häufig dazu.

In der Welt der Materie will man den festen und »gesicherten« Besitz erringen. Die Geschäftigkeit im Sinne von Handel und Wandel, kaufmännische Großzügigkeit und eine weltaufgeschlossene Mentalität finden sich nur, wenn das fixierte Element mit dem kardinalen gemischt ist – in der Praxis sind diese Mischungen selbstverständlich üblich. Bei großer einseitiger Überlegenheit der fixierten Zeichen in einem Horoskop kann man auch Extreme im Denken und Fühlen vorfinden: die gebundene, zusammengefaßte Kraft des Willens kann dann zur Gewalt werden, und das scheuklappenbehinderte Sehbild im Geistigen wird zum Fanatismus im Hinblick auf eine Idee oder eine Überzeugung. Niemand braucht daher so sehr eine Auflockerung in der Sphäre der Gefühle und Gedanken wie gerade der Typ der »gefestigten« Zeichen! All dies ist jedoch in bezug auf die jeweilige Auswirkung nicht allein aus der Zeichenanalyse zu ersehen, sondern man benötigt das gesamte Horoskop samt allen seinen individuellen Konstellationen. Eindeutiger wird die Analyse, wenn ein Horoskop bestimmte Planetenhäufungen in einem dieser vier fixierten Zeichen aufzeigt. Es ergeben sich dann folgende Tendenzen:

♉

Stier: Der Praktiker, der Realist, dem jede Theorie nur so weit gilt, als sie im Leben auch praktisch verwertbar ist. Konzentration auf das Ziel mit einfachen Mitteln. Was nicht begriffen wird, wird abgelehnt. Die große Ichbetontheit läßt sehr subjektiv urteilen und kennt wenig bis gar keine Kompromisse. Innerlich stolz, daher auch eifersüchtig, trotzig. Die materiellen Werte sind Richtschnur des Handelns.

♌

Löwe: Der Autoritäre, der Organisator, der Leiter und Herrscher. Die gefestigte Kraft wird sehr planvoll, konzentriert und selbstherrlich eingesetzt. Der Wille anderer wird dem eigenen unterworfen oder gebändigt. Die Selbstsicherheit stärkt das Handeln. Tendenz zur Macht ist unverkennbar. Dieser Typ kann hart, unnachgiebig werden. Die Gefühle sind leidenschaftlich, die Triebkräfte drängend.

♏

Skorpion: Der Selbstbewußte, Rücksichtslose, nach Erkenntnis Verlangende. Das Ichgefühl wird sehr dominierend, und der verletzte Stolz bringt alle Skorpion-Eigenschaften aus der Latenz: Rachsucht, Eifersucht, Vergeltungsgefühle, Empfindlichkeit. Nicht das Einfügen, sondern das Beherrschen anderer wird angestrebt. Der Drang nach dem Erforschen des Unbekannten ist groß. Der geistige Radius kann aber nur vom Gesamthoroskop her erkannt werden!

♒

Wassermann: Der Eigenwillige, der Revolutionär, der soziale Denker, der Idealist. Die inneren Überzeugungen werden mit größter Konsequenz verfochten und durchgeführt. Abhängigkeit von Sympathien und Antipathien! Geselligkeit mit Gleichgesinnten, Halsstarrigkeit bei Kontroversen. Freiheits- und Unabhängigkeitsideen! Durchführung eigener Pläne gegen jegliche Opposition.

Die veränderlichen Zeichen: Zwillinge, Jungfrau, Schütze, Fische

Viele Planeten in diesen Zeichen (auch Sonne, Mond oder Aszendent) verursachen wiederum einen völlig anderen Typ. Wir kommen dem Prinzip dieser Zeichen am nächsten, wenn wir diesen Typ als *Mensch der Fügsamkeit,* Lenksamkeit bezeichnen. Tatsächlich findet sich hier die Tendenz zum Nachgeben, zur Einfügung ins Ganze, zum Ausweichen. Die veränderlichen Zeichen streben nach Frieden, innerer Harmonie, Ausgleich, Anpassung, speziell Anpas-

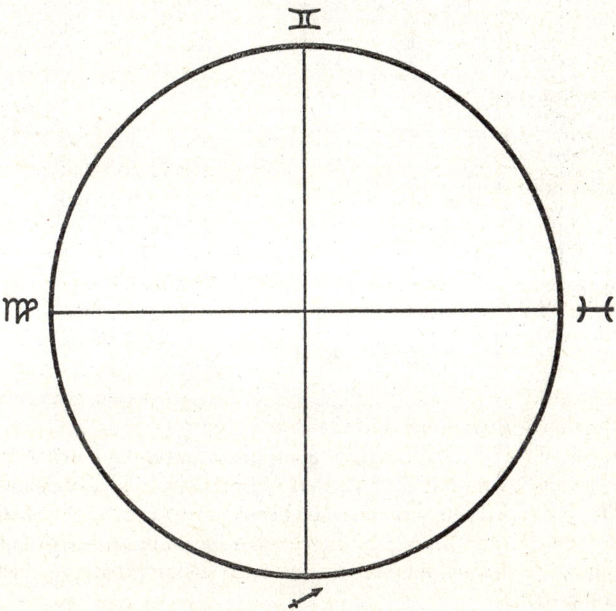

sung an die gegebenen Umstände, die Menschen der Umwelt, die Berufsbedingungen. Der Drang zur Aktivität, zum Handeln ist nicht so ausgeprägt wie bei den Kardinalzeichen, aber Veränderungslust, äußere Unruhe und Wechsel im Schicksal sind sehr stark zu beobachten. Man kann diese Menschen nicht festlegen, wie sie sich gewöhnlich auch selbst nicht festlegen – weder in ihren Ansichten, Überzeugungen noch in ihren Meinungen. Sie sind darin vielmehr vorsichtig, abwartend, können mitunter auch anders reden, als sie wirklich denken. Das Motiv der Diplomatie ist hier stark gegeben. Der praktisch tätige Astrologe weiß aus Erfahrung, daß die Schicksalskrisen, die in Horoskopen mit starker Besetzung der »veränderlichen« oder anpassenden Zeichen angezeigt sind, bei weitem nicht so prompt und exakt in Erscheinung treten wie etwa bei Menschen, die kardinalzeichenbetont sind. Man könnte die »veränderlichen« Typen mit klugen Fechtern vergleichen, die den jeweiligen Schlag oder Hieb zu parieren wissen. Zumindest verstehen sie auszuweichen, nachzugeben wie ein schwankendes Schilfrohr, das sich im größten Sturm dennoch zu behaupten vermag. So sind diese Menschen in ihren wirklichen Ansichten nicht immer leicht zu durchschauen. Die Klugheit oder Lebensgewandtheit verleiht ihnen verschiedene Gesichter. Zudem kann aber auch der Intellekt wirklich vielseitig sein, so daß sie ihre Standpunkte mehrmals im Leben wechseln, ohne daß man sie deswegen »gewissenlos« oder standpunktlos nennen dürfte. Die Schlauheit und die geistige Gewandtheit sind diesen Zeichen eingeboren, so daß wir auch das Motiv der Täuschung und List vorfinden, je nach der Gesamtanlage des Horoskops.

Im praktischen Leben sind sie wendig, wissen sich den jeweiligen Möglichkeiten anzupassen und verstehen es meisterhaft, die Chancen des Schicksals zu nützen. Wir werden unter diesen Menschen kaum jemals Fanatiker oder Querulanten finden. Sie achten die Meinung des anderen, wenn sie diese auch nicht teilen können. Damit sind sie die geborenen Lebenspraktiker im Sinn des Einfügens in eine Gesamtheit. Die gerissenen Typen dieser Zeichen verstehen ihre Mitmenschen auszunützen. Im besten Sinn aber und bei sehr gutem Horoskop würde man diese anpassende Geistigkeit Toleranz nennen können. Die physische Haltung ist unter den veränderlichen Zeichen sehr aufgelockert. Diese Typen sind sensibel bis empfindlich, in bezug auf die Umwelt mitteilsam bis redselig.

Die Rückschläge kommen aus einem Mangel an Halt und Hartnäckigkeit. Wenn Krisen dennoch überraschend gut überwunden werden, so liegt dies an den gemäßigten Reaktionen des Handelns und Wollens. Impulsivitäten werden vermieden.

Dieser Typ geht manchmal Umwege, wenn der gerade Weg zu einem Ziel verbaut ist. Selten lösen diese Menschen die Ereignisse aus – vielmehr werden sie von den Dingen getrieben und bei ernstlichen Widerständen leicht entmutigt.

Die folgenden prägnanteren Eigenschaften zeigen sich dann, wenn sich in einem der vier veränderlichen Zeichen Planetenhäufungen ergeben:

♊

Zwillinge: Der Intellektuelle, Wißbegierige, Lernende, Studierende. Das Zeichen der vielfältigsten Beziehungsnahme zur Mit- und Umwelt, der Vielseitigkeit im Geistigen, der Zersplitterung, des biegsamen und wendigen Verstandes. Zuweilen aber auch sehr oberflächlich, unruhig, wechselnd, mit einem gewissen Manko an echtem Gefühl, da hier die intellektuelle Seite dominiert. Also mehr geistige Anpassung als gefühlsmäßiges Verständnis.

♍

Jungfrau: Der Praktiker und Realist mit dem nüchternen, analytischen, kritischen bis nörgelnden Denken und Urteilen. Der Ausführende (im Gegensatz zum Befehlenden oder Organisierenden), Verwaltende, sich Unterordnende, zuweilen »Dienende«. Praktisch urteilender Verstand. Im Psychischen etwas reizbar bis unzufrieden. In beiden Zeichen, Zwillinge wie Jungfrau, hat der Merkur die Herrschaft, daher sind beide Typen in den Gefühls- und Gemütsbezirken etwas nüchtern bis »kalt«.

♐

Schütze: Der Vielbeschäftigte, Rastlose, Reisende, zu Expansion und Aufstieg Drängende. Ebenso vielseitig und unruhig wie etwa Zwillinge, zeigt aber mehr Gemüt, Temperament, innere Beteiligung und Ichbetonung. Größere Gefühlsintensität. Aber ebenso zwiespältig bis unentschlossen wie Zwillinge. Verlangen nach Pracht, Macht, Einfluß und Ansehen.

♓

Fische: Der Gefühlsmensch, Idealist, Phantast, der Zurückhaltende, innerlich Vereinsamte, Mitfühlende. Dieser Typ ist am schwächsten und anpassendsten von allen veränderlichen Zeichen und weist die meisten Hemmungen, Widerstände oder Schicksalsschläge auf. Die Gemütssphäre ist am stärksten ausgeprägt. Oft fehlt die äußere Anerkennung oder die Durchsetzung. Ein Zeichen von großer Problematik, wenn es in einem Horoskop von vielen Planeten besetzt ist.

In der Praxis wird es nun vorkommen, daß alle drei bisher aufgeführten »Qualitäten« – die kardinale, feste und veränderliche – annähernd gleich stark vertreten sind. Dies bedeutet eine ausgewogene Temperamentsanlage. Sobald aber die eine oder andere klar überwiegt, so werden wir auch die angeführten Eigenschaften auffällig vorfinden.

Die Lehre von den Elementen

Feuerelement – Erdelement – Luftelement – Wasserelement oder: Die Viergliederung des Tierkreises

Die vier Elemente oder die Konstitutionstypen

Die klassische Astrologie, aber auch die indische Astrologie, nennt vier Zustände der Materie: Feuer, Luft, Erde und Wasser. Jedem dieser Elemente sind drei Tierkreiszeichen zugeteilt.

Das Feuerelement umfaßt die Zeichen Widder, Löwe und Schütze.

Das Erdelement umfaßt die Zeichen Stier, Jungfrau und Steinbock.

Das Luftelement umfaßt die Zeichen Zwillinge, Waage und Wassermann.

Das Wasserelement umfaßt die Zeichen Krebs, Skorpion und Fische.

In der heutigen, mehr psychologisch orientierten Astrologie oder Kosmopsychologie symbolisieren die Elementgruppen gewisse Konstitutionstypen, die aufgrund ihrer seelischen und körperlichen Konstitution ganz bestimmte Reaktionsweisen zeigen.

1. Das Feuerelement oder das schöpferische Trigon

Dieses »feurige Dreieck«, bestehend aus den Zeichen Widder, Löwe und Schütze, symbolisiert die positive Tat. Menschen, in deren Horoskop diese Zeichen auffallend stark besetzt sind (wobei wiederum in erster Linie auf Sonne, Mond, Aszendent oder Meridian geachtet werden muß), bleiben niemals unbemerkt im Hintergrund, sondern drängen zur Durchsetzung und Anerkennung ihres äußerst beweglichen und willensgeladenen Ichs. Selbst der Laie wird ohne alle Kenntnisse eines individuellen Horoskops solche Planetenhäufungen im Feuerelement richtig beurteilen und einschätzen können, wenn er bedenkt, daß dieses Element zur Führung drängt, gleichgültig auf welcher Ebene des Schicksals. Auf der Ebene des Berufs, der Begabungen, der Tätigkeit zeigen sich in erster Linie Organisationstalent und Unternehmungsgeist. Damit wird allen Anlagen des Horoskops (gleichgültig, ob »gut« oder »schlecht«) sofort eine Dynamik gegeben. Begeisterung, Hingabe an ein Werk, Mut und innerer

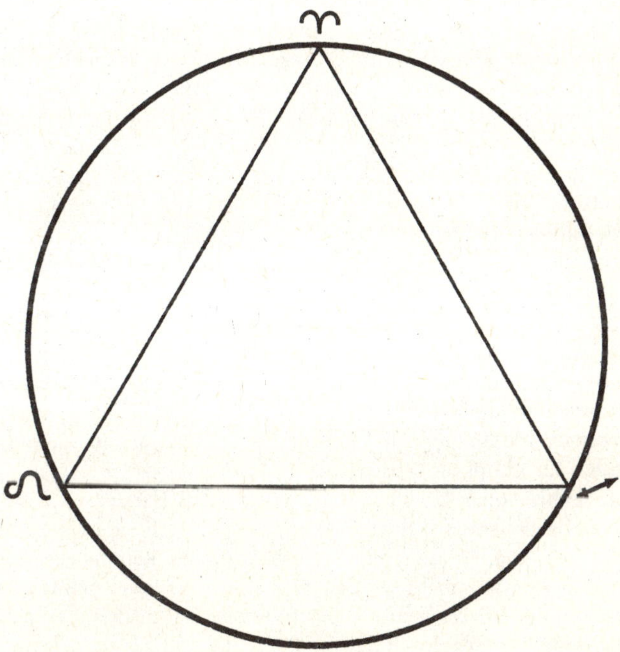

Schwung verhelfen den Handlungen zum Durchbruch auf materiellem Gebiet. Es kann auf Arbeitsfreude, Lebhaftigkeit im Naturell, energische Willenseinsätze geschlossen werden. Da diesen Menschen eine gewisse polare Spannung eigen ist, überträgt sich all dies auch auf andere Menschen: als Anziehung, Erregung oder Abstoßung – je nach Anlage des Horoskops. Im Berufsleben werden die Typen des Feuerelements zur Führung, zur Leitung tendieren. Ihre Anpassungsfähigkeit ist äußerst beschränkt. Man wird Menschen mit einer Überzahl von Planeten im Feuerelement nicht in »seßhafte«, subalterne und ausführende Tätigkeiten drängen können. Sie werden eines Tages den Zwang durchbrechen und sich zur Selbständigkeit durchringen. Unabhängigkeit, Freiheit und Selbständigkeit sind die Grundlagen des feurigen Trigons.

Wer sich in Liebe oder Ehe mit Partnern des Feuerelements verbündet, muß wissen, daß der Partner keineswegs nachgiebig, anpassend oder leicht zu dirigieren ist. Vielmehr wird er stets eine gehörige Dosis Eigenwillen und Selbstbehauptung zeigen. Man könnte sich viele grundsätzliche Irrtümer und Fehlschlüsse ersparen, würde man sich vor dem Eheschluß über den Wesenskern eines Menschen klarwerden. Wer im weiteren Verlauf dieser Analysen die Anlage von Menschen des »Wasserelements« eingehend studiert, wird sich darüber klarwerden, daß zwei Partner aus diesen konträren Elementgruppen auch im Leben, im Beruf, in der Liebe oder Ehe keineswegs ein sehr ideales Zusammenleben oder Zusammenarbeiten erreichen können, denn selbst beim besten Willen werden sich »Feuer« und »Wasser« nicht lange vertragen. Wenn die »Vulgärastrologie« in den üblichen Sonnenzeichenanalysen stets jene Partner in Liebe und Ehe als harmonisch oder »passend« empfiehlt, die im gleichen Element geboren wurden, so deswegen, weil sich beispielsweise im Feuerelement die gleiche Begeisterungsfähigkeit, die gleich große Hingabe der Gefühle und die gleichen Reaktionsweisen zeigen müssen, so daß eine Ehe über gewisse grundsätzliche Faktoren der inneren Einigung verfügt. Wie sich die weitere Gemeinschaft im einzelnen vollzieht, das ist freilich nur anhand des ganzen Horoskops zu beurteilen.

Ein Lehrer oder Erzieher muß wissen, daß Kinder mit überbetontem Feuerelement schwer erziehbar sind, daß sie aber mit Gewalt, Zwang oder autoritärer Hartnäckigkeit keineswegs folgsamer, weit eher verstockt werden. Das »Feuer« äußert sich im »Ausleben«, in der »Extraversion« (nach Freud: Das nach außen gerichtete Erleben), in Taten, Trieben, Wünschen und Leidenschaften. Es ist dies ein durchaus »schöpferischer« Bereich, aber er kann schon bei einem jungen Menschen schwer geschädigt werden.

Der erwachsene Mensch des überbetonten Feuerelements sollte so viel psychologisches Verständnis für das Wesen seines Mitmenschen aufbringen, daß dieser nicht unbedingt Kulisse für seine allzu heftige Egozentrik werden muß. Alle Widerstände, Affekte und Umweltkrisen eines typischen Widder-Geborenen könnten dadurch abgeschwächt werden, daß er den rohen Affekt oder die impulsive Gewalt nicht für die allein gültige Art der Durchsetzung hält. Ebenso müßte der typische Schütze-Geborene wissen, daß Selbstüberschätzung und Selbstbewußtsein nicht dasselbe sind, während der typische Löwe-Geborene gesunden Stolz von Anmaßung unterscheiden lernen müßte. Der Mensch des übersteigerten Feuerelements empfindet jeden Rat als Kritik, während seine eigene Kritik zuweilen subjektiv, ohne Einfühlung und Toleranz, abgegeben wird.

In seinen Urteilen ist also der Mensch des Feuerelements apodiktisch (d. h. »unfehlbar«), und wer dies von vornherein weiß, wird im engeren Zusammenleben mit diesem Typ den richtigen Ton finden. In dieser Hinsicht wird die Kosmopsychologie zu einem wertvollen Hilfsmittel der Selbsterkenntnis.

Stichwortartig kann man die Eigenschaften des astrologischen »Feuerelements« folgendermaßen zusammenfassen: Leitung, Führung, Autokratie, Lebendigkeit, Beweglichkeit, geistiges Schöpfertum. Im niederen Sinn Despotie, Zerstörung, Konflikt, lautes und lärmendes Wesen, »Betrieb«, Unterjochung.

2. *Erdelement oder das stoffliche Trigon*

Das Erdelement, bestehend aus den Zeichen Stier, Jungfrau, Steinbock, symbolisiert die Welt der Realitäten, die greifbare Wirklichkeit oder – wie schon sein Name besagt – den Stoff, die Materie.

Menschen, die dieses Element in überwiegender Weise durch Planetenhäufungen im Horoskop (insbesondere durch Sonne, Mond, Aszendent und Meridian) besetzt haben, sind Wirklichkeitsmenschen, Realisten, Leute der nüchternen Überlegung und praktischen Tat. Das Ziel und der jeweilige Weg zu diesem Ziel sind klar vorgezeichnet und werden nicht aus dem Auge gelassen, denn gerade die Ablenkbarkeit ist äußerst gering zugunsten innerer wie äußerer Konzentration.

Menschen dieses Elements gelangen am leichtesten zum Erfolg im Berufsleben, denn die Zähigkeit ist hier ein Hauptmotiv. Ziele

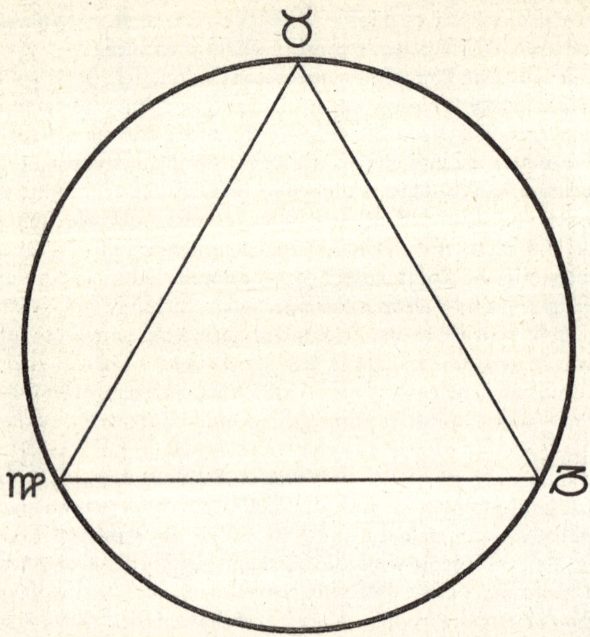

und Wünsche sind immer handfest, wirklichkeitsnah und auch tatsächlich erreichbar. Die Erdzeichen kennen weder übermäßige Phantasie noch irgendwelche Utopien. Mit großer Geduld und Ausdauer wird der Weg des geringsten äußeren Widerstands gegangen. Aber auch bei wirklichen Widerständen wird die ganze zähe Energie dieser Zeichen wach, die dann zuweilen in extreme Hartnäckigkeit ausarten kann. Dieses Element drängt die Menschen in erster Linie zur Beherrschung des Stoffes. Diese »Erdgebundenheit« läßt es wünschenswert erscheinen, daß in einem Horoskop auch das »Luft«- oder »Feuer«-Element wirksam besetzt ist, denn die Materie bedarf auch der gestaltenden, schöpferischen Idee, sonst bleibt sie tot. Praktisch ergeben sich selbstverständlich in jedem Horoskop solche Mischungen aus allen vier Elementen. Herrscht aber eines in überragendem Maß vor, so müssen sich notgedrungen Einseitigkeit und Fanatismus irgendeiner Art ergeben! Im Fall des Erdelements entstehen Unnachgiebigkeit, Unbeugsamkeit, Eigenwille bis Eigensinn und Verbohrtheit, aber auch Habsucht und übertrieben materielle Interessen.

Die Menschen dieses Elements sind bodenständig, seßhaft, an Heimat oder Besitz gebunden. Diese konservative Haltung ermöglicht auch im engeren Lebensbereich Stabilität, und so sehen wir hier meist die Entwicklung der Zielsetzungen aus kleinsten Anfängen heraus, auch gegen alle Widerstände und selbst durch Perioden der Abhängigkeit hindurch bis zur Erfüllung. Diese Zielstrebigkeit ist unterm Erdelement ein Hauptmotiv des Erfolges.

Im Beruf erstrebt man vor allem Sicherheit und Versorgung und ist phantastischen Spekulationen abgeneigt. Selbst die Ideale müssen in irgendeiner Weise »nutzbringend« sein. Dieser Gedanke des Nützlichen, Verwertbaren kann bei stark materieller Grundveranlagung (mehrere Planeten in den »Erdzeichen«) sogar bis in die privatesten Bezirke des Lebens reichen. Es kann also vorkommen, daß Liebe oder Ehe ebenfalls im nützenden, verwertenden, praktischen Sinn aufgefaßt werden, was mitunter zu Einbußen im Bereich des Gefühls führt. Dieses letztere Motiv zeigen die Zeichen Jungfrau und Steinbock in besonderem Maß. Andererseits ist hier in den Bindungen engster Art mehr Stabilität, mehr Zuverlässigkeit zu erkennen.

Die Entwicklung unterm Erdelement macht selten Sprünge. Schicksalsmäßig finden wir hier Konsequenz. Die Krisen können ebenso andauernd sein wie die Perioden des Aufstiegs – das Gesamthoroskop wird hierüber Aufschluß geben.

Im engeren Zusammenleben mit Menschen des Erdelements wird man sich darüber im klaren sein müssen, daß hier die Anpassungsfähigkeit beschränkt ist (mit Ausnahme etwa des Zeichens Jungfrau), da der innerste Wesenskern »kompakt«, eigenwillig, selbstbehauptend ist. Lockerung ist nicht leicht erreichbar und niemals auf Anhieb. Dies hat allerdings zur Folge, daß Menschen des Erdelements in ihren Zuneigungen beharrlich, treu und zuverlässig werden, wenn sie einmal zu den Menschen ihrer Umgebung Vertrauen gefaßt haben. Sehr bewegliche Typen, deren Standpunkte schnell wechseln und die in ihrer ganzen Lebensart wendig, veränderlich, geistig beschwingt sind, werden allerdings mit Partnern aus dem Erdelement nicht harmonieren, wie auch den Menschen der Erdzeichen diese dem wechselnden Lebensgenuß ergebenen Typen nicht sonderlich sympathisch sind. Wer sich in die Substanz der Lehre von den Elementen einfühlt, wird selbst ohne besondere Horoskopkenntnisse den Umriß und die psychische Struktur eines ihm völlig fremden Menschen doch sehr gut erfassen. So wird er zum Beispiel als Erzieher, Lehrer oder Psychologe einem Menschen mit überwiegender Erdzeichenbesetzung niemals zu einem Beruf raten, der fortwährende Umstellungen, viele Reisen, innere Wendigkeit verlangt. Dagegen wären alle Berufe mit konservativer Haltung, mit einer gewissen Verankerung im Bereich des Materiellen als äußerst fördernd zu bezeichnen. Nicht umsonst finden wir eine unübersehbare Reihe von Berufen, die mit Geld, Handel, Geschäften, mit dem Boden und dessen Bebauung, mit »festen Werten« wie Häusern und Grundstücken zu tun haben, von Menschen des Erdelements besetzt. Da die Astrologie nicht vom Theoretischen, sondern in erster Linie vom Empirischen (Wissen durch Erfahrung) ausgeht, sind die Tatsachen dem wirklichen Leben entnommen und statistisch bewiesen. Umgekehrt ergaben sich allerdings aus diesen Tatsachen wiederum Theorien – so jene Theorie, daß sich Partner aus den Zeichen des Erdelements gut ergänzen (beispielsweise eine Stier-Frau und ein Steinbock-Mann usw.). Doch in dieser Hinsicht spielen noch ganz andere Bedingungen eine Rolle, und es bleiben diese »Regeln« reichlich theoretisch.

Stichwortartig kann man also das Erdelement folgendermaßen kennzeichnen: Realismus, Praktik, Nüchternheit der Gefühle, Lebensnähe, Bodenständigkeit, ruhiger, auf lange Sicht konzentrierter Ehrgeiz, Durchhaltekraft. Im niederen Sinn ergeben sich Eigensinn, Hartnäckigkeit, Unnachgiebigkeit, Berechnung.

3. Das Luftelement oder das ideelle, gedankliche Trigon

Das Luftelement, bestehend aus den Zeichen Zwillinge, Waage, Wassermann, symbolisiert die Welt der Ideen, der Intellektualität, der geistigen Beweglichkeit und Lebhaftigkeit, der inneren wie äußeren Eindrucksfähigkeit und Veränderlichkeit.

Menschen mit überwiegender Besetzung des Luftelements sind innerlich wie äußerlich gelockert, kolossal wendig und veränderlich, rasch im Reden, Handeln, in den Entschlüssen und im Verarbeiten der Eindrücke. Hier haben wir die Menschen mit den vielseitigsten Anlagen, deren psychische Haltung vorwiegend unruhig und rastlos ist, die sich veränderten Lebenslagen oder Gesichtspunkten aufs rascheste anpassen (gemäß dem Element Luft, das sich allem anschmiegt). Es liegt auf der Hand, daß solche Menschen mitunter auch ein Manko an Gründlichkeit, an Tiefgang, an Zuverlässigkeit aufweisen. Dem Naturell der luftigen Zeichen entsprechen auch die Oberflächlichkeit, die seelische Unruhe, die Nervosität, die Unentschlossenheit und der Drang nach immer neuen Anregungen, Erfahrungen sowie Gedankenaustausch mit Um- und Mitwelt. Hier zeigt sich also ein deutlicher Gegensatz zu Menschen

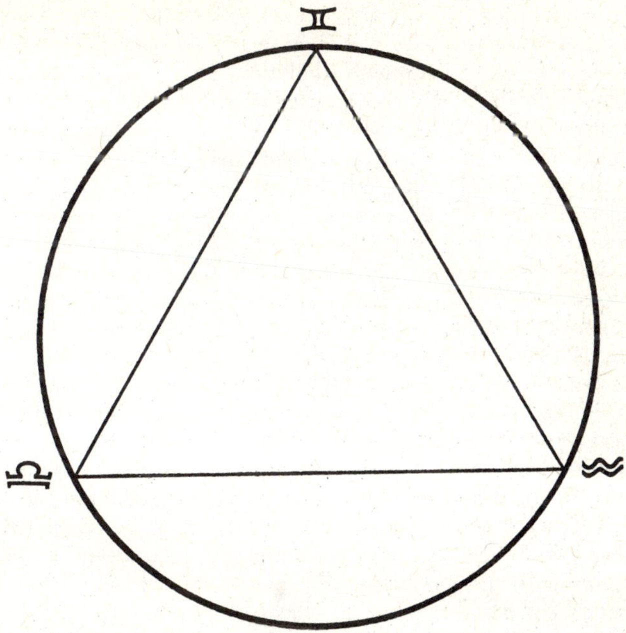

des Erdelements. Wir sehen die Zielsetzungen dieser Menschen schwanken, sich verändern, und damit ergibt sich im Schicksal das Motiv des Wechsels in jeder Form. Die Kontaktfähigkeit macht diese Menschen wandelbar, anpassend, dem Neuen ergeben, was in jedem Fall zu Lasten der Stabilität in den Beziehungen geht. Dies kann bis zur Beziehungslosigkeit führen. Das Vermeiden jeglicher Schwerfälligkeit zeigt sich in einer virtuosen Fähigkeit zur Balance, zur Überbrückung der Gegensätze. Das Luftelement will nicht haften, kleben, will sich nicht festlegen. Daher die grundsätzliche Anlage zur Diplomatie, aber auch zum Heucheln oder zum aalglatten »Gesellschaftsmenschen«, der die lebenserhöhenden Reize des Reisens, der vielseitigen Verbindungen, des Verbundenseins mit dem lauten Getriebe der Welt benötigt.

Die Berufe liegen nicht so sehr auf der materiellen Ebene, sondern mehr im Bereich des Ideellen, des Intellektuellen, der Künste, der Wissenschaften, des Lernens, der Rede und der Schrift, des Mitteilens und geistigen Austausches. Man wird den Menschen des

Luftelements nicht in seßhafte, konservative, stabile Berufsgattungen drängen dürfen. Man wird von ihm keine besondere geschäftliche Routine und nüchterne Kalkulation, kein Kleben am Buchstaben und kein ausschließliches Denken in materiellen Werten erwarten dürfen. Er fühlt sich aber sofort wohl in dem ihm angeborenen Element der wechselnden Anregungen, des Reisens, Verkehrs, der Vermittlung, der geistigen Wendigkeit (Journalismus), der Wissenschaften. Wer in seinem eigenen Horoskop die Überlegenheit des Luftelements erkennt, wird diese Tatsache sofort bestätigen können. Wünschenswert ist es allerdings, daß diesem Element der Vielseitigkeit und Zersplitterung ein anderes Element (etwa Feuer oder Erde) das Gegengewicht bietet, um dem Wesenskern mehr Substanz zu verleihen.

Daß diese Menschen im persönlichsten und privatesten Bereich der Gefühle, Liebe und Ehe, ebenfalls dem steten Bedürfnis nach Anregung verfallen, kann nicht verwundern. Die Krisen in diesem Sektor sind daher im Luftelement besonders häufig, und wer die gelockerte, die beziehungslose, allem Neuen aufgeschlossene psychische Haltung dieser Menschen einmal erfaßt hat, wird von ihnen »Treue«, Beständigkeit oder das Aufgehen im anderen kaum erwarten dürfen. Dagegen können die Gefühle hier viel rascher entflammen, die Kontaktnahme geschieht oft auf Anhieb, und die innere Begeisterungsfähigkeit kann enorm sein – bis zum nächsten Objekt einer neuerlichen Begeisterung. Erzieher und Lehrer werden an jungen Menschen des Luftelements die Fähigkeit zum Idealismus, das Hängen an Ideen und Vorstellungen, die rasch aufflammende Begeisterung für eine Sache besonders einkalkulieren müssen. Die Nachteile dieser Wesensanlage sind zuweilen Hysterie, Persönlichkeitsspaltung, Überschwenglichkeit, Psychosen und Veräußerlichung der Persönlichkeit, im luftleeren Raum hängende Ideale, die dann mit der rauhen Wirklichkeit kollidieren müssen. Somit sind die Menschen des Elements »Luft« im Seelischen gefährdet – im Intellektuellen kann sich Überheblichkeit bis zum Hochmut ergeben! Die Umgebung, die jeweiligen Kameraden, der Umgang, die Lektüre eines jungen Menschen aus dem Luftelement müssen besonders beachtet werden, da hier gutes wie schlechtes Beispiel zur Nachahmung treibt!

Unter der wechselnden Ideenvielfalt hat das Zeichen Wassermann noch die festeste Haltung. Überzeugungen werden sehr hartnäckig vertreten und vorgebracht. Auch die plötzlichen Einfälle sind unterm Wassermann ein charakteristisches Symptom. Das Zeichen Zwillinge ist dagegen das veränderlichste und anpassendste, denn es symbolisiert den Gedanken schlechthin in all seiner Wendigkeit und Schnelligkeit, so daß hier auch die Überzeugungen in kurzer Frist durch andere, neue, ersetzt werden können.

Der Schicksalsverlauf wird bei Menschen des Luftelements in einem allgemeineren Sinn immer voller Wenden, Veränderungen und Wechsel sein! Dies jedoch nur aus der psychischen Veranlagung der gesteigerten Eindrucksfähigkeit und dem damit verbundenen Wechsel der Gesichtspunkte. Das Hauptgewicht bei Erziehung und Selbsterziehung wäre auf innere Stetigkeit und ein Durchhalten begonnener Pläne und Ideen zu legen. Wie kaum ein anderes Element erweckt und fördert das luftige Element künstlerische Anlagen und Talente, meist auf dem Gebiet der Literatur. Der größte äußere Vorteil liegt in der Anpassungsfähigkeit an Menschen und Umwelt – die größte Gefahr in der seelischen und geistigen Zersplitterung.

4. Das Wasserelement oder das Gefühlstrigon

Das Wasserelement, bestehend aus den Zeichen Krebs, Skorpion, Fische, symbolisiert die Welt der Gefühle, der Psyche, des Gemüts, der Triebe und Leidenschaften, der Träume und Phantasien, des passiven Lebensgenusses (im Gegensatz zum aktiven Lebensgenuß unter dem Feuerelement!). Menschen mit überwiegender Besetzung des wässerigen Elements sind überwiegend Empfindungstypen oder Gemütsmenschen, also nachdenklich, rezeptiv, mehr nach innen gekehrt, beschaulich, zuweilen indolent bis phlegmatisch (mit Ausnahme des Zeichens Skorpion!) und auf das Wohl des eigenen Ichs bedacht.

Eine Parallele zum Strömen und Fluten des Wassers bilden die wechselnden inneren Stimmungen, Launen und Gemütskomplexe dieser Menschen. Doch äußern sie sich weniger wie etwa beim Luftelement in Form von gedanklicher Wendigkeit, sondern mehr in den wechselnden Gemütslagen. Dem Wasserelement fehlt eine gewisse nüchterne, praktische Überlegung und Sachlichkeit. Es überwiegen die Phantasie, die Romantik, Ideen (oft schwärmerischer und unpraktischer Art) und sehr persönlich gefärbte Wünsche, die aber mitunter nicht realisiert werden können. Soweit Menschen mit überwiegendem Wasserelement im Horoskop dem Erwerbsleben Interesse entgegenbringen, tun sie dies doch mehr mit einem Hang zum Spekulativen – Umstände, Verhältnisse oder »Gelegenheiten« nützend.

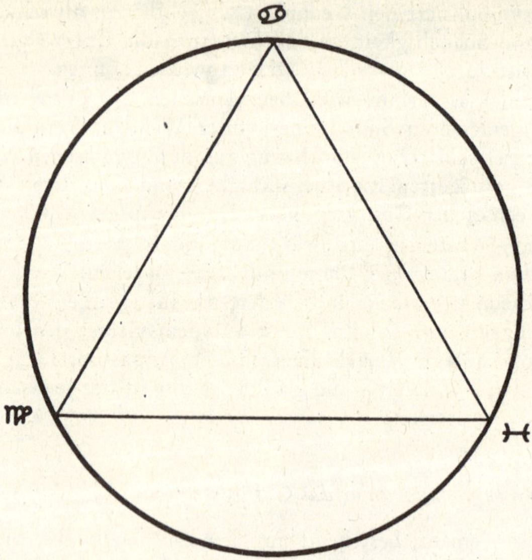

Auch dies Element ist von viel innerer und äußerer Unruhe und Rastlosigkeit erfüllt. Auch hier wechseln Zielsetzungen und Pläne mitunter überraschend schnell, wobei die Abhängigkeit von den Stimmungen mancherlei Nachteile auslöst. Besitzt das Wasserelement innere Substanz durch die Gestirnkonstellationen und Aspektierungen, so kann sich große künstlerische (einfühlende) Verfeinerung ergeben, auch ein tiefes gedankliches und gefühlsmäßiges Forschen nach den Hintergründen des Lebens, wobei der nüchterne Verstand weniger beteiligt ist als die Intuition. Menschen mit überwiegendem Wasserelement im Horoskop sind fast immer liebenswürdig, entgegenkommend, höflich, sympathisch und ermangeln völlig jener Aggression, wie wir sie unterm Feuerelement so häufig vorfinden. Die Gemütshaltung ist in der Regel nachgiebig, passiv, die mentale Haltung nachdenklich bis melancholisch oder gleichgültig, labil.

Unter den drei Zeichen dieses Elements ist das Marszeichen Skorpion das stärkste, gehaltvollste und im Psychischen widerstandsfähigste. Das schwächste Zeichen stellen die Fische dar, und ein Mensch mit starker Besetzung dieses Wasserzeichens benötigt unbedingt einen Ausgleich durch andere Elemente, soll er nicht indolent, passiv, faul oder phlegmatisch werden.

Die Mitte zwischen Labilität und Härte im Gefühl bildet das dritte Wasserzeichen Krebs. Zwar ist auch hier die Gemütssphäre äußerst eindrucksfähig, aber die Zähigkeit dieses Zeichens kann doch sehr bemerkenswerte Erfolge zeitigen. Die Reaktion aller drei Zeichen auf Dinge des Gefühls ist gleich stark. Daher werden die Umwelt, die äußeren Eindrücke und die Kontakte zum Mitmenschen mehr über das Gemüt erlebt. Die Beziehungen zum »Du« sind vertiefter, echter, hingebender und wärmer als etwa unterm Luftelement. Die Schicksale in Liebe und Ehe können daher auch tragischer, konfliktgeladener, gemütsbeschwerender werden, da der seelische Tiefgang hier größer ist. Insbesondere für Frauen des Wasserelements sind die Lebensgebiete Liebe und Ehe von größter Bedeutung, da die Hingabefähigkeit hier enorm sein kann.

Eine gewisse Belastung liegt bei den Wasserzeichen in der häufig vorkommenden Tendenz zur Träumerei und Phantastik, weshalb die ideelle Welt oft genug mit der realen in Konflikt kommt. Bei Aspektverletzungen oder ungünstigen Konstellationen im Wasserelement ergibt sich oft ein Hang zu Stimulantien, Genußgiften, Abhängigkeit von Drogen oder Genüssen und sehr oft Melancholie, Bedrücktsein. Die Aktivität ist, außer beim Skorpion, starken Schwankungen ausgesetzt.

Erzieher und Lehrer werden daher bei Kindern mit vorwiegender Besetzung der Wasserzeichen auf die schnelle Verletzbarkeit des Gemüts achten müssen, auch auf die Labilität des Selbstbewußtseins und hieraus resultierende spätere Komplexe im Psychischen. Während der Mensch (speziell der junge Mensch!) des Feuerelements unbekümmert sein Ich in die Außenwelt projiziert, erlebt ein Mensch des Wasserelements dieselbe Welt mehr von innen her, aus dem Gefühl, und wird von diesen inneren Eindrücken geformt und gebildet. Daß hierbei die Eindrücke der frühen Jugend entscheidend sind, ist jedem Psychologen klar.

Die materielle Ebene zeigt unterm Wasserelement notgedrungen Widerstände, da eben der innerste Wesenskern nicht genügend hart und selbstbewußt ist. Oft genug wird auch die Durchsetzung gar nicht genügend verlangt oder gewünscht, was im Berufsleben zum »Lavieren« führt. Das Wasserelement ist daher Frauen günstiger als Männern, da es das spezifisch Weibliche erhöht und die Sinne verfeinert. Im negativen Sinn wird diese Verfeinerung zum Wohlleben, zum Lebensgenuß in jeder Form und bei Männern manchmal zur Verweichlichung.

Die Berufsbegabung liegt nicht im rein Intellektuellen. Oft genug ziehen die Künste an, ebensooft das spekulative Moment des

Hasardierens, der gerissenen Geschäfte. Zuweilen zeigen sich organisatorische Fähigkeiten, die aber mehr auf Intuition, auf einer »Spürnase« für die richtigen Mitarbeiter und die richtigen Gelegenheiten (Konjunkturgeschäfte!) beruhen. In diesem Fall zeigen sich dann große finanzielle Chancen, die besonders unter den Fischen häufig auftreten. In den wenigsten Fällen aber ist Stabilität über lange Perioden gewährleistet. Immer finden wir unterm Wasserelement die Rückschläge, die Lebenskrisen, die Neubeginne und den merkwürdigen Rhythmus des Vor und Zurück (ganz besonders unterm Wasserzeichen Krebs!), aber auch ganz ausgesprochene Glücksfälle (besonders stark unter den Fischen!).

Die Analogie dieses Elements mit dem flutenden, anpassenden, schmiegsamen, fluktuierenden, weichen, grenzenlosen Symbol des Wassers ist also sehr stark gegeben. Stichworte für dieses Element und die unter ihm geborenen Menschen: Eindrucksfähigkeit, Phantasie, gefühlsgesteuerte Energien und psychische Sensibilität.

Gemäß allem bisher Gesagten wird sich die Kombination zwischen den »Qualitäten« (kardinal, fixiert, veränderlich) und den »Elementen« als Vorstufe der individuellen Horoskopbedeutung auch für den Laien am besten verwenden lassen. Vor allem liefert sie für die psychische und mentale Erfassung einer fremden Individualität ausgezeichnete Ergebnisse im Sinn eines Gerüsts oder eines »Rohbaus«. Dem Fortgeschrittenen bringen die Gestirnkonstellationen nach Felder- und Zeichenbesetzung sowie ihre gegenseitigen Aspektierungen die letzten Feinheiten über Charakter und Schicksal eines Menschen.

Der Start ins Leben beginnt

Der Einfluß des Aszendenten in den zwölf Tierkreiszeichen

Das aufsteigende Zeichen oder der Aszendent

Symbol für den Beginn des Lebens ist – wie wir schon ausführten – jener Grad der Ekliptik, der jeweils im Augenblick der Geburt am Osthorizont aufsteigt. Infolge der Erdumdrehung scheinen sich alle zwölf Zeichen des Tierkreises während 24 Stunden einmal um die Erde zu drehen, so daß alle zwei Stunden ein neues Zeichen am Osthorizont aufsteigt, demnach alle vier Minuten ein neuer Grad. Ein Irrtum in der Geburtsstunde von etwa ein bis zwei Stunden kann also den Aszendenten bereits in einem anderen Zeichen zeigen.

Je nach Geburtsminute kann ein einzelnes Zeichen das ganze erste Feld des Horoskops ausfüllen. In diesem Fall wirkt es besonders stark. Es können sich aber auch zwei und mehr Zeichen im ersten Feld befinden, so daß die Mischungsverhältnisse beachtet werden müssen.

Der Aszendent ist der individuellste Punkt des ganzen Horoskops (daher »Horoskop« = Stundenweiser). Er symbolisiert jene zur Zeit der Geburt »abgestoppte Weltsekunde« mit all ihren planetaren Konstellationen, aus denen sich nun gemäß den »Entsprechungen« die Fahrt ins Leben entwickelt.

Dies ist auch der Grund, warum ein Mensch nur dann »im Widder geboren« ist, wenn er den Aszendenten – und nicht etwa die Sonne! – im Zeichen Widder besitzt.

Das vorliegende Handbuch ist in der Hauptsache für interessierte Laien geschrieben. Wir möchten es dem Leser daher nicht zumuten, komplizierte mathematische Berechnungen durchzuführen – deren Methoden wir am Schluß des Buches aufzeigen –, und fügen daher zur schnellen Orientierung eine Aszendententabelle bei, aus der man ohne Schwierigkeiten mit einer Genauigkeit bis auf zehn Grad den Aszendenten gemäß der Geburtsstunde ablesen kann. Zu beachten sind freilich die jeweiligen Sommerzeiten, die in den Jahren 1916 bis 1918 und 1940 bis 1949 eingeführt wurden. In all diesen Fällen ist eine Stunde von der Ortszeit abzuziehen. Genaue Gestirnstandsauszüge (Ephemeriden) können hier nicht abgedruckt werden, da diese einen ganzen Band füllen würden. Die Tabelle bringt den Umfang eines Tierkreiszeichens von 30 Grad in jeweils drei Drittelungen (Dekanaten): 0–10, 10–20, 20–30 Grad eines Zeichens. Dies ist zwar ungenau, genügt aber für die Feststellung des Zeichens am Aszendenten.

In der modernen Astrologie gilt der Aszendent als Symbol für die eigene Persönlichkeit, das Ich, für die Erbanlage des Körpers und des Temperaments. Ein mit der Tierkreiszeichen-Symbolik vertrauter Astrologe kann bei großer Erfahrung sehr oft schon von der äußeren Erscheinung eines Menschen, seinem Körperbau und der Konstitution auf den vermutlichen Aszendenten schließen. Befindet sich aber in Nähe des Aszendenten oder mit etwa 10 Grad Abstand vorwärts oder zurück ein Planet im Feld I, so übertönt oder verändert er die Aussagen des Aszendentenzeichens. Auch sind alle Aspekte auf diese Spitze I außerordentlich wichtig (darüber mehr im Kapitel *Aspektlehre).*

Eine ähnliche Verschiebung oder mindestens ein Nebeneinfluß ergibt sich dann, wenn sich mehrere Zeichen im ersten Horoskopfeld befinden oder wenn der Aszendent in die Mitte zweier Zeichen fällt. Im ganzen handelt es sich um ein Entsprechungssystem der Tierkreiszeichen, das beispielsweise von der Konstitutionslehre Kretschmers bestätigt wird. Die im folgenden eingehend beschriebenen Aszendentenentsprechungen haben sich in praktischer Erfahrung an Tausenden von Horoskopen bestätigt. Aber es handelt sich nicht um planetare Ursachen, sondern um symbolische Entsprechungen.

		Januar			Februar			März			April			Mai			Juni		
		1.	11.	21.	1.	10.	20.	1.	11.	21.	1.	11.	21.	1.	11.	21.	1.	10.	20.
Widder	1.Dek.	11.20	10.40	10.00	9.20	8.40	8.00	7.25	6.45	6.05	5.25	4.45	4.00	3.25	2.45	2.00	1.25	0.45	0.00
	2.Dek.	11.38	10.57	10.17	9.38	8.57	8.20	7.42	7.02	6.22	5.42	5.02	4.20	3.42	3.02	2.20	1.42	1.02	0.17
	3.Dek.	11.56	11.13	10.33	9.56	9.13	8.40	7.58	7.18	6.40	6.00	5.18	4.40	3.59	3.18	2.40	1.58	1.18	0.33
Stier	1.Dek.	12.15	11.30	10.50	10.15	9.30	9.00	8.15	7.35	6.57	6.17	5.35	5.00	4.15	3.35	3.00	2.15	1.35	0.50
	2.Dek.	12.37	11.55	11.13	10.37	9.53	9.20	8.40	7.58	7.20	6.40	5.58	5.20	4.38	3.58	3.20	2.38	1.57	1.13
	3.Dek.	12.59	12.20	11.37	10.59	10.17	9.40	9.05	8.22	7.43	7.03	6.22	5.40	5.02	4.22	3.40	3.02	2.23	1.37
Zwillinge	1.Dek.	13.20	12.45	12.00	11.20	10.40	10.00	9.30	8.45	8.06	7.26	6.45	6.00	5.25	4.45	4.00	3.25	2.45	2.00
	2.Dek.	13.57	13.20	12.37	11.57	11.17	10.40	10.05	9.22	8.41	8.03	7.22	6.40	6.02	5.22	4.40	4.02	3.22	2.37
	3.Dek.	14.34	13.55	13.13	12.34	11.54	11.20	10.40	9.59	9.59	8.40	7.59	7.20	6.39	5.39	5.20	4.39	3.59	3.13
Krebs	1.Dek.	15.10	14.30	13.50	13.10	12.30	12.00	11.15	10.35	9.55	9.15	8.35	8.00	7.15	6.35	6.00	5.15	4.35	3.50
	2.Dek.	16.00	15.20	14.40	14.00	13.20	12.50	12.05	11.25	10.45	10.05	9.23	8.50	8.05	7.23	6.48	6.05	5.23	4.40
	3.Dek.	16.50	16.10	15.30	14.50	14.10	13.40	12.55	12.15	11.35	10.55	10.12	9.40	8.55	8.12	7.36	6.55	6.11	5.30
Löwe	1.Dek.	17.40	17.00	16.20	15.40	15.00	14.30	13.45	13.05	12.26	11.45	11.00	10.30	9.45	9.00	8.25	7.45	7.00	6.20
	2.Dek.	18.37	17.57	17.17	16.47	15.57	15.25	14.42	14.03	13.22	12.42	12.00	11.25	10.42	10.00	9.22	8.42	8.00	7.17
	3.Dek.	19.34	18.54	18.13	17.44	16.54	16.20	15.39	15.02	14.19	13.37	13.00	12.20	11.38	11.00	10.19	9.39	9.00	8.14
Jungfrau	1.Dek.	20.30	19.50	19.10	18.30	17.50	17.15	16.35	16.00	15.15	14.35	14.00	13.15	12.35	12.00	11.15	10.35	10.00	9.10

	2.Dek.	21.27	20.47	20.07	19.27	18.47	18.10	17.32	16.55	16.12	15.32	14.55	14.10	13.32	12.55	12.10	11.32	10.55	10.07
	3.Dek.	22.24	21.44	21.04	20.24	19.44	19.05	18.29	17.50	17.08	16.29	15.50	15.05	14.28	13.50	13.05	12.29	11.50	11.03
Waage	1.Dek.	23.20	22.40	22.00	21.20	20.40	20.00	19.25	18.45	18.05	17.25	16.45	16.00	15.25	14.45	14.00	13.25	12.45	12.00
	2.Dek.	0.17	23.37	22.57	22.17	21.37	21.00	20.22	19.42	19.00	18.22	17.42	17.00	16.22	15.40	15.00	14.22	13.42	12.57
	3.Dek.	1.14	0.34	23.54	23.13	22.34	22.00	21.19	20.39	19.59	19.19	18.39	18.00	17.19	16.35	16.00	15.19	14.39	13.54
Skorpion	1.Dek.	2.10	1.30	0.50	0.10	23.30	23.00	22.15	21.35	20.55	20.15	19.35	19.00	18.15	17.30	17.00	16.15	15.35	14.50
	2.Dek.	3.07	2.27	1.47	1.07	0.27	23.55	23.10	22.32	21.51	21.10	20.32	19.55	19.10	18.27	17.55	17.10	16.12	15.47
	3.Dek.	4.03	3.24	2.44	2.04	1.24	0.50	0.05	23.29	22.47	22.05	21.29	20.50	20.05	19.24	18.50	18.05	16.48	16.44
Schütze	1.Dek.	5.00	4.20	3.40	3.00	2.20	1.45	1.00	0.25	23.44	23.00	22.25	21.45	21.00	20.20	19.45	19.00	17.25	17.40
	2.Dek.	5.50	5.10	4.30	3.50	3.10	2.35	1.52	1.15	0.34	23.52	23.15	22.35	21.52	21.10	20.35	19.52	18.36	18.30
	3.Dek.	6.40	6.00	5.20	4.40	4.00	3.25	2.44	2.05	1.25	0.44	0.05	23.25	22.44	22.00	21.25	20.44	19.48	19.20
Stein-	1.Dek.	7.30	6.50	6.10	5.30	4.50	4.15	3.35	2.55	2.15	1.35	0.55	0.15	23.35	22.50	22.15	21.35	21.00	20.10
bock	2.Dek.	8.07	7.27	6.47	6.07	5.27	4.50	4.12	3.32	3.05	2.12	1.32	0.50	0.12	23.28	22.50	22.12	21.35	20.47
	3.Dek.	8.44	8.03	7.23	6.43	6.03	5.25	4.49	4.08	3.55	2.49	2.08	1.25	0.49	0.07	23.25	22.49	22.10	21.24
Wasser-	1.Dek.	9.20	8.40	8.00	7.20	6.40	6.00	5.25	4.45	4.04	3.25	2.45	2.00	1.25	0.45	0.00	23.25	22.45	22.00
mann	2.Dek.	9.43	9.03	8.23	7.43	7.03	6.25	5.48	5.07	4.27	3.48	3.07	2.25	1.47	1.07	0.25	23.47	23.07	22.23
	3.Dek.	10.07	9.22	8.47	8.07	7.22	6.50	6.12	5.28	5.50	4.12	3.29	2.50	2.08	1.28	0.50	0.08	23.28	22.45
Fische	1.Dek.	10.30	9.45	9.10	8.30	7.45	7.15	6.35	5.50	5.13	4.35	3.50	3.15	2.30	1.50	1.15	0.30	23.50	23.08
	2.Dek.	10.47	10.03	9.27	8.47	8.03	7.30	6.52	6.08	5.30	4.52	4.08	3.30	2.48	2.08	1.30	0.48	0.08	23.25
	3.Dek.	11.03	10.22	9.43	9.10	8.22	7.45	7.08	6.27	5.48	5.08	4.27	3.45	3.07	2.27	1.45	1.06	0.27	23.43

		Juli			August			September			Oktober			November			Dezember		
		1.	11.	21.	1.	11.	21.	1.	11.	21.	1.	11.	21.	1.	11.	21.	1.	11.	21.
Widder	1.Dek.	23.20	22.40	22.00	21.20	20.40	19.50	19.15	18.35	17.50	17.15	16.30	15.50	15.15	14.35	13.55	13.15	12.35	12.00
	2.Dek.	23.38	22.57	22.17	21.37	20.57	20.08	19.33	18.52	18.08	17.30	16.48	16.08	15.33	14.53	14.12	13.33	12.53	12.17
	3.Dek.	23.57	23.13	22.33	21.53	21.13	20.27	19.52	19.08	18.27	17.45	17.07	16.27	15.52	15.12	14.28	13.52	13.12	12.33
Stier	1.Dek.	0.15	23.30	22.50	22.10	21.30	20.45	20.10	19.25	18.45	18.00	17.25	16.45	16.10	15.30	14.45	14.10	13.30	12.55
	2.Dek.	0.37	23.53	23.13	22.33	21.53	21.10	20.32	19.48	19.07	18.25	17.47	17.07	16.32	15.52	15.10	14,32	13.52	13.13
	3.Dek.	0.59	0.17	23.37	22.57	22.17	21.35	20.53	20.12	19.28	18.50	18.08	17.28	16.54	16.13	15.35	14.54	14.13	13.37
Zwillinge	1.Dek.	1.20	0.40	0.00	23.20	22.40	22.00	21.15	20.35	19.50	19.15	18.30	17.50	17.15	16.35	16.00	15.15	14.35	14.00
	2.Dek.	1.57	1.17	0.37	23.57	23.17	22.35	21.50	21.12	20.27	19.50	19.07	18.27	17.50	17.12	16.35	15.50	15.12	14.37
	3.Dek.	2.34	1.54	1.13	0.34	23.53	23.10	22.25	21.48	21.03	20.25	19.43	19.03	18.25	17.49	17.10	16.25	15.48	15.13
Krebs	1.Dek.	3.10	2.30	1.50	1.10	0.30	23.45	23.00	22.25	21.40	21.00	20.20	19.40	19.00	18.25	17.45	17.00	16.25	15.50
	2.Dek.	4.00	3.20	2.40	2.00	1.20	0.35	23.52	23.17	22.32	21.50	21.10	20.32	19.52	19.17	18.35	17.52	17.17	16.40
	3.Dek.	4.50	4.10	3.20	2.50	2.10	1.25	0.43	0.08	23.24	22.40	22.00	21.23	20.44	20.08	19.25	18.44	18.08	17.30
Löwe	1.Dek.	5.40	5.00	4.20	3.40	3.00	2.15	1.35	1.00	0.15	23.30	22.50	22.15	21.35	21.00	20.15	19.35	19.00	18.20
	2.Dek.	6.37	5.57	5.17	4.37	3.57	3.10	2.32	1.55	1.10	0.27	23.47	23.10	22.32	21.55	21.10	20.32	19.55	19.17
	3.Dek.	7.34	6.54	6.14	5.34	4.54	4.05	3.29	2.50	2.05	1.24	0.44	0.05	23.29	22.50	22.05	21.29	20.50	20.14
Jungfrau	1.Dek.	8.30	7.50	7.10	6.30	5.50	5.00	4.25	3.45	3.00	2.20	1.40	1.00	0.25	23.45	23.00	22.25	21.45	21.10

	2.Dek.	9.27	8.47	8.07	7.27	6.47	6.00	5.22	4.42	3.57	3.18	2.37	1.57	1.22	0.42	0.00	23.22	22.42	22.07
	3.Dek.	10.24	9.44	9.03	8.24	7.44	7.00	6.19	5.38	4.54	4.16	3.34	2.54	2.19	1.39	1.00	0.19	23.39	23.04
Waage	1.Dek.	11.20	10.40	10.00	9.20	8.40	8.00	7.15	6.35	5.50	5.15	4.30	3.50	3.15	2.35	2.00	1.15	0.35	0.00
	2.Dek.	12.17	11.37	10.57	10.17	9.37	8.55	8.10	7.32	6.47	6.10	5.27	4.47	4.10	3.32	2.55	2.10	1.32	0.57
	3.Dek.	13.14	12.34	11.54	11.14	10.34	9.50	9.05	8.28	7.44	7.05	6.24	5.44	5.05	4.29	3.50	3.05	2.29	1.53
Skorpion	1.Dek.	14.10	13.30	12.50	12.10	11.30	10.45	10.00	9.25	8.40	8.00	7.20	6.40	6.00	5.25	4.45	4.00	3.25	2.50
	2.Dek.	15.07	14.27	13.47	13.07	12.27	11.42	10.57	10.22	9.37	8.57	8.17	7.37	6.57	6.22	5.40	4.57	4.22	3.47
	3.Dek.	16.04	15.24	14.44	14.03	13.24	12.39	11.54	11.18	10.34	9.54	9.14	8.34	7.54	7.19	6.35	5.54	5.19	4.44
Schütze	1.Dek.	17.00	16.20	15.40	15.00	14.20	13.35	12.50	12.15	11.30	10.50	10.10	9.30	8.50	8.15	7.30	6.50	6.15	5.40
	2.Dek.	17.50	17.10	16.30	15.50	15.10	14.33	13.42	13.05	12.20	11.40	11.00	10.20	9.42	9.05	8.20	7.42	7.05	6.30
	3.Dek.	18.40	18.00	17.20	16.40	16.00	15.12	14.33	13.55	13.10	12.30	11.50	11.10	10.34	9.55	9.10	8.34	7.55	7.20
Stein-	1.Dek.	19.30	18.50	18.10	17.30	16.50	16.00	15.25	14.45	14.00	13.20	12.40	12.00	11.25	10.45	10.00	9.25	8.45	8.10
bock	2.Dek.	20.07	19.27	18.47	18.07	17.27	16.37	16.02	15.22	14.37	13.57	13.17	12.37	12.02	11.20	10.37	10.02	9.22	8.47
	3.Dek.	20.44	20.03	19.23	18.43	18.03	17.13	16.38	15.58	15.13	14.34	13.53	13.13	12.39	11.55	11.13	10.38	9.58	9.23
Wasser-	1.Dek.	21.20	20.40	20.00	19.20	18.40	17.50	17.15	16.35	15.50	15.10	14.30	13.50	13.15	12.30	11.50	11.15	10.35	10.00
mann	2.Dek.	21.43	21.02	20.23	19.43	19.02	18.13	17.37	16.58	16.13	15.33	14.53	14.33	13.37	12.55	12.13	11.37	10.58	10.23
	3.Dek.	22.07	21.23	20.47	20.07	19.23	18.37	17.58	17.22	16.37	15.57	15.17	14.17	13.58	13.20	12.37	11.58	11.23	10.37
Fische	1.Dek.	22.30	21.45	21.10	20.30	19.45	19.00	18.20	17.45	17.00	16.20	15.40	15.00	14.20	13.45	13.00	12.20	11.45	11.10
	2.Dek.	22.47	22.03	21.27	20.47	20.03	19.17	18.38	18.02	17.17	16.38	15.57	15.17	14.38	14.02	13.18	12.38	12.02	11.27
	3.Dek.	23.03	22.22	21.43	21.03	20.12	19.33	18.57	18.18	17.33	16.57	16.13	15.33	14.56	14.18	13.37	12.57	12.18	11.43

Im Zeichen Widder

Geburtsherrscher: Mars
Element: Feuerelement
Konstitution: Athletischer Körperbau mit Betonung von Knochen und Muskeln, markante Nase (oft »Hakennase«), eher niedrige als steile Stirn, cholerisches Temperament, Tendenz zu Impulsivität, Ungeduld, Widerspruch.
Körperlich: Kopf, Kopfhöhlenorgane, Gehirn, Kopfnervensystem. Gehör- und Zahnleiden.

Widder-Menschen zeigen mehr als andere gewisse Eigenschaften, die man als typisch bezeichnen kann. Vor allem sind sie für den Angriff. Abwarten, Geduld, Einfühlung in andere, Unterordnung sind für einen echten »Widder« völlig unbekannte Begriffe. Er hat ein erhöhtes Selbstbewußtsein, das zuweilen auch Übersteigerungen aufweist; das »Ichgefühl« ist vorherrschend. Oft äußert es sich als Geltungsbedürfnis und Verlangen nach Anerkennung und Auszeichnung, als das Bedürfnis, sich durchzusetzen. Das Temperament ist »feurig«, lebhaft, aktiv, stürmisch, das äußere Benehmen zuweilen »rauh, aber herzlich«. Je nach Konstellation des Mars wird es auch brüsk, auf jeden Fall sehr bestimmt, und man wird selten beobachten können, daß ein Widder-Mensch allzu anpassungsfähig oder gar nachgiebig ist. Will man die wirkliche Substanz des Zeichens Widder abschätzen, so betrachte man sich den Mars (den Herrscher dieses Zeichens) im Horoskop des Widder-Typs. Je nach seiner Felderbesetzung, seinem Zeichen, in dem er sich zur Zeit der Geburt befand, und vor allem gemäß den Aspekten anderer Gestirne, die er erhält, zeigt er an, ob das »Paßbild« mit den »besonderen Kennzeichen« des Widders auch wirklich stimmt. Durch forsches Benehmen und einen gewissen Kommandoton vermag sich manch »schwach konstellierter Mars« aufzuplustern. Man denke an die Feldwebeltypen auf dem Kasernenhof, die zu Hause eine wesentlich mildere und gedämpftere Tonart anschlagen. Indessen sind solche Ausgleichshandlungen gerade unterm Widder spärlicher anzutreffen als unter anderen Zeichen.

Die positivste Seite des Widder-Menschen ist seine Begeisterungsfähigkeit für eine Idee nebst dem Schwung und dem Optimismus in der Durchführung. Kein Widder-Typ fackelt lange herum, denn unter dem Leitbild des Mars gedeiht die Tat – in der Regel freilich die impulsive, ungestüme und nicht immer sehr überlegte Tat.

Immerhin sichert ihm dieses Verhalten in den meisten Fällen den Erfolg und den Aufstieg.

Eine ausgesprochene Widder-Betonung zeigt beispielsweise das Horoskop des Dirigenten Herbert von Karajan (geboren: 5. IV. 1908) mit der Sonne in 15 Grad Widder (hier wirkt die Sonnenstellung ebenso stark wie etwa ein Aszendent im Widder!), denn auf diese Sonne fällt ein exaktes Quadrat vom Uranus aus 16 Grad Steinbock: Damit wird die explosive, temperamentvolle, reizbare und »autoritäre« Tendenz des Widder-Zeichens noch erhöht!

Man kann feststellen, daß äußere Hilfen, Protektionen oder Beziehungen weder gesucht noch benötigt werden. In allen Fällen schreitet ein »Widder« zur Selbsthilfe, und hierbei schrecken ihn weder Hindernisse noch Widerstände. Im Gegenteil: An ihnen beginnt sein Wille zu wachsen, und von vielen Typen dieses Zeichens weiß man, daß sie geradezu den Widerstand suchen. Kein »Widder« spricht jemandem nach dem Mund oder verhält sich diplomatisch. Die extremen Marstypen sind bekannt als Rabauken, als rüde im Benehmen. Auf sie ist die bekannte Redensart gemünzt: »Mit dem Kopf durch die Wand!«

Die gemäßigten beziehungsweise intellektuelleren Typen zeigen das Motiv von »gebändigtem Willen«. Das Schwungrad der inneren Energie und des nie aufhörenden Aufstiegswillens erlahmt nicht. Kein Widder-Typ, der nach einem Mißerfolg nicht sofort von vorn beginnen würde! Allerdings beobachtete man auch überraschend häufig die Fähigkeit, andere für sich arbeiten zu lassen oder für die Detailarbeit einzusetzen, während der »Widder« selbst die Führung und Leitung übernimmt. In dem Maß, wie sich ein Plan, eine Idee, ein Ziel der Erfüllung oder Beendigung nähert, verliert er mehr und mehr das Interesse und überläßt das Geschaffene, Erreichte anderen zur weiteren Durchführung. Hier zeigt sich eine psychologische Eigenart des Widder-Typs: Nur das Neue, der Angriff, die Organisation, der Beginn einer Sache interessieren und beleben ihn. Sehr bald – zumal wenn die Sache läuft – stürzt sich ein »Widder« auf neue Pläne, neue Vorhaben. Er braucht das belebende Element der frischen, einmaligen Tat. Mehr oder minder verhaßt ist jedem »Widder« das Gleichmaß einer Tätigkeit – etwa Büroarbeit –, im besonderen die Bürokratie mit ihren Forderungen der Unterordnung und lebenslänglichen Einordnung. Man könnte einem Widder-Menschen nichts Schlimmeres zumuten, als ihn unter das Joch einer gleichbleibenden Tätigkeit zu spannen. Hier zeigt sich bereits der psychologische Wert der Astrologie hinsichtlich der Berufsberatung eines jungen Menschen.

So sehr also unterm Widder die Tat an sich als Entsprechungssymbol des Mars gelten kann, so zeigt sich in der Durchführung einer Sache auf lange Sicht wenig Ausdauer und noch weniger Geduld. Die psychische Willenskurve steigt rasch, intensiv und steil an, fällt aber nach einiger Zeit ab. Dies hat manche Parallele auf körperlichem Sektor. Die Empfindlichkeit des Kopfnervensystems bei Überarbeitungen infolge Überschätzung eigener Kräfte überrascht so manchen »Widder«, der sich innerlich fähig fühlt, Bäume auszureißen. Allerdings erholt sich der Körper nach Anstrengungen oder auch Erkrankungen meist sehr schnell. Gemäß dem Feuerelement dieses Marszeichens sind solche Erkrankungen überaus häufig entzündlicher bis fiebriger Natur, weshalb der Körper solche Krankheitskeime sehr schnell ausscheidet.

Wer ausgesprochene Widder-Typen lange Jahre in seiner engeren Umwelt genauer beobachten konnte, weiß, daß außer dem erwähnten Mangel an Geduld und der schnellen Erregbarkeit auch noch weitere Merkmale auffallen: die geistige Unruhe oder Ratlosigkeit sowie das Verlangen nach körperlicher Bewegung, Sport oder »Ausarbeitung«. Der sprunghafte Ideenwechsel und die Unmöglichkeit, länger an ein und demselben Ort zu verbleiben, sind psychische Motive zum Positionswechsel, Ortswechsel, Wohnungswechsel, ja sogar zum Wechsel der Partnerinnen oder Partner.

Das Bedürfnis, zu reisen, zu wandern, Sport zu treiben und sich zu bewegen, fällt stark auf. Es kommt bei Widder-Menschen weniger auf die Besinnlichkeit des Erlebens an, als vielmehr auf die Intensität, die äußeren Anregungen, denn gemäß der psychologischen Typenlehre von C. G. Jung ist dieses Zeichen nach außen gerichtet (extravertiert): Es verlangt und gibt Schwung, Temperament, Tätigkeitsdrang, auch das Erleben von Schnelligkeit (Motorsport, Flugwesen), im geistigen Sinn Ideenwechsel.

Das dritte auffällige Symptom unterm Widder ist der allgemein anzutreffende Freiheits- und Unabhängigkeitsdrang. Er äußert sich speziell im Verlangen nach politischer Ungebundenheit, aber auch beruflicher oder persönlicher Freiheit. Widder-Typen streben energisch die Selbständigkeit an und versuchen schon sehr früh, aus jeder Art von Abhängigkeit zu entkommen. Man findet daher auch manche Konfliktbereitschaft innerhalb von Gemeinschaften, etwa in der Ehe oder im engeren Zusammenleben. Der Grund hierzu liegt im autoritären Verhalten und in der psychischen Reizbarkeit im Fall von Widersprüchen. Diese reizen den »Widder« zur Aufsässigkeit und Widerspenstigkeit. Es kommt natürlich auch hier auf das Gesamthoroskop an. Ein stark konstellierter Marstyp ist zum

Beispiel bei Aspektverletzungen zum Jähzorn fähig. Überhaupt verlangt ein »widderbetontes« Horoskop sehr viel Vorsicht in der Ausdeutung, denn die marsische Skala reicht vom unerschrockenen Anführertyp über den selbständigen Unternehmer bis zum Wirrkopf, der unüberlegt und impulsiv handelt.

Die Zusammenfassung all dieser Entsprechungen des Marszeichens Widder ergibt eindeutig und klar, daß die Willensimpulse auf Handlung, Aktivität, Durchsetzung, Unerschrockenheit, Begierde, Leidenschaft, Kraftäußerung, Draufgängertum, aber auch auf Übertreibungen und Konfliktbereitschaft gerichtet sind. Ob der Widder-Typ diese Tendenzen beherrscht, zu läutern vermag oder gar noch übersteigert, ist aus der Marskonstellation sehr deutlich abzulesen (darüber mehr im Kapitel *Planetenpositionen in den zwölf Zeichen).* Noch mehr als bei anderen Gestirnen wirken hier die Aspekte auf den Platz des Mars im Geburtshoroskop.

Die unterste Stufe der Entwicklung zeigt den Raufbold, den Gewaltmenschen, der sich ständig im Kampf mit Obrigkeit und Gesetz befindet. Ein etwas verfeinerter, aber immer noch negativer Marseinfluß zielt in Richtung Schlauheit und Gerissenheit oder auch List. Nirgendwo wäre eine ausgewogene Mischung von Wille, Tat und Intellekt so wichtig wie bei diesem Zeichen. So zeigt ein schlechter Merkuraspekt Indiskretion und Taktlosigkeit an. Ein verletzender Saturnaspekt ist der schlimmste überhaupt, da er das Symbol für Gewalttätigkeit, Halsstarrigkeit und bösartige Übersteigerung des Willens darstellt. In zahllosen Mörderhoroskopen wurde dieser Aspekt immer wieder beobachtet, so daß er geradezu die negative Marssymbolik bestätigt.

Die auffallendste Berufseignung fand man unterm Widder stets im Bereich der Technik und aller jener Handwerksgattungen, die mit Feuer, Werkzeugen, Waffen und Metallen zu tun haben. Auch die Elektotechnik, das Kraftfahrwesen, der Maschinenbau, ferner alle »waffentragenden« Berufsgattungen – Militär, Polizei – haben Beziehung zum Mars beziehungsweise seinem Zeichen Widder. Auch Rennfahrer, Piloten, Einflieger, Verkehrsflieger, Lockführer, Chauffeure, Mechaniker gehören in diese Gruppe. Im geistigen Sektor findet man auffallend viele Verleger, ferner Ingenieure, Konstrukteure, Physiker, Forschungsreisende, im Bereich der Medizin besonders Chirurgen.

Im Fall des Widder-Aszendenten wurde anhand der Statistik beobachtet, daß sich das Schicksal schon sehr früh entwickelt und zwischen Zwanzig und Dreißig bereits einem Höhepunkt zueilt.

Beispielhoroskop für Aszendent Widder

John D. Rockefeller, Öl-Magnat und Milliardär. Geboren: 8. VII. 1893, vor Mitternacht, Richford/USA

Sonne in 16 Grad Krebs, Mond in 23 Grad Zwillinge, Aszendent in 19 Grad Widder, Meridian in 10 Grad Steinbock.

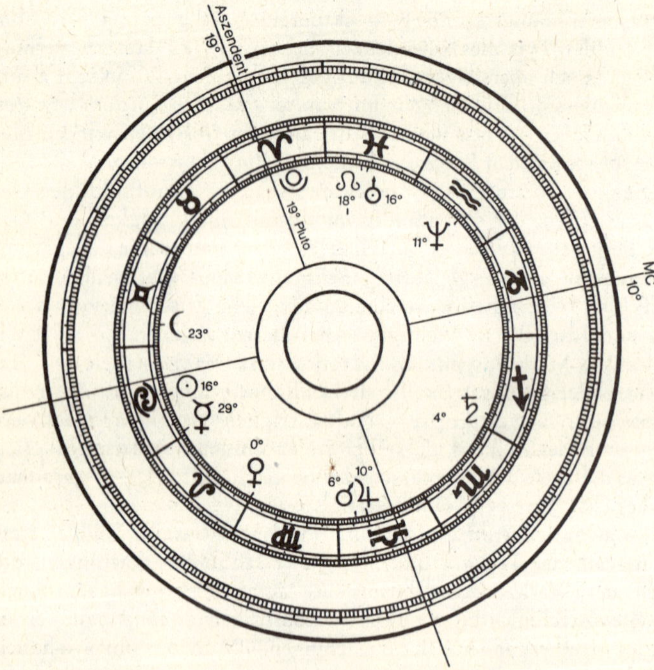

Dominierendes Gestirn ist Pluto im Widder dicht am Aszendenten: Machtstreben, brutale Durchsetzung! Reichtum aus dem Kollektiv, aus der Masse. Rücksichtslosigkeit in der Expansion: Sonne Quadrat Pluto! Widder am Aszendenten: Durchsetzung, Organisation, Aktivität. Sonne im Krebs: Geschäft mit Öl. Geburtsherrscher: Mars in Konjunktion zum Jupiter: Ehrgeiz; jeder Lage gewachsen! Jupiter im Aspekt zum Meridian im Steinbock: Zielstrebigkeit, Anhäufung von Geld und Besitz. Obwohl einige dieser Konstellationen und Aspekte den Erfolg andeuten, reichen sie für den sagenhaften Reichtum gerade dieses Mannes nicht völlig aus. Hier ergänzen die sogenannten »Planetenbilder«, das heißt die Schnittpunkte oder Halbsummen, die bisherigen Aussagen: Der Meridian liegt im Schnittpunkt zwischen Jupiter und Aszendent: Reichtum durch die Umwelt; Venus liegt zwischen Sonne und Jupiter: Aufstieg und Erfolg durch persönlichen Einsatz; schließlich befindet sich der Meridian (MC) im Anderthalbquadrat zu Sonne und Jupiter – wiederum ein markanter Schnittpunkt –, was überdurchschnittlichen Reichtum verheißt. Die Planetenbilder oder die Schnittpunkte sind in der modernen Astrologie fast noch wichtiger als die Aspekte unter den Planeten selbst. Die »Hamburger Schule« (System Witte) begründete diese zusätzliche Ausdeutung. Viele Astrologen arbeiten heute überhaupt nur noch mit Schnittpunktdeutungen.

Die Mischtypen

Schon beim Überlesen der vorangegangenen Schilderungen der typischen Widder-Eigenschaften werden manche feststellen können, daß sie entweder bei sich selbst oder bei Bekannten der engeren Umwelt mehr oder minder zutreffende Bestätigungen der jeweiligen psychischen Reaktionen finden. Dies kann nun mehrere Ursachen haben: Entweder zeigt sich gemäß Ihrer Geburtsstunde der Aszendent zu einem überwiegenden Teil im Zeichen Widder. Oder Sie haben die Sonne – und eventuell weitere Gestirne – im Zeichen Widder, was durch Ihren Geburtstag auf Anhieb festzustellen wäre. Oder drittens: Ihr Geburtshoroskop zeigt eine Planetenansammlung – etwa drei oder gar vier Planetensymbole – im Zeichen Widder, was sich ebenfalls in den jeweiligen Gestirnstandsauszügen (Ephemeriden) Ihres Geburtsmonats sofort ergeben würde. In allen drei Fällen würden Sie sehr stark auf das Marszeichen Widder ansprechen.

Ergeben sich Abweichungen beziehungsweise erhebliche Milderungen der Grundeigenschaften des Widders, so kann Ihr Aszendent am Anfang oder schon im letzten Drittel des Zeichens Widder liegen (siehe Zeichnung). In diesen Grenzfällen mischen sich die Widder-Eigenschaften mit den Eigenschaften des vorhergehenden Zeichens – in unserem Fall: Fische – oder aber denen des nachfolgenden Zeichens – hier: Stier –, und so müssen sich, wie fast immer, gewisse Mischtypen ergeben.

Der Grenzfall Widder/Fische

Alle hervorstechenden Marseigenschaften des »Widders« erfahren eine wesentliche Abschwächung zugunsten einer weit größeren Anpassung an Partner, Umwelt und Erfordernisse des Berufs. Das Aufbrausende, Ungeduldige in den seelischen Reaktionen ist abgeschwächt, denn das Zeichen Fische gehört zum Wasserelement und symbolisiert den Gefühlssektor, also auch größere Nachgiebigkeit, mehr Gefühlstiefe und mehr Anpassung an fremde Wesenskerne. Innerlich allerdings zeigt diese Mischung gemäß den gegensätzlichen Elementen Feuer/Wasser gewisse Zwiespalte zwischen Wollen und Handeln, also auch mehr Überlegung, aber weniger Durchsetzungslust. Offene Konflikte werden eher vermieden, und nichts erinnert mehr an die »Widder-Parole«: Mit dem Kopf durch die Wand geht alles besser. Das Zeichen Fische mildert die Stoßkraft des Mars, und im Fall der Anwesenheit eines oder gar mehrerer Planeten im Zeichen Fische tritt das Moment der Überlegung, des Zauderns oder der Vorsicht immer mehr in Erscheinung. Schon dieses Beispiel zeigt deutlich, daß der sogenannte reine Widder-Typ nicht allzu häufig vorkommt.

Der Grenzfall Widder/Stier

Wiederum verändern sich die typischen Widder-Eigenschaften sehr bedeutend: Stier als Zeichen der Mäßigung, der Zurückhaltung, der Selbstdisziplin und der Beharrung nimmt dem Widder-Typ das Explosive, Stürmende, vor allem die Impulsivität. Stier gehört dem Erdelement an, dem Symbol für Zähigkeit, Hartnäckigkeit, Ausdauer und Geduld. Alle diese Eigenschaften sind für die extremen, vorwärtsdrängenden und heftigen Reaktionen des Feuerzeichens Widder von wohltätig ausgleichender Wirkung. Was sich aber verstärkt, ist der Wille und die Unnachgiebigkeit des Widder-Typs. Die an sich kurzfristigen beziehungsweise plötzlich einsetzenden Willensimpulse des »Widders« gewinnen nun Beständigkeit, größere Ausdauer und die Fähigkeit, lang andauernde und mühevolle Einsätze zu bewältigen. Widder/Stier-Typen setzen sich durch und sind in der Lage, auch bei Verlusten und Rückschlägen im Beruf stets wieder von vorn zu beginnen. Springt der echte Widder-Typ nach einiger Zeit wieder von seinen Zielen ab, so hält der Widder/Stier-Typ eisern durch und zeigt manchmal die unterm Stier sehr häufig auftretende Sturheit, das heißt eine Art unbeweglicher Geistigkeit. In dieser Mischung paart sich also Wille und Hartnäckigkeit – auf materiellem Sektor zweifellos ein »Aufstiegssymbol«.

Man könnte nun fortfahren, den Aszendenten Widder mit allen übrigen Zeicheneinflüssen zu kombinieren, doch wäre dies graue Theorie, denn außer diesem einzigen, wenn auch überaus wichtigen Punkt des Aszendenten gibt es noch eine ganze Reihe weiterer entscheidender Zeichen- und Planeteneinflüsse. Insbesondere wirkt auch jenes Zeichen, in dem sich die Sonne befindet, so stark, daß sich neue Mischungen ergeben würden. Wir verweisen den Leser an dieser Stelle auf den späteren Abschnitt über »Polaritäten« (Sonne/Mond – jeweils in den zwölf Zeichen), der die Mischtypen noch deutlicher erklärt. Die beigefügte Zeichnung zeigt, wie das Zusammenwirken verschiedenster Konstellationen besondere Schwerpunkte hinsichtlich der Ausdeutung ergibt. An diesem Punkt wird es bereits dem Laien klar, daß die Kombination der Deutung aller Einflüsse, also die Zusammenschau, das schwerste und verantwortlichste Stück Arbeit der Astrologie darstellt.

Füllt ein Tierkreiszeichen den gesamten Raum des ersten Feldes aus – also mehr oder minder beim Aszendenten beginnend und hineinreichend in das zweite Feld des Horoskops –, so tritt der jeweilige Einfluß des Aszendenten – im vorliegenden Fall: Widder – am reinsten hervor. Er wird überdies noch wesentlich erhöht, wenn sich ein Planet im Zeichen Widder am Aszendenten oder im Feld I befindet. Sollte dies gar der »Geburtsherrscher« Mars sein – weil er das Zeichen Widder beherrscht –, so darf man sicher sein, daß die Widder-Symbolik weitgehend zutrifft. Aus dieser Symbolik entwickelt sich dann »Schicksal«.

Im Zeichen Stier

Geburtsherrscher: Venus
Element: Erdelement
Konstitution: Pyknischer Körperbau, gedrungene Form, auffallendstes Merkmal: kurzer, dicker Hals, breite Stirn und oft großer Schädel. Melancholisches Temperament, Tendenz zu Beharrlichkeit, Ausdauer und Eigensinn.
Körperlich: Hals, Rachen, Mandeln, Kehlkopf und Schilddrüse. Infektionen.

Stier-Typen zeigen selbst bei Mischungsverhältnissen körperliche Merkmale, die sofort auffallen: in der Regel eine gedrungene, manchmal massige Figur, wobei der kurze, aber fleischige Hals – in späteren Jahren zeigt sich dann der sogenannte »Stiernacken« – fast immer vorhanden ist. Der Begriff Stier-Typ ist wie in allen übrigen Fällen mit Einschränkungen anzuwenden, da jeder Planet im ersten Feld des Horoskops oder auch das Zeichen, in dem sich die Sonne befindet, die Charaktereigenschaften des Zeichens Stier sehr wesentlich verändern kann. Man sollte eher von einem gemeinsamen Nenner sprechen, den viele Menschen dieses Zeichens aufweisen: Es handelt sich in erster Linie um eine auffallende Ruhe und Gelassenheit, die man als Gemütsruhe bezeichnen könnte. In den späteren Ausführungen über die Elemente und deren Wirkung zeigt sich die psychologische Ursache genauer: Stier gehört zum Erdelement, und dies wiederum symbolisiert die Erdenschwere, die Verhaftung an die irdischen Genüsse wie überhaupt an die Materie und deren Bedingungen.

Beste Eigenschaften des Stier-Typs sind: Beständigkeit, Ausdauer, Beharrlichkeit, ruhige bis gelassene Überlegung, die die Folgen einer Tat oder einer Entscheidung zu übersehen vermag. Mit einer Einschränkung: solange die psychische Haltung ausgeglichen bleibt. Vom Zorn des Stier-Typs reden wir später.

Das Zeichen gibt die Kraft, eine einmal begonnene Sache mit größter Geduld zu Ende zu führen. In dieser Hinsicht übertrifft es die meisten übrigen Zeichen – mit Ausnahme von Steinbock. Das Hauptverlangen eines Stier-Geborenen ist das nach wirtschaftlicher Absicherung, nach Stabilität und Gleichmaß des Errungenen oder Erworbenen. Jeder Umbruch oder jede auftretende Unsicherheit treiben ihn zu größten Anstrengungen, um Verluste wieder auszugleichen. Der Stier-Typ ist ausgesprochen konservativ, ersehnt die Beständigkeit und verhält sich beharrend, bodenständig, erhaltend, sammelnd. Letzteres bezieht sich auf die »festen Werte«, besonders auf Geld.

Das äußere Wesen des Stier-Typs ist freundlich, sympathisch, ausgleichend, ruhig, gelassen. Man kann ihn beträchtlich reizen, bis das Maß seiner Geduld erschöpft ist. Dann allerdings kommt etwas anderes beim Stier-Typ zum Durchbruch, was man von ihm nicht erwartete: die explosionsartige Entladung einer Gefühlsballung, die die Bezeichnung Wutanfall verdient. Unentwickelte Stier-Typen schrecken hierbei vor nichts zurück, und man beobachtet oft, daß sie »nach vollbrachter Tat« über sich selbst erstaunt sind. Bevor die Sicherungen im Gemüt durchbrennen, bedarf es allerdings größter Reizung. Infolge der stets vorhandenen Mischung dieses Zeichens mit anderen Einflüssen ergibt sich weit eher eine andere Reihe von negativen Eigenschaften, in erster Linie der Hang zur Starrköpfigkeit, Hartnäckigkeit, überhaupt zum Starrsinn. Diese Eigenschaften beruhen auf dem Mangel an rascher Anpassungs- und Umstellungsfähigkeit. Die einmal erworbene Überzeugung oder Ansicht wird zäh beibehalten. Stier-Geborene schaffen sich manche Schwierigkeiten im Beruf und in der Ehe, da die Unnachgiebigkeit und Unverrückbarkeit der Standpunkte das engere Zusammenleben erschweren. So lauert also hinter der äußeren scheinbaren Ruhe etwas seltsam Jähzorniges, Explosives oder Rechthaberisches im Charakter, das aber erst durch Angriff und Widerspruch zum Vorschein kommt. Der Stier-Typ verharrt eigensinnig auf seinem Standpunkt.

Ein weiterer Wesenszug, der für alle Stier-Geborenen typisch ist, liegt im Hang zur persönlichen Sicherung, der schon sehr früh aufkommt. Im wesentlichen möchte er auf seinen Erfolgen ausruhen. Er denkt daher immer an die Versorgung, in zweiter Linie an Bequemlichkeit, Behaglichkeit, Ruhe und Lebensgenuß. Man weiß, daß die »irdischen Freuden« unterm Zeichen Stier die begehrtesten sind, denn Stier ist das Zeichen der Materie, des Stoffes, der Bindung an die irdischen Gegebenheiten. Ob dies nun Tafelfreuden oder die Freuden der Liebe sind, ob es Natur-, Musik- oder Kunstgenuß oder auch nur die Freude am Geld schlechthin ist – immer strebt der Stier-Typ zur »realistischen« Betrachtung der Dinge; philosophische Theorien oder saftlose Weltanschauungen finden keinen Beifall bei ihm. Obwohl auch andere Typen Besitz und Geld keineswegs verachten, hat das Zeichen Stier doch Bedeutung zum »Finanzfeld« des Horoskops und damit zu den irdischen Werten im besonderen. Je nach der geistigen und seelischen Entwicklungsstufe kann dies sehr verschiedene Auswirkungen zeigen. Man wird solche Verfeinerungen oder Vergröberungen von der Konstellation der Venus im Horoskop ableiten können, denn Venus ist die »Geburtsherrscherin« im Zeichen Stier. Sie vertritt Schönheit, Liebe, Kunstsinn, Lebensgenuß und Diesseitsfreudigkeit. Der Stier-Typ hängt mit größter Zähigkeit am Leben und genießt die Freuden des Lebens mit wirklicher Hingabe. Werden andere Typen vom Ehrgeiz verzehrt, so greift der Stier-Geborene niemals nach unerreichbaren Sternen, sondern begnügt sich mit dem Naheliegenden, Erreichbaren, oft mit einer gepflegten, kultivierten und behaglichen Häuslichkeit im Kreis der Familie. Er ist der geborene Familienvater; kein Stier-Typ, der nicht voller Hingabe Weib und Kind versorgt. Was Liebe und Ehe anbelangt, so ist er allerdings von der Sorte der »Besitzergreifenden«. Er kennt die Qualen der Eifersucht, greift aber auch zur Verteidigung seines »Besitzes« und kennt dann keine Rücksichten. Obwohl er sehr schwer erregbar ist, fällt es auch schwer, ihn wieder zu beruhigen, falls er einmal Mißtrauen geschöpft hat. Die Partnerwahl wird daher unterm Zeichen Stier von größter Wichtigkeit für die spätere Harmonie der Ehe, die der Stier-Geborene unter allen Umständen anstrebt. Der Grund hierzu liegt wiederum in seiner psychischen Haltung: Er ist zu wenig wandlungsfähig, kaum anpassungsfähig, er verlangt auch in der Liebe und noch mehr in der Ehe die absolute Sicherheit. Stolzverletzungen werden hier mehr als ernstgenommen! Durch nichts auf der Welt wird ein echter Stier-Typ unglücklicher als durch Vermögensverluste und Pech in der Liebe. Zu raschen Umstellungen ist er nicht fähig, denn das Zeichen ist symbolisch für Beharrung, Schwerfälligkeit, Wunscherfüllung. Die psychologischen »Wahlverwandtschaften« sind unterm Stier nicht so vielfältig wie etwa bei vielseitigen und aufgelockerten Typen. Die Ehe kann daher schönste Erfüllung, aber auch ständiger Kampfplatz um den »Besitz der Liebe« werden, denn der Partner wird hier stets Objekt und Besitz. Sollte sich die Venus im Horoskop im Zeichen Stier, Skorpion oder Steinbock befinden, so ist dies ganz besonders der Fall. In Ergänzung zu den vorliegenden Schilderungen der Aszendenteneinflüsse beachte man auch stets noch den Stand der Sonne im Zeichen Stier.

Je eindeutiger ein Mensch vom Zeichen Stier gekennzeichnet wird, desto klarer werden auch die Hinweise auf mögliche Berufsgruppen. Sie unterliegen einesteils dem »Erdelement« – zu dem dieses Zeichen gehört –, andernteils den Einflüssen der Geburtsherrscherin Venus. Damit sind schon zwei verschiedene Zielrichtungen angedeutet: die materielle und die künstlerische.

Die »erdverbundenen« Berufe findet man im Bereich der Landwirtschaft und des Gartenbaus – nicht wenige Stiergeborene sind Gärtner, Landschaftsgärtner oder Blumenzüchter –, aber auch im Baufach – Bauunternehmer, Baustoffe, Baumaterialien – und im Bereich der Architektur. Das Handwerk ist unterm Stier stärkstens vertreten – auffallend häufig: Schneider(innen), Tapezierer, Friseure. Im Bereich der Wissenschaften ist eine Neigung zur Chemie, zu den Naturwissenschaften, zu Physik, Pharmazeutik, Nationalökonomie und Wirtschaftspolitik festzustellen. Die »Realpolitiker« unterm Stier sind bekannt.

Auch die »verschönernden« Berufsgattungen – Friseure, Modeschöpfer, Schneider, Dekorateure, Juweliere, Goldschmiede – zeigen statistisch hohe Prozentziffern unterm Stier. Der »gehobene«

Aspekt der Venus aber zielt in den Bereich der ausübenden Künste: Da sind allen voran die zahllosen Sänger und Sängerinnen unterm Stier, auch Schallplattensänger, dann die Schauspieler und Regisseure, aber auch Schlagerkomponisten, Instrumentalvirtuosen – vor allem solche mit Blasinstrumenten, weniger mit Saiteninstrumenten. Die Musik ist eine Naturbegabung unterm Stier; zumindest ist stets ein Hobby dieser Art vorhanden.

Der letzte Aspekt des Zeichens Stier bezieht sich auf die Welt der Finanzen. Hier finden wir Bankiers, Bankbeamte und Börsenleute, aber auch Versicherungskaufleute, Finanzmakler, Sparkassenleiter und Bausparkassenvertreter. Es handelt sich um die Welt der materiellen Sicherungen; es gibt keinen Stier-Geborenen, der nicht in irgendeiner Weise Bezug zu ihr hat.

Das Zeichen Stier macht sinnenfroh, triebfreudig, und so hat es auch Bezug zum Sex, zur Sexualwissenschaft und zu Fachärzten auf diesem Gebiet (Beispiel: Sigmund Freud). Die Leidenschaften können unter diesem Venuszeichen beträchtliche Ausmaße annehmen. Unentwickelte Stier-Geborene, die nur auf der Triebebene leben, stellen einen Großteil der Triebverbrecher, die in Sexualprozessen auftreten. Auf körperlichem Sektor hat dieses Zeichen Bezug zur Sexualsphäre, ebenso wie Skorpion, in der Hauptsache aber zum Hals und Rachen, zur Nasenhöhle (Polypen), zu den Mandeln (Vereiterungen und Ferninfektionen über die Mandeln) und zu den Stirnhöhlenorganen, wobei auch noch der Gehörgang mit einbezogen ist (Mittelohrentzündung). An sich ist das Zeichen Stier eines der vitalsten. Viele Ringer, Boxer, Gewichtheber, Catcher haben sehr starken Stiereinfluß und sind schon am kurzen, gedrungenen Hals, dem sogenannten »Ringernacken«, zu erkennen. Wird das Zeichen Stier von Aspekten verletzt, so können die entsprechenden Erkrankungen langwieriger Natur sein (man beachte später die Ausführungen über Mars und Saturn im Zeichen Stier). Bekannt sind auch die Stimmbändererkrankungen – chronische Heiserkeit – unterm Stier. Vor Jahren wurde in Kliniken eine statistische Untersuchung über die Häufigkeit der »Stier-Erkrankungen« vorgenommen. Es zeigte sich eine augenfällige Häufung von Kropfoperationen, aber auch Mandeloperationen. Bei Frauen ergaben sich auffallend viele Unterleibserkrankungen – ovariale Erkrankungen, aber auch gutartige Geschwülste.

Bei Männern wurde sehr oft eine Anlage zur Zuckerkrankheit beobachtet.

Die jeweiligen Venus- und Marskonstellationen beeinflussen den Aszendenten Stier sehr nachhaltig. Am überzeugendsten äußern sich die Eigenschaften dieses Zeichens, wenn sich noch einige Gestirne im Stier befinden. Die Schicksalslinie verlief in der Regel stabil, brachte aber Verluste bei Prozessen, Teilhaberschaften, Kapitalbeteiligungen, spekulativen Unternehmungen. Für Stier-Geborene empfehlen sich also in erster Linie scharfe Kalkulation, Vorausplanung und nüchterne realistische Überlegungen. Bei engeren Bindungen und Heirat zeigten sich auffallend oft materielle Erwägungen, Motive von zusätzlicher finanzieller Sicherung oder Erhöhung des Lebensstandards. Auch Erbschaften wurden in diesem Zusammenhang beobachtet.

Wenn das Tierkreiszeichen Stier am Aszendenten steht, so befindet sich zwangsläufig an der Spitze VII des »Ehefelds« im Horoskop das Zeichen Skorpion, weshalb enge Bindungen und Heirat schicksalswichtig werden.

Die Mischtypen

Alle bisher dargelegten Wirkungen und symbolischen Entsprechungen im Zeichen Stier zeigen sich am zutreffendsten, wenn dieses Zeichen am Aszendenten befindlich ist, aber auch noch das ganze erste Feld des Horoskops erfüllt. Überzeugend finden sie sich bei Planetenansammlungen im Stier, wobei Sonne und Mond die größte Wirkung ausüben.

Der Grenzfall Stier/Widder

Wenn das Marszeichen Widder beim »Umkreis« (= Orbis) des Stier-Aszendenten noch Wirkung erhält, so ist die Anpassungsfähigkeit an das »Du« noch mehr eingeschränkt. Die widersetzliche Art des Stier-Typs zeigt sich stärker, da der Marseinfluß seine ohnedies zähen und eigenwilligen Energien erhöht. Die augenfällige Ruhe weicht einer Tendenz zur Heftigkeit und Ungeduld. So nimmt dieser Typ die Gelegenheiten und Möglichkeiten rascher und intensiver wahr und setzt sich tatkräftiger durch. Meist kommt er über sein Geburtsmilieu hinaus und auch zu Besitz. Die Leidenschaftlichkeit wie überhaupt die gesamte Gefühlswelt wird noch intensiver, drängender, denn jetzt kommt zur Venus noch der Mars als »Mitherrscher« hinzu – ein Symbol für heftiges Verlangen, leidenschaftliche Triebwelt. Ein solches Horoskop würde als Gegengewicht starke Saturn- oder Merkurkonstellationen benötigen, um Willen und Energie auf eine höhere Ebene zu heben. Innerhalb der Umwelt und der engeren Bindungen entsteht häufig der Versuch, andere Menschen in die eigenen Interessen einzuplanen oder gar zu beherrschen. Das führt zu Konflikten, manchmal zu Willensübersteigerungen oder allzu betonter Ich-Durchsetzung im Beruf. Diese Mischung verlangt Bändigung und Selbstbeherrschung. Man sehe daher sofort nach der Position des Mars und besonders nach den Aspekten, die dieses Symbol der Willensäußerungen erhält. Die Praxis hat gezeigt, daß zwei aufeinanderfolgende Zeichen sich keinesfalls mischen, sondern völlig gegensätzliche beziehungsweise grundverschiedene Wirkungen auslösen. Man beobachtet dies sogar bei Partnerbindungen – etwa wenn ein Widder-Mann eine Stier-Frau – oder umgekehrt – heiratet. Selbstverständlich sucht sich stets der stärkere Partner durchzusetzen. In diesem speziellen Fall hätte der »Widder« die Oberhand. Befinden sich also zwei Zeichen um den Aszendenten oder im ersten Feld, so ist auch im seelischen Bereich ein Mangel an innerer Harmonie vorhanden, da sich verschiedenartige Gefühls- und Willensreaktionen überschneiden.

Der Grenzfall Stier/Zwillinge

Weitaus günstiger liegt der Fall dieser Zeichenüberschneidung: Hier kommt der auflockernde, bewegliche, vielseitigere Einfluß des Merkursymbols – Herrscher des Zeichen Zwillinge – zum Mitschwingen und macht den Stier-Typ geistig gewandter, wenn auch ruheloser und veränderlicher. Ist der Merkur genügend stark konstelliert, kann er die Triebwelt dämpfen und den Intellekt flexibler, gewandter gestalten. Freilich: die sonstige Stabilität des Stier-Zeichens wird erheblich eingeschränkt, und es kommt zu größerer Schicksalsunruhe, eventuell auch zu Besitzkrisen. Ist die Merkurposition indessen schwach, gehemmt, so kommen zeitweise immer wieder die Gefühle und Leidenschaften zum Durchbruch, und es entsteht dann eine innere Unzufriedenheit oder Gefühlszerrissenheit. Dieser Fall verlangt sehr genaue Beachtung aller übrigen Horoskopelemente. »Geist und Materie« ringen hier miteinander um die Oberhand. Es gibt manch gute Vorsätze, die aber schwer durchgeführt werden können.

Im Zeichen Zwillinge

Geburtsherrscher: Merkur
Element: Luftelement
Konstitution: Asthenischer bis athletischer Körperbau; Form: schlank, lang; schmale bis längliche Kopfform, langer Hals. Nervöses, sanguinisches Temperament. Tendenz zur Vielseitigkeit, redegewandt, anpassungsfähig, veränderungsliebend.
Körperlich: Gliedmaßen, Arme, Hände, Finger, Atmungsorgane (Bronchien, Lungen), Lungenspitzen, Luftröhre, Nervensystem, Rippenfell. Neuralgien.

Auch dieser Aszendent zeigt für die unter ihm Geborenen eine Fülle gemeinsamer Wesenszüge, die oft schon von der körperlichen Form überzeugend bestätigt werden. Der gemeinsame Nenner dieses Zeichens ist die auffallend große Wendigkeit im Geistigen, die psychische Zwiespältigkeit und Unentschlossenheit im Fall auftretender Entscheidungen, weshalb diese Menschen im Leben nicht selten »zwischen zwei Stühlen sitzen«. Sie leiden unter der Qual der Wahl, da stets mehrere Möglichkeiten, mehrere Ziele auftreten.

Ganz besonders auffallend ist die Vielgeschäftigkeit, die Vielseitigkeit der Beziehungen und Kontakte zu Nebenmenschen und zur Umwelt. Ein Zwillinge-Typ ist unfähig, völlig für sich allein zu leben. Er braucht die Aussprache, den Gedankenaustausch, die Anregungen, und so ist es verständlich, daß die Mitteilsamkeit und Redseligkeit unter diesem Zeichen besonders groß ist. In diesem Punkt ist der Zwillinge-Typ unverwechselbar mit anderen Typen, ausgenommen dem Schütze-Typ. Der Grund liegt in seinem überaus beweglichen, findigen, teils intellektuellen Wesen, das allerdings auch Nachteile bringt: Fast immer zeigt sich eine gewisse Ruhelosigkeit im Geistigen und eine Vielseitigkeit der Interessen, Neigungen, Befähigungen, so daß notgedrungen ein Mangel an Konzentration entstehen muß. Es gibt unter den Zwillingen niemals geistige »Tiefenbohrungen«, sondern eher eine Vielfalt der äußeren Eindrücke, die gleich einem Panorama vorüberziehen. Eine Charaktereigenschaft fällt besonders auf: die wechselnde, schwankende Gemütslage, das Auf und Ab der Stimmungen, die von einem tatenlustigen Hoch bis zum bedrückenden Tief alle Skalen des Gefühls durchlaufen können. Jeder Zwillinge-Typ weiß um diese psychische Anfälligkeit, die ihm zeitlebens viel zu schaffen macht. Sie geht einher mit erhöhter Erregbarkeit und Sensibilität des Nervensystems, weshalb er auf innere und äußere Eindrücke raschestens anspricht. Jeder Psychologe weiß: Verfeinerung des Nervenkomplexes bedingt Ruhelosigkeit, Verlangen nach ewig neuen Anregungen. Ein solches Nervensystem ist schnellstens reaktionsfähig, äußerst wach, der Intellekt erfaßt rasch, beobachtet gut und äußert sich fast immer auch witzig, satirisch, ironisch.

Der Begriff Zwillinge enthält bereits alles über die symbolische Doppelnatur dieses Typs – etwa im Sinn der »zwei Seelen in der Brust«, wobei der negative Zwillinge-Typ auch noch eine gewisse Doppelzüngigkeit, List und äußerst gewandte Diplomatie zeigt. Man wird alle diese Zwillinge-Eigenschaften mehr oder minder schon bei sehr jungen Menschen dieses Zeichens wahrnehmen können, insbesondere können solche Kinder nicht »still sitzen«, sondern sind in ständiger Bewegung.

Die Mythologie brachte das Zeichen Zwillinge in Zusammenhang mit seinem Herrscher, dem Merkur. Als geflügelter Götterbote war er das Symbol des Reisens, der Vermittlung, der Kontakte. Dem Zwillinge-Typ teilt er daher Wort-, Sprach- und Schreibgewandtheit mit. Die moderne Astrologie sieht die merkuriale Entsprechung im niederen, alltäglichen Intellekt, also in der Wißbegier, der Neugierde, in der Lust am Lernen, Forschen und Studieren, aber auch am alltäglichen »Tratsch«, an der Nachrichtenübermittlung. Gerade beim Zeichen Zwillinge ist es unbedingt notwendig, die eigentliche Substanz festzustellen: anhand der Merkurkonstellation, insbesondere an seiner Aspektierung, die fast wichtiger ist als seine Position in Zeichen und Feld. Ob der Merkurtyp wirkliche Tiefe besitzt und nicht bloß an der Oberfläche der Dinge klebt, besagt ein Aspekt des Jupiter oder Saturn und noch mehr des Uranus. Es kann sich um »Alltagsgeplapper« handeln oder aber um Kritik, Redegewandtheit, Logik. Der »beziehungslose« (= aspektlose) Merkur ist Symbol des »Mühlrades, von den Wassern des Alltags getrieben« und »plätschernd«. Zweite und auffallende Eigenschaft unter den Zwillingen ist die enorme Lust am Reisen, am Wechsel der Tapeten und am Aufsuchen neuer Horizonte. Neue Eindrücke, neue Erfahrungen und interessante menschliche Kontakte gehören zu den Elixieren des Merkurtyps; Dieselbe Lust am Neuen wird beim negativen Zwillinge-Typ zu einer wahren Manie des Wechselns. Man beobachtet dann Positions- und Berufswechsel in ständiger Wiederholung, ständiges Bauen und Verändern, Kauf und Verkauf von Besitz – von Möbeln, Autos, Wohnungen –, Ortswechsel oder gar Wohnsitze an zwei verschiedenen Orten und natürlich auch Wechsel der Partner (innen), so daß das dauernde Finden und Verlieren mehr oder minder jedem Zwillinge-Geborenen bekannt ist.

Allerdings wird man unter Zwillinge-Leuten niemals Fanatiker finden und daher auch keine Revolutionäre. Sie huldigen stets einer ungebundenen, undogmatischen Geistigkeit. Das innerste Wesen ist viel zu aufgelockert, manchmal sogar beziehungslos. Das brachte diesem Typ den Begriff »Hans in allen Gassen« ein. Tatsache ist, daß bei ihm nicht so sehr das Gemüt die erste Geige spielt, sondern weit eher der nüchterne Intellekt, wodurch er befähigt wird, die zwei Seiten einer Sache wahrzunehmen. Gewandtheit und der Mangel an innerer Bindung zum Du lassen ihn niemals völlig an Dingen, Personen, Begriffen, Weltanschauungen haften. Alles ist im Zeichen der Zwillinge im Fluß, und wer diese Tendenz nicht genügend versteht, hält den Zwillinge-Typ für seicht oder oberflächlich. Bei völlig ungenügender Merkuraspektierung ist er es wirklich.

Der Hang auf mühelose Weise Bekanntschaften, Beziehungen und Verbindungen anzuknüpfen, liegt dem Zwillinge-Geborenen im Blut. Dies bringt ihn auch zu wechselvollen Liebeskontakten, wobei sich auffallend oft Ehekrisen, Scheidungen, mehrmalige Eheschlüsse ergeben – eine Tatsache, die in dieser auffallenden Häufigkeit nur noch beim Schütze-Typ auftritt. Der Zwillinge-Typ vermag zu blenden, kann ein glänzender Gesellschafter sein und findet beinahe mühelos Zugang zu fremden Wesenskernen. Sein »Mitreden-Können« auf allen Gebieten bringt ihm schnell Freundschaften ein. Sie sind indessen nicht immer haltbar, am wenigsten im Bereich der Liebe. So ist der echte Zwillinge-Typ häufig genug dem »Betrieb« in jeder Form verschrieben. Das Neue, die Neuigkeit, das Tagesgespräch, die letzte Meinung, das Heute steht ihm näher als das Gestern. Ähnlich dem fließenden Wasser, das kein Moos duldet, gelangt der Zwillinge-Typ schwer zur Stabilität, zur Ruhe, zu festem Besitz. Mindestens erlebt er zeitweilige Krisen in den Finanzen und den Kampf um den Besitz.

Was die Berufstendenz unterm Zeichen Zwillinge anbelangt, so sind die statistischen Untersuchungen überzeugend: Die Berufe sind überwiegend intellektueller Art, zu den Wissenschaften und Künsten tendierend. Eine Häufigkeitsziffer über dem Durchschnitt ergaben die Positionen in der Presse, im Journalismus, in Redaktionen, beim Fernsehen und im Rundfunk, bei Verlagen und Büchereien, als Reporter, Bildberichterstatter und Schriftsteller, als Übersetzer und Dolmetscher, in Reisebüros, in Verkehrsunternehmen öffentlicher Art, im Telefon- und Telegrafenwesen. Überaus häufig war auch der pädagogische Sektor mit Zwillinge-Geborenen besetzt. Ein wahres Heer von Zwillinge-Typen findet sich in den kaufmännischen Berufen, im Kauf und Verkauf, unter Vertretern und Repräsentanten, Stenotypistinnen, Sekretärinnen, Stewardessen. Unter den Künsten ist die Literatur vorherrschend, aber auch Musik, ferner die angewandten Künste wie Graphik usw. Beachtenswert ist auch der Sektor Tanz, Ballett, rhythmische Gymnastik besetzt. Auch Sportler und Rennfahrer, ferner alle, die mit Reisen, Fahren und Fliegen zu tun haben, zeigen Zwillinge-Einfluß, ferner Vortragende, Conférenciers, Ansager.

Hinsichtlich der körperlichen Organe hat das Zwillinge-Zeichen Bezug zu den Lungen, zu den Bronchien – die Häufigkeit der Asthmaerkrankungen bei Zwillinge-Geborenen ist auch Ärzten bekannt –, zum Rippenfell und zu den Lungenspitzen. Vor allem bei Sportunfällen waren stets Hände, Arme, Finger, überhaupt Gliedmaßen in Gefahr. Die Beziehung zum Nervensystem – insbesondere zum vegetativen – ist einwandfrei festgestellt: Nervöse und psychisch bedingte Leiden, Neurosen, Psychosen, Sprachfehler, die auf nervösen Ursachen beruhen, Gliederzittern, geistige Störungen (Schizophrenie) sind überwiegend im Zeichen Zwillinge nachweisbar.

Der Körperbau ist in jungen Jahren sofort erkenntlich: hager, sehnig, hochaufgeschossen, dünn, schmales Gesicht, länglicher Schädelbau, schmale Hüften, manchmal tänzelnder Gang, Schnelligkeit der Bewegungen, Liebe zur Leichtathletik, insbesondere Rasensport, Tennis, Eissport, Schwimmen, Laufen. In der Unterhaltung zeigen Zwillinge-Typen schnelles Reden, gute und rasche Auffassungsgabe, Mitteilungsdrang, Gesprächigkeit, Neuigkeitenhunger.

Manche Leser werden anhand dieser Eigentümlichkeiten den Zwillinge-Einfluß bei sich selbst oder Bekannten rasch erkennen. Es muß aber nicht immer der Aszendent in diesem Zeichen liegen, es kann sich auch um die Sonne im Zeichen Zwillinge oder aber um mehrere Gestirne in diesem Zeichen handeln. Befinden sich nur die letzten Grade des Aszendenten in den Zwillingen, im Feld I aber ein Gestirn im Krebs, so ergeben sich bereits erhebliche Abweichungen und damit wiederum Mischtypen, wie wir sie nachfolgend beschreiben wollen.

Der Grenzfall Zwillinge/Stier

Jeder Zwillinge-Aszendent erfährt eine spürbare Veränderung, wenn sich ein Resteinfluß von Zeichen Stier hinzugesellt. Falls hierbei ein Planet im Zeichen Stier und nahe am Aszendenten befindlich ist, so ist dies noch bedeutsamer.

Im ganzen ist diese »Mischung« weitaus ruhiger, ausgeglichener, weniger veränderlich und rastlos. Das Zeichen des Erdelements Stier wirkt beruhigend, festigend auf den vibrierenden Einfluß des Luftelements (Zwillinge). Außerdem bewirken die Gestirne Merkur und Venus als »Herrscher« dieser Mischung eine größere Fähigkeit zur Diplomatie, zum Ausgleich. In der beruflichen Entwicklungslinie zeigt sich größere Stabilität und weniger Ablenkbarkeit.

Ergibt sich ein Resteinfluß von Zeichen Stier, aber im ersten Feld ein Planet in den Zwillingen – oder gar mehrere –, so hat bereits das Zeichen Zwillinge wieder die Oberhand. Man wird feststellen können, daß die Abschätzung des überwiegenden Zeichen- oder Gestirneinflusses am oder um den Aszendenten keineswegs auf Anhieb gelingt, sondern eine genaue und eingehende Untersuchung benötigt. Die späteren Ausführungen über das herrschende Gestirn im Horoskop – also über die »Lehre der Dominanten« – zeigen dem Leser einen klaren und übersichtlichen Weg zur Klärung der wirklichen Aszendenteneinflüsse.

Eindeutig klar werden die Wirkungen, wenn sich Zwillinge zum größten Teil oder gar ganz im ersten Feld des Horoskops befindet und außerdem noch die Sonne oder der Mond im Zeichen Zwillinge konstelliert ist. Hier haben wir »doppelten Zwillinge-Einfluß«, und der Merkur beherrscht dann mit seinen Vor- oder Nachteilen – je nach seiner Konstellation im Geburtshoroskop – als Geburtsherrscher den Aszendenten. Solche Leute sind ungewöhnlich gewandt, redselig, teils auch schlau und schnellstens anpassungsfähig an die jeweiligen Umstände. Sie verstehen es meisterhaft, andere Menschen »zu nehmen« und in ihre eigenen Interessen einzuplanen. Die Haupteigenschaften des Merkur – Reden, Schreiben, Reisen, Lesen – sind besonders entwickelt und nehmen Einfluß auf den Beruf und die Tätigkeiten. Jedes charakterliche Manko ergibt aber dann auch die Nachteile des Merkur: Lügen, Verstellung, Verschlagenheit, Zersplitterung.

Der Grenzfall Zwillinge/Krebs

Wenn das Wasserelement (Krebs) hinzutritt, werden die Gefühle stärker, tiefer, da außer dem Intellekt (Zwillinge) auch noch die Empfindungswelt stärker geweckt wird. Dies ergibt allerdings auch die Gefahr, daß Stimmungen, Launen, Triebe stärker betont sind. Der Ehrgeiz, in der Außenwelt hervorzutreten, wird erhöht. Der Mensch wird empfindlicher, zeigt schnelle Verletzungen des Ichge-

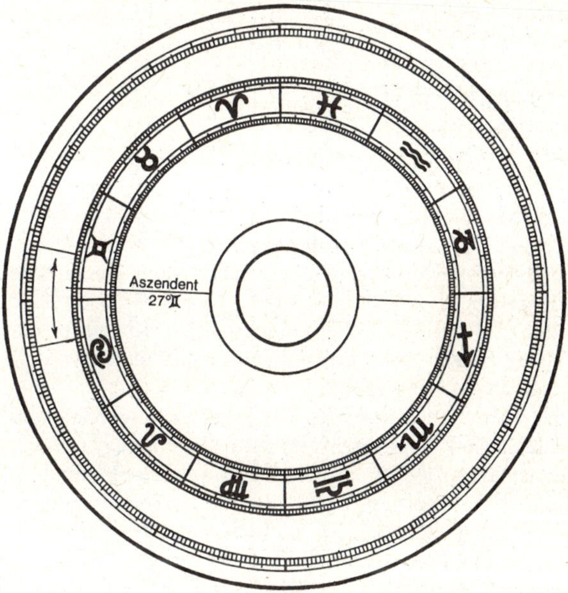

fühls, ist aber im ganzen etwas begeisterungsfähiger. Der äußere Erfolg zeigt sich schwankender gemäß der inneren Anfälligkeit und Abhängigkeit von Umwelteinflüssen. Hier ist die Konzentration auf das Lebensziel oder eine bestimmte Aufgabe noch viel nötiger als unter reinem Zwillingseinfluß, denn der Mond als zusätzlicher Herrscher über das Zeichen Krebs macht wandelbar, beeinflußbar. Kinder dieser Aszendentenmischung zeigen lange Zeit eine unbestimmte Haltung, und erst später ergibt sich das endgültige Berufsziel.

Ein Gestirn im ersten Feld und im Zeichen Krebs – etwa Sonne oder Mond – läßt die Wirkung des Zeichens Zwillinge zugunsten eines weitaus tieferen Gemüts erheblich absinken.

Da von allen zwölf Zeichen die Zwillinge-Einflüsse am meisten schillern und zu Irrtümern Anlaß geben, sind wir auf diesen Aszendenten am stärksten eingegangen. Hier sind also auch die jeweiligen Mischungen am wichtigsten.

Im Zeichen Krebs

Geburtsherrscher: Mond
Element: Wasserelement
Konstitution: Pyknischer Körperbau mit wenig Muskelbetonung, weiche Gesichtsformen, volles, rundes Gesicht; später rundliche Formen. Melancholisches Temperament. Zarte Gelenke, feinknochig, blasser Teint. Gesichtszüge im Alter schwammig bis aufgedunsen. Später phlegmatisch. Psychisch besteht große Sensibilität bis Schüchternheit.
Körperlich: Magen und Verdauungssystem, Bauchspeicheldrüse, untere Brust, Brustfell, Leber. Schleimhäute. Rheuma.

Auch das »Mondzeichen« Krebs zeigt für eine große Anzahl von Typen dieses Einflusses einen gemeinsamen Nenner, der sofort auffällt: Es ist die große psychische Empfindlichkeit und Feinfühligkeit, die den Hauptgrund abgibt für eine zweite auffallende Eigenschaft: die Launenhaftigkeit und Stimmungsanfälligkeit dieser Menschen. Nicht nur der Krebs-Typ kämpft mit dieser seelischen Belastung, sondern auch die engere Umwelt hat darunter zu leiden. Psychologisch gesehen zeigt sich ein merkwürdiger Kontrast in der Auswirkung dieser Eigenschaften. Einesteils ist der Krebs-Typ überaus ehrgeizig, verlangt nach Beachtung und Anerkennung und möchte beruflich und gesellschaftlich aufsteigen. Andernteils aber besitzt er nicht die nötige Ellbogenveranlagung infolge seiner seelischen Empfindlichkeit, die ihn zuweilen im Hintergrund hält. Das selbstbewußte Auftreten in der Öffentlichkeit und die Fähigkeit, »sich in Front zu schieben«, sind bei diesem Zeichen abgeschwächt. Es scheint, als ob dem Krebs-Typ das gesunde, natürliche oder unproblematische Selbstbewußtsein fehlt, denn oft genug benötigt er die Bestätigung von außen her; Lob, Beifall, Aufmunterung können ihn zu großen Leistungen anspornen. Die seelische Anfälligkeit bringt dem Krebs-Geborenen in disharmonischer Umwelt oder bei mangelnder Anerkennung seiner Leistungen eine ganze Reihe von seelisch bedingten, sogenannten psychosomatischen Erkrankungen; Magenleiden nervöser Art sind unter diesem Zeichen bei allen Ärzten bekannt. Ständige Schwierigkeiten beruflicher Art können sogar ausgesprochene Minderwertigkeitskomplexe erzeugen, die dem Krebs-Geborenen dann viel zu schaffen machen. So kommt es vor, daß Krebs-Typen zwar leidenschaftlich die Selbstbestätigung über das Du oder die Öffentlichkeit suchen, zugleich aber allzu sensibel sind, um persönlich vor dieser Öffentlichkeit in Erscheinung zu treten. Manche »Krebse« ziehen sich daher allzu schnell wieder in ihr »Schneckenhaus« zurück. Hauptgrund: allzu sensibles Nervensystem und überaus schnelle Reaktionen im Gemüt.

Wer nun glaubt, den Krebs-Typ leicht und mühelos dirigieren zu können, ist im Irrtum. Er erscheint auf den ersten Blick weich, gefügig, freundlich und zuvorkommend. Aber dem Zeichen Krebs eignet Ehrgeiz, Freiheitswillen! Er lehnt Unterordnung, Zwang oder Bevormundung grundsätzlich ab. Man bezeichnet daher Krebs-Typen manchmal als nachgiebig, andernteils wieder als arrogant. In Wahrheit verlangen sie Unabhängigkeit und persönliche Freiheit. So manche Bindung wird daher unterm Krebs vorzeitig wieder gelöst oder geht später in die Brüche. Die innere Spannung zwischen Wollen und Handeln, die seelische Verwundbarkeit und die übergroße Empfindlichkeit machen den »Krebs« zeitweise zu einem schwierigen Typ, dessen wirkliches Wesen mehr oder minder getarnt erscheint. Es gibt unter diesem Zeichen ehrgeizige, aber auch phlegmatische Typen, und zeitweise wechseln diese beiden Eigenschaften miteinander ab.

Der positive Krebs-Typ ist vorsichtig, zurückhaltend, arbeitsam, zuverlässig und voller Pflichtgefühl für die geliebten Menschen, die er zeitlebens umsorgt. Alle Reaktionen und Handlungen des Krebs-Typs kommen nicht aus dem Intellekt, sondern ausschließlich aus dem Gefühl. Beinahe ergeben sich bei ihm Sympathie und Antipathie auf Anhieb. Die letztere kann sehr dauerhafter Natur sein; wenn man ihm auch äußerlich nicht viel anmerkt, kann er innerlich voller Reserve, Kühlheit und Ablehnung sein. Dies ganz besonders dann, wenn er einmal irgendwie gekränkt oder verletzt wurde.

In seinem äußeren Verhalten ist der Krebs-Geborene genau, sehr tätig und aufstrebend. Sein Hauptaugenmerk ist auf materielle Absicherung gerichtet, mindestens in der zweiten Lebenshälfte. In der Jugend und in der ersten Lebenshälfte wirkt dieses Zeichen am unruhigsten, erzeugt eine Art Fernweh, ausgesprochenen Reisedrang, Abenteuerlust. Das Schicksal bringt sehr viel Auslandsbeziehungen, bei weiblichen Krebs-Geborenen eine auffallende Häufung von Heiraten mit Ausländern und Wegzug aus der Heimat. Trotz dieser äußeren Unruhe und Unbeständigkeit hängt der Krebs-Typ sehr an seinen Idealen und inneren Zielen, die sich aber häufig erst spät offenbaren.

Ein weiterer gemeinsamer Nenner unterm Krebs ist die seltsame und geradezu auffallende Tendenz zur schicksalhaften Unruhe und zu Veränderungen, zu einem dauernden Auf und Ab, Vor und Zurück. Nichts ist unter diesem Zeichen wahrhaft gesichert, und nichts besteht für ewige Zeiten. Ein Teil dieser äußeren Unruhe mag aus der eigenen Wankelmütigkeit stammen, ein großer Teil kommt aber seltsamerweise von außen her und kann als Bewährungsprobe gewertet werden.

So kommen wir zum »Geburtsherrscher« des Zeichens Krebs: dem Mond. Dieser Erdtrabant symbolisiert nichts anderes als den Wechsel, das Vor und Zurück, das Auf und Ab. In erstaunlichem Maß spiegelt sich dieses Symbol im Schicksal der Krebs-Geborenen. Selbst der Wechsel der Stimmungen gehört hierher. Das Leben der Krebs-Typen ist voller Umbrüche, Neubeginne, Totalumstellungen, wobei die häufigen Wechsel im Berufsleben allbekannt sind. Erstaunlich ist die Tatsache, daß der Krebs-Typ trotz dieser erregenden Schicksalsrhythmik niemals völlig scheitert, sondern immer wieder aufs neue einen Ansatzpunkt findet. Ihm folgt dann geradezu planmäßig der neue Aufstieg. Was dem Krebs-Schicksal offenbar nicht gewährt wird, ist die Stabilität auf lange Sicht. Am meisten zeigt sich dies in Wohnungsfragen; die Zahl der Umzüge und Wohnortveränderungen unterm Zeichen Krebs ist genügend bekannt.

Sobald der Krebs-Typ mit Gefühlen, Empfindungen oder Gemüt an einer Sache beteiligt ist, wird er zäh, ausdauernd, hartnäckig und zielbewußt. Auch diese Eigenart zeigt, wie vielschichtig der innerste Wesenskern sein kann. Das Vertrauen in die eigene Kraft ist nicht übermäßig groß, wird aber in dem Augenblick gestärkt, wenn sich äußere Erfolge einstellen. Trotz dieser letzteren bleibt der Krebs-Typ immer auf dem Boden der Tatsachen und sorgt für die schlechten Zeiten vor, was ihn sparsam und wirtschaftlich werden läßt – zwei Eigenschaften, die ihm innerlich nicht sonderlich Freude bereiten. Im Verhältnis zur Umwelt ist er anpassungsfähig unter Wahrung der eigenen Belange. Verwandtschaftliche Bindungen liegen ihm nicht sonderlich, dagegen bleibt er stets besorgt für die eigene Familie. Die Phantasie ist ungewöhnlich stark, zeigt sogar dramatische Steigerungen beziehungsweise Begabungen. Vieles begibt sich daher schon in der Vorstellung und kann zu Einbildungen führen.

Im Berufssektor benötigt der Krebs-Geborene ein harmonisches Betriebsklima. Anfeindungen, Zurücksetzungen können ihn wahrhaft krank machen, erfahrungsgemäß in erster Linie am Magen. Völlig abhängige oder untergeordnete Positionen liegen ihm nicht, so daß er, wenn möglich, solche Stellungen nach kurzer Frist wieder wechselt. Wie sich immer wieder erwies, sind Unabhängigkeit und Selbständigkeit die einzige Möglichkeit zu einer befriedigenden individuellen Entwicklung. Auch sollten die Positionen beweglich sein und zeitweilig Reisen ermöglichen. Man beobachtete, daß unter diesem Zeichen der Erfolg nicht immer erkämpft, sondern zuweilen durch diplomatisches Verhalten und mancherlei Beziehungen erleichtert wird. Ein Charakteristikum der Schwierigkeiten im Beruf liegt in den Anfeindungen, die aus dem Hinterhalt kommen.

Der erlernte Beruf wird nicht immer ausgeübt; oft genug ergeben sich mehrfache Veränderungen grundsätzlicher Art, wobei das wirkliche innere Ziel erst später erkannt wird. Eigenartige Zufälle führen auf diesen Weg.

Statistische Reihenuntersuchungen zeigten mit großer Häufigkeit Interesse für Archäologie und Geschichtswissenschaften. Von den Künsten wird das Schauspiel bevorzugt, ebensooft auch die Musik. Viele Komponisten sind krebsbetont.

Im kaufmännischen Sektor sind Hotel- und Gaststättengewerbe, Schiffahrt, Fischereibetriebe, Getränkehandel, Tankstellen, Brauereien, Lebensmittelhandel usw. stark von Krebs-Geborenen besetzt, ferner Sozial- und Krankenhausberufe, öffentliche Dienste. Reisende, Vertreter und Ausübende von Berufen, die eine gewisse Ungebundenheit garantieren, sind sehr oft Krebs-Geborene. Vieles festigt sich nach dem dreißigsten Lebensjahr, während speziell die zwanziger Jahre überaus unruhig und wechselvoll sind. Das Motiv des Wechsels und der Veränderungen findet sich auch im privaten Bereich: Die Angelegenheiten der Liebe erweisen sich erst nach dem dreißigsten Lebensjahr als zuverlässiger und haltbarer. Die Ehe selbst zeigte des öfteren eine ernste Krise und Trennungstendenz, wobei dies öfter bei weiblichen Krebs-Geborenen beobachtet wurde. Nach Überwindung dieser Krise blieben die Bindungen zuverlässig. Sie hängen außerordentlich vom Gefühl ab und zeigen ganz selten materielle Beweggründe.

Obgleich beim Krebs-Geborenen in der Jugend bis etwa zum dreißigsten Lebensjahr wenig Verlangen nach festem Ruhesitz besteht, ändert sich dies mehr und mehr gegen die Lebensmitte. Hier zeigt sich dann die dem Krebs-Zeichen eigentümliche Sehnsucht nach einem ruhenden Pol, nach eigenem Hausbesitz oder einem geschmackvollen Heim. Das letztere wird dann vom Krebs-Typ mit besonderer Liebe ausgestaltet, wobei oft eine besondere Vorliebe für Stilmöbel zu beobachten ist.

Ohnehin hat das Zeichen Krebs Beziehung zum vierten Feld des Horoskops: Heim, Häuslichkeit, Familie.

Die Mischtypen

Krebs/Zwillinge

Kommt ein Resteinfluß des Zeichens Zwillinge hinzu, so werden alle Unruhetendenzen des Krebs-Typs noch verstärkt, so daß er nervöser, reizbarer, beeindruckbarer wird. Am meisten betrifft dies die Berufslinie, da die innere Unzufriedenheit wächst und damit auch die Bereitschaft zu schnellen Wechseln. Diese Zeichenmischung, die dem Wasser/Luft-Element angehört, kann nur mit größter Selbstdisziplin und Kontrolle der ewig wechselnden Gefühle und Empfindungen beherrscht werden. Das Schicksal bringt große Umbrüche, auch Auslandsreisen und -aufenthalte. Der Heiratsentschluß bedarf der Überlegung und der vorsichtigen Partnerwahl. Jedwede Aneignung psychologischer Erkenntnisse wie auch gewisser Konzentrationsmethoden hätten hier den besten Erfolg. Die geistige Aufnahmefähigkeit ist gut, und alles Lernen erfolgt leichter und müheloser als beim reinen, unvermischten Krebs-Typ, der zuweilen phlegmatisch wirkt und größeren geistigen Anstrengungen abgeneigt ist.

Krebs/Löwe

Interessant ist hier die Tatsache völlig veränderter Krebs-Eigenschaften. Zum Wasserelement gesellt sich jetzt das Feuerelement (Löwe). Damit wird der empfindliche, beeinflußbare Krebs-Typ härter, eigenwilliger, vor allem selbstbewußter. Vom Lethargischen, Träumerischen bleibt so gut wie nichts mehr übrig. Die Ziele werden härter durchgesetzt; die Persönlichkeit zeigt sich selbstbewußter, auch etwas ichbetonter. Die künstlerischen Anlagen sind bemerkenswert; sehr oft findet sich hier Schauspielbegabung. Die Anpassung an das Du ist eher diplomatisch als verinnerlicht. Der Beruf gewährt mehr Erfolg, da der Ehrgeiz so gut wie immer die Willenskräfte ankurbelt. Eine speziell beim Mondzeichen Krebs beachtenswerte Ergänzung der bisherigen Aussagen ergibt sich durch die Mondposition in einem der zwölf Tierkreiszeichen. Dieses Zeichen ergänzt nicht nur die Krebs-Eigenschaften, sondern zeigt den tatsächlichen Wesenskern, die Richtung der Gefühle und Empfindungen sowie die allgemeine Schicksalslinie. Die genaue Stellung des Mondes läßt sich allerdings nur anhand der genauen Geburtsstunde feststellen, da der Mond innerhalb von 24 Stunden 12 Grade zurücklegt.

Während die Sonne die geistige Individualität anzeigt, symbolisiert der Mond die irdische Persönlichkeit und bringt daher weit zutreffendere Aussagen über die Wesensart eines Menschen, wobei Frauen im allgemeinen am meisten auf die Mondposition ansprechen. In einem späteren Abschnitt dieses Buches sind die Mondeinflüsse in den zwölf Zeichen genau geschildert.

Im Zeichen Löwe

Geburtsherrscher: Sonne
Element: Feuerelement
Konstitution: Athletisch, großer und fülliger Körperbau, im Alter meist korpulent; großer, etwas rundlicher Kopf mit hoher gewölbter Stirn, große Augen, betontes Kinn, oft buschige Augenbrauen, Oberkörper stärker als Unterkörper, Schultern breit. Spätere Neigung zur Glatzenbildung. Aufrechter und betont energischer Gang. Temperament leicht cholerisch. Starkes Selbstbewußtsein.
Körperlich: Herz, Herzmuskel, Kreislaufsystem, Rückenmark und Rückgrat, Blutzirkulation, Wirbelsäule und Bandscheiben.

Mit diesem Zeichen befinden wir uns an einem besonders markanten Abschnitt des Tierkreises, den die alten Astrologen respektvoll das »königliche Zeichen« nannten, wahrscheinlich weil auffallend viele Würdenträger, Herrscher, Könige und Fürsten, aber auch sonstige »Hoheitsträger« im Löwen geboren wurden. Es hat sich in der Tat erwiesen, daß Löwe-Typen über ein ausgeprägtes Selbstbewußtsein, einen inneren Willen zur Selbstbehauptung, zur Persönlichkeitsdurchsetzung verfügen. Psychologisch gesehen resultiert dies aus einem gesteigerten Selbstvertrauen und jener bekannten Mischung aus Ichbetontheit und Stolz.

Die Häufigkeitstreffer in der Aufschlüsselung typischer Löwe-Eigenschaften wirken auch auf einen Laien überzeugend. Allerdings muß beachtet werden, daß es unterm Löwen sehr verschiedenartige »Formate« gibt. Über diese Substanz gibt die Konstellation der Sonne im Geburtshoroskop und insbesondere ihre Aspektierung eine erschöpfende Auskunft, denn – wie man aus Erfahrung weiß – »Löwe« ist nicht immer »Löwe«. Es gibt wahrhaft großmütige, generöse, unerschrockene und selbstbewußte »Löwen«, aber auch solche kleineren Formats, die das Fehlen dieser sonnenhaften Eigenschaften mit Angabe, Großspurigkeit und Aufschneiderei ausgleichen.

Der gemeinsame Nenner im Zeichen Löwe ist die Pracht- und Prunkliebe, die Herausstellung des eigenen Ichs, das in diesem Zeichen niemals »unter den Scheffel« gestellt wird, ferner das tiefinnere Verlangen, aus dem vollen schöpfen zu können. Lebensnotwendig sind daher Luxus beziehungsweise ein gesellschaftlicher Rahmen um die eigene Person, die nach außen hin eine Rolle spielen will. Im Fall der positiven Löwe-Tendenz zeigt sich dies als Fülle, Kraft, Macht, Führungswillen, Gerechtigkeit und als Ausstrahlung einer echten Persönlichkeit. Ist das Format geringer, weil die Sonne schwach konstelliert ist, wird alles zur Übersteigerung, Übertreibung, Fassade, vieles zur bloßen »Propaganda«.

Immer versucht der echte Löwe-Typ, über die soziale Stufe der Geburt hinauszukommen, um Reichtum und Schönheit zu genießen. Überzeugende Beispiele waren der »Sonnenkönig« Ludwig XIV. und der Bayernkönig Ludwig II., um nur einige aus zahlreichen königlichen Horoskopen herauszugreifen.

Noch der »kleinste«, unscheinbarste Löwe-Typ versucht, seinem Ich einen würdigen, verfeinerten, auffallenden Rahmen zu geben. Im Alltag läßt sich der Funke von Stolz und Ichgefühl niemals ganz unterdrücken, auch dann nicht, wenn der »Löwe« in materiell eingeengten Verhältnissen zu leben gezwungen ist. Irgendwann aber verhilft ihm sein »königlicher Stern« doch zu einem Aufstieg innerhalb seiner Sphäre. Dies übrigens besonders dann, wenn sich seine Sonne in Nähe des Fixsterns Regulus (= 27 Grad Löwe) befindet, was bei den Löwe-Geborenen vom 22.–23. VIII. (mit der Sonne in etwa 27 Grad Löwe) der Fall ist. Natürlich muß aber auch hier immer noch das ganze Horoskop mit all seinen Konstellationen berücksichtigt werden, um die wirkliche Kraft des Zeichens Löwe abschätzen zu können.

Im allgemeinen will jeder »Löwe« den ihm »gebührenden« Anteil an Erfolg, Anerkennung, Beifall, Lob und Aufstieg im Sozialen erhalten. Dies ist ein gemeinsamer Nenner unterm Zeichen Löwe. Was den Beruf anbelangt, so erstrebt der »Löwe« Führung, Leitung, Organisation. Man findet ihn überraschend oft in leitenden Positionen der Industrie oder Wirtschaft, ganz besonders aber beim Staat, bei Behörden und Ämtern, in der Verwaltung und beim Militär als höherer Offizier. Immer handelt es sich um »Rangstufen« gemäß der autoritären Eigenart des Löwen. Die Berufstendenz ist weit gespannt. Nach C. G. Jungs Typenlehre ist die Wesensart »nach außen« gerichtet, also in die Welt der Tat. Es finden sich zahllose führende Positionen im kaufmännischen Sektor, in der Textil- und Modebranche, aber auch im Handel mit Parfümerien und Schmuck (Juweliere, Goldschmiede). Bei den wissenschaftlichen Berufsgattungen ist die Medizin am stärksten vertreten – zahllose Ärzte sind »löwebetont« –, wobei die Innere Medizin vorherrscht. Schließlich findet man noch markante Löwe-Konstellationen bei Verbandsvorsitzenden, Fabrikanten, selbständigen Unternehmern und höheren Verwaltungsbeamten. Löwe-Typen drängen aus untersten sozialen Positionen zum Aufstieg, wobei Wagemut und Selbstbewußtsein entscheidenden Anteil haben. Irgendwelchen Kämpfen wird nicht ausgewichen. Der Ausgangspunkt, zum Beispiel das Elternhaus, ist keineswegs immer günstig – im Gegenteil: Der wirkliche Aufstieg kommt selten vor dem 35. Lebensjahr. Überraschend oft beobachtete man Unstimmigkeiten oder Schwierigkeiten mit dem Vater, auch Trennung von ihm in jüngeren Jahren.

Geburtsherrscher dieses Zeichens ist die Sonne, und daher gehört das Zeichen Löwe zum Feuerelement – dem Symbol der Energie, der Tat und des leidenschaftlichen Wunschlebens. Die Sonne symbolisiert aber auch die physische und psychische Kraft. Ähnlich wie ein Sonnenstrahl im Prisma in verschiedene Farben zerlegt wird, zeigt auch die Sonnenposition ganz verschiedene Wirkungen in den zwölf Zeichen. Mehr als sonst muß daher die Konstellation der Sonne in einem Horoskop genau beachtet werden (siehe auch *Planetenpositionen in den zwölf Zeichen*). Entsprechend ihrer Gesamtanlage wirkt auch das Zeichen Löwe. Lebenskraft, geistige Energie und persönliches Selbstbewußtsein hängen davon ab. Zu warnen ist allerdings vor dem Trugschluß, daß die Sonne im Löwen eine

Garantie für sozialen Aufstieg oder gar Reichtum ist. Ein Aszendent im Löwen ist mehr oder minder der Hinweis auf kraftvolle Vitalität und starke Willensimpulse. Großzügigkeit wie überhaupt der Hang zum »Großen« sind unterm Löwen oft anzutreffen.

Die Symbole Sonne und Löwe haben im Körper Bezug zum Zentralorgan Herz, ferner zum Blutkreislauf, schließlich noch zum Rückgrat und Rückenmark. Gewöhnlich zeigt sich ein stark gebauter Körper von gedrungenem Wuchs. Der Kopf ist groß, das Gesicht etwas oval. Löwe-Typen von geringerem geistigem Format können jähzornig sein; sie verursachen viel »Theaterdonner« durch lautes Gebrüll, wobei sie innerlich keineswegs allzusehr beteiligt sind. Diese auf die äußere Schauseite bezogene Kampfgeste beziehen sie aus ihrer schauspielerischen Begabung, die jedem Löwen-Typ eignet. In Dingen der Liebe und Ehe sind die positiven Löwe-Typen überaus anhänglich, auch leidenschaftlich in den Zuneigungen. Männer mit starkem Löwe-Einfluß können gegenüber der einmal erwählten Lebensgefährtin treu und kameradschaftlich sein, übersehen aber gelegentliche Chancen für Liebesabenteuer keinesfalls. Fast immer hängen sie an der eigenen Familie und umsorgen ihre engsten Angehörigen. Scheidungen sind unter diesem Aszendenten nicht sehr häufig oder ergeben juristische Schwierigkeiten, die in der Regel mit Besitzfragen, Vermögensangelegenheiten oder den Kindern zusammenhängen. Der Löwe-Typ ist im allgemeinen »kinderfreudig« und verlangt nach Familie, innerhalb deren er regiert. Als letzte und häufig zu beobachtende Eigenschaft erwies sich der Spekulationsdrang beziehungsweise das Verlangen, leicht und schnell Geld zu verdienen. Aber gerade dies erwies sich in vielen Fällen als Illusion, so daß Spekulationsverluste eintraten. Bei schwächeren Löwe-Typen, die mehr Schein als Sein entwickeln, ergaben sich Verluste durch großspuriges Verhalten, luxuriöse Einladungen – also kurz: durch Angeberei.

Die Mischtypen

Löwe/Krebs

Wie sehr man den jeweiligen Aszendenten Löwe in seinen Mischungen beachten muß, zeigt der Nebeneinfluß aus dem Zeichen Krebs: Hier wird der aktive, feurige, leidenschaftliche Löwe-Typ erheblich schwächer in der Gesamtanlage, denn Krebs als Wasserzeichen dämpft das Feuer des »Löwen«. Sein Format wird kleiner, die

Großmut oder Großzügigkeit weicht einer gewissen Kalkulation und Vorsicht, das äußere angreifende Temperament mischt sich mit der berechnenden Vorsicht und Zurückhaltung des Krebs-Zeichens. Die Elementmischung von Feuer und Wasser ist disharmonisch; mancher Kampf entbrennt dadurch im Inneren. Allerdings zeigt das freundliche, zuvorkommende und hilfsbereite Verhalten den Anteil des Löwe-Zeichens. Diese Mischung hat weit mehr künstlerische Anlagen und Interessen als etwa Führungstendenz. Die Neigung zum Organisieren und Leiten wird erheblich abgeschwächt. Die Freude am Komfort und an den Annehmlichkeiten des Lebens aber bleibt. Im ganzen setzen sich diese Menschen weniger heftig durch und warten eher die Zufälle oder Möglichkeiten ab. Im Körperlichen sind sie anfälliger als der reine Löwe-Typ (Herzschwäche, Blutdruckschwankungen, Herzneurosen). Auf Geld und Vermögensbesitz wird mehr geachtet, da heftiges Verlangen nach materieller Absicherung besteht. Befindet sich die Sonne oder der Mond oder ein anderes Gestirn auch noch im Zeichen Krebs – in der Nähe des Aszendenten –, so wird der Löwe-Einfluß immer mehr eingedämmt, und es ergeben sich die sogenannten »zahmen Löwen«.

Löwe/Jungfrau

Das zuweilen äußerst großzügige und aus dem vollen schöpfende Verhalten des »Löwen« erfährt im Merkurzeichen Jungfrau Begrenzung und Einengung; er wird wirtschaftlicher, sparsamer, berechnender. Jungfrau gehört dem Erdelement an und ist Symbol für das materielle Denken, aber auch für Genauigkeit, Methode und Gründlichkeit. Das »schenkende Wesen« unterm Löwen wird abgeschwächt zugunsten einer stärkeren Ichbezogenheit, die auch eigene Vorteile im Auge behält. Die geistige Bereitschaft – etwa zu wissenschaftlichen Studien – ist größer, und auch philosophische Interessen können sich zeigen. In der Ehe ergibt sich noch mehr Fürsorglichkeit für den geliebten Partner und mehr Verantwortungsbewußtsein. Dies äußert sich auch im Verlangen nach materieller Sicherheit auf ferne Sicht; der reine Löwe-Typ wirtschaftet viel unbekümmerter. Der Aufstieg zu führenden Positionen ist nicht leicht, und dem Beruf muß größerer Einsatz gewidmet werden, oft in systematischer Kleinarbeit. Kaufmännische Berufe überwiegen die künstlerischen. Die Mischung entspricht dem Zusammenwirken der beiden »Herrscher« über die Zeichen Löwe und Jungfrau: Sonne und Merkur. Die »Löwe«-Vitalität ist auffallend eingeschränkt; man beobachtete sehr oft Anfälligkeit des Herzens und der Leber. Der soziale Aufstieg geht langsamer vor sich und verläuft in der ersten Lebenshälfte meist in Abhängigkeit. Erst nach der Lebensmitte wird der Aufstieg leichter. Das Verlangen nach Herausstellung der eigenen Person ist geringer; auch das Verlangen des Löwe-Typs nach »Glanz und Pracht« um die eigene Person ist kaum mehr vorhanden. Es wird ersetzt durch ein Verlangen nach Sicherheit für die Zukunft. Ein Gestirn im Zeichen Jungfrau kann es noch erhöhen.

Im Zeichen Jungfrau

Geburtsherrscher: Merkur
Element: Erdelement
Konstitution: Pyknisch; manchmal auch asthenischer Einschlag; überwiegend schlank. Gesichtsform oval, kleines Kinn, hohe Stirn, später mit Haarausfall an den Ecken; Temperament leicht melancholisch. Wesensart reserviert bis kühl. Dunkle Haarfarbe. Schultern leicht hängend. Beweglicher, etwas nervöser Typ.
Körperlich: Bauchregion: Gedärme, Blinddarm, Bauchspeicheldrüse, Leber, Bauchfell, Zwölffingerdarm, Magenpförtner, vegetatives Nervensystem. Sonnengeflecht. Unregelmäßige Verdauung.

Daß die aufeinanderfolgenden Zeichen grundverschiedene Wesenseigenschaften zeigen, erweist sich nirgends eindrucksvoller als beim Zeichen Jungfrau, das dem Zeichen Löwe folgt. Wir befinden uns im Bereich des Merkur, der dieses Zeichen beherrscht, also im Reich des Intellekts, der Methodik, Genauigkeit, Kalkulation und des prüfenden, sichtenden Verstandes. So sind auch die Jungfrau-Geborenen – mit Aszendent Jungfrau! – ausgesprochene und unverwechselbare Typen mit einem gemeinsamen Nenner: dem realistischen und nüchternen Denken, das niemals in spekulative Gedankengänge ausartet, sondern immer auf dem Boden der Tatsachen bleibt. Auch Menschen der Umwelt werden mit kühl beobachtender Reserve und einer gewissen inneren Zurückhaltung behandelt.

Die Menschen dieses Zeichens neigen zur Logik, vor allem aber zur Kritik, die beim negativen Typ zur Pedanterie und zum Nörgeln ausartet. Sieht der Löwe-Typ – bildlich gesprochen – die Welt im Vergrößerungsglas, so gewahrt sie der Jungfrau-Typ in Einzelheiten. Er wird zum kritischen Prüfer und genauen Beobachter von Dingen, die anderen entgehen.

Der Herrscher Merkur, der in seinem Zeichen Zwillinge wendig, beweglich, anpassungsfähig macht, bewirkt in der Jungfrau Konzentration und Ichbetonung. Man sagt daher den Jungfrau-Geborenen zuweilen Humorlosigkeit, Sprödigkeit, Nüchternheit nach – lauter Eigenschaften, die aus dem Intellekt stammen und das reine Gefühl eindämmen, so daß dieser Typ niemals von Gefühlen überrumpelt wird. Der positive Typ zeigt absolute Zuverlässigkeit und läßt sich auf keine Spekulationen, auch auf keine Unkorrektheiten ein. Er neigt in allem zum Vorausberechnen – daher die vielen Lehrpläne, Tagebücher, Fünfjahrespläne dieser Typen –, zum Einteilen und Ordnen – auch Statistik gehört in dieses Zeichen. Immer hat der Jungfrau-Typ einen Fahrplan ins Leben, ein genaues Ziel, das er in Einzelabschnitten zu erreichen sucht. Er stellt gern »Zahlungspläne« und Kalkulationen für größere Anschaffungen auf. Nichts begibt sich bei ihm aus Augenblickslaunen heraus, und nichts wird dem Zufall überlassen.

Am meisten fällt bei Jungfrau-Typen das Motiv der Berechnung, der Nutzung von Menschen und Gelegenheiten, der Einplanung anderer in die eigenen Ziele auf. Diese Planung betrifft den finanziellen, wirtschaftlichen und beruflichen Sektor. Nebenbeschäftigungen werden gesucht, Geldquellen erschlossen. Die Sparsamkeit dieser Menschen ist weithin bekannt; leichtsinnige Sprünge werden streng vermieden.

Die Vorsicht in der Lebensführung betrifft auch die eigene Gesundheit. Man hält beispielsweise Diät oder lebt »hygienisch«; man ist Nichtraucher, manchmal auch Vegetarier oder teilt die Lebenskräfte sorgsam ein und unternimmt keinerlei unvorhergesehene Dinge. Mäßigung der Leidenschaften liegt hier im Bereich des eigenen Willens.

Das Symbol Merkur erklärt auch die Häufigkeit der intellektuell ausgerichteten Berufsgattungen: Merkur hat Bezug zu Geschäften, zu Kauf und Verkauf, zu Organisation und Planung, zu allen nützlichen und zweckbetonten Tätigkeiten, die schnelle Auffassung, Geschicklichkeit und das Erkennen von Einzelheiten nötig machen. Auch das Zeichen Jungfrau bringt gewisse Häufungen im Berufssektor. So zeigt sich eine geradezu auffallende Häufigkeitsziffer an Lehrern, Fachlehrern, Professoren, da das pädagogische Talent unter diesem Zeichen am stärksten ausgeprägt ist (Merkur = Lehren und Lernen). Daneben kommen auch wissenschaftliche Interessen vor, wobei die Naturwissenschaften – Chemie, Physik usw. – und die Mathematik bevorzugt werden. Dem Zeichen eignet das Forschen, Grübeln, Zergliedern, Untersuchen und Verwerten. Auch Nahrungsmittelchemie, Laboruntersuchungen, bakteriologische Reihenuntersuchungen fallen unter diese Tendenz.

Viele Jungfrau-Typen arbeiten bei der Presse, in Redaktionen, als Kritiker (Literatur- und Theaterkritiker). Im handwerklichen Bereich sind Setzer, Korrektoren, Buchdrucker in der Überzahl. Geradezu massenhaft findet man Jungfrau-Typen unter den Steuerprüfern, Wirtschaftsprüfern, auf Finanzämtern, in Verlagen, Bibliotheken und Buchhandlungen, ferner in kaufmännischen Positionen in der Wirtschaft, beim Staat, auf Behörden und in Versicherungen. Ein Heer von Jungfrau-Typen bevölkert die Büros: Buchhalter, Registratoren, Sekretäre. Im allgemeinen fehlt dem Jungfrau-Typ der Mut zum Wagnis oder Risiko, weshalb sichere Positionen vorgezogen werden. Er neigt zum Prüfen, Korrigieren, Verbessern, ist oft »schulmeisterlich«, übergenau.

Was ihm fehlt, ist der Blick auf das Ganze einer Sache. Immer erkennt der Jungfrau-Typ auf Anhieb die Einzelheiten, den »Buchstaben« einer Sache. Er ist daher unübertreffbar als Bilanzbuchhalter, Wirtschafts- und Steuerprüfer.

Persönlich zeigt dieser Typ Zurückhaltung, will nicht auffallen. Sein Witz ist trocken, manchmal sarkastisch. Er liebt Regeln, Vorschriften, ein Gerüst, an dem er sich festzuhalten vermag. Sein Pflichtgefühl läßt ihn Vorschriften gewissenhaft erfüllen, mitunter genau nach dem Buchstaben. Was das äußere Schicksal anbetrifft, so verdankt der Jungfrau-Typ seinen Aufstieg sich selbst, dem eigenen Können, der Mühe und Ausdauer, der vorsichtigen Berechnung, nicht zuletzt aber auch dem wachen Ausnützen von Möglichkeiten, Beziehungen, Verbindungen, die seinen Lebensweg kreuzen. Hier macht sich das intellektuelle Motiv des Merkur bemerkbar, das die Gefühle zügelt und zugunsten der sorgsamen Überlegung oder Berechnung abbremst. Wohlstand und Besitz kommen also weniger durch »zufallendes Glück«, sondern fast immer nur durch emsigen Fleiß und Ausdauer.

Im körperlichen Sektor hat das Zeichen Jungfrau Beziehung zur Leber, besonders zum linken Leberlappen, weshalb Ferninfektionen bakterieller Art oft Gelbsucht auslösen. Hauptsächlich aber symbolisiert Jungfrau das gesamte Verdauungssystem; Blinddarm, Zwölffingerdarm und Dünndarm neigen zu Erkrankungen. Auch Milz und Bauchspeicheldrüse gehören zum Zeichen Jungfrau. Die Verdauungsstörungen unter diesem Zeichen sind Legion. Schließlich beobachtete man noch Fehlsteuerungen des vegetativen Nervensystems, das äußerst sensibel auf äußere Unruhe anspricht. Die äußere Ruhe der Jungfrau-Typen ist zuweilen trügerisch. Unruhige und unsichere Lebensperioden, Berufs- und Finanzkrisen setzen ihnen außerordentlich zu. Nervös bedingte Krankheiten sind daher keine Seltenheit. Die engeren Bindungen im Sektor Liebe und Ehe werden hier sehr wichtig, es gibt nur selten selbstverschuldete Trennungen oder Scheidungen: die Scheidungsziffer ist im Zeichen Jungfrau am geringsten. Der Grund liegt in der Verträglichkeit, aber auch im Wunsch nach Anpassung und innerer Harmonie. Eingehende Ausführungen über das Schicksalsgebiet der Liebe und Ehe findet der Leser im Kapitel *Liebe und Ehe im Zeichen Jungfrau.*

Mischtypen

Jungfrau/Löwe

Die Vorherrschaft des Intellekts und seiner berechnenden Eigenschaften wird hier abgeschwächt, da die Gefühlsnatur des Zeichens Löwe stärker hervortritt. Im ganzen ist diese Mischung gegensätzlich; die betreffenden Menschen wirken oft innerlich erregt, sind zeitweise unzufrieden mit sich selbst oder dem Erreichten. Beide Zeichen bilden einen Kontrast; da sie sich nicht eindeutig durchsetzen können, kommt es auf mancherlei Lebensgebieten zu einem Kompromiß, am meisten in den Ehen.

Materielle und finanzielle Belange bekommen größere Bedeutung. Eventuelle Gestirne im Zeichen Löwe bessern die Mischung auf, während sie im Zeichen Jungfrau noch materieller wirken. Die Berufspositionen werden sehr stark auf ihren finanziellen Ertrag geprüft, in zweiter Linie hinsichtlich der Absicherung im Alter.

Jungfrau/Waage

Ein sehr gut beobachtender und kalkulierender Typ, der äußerlich freundlich, höflich und entgegenkommend wirkt, aber genau weiß, was er will. Er vergißt Zurücksetzungen oder Rufschädigungen nicht und strebt sehr nach äußerer Beachtung und einem »guten Ruf«. Der Aufstieg in selbständige Positionen ist nicht leicht. Er hängt stark von Beziehungen und Verbindungen ab. Die betreffenden Menschen zeigen Anhänglichkeit an geliebte Menschen, für die sie sich kräftig einsetzen. Sie sind empfindlich und ichbezogen, weshalb sehr viel von der richtigen Partnerschaft abhängt. Zeitweilig können sich öffentliche Betätigungen, etwa in der Politik, einstellen, oder es werden Berufe ergriffen, die mit der Öffentlichkeit zu tun haben. Die Anerkennung der eigenen Person erfolgt erst nach sehr großen Mühen und heftigem Einsatz. Trotz großer Realistik im Denken und Handeln kann sich eine künstlerische Betätigung ergeben oder Interesse an den Künsten bestehen, doch ist dann der Erfolg sehr hart zu erringen. Engere Bindungen, wie etwa die Ehe, werden selbst bei schwierigen Partnerverhältnissen niemals leichtsinnig oder schnell getrennt. Gestirne im Zeichen Waage müssen sehr stark beachtet werden, denn gemäß ihrer Aspektierung geben sie Auskunft über den Verlauf oder die Haltbarkeit der Ehe. Diese Mischung versteht nicht viel Spaß und ist im persönlichen Stolz leicht verletzbar. Das Verhältnis zu den jeweiligen Vorgesetzten wird sehr wichtig, da hiervon Protektion beziehungsweise Förderung abhängen.

Im Zeichen Waage

Geburtsherrscher: Venus
Element: Luftelement
Konstitution: Asthenisch bis athletisch; gut geformte Gestalt und regelmäßige Gesichtszüge; Gliedmaßen schlank; große Augen, weiches Haar (meist braun); Haut empfindlich, zart. Kinnpartie klein, rundlich. Temperament sanguinisch, schnell ansprechbar. Schnelle Verletzbarkeit des Ichgefühls.
Körperlich: Nieren, Blase, Uterus, Lenden- und Leistengegend, untere Wirbelsäule, Stoffwechselleiden, Venenkreislauf (Venenentzündungen). Hautkrankheiten (über Medikamenteneinwirkungen).

Es bedarf keiner großen Findigkeit, um Menschen mit starkem Waage-Einfluß – wie hier beim Aszendenten in der Waage oder eventuell auch mit der Sonne im Zeichen Waage – sofort am gemeinsamen Nenner zu erkennen: Die ganze Wesensart und die geistige Haltung zeigen etwas Umgängliches und Sympathisches, Verbindlichkeit, Liebenswürdigkeit, die Tendenz zum Ausgleich und zur Überbrückung von Gegensätzen innerhalb der Gemeinschaft. Waage-Typen sind bekannt für ihre Friedensliebe, für ihr tiefinneres Verlangen nach Harmonie. Da sich solche verfeinerten und ideellen Wünsche im rauhen Lebenskampf nur schwer verwirklichen lassen, ist der Waage-Typ bereit zum Kompromiß. Dies gehört überraschend häufig zu seinen typischen Wesensmerkmalen. Er meidet harte Auseinandersetzungen oder das eindeutige Beziehen eines festen Standpunkts. Das Zeichen Waage ist das Symbol des Ausgleichs, des »Abwägens der Standpunkte«.

Es liegt auf der Hand, daß solches Ausweichen vor Entscheidungen oder harten Auseinandersetzungen manches in Kauf nehmen muß, zumindest Vorsicht, Klugheit oder Schlauheit verlangt. Man könnte es auch als Diplomatie bezeichnen. Der Waage-Typ neigt in extremen Fällen stets zum Nachgeben. Seine Geduld und Ausdauer sind mäßig, wie er auch große körperliche Anstrengungen scheut oder zugunsten mehr intellektueller oder künstlerischer Betätigung vermeidet.

Wenn man weiß, daß Venus die Herrscherin des Zeichens Waage ist, versteht man auch die psychische Verfeinerung, die Liebe zum Schönen, zur Harmonie und zu den Künsten, die den Waage-Typ kennzeichnen. Zur Venus gehören Ästhetik und Geschmack. Sehr viel hängt von der Konstellation dieser Venus im Horoskop und von ihren Aspekten ab. In schwacher Anlage und bei schlechten Aspekten fördert sie die Tendenz zur Sorglosigkeit, Leichtfertigkeit, Oberflächlichkeit und zu einer »Philosophie des Geschehen-Lassens«. Der betreffende Mensch meidet dann Standpunkte und »redet den Leuten nach dem Schnabel«. Dies ist auch der Grund, warum man bei manchen Waage-Typen einen gewissen Kern der Persönlichkeit vermißt. Sie meiden alle Ecken, Kanten und verstehen es meisterhaft, zwischen streitenden Parteien die Gegensätze »auszubügeln«. Man findet diese Typen, wie jeder weiß, massenhaft in der Politik und Diplomatie. Im Schicksal beobachtet man oft ein Schwanken der Existenz, einen Mangel an Stabilität, was aber nur das äußere Spiegelbild des eigenen Schwankens darstellt.

Raffinierte Typen dieses Zeichens geben allen recht und legen sich niemals fest. Man bezeichnet sie dann manchmal als »Lebenskünstler«; andere Menschen wiederum kreiden ihnen dies Verhalten als Mangel an charakterlicher Substanz an.

Der Waage-Typ vermag meisterhaft Freundschaften und Beziehungen anzuknüpfen, insbesondere auf dem gesellschaftlichen Parkett. Eine Unzahl von Attachés und Konsuln haben Waage-Einfluß. Im Fall auftretender Konflikte nehmen sie durch scheinbares Nachgeben dem Gegner den Wind aus den Segeln.

Der Venus als Geburtsherrscherin dieses Zeichens eignen Schönheit, Anmut, kultiviertes Benehmen, Wesensverfeinerung, guter sprachlicher Ausdruck, aber auch die irdischen Freuden – allen voran jene der Liebe.

Dieses Gebiet ist das ureigenste Element der Venus, und daher können ausgesprochene Waage-Typen niemals allein sein. Sie bedürfen der Kontakte, der Liebe oder »Liebelei«; daher werden die Verhältnisse der Ehe außerordentlich schicksalswichtig. Die Heirat erfolgt fast immer recht früh (weibliche Waage-Typen sind überaus anziehend – auch in der gesamten äußeren Erscheinung). Waage ist in erster Linie das »Partnerzeichen« schlechthin. Auch alle berufliche Partnerschaft, Teilhaberschaft, Mitarbeit am Werk anderer fallen unter die Waage-Tendenz, die auch auf das »Ehefeld VII« im Horoskop Einfluß nimmt.

Trotz der schnellen Ansprechbarkeit der Gefühle und der überaus raschen Kontaktbereitschaft sind die Gefühle des Waage-Typs unbedingt sehr tiefgehend. Des öfteren bleiben die Kontakte oberflächlich, vor allem wird weit eher der äußere Eindruck eines Menschen wichtig genommen als etwa seine seelische Veranlagung. Er entscheidet bei sehr vielen Waage-Typen über Sympathie oder Antipathie. Die Venus liebt keinen Tiefgang – man liebt unter der Waage das Unbeschwerte, Heitere und lacht gern. Grüblernaturen oder Melancholiker sind hier nicht gefragt und haben auch keinerlei Waage-Einfluß im Horoskop. Auffallend ist auch der Sinn für Mode, überhaupt für modische Erscheinung und äußere Kultur.

Kein Wunder, daß sich in diesem Zeichen ungewöhnlich viele gesellschaftliche Gaben, aber auch musische Fähigkeiten zeigen. Ein auffallendes Wesensmerkmal, das gleichsam den roten Faden bildet, der sich durch die Waage-Typen zieht, ist der Hang zur Eitelkeit, zur Bequemlichkeit und zum Genuß und das Verlangen nach Beifall, Anerkennung oder Schmeichelei. Das Verlangen nach sozialem Aufstieg und gesellschaftlicher Beachtung ist dem Waage-Typ eingeboren. Leute dieses Zeichens sind überaus schnell gekränkt, verletzt oder eingeschnappt, wenn man sie nicht genügend beachtet oder gar übersieht. Sie wollen mit Personen, die ihre persönliche Geltungssphäre verletzen, keinen Kontakt mehr haben. Oft wissen die Betroffenen gar nicht, wie ihnen geschieht. Der Waage-Typ spricht nicht darüber, vergißt aber nicht.

Der Waage-Mensch besitzt ein ausgesprochen gutes Beobachtungstalent, er versteht es meisterhaft, andere nachzuahmen. Ferner beobachtet man an ihm fast immer eine gewählte Sprechweise, also Rednertalent. Sehr viele Anwälte und Richter haben Waage-Einfluß. Beruflich steht die Jurisprudenz an erster Stelle. Dann folgen Vertreter sämtlicher künstlerischer Berufe: Schauspieler,

Musiker, Maler – diese besonders! –, Schriftsteller, Rezitatoren, Zeichner, Graphiker, Plakatmaler, Illustratoren, Bühnenbildner, Fotografen, schließlich noch Tänzer, Gymnastiker und Balletteusen. Die Verfeinerung hinsichtlich Rede, Ausdruck und Bewegung (Pantomime) ist im künstlerischen Sektor am auffallendsten.

Schließlich verleiht die Waage noch Sinn für Form, Farbe, Plastik. Daher besteht Begabung für Dekoration, Formgebung, Ausstattung. Dies wiederum führt in den Bereich der Mode: Entwurf, Modezeichnen, Modenschau, Schneiderhandwerk. Im Handwerk beobachtete man statistisch eine Häufung von Dekorationsmalern, Tapezierern, Maskenbildern, Friseuren, Kosmetikerinnen, Parfümerieverkäuferinnen, Gebrauchstechnikern. Auch der Sektor Telefon- und Telegrafenwesen ist stark vertreten. Kunsthandwerker und Kunstgewerbe werden von der Waage beherrscht, schließlich noch gemäß dem Venussymbol allerlei Arten von Vergnügungsstätten. Was die Ehe anbelangt, so beobachtet man häufig Trennungstendenzen bis zur Scheidung; die Scheidungsziffer liegt im Zeichen Waage ganz besonders hoch. Die Lebensjahre 40 bis 49 bringen die Eheprobleme sehr oft zu einem Höhepunkt und gewissen Entscheidungen. Liebeskontakte erfolgen in der Regel leicht, mühelos, oft geradezu impulsiv. Die seelische Aufgeschlossenheit und Bereitschaft zu Freundschaften erklären diesen Umstand.

Die körperlichen Entsprechungssymptome liegen im Bereich der Filterorgane Nieren und Blase. Häufig zeigen sich auch Gefäßerkrankungen wie Venenleiden und Krampfadern, ferner Prostataleiden, bei Frauen ovariale Erkrankungen. Empfindlich zeigt sich auch die Lendengegend (Hexenschuß!). Ebenso wurden unter Waage-Einfluß Hautkrankheiten und Stoffwechselerkrankungen beobachtet.

Der Grad der Verfeinerung und die speziellen Qualitäten des Zeichens Waage sind aus der Gesamtkonstellation der Venus zu ersehen, besonders aus den Aspekten zur Venus. Davon hängt auch das Maß der Harmonie in Liebe und Ehe ab. Die »negative Venus« ist überaus bequem, scheut Anstrengungen und Schwierigkeiten, zeigt wenig Geduld und liebt den Weg des geringsten Widerstands. Aus Sorglosigkeit wird dann Leichtsinn.

Die Mischungsverhältnisse dieses Aszendenten sind enorm wichtig. Jedes Gestirn in Nähe des Aszendenten im Zeichen Waage erhöht die Waage-Aussagen.

Waage/Jungfrau

Das »Erdelement« Jungfrau dämpft das »Luftelement« Waage zugunsten größerer Realistik und praktischer Gesichtspunkte. Die reine Kunst wird zur angewandten Kunst, wobei zum Beispiel das Kunstgewerbe besonders stark vertreten ist. Der Leichtsinn der Waage erfährt Bändigung; Motive der Sicherung und des Nutzens dämmen die Sorglosigkeit ein. Auch werden Vorteile rascher erkannt und genützt. Indessen bleibt das Verlangen nach Ruhe und Harmonie; größeres Verantwortungsgefühl tritt auf. Äußerlich zeigt dieser Typ Jugendlichkeit und Beweglichkeit. Die Aufgeschlossenheit gegenüber anderen Menschen ist nicht so groß wie bei reinem, unvermischtem Waage-Einfluß. Eher macht sich Vorsicht bemerkbar, besonders bei Heiratsentschlüssen. Beruflich zeigt sich größere Beachtung des finanziellen Ertrags; selbst eine künstlerische Tätigkeit wird vom Rentabilitätsstandpunkt aus beurteilt. Mehrere Gestirne in der Jungfrau können den Waage-Einfluß weitgehend unterdrücken (siehe die Ausführungen über die Venus in den zwölf Tierkreiszeichen). Die Gefühle des Herzens (= Waage) werden beeinflußt durch den nüchternen Intellekt (= Jungfrau).

Waage/Skorpion

Diese Mischung entspricht dem eigentlichen Venuseinfluß in keiner Weise; die betreffenden Menschen sind nicht umgänglich, sondern kritisch und energisch. Es kommt hier ganz auf die Marskonstellation an – in welchem Zeichen und unter welchen Aspekten! –, insbesondere auf eine eventuelle Mars/Venus-Aspektierung. Das Verlangen, Gegensätze zu überbrücken, läßt spürbar nach; dieser Mischtyp setzt weit eher seine eigenen Ansichten und Überzeugungen durch – auch in engeren Gemeinschaften und in der Ehe. Dafür zeigt sich größere Energie und mehr Zähigkeit hinsichtlich der persönlichen Ziele. Über die Kräfte des Willens entscheidet hier der Mars. Die Mischung wird günstiger, wenn sich Gestirne im Zeichen Waage aufhalten. Aber jede Konstellation im Zeichen Skorpion wiegt stärker und setzt sich eher durch. Gerade diese eigenartige, gegensätzliche Mischung zeigt sehr deutlich, daß beim Zusammentreffen mehrerer Zeichen- oder Gestirnwirkungen das am stärksten konstellierte Gestirn die Oberhand behält. Bei jeglicher Einwirkung des Marszeichens Skorpion wird die »Harmlosigkeit« abgeschwächt und der Eigenwille erhöht. Da die reine Kunst (Venus/Waage) nicht immer in der Lage ist, sich auch im Konkurrenzkampf durchzusetzen, mag eine Beimischung eines kräftigeren Zeichens wie Skorpion willkommen sein. In der Liebe aber heizt jeder Marseinfluß die Leidenschaften an; »romantische Gefühle« werden vom Mars nicht erzeugt. Hat dieser Typ aber den richtigen Partner gefunden, so ist er ausdauernder und zuverlässiger als der reine Waage-Typ, dem die Liebelei und der Flirt am besten liegen. Wie bei allen Zeichen ergibt sich eine sichere Beurteilung des Waage-Geborenen erst nach Berücksichtigung des ganzen individuellen Horoskops, zumal unter Einschluß der Sonne im jeweiligen Zeichen.

Im Zeichen Skorpion

Geburtsherrscher: Mars
Element: Wasserelement
Konstitution: In der Regel pyknisch, unter Betonung der Knochen und Muskeln. Oberkörper mit Rumpf stärker als Beine; Stirn breit, manchmal eher niedrig als hoch; Augen sehr »stechend«, scharf im Blick, oft auch tiefliegend, durchdringend auf das Objekt gerichtet. Dunkle Haare und buschige Augenbrauen, die in der Mitte manchmal zusammengewachsen sind. Hals meist kurz und dick. Füße schwächer als Rumpf.

Körperlich: Sexualsystem. Überaus häufig Gallenblasenerkrankungen (Gallensteine). Nierenbecken, Blase. Häufig Hals-, Nasen- und Rachenerkrankungen. Ausscheidungsorgane. Prostataleiden. Hämorrhoiden.

Die psychologischen Entsprechungen des Aszendenten Skorpion sind ziemlich unverwechselbar und eindeutig: Es handelt sich um ausgesprochene Willensenergien, die das eigene Wesen bestimmt, unnachgiebig, selbstbewußt, innerlich stolz und äußerlich hartnäckig gestalten. Allerdings fällt der »verhaltene« Skorpion-Typ nicht so auf wie die herrischen, kommandierenden, ruppigen oder doch etwas unfreundlichen Typen dieses Zeichens. Sie können hart sein – sowohl gegen sich selbst als auch gegen andere. Ihre auffallendsten Eigenschaften sind Unnachgiebigkeit und Widerspenstigkeit. Unter keinen Umständen schrecken sie vor Schwierigkeiten zurück. Im

Gegenteil – bei Widerstand erwachen die zähen Willenskräfte dieser Menschen, die übrigens schwer vergessen können und es lange nachtragen, wenn sie im persönlichen Stolz verletzt wurden. Merkwürdig sind die immer anzutreffenden Eigenschaften der Eigenwilligkeit und der Neigung zu Kritik. Auch Eifersucht gehört zu den heftigen Gefühlsimpulsen, die diesen Typ seelisch belasten.

Manches wird erklärbar, wenn man weiß, daß der Mars Herrscher des Zeichens Skorpion ist. Mars ist das Symbol für die hartnäckigen Gefühle, aber auch für die tiefliegenden Leidenschaften unter diesem »Triebzeichen«, das körperlich auch die Sexualsphäre andeutet. Der positive Typ ist zu größter Aufopferung fähig. Das Zeichen umfaßt in einem weitgespannten Bogen alle Höhen und Tiefen, und nirgends kommt es mehr auf die geistige und seelische Entwicklungsstufe an. Am unteren Ende dieses Bogens schlummern der Haß, die Rache und die Unversöhnlichkeit. Kein anderes Zeichen birgt so viel Abgründe und Tiefen, aber auch solche Möglichkeiten zu höchsten Erkenntnissen. Nicht umsonst war es früher das Zeichen der Magier, der Zauberer. In der Tat zieht das Geheimnisvolle, Unerforschte den Skorpion-Typ an.

Das Wissen um die eigenen Kräfte wird beim negativen Typ zu übertriebenem Stolz, zu Aufsässigkeit, Mißtrauen, manchmal auch zu List und Schläue. Der Typ dieses Zeichens vermag die Geheimnisse anderer Menschen ausgezeichnet zu erforschen, während er über die eigenen zu schweigen versteht. In ganz besonderer Weise wird hier die Marskonstellation im Horoskop wichtig. Ungünstig konstelliert und aspektverletzt symbolisiert er den rauhen, schroffen, herrschsüchtigen und abweisenden Typ, der jeglicher Verbindlichkeit im Umgang entbehrt. Massenhaft ist dieser in Militär- und Polizeiberufen anzutreffen, denn die marsische Energie drängt nach Anwendung von Macht. Der scharfsinnige und listenreiche Typ dieses Zeichens, der ungewöhnlich gut beobachtet und schlußfolgert, findet sich in den kriminalistischen Berufsgruppen. Der »Skorpion« verlangt nach Durchsetzung des eigenen Willens, gleichgültig, ob es hierbei zu Auseinandersetzungen kommt. Daher sind die »militanten« Berufe am stärksten besetzt, aber auch viele Berufsgruppen, die mit Waffen und Werkzeugen zu tun haben. Das Kraftfahrzeughandwerk weist die meisten Skorpion-Typen auf. In der Politik finden sich unter dem Skorpion ausgezeichnete Redner, Vertreter von Berufsgruppen, zum Beispiel Gewerkschaftler, außerdem Partei- und Wirtschaftspolitiker. Wer immer eine scharfe Klinge führt, hat stärksten Skorpion-Einfluß. Es gibt unter diesem Zeichen keine gleichgültigen, phlegmatischen, sich mühelos anpassenden Typen.

Im Bereich der Wissenschaften sind Skorpion-Typen in erster Linie Chemiker, Pharmazeuten, Apotheker, Drogisten, Physiker, Ingenieure, insbesondere auch Ärzte (Internisten, Spezialisten für Haut- und Geschlechtskrankheiten, Chirurgen). Ferner Dentisten und Zahnärzte, auch Sanitätspersonal, Hebammen, Krankenschwestern, Laborassistentinnen, Röntgenhilfen, Heilpraktiker, Massageschwestern, Frauenärzte. Auch der gesamte technische Sektor (Mechaniker, Schlosser, Schmiede, Schweißer, Dreher usw.) und die eisenverarbeitende Industrie gehören diesem Zeichen an. Schließlich noch Lokführer, Piloten usw. Spezialisten der Technik (Tiefbau, Turbinen, Elektrotechnik) sind ebenfalls anzutreffen. Der Skorpion-Typ ist handwerklich begabt, erfinderisch, forschend.

Geschicklichkeit, Erfindergabe und technischer Spürsinn sind hier vereint. Absolute Versager im Beruf gibt es unterm Skorpion nicht. Auch gelegentliche Rückschläge oder auftretende Schwierigkeiten können diesen Typ nicht behindern.

Wirkt das Zeichen mehr auf geistigem Sektor, so finden wir hier die Bekenner, die für ihre Ideen und Überzeugungen kämpfen. Zuweilen wirkt diese streitbare Energie auch schädigend auf das Fortkommen ein. Dies hält aber keinen Skorpion-Typ ab. Daß der Beruf oft sehr große Anforderungen an die eigene Leistungskraft stellt, ist erwiesen; nichts wird einem unter dem Marszeichen geschenkt. Man findet hier auch die leitenden Ingenieure, die bei Auslandsaufträgen große und verantwortungsreiche Aufgaben zu bewältigen haben. Insgesamt kämpft sich dieser Typ durch größte Zähigkeit hoch, gleichgültig, wohin ihn das Schicksal stellt.

Außer dem schroffen Wesenstyp dieses Zeichens kennt man auch noch den ruhigen, sehr verschlossenen, unzugänglichen bis »geheimnisvollen« Skorpion, der sich nur sehr schwer aufschließt und gegenüber seiner Umwelt äußerst reserviert bleibt. Überhaupt fördert dieses Zeichen mancherlei »Heimlichkeiten« beziehungsweise Geheimniskrämerei. Es ist sehr selten, daß Ehegatten von Skorpion-Typen über die finanziellen Einkünfte ihrer Partner genau Bescheid wissen. Die Sympathien und Antipathien sind sehr ausgesprochen. Im Fall einer echten Zuneigung oder Liebe wird dieser Typ »besitzergreifend« und zeigt starke leidenschaftliche Gefühle, wie überhaupt die gesamte Triebsphäre eine große Rolle spielt. Die Kritik ist stets wach und sehr scharf. Das Temperament erscheint für den Außenstehenden phlegmatisch, kann aber ganz plötzlich aufflammen, besonders wenn Gefühle verletzt wurden.

Die körperlichen Zuordnungen des Skorpion betreffen in erster Linie die Sexualsphäre, dann die Ausscheidungsorgane (Blase, Nierenbecken usw.), mit auffallender Häufigkeit ferner die Gallenblase (Steinbildungen, auch Nierensteine) und Pfortader. Es treten Venenstauungen, Leistenbrüche, bei Frauen Unterleibsleiden oder Geschwülste auf, bei Männern häufig Prostataleiden.

Der Sektor Liebe und Ehe ist unterm Skorpion stets enorm wichtig. Die Bindungen sind zäh und dauerhaft. Man beobachtete eher schicksalhafte Trennungen als etwa Scheidungen. Der verletzte Stolz ruft bei diesem Typ im Fall von Untreue des Partners größte seelische Spannungen hervor. An den geschlossenen Bindungen wird festgehalten, selbst wenn diese Aufregungen auslösen. Die Lebensjahre um das Ende der Dreißiger bis hoch in die Vierziger bringen die meisten Erfahrungen. Eigenartigerweise haben bei diesem Zeichen auch Todesfälle unter den Angehörigen eine große Bedeutung, so daß man nach anfänglichen Bindungen oft wieder allein bleibt. Wichtig werden dann stets Legate, Testamente, Erbschaften.

Die richtungsweisenden Kräfte des Skorpion werden vom Mars und seiner gesamten Konstellation im Geburtshoroskop aufgezeigt. Auch spielen weitere Gestirne im Skorpion eine große Rolle, etwa Sonne oder Mond. Es kann sich die autoritäre Art des »Mars« zeigen, aber auch die diplomatische, schlaue, gerissene, die sich zeitweilig aus gewissen Gründen anzupassen versteht, zur gegebenen Zeit aber die Maske fallenläßt. Wie dem auch sei – man braucht längere Zeit eingehender Beobachtung, bevor man einen Skorpion-Typ richtig erfassen kann. Die wahren Kämpfe ergeben sich in dessen eigener Brust; niemand soll etwas davon erfahren. Dies ist auch der Grund, warum man diese Typen oft undurchsichtig nannte. Sie verstehen es ausgezeichnet, sich zu tarnen. Von den wahren, inneren Überzeugungen bringt sie kein Mensch der Umwelt ab. Man kann sie nicht beeinflussen. In den Angelegenheiten ihres Privatlebens sind sie denkbar vorsichtig, verschwiegen, ja geheimnisvoll. Man wird ihnen nichts entlocken können, was sie nicht freiwillig oder mit Absicht verraten wollen.

Skorpion/Waage

Mars und Venus sind die »Herrscher« der beiden Zeichen, und Liebesangelegenheiten, Partnerbindungen und Erotik sind die Pole der entsprechenden persönlichen Interessen. Es gibt bei dieser Mischung manche Konflikte und Auseinandersetzungen mit dem anderen Geschlecht. Die Wesensart des Skorpion-Typs wird geschliffener, liebenswürdiger. Die bekannte Schroffheit, die manche Typen als rüde erscheinen läßt, ist hier gemäßigt. Die Genußliebe ist stärker und der Wunsch nach sozialem Aufstieg beherrschend. Mars und Venus gelten als die »Sexualplaneten«. Daher kommt es hier in ganz besonderem Maß auf die geistige Entwicklungsstufe an, soll die Triebsphäre nicht überhand nehmen. Ein Gestirn oder mehrere im Zeichen Waage mildern dies Problem, mehrere im Zeichen Skorpion verschärfen es.

Skorpion/Schütze

Wenn der normale Skorpion-Typ verhalten, gebändigt erscheint, so ist diese Mischung aktiver, draufgängerischer, manchmal auch rücksichtsloser. Die Ziele werden energisch verfolgt, Auseinandersetzungen oder Debatten nicht gescheut. Das Verlangen nach beruflichem oder gesellschaftlichem Aufstieg ist drängend, auch die autoritäre Haltung gegenüber Untergebenen oder der Umwelt tritt sehr spürbar in Erscheinung. Diese Mischung löst manche Auseinandersetzung oder Kritik von seiten der Umwelt aus, da sie in den eigenen Ansichten sehr freimütig bis hemmungslos wird. Ein gewisser Lebensstandard wird gefordert, wobei dieser auch nach außen hin Zeugnis von der Tüchtigkeit des Skorpion-Typs ablegen soll. Die betreffenden Menschen sind daher auf materielle Absicherung bedacht. Die Heirat wird sehr wichtig, aber die Bindungen sind nicht ganz gesichert – größtenteils aus Gründen der mangelnden Anpassung. Im beruflichen Sektor will man andere überflügeln.

Im Zeichen Schütze

Geburtsherrscher: Jupiter
Element: Feuerelement
Konstitution: Athletisch, körperlich beweglich, sportfreudig. In der Regel große schlanke Typen. Gesichtsform oval, länglich, hohe Stirn. Bis ins Alter jugendlich wirkend. Häufig Haarausfall an der vorderen Stirnpartie. Hinterkopf nicht betont. Temperament cholerisch, impulsiv. Lebhafter Gang. Nase gewöhnlich lang, stark betont.
Körperlich: Oberschenkel, Hüften, Rückenmuskulatur. Hüftgelenksentzündung, Ischias, Rheuma, Schenkelbrüche, Hexenschuß, Sportunfälle, Erkrankungen der Luftwege und der Bronchien, Asthma. Vegetatives Nervensystem empfindlich. Muskelzerrungen (Sehnen und Bänder).

Die typischen Entsprechungen des Zeichens Schütze zeigen sich in geistiger, seelischer und besonders körperlicher Beweglichkeit, Lebhaftigkeit und in der Freude am Sport, am Reisen und Wandern in der Natur. Die geistige Beweglichkeit zeigt sich in einer Fülle von Ideen, Plänen, Wünschen und Zielen. Selbst im Alter gibt es hier keine Behäbigkeit, denn die innere Ruhe- und Rastlosigkeit und die Impulsivität des Wünschens und Erlebens treiben wie ein Schwungrad den seelischen Motor dieser Typen.

Auffallendste Merkmale aber sind der unerschütterliche Optimismus, die Hoffnungsfreudigkeit und das ständige innere Streben nach gesellschaftlichem und beruflichem Aufstieg, nach sozialer Geltung. Hierher gehört auch eine gewisse Sehnsucht nach Titeln und Würden, die dem Schütze-Geborenen tatsächlich sehr oft zufallen. Die innere Antriebskraft, das Verlangen nach Tätigkeit, Organisation, zuweilen sogar nach Leitung und Führung wird vom Feuerelement symbolisiert, dem heftige Antriebskräfte und Gefühlsimpulse entsprechen.

Der Herrscher des Zeichens Schütze, der Jupiter, ist Symbol für die Fülle, den Optimismus, die Ausbreitung der eigenen Persönlichkeit in der Umwelt und das Verlangen nach Beachtung, Anerkennung und Bestätigung des eigenen Ichs. Die letzteren Eigenschaften sind bei manchen Schütze-Geborenen so stark ausgeprägt, daß sie mehr oder minder nur über sich selbst sprechen und in Selbstüberschätzung und allzu starke Selbstbezogenheit verfallen. Dieses »Wissen um sich selbst« kann auf tatsächlichen Erfolgen beruhen, aber auch auf Einbildung. Die Konstellation des Jupiter gibt Auskunft über das Maß der Selbstbezogenheit.

Der Schütze-Geborene wird so gut wie nie die Hände in den Schoß legen und tatenlos auf das Glück warten. Er sehnt sich geradezu nach Arbeit, Betrieb, Icherfüllung, Aufstieg und Geltung. Dies führt dazu, daß er tatsächlich immer über die Stufe seiner Geburt aufsteigt. Eine der auffallendsten und fast immer nachprüfbaren Tatsachen ist der eigenartige Drang in die Ferne. Die wenigsten Schütze-Geborenen verbleiben am Geburtsort. Auslandsreisen und Auslandsaufenthalte sind so zahlreich, daß man schon aus ihnen auf das Zeichen Schütze im Horoskop schließen kann. Tatsächlich hat der Schütze-Typ stets mehr Glück, wenn er die Heimat verläßt. Aber der neugewonnene Besitz bleibt nicht absolut stabil. Es kommt zu häufigen Wohnsitz- oder Wohnungsveränderungen, wobei der Grund nicht immer die eigene Unrast ist, sondern oft auch ein äußerer Schicksalsumstand.

Was die psychische Haltung anbelangt, so ist der Schütze-Typ trotz äußerer Energie sehr sensitiv, am meisten hinsichtlich des Nervensystems. Es zeigt sich dann eine eigenartige innere Unrast, eine äußere Unruhe, die auf längere Zeit keine »sitzende Tätigkeit« zuläßt. Hinzu kommt die starke Empfindlichkeit des Ichgefühls, das sehr schnell beleidigt oder verletzt sein kann. Von den häufigen Stimmungsschwankungen, dem Wechsel von Hoch und Tief in den Gemütsstimmungen, weiß jeder Schütze-Geborene selbst mehr als genug. Im Fall großer Entscheidungen kommt es zu inneren Zwiespalten zwischen Wollen und Handeln. In seiner eigenartigen seelischen Unruhe gleicht dieser Typ auffallend seinem Gegentyp unter dem Zeichen Zwillinge. Ist allerdings einmal ein Entschluß gefaßt, so schießt der Schütze-Typ manchmal weit übers Ziel hinaus. Er neigt zu vielfältigen Übertreibungen, heftigen Impulssteigerungen im Bereich des Willens.

Ein weiterer gemeinsamer Nenner dieses Zeichens ist die auffallende innere Freiheitslust, das Verlangen nach persönlicher Unabhängigkeit. Kein Schütze-Geborener, der sich gern bevormunden ließe oder gar unter Zwang leben möchte!

Jedwede Tätigkeit unter Leitung und Führung anderer wird sofort aufgegeben, wenn Selbständigkeit möglich erscheint. Die Geduld ist unterm Schützen schwach entwickelt. Einige neigen zu autoritärem Verhalten und werden dann »Herrscher« in ihrem jeweiligen sozialen Bereich. Kommt der Schütze-Typ mit Leuten der engeren Umwelt oder Untergebenen nicht aus, so trennt er sich plötzlich von ihnen. Das schließt aber nicht aus, daß er auch sehr gerecht sein kann und Schwächeren gern hilft. So gut wie nie zeigt der »Schütze« Hinterlist oder Leisetreterei. Der Schütze ist gemäß seinem Herrscher Jupiter das Symbol der absoluten Gerechtigkeit, und so findet man unter diesem Zeichen eine Eigenschaft, die überraschend häufig auftritt: die Neigung zu Offenheit und absolutem Freimut – selbst auf die Gefahr hin, daß sich der Schütze-Typ selber schadet. Daß er kampflustig und unerschrocken für seine Ansichten und Überzeugungen eintritt, macht den Schütze-Geborenen so sympathisch.

Zur Zersplitterung im Beruf führt zuweilen seine Vielseitigkeit, seine Aufgewecktheit im Geistigen, die sich allen möglichen Interessengebieten zuwendet, wodurch auch die häufigen Hobbys unter diesem Zeichen entstehen. Das Schicksal zeigt viele Umbrüche, auch Berufswechsel, zumindest Positionswechsel, die allerdings manchmal Rückschläge auslösen. Der Schütze-Typ benötigt die Erweiterung des Gesichtskreises durch Reisen, Verbindungen, Beziehungen und immer neue Kontakte.

Wiederum auffallend ist unterm Schützen die Redebegabung, die Gewandtheit im Vortrag, verbunden mit einer gewissen Überzeugungsgabe. Dabei ist aber auch Lust an der Debatte, am Kreuzen der Klingen vorhanden. Bei geistig unentwickelten Typen artet dies in Schwatzhaftigkeit und Redseligkeit aus, wobei sich die Interessen um Nachbarschaft, Verwandtschaft und den persönlichen Alltag drehen. Entwickelte Schütze-Typen zeigen vielfach philosophische Interessen. Das Redetalent, die Veranlagung zum Verhandeln und die schnelle Auffassungsgabe werden beruflich verwertet. Viele Anwälte, Richter oder Verteidiger sind unterm Schützen zu finden, denn Jupiter ist das Symbol der Gerechtigkeit, der Rechtsprechung. Das Verlangen nach Geltung, Würden und Repräsentation erfüllt sich in leitenden Positionen beim Staat, bei Behörden, Ämtern, im Regierungsdienst, aber auch in Repräsentations- und Vertrauenspositionen, etwa bei Gesandtschaften und Konsulaten.

Interessant ist, daß man den höheren Klerus, die Würdenträger in Kirchen und Konfessionen besonders unterm Zeichen Schütze findet. Jupiter symbolisiert Philosophie, Religion, Konfessionen und Weltanschauung.

Die meisten Schütze-Typen finden sich aber in der Wirtschaft und Großindustrie, in Vertriebsorganisationen, als Rechtsberater von Verbänden, als Diskussionsleiter und Parteiredner usw. Auch Forschungsreisende, Jäger, Flieger, Rennstallbesitzer und Jockeis, Tierhändler und Veterinärärzte sind vielfach in diesem Zeichen anzutreffen, ferner Reitsportler, Tennissportler, Reit- und Fahrlehrer. Interessant ist die oft zu beobachtende Beziehung des Schütze-Geborenen zu Pferden, Hunden, im besonderen zur Pferdezucht.

Im Bereich der Künste zeigen sich Literaten, insbesondere Verleger schützebetont, auch Manager und Agenten. Die Freude an der Körperbewegung, die Lebhaftigkeit und Gewandtheit im Geistigen stellen das Hobby des Reitens und Autofahrens in den Vordergrund. Eine Tendenz zur Unruhe herrscht auch im Sektor Liebe und Ehe. Ähnlich wie beim Zeichen Zwillinge ist die Vielseitigkeit der Bindungen und Liebesbeziehungen unterm Schützen geradezu ein Hauptmerkmal; Scheidungen sind sehr häufig. Der Schütze-Typ ist überaus kontaktfreudig. Bindungen werden sehr schnell und impulsiv eingegangen. Die Gefühle und Leidenschaften können heftig sein, zeigen aber geringe Stabilität auf längere Sicht. Vor der Heirat ergibt sich mancher Zwiespalt, denn stets sind mehrere Möglichkeiten vorhanden, die den Entschluß erschweren. Die Schicksalstendenz unterm Schützen ist charakterisiert durch Wechsel und Veränderungen, wodurch sich manche Periode der äußeren Unsicherheit ergibt. Frühe Trennung von Elternteilen und manchmal vom Elternhaus überhaupt wurde sehr oft beobachtet.

Als körperliche Entsprechung des Zeichens Schütze ergab sich überaus häufig ein anfälliges Nervensystem, ein seltsamer Kontrast zwischen dem großen, sehnigen Körperbau und der äußerst empfindlichen Psyche. Auch die äußere würdevolle und gelassene Haltung entspricht nicht der inneren Unruhe des Gemüts und der schnellen Erregbarkeit der Gefühle und Stimmungen. Das Zeichen symbolisiert Schenkel, Leistengegend, Rücken und Lenden, Schenkelhals, Hüften und Venenkreislauf. Die enorm hohe Zahl der Sportunfälle, Bänderrisse, Sehnenzerrungen, Gliederlähmungen und Oberschenkelbrüche ist geradezu verblüffend. Bei Hüftleiden, Gelenkschmerzen und bei Gehbehinderungen liegen Schütze-Einflüsse vor.

Da Schütze das Gegenzeichen von Zwillinge darstellt, hat es auch Beziehung zur Lunge, zu den Bronchien, zu Asthma und Lungenerweiterung. Diese Entsprechungen ergaben sich durch statistische Reihenuntersuchungen, die auch in Kliniken und Krankenhäusern vorgenommen wurden.

Wer mit eigenen Ansichten und Überzeugungen herausplatzt, wer niemals Worte auf die Waagschale legt und zeitweilig durch rücksichtslose Offenheit sich selber schadet, ist mit größter Sicherheit schützebetont, desgleichen wer Werbung in eigener Sache betreibt und sich selber gern reden hört.

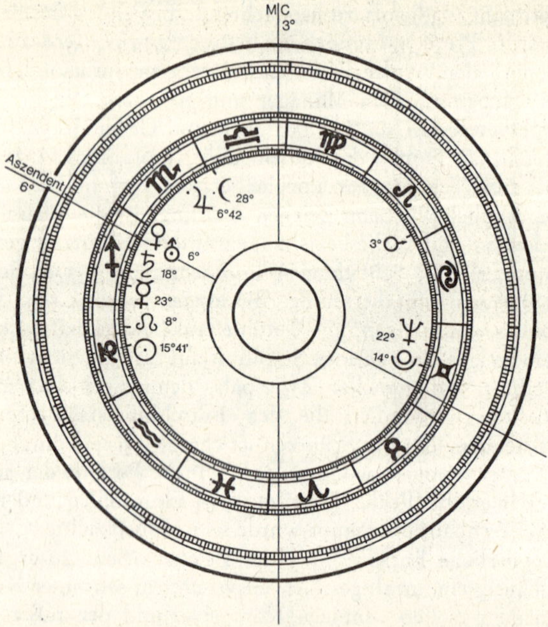

Beispielhoroskop für Aszendent Schütze

Heinz Nordhoff, ehemals Generaldirektor der VW-Werke
Geboren: 6. I. 1899, 5.30 Uhr, Hildesheim.

Sonne in 15.41 Grad Steinbock, Mond in 28.22 Grad Waage, Aszendent in 6 Grad Schütze, Meridian: 3 Grad Waage.
Dominierendes Gestirn: Uranus exakt mit Venus am Aszendenten in 6 Grad Schütze! Damit ist Uranus, das Symbol der Technik, die markanteste Horoskopkonstellation und zeigt sofort den schöpferischen Ingenieur an. Im Zeichen Schütze befinden sich vier Gestirne samt dem Aszendenten: Organisationsgabe, Weitblick, Aufbau eines Weltunternehmens aus geringsten Anfängen – bezeichnend hierfür auch die Sonne im Steinbock! Saturn im Feld I bei Merkur: Dies ist der Aspekt der Ingenieure und Mathematiker, der Konzentration auf ein Ziel! Mars im Trigon zu Uranus, Venus, Aszendent: Schaffenskraft, Energie, Aufbau, Entschlossenheit, ungewöhnliche

Arbeitsdynamik! Maximal konstelliertes Zeichen Schütze: Sport (hier Autosport). Pluto bei Neptun: Totalverlust und Wiederaufbau.

Mischtypen

Schütze/Skorpion

Ein Resteinfluß vom Skorpion macht den Schütze-Geborenen nicht gerade übermäßig freundlich oder entgegenkommend, eher sind die marsischen Eigenschaften spürbar in Form von ausgesprochener Ichbezogenheit. Taktgefühl und Einfühlungsgabe sind nur wenig ausgebildet. Manchmal zeigt sich ein gewisses Ellbogentalent, jedenfalls Lust an der persönlichen Durchsetzung und eine Tendenz zu anmaßender Haltung. Die eigene Persönlichkeit drängt sich ohne Hemmungen nach vorn. In Gesellschaft versucht man das eigene Ich herauszustellen und will dort dominieren. Man kann sehr nachtragend sein; Kontaktabbrüche ergeben sich auf Anhieb. Die Mischung Jupiter/Mars ist äußerst abhängig von den individuellen Marskonstellationen oder von einer eventuellen Aspektverletzung zwischen Mars und Jupiter; dann ergibt sich eher »Auflehnung« als Einfügung in ein Ganzes.

Schütze/Steinbock

Hier werden die ehrgeizigen Wünsche nicht mehr so leicht erfüllt – es bedarf starken Einsatzes auf längere Sicht. Auch Rückschläge wurden beobachtet, die aber infolge des Steinbockeinflusses, der Zähigkeit fördert, schnell überwunden wurden. Der Optimismus des Schützen mindert sich zugunsten von Skepsis und Mißtrauen gegenüber der Umwelt. Im ganzen ergaben sich Verzögerungen im Schicksal; erst in der zweiten Lebenshälfte traten größere Erfolge auf, manchmal erst im letzten Lebensdrittel. Sehr viel hängt von Beziehungen und Verbindungen zu sozial Höherstehenden ab. Offenheit und Freimut sind abgeschwächt, da die vorsichtig-diplomatische Tendenz des Saturnzeichens Steinbock mitschwingt. Gestirne im Zeichen Steinbock unterdrücken die Schütze-Tendenz ebenfalls.

Im Zeichen Steinbock

Geburtsherrscher: Saturn
Element: Erdelement
Konstitution: Pyknisch; Knochensystem betont. Schlank, im allgemeinen nicht wohlgeformt. Stirn nicht sehr hoch, Gesicht mager mit Betonung der Backenknochen, starkes, mitunter auffallend spitzes Kinn; Gang und Haltung steif. Gesichtszüge faltenreich, »gekerbt«. Ernster Blick, tiefliegende Augen. Lippen dünn, ziemlich aufeinandergepreßt. Knie in der Regel schwach. Sprachausdruck nicht fließend. Konstitution im Alter oft zäher als in der Jugend.
Körperlich: Stoffwechsel- und Verdauungsstörungen. Tendenz zu Rheuma und Gicht. Hautkrankheiten. Empfindliche Knie und oft Stürze. Knochensystem, Schienbeine, Gelenke (häufig Gelenkrheuma). Verhärtungen, Verkalkungen. Arteriosklerose, Herzkranzgefäßverengung, Steinbildungen (Galle). Erkältungskrankheiten.

Unterm Aszendenten Steinbock – oft auch bei Sonne oder mehreren Gestirnen im Zeichen Steinbock – finden wir als gemeinsame psychische Merkmale ungewöhnliche Konzentrationsfähigkeit im Geistigen, Systematik, Gründlichkeit, Sachlichkeit, Nüchternheit und vorwiegend praktische Gesichtspunkte. Speziell in diesen Eigenschaften, aber auch hinsichtlich der äußeren Körperform zeigen sich gehäufte Ähnlichkeiten bei Steinbock-Typen, so daß man sie leichter erkennen kann als andere Zeicheneinflüsse (ein »reiner, unvermischter Steinbock-Typ« war zum Beispiel Adenauer).

Der Steinbock-Typ ist nur selten gewandt und beweglich, weit eher verschlossen, zurückhaltend, abwartend, vorsichtig, mißtrauisch und skeptisch. Vor allem fehlt ihm die Anpassungsfähigkeit. Er ist oft tiefsinnig, melancholisch oder schwermütig. Ältere Typen dieses Zeichens zeigen einen auffallenden Starrsinn, sind festgefahren in Überzeugungen, Ansichten und Ideen. Die eigene Meinung wird autoritär verfochten. Seltsam ist eine weitere Eigenschaft, die »Steinböcke« geradezu charakterisiert: die Freude am Widerstand, an Schwierigkeiten, an der zähen Überwindung von auftretenden Hindernissen. Wo andere längst klein beigeben, fängt der Steinbock erst an. Diese Tendenz zeigt sich übrigens an dem typischsten Hobby des »Steinbocks«: an der Vorliebe für das Bergsteigen. Irgendwelche Ziele werden von diesem Typ über Jahrzehnte hin mit größter Hartnäckigkeit, ja Eigenwilligkeit verfolgt. Auch Niederlagen, Rückschläge und Mißerfolge können ihn von dem einmal gefaßten Plan niemals abhalten.

Die Gefühlsreaktionen sind unterm Steinbock spröde, reserviert, zurückhaltend, vor allem aber diplomatisch. Die Gedankengänge sind eindringlich, manchmal geradezu bohrend und in jedem Fall konservativ, festhaltend, in die Tiefe gehend.

Hauptmerkmale aller »Steinböcke« aber sind der brennende Ehrgeiz, der innere Stolz und das markante Ichgefühl, das jede Ehr- oder Stolzverletzung schnell übelnimmt und dann über lange Zeit hinweg nicht mehr vergessen kann. Zugefügte Kränkungen werden zu irgendeiner Zeit einmal gerächt.

Der Herrscher dieses Zeichens ist der Saturn. Er vertritt die Begrenzung, die Beschränkung, den Widerstand, die verhaltene, zurückgestaute Kraft, die Schwere, aber auch die Nachdenklichkeit und damit die »Überwindung der Materie«. So erklärt sich auch die unterm Steinbock stets vorhandene Sparsamkeit, Wirtschaftlichkeit, Kalkulation und Berechnung. Der Steinbock-Typ versteht es wie kein anderer, auf Vorteile zu achten. Dennoch ist der schicksalhafte Zwang zur Arbeit, zum Höchsteinsatz aller Kräfte immer zu beobachten. Mit der »Erdenschwere« des Saturns hängt auch die Tendenz zu seelischem Druck, zu depressiver Belastung zusammen. Der Steinbock-Typ gelangt nur schwer zu einer gewissen Leichtigkeit in seiner geistigen Haltung. Der »Steinbock« kennt keinen Leichtsinn; typisch ist die »Sorge für das Alter«, für die eigene materielle Absicherung. Dieser »Sicherheitstrieb« kann manchmal bis zum Geiz ausarten, besonders bei älteren Typen dieses Zeichens.

Der Steinbock-Typ sieht sich schon früh auf sich selbst gestellt. Die innere Aufgeschlossenheit fehlt ihm weitgehend, er neigt eher zum Abkapseln im eigenen Ich, zum Abschließen von der Umwelt; das führt im Alter sehr häufig zur Vereinsamung. Viele Entscheidungen und Kämpfe finden im eigenen Inneren statt. Die Umwelt, selbst nahestehende Menschen erfahren nichts davon. Die Gefühle werden niemals offenherzig, freimütig oder gar »feurig« geäußert. Man kann einen Steinbock-Geborenen nur schwer und langsam für eine Sache, einen Menschen begeistern. Das rührt von seiner abwehrenden, prüfenden, mißtrauischen Haltung her, die Vorsicht mit Realistik verbindet. Andererseits sind Steinbock-Geborene überaus treue, anhängliche Freunde, wenn man sie einmal gewonnen hat.

Ein anderer Wesenszug ist der Mangel an Begeisterungsfähigkeit und »Liebesfähigkeit« im Sinn der allzu leidenschaftlichen Äußerung von Gefühlen. Man beobachtete oft Kälte, Härte, Kaltherzigkeit, Nüchternheit. Immer wird nach außenhin Würde gewahrt. Der »Steinbock« verlangt nach persönlicher und gesellschaftlicher Beachtung und zeigt im Umgang verhaltene Förmlichkeit, Gemessenheit und einen gewissen Abstand vom Nebenmenschen. Er vermag Geheimnisse anderer zu enträtseln, gibt aber niemals eigene preis. Die innere Selbstbehauptung kann im negativen Fall zu Trotz, Widerspenstigkeit, Unbeugsamkeit und Fanatismus ausarten. Das macht dann den Umgang mit solchen Typen äußerst schwierig. Sie neigen zu Eigennutz und zur Selbstbezogenheit.

Wendigere Steinbock-Leute sind sehr oft listig, gerissen, vermögen ausgezeichnet zu täuschen, zu tarnen, lassen sich nicht in die Karten sehen und behalten sich ein eigenes Urteil vor, obwohl sie andere Urteile anhören. Nimmt das ernüchternde Prinzip des Saturns überhand, so verliert der »Steinbock« jede Illusion, gibt weder Kräfte noch Gefühle aus, sondern speichert sie, staut sie, hält sie zurück (Steinbock ist ein »Winterzeichen«!). Charakterlich hat dies den Vorzug, daß er Probleme, Dinge, Sachverhalte, Menschen leidenschaftslos prüfen und beobachten kann. Daher findet man unter diesem Zeichen sehr viele Politiker, Wirtschaftspolitiker, Spezialisten in Handel, Wirtschaft und Industrie.

Das Sicherungsverlangen treibt den »Steinbock« zur materiellen Abschirmung durch »feste Werte« wie Häuser, Grundstücke, Hypotheken, Pfandbriefe und zuweilen auch durch den Handel mit Immobilien (Makler). Für reine Idealismen ist dieser Typ nicht zu erwärmen, da er stets die »Rentabilität« einer Sache im Auge behält. Besitz in jeder Form verleiht dem Steinbock-Geborenen das Gefühl der Selbstbehauptung und Unabhängigkeit. Auch lebt er niemals von heute auf morgen oder gar von der Hand in den Mund, sondern vorausschauend, auf weite Sicht planend.

Hinsichtlich des Berufs zeigen statistische Beobachtungen häufig eine Art von Spezialisierung auf bestimmte Wissens- oder Fachgebiete. Natürlich stehen die geschäftlich-kaufmännischen Neigungen obenan. Sehr oft wird ein Geschäft aus kleinsten Anfängen hochgebracht. Der wissenschaftlich interessierte Typ dieses Zeichens neigt zu den Naturwissenschaften, zur Biologie, Mathematik, aber auch zur Architektur. In den Künsten zeigt sich die Bildhauerei stark besetzt, im Handwerk das gesamte Baufach, sonst noch die Landwirtschaft, der Bergbau, die Textilbranche. Alles, was die Bedürfnisse des Menschen im Sektor Kleidung und Ernährung befriedigt, hat mit dem Saturnsymbol zu tun (Leder- und Schuhfabriken usw., aber auch der Kohlenhandel).

Der Erfolg kommt beim »Steinbock« durch Geduld, Zähigkeit und Unnachgiebigkeit. Vorwiegend stellt er sich erst im letzten Lebensdrittel ein, während die erste Lebenshälfte häufig durch Abhängigkeit charakterisiert ist.

Liebe und Ehe sind manchmal problematische Schicksalsgebiete, doch ist die Anhänglichkeit an den geliebten Partner groß. Mißtrauen und Eifersucht spielen zuweilen eine Rolle, da das Ichgefühl sehr verletzbar ist.

Krankheiten ergeben sich hauptsächlich im Verdauungssystem (Magen, Gallenblase), oder es handelt sich um Stoffwechselleiden (Gicht, Rheuma) und Erkältungskrankheiten. Gelenkrheuma ist unter diesem Zeichen weit verbreitet, ferner Knieverletzungen, Knochenbrüche, Hautleiden – besonders Ekzeme! –, Karbunkel, Furunkel, manchmal auch Lebererkrankungen (typisch ist der fahle bis gelbliche Teint unterm Steinbock). Im Alter besteht eine Tendenz zu Herzkranzgefäßverengung und arterieller Sklerose. Die Alterserwartung ist unterm Steinbock die größte aller zwölf Zeichen – selbst Versicherungsgesellschaften wissen dies.

Mischtypen

Steinbock/Schütze

Das Verlangen nach Aufstieg und gesellschaftlicher Beachtung erhöht sich noch, so daß der Ehrgeiz hier mehr als beachtlich ist. Die konzentrierte Ausdauer aber nimmt ab und damit auch die Überlegung, das Mißtrauen und die abwartende Vorsicht, da das temperamentvolle Zeichen Schütze den Steinbock-Typ ganz erheblich auflockert und zum Beispiel auch gesprächiger macht. Die Schütze-Problematik im Seelischen bewirkt, daß dieser Mischtyp nicht mehr so stark von den eigenen Fähigkeiten überzeugt ist, sondern manchmal einen inneren Zwiespalt erlebt, der aber nach außen hin getarnt wird. Das spekulative Moment des »Schützen« zeigt sich stärker, wenn auch immer noch Vorsicht geübt wird, um das Errungene, Erworbene halten zu können.

Steinbock/Wassermann

Diese Verbindung ist schlauer, listiger, kann gut täuschen und nach außen hin Format zeigen. Bei günstiger Wassermann-Anlage ist beim »gehobenen« Typ viel wissenschaftliches Interesse und Neigung zu Philosophie vorhanden. Die Aufgeschlossenheit gegenüber anderen ist größer. Kontakte ergeben sich schneller. Fast immer handelt es sich um gute Menschenkenner mit viel Spürsinn. Oft haben sie große Pläne und weitreichende Ideen. Die negativen Typen werden allzu listig und neigen zu Täuschungen. Sie kämpfen gegen Gegner aus der Kulisse heraus und nicht offen.

Im Zeichen Wassermann

Geburtsherrscher: Uranus
Element: Luftelement
Konstitution: Überwiegend asthenisch. Männliche Vertreter dieses Zeichens oft ungewöhnlich groß (Frauen kleiner und rundlich). Fast immer blaue Augen. Gesicht länglich, volloval. Gewölbte Stirn. Temperament sanguinisch, große Beweglichkeit – geistig wie körperlich. Starke Kontaktfähigkeit, vielseitige Beziehungen. Betonte soziale Einstellung. Meist volle Figur.
Körperlich: Unterschenkel, Waden, Knöchelgelenke. Kreislauf (sehr oft Unterdruck). Herzstörungen. Krämpfe und Lähmungen. Neurasthenie.

Das Auffallendste und allen Menschen dieses Zeichens gemeinsame Merkmal ist die sympathische, freundliche, liebenswürdige und entgegenkommende Wesensart, die auf den ersten Blick Freundschaften auslöst und überaus schnell Kontakte ermöglicht. Dies darf aber nicht darüber hinwegtäuschen, daß sich Wassermann-Geborene nicht von anderen leiten oder kommandieren lassen, sondern nach ihren eigenen Wünschen, Ideen und Plänen leben wollen. Zwang oder Bevormundung werden unter allen Umständen abgelehnt. Die individuellen Ideen werden mit größter Zähigkeit verwirklicht – auch gegen den besseren Rat der Umwelt. Wassermann-Leute wollen ihre Erfahrungen selbst machen, auch gegen alle Hindernisse.

In ihrer geistigen Haltung sind sie zeitlebens aufgeschlossen gegenüber allem Neuen, Kommenden und interessiert an Reformen. Wissensdrang und Fernsehnsucht wie überhaupt die Lust am Unbekannten, Unerforschten sind sehr bezeichnend für Wassermann-Typen. Es leuchtet ein, daß dieser lebhafte und originelle Typ allen bürgerlichen Gedankengängen abhold ist. Wunschkraft, Phantasie und Vorstellungsgabe zaubern freilich auch romantische Bilder vor, so daß die Wirklichkeit dann sehr enttäuscht. Trotzdem bleibt der Wassermann-Geborene immer optimistisch, unternehmungslustig. Charakteristisch ist auch eine Ader für Humor, Satire und geistige Blitzlichter.

Daneben zeigt sich eine Anlage zu Launen, zu sprunghaften Ideen eigenwilliger Prägung. Sie verursachen dann die plötzlichen Wenden im Leben, die unvorhergesehenen Umstellungen, die man unter diesem Zeichen so oft findet. Hierzu muß man wissen, daß der Herrscher dieses Zeichens der Uranus ist. Er vertritt die Erneuerung, die Wende, den Umbruch, das Kommende, das Revolutionäre. Daher kennt der Wassermann-Typ keine Geburts- oder Standesunterschiede, keine Überlieferung und alten Bräuche. Der Sinn für geistige und persönliche Freiheit läßt Wassermann-Leute auf die Barrikaden steigen und für die Humanität kämpfen. Der soziale Sinn ist sehr ausgeprägt. Die geistig fortgeschritteneren Typen dieses Zeichens zeigen einen sehr durchdringenden, philosophischen Intellekt, der sich auch gern mit »abseitigen« Wissensfächern beschäftigt wie Psychologie, Astrologie, Okkultismus usw. Auch in den Künsten sind sie schöpferisch, insbesondere in der Literatur.

Weniger entwickelte Typen fallen durch ihre geistige Unrast auf, durch Wechsel in den Positionen, manchmal auch durch Unzuverlässigkeit oder Gleichgültigkeit. Man lebt gern völlig ungebunden oder befindet sich auf steter Suche nach dem Wunderbaren, Romantischen, Ungewöhnlichen, nicht Alltäglichen. Zeitweilig wird ein Hobby mit größter Hingabe und Energie betrieben, dann aber plötzlich fallengelassen, wonach wieder neue Interessen auftauchen. Dieser dauernde Wechsel durchzieht wie ein roter Faden das Schicksal. Im ganzen ist der »Wassermann« äußerst friedlich und human, schließt gern Freundschaften, lebt gesellig und pflegt gern Illusionen. Wie beim Steinbock ist auch hier die gesamte Konstellation von Saturn und Uranus sehr wichtig. Manche Wassermann-Leute sind beispielsweise sehr ichbetont und leben nur ihren eigenen Interessen, die sie mit großer Zähigkeit durchsetzen wollen. Andere wieder werden infolge ihrer seelischen Aufgeschlossenheit von der Umwelt ausgenützt, sind zu hilfsbereit und entgegenkommend. Durch Sympathie ist beim echten Wassermann alles zu erreichen, durch Gewalt oder Zwang so gut wie gar nichts – in diesem Fall kommen Widerspenstigkeit und Trotz zum Durchbruch. Vorschriften reizen den Wassermann-Typ dazu, sie zu übertreten.

Beruflich zeigt sich übereinstimmend ein Hang zur Technik, insbesondere zu technischen Neuigkeiten, Erfindungen, zur Radio- und Fernsehtechnik, zur Kraftfahrzeug- und Flugzeugtechnik. In der Regel ist eine gewisse Erfindergabe oder handwerkliche Geschicklichkeit vorhanden. Kaufmännisches Denken und Handelsgeist sind weniger häufig anzutreffen. Die Einfühlungsgabe ist groß; daher finden sich fast immer auch künstlerische Interessen, etwa an Musik, oft auch zeichnerische Gaben (Graphiker), Begabung für Buchillustrationen, literarisches Talent (viele Schriftsteller sind wassermannbetont!). Wissenschaftler, zum Beispiel Atomphysiker und ausübende Künstler (Ballett, Tanz, rhythmische Gymnastik) sind oft Wassermann-Typen.

Wassermann-Geborene sind ferner: Psychologen, Graphologen, Astrologen, überhaupt alle an angewandter Menschenkenntnis Interessierte. Forschen, Studieren, Entdecken, Eroberung von Neuland auf jedem Gebiet ziehen den »Wassermann« mächtig an. Massenhaft vertreten sind auch Berufe, die mit Elektrotechnik, Hochfrequenz und elektrischen Geräten zu tun haben. Viele Wassermann-Leute verschreiben sich einer Idee. Ob diese Geld abwirft, interessiert erst in zweiter Linie. Ein spezieller Sektor unterm Wassermann ist die Filmindustrie (Regisseure, Operateure, Kameramänner, Drehbuchautoren). In der Psychotherapie fallen Hypnose und Suggestion unter das Zeichen Wassermann.

Im Handel und in der Industrie haben die neuen Kunststoffe Bezug zum Uranus (Schaumstoff, Hostalen, Kunstfaser, Bakalit usw.). Stärksten Wassermann-Einfluß zeigen die Lebensreformer, Vegetarier und übrigens auch die Reformhäuser.

Der Bereich der Liebe und Ehe ist unterm Wassermann speziell in der ersten Lebenshälfte äußerst unruhig. Oft wird eine Bindung aufgelöst, obwohl sie jahrelang stabil war. Parallelbindungen (Freundschaften) neben der Ehe sind zahlreich anzutreffen. Überhaupt sind die illegalen, freundschaftlichen Kontakte hier oft haltbarer als die legitimen. Dies bestätigt sich übrigens auch beim Stand der Sonne im Zeichen Wassermann.

Die körperlichen Entsprechungen des Zeichens Wassermann liegen gemäß statistischen Beobachtungen in Kliniken in erster Linie beim Kreislauf (allerlei Störungen, besonders häufig Unterdruck), ferner beim Herzmuskel (Myokardschäden). Waden, Schienbeine und Knöchel haben Bezug zum Wassermann, ferner alle nervösen Leiden (Neurosen usw.), auch krampfartige Leiden (insbesondere Wadenkrampf, Krampfadern). Bei vorgeschrittenen Herzleiden ist Wassersucht häufig.

Der Wassermann-Typ zeigt im seelischen Bereich Unruhe und Stimmungsumbrüche; er leidet unter Gemütsbelastungen. Im Schicksal zeigt sich überraschend oft eine Art »Kerbe« – ein plötzlicher Umbruch, der nicht selten durch eigenes Verschulden ausgelöst wird. Solchen Krisen folgt aber stets wieder ein Neubeginn. Immerhin – das Motiv der plötzlichen Zwischenfälle beherrscht das Wassermann-Schicksal.

Häufungen von Gestirnen in diesem Zeichen wirken ähnlich wie der Aszendent im Wassermann, am meisten, wenn sich solche Gestirne noch in Nähe des ersten Feldes oder am Aszendenten befinden. Im allgemeinen kann gesagt werden, daß geistig entwickelte Menschen auf den Uranuseinfluß am meisten ansprechen, während der Durchschnittstyp eher die üblichen Wassermann-Eigenschaften aufweist wie Unrast, Veränderungslust, Eigensinn, Zähigkeit und jene bekannte Neigung zu »Auflehnung« oder Widerspenstigkeit.

Mischtypen

Wassermann/Steinbock

Da die seelische Haltung hier ruhiger, stabiler wird, ist auch die Schicksalslinie ausgeglichener, zielstrebiger. Die Saturneinflüsse sind erhöht, wodurch sich große Verantwortlichkeit und starkes Pflichtgefühl ergeben sowie ein drängender Ehrgeiz, hochzukommen. Für wissenschaftliche Berufe sind die betreffenden Menschen sehr geeignet, da die Konzentrationsgabe erhöht ist. Im Berufsleben treten manche Neider und Gegner auf. Zu diesem Mischtyp gehören viele Erfinder und Konstrukteure. Im Geistigen zeigt sich eine gewisse Neigung zu intensivem Forschen. Der Durchbruch zum Erfolg muß schwer erkämpft werden, selten fällt etwas mühelos zu. Es gibt hier viele »Spezialisten« im jeweiligen Beruf. Das seelische Verhalten ist niemals oberflächlich oder leichtsinnig, sondern zeigt eher Tiefgang.

Wassermann/Fische

Der Wassermann-Einfluß ist in dieser Mischung kaum noch voll zu erkennen – am wenigsten dann, wenn sich Gestirne im Zeichen Fische nahe beim Aszendenten befinden. Die mentale Anlage wird schwankender, stimmungsanfälliger, weniger ausdauernd auf Ziele gerichtet. Seelische Spannungen treten auf; die Anfälligkeit des

Gemüts offenbart den Fische-Einfluß. Allerdings erhöhen sich noch die Phantasie und der Planreichtum, aber die Kraft des Sichdurchsetzens ist schwächer. Die Ziele schwanken oder verändern sich mehrmals. Die große Freiheitsliebe und das Verlangen nach innerer Unabhängigkeit schwinden beinahe zugunsten stärkerer Anpassung und der Abwälzung von Verantwortlichkeit auf andere. Die Abhängigkeit von Launen oder gar von Hemmungen erschwert den persönlichen Aufstieg. Man erwartet mehr von außen, von der Umwelt, von »Projektionen« als von sich selbst. Bei dieser Mischung beachte man genau die Konstellationen des Neptun und des Jupiter: Sie geben Auskunft, ob Anzeichen zur Persönlichkeitsentwicklung vorhanden sind oder ob mehr ein Aufgehen in der Umwelt in den Umständen des Geburtsmilieus gesucht wird. Intuition und Spürsinn sind gut entwickelt und lassen Gelegenheiten wittern. Im Geschäftsleben kann dies zu unkorrekten Praktiken führen. Die letzte Möglichkeit zeigt der Merkur und der Neptun auf.

Im Zeichen Fische

Geburtsherrscher: Neptun.
Element: Wasserelement.
Konstitution: Überwiegend pyknisch bei gedrungenem Wuchs, fleischig und später aufgedunsen. Stirn häufig breit und gut durchformt, Augen »wässerig«, etwas vorstehend. Gliedmaßen kurz, Füße schwach und empfindlich. Temperament etwas phlegmatisch, Augenfarbe hellblau, Teint blaß.
Körperlich: Füße, Knöchel, Zehen, Sehnen. Magen- und insbesondere auch Darmbeschwerden, Erkältungskrankheiten, Infektionen. Häufig Süchtigkeitstendenzen verschiedener Art (Alkohol usw.).

Im Zeichen Fische geborene Menschen sind selbst bei Mischtypen immer noch leicht erkennbar an der großen Empfindlichkeit und Anfälligkeit des Gemüts, das zu außerordentlichen Stimmungsschwankungen neigt. Im Wesenskern findet sich keinerlei Härte oder extremes Verlangen nach Ich-Durchsetzung, vielmehr Hilfsbereitschaft, Mitleid, Einfühlungsgabe und Tierliebe.

Nie sind solche Menschen »Ellbogentypen« – sie werden im Gegenteil sehr oft unterdrückt oder bleiben mehr oder minder im

Hintergrund. Sie lassen die Dinge eher auf sich zukommen, als daß sie tatkräftig und energisch den Erfolg suchen. Das Naturell zeigt also Passivität, auch Bequemlichkeit – man läßt den Dingen ihren Lauf. Sind weitere Konstellationen in den Fischen vorhanden, so geht man den Weg des geringsten Widerstands, da man die harte Durchsetzung im Konkurrenzkampf scheut.

So ist die temperamentvolle Tat unter den »Fischen« äußerst selten. Dafür nimmt die Einfühlungsgabe, die Intuition zu, und vieles wird rein gefühlsmäßig erfaßt, geahnt. Manchmal beginnt die Willenskurve steil, sackt aber dann bald wieder ab, insbesondere bei auftretenden Schwierigkeiten. Der echte Fische-Typ sucht immer Anlehnung und Hilfe bei anderen, stärkeren Menschen, weshalb Fische-Männer nicht selten sehr resolute Partnerinnen suchen oder besitzen. In den engeren Gemeinschaften wird Harmonie gesucht, da dem Fische-Menschen jeglicher Streit verhaßt ist. Konflikte, Streit und Zwang zur Durchsetzung machen ihn unglücklich.

So überbrückt dieser Typ Gegensätze durch Anpassung und erscheint dann anderen Menschen als passiv, furchtsam oder unzuverlässig. Er scheut eben den Existenzkampf und bleibt lieber im Hintergrund, in Abhängigkeit oder in sicheren Positionen.

Gemeinsame Eigenschaften aller Fische-Geborenen sind rege Phantasie und gefühlsbedingte Vorstellungskraft, die eine Art Traum- oder Wunschwelt schaffen, welche mit der rauhen Wirklichkeit nicht übereinstimmt. Der Fische-Typ ist schnell gerührt, denn alle äußeren Eindrücke dringen sofort ins Gemüt, so daß fast immer auch Mitleid mit anderen entsteht.

Herrscher des Zeichens ist der Neptun (früher auch der Jupiter) – das Symbol für die Einbildungskraft, die Traumwelt, die Illusionen, die Spekulationen. Er beherrscht das gesamte Gefühlsleben und die seelische Haltung. Daher zeigt sich bei Fische-Geborenen so oft eine Art Vorahnung kommender Dinge. Auch beurteilen sie andere Menschen mehr nach dem Gemüt als nach dem Intellekt.

Die allzu weiche Gemütsart überbrückt Gegensätze durch Anpassung. Dies hat zur Folge, daß sich im Berufsleben weit eher Anstellungen unter der Leistung anderer ergeben als Selbständigkeit oder das Risiko eigener Verantwortlichkeit. Fische-Typen, die selbständige Unternehmer sind, zeigen im Horoskop starke Jupiterkonstellationen oder wichtige Gestirne – darunter meist die Sonne – im Feuerelement, das zur Leitung und Führung drängt. Sie haben dann auch einen verstärkten Hang zum Wohlleben, oft eine auffallende Vorliebe für Alkohol.

In der Regel neigt der »weiche« Fische-Typ dazu, sich für andere aufzuopfern, besonders für die eigene Familie. Nirgends aber sind die Eigenschaften eines Zeichens so weit gespannt und unterschiedlich wie bei den Fischen: Die Skala reicht vom intuitiven, schöpferischen Typ bis zum Triebschwachen, Süchtigen und jeglichem Verlangen nachgebenden Menschen. Seltsam ist das auffallende »Sichhineinsteigern« in dramatische Vorstellungen oder Ideen. Auch der Rededrang fällt auf, der oft durch nichts aufzuhalten ist. Eigene Erlebnisse, die sehr stark aufs Gefühl wirkten, werden immer wieder erzählt. Nicht selten wird hierbei das eigene Verhalten so »aufgewertet«, daß man dem Fische-Typ ein naturgegebenes Talent als Märchenerzähler zuschreiben kann.

Statistische Beobachtungen ergaben, daß viele Fische-Geborene in der Krankenpflege, also in Krankenhäusern, beim Sanitätspersonal, als Pfleger, Schwestern und im sozialen Fürsorgewesen tätig sind. Alle helfenden, mitfühlenden Berufsgruppen sind fischebetont.

Eine zweite Gruppe findet sich beim Staat, bei Behörden, auf Ämtern, also in »Versorgungsberufen« mit Pensionen oder Renten. Da der Fische-Typ keine Kämpfernatur ist, sucht er die spätere Absicherung. Fast immer fürchtet er wirtschaftliche Schwierigkeiten, Verarmung oder Schicksalsschläge. Er vermag sich auch nicht immer ins rechte Licht zu setzen, und wenn er es tut, dann trägt er zu stark auf. Schwächlichere Typen begeben sich ins Schlepptau anderer, tatkräftigerer Menschen, und nicht wenige wissen aus solchen Verbindungen Nutzen zu ziehen.

Im Studium werden Naturwissenschaften, Philosophie, Religionswissenschaften, Literatur, insbesondere aber die Medizin bevorzugt. Auch Psychotherapeuten, Neurologen und Psychiater sind häufig unter Fische-Einfluß. Äußerst feinsinnige Dichter – zum Beispiel Manfred Kyber – wurden unter dem Zeichen Fische geboren, insbesondere viele Lyriker, ferner Märchendichter und Rezitatoren.

Handwerkliche Berufe finden sich vielfach im Ernährungssektor: Fischer, Bauer, Gastwirte, Mühlenbesitzer, Getränkehändler, Milchhändler. Ferner ist die gesamte Schiffahrt den Fischen unterstellt.

Das gleiche gilt für Leute, die mit Drogen, Medikamenten oder Tabak handeln.

Das Seelenleben ist beim Fische-Typ oft ungemein verfeinert. Viele Medien weisen stärkste Fische-Betonung auf, daneben aber auch Psychopathen. Es besteht eine Vorliebe für Okkultismus, für das Unerkannte, Hintergründige oder Abseitige.

Der »Hang zum Wasser« zeigt sich in den vielfältigen Auslandsreisen und Seereisen, in der Liebe zum Meer oder zu Seen.

Die allgemeine Schicksalslinie erweist sich als sehr schwankend, zeigt mancherlei Umbrüche an. Das liegt zum Teil am schwankenden Willen, an der Anfälligkeit gegenüber Launen und Stimmungen. Auch eine Tendenz zur Melancholie oder zum raschen Aufgeben der Ziele bei eintretenden Schwierigkeiten kann dazu beitragen.

Im Sektor Liebe und Ehe hängt alles vom richtigen Partner ab, sonst wird der Fische-Typ außerordentlich unglücklich. Fast immer ist der Partner charakterlich »stärker«, in der seelischen Haltung härter, in der materiellen Durchsetzung begabter. Dies entspricht dem Verlangen des Fische-Typs nach Stütze, Halt und Anlehnung.

Hinsichtlich der körperlichen Erkrankungssymptome zeigten sich immer wieder Füße, Knöchel und Zehen als besonders empfindlich und mancherlei Unfällen ausgesetzt. Das Lymphdrüsensystem ist ebenfalls anfällig, im letzten Lebensdrittel vor allem das Verdauungssystem, besonders die Gedärme. In zweiter Linie zeigten sich oft Herzschwäche und Kreislauferkrankungen. Bei sehr negativen Typen ergab sich Trunksucht, manchmal auch Hang zu Genußgiften, Medikamenten aufputschender Art. Im seelischen Bezirk sind Neurosen, Psychosen wie überhaupt Gemütskrankheiten auffallend häufig. »Fische« gehören zu den empfindlichsten Typen; der Körper verträgt keinen Raubbau.

Mischtypen

Fische/Wassermann

Dies ist eine überaus günstige Mischung bei geistig fortgeschritteneren Typen. Manchmal treten wissenschaftliche oder philosophische Interessen auf. Man beharrt stärker auf den eigenen Überzeugungen, setzt Pläne und Ideen kraftvoller durch. Oft ergibt sich eine Tendenz zu Sekten, Logen oder wissenschaftlichen Vereinigungen und eine ideelle Mitarbeit an deren Zielsetzungen. Engere Bindungen und Freundschaften erhalten Wichtigkeit für die eigene Lebensgestaltung. Im Beruf ergeben sich bessere Entwicklungsmöglichkeiten durch größere Zähigkeit im Festhalten einmal gefaßter Entschlüsse. Auch diese Mischung denkt nicht materiell oder gar berechnend. Man setzt sich im Gegenteil für Überzeugungen und Mitmenschen ein, hat auch soziale Interessen.

Fische/Widder

Hier mischen sich Wasser- und Feuerelement, wobei aber der Gefühlsbereich die Oberhand behält, so daß ehrgeizige Pläne nur schwer durchgeführt werden können. Innerlich sind diese Menschen etwas unzufrieden, zuweilen auch mit sich selbst. Sie erleben eine sehr spürbare Dissonanz zwischen dem zeitweilig heftigen Wollen und dem tatsächlichen Durchsetzen eigener Ziele in der rauhen Wirklichkeit. Vieles entwickelt sich in der Phantasie oder gibt kurzfristigen Auftrieb, dem dann wieder Passivität folgt. Wollen und Können ergeben im Widerspruch eine innere Problematik. Sollten sich indessen einige Gestirne im Zeichen Widder befinden, wird die Impulsivität größer, aber auch die innere Ungeduld. Beim Fehlen von Gestirnen am Aszendenten oder in dessen Nähe findet der gesamte Kampf im eigenen Innern statt – so entstehen psychische Spannungen, die sich auch der Umwelt mitteilen und die engen Verbindungen, Liebe und Ehe, belasten. Man klagt gern über »mangelndes Glück«.

Liebe—Ehe—Partnerwahl

Die Horizontalachse im Horoskop
oder
Der Weg vom Ich zum Du

Die Sonne befindet sich im Zeichen

♈	Widder:	vom 21. März bis 20. April
♉	Stier:	vom 21. April bis 21. Mai
♊	Zwillinge:	vom 22. Mai bis 21. Juni
♋	Krebs:	vom 22. Juni bis 22. Juli
♌	Löwe:	vom 23. Juli bis 23. August
♍	Jungfrau:	vom 24. August bis 23. September
♎	Waage:	vom 24. September bis 23. Oktober
♏	Skorpion:	vom 24. Oktober bis 22. November
♐	Schütze:	vom 23. November bis 21. Dezember
♑	Steinbock:	vom 22. Dezember bis 20. Januar
♒	Wassermann:	vom 21. Januar bis 19. Februar
♓	Fische:	vom 20. Februar bis 20. März

Liebe und Ehe im Zeichen Widder

Geboren vom 21. März bis 20. April

Alles über Eva

Bei keinem der zwölf Zeichen darf man allgemeingültige oder gar schematisch starre Verhaltensweisen voraussetzen. Die gerade unterm Widder auftretenden Verschiedenheiten hinsichtlich der Willensimpulse und der Durchsetzungslust erfordern zur Beurteilung stets das gesamte Horoskop. Lediglich durch statistische Reihenuntersuchungen anhand von Hunderten von Widder-Horoskopen – Sonne im Zeichen Widder! – ergaben sich gewisse Häufigkeitserscheinungen hinsichtlich der psychischen Eigenart.

So hat es sich erwiesen, daß Frauen dieses Zeichens selbständiger, selbstbewußter, ichbetonter sind, als man dies normalerweise dem »Ewigweiblichen« zuschreibt. Das Anpassungsvermögen ist nur scheinbar, öfters eher zweckbetont und kurzfristig. Auch das Anlehnungsbedürfnis und die Anschmiegsamkeit sind unter diesem Marszeichen des Widders keineswegs inneres Bedürfnis. Es handelt sich hier um einen sehr positiven, teils auch selbstbewußten Wesenskern, der die Begriffe der Selbstbestimmung und Gleichberechtigung am schnellsten aufgreift. Wenn es »weiche« und nachgiebige Widderfrauen geben sollte, so sind unbedingt entsprechende Konstellationen aus dem Wasserelement im Horoskop vorhanden, die unseren eingangs erwähnten Grundsatz beweisen, daß es unter keinem Zeichen starre Typen geben kann.

Die Widder-Frau ist im überwiegenden Durchschnitt – und um diesen handelt es sich hier – voll Temperament, Aktivität und innerer Handlungsbereitschaft, die keinesfalls Umwelteinflüsse und fremde Willensbestrebungen passiv hinzunehmen gewillt ist. Diesem inneren Stolz oder Geltungsdrang entsprechen schließlich der Tatendrang und die psychische Unrast und Unruhe, die nach Wechsel, Reisen, Erlebnis und Anregung verlangen. Die positiven Seiten dieses fast männlichen Einschlags im Wesenskern sind die Strebsamkeit, der Ehrgeiz, die Unerschrockenheit und der Mut, auch in kritischen Lebenslagen durchzuhalten.

In einer auffallend großen Zahl finden wir hier selbständige Unternehmerinnen, Geschäftsfrauen.

Dies will aber nicht besagen, daß der Gefühlssektor zugunsten des beruflichen Ehrgeizes und Leistungsverlangens zu kurz kommt.

Im Gegenteil: Unterm Widder zeigt sich eine enorme Gefühlserregbarkeit, die zuweilen impulsiv und rückhaltlos durchbricht. Hier liegt das Gefahrenmotiv in der Liebe und Ehe. Es sind die schnellen Entschlüsse, die rasche Begeisterungsfähigkeit und die Impulsivität der seelischen Reaktionen, die der Widder-Frau des öfteren selbst zu schaffen machen. Manchmal kommt die Überlegung hinterher samt Gefühlen der Reue.

Die marsische Energie, die der Sonne im Widder zugehört, führt zu mancher unüberlegten Bindung, wenn die Handlungsbereitschaft zur Tat wird. Richtet sie sich mehr nach innen, zeigen sich seelische Reizbarkeit, Erregbarkeit, Tendenz zu Stimmungsumschwüngen und eine gewisse Leidenschaftlichkeit der Gefühle, die selten ohne Gefahr der Explosion gestaut werden können.

Man kennt daher viele Widder-Frauen, die den »Betrieb« suchen, den Wirbel in Beruf oder Geschäft oder Vergnügen, aber auch solche, die von den wechselnden Kontakten, den impulsiven Liebeserlebnissen Anregungen und ein erhöhtes Lebensgefühl beziehen. Im Gegensatz zu Frauen aus einem Sonnenzeichen, das im Erd- oder Wasserelement liegt, verlangt die echte Widder-Frau nicht so sehr nach der endlosen Haltbarkeit einer Liebe oder nach festgefahrenen Eheverhältnissen, vielmehr nach gelegentlichen Höhepunkten, Gefühlssteigerungen und nicht zuletzt nach einer Vielfalt solchen Erlebens. Andererseits tritt in vielen Bindungen nach einer Zeit solcher Höhepunkte wieder der nüchterne Intellekt, der überlegene Verstand an die Stelle solcher leidenschaftlichen Impulse. Widder ist ein »bewegliches« (kardinales) Zeichen, daher symbolisiert es die Zerstreuung, die Vielfalt der Eindrücke, den Wechsel.

Die Beobachtung zahlreicher Eheschicksale unterm Sonnenzeichen Widder zeigte das immer wiederkehrende Motiv der Trennungen, auch der Scheidungen. Ausgelöst wurden sie durch allzu impulsive Heirat, durch mangelnde Geduld, den anderen Wesenskern in seinem Verhalten richtig zu erfassen. Gefühle überrannten den Intellekt, die Freude am Abenteuer überwog den Persönlichkeitsstolz – der trotzdem ebenfalls immer vorhanden ist.

Im tiefsten Inneren weiß die Widder-Frau um die explosiven Triebkräfte, die vom Selbstbewußtsein in Schach gehalten werden müssen, so daß die Gefühle nicht die Oberhand erhalten. Die Einsamkeit ist quälend und das Verlangen nach dem Du zeitweise überwältigend. Widder-Frauen, denen die harmonische Zweisamkeit nicht vergönnt ist, werden zur treibenden Kraft im Beruf, im Geschäft oder bei größeren Unternehmungen, die sie nicht selten völlig selbständig leiten. Gefühlsverdrängungen haben seelische Reizbarkeit zur Folge. Man kennt die Beredsamkeit und die Lust an der Debatte, am Messen der Kräfte, aber auch die Bereitschaft zur Herausforderung unterm Zeichen Widder. Widder-Frauen, die einen Streit unter Aufgabe ihrer Persönlichkeit vermeiden wollen, haben einen »gebändigten« Mars im Horoskop und Konstellationen in den Zeichen Fische oder Krebs (Mond oder Aszendent oder Mars). Dies beweist, daß die psychische Vielschichtigkeit eines Menschen niemals aus dem Sonnenzeichen allein erkannt werden kann. Hat man es mit dem überwiegenden Widder-Typ zu tun, so weiß man um die mancherlei Reibungen, Widerstände und Schwierigkeiten, die sich hier im engeren Zusammenleben ergeben. Irgendein Unterdrücken oder Beherrschenwollen des Partners sollte nicht versucht werden! Daß dieser weibliche Typ mit »gemäßigt männlichem Einschlag« kein Heimchen am häuslichen Herd zu werden wünscht, sollte allen Interessenten frühzeitig klar sein. Zeitweilig mag die Häuslichkeit erwünscht sein – sie stellt aber keinen dauerhaften und zuverlässigen Faktor innerhalb der Lebensgestaltung einer Widder-Frau dar. Hauptanliegen im engeren Zusammenleben mit diesem Frauentyp wird es sein, den Eigenwillen und die Handlungsfreiheit möglichst wenig einzuengen. Die Ehe sollte sich mehr oder minder der guten Kameradschaft nähern, nicht so sehr dem einstigen Vorstellungsbild der Unterordnung eines von beiden Partnern. Kommt die Widder-Frau im Beruf unter die autoritäre Befehlsgewalt eines Vorgesetzten, ist die Kündigung so gut wie sicher.

Was Liebe und Sexualität anbelangt, ist es weithin bekannt, daß die Widder-Frau den echten und hundertprozentigen Mann verlangt. Sie »ergibt« sich nur scheinbar und nur jenem Partner, vor dem sie Respekt haben kann. Verstaubten Moralbegriffen huldigt so gut wie keine Widder-Frau. Hier urteilt sie souverän und duldet keine Einmischung. Man kann sie nicht einfach »verführen«, denn das Kapitel Sex leitet sie in eigener Regie und Verantwortung gegenüber sich selbst. Daß sie selber initiativ sein kann, weiß man.

Aus den bekannten psychischen Motiven, die im Zeichen Widder eher zur Tat als zum Warten antreiben, finden viele Widder-Frauen ein reizvolles Vergnügen darin, den Mann zu erobern. Tritt der allzu aktive Marseinfluß etwas zurück, wird aus der Widder-Frau eine überaus tüchtige Hausfrau, die den Alltag meistert.

Die Gefahren in Liebe und Ehe liegen also im eigensinnigen Beharren auf dem Ich-Standpunkt, der jenen des Partners entweder nicht anerkennen will oder die Persönlichkeitsrechte des anderen überspielt. Parallelbindungen neben der Ehe führen unter diesem Zeichen sehr rasch zu ernsten Komplikationen, was ja auch die Scheidungsstatistik unter dem Zeichen Widder beweist.

Schönster Zug der Widder-Frau: Sie liebt keine Knöpfe im Seelenleben. Etwaige »gordische Knoten« werden kurzerhand durchgehauen. Das erleichtert manches, denn diese unterm Protektorat des Mars stehende Dame sagt, was sie denkt. Männer wissen daher sofort, woran sie sind – nämlich an der Wiederaufrichtung männlicher Würde! Das erfordert freilich viel Selbstverleugnung und einen geschliffenen Schnabel, denn auch die Widder-Frau kann reden – schnell, impulsiv, handfest. Männer, die eine Widder-Frau besitzen, sollten sich in einer ruhigen Minute der Gewissenserforschung fragen, wer hier wen geheiratet hat!

Alles über Adam

Männer aus dem Zeichen Widder reagieren auf die »marsische Energie« natürlicher, wesensgemäßer und weniger negativ. Aber auch hier ist der »rote Faden« deutlich zu erkennen: Ungeduld und innere Rastlosigkeit, äußere Aktivität und seelische Unruhe mit dem heftigen Wunsch nach Abwechslung und dem »Neuen« schlechthin machen den Widder-Mann zu einem Typ, der ebensoviel Anregungen wie Aufregungen schenkt. Das Feuerzeichen Widder zeigt bei ihm in überzeugender Weise seine psychologischen Entsprechungen, die in dem Motto »Kam, sah und siegte« gipfeln.

Es kommt nun sehr auf das gesamte übrige Horoskop und insbesondere auf die Marskonstellation an, ob er in Sachen Liebe häufig wechselnde Kontakte, seelisch beschwingende Eroberungen, die dauernde »Selbstbestätigung« vorzieht. Dies entspricht seiner Abenteuerlust und seinem Leitbild des »Draufgängers«. Freilich handelt es sich oft nur um »Strohfeuer«, denn er sorgt für raschen Umsatz der Gefühle und kann seine Lieblingsbeschäftigung des »Zündelns« nicht entbehren. Manche Frauen, die von ihm »erweckt« wurden, bezeichnen ihn als »Minutenbrenner«. In seinem Lexikon fehlen einige Begriffe wie Ausdauer, Geduld, Wartenkönnen. Dies besonders dann, wenn weitere Gestirne im Feuerelement vorhanden sind. Auch die Aspekte auf die Sonne im Widder sind hier von großer Bedeutung, so daß man die oberflächlichen Ausdeutungen nur als Anhaltspunkte werten darf. Zeigen die merkurialen Kräfte ein Übergewicht über die marsischen, verliert er viel vom Erberertyp. Wille (= Mars) allein genügt eben nicht – er bedarf der Lenkung und überlegten Steuerung sowie der planenden Vorausschau.

Bei negativen Aspekten wird der Widder-Mann autoritär oder aufsässig – insbesondere gegen Zwang und persönliche Einengung. Hierzu rechnet er nicht selten auch die Ehe. Um sich die Freiheit eigener Entscheidungen selbst zu beweisen, bricht er dann zeitweilig aus – und manchmal auch ganz. Dies führt – je nach dem Persönlichkeitsbewußtsein der Partnerin – zu einem Tauziehen, zu amüsanten Knalleffekten oder witzigen Disputen. Das letzte Wort hat dann freilich der Scheidungsanwalt.

So manche Besitzerinnen von Widder-Männern schildern ihre Ehe als aufreibend, einige auch als lebenserhöhend. Die Davongekommenen haben in der Regel ein lachendes und ein weinendes Auge. Die Sage vom kritischen siebenten Ehejahr trifft hier nicht ganz zu, denn mancher Widder-Mann vermag gar keine sieben Jahre zu warten. Schuld an seinem radioaktiven Liebesleben ist die schnelle Zündung seiner Gefühle, wodurch die vielen Stichflammen erzeugt werden, von denen bekanntermaßen die Angezündeten noch lange schwärmen. So manche Eva aber wünscht sich Verlängerung der Gefühle, und in diesem speziellen Punkt enttäuscht so mancher Widder-Mann. Eine Rakete ist eben kein Dauerbrenner.

Wichtigstes Rezept zur Behandlung eines Widder-Mannes: Man lasse ihm seine Freiheit – oder was er dafür hält – und verwandle die Ehe mit ihm nicht in einen Laufstall ehelicher Pflichten. Er verlangt viel Lebenstempo von den Partnerinnen und vor allem Umstellungsfähigkeit. Im Geistigen braucht er Kontakte, auffrischende Begegnungen, Verlockungen, im Seelischen Gefühlshochspannung. Viele Frauen wissen es: Einen Widder-Mann lacht man sich nicht an – er kommt von selbst oder gar nicht.

Ein Widder-Mann glaubt an sich selbst wie an den lieben Gott, und dies ist sein größtes Kapital. Wenn er liebt, glaubt er ehrlich, endlich die Richtige gefunden zu haben. Dieser Glaube hält vor bis zum nächsten Finden – und die nächste Liebe kommt bestimmt! Manche Frauen »verlieren« ihn ganz einfach, dies erspart ihnen die Abschiede. Manchmal taucht ein Widder-Mann wider Erwarten plötzlich wieder auf und tut dann, als ob nichts geschehen wäre.

Daß im Zeichen Widder der Mars »funkt«, erkennt man am brandroten Zorn so mancher Widder-Männer, von dem man nur wissen muß, daß er schnell wieder verraucht. Kleinere Funken entstehen durch den Widerspruchsgeist, der die Partnerinnen und die engere Umwelt in einer belebenden Spannung hält, die jegliche Arterienverkalkung unmöglich macht. Gattinnen, die ihr bestes

Stück aus dem Zeichen Widder über lange Jahre oder gar Jahrzehnte hinweg behalten konnten, wissen um ihr Geheimrezept: passive Resistenz! Sie entwaffnet ihn oder – er zerspringt.

Sind die Leidenschaften ausgeglüht, entwickelt sich häufig Kameradschaft. Die jungen Widder-Jahre aber ähneln einem Atomreaktor. Immer liegt die Klippe in der Widder-Ehe beim Nachgeben. Geraten zwei selbstbewußte Persönlichkeiten aneinander, beginnt es zu funken. Liebeskurven unterm Widder haben Ähnlichkeit mit einer Erdbebenskala und wirken daher verjüngend, aufputschend. Der Vergleich mit Raketenstufen liegt nahe: Wenn eine neue zündet, stößt sie die alte ab. Man weiß: Der Augenblick seelischen Höhenflugs macht Frauen viel Spaß. Aber wer hoch fliegt, fällt tief. Man muß wissen: Der Mars ist sehr fürs Feuer – aber nicht für das Löschen. Man muß Widder-Männern zugestehen, daß sie gerecht denken und für diese Gerechtigkeit manchmal sogar das Messer schleifen, um gordische Knoten kurzerhand durchzuhauen. Sagen Sie nicht, das sei undiplomatisch. Unter diesem Zeichen wird eben »durchgetreten« – sowohl mit dem Gashebel wie auch in der Liebe. Da schon der antike Mars den Kampf mehr liebte als den häuslichen Frieden, zeigt sich beim Widder-Mann stets der Drang in die Ferne, nach Bewährung, nach dem »Wirbel« schlechthin. Dies ist sein Jungbrunnen der Bewährung. Aus ihm steigen schließlich die Ideen und Einfälle. Ihre Ausführung überläßt der Widder-Mann zuweilen den anderen. Das macht ihn so beliebt als Organisator.

Sollten Sie Ihr junges Leben mit einem Widder-Mann teilen wollen, so haben Sie mindestens eine Ihrer Seelenhälften investiert. Ob Sie diese später abschreiben müssen, liegt an Ihnen. Die Statistik beweist es: Viele Widder-Ehen wurden geschieden. Aber nicht die Widder-Männer waren daran schuld – die Frauen machten schlapp.

Lebenslauf und Liebe unterm Widder haben mit Erdbeben etwas Gemeinsames: Es sind Naturereignisse. Ein gewisser »Lastenausgleich« kommt nun allerdings durch fortgeschrittenere Teenager und reifere Mädchen: Sie stellen Fallen, und die »Eroberer« aus dem Widder treten hinein. So wurden schon antike Helden zur Strecke gebracht. Freilich riskiert ein echter Adam aus dem Zeichen Widder so gut wie alles, am meisten die Liebe auf den ersten Blick! Im Kapitel »Wahlverwandtschaften« haben wir die statistisch am häufigsten festgestellten Opfer dieser Liebe skizziert. Sie waren zunächst meist recht glücklich, später redeten sie viel von Koexistenz oder gar von ihrer »Satellitenexistenz«. Frauen aber, die längere Zeit ungeküßt blieben, denken mit verträumtem und zugleich wissendem Lächeln zurück an ihre »Widder-Liebe«. Im tiefsten Inneren gelangen die meisten zur Überzeugung: Einen Knallfrosch kann man nicht ins Herbarium setzen.

Wahlverwandtschaften im Zeichen Widder

Diesem Kapitel über die in Liebe und Ehe »passenden Partner« müssen wir eine grundsätzliche Einschränkung voranstellen: Für eine zuverlässige Aussage bedarf es der individuellen, also exakten Horoskope des einen wie des anderen Partners! Was uns indessen hier – für eine große Anzahl von Lesern – als einzige Grundlage zur Verfügung steht, ist der Sonnenort – und dieser nicht einmal gradgenau. Damit wird also nur ein einziger Punkt aus dem Horoskop berücksichtigt. Dementsprechend sind auch die Aussagen über Harmonie oder Disharmonie in der Gegenüberstellung des Sonnenstands im Widder zu allen übrigen Zeichen nur in einem sehr allgemeinen Sinn zu werten. Wer auf sein Sonnenzeichen ganz besonders stark anspricht, findet einen Teil der folgenden Schilderungen bestätigt. Die wissenschaftliche Astrologie vermag aber aufgrund der individuellen Horoskope sehr wohl die Liebes- und Eheaussichten zweier Menschen genauer herauszuarbeiten.

Der Verfasser brachte 1967 in einer Reihe großer Zeitungen im In- und Ausland eine drei Monate anhaltende Testreihe unter dem Titel: »Der Partner vom anderen Stern.« Hierbei wurde jeweils ein Zeichen mit den übrigen zwölf Zeichen verglichen. Das Publikumsecho auf diese Artikelserien war überwältigend und überraschte sogar die Redaktion – am meisten den Autor selbst. Er erhielt eine Flut von dreißig bis vierzig Briefen pro Tag. Die Bestätigungen aus dem Leserkreis für die als »typisch« herausgestellten Verhaltensweisen der einzelnen Tierkreiszeichen waren verblüffend. Viele ergänzten diese Ausführungen durch drastische Schilderungen ihrer Eheverhältnisse. Der ungewöhnliche Erfolg dieser Testreihe bewog den Verfasser, die Ergebnisse in einer knapperen und völlig überarbeiteten Form auch dem Leser dieses Handbuchs zu übermitteln, allerdings mit dem ausdrücklichen Wunsch, daß diese Gegenüberstellungen nur als Anhaltspunkte gewertet werden mögen. Der Laie sei darauf hingewiesen, daß die Grundlagen zu den folgenden Ausführungen in den Kapiteln über die *Aspektlehre* und die *Lehre von den Elementen* eingehend dargelegt werden.

Wer paßt zum Zeichen Widder?

Viermal dürfen Sie wählen:

1. Partner aus dem Zeichen Löwe (23. VII – 23. VIII.)

Wir sind sicher, daß es hier die berühmte »Liebe auf den ersten Blick« gibt! Wie lange sie freilich anhält, liegt in der freien Entscheidung des Widder-Partners – »Löwe« ist ganz allgemein der zähere, gefühlsbetontere Typ! –, auf keinen Fall aber liegt es bei den »Sternen«! Einen guten Tip dürfen wir Ihnen – vor oder nach dem Standesamt – sofort geben: Beim Löwe-Partner, besonders bei den Frauen dieses Zeichens, heißt die Parole: Alles oder nichts! Unter diesem Zeichen werden lebenslängliche Gefühle erzeugt – unterm Widder meist nur kurzfristige. Beide Typen aber lieben »Betrieb« und Komfort, die Wünsche wachsen mit dem Einkommen, und unterm Löwen peilt man die obersten Stufen auf der gesellschaftlichen Leiter an. Außerdem braucht der Partner unterm Löwen sehr viel Lob, Anerkennung und Beifall. Nicht immer nimmt sich der Widder-Geborene die Zeit dazu, oder er vergißt es. Noch etwas: »Löwen« wollen ab und zu fürstlich beschenkt werden; wenn Schmuck, dann echter! Unterm Widder schenkt man anfänglich aus Gründen des guten Eindrucks – später aber – in der Ehe – werden die Geschenke rarer und billiger. Das ist ein großer Fehler, denn ein »Löwe« erträgt leichter eine Zahnfistel als verletzten Stolz.

Im ganzen betrachtet ergeben sich sehr viele gemeinsame Ziele, Pläne und Wünsche, die samt und sonders vom Ehrgeiz angeheizt werden. Daß »Löwen« zu Hause mitunter gern »mitbrüllen«, um das eigene Ichgefühl aufzufrischen, macht auf Widder-Partner so gut wie gar keinen Eindruck; von Schreck oder Schock keine Rede. Halten Sie sich nicht unbedingt an die herkömmlichen Zeichenschilderungen, denn es gibt viele zahme »Löwen« mit Löchern im Fell. Hauptsache: Die Gefühle und Leidenschaften sind beiderseits aktiv. Hinsichtlich des beruflichen Aufstiegs kommen Sie mit Sicherheit auf den grünen Zweig. Was sich immer bestätigt hat: Der erste Eindruck und der erste Kontakt wirken lebenserhöhend und verjüngend. Nach dieser himmelstürmenden Liebe kommt eine Bewährungsprobe, denn beide Zeichen gehören dem Feuerelement an. Und zu diesem Element gehören Durchsetzungskraft, Ichbewußtsein und verletzbarer Stolz.

2. Partner aus dem Zeichen Schütze (23. XI. – 21. XII.)

Sie müssen es nicht unbedingt glauben, sondern erst einmal ausprobieren: Auch dieses Zeichen soll Sie aufs wunderbarste ergänzen – wenigstens wird es seit alters behauptet. Wenn Sie schneller zur Liebe als aufs Standesamt kommen, so schadet dies nicht viel, denn unterm Schützen bedarf es stets der Nachhilfe und der Überzeugung, daß Sie als Widder-Typ die denkbar beste Ergänzung sind – er wartet sonst immer noch, ob nicht »etwas Besseres« nachkommt. Die Liebe aber funkt unter beiden Zeichen schnell und impulsiv. Beim »Schützen« kommen dann hinterher die Überlegungen, das Zaudern und der seelische Zwiespalt. Die entschlossenere Tat gedeiht unterm Widder; nichts hält ihn vor dem Standesamt zurück, wenn er will. Der Schütze-Typ wird stets dorthin »geleitet« beziehungsweise »gegangen«. Haben Sie ihn einmal, so wird eine amüsante und lebendige Ehe daraus, denn er ist zeitweise Alleinunterhalter. Er liefert die Pläne, Ideen – der Widder-Partner organisiert die Durchführung. An dieser Gemeinschaftsarbeit liegt der berufliche oder geschäftliche Erfolg. Die gemeinsame Mitgift in dieser Ehe besteht in einem luxuriösen und angehobenen Ichgefühl, im Verlangen nach Beifall, Anerkennung und Lob. Das letztere muß speziell dem Widder-Typ in ausreichenden Tagesportionen zugeteilt werden. Dafür muß dieser wiederum zeitweise dem Schütze-Typ aufmerksamer Zuhörer sein. Beide zusammen können nicht reden, obwohl sie es liebend gern täten. Teilen Sie sich also die Rollen jeweils zu – das Stück, das Sie spielen, ist spritzig, heiter, voller Einfälle und Knallbonbons. Solange der Schütze-Partner die Aussprache bei Ihnen sucht, ist alles gut. Sucht er den »Gedankenaustausch« auswärts, so seien Sie auf der Hut, denn das Suchen – wie auch das Finden – gehört zu seinen Hobbys. Zuweilen überfällt ihn auch der alte Freiheitsdrang, obgleich er im Grunde nur den Käfig wechselt. Als »Widder« hat man für solche Spielchen kein Verständnis, denn man wünscht den Alleinbesitz.

Wie gut, daß man mit einem »Schützen« offen reden kann, denn er ist für Freimut und Zivilcourage! Sollte er wegen seiner Sportleidenschaft des öfteren auf den Fußballplatz oder zum Rennen gehen, so seien Sie nicht kleinlich – Schütze-Frauen brauchen statt dessen das Café, das Theater, Freundinnen. Eines sollten Sie noch bedenken: Unterm Schützen hat man einige Nervenstränge mehr als unterm Widder. Und zeitweise beginnen sie zu singen. Warum Sie aber dennoch so gut zusammenpassen: Beide Zeichen befinden sich im Feuerelement! Darüber mehr im Kapitel über die Lehre von den Elementen.

3. Partner aus dem Zeichen Zwillinge (22. V. – 21. VI.)

Einen Garantieschein für das Eheglück können wir Ihnen nicht geben, aber die Versicherung, daß es in dieser Ehe niemals langweilig werden kann. Handelt es sich doch um zwei außerordentlich spritzige Typen mit Einfällen und Ideen, die ein ganzes Drehbuch für den Film füllen könnten. Der Zwillinge-Partner erfindet diese Ideen, der Widder-Partner führt sie aus. Freilich – auf eines müssen Sie rechtzeitig achten: Unter den Zwillingen hat man alles doppelt, die Freundinnen oder Freunde, die Berufe, die Hobbies, die Wohnungen, die Ehepartner – diese natürlich »hintereinander«. Sollte das beste Stück aus den Zwillingen schon geschieden sein – was öfters vorkommt –, so seien Sie nicht pingelig, denn es geschah auf jeden Fall schuldlos. Von beiden Partnern – und dies ist das amüsanteste und erfrischendste an dieser Verbindung – fehlt zeitweise immer einer. Er kann auf Reisen, bei Sitzungen oder aus irgendwelchen beruflichen Gründen abwesend sein. Auf jeden Fall findet man sich immer wieder. Fesseln können Sie den anderen Teil so gut wie nie – es sei denn durch Liebe. Was diese anbetrifft, so liefert der Widder-Partner die Zündung. Und da beide keinen Überschuß an Geduld besitzen, kommt die Liebe rasch auf Touren. Bei den ersten Rendezvous wird man vielleicht auf den Zwillinge-Partner etwas warten müssen, denn seine Uhr geht stets falsch oder überhaupt nicht – oder er hat im Tank kein Benzin. Später wiederholt sich dies in der Ehe bei den Mahlzeiten oder bei Vereinbarungen –, er kommt auf jeden Fall zu spät. Das größte Vergnügen bietet der Zwillinge-Partner durch sein Redebedürfnis – zu Hause und auswärts. Sein vielzitiertes Nervensystem hält dennoch manches aus, und Sie dürfen es gelegentlich ruhig strapazieren. Eine wunderbare Übereinstimmung ergibt sich dadurch, daß die Ideenwelt, das Plänemachen, die Freude am Betrieb und am Wirbel wesentlich wichtiger sind als der Sinn für den häuslichen Herd und die Kochkünste. Sie sollten sich nicht unbedingt die Mühe machen, selbst zu bauen, denn unter den Zeichen Widder und Zwillinge ist man viel »auswärts« oder auf Reisen. Manchmal ankert einer von beiden auf fremden Ankerplätzen oder wird gar »verschleppt«. Man weiß, daß »Zwillinge« eine Verwandtschaft mit Sternschnuppen besitzen. Und so schnuppt ein echter »Zwilling« mal hierhin, mal dorthin. Da aber auch das Widder-Herz ziemlich unruhig, wenn auch knitterfrei ist, gibt es viel psychologisches Verständnis für die beiderseitigen Webfehler und viele Versöhnungen. Da ein »Zwilling« selten allein kommt, gibt es stets Einladungen und zahlreiche Freunde. In solchen Ehen hat noch keiner der beiden Partner über Langeweile geklagt. Lieblingsbeschäftigungen: Autofahren, Fliegen, Reisen, Reden. Wir dürfen Sie im großen und ganzen beglückwünschen, denn hier fanden sich zwei Kometen zu gemeinsamem Flug.

4. Partner aus dem Zeichen Wassermann (21. I. – 19. II).

Es hat sich bewiesen: In der Liebe kann es hier leicht »Kurzschluß« geben. Das liegt am »Widder«, der stets wahre Feuerwerke liefert und dem »Wassermann« die große Liebe vorführt. Aber wie eine farbenprächtige Rakete nach kurzem Aufleuchten verglüht, so ist es auch mit dem Widder-Partner: Er kommt nicht nur mit betörenden Liebesschwüren – er geht auch wieder. Und dann fehlen dem Wassermann-Partner einige Schwungfedern und der Glaube an das große Glück. Wenn Sie aber das kleinere der amüsanten Liebesfreuden bevorzugen sollten, so kommen Sie auf Ihre Kosten. Die schillernden Luftballons und die aufgekratzten Ideen des »Wassermanns« erfreuen den Widder-Partner, eine Prise Charme und viel Satire machen das Maß voll, so daß kein »Widder« widerstehen kann. Man fand viel gute Freundschaften »illegaler« Art unter dieser Zeichenkombination. Die Ehe aber fordert Kompromisse: Der »Wassermann« ist für geistige Freiheit und eine unabhängige Lebensführung. Der »Widder« liebt die Durchsetzung und das Herrschen. Bei der Liebesouvertüre kommen diese unterschwelligen Wünsche noch nicht zum Durchbruch. »Unverlangterweise« bleiben diese beiden Individualisten einander lange treu. Geht die Liebe aber in Besitzverlangen über, hört das Liebesgeflüster auf. Zwar gehört diese Bindung zu den günstigen, aber sie verlangt viel Fingerspitzengefühl und Nachgiebigkeit – von beiden.

Dreimal müssen Sie prüfen!

1. Partner aus dem Zeichen Waage (24. IX. – 23. X.)

Hier sind Sie an Ihren Gegenpol geraten, denn beide Zeichen befinden sich, astrologisch gesehen, in einem Oppositionsaspekt. Vielleicht sagt Ihnen dieser Begriff schon einiges; im Kapitel *Lehre von den Aspekten* finden Sie hierüber genaue Aufklärung. Man beobachtete viele Bindungen aus diesen beiden Zeichen, die sich im Lauf der Zeit zusammenfanden, weil sich hier die Gegensätze anziehen. Zwar sind die Partner grundverschieden in ihrer seelischen Haltung: Der »Widder« ist für die Tat, für den Angriff, für Biegen oder Brechen. Die »Waage« symbolisiert den Ausgleich, die Harmonie oder das Verlangen danach, die Überbrückung der Gegensätze. Aus diesen Verhaltensweisen könnte man den Schluß ziehen, daß der Waage-Partner sozusagen von vornherein unterliegt. Aber wir dürfen Sie nochmals darauf aufmerksam machen, daß sehr viele Widder/Waage-Partner geheiratet haben und gerade wegen der völlig verschiedenen Wesenskerne eine recht amüsante und lebendige Ehe führten. Außerdem bestimmt das Sonnenzeichen allein noch keineswegs das Gesamtverhalten eines Menschen. Man sollte nur wissen: Die »Waage« legt Wert auf gute Behandlung, gediegene Kinderstube und freundlichen Umgang. Sind die Gegensätze zu groß – bei massivem Widder-Einfluß –, so ergeben sich Kontaktabbrüche meist sehr schnell und ohne längeres Tauziehen. In der Liebe freilich gibt es fast immer eine Art Stichflamme, denn hier geben sich ja Mars (=Widder) und Venus (= Waage) ein Rendezvous. Die »Davongekommenen« erinnern sich später mit einem weinenden und einem lachenden Auge an diese Flitterwochen, die von seiten der Widder-Partner immer äußerst gekonnt veranstaltet werden. Kommt es mit dem friedliebenden Waage-Partner zu einer Koexistenz, kann alles gutgehen. Um so mehr, wenn der Widder-Partner zeitweise beruflich abwesend ist.

2. *Partner aus dem Zeichen Krebs* (22. VI. – 22. VII.)

Vielleicht haben Sie Glück. Harmlos sind die »Krebse« allerdings nicht, denn sie leben fast immer im Dämpftopf der eigenen Gefühle. Es mag schaurig-schön sein, in Stimmungen und Launen oder in Erinnerungen zu schwelgen. Aber in dieses Museum gehätschelter und konservierter Gefühle fegt nun der Widder-Partner wie ein Föhnwind. Manchmal spielt er Elefant im Porzellanladen, und es kann dann Scherben geben. Oder der Widder-Partner wirkt wie ein erfrischender Sturm. »Krebse« brauchen viel Sonderbehandlung mit Streicheln, Trösten und Loben. Der »Widder« aber liebt schräge Musik, den Angriff und das Temperament. Wird es dem »Krebs« zu toll, verkriecht er sich in sein Schneckenhaus und tapeziert es mit neuen Gefühlen. Wie gesagt – es mag gutgehen, denn der »Widder« lebt überwiegend draußen in der Welt, der »Krebs« aber schätzt das eigene Heim und die innere Beschaulichkeit. Kommt der Widder-Partner nach Hause, macht es ihm der »Krebs« gemütlich, heiter und apart. Daß auch er insgeheim nach Freiheit und Beachtung seiner Persönlichkeitsrechte verlangt, ist ein lebenswichtiger Umstand für die Haltbarkeit dieser Ehe. Er verlangt weniger leidenschaftlich nach Durchsetzung in der Zweisamkeit als vielmehr nach Koexistenz, die auf kampflose Gefühlsharmonie aufgebaut ist. Daß man unterm Widder eine seelische Beziehung zum »Wirbel«, zu An- und Aufregungen, das Bedürfnis nach Selbstbehauptung hat, ist weithin bekannt, denn Widder ist ein Kampfzeichen. Der »Krebs« dagegen sucht die Ruhe, ein Leben nach eigenem Gutdünken und in eigener Regie. Ganz allein aber kann kein »Krebs« sein. Aus diesem Zwiespalt kommen schließlich die Spannungen im Gemüt. Es kommt hier also ganz darauf an, wie weit es ein »Widder« treibt. Man sollte etwas länger prüfen, denn Widder ist ein Feuerzeichen, Krebs aber hat mit dem Wasserelement zu tun.

3. Partner aus dem Zeichen Steinbock (22. XII. – 20. I.)

Falls Sie als Widder-Partner noch kein Haus oder »feste Werte« haben, so kommen Sie durch den Steinbock dazu. Allerdings – zum Mars (= Widder) kommt nun der Saturn (= Steinbock): Er symbolisiert Energie und Ausdauer, Angriff und Widerstand, Temperament und Zähigkeit. Theoretisch könnte einem »Widder« gar nichts Besseres passieren, als Bekanntschaft mit Grundstücken, Zinsen, Renten und sonstigen Sicherheiten zu machen. Dafür bringt er dem »Steinbock« die dringend nötige Aufpulverung, vertreibt ihm die trüben Gedanken, die Melancholie und die seelische Schwere. Es ist ein ständiges Geben und Nehmen: Der »Steinbock« bremst die unkontrollierten geistigen Höhenflüge des »Widders« und nötigt ihn durch einigen »Ballast« zur Realistik, zur Bodenständigkeit. Solchermaßen auf den Boden der Tatsachen zurückgeholt, lernt der »Widder« das Verweilen, das Behalten und das Vorausplanen der Zukunft.

Er muß auch in der Liebe Farbe bekennen, und mit dem »Herumzündeln« ist es vorbei: Er wird erstmals überwacht, getestet, in Besitz genommen. Sie werden selber zugeben müssen, daß es sich hier um zwei sehr verschiedene »Sterne« handelt, von denen einer (Steinbock) seine vorgeschriebene Bahn zieht – der andere aber (Widder) gern als außerfahrplanmäßige Sternschnuppe durch das Leben zischt. Man muß also wissen, was man will. Der »Steinbock« weiß es sehr genau: Er baut Gefühle planmäßig in sein Leben ein und organisiert sie. Beim »Widder« sind sie kurzfristig limitiert, wenn auch sehr heftig und von Knalleffekten lebend. Mit solchen Fieberkurven der Liebe ist ein echter »Steinbock« nicht zu bedienen – er will keinen Waldbrand, sondern zuverlässige Hausbrandversorgung. Aus den anfänglichen Sparplänen werden später Baupläne. Denn das Reich des Saturns, aus dem der »Steinbock« kommt, besteht aus gesicherten, zinsbringenden und vorausgeplanten Unternehmungen. Die Erziehungsarbeit am »Widder« – von seiten des »Steinbocks« – gleicht dem Drillen eines Hechtes oder dem Harpunieren eines Wals: Anziehen – Lockerlassen! So lange, bis man ihn endgültig hat, den Widder-Partner. Versuchen Sie es – das Leben besteht aus Erfahrung.

Heiteres Zwischenspiel mit Ihrem eigenen Sternzeichen Widder

Dieser Zufall kommt vor, wenn auch nicht allzu häufig. Und selbst wenn – kein Widder-Typ gleicht dem anderen. Es kommt noch auf die Aszendenten und die Mondpositionen an, überhaupt auf das ganze Horoskop. Ihrem hundertprozentigen Doppelgänger aus dem Tierkreis begegnen Sie so gut wie nie. Aber so manche Webfehler sind gemeinsam, und was dem einen sein Föhn, ist dem anderen sein Gewitter. Es mag schon sein, daß Widder-Leute irgendwann einmal etwas von Gleichberechtigung gelesen oder gehört haben, aber beide halten das für geistige Spitzenklöppelei. Die Praxis dieser Ehe besteht im gegenseitigen Tauziehen, im Ringen um die Vorherrschaft oder die Machtergreifung. Es muß kein Krieg sein, sondern kann sich in wortreichen und energiegeladenen Aussprachen vollziehen, was diese Ehe durchaus amüsant gestaltet. Zweifellos ist sie »marsgeladen« und ähnelt einem Vulkan mit zwei Kratern, von denen jeweils einer spuckt und manchmal alle zwei. Der Mars als militärischer Virus vertreibt die Langeweile und gehört zum Salz der Ehe. Das Ärgste wird meist dadurch vermieden, daß einer der beiden Partner abwesend ist. Die Frage ist nur: Wer zähmt wen? Ein Vierteljahr nach dem Standesamt ist diese Frage geklärt. Einer von beiden hat bestimmt seinen geistigen Gesichtskreis erweitert mit dem neuen philosophischen Wissen: Was mich nicht umbringt, macht mich stärker!

Einige Bewährungsproben:

Bekanntschaft mit den Fischen (20. II. – 20. III.)

Ein alter Grundsatz besagt, daß zwei Partner aus den aufeinanderfolgenden Zeichen – Widder folgt auf Fische – in ihrem Wesen vollkommen verschieden sind. Freilich gilt der Satz nur sehr bedingt, denn es handelt sich bei diesen Sonnenzeichen nur um einen einzigen Punkt des gesamten Horoskops. Beobachtungen solcher Ehen haben ergeben, daß das Fische-Herz weicher, sanfter, gemütvoller und anpassender ist als der gefühlsspaltende Reaktor unterm Widder. Das führt zu Übergriffen und im Fall einer Fische-Frau zum restlosen »Vernaschen« von seiten des »Widders«. Sollte es sich aber um einen Fische-Mann handeln, so wäre er erstmals gleichberechtigt beim Spülen, Geschirrwaschen und Kinderwagenschieben. Das kommende Zeitalter gehört, wie jedermann heute weiß, der Frau. Ganz besonders aber der Widder-Frau. Die Wunschträume unter dem Zeichen Fische sind sehr verschieden von jenen der Widder-Partner. Der soziale Aufstieg und die großen Taten werden im Zeichen Fische viel lieber geträumt. Den »Widder« aber gelüstet es nach der Tat. So lebt der eine nach innen, der andere nach außen. Die wirklichen Begegnungen sind daher kurzfristiger Art. Kommt etwas »Passenderes« dazwischen, ist die Krise da. Einer von beiden fühlt sich stets »unverstanden«.

Bekanntschaft mit Stieren (21. IV. – 21. V.)

Wieder ein »aufeinanderfolgendes« Zeichen (Stier folgt auf Widder). Jetzt kommt die Liebe zum Temperament oder die Venus zum Mars. Aber mit dieser Liebe kommt auch die Eifersucht, denn unterm Widder will man liebend gern »finden« – unterm Stier aber in erster Linie »behalten«. Daraus ergeben sich einige Schwierigkeiten. Gewiß – mit dem Stier-Partner hätte man ein gepflegtes, von der Liebe angestrahltes Heim. Aber wenn es Krach gibt, gleicht der »Widder« dem Blitz, der »Stier« dem lange grollenden Donner. Niemand wird hier mit dem anderen fertig. Wenn es beim Widder-Partner schon kocht und brodelt, herrscht beim Stier-Typ noch größte Gemütsruhe. Wenn aber ein »Stier« platzt, ist immer eine neue Wohnungseinrichtung fällig, und der andere weiß erstmals, daß Vorbeugen besser ist als Heilen. Diese Ehe läßt Zweifel aufkommen, ob die Sterne nicht doch zwingen. Wer gern an Symbole glaubt – hier soll er es vorbeugend tun: Beide – »Widder« wie »Stier« – tragen Hörner! Wenn sie abgestoßen sind, funktioniert eine solche Ehe.

Liebe und Ehe im Zeichen Stier

Geboren vom 21. April bis 21. Mai

Alles über Eva

Die Stier-Frau ist eine überwiegend praktisch orientierte Eva mit einem realistischen Sinn für die angenehmen Dinge des Lebens, allen voran die Liebe. Außerdem liebt sie den Genuß, die schönen und heiteren Seiten einer kultivierten Häuslichkeit und hat Sinn für Mode und Verfeinerung, nicht zuletzt aber für das liebe Geld oder die »sicheren Werte«, die von Rost und Motten nicht gefressen werden können.

Die Teste über die Stier-Frau haben übereinstimmend ergeben: Sie ist ein sehr liebevoller, treubesorgter Partner in der Ehe und besitzt obendrein – gewissermaßen als Gipfel aller männlichen Sehnsüchte – auch noch Hausfrauentugenden. Einige dieser Evas könnten hinsichtlich raffinierter Kochkünste mit dem Chefkoch eines Feinschmeckerrestaurants konkurrieren. Daß sie den Himmel lieber auf Erden suchen und allen irdischen Freuden sehr zugetan sind, könnten ihnen höchstens berufsmäßige Asketen verübeln. Aber es darf gleich gesagt werden: Diese Mädchen heiraten keine Asketen, sondern weltzugewandte, lebenstüchtige und liebesfreudige Männer. Das letztere ist sehr zu beachten, denn wir dürfen allen Interessenten diskret verraten: Herrscherin des Zeichens Stier ist die Venus. Einst nannte man sie die Liebesgöttin und erbaute ihr Tempel, sogar Liebeshaine. Das kann sich natürlich heute keiner mehr leisten. Dennoch: Ein Stiermädchen bettet sich, wenn sie kann, auf Daunen und meidet den harten Umweg der Selbstfinanzierung. Sie versteht es meisterlich, in verhaltener, dezenter Weise zu becircen und zu locken, zumal sie von der Natur meist mit anmutigen Kurven ausgestattet ist. Die solchermaßen Angelockten sollen keinesfalls den antiken Brauch des Opferns und Schenkens übersehen, denn eine echte Stier-Frau wird des Mammons niemals überdrüssig. Alles, was schön und teuer ist, was beglückt und schmückt, bringt das Gemüt einer Stier-Dame zum Singen! Man muß zugeben: Eine billige Venus wäre auch keine Göttin mehr. Selbstverständlich erhalten die Anbeter einer Stier-Frau auch Gegenwerte. Beispielsweise kommt selbst ein verwahrloster Mann mit einer solchen Frau binnen kurzem auf den grünen Zweig, erhält ein pünktliches Mittagessen, etwas Taschengeld und ein geordnetes Liebesleben unter völligem Verzicht auf fremde Reize »illegaler« Sexbomben. Man sollte es rechtzeitig wissen: Diese Frau will um ihrer selbst willen geliebt sein. Manchmal allerdings kommt mit dem Geld auch die Liebe.

Eine besondere Eigenart unterm Stier ist die mangelnde Lockerung und Beweglichkeit im Seelischen wie im Geistigen. Man bevorzugt solide Standpunkte, handfeste Überzeugungen und unnachgiebige Weltanschauungen. Man klammert sich an das Erworbene – sei es an einen geliebten Menschen oder an den Besitz schlechthin. Auch Sympathien und Antipathien werden ausdauernd gezüchtet. Überhaupt alles, was in den Bereich von Gemüt und Gefühl gerät, wird hartnäckig, zäh, ja eigensinnig verteidigt. Daß Stier-Frauen – mit Sonne im Zeichen Stier – erwerbstüchtig, realistisch und zugleich schönheitsempfindend, im Seelischen nach Harmonie verlangend sind, weiß man aus vielfacher Beobachtung. Sie schätzen keinesfalls den Wechsel, sind konservativ und lieben Heim, Häuslichkeit und Familie, aber auch Vergnügungen und die heiteren Dinge des Lebens. Ob der Venuseinfluß sehr verfeinert ist, hängt von den Konstellationen der Sonne und der Venus im Geburtshoroskop ab. Zuweilen hat er Bezug zu den Künsten, ganz besonders zum Gesang, zur Musik überhaupt. Die Kochkünste des Venustyps sind weithin berühmt; sie haben Bezug zum praktischen, realistischen Teil des Zeichens Stier. Die negative Seite der Venus fördert Eitelkeit, Vergnügungssucht, Genußsucht und Phlegma – besonders dies! Jeder gute Venusaspekt aber bessert das Zeichen Stier auf. Liebesenttäuschungen und Unruhefaktoren in der Ehe, aber auch materielle Unsicherheiten im Beruf des Partners lösen bei der Stier-Frau größte Disharmonie im Seelischen aus. Jede Gefühlsernüchterung wühlt ihr Gemüt auf. Bindungen, die auf solche Weise einmal erschüttert wurden, sind nicht leicht wieder einzurenken, da die Stier-Frau schwer vergeben und noch schwerer vergessen kann. Gemäß statistischen Beobachtungen hat das Zeichen Stier im Hinblick auf die Ehe größtenteils Tendenz zur Stabilität; man fand speziell bei Sonne im Stier wenig Scheidungen. Allerdings sind Liebe und Sex hier von größter Bedeutung! Die Stier-Frau ist die »große Liebende«, aber zugleich bleibt sie stets realistisch. Heiratsschwindler und Märchenerzähler kommen bei ihr so gut wie niemals an. Sie denkt zu »erdverbunden«, setzt auch ihr – meist hübsches – Köpfchen zäh und verbissen durch. Bester Tip, um zum »Lieblingsmann einer Stier-Frau« ernannt zu werden: Legen Sie kurzerhand am Monatsersten Ihr Gehalt auf den Tisch und sagen Sie: »Du wirst schon wissen, wie du es einteilen mußt, Liebling!«

Das erspart jedem Mann unnötige Ausgaben für Freundinnen, die nach der Heirat mit einer Stier-Frau ohnedies völlig überflüssig werden. Zwar vermag diese Eva aus dem Zeichen Stier meisterhaft zu flirten, macht aber drohenden Rivalinnen und anderen Kätzchen, die an ihrem eigenen Herd heimlich schnurren möchten, mit beispielloser Energie den Garaus. So erleben auch jene Interessenten, die mit der Stier-Frau »unverbindlich« spielen wollten, eine rasche Umerziehung und unmißverständliche Hinweise auf amtliche Beweisführung privater Gefühle.

In der Liebe – die meisten Anbeter einer Stier-Frau wissen das! – ist sie für langfristigen Genuß und Intensität der Leidenschaften, wobei sie allerdings auch persönlich nicht enttäuscht. Obwohl wir in einer Zeit leben, die auf rasches Konsumieren ausgeht, sind bei der Stier-Frau orientalische Handelsbräuche nicht gefragt; sie würde einen Scheich ohne weiteres gegen einen zuverlässigen Beamten eintauschen. Wenn sich die Stier-Frau auch eine luxuriöse Phantasie leistet, so artet sie dennoch niemals so aus, daß sie den Spatz in der Hand verschmähen würde, wenn sie die Taube auf dem Dach nicht bekommen kann. In der Luft der dünnen Ideale lebt kein »Stier«, und auch diese Eva ist für die »Erde« geboren, und irdisch sind ihre Lieblingswünsche, die Freude am »süßen Leben«, an den Künsten, am kultivierten Wohnen und jenem »Hauch von Nerz«, der die Persönlichkeit anhebt. Was die harte Arbeit anbelangt, so macht sie der Stier-Frau keinesfalls soviel Spaß wie das »zufallende Glück« durch Heirat, Erbschaft oder Lotterie. Von jeher weiß man, daß die Venus kein »Strapazierplanet« ist. Sie hat auch weniger mit geistigem Blinkfeuer zu tun als vielmehr mit körperlichen Reizen. So weiß die Stier-Frau schon von Kindheit an, worauf es ankommt, und richtet sich später gelegentlich nach dem Werbevers: »Schön verpackt verkauft sich gut!« Gerade darauf versteht sich eine Stier-Frau meisterhaft; nicht selten hat sie auch beruflich mit der Mode zu tun. Die »zurückhaltenden« Stier-Frauen müssen natürlich im Zeitalter der Reizüberflutung und angesichts der ständigen Konkurrenz von Sexbomben und Playgirls ebenfalls »fit« werden. Aber unterm Stier klingt dennoch stets das Motiv der Sicherheit und der Versorgung an, und so lehnt die Stier-Dame Playboys strikt ab. Was sie ersehnt, ist der »Mann fürs Leben«, formtreu, knitterfrei, zuverlässig und keinesfalls neurotisch – kurz gesagt: ein »Mannsbild«, auf das man sich verlassen kann! Er sollte bei der Werbung einen Bankausweis auf den Tisch legen und auf anständige Werbungsspesen nicht verzichten. Schließlich ist die Stier-Frau im schwelgerischsten Monat des Jahres geboren und hat daher ein Recht auf Blühen und Gedeihen, auf Schmuck – dies ganz besonders! – und Freuden, auf Schönheit und Liebe. Übrigens – Männer sollten es wissen: Das Zeichen Stier gehört ebenso wie Löwe zu den »schmückenden« Zeichen des Zodiaks. Es bestärkt bei den Evas unterm Stier eine geheime Sehnsucht nach Ringen, Perlen, Armbändern, Halsbändern und Diademen. Es schmerzt eine echte Stier-Frau namenlos, wenn sie solche Dinge selber kaufen soll (was sie niemals tut!). Meist gelingt es ihrer praktischen Wesensart und ihrer pädagogischen Begabung, aus Männern Kavaliere zu machen. Das vielgeliebte Geld möchte man nicht nur erwerben, sondern auch erhalten. Viele Stier-Frauen gelangen in den Besitz eines Hauses, Grundstücks oder betreiben zinsenbringende Geschäfte. Einige verstehen es aber auch, Geld charmant auszugeben. Von der »verdorbenen« (aspektverletzten) Venus, die zur Bequemlichkeit, zum Phlegma, zum Eigensinn und zur Abneigung vor der Arbeit führt, wollen wir nur am Rande reden, um Männer nicht zu schockieren. Schließlich muß man eine Göttin, der man früher Tempel aus Marmor errichtete, nehmen, wie sie ist!

Alles über Adam

Die Sonne im Stier ist auch im männlichen Horoskop das Symbol für Realistik und Sachlichkeit, für »Rentabilität« und Nützlichkeit. Manchmal wird auch die Liebe auf diesen Generalnenner gebracht. Im ganzen ist der Stier-Mann ein Maximalverbraucher von Lebensfreuden und Sinnengenüssen – zu mäßigen Preisen! Er lebt fast immer von einem gewaltigen Vorrat an Vitalität, den er aber im Lauf eines vergnüglichen Lebens ziemlich restlos konsumiert, denn er huldigt dem Wahlspruch: Nach mir die Sintflut! Geld ist der Motor aller Dinge, das weiß man unterm Stier schon nach dem Verlust der Milchzähne. Später kristallisiert sich dieses intuitive Wissen zu einer ausgereiften Weltanschauung, und so kultivieren denn Stier-Männer eine Wissenschaft des Absetzens von der Steuer, der Reisespesen und Unkosten, um die sie ein Oberfinanzrat beneiden müßte. Auch ist ihnen die Erdrinde lieber als der siebente Himmel nach dem Tod, denn unterm Stier verlangt man handfeste Beweise und glaubt nur an die Dinge, die man greifen kann. Hierzu gehört auch die Liebe, die einen Stier-Mann zeitlebens fesseln kann. Freilich – die solchermaßen »ergriffenen« Frauen gehen nach der

Heirat seelisch, geistig, am meisten aber körperlich in den »Besitz« des Stier-Mannes über. Sie werden »Inventar« der Ehe.

All seine Hoffnungen und Wünsche liegen im engen Kreis dessen, »was not tut«. Damit ist gemeint: Geld, Sicherheiten, Häuser, Grundstücke, Pfandbriefe, Goldplättchen, Sparkonten und – wenn möglich – auch etwas Angeheiratetes. Wen wundert es, daß unter diesem Zeichen so viele Gourmets, große Köche, Besitzer von Schlemmer-Restaurants, aber auch Feinkost- und Lebensmittelhändler und natürlich »Erotiker« geboren sind? Die höchste aller irdischen Freuden nach der Liebe sind materielle Absicherung, steigendes Konto und schließlich gutes Essen und fröhliches Trinken – die dem Stier-Geborenen manchmal Diabetes einbringen.

Obgleich ihm die Natur das strapazierfähigste Nervensystem aller zwölf Zeichen in die Wiege gelegt hat, beruhigt ihn doch Geld und Besitz am meisten. Obgleich er für den kultivierten Rahmen um seine Persönlichkeit notgedrungen Geld opfert, möchte er doch billig leben. Moses, der einst mit dem Stab aus dem Felsen Wasser zauberte, muß im Stier geboren worden sein, denn ihm ähnlich zaubert der Stier-Typ aus allen Löchern Geld. Und zum Schluß läßt er dieses Geld auch noch für sich arbeiten – dies gehört zur letzten Seligkeit im Zeichen Stier, denn es erspart Arbeit, die keineswegs fanatisch geliebt wird.

Was die Liebe anbelangt, so wird sie unterm Stier groß geschrieben und hält bis ins hohe Alter an. Das Mädchen, das sich ein Stier-Mann einbildet, könnte flüchten, wohin sie will – der Stier-Mann findet sie. Seine Wünsche, Ziele und Verlangen sind so »bohrend«, zäh und ausdauernd, daß sie der Dynamik eines Preßluftbohrers gleichkommen, was auf lange Sicht jeden Erfolg verbürgt. So gleicht die Liebe im Stier einem Dampftopf von Gefühlen oder einem gebändigten Vulkan. In jedem Fall ist sie ein abendfüllendes Stück und verlangt Vorspiel wie Nachspiel und selbstverständlich auch ein genußvolles Souper. Einmal von einem Stier-Mann geliebt zu werden heißt alle Hoffnungen auf weitere Liebesabenteuer fahrenzulassen.

Daß man Stiere bei den Hörnern packen soll, ist lediglich ein Rezept für gelernte Stierkämpfer. In der häuslichen Arena ist nicht viel damit anzufangen, weil man es mit erbitterten Widerstandskämpfern zu tun bekommt, die eheliche Kriege über Jahrzehnte hinweg durchhalten. Einem Stier-Geborenen gar Hörner aufzusetzen, ist fast unmöglich; dieses Unternehmen käme glattem Selbstmord gleich.

Man muß wissen – unterm Stier wurden die berühmten »Berserker« geboren; auch die Blutrache gehörte diesem Zeichen an. Natürlich kann auch ein Stier-Mann nicht ununterbrochen »berserkern«, er möchte viel lieber ausruhen, genießen, lieben und angenehm leben. Die meisten versuchen, diesen genüßlichen Zustand ein Leben lang aufrechtzuerhalten. Manchmal wird die Ehe auch ein Zweckverband. Es hat sich erwiesen, daß der Stier-Mann wahrhaft groß »im Nehmen« ist. Er kann unwahrscheinlich lange Zeit leiden, ohne zu platzen. Im Vertrauen auf diese Zementeinlage im Stier-Gemüt darf man aber dennoch nie sündigen, denn der Vorgang des Platzens gleicht einer atomaren Kernspaltung, und es hat schon Stier-Männer gegeben, die völlig vergaßen, wie sie einst liebten. Der Ausgang solcher Katastrophen ist dann manchmal in der Zeitung zu lesen.

Ist aber der Stier-Mann auf der Fährte seiner Geliebten, dann bringt ihn kein Erdbeben von seinem Besitzstreben ab. Man nennt dies Hartnäckigkeit und – falls die Sonne im Stier gewisse Marsverletzungen aufweist – auch Sturheit. Böse Zungen behaupten daher, das Familienwappen eines Stier-Mannes sei der Drillbohrer. Glücklicherweise verfolgt er nur immer ein Ziel, einen Plan – während dieser Zeit ist alles andere Mattscheibe. Mit solchem Radargerät, das nur auf eine einzige Wellenlänge anspricht, kommt man im Beruf, im Geschäft und auch in der Liebe auf den grünen Zweig. Eines Tages allerdings möchte man auf seinen Lorbeeren ausruhen und die Früchte seiner Taten genießen.

In der Liebe ist der Stier-Mann hingebend, treu besorgt, selten klagen die Besitzerinnen über mangelnde Erfüllung ehelicher Pflichten. Vor der Heirat hat ein Stier-Mann viele Freundinnen, wobei auch stets der »Zufall« oder die gute Gelegenheit eine Rolle spielen. So mancher Witz mit dem Gasmann oder dem Briefträger hat mit solchen Gelegenheiten zu tun. Allerdings – die Spesen für die »Vergnügelchen« sollen nicht allzu hoch sein! Denn unterm Stier herrscht das Gesetz des Sparens, und nur Lebensgenuß zu billigen Preisen ist für den Stier-Typ ein Hauptspaß.

Hat man ihn, so kann man ihn freilich nie wieder umfassonieren oder gar umtauschen. Sein Gemüt ist heiter, aber nicht zu verändern. Daß seine Liebe wertbeständig ist, versöhnt die Gattinnen, noch mehr aber, daß er manchmal selbst zum Kochlöffel greift. Es mag Leute geben, die den heißen Wunsch haben, auf dem Mond zu landen. Den Stier-Mann rührt das nicht – er hat immer noch genügend Platz auf dieser Erde und viel Freude an den Spielen der Venus. Wenn alle Welt behauptet, die Zeiten seien apokalyptisch, düster, entnervend – den Stier-Mann bringt dies alles nicht um, denn er findet auch in der Wüste noch einen Grashalm und mitten im Währungsschwund noch ein Grundstück. Er versteht etwas von der Bienenphilosophie, selbst aus kleinsten Blüten noch Honig zu saugen. Manchmal ist er naturverbunden, liebt Heim und Garten und macht beide zu seinem privaten Himmel.

Hinsichtlich Liebesschwüren und Weltanschauungen allerdings verlangt er handgreifliche Beweise und bleibt allen Versprechungen gegenüber mißtrauisch. Obwohl er erfüllt ist von heftigen irdisch orientierten Wünschen, Plänen und Zielen, haben sie für ihn dennoch nur Wert, wenn sie sich praktisch verwirklichen lassen. Es ist heute viel die Rede von seelischen Erkrankungen. Einen Stier-Mann kann nur die drohende Inflation, eine schwankende Existenz oder die Angst vor dem ungesicherten Alter krank machen. Seine Seele ist ihm bei äußerem Wohlstand weitgehend unbekannt.

Daß der Stier-Mann so ziemlich an seiner einmal erwählten Partnerin festhält, hat sich statistisch erwiesen. Man liest zuweilen, daß die Ehe für unsere moderne Zeit überholt sei. Nicht so für den Stier-Geborenen (ob Aszendent oder Sonne im Stier zeigt in Sachen Liebe nicht sehr viel Unterschiede). Selbst wenn Polschwankungen, Erdachsenverschiebungen oder die Atomheizung kämen – der Stier-Mann bliebe sich gleich. Im Grunde seines Herzens ist er bescheiden, und wenn er schon zuweilen einen Seitenblick auf die Mitgift seines Lieblings wirft – andere tun es auch! –, dann nur, um wenigstens anständig über seine Verhältnisse leben zu können. Ein Stier-Mann verzichtet mit Sicherheit auf jenen Beweis selbstloser Liebe, der früher nur durch die Heirat mit einer armen Kirchenmaus zu erbringen war, und zwar aus dem untergründigen Wissen, daß absolute Selbstlosigkeit und Bargeldlosigkeit an Selbstmord grenzen.

Eines haben die Besitzerinnen von Stier-Männern noch voraus: Er wird niemals managerkrank. Er weiß: Das meiste auf dieser Welt wird nicht durch die brutale Tat und auch nicht durch hochgradige Intelligenz erreicht, sondern durch Ausdauer, um nicht zu sagen – durch die Sturheit eines langatmigen Willens, der nicht unbedingt gleich Berge versetzen will, sondern jeden Tag ein Steinchen. Ein Horoskop ist ihm daher keine sonderliche Lebenshilfe, denn kein Stern ist ihm so nahe wie das eigene Hemd.

Wer paßt zum Zeichen Stier?

Viermal dürfen Sie wählen:

1. Partner aus dem Zeichen Jungfrau (24. VIII. – 23. IX.)

Nach alter Tradition wären Sie hier an Ihr »Double« geraten, also an den passenden Partner. Wie immer dürfen wir Sie gleich darauf aufmerksam machen, daß hier nur ein Faktor von vielen, nämlich das Sonnenzeichen beider Partner, miteinander verglichen wird. Vom gesamten übrigen Horoskop wissen Sie nichts, und sehr viel könnte natürlich noch »dagegen« sein.

Es ist wahr, soweit es sich bei Ihnen um ausgesprochene Stier- und Jungfrau-Typen handelt, haben Sie sehr viel Gemeinsames, vor allem haben Sie Ihre eigene Versicherungsgesellschaft gegründet, denn Wirtschaftlichkeit, Sparsamkeit, Überlegung, Vorsicht und Kalkulation stehen bei allen Handlungen obenan. An Gefühlen allerdings bringt der Stier-Geborene die größere Mitgift in die Ehe – von seiten des Jungfrau-Partners kommt noch »Köpfchen« hinzu. Es handelt sich also um eine Ehe zwischen Herz und Verstand – was könnte man mehr verlangen? Auch haben Sie Ihren eigenen Steuerberater im Haus – es ist selbstverständlich der Partner aus dem Zeichen Jungfrau! Wer wem in den Kochtopf guckt oder zuweilen leise nörgelt, kritisiert und die Haushaltsbücher prüft, wissen Sie ohnedies: wiederum der Jungfrau-Partner. Er weiß vieles besser und droht manchmal mit dem Zeigefinger, denn er hat etwas vom Lehrer. Es steht aber fest, daß Ihre Sparkonten unaufhaltsam klettern, denn alles, was sonst die Freundinnen finanziert, fällt hier in die eigene Sparkasse. Sie haben sich dem zwar einfachen, aber praktischen Leben verschrieben und einer ehelichen »Regenversicherung«, denn das mäßig, aber dauerhaft glühende Lämpchen der Jungfrau-Liebe ist manch flackerndem Scheinwerfer voraus. Es handelt sich also um die Vorteile einer guten Kameradschaft. Vom Stier-Partner weiß man, daß er in seine literarischen Interessen auch das Kochbuch einschließt. Dies setzt Ihrem Lebenslauf bei gutem Essen auch noch einige Lichter auf, die dem Jungfrau-Typ zweifellos lieber sind als ein strahlender Lüster im Salon oder verschwiegenes Rotlicht in der Nachtbar. Für solche extreme Konsumgüter haben beide wenig Sinn. Diese Ehe geht in den meisten Fällen gut!

2. Partner aus dem Zeichen Steinbock (22. XII. – 20. I.)

Man darf Ihnen zu Ihrem nahezu besten Stück gratulieren! Alles ist beisammen: das Geld, die Häuser, die Zinsen, ein Titel, die Pension, der soziale Aufstieg und die Rendite! Aber für alles Glück bezahlt man einen Preis. Das Herz des Steinbock-Typs ist längst nicht so feurig wie das Ihre. Aber bedenken Sie: Ein Mensch, der nur an seinen Beruf und seine Geschäfte denkt, kann nicht immer flöten wie eine Amsel im Lenz. Er ist eben etwas nüchterner. Aber unterm Stier weiß man schon, wie man Liebe weckt. Die Statistik ergibt, daß Stier/Steinbock-Ehen so gut wie nie geschieden wurden. Hier weiß man, was man hat. Man kommt nicht nur zu Geld und Besitz, man versteht es auch zu bewahren, anzulegen, zu vermehren. Überlegen Sie daher nicht lange – heiraten Sie sofort! In dieser Ehe bringen Überlegung, Planung und Geduld den langsamen, aber sicheren Aufstieg. Auf die Fieberkurven der Leidenschaft wird eines von beiden zuweilen verzichten müssen. Auch dem Steinbock-Partner wird hier etwas geboten: die unerschütterliche Zuversicht und Bereitschaft, den Ballast seiner Seele mitzutragen. Von so mancher Stier-Frau weiß man, daß sie gern ans »zufallende Glück« glaubt und heimlich, still und leise einen Lottozettel ausfüllt. Vom Hochzeitstag an erübrigt sich dies, denn der »Steinbock« war ihr bester Tip. Zum Geldüberhang kommt es nach Jahren gemeinsamer Arbeit, und in Ihrer Bibliothek wird das Sparbuch zum meistgelesenen Knüller. Vom Steinbock kommt das Haus, der Stier schmückt es aus. In Ihrer Ehe kommt die Venus zum Saturn oder das Schöne zum Nützlichen, im ganzen handelt es sich also um »angewandte Kunst«.

3. Partner aus dem Zeichen Krebs (22. VI. – 22. VII.)

Es steht fest: Sie haben beide eine Sehnsucht nach Sicherheit und Umsorgung, aber auch nach freundlicher Behandlung – wie sollte diese Ehe schiefgehen? Der Stier-Partner hat hier eine Aufgabe, der nur wenige gewachsen wären: Er muß die Seelenkrisen des »Krebses« ertragen und mit jener Geduld überstehen, deren nur ein Stier-Typ fähig ist. Es gibt »Krebse«, denen die eigenen Stimmungen und Launen sogar selbst zum Halse heraushängen. Wo fänden sie so etwas Unerschütterliches, Unwandelbares wie eben beim »Stier«? Die Psychologen wissen es: Jeder sucht beim anderen das, was ihm selbst fehlt. So handelt es sich tatsächlich um einen sprichwörtlichen »Krebsgang« in existenziellen Nöten und um ein verfeinertes

Nervensystem, das vom Stier-Partner zeitweise gestreichelt werden muß. Völlig auf sich selbst gestellt, verkommt ein Krebs, weil es ihm an der hartnäckigen, über Jahrzehnte hinweg anhaltenden Ausdauer fehlt. Aber seine Zuverlässigkeit, sein Pflichtgefühl und sein Familiensinn erfreuen den Stier-Partner über alle Maßen. Die Sehnsucht nach dem Wunderbaren, nach der Ferne und den ewig wechselnden Horizonten sollte der Krebs schon hinter sich gebracht haben, denn unterm Stier schätzt man das Bleibende, die Heimat, den sicheren Hafen. Ein wunder Punkt ist der angeborene Freiheitssinn des Krebs-Typs, der sich nicht in fremde Zwangsjakken begibt. Und manchmal möchte er noch Versäumtes aufholen und ist dann bereit, Erspartes zu opfern. Solch unmotivierte Aufwinde der Lebenslust kennt man unterm Stier selten, und jeder Kontoschwund verursacht manch heimliche Träne. Wenn es irgendwie zu machen ist, sollte das Leben für den Stier-Partner eine schöne, gerade und gut überschaubare Straße sein, mit gelegentlichen Parkplätzen im Grünen und heiteren Vergnügungen nach der Arbeit. »Krebse« aber sind zuweilen Weltenbummler, Strandläufer und Individualisten. Hier liegen einige Reizstreifen in der Ehe. Die Stier-Frau könnte sie entschärfen.

4. Partner aus dem Zeichen Fische (20. II. – 20. III.)

»Stier« und »Fisch« haben etwas Gemeinsames: Beide lieben die Ruhe – ganz besonders die Gemütsruhe! – und die Bequemlichkeit. Da man aber unter den Fischen gern von heute auf morgen lebt und der Stier das Glück selbst organisiert und absichert, ahnt man sogleich, wer hier am meisten profitiert. Eine echte Gemeinsamkeit ist auch die Freude am »dolce vita« – dem süßen Leben. Um es sich leisten zu können, sollte einer von beiden Partnern etwas in die Ehe mitbringen, und wenn es nur ein Hausstock oder ein Paket Pfandbriefe wären, in denen der »Stier« am liebsten liest. Handelt es sich beim »Fisch« um eine Eva, so hält sie der »Stier« im eigenen Aquarium. An diesem Vergleich hinkt nicht sehr viel, denn die Abschirmung von den vielfachen Sexgefahren der Außenwelt ist hier zuverlässig und lebenslänglich. Über die Zuverlässigkeit und Hartnäckigkeit eines »Stiers« hat noch jeder Fische-Partner gestaunt. Im umgekehrten Fall wäre die Stier-Dame hier der ruhende Pol in der Ehe. An solche Sicherheiten gewöhnt sich ein »Fisch« nur zu gern. Er ist kein Widerstandskämpfer, eher ein Pazifist der Ehe und ein Freund aller Kochkünste bei bescheidenen eigenen Anstrengungen. Alle echten Lebenskünstler haben solche angehobenen

Wünsche mit dem Motiv: Gut leben, aber preiswert. Diese Ehe ist ein Rendezvous des Jupiters mit der Venus – also Fülle, Heiterkeit, Wohlleben und Liebe. Daß diese Liebe auf Daunen nicht allzusehr verweichlicht, dafür sorgt der Stier-Partner durch realistische Fünfjahrespläne und Kontrolle der Sparkonten. Viele geistige Bastelideen und schillernde Phantasievögel fallen dank dem Stier-Partner in den Müll. Einiges frißt man unter den Fischen klaglos in sich hinein, anderes ersäuft man im Alkohol. Am Konsum des Feuerwassers wird ersichtlich, ob ein »Fisch« noch glücklich und ohne psychische Verklemmungen ist.

Dreimal müssen Sie prüfen!

1. Partner aus dem Zeichen Löwe (23. VII. – 23. VIII.)

Vom Gefühlsüberhang eines »Löwen« wurden schon viele angelockt, denn so feurig liebt keiner! Im Vertrauen gesagt: Man hat schon beobachtet, daß die »Löwen« auch auswärts noch liebend gern tätig sind und manche unverstandene Seelen trösten wollen. Männliche »Löwen« müssen auch noch nachts zur Tränke und brauchen dann Geselligkeit. Man muß also hier zur Vorsicht raten, denn die Stier-Partner halten ihre Lieblinge sehr gern im Reservat, eingezäunt und vor Gefahren geschützt. In beiden Zeichen funkt es gewaltig – beim »Löwen« vorübergehend und mit Theaterdonner – beim »Stier« mit Dauergewitter und Landregen. Außer der Eifersucht ist da noch eine Kleinigkeit, auf die wir aber diplomatisch aufmerksam machen müssen: Unterm Löwen hat man eine lockere Hand und streut Geld unters Volk, teils zur Selbstbelustigung, teils aus Großmut und Mitleid. Solche Sparkassen mit Löchern, aus denen es zeitweise immer wieder tropft, bringen einen echten »Stier« mit eingraviertem Sparsinn zum Herzflimmern. Irgendwann platzt er, und dann entstehen die Ringkämpfe geistiger Art. Wir müssen nun schon alles sagen: Der Löwe hat immer Zivilcourage, neigt zum Brüllen – er kann nicht anders – und ist in keinen Käfig zu bringen. Als Bettvorleger hätten Sie ihn ja gar nicht geheiratet! Und vermutlich brachte er auch etwas mit in die Ehe – und wenn es die Kinder aus seiner ersten Ehe waren. Man muß also wissen: »Löwe« sein heißt »Herrentum im Geiste«, Generosität und Lebensschwung. Den Stier-Typ aber kennzeichnen eher Vorsicht, Sparschweinchen und Widerspenstigkeit, auch Besitzerdrang. Man wird mit Nebenbuhlern, Freundinnen und mit zornrauchenden Gefühlen zu tun bekommen; das ist die »Kampfperiode« in dieser Ehe. Wenn die Probleme schon gleich nach dem Standesamt auftreten, werden sie von der Liebe immer wieder ausgebügelt. Später, wenn die Leidenschaften bettlägriger werden, kann es zu Freiheitskämpfen kommen. Deswegen können wir Ihnen nur raten: Siehe oben!

2. Partner aus dem Zeichen Skorpion (24. X. – 22. XI.)

Es gibt friedliche, nachgiebige Leute, die sich zuweilen nach einem Krawall sehnen. Dieses unterschwellige Verlangen erklärt sich aus der »Anziehung der Gegensätze«. Wer von den beiden obengenannten Zeichen solche Gelüste nach seinem Gegenspieler hat, wissen wir nicht. Aber astrologisch bezeichnet man diese Bindung von Sonne im Stier zu Sonne im Skorpion als »Oppositionsaspekt« (darüber mehr im Kapitel *Aspektlehre).* Ein solcher Aspekt kann freilich durch andere Konstellationen und Aspekte beider Horoskope weitgehend abgeschwächt werden. Etwas freilich bleibt: die »Spannung«. Die Erfahrung beweist: Spannungen führen zu Knoten, manchmal zum berühmten Gordischen Knoten. Und nun haben Sie einen Partner – es ist meist jener aus dem Skorpion –, der diese Knöpfe unter Einsatz komprimierter Gefühle kurzerhand durchhaut. Schönste und heiterste Begleiterscheinungen in dieser Ehe sind die gußeiserne Zähigkeit und Entschlossenheit und die mit Zorn geladene Vehemenz in der Behandlung ehelicher Differenzen. Anfänglich gibt es Funken der Leidenschaft, denn in der Blüte der jungen Ehe ist Sex Trumpf. Es scheint so: Himmel und Erde vergehen, aber »unsere Liebe währet ewiglich«. Dieses Wissen kommt aus dem Drang, einander mit Haut und Haaren zu verspeisen. Aber jeder Besitzverlust an Liebe gebiert hier glühende Eifersucht! Mit dieser Leidenschaft könnte man ganze Dramen füllen. Und beide Partner verfügen über ein ausgezeichnetes Gedächtnis – man weiß den Jahrestag vom ersten Kuß, aber auch vom ersten Gewitter. Wenn es klappt und die Willensimpulse nicht über den normalen Hausgebrauch hinausgehen, kann es eine Ehe auf Gedeih und Verderb werden– niemals gehen diese Partner unter! Beide zusammen ergeben das zäheste Widerstandsnest im Kampf mit der Materie. Klappt es nicht, kämpfen beide noch beim Scheidungsrichter weiter. Aus der Erfahrung weiß man, daß es erst nach langen Jahren zur Koexistenz kommt. Einer von beiden wird meist beschädigt.

3. Partner aus dem Zeichen Wassermann (21. I. – 19. II.)

Unterm Wassermann gedeihen Phantasie, Einfälle und geistige Blitzlichter. Der Stier-Typ zwingt sie herab auf den Boden der Tatsachen, und nun müssen sie erweisen, was sie wert sind. Aber ganz ohne Abenteuer geht es nicht ab, und wenn sie von einer Eva aus dem Wassermann geliefert werden, geht dem Stier-Partner der Hut hoch. Er muß sich erst an diese spritzige Dame gewöhnen, während ein Stiermädchen zeitweise sehr entzückt ist über die abendfüllenden Unterhaltungen und zahlreichen Hobbies ihres Lieblings. Aber es kommt der Tag, an dem auch Freundinnen wieder zum Hobby werden, und dann kreuzt. Schicksal auf – die Stier-Dame liefert es! Vorbeugend dürfen wir gleich warnen: Schlimmstes für den Wassermann-Partner wäre der Laufstall und die eheliche Überwachung! Hier gab es schon manche Ausbrüche, Abbrüche und »grundsätzliche Aussprachen«. Den Grund hierzu liefern die gemeinsamen Tugenden der unnachgiebigen Zähigkeit und des leidenschaftlichen »Tauziehens«. Unterm Zeichen Stier wird man niemals müde, vergangene Sünden des Partners wieder aufzuwärmen. Es gibt aber auch langmütige und duldsame Stier-Partner, und so manche spritzige Wassermann-Frau, die ihn als eheliches Juwel bekommt, empfindet ihn beinahe als einen »nie ausgehenden und immer wärmenden Kachelofen«. Die Besitzerinnen (unterm Wassermann) behaupten ferner, daß sie in zehn Ehejahren höchstens drei- bis viermal elementaren Krach hatten und dann sehnlichst nach einem Mauseloch verlangten, um flüchten zu können. Die Ursache war fast immer Eifersucht. Sollte es eine Stier-Frau als Partnerin sein, so hätte sie selbstverständlich kein unbegrenztes Verständnis für die Freundinnen des »Wassermanns«. Wem also das Flirten sozusagen im Blut liegt, der muß sich in dieser Ehe ein anderes Hobby zulegen. Allgemein wurde versichert, daß sich unter diesen beiden Zeichen erst ab einem ganz bestimmten Zeitpunkt eine »Idealehe« ergeben könne, nämlich, wenn sich beide Partner zusammengerauft haben. Dies soll es aber auch unter anderen »Sternen« geben.

Einige Bewährungsproben:

Bekanntschaft mit Zwillingen (22. V. – 21. VI.)

Wenn es nur nach dem Sonnenzeichen ginge, so hätten diese beiden so gut wie keine Wahlverwandtschaft, denn jedes dieser Zeichen ist eben »anders«. In Wahrheit aber sind die Mischungen so zahlreich, daß sich in jeder Ehe eine Chance zum Brückenbau ergibt. Hier ist zweifellos der Zwillinge-Partner der Lieferant heiterer Liebesstunden und unterhaltender Zwiesprachen, die nur dadurch benachteiligt sind, daß er selten Zeit hat, oft abwesend, verreist ist oder sonstwie »abhanden kommt«. Auch muß er sich öfters mal verlieben – das ist nahezu ein Naturgesetz unter den Zwillingen. Im Stier dagegen kultiviert man die Einehe und den »restlosen Anspruch« auf das einmal angetraute beste Stück. Man muß es dem Zwillinge-Partner verzeihen: Die Gelegenheiten sind zu zahlreich, die Möglichkeiten zu groß und die innere Widerstandskraft gegen das »Pflücken von Blümchen am Wege« so gering, daß es immer wieder mal »passiert«. Aber auch der Stier-Partner hat etwas von dieser Ehe. Während nämlich unterm Zwillinge-Zeichen viele Ideen gleich Seifenblasen produziert werden und die Einfälle nur so aus dem Ärmel fallen, versteht der Stier-Partner alles zu realisieren und zu Geld umzumünzen. Niemand hat dies nötiger als der häufig bargeldlos dahinlebende Zwillinge-Typ. Diese Ehe bräuchte also einen geistig lebendigen Stier-Partner, der mit soviel Witz, Satire und dem geistigen Funkgerät des »Zwillings« auch etwas anzufangen weiß. Eines aber kommt bestimmt: Geld geht nicht mehr wahllos durch die Finger – der Stier-Partner verwaltet es, legt es auf die hohe Kante und vermehrt es. Man muß nur wissen: Einem »Stier« blutet das Herz, wenn er Rechnungen bezahlen muß.

Bekanntschaft mit Widdern (21. III. – 20. IV.)

Auch diese Zeichen sind im Tierkreis aufeinanderfolgend, daher von grundsätzlich verschiedenem Wesen. Der Widder-Partner ist ein Urankern – bald werden Sie es feststellen können. Es mag tatsächlich ein heiteres Rendezvous unter Sternen geben, wenn Sie sich für das Standesamt entschließen; Entschlüsse werden zwar vom Widder oft »Hals über Kopf« ausgeführt, später aber dann manchmal sehr bereut. Vielleicht schwante Ihnen schon einiges, aber unterm Widder gedeiht die Tat und der schnelle Entschluß, und falls Sie nein sagen, praktiziert er die berühmte Widder-Taktik: Jetzt erst recht! Wir hoffen sehr, daß keine Eva diesen Geheimtip auswertet. Was die häuslichen und handwerklichen Fähigkeiten betrifft, so hat man hier nicht nur die Axt im Hause, sondern jeglichen Spezialisten. Unter Widder und Stier gedeihen die Bastler und »Heimwerker«. Ihr Haus oder Ihre Wohnung wird fast in eigener Regie gebaut, umgebaut, eingerichtet, verschönert.

Was die praktische Seite dieser Sternenmischung anbelangt, ist sie für Hausbesitzer großartig zu nennen. Was die Liebe betrifft, so könnte man für die »bessere Hälfte« unterm Stier die Hand ins Feuer legen. Am Widder aber flackern viele Feuerchen auf. Zum Glück sind es manche Strohfeuer. Hier kann einer vom anderen pausenlos Dinge lernen, die er selber nicht kennt.

Heiteres Zwischenspiel mit Ihrem eigenen Sternzeichen Stier

Natürlich ist auch hier nicht alles »Stier« – die Mischungen sind zahllos! Aber einen gemeinsamen Nenner werden Sie zweifellos entdecken: Sie gleichen einer wandelnden Sparkasse, denn Ihr Sicherungsbedürfnis ist noch größer als die Liebe. Falls Sie eine hochherrschaftliche Venus im Horoskop besäßen, wären Sie sehr für Pracht, Luxus und Stil! Sind Sie für solch angehobenen Komfort nicht zahlungsfähig, beginnt ein stetes, aber stilles Sehnen nach diesem grünen Zweig. Für die Stier-Dame sind hohe Werbungskosten fällig in Form von Schmuck, Abendkleidern, Pelzen, Autos. Der Stier-Mann schleppt alles herbei, denn er allein »weiß, was Frauen wünschen« – auch in der Liebe! Sollte er anderweitige Zwischenspielchen planen oder besitzen, so käme auch die eifersüchtigste Stier-Dame lange nicht dahinter, denn er ist in eigenen Geheimnissen verschlossen wie ein Safe. Die Liebe zum Geld ist ein Hobby Ihres Lebens, dem Sie viele Jahre klaglos opfern. Hätten Sie auch noch ein gemeinsames Geschäft – Ihr Lebensabend wäre gesichert. Alles in allem handelt es sich um einen gutbürgerlichen Laufstall, in dem einer den anderen überwacht, bei gleichmäßig temperierter Klimaanlage in der Erotik, die auch die Liebe immer wieder anheizt. Vergessen Sie nie Ihr persönliches Geheimrezept in dieser Ehe: Die Liebe geht durch den Magen!

Liebe und Ehe im Zeichen Zwillinge

Geboren vom 22. Mai bis 21. Juni

Alles über Eva

Die Welt ohne Zwillinge-Frauen gliche einem Teig ohne Rosinen, einem Himmelbett ohne Daunen oder einem Mädchen ohne Charme! Die Liebe wäre nur eine biologische Episode, und die Ehe gliche einem moosansetzenden Karpfen in einem trüben Tümpel. Was die Welt bewegt, Ideen gebiert und die Nerven zum Singen bringt – das sind die Zwillinge-Frauen. Man darf es gleich vorwegnehmen, damit keine falschen Vorstellungen aufkommen: Diese Eva wirkt »sammelnd« auf die Männer. Sie hat schon mit dreißig umfangreiche Erfahrungen und nährt die Scheidungsanwälte, obwohl sie diese Leute gar nicht bräuchte, denn sie hat schon nach der ersten Scheidung alle Paragraphen im Kopf. Übrigens – so leicht findet man keine Zwillinge-Frau. Sie will mit dem Kopf erobert sein, denn sie schätzt geistige Blitzlichter und witzige Dialoge. »Bohrende« Männer sind ihr ein Greuel, aber auch Playboys können sie nicht vernaschen. Männer, die sie erwecken wollen, kommen so gut wie immer zu spät, denn sie ist früher wach, als man denkt – was auch die Mütter oft nicht wissen. Sie will immer bewegt werden, teils innerlich, teils äußerlich, denn ihr Weltbild verlangt nach Breitwand, nach Wechsel der Horizonte, der Tapeten und der Liebesschwüre (an die sie selten genug glaubt). Männern ersetzt sie ein Tonbandgerät. Vom Wellensittich hat sie das dauerhafte Zwitschern, von der ersten Eva im Paradies die Neugier und das heiße Verlangen, Männer zu verführen. Schon als Teenager hat sie ein wissendes Ahnen, das sich später zu ahnendem Wissen steigert. In diesem hochgezüchteten, erfahrungsreichen Stadium macht ihr kein Mann mehr etwas vor. Irgendwann beginnt sie über die Liebe hinauszuwachsen und bekommt aus intellektuellem Ehrgeiz Interesse an Literatur, an Schriftstellern, Vorträgen oder Reisen. Sie huldigt dem Probieren, Studieren und ist aus Wissensdurst oder Neugier an allem interessiert. Wer sie einmal hat, bleibt ewig jung – oder macht nervlich schlapp. Als nerventötender Teen bringt sie schon Eltern und später Erzieher und Lehrer auf Touren, dann die Liebhaber; schließlich wird sie zum Schwungrad der Ehe.

Es ist einigermaßen verständlich, daß sie von vielen Männern enttäuscht wird und daher zu ständigem Suchen verurteilt ist. Von Liebe und Heirat immer nur zeitweise entzückt, wird sie im bürgerlichen Pferch zuweilen gemütsleidend und muß dann von Psychotherapeuten wieder entstört werden. Ihre schlimmsten Hereinfälle ergeben sich bei Männern mit »eisernen Grundsätzen« bei seßhaftem Gemüt. So kommt es, daß eine Zwillinge-Frau nicht nur des öfteren zum Standesamt pilgert, sondern nach einiger Zeit die Gefundenen auch wieder umtauschen möchte. Glücklicherweise entsteht niemals Mangel, denn es finden sich immer wieder Freunde ein. Schon deswegen, weil eine echte Zwillinge-Frau grundsätzlich Aussprachen benötigt, abgesehen von Diskussionen und seelischen

Beichten. Sind die gefundenen Männer nicht die Richtigen – und in den seltensten Fällen sind sie es –, so entsteht jener seelische Zwiespalt und nagende Zweifel, ob es nicht doch noch »etwas Besseres« gäbe. Jüngere Zwillinge-Damen werden sehr schnell erfahrene Evas und gucken den Kätzchen jene Lust ab, die sich aus dem Spielen mit der Maus ergibt. Man darf behaupten, daß Zwillinge-Frauen geistig erfrischend und auf müde Männer verjüngend wirken. Sie machen die bekannten »Aufwecker« aus der Apotheke und auch den LSD-Rausch überflüssig.

Was jeden Mann entzückt, sind die heiteren oder frechen Zwitschertöne dieses Mädchens. Außer Sex hat sie immer noch etwas im Kopf, was die Flitterwochenflaute überbrückt. Man kann beobachten, daß sie mit allen Männern fertig wird – von den Geistreichen, Intellektuellen beflügelt, von den Hausfreunden gestreichelt, vom eigenen Mann manchmal vernachlässigt (weil er schon ihre gesammelten Reden kennt), von den Chefs zur linken Hand getraut. Mit Playboys treibt diese Dame Schindluder oder nimmt sie aus.

Alles in allem ist die Zwillinge-Frau ein fröhliches und lebenslustiges Mädchen, das mit Leidenschaft jeglichen tierischen Ernst vernichtet und Pointen für ein Cabaret liefert. Die Statistik ergab: Jede dritte Zwillinge-Frau ist einmal geschieden, manche aber schon zweimal – selbstverständlich schuldlos! Aber es darf gleich hinzugefügt werden: Nach der zweiten Scheidung wird sie erst so richtig spritzig wie reifer Sekt. Sie animiert selbst versierte und abgelagerte Ehemänner noch einmal zu Dummheiten oder zinslosen Kapitaleinsätzen, die auch andere Kavaliere hier sofort abschreiben müssen, denn bei diesem Mädchen kommen keine Spesen mehr herein. Das Talent zum Flirt beziehungsweise zum »Anbandeln« vererbte ihr der Götterbote Merkur, der seinerseits bei den alten Griechen einen lebhaften Parteienverkehr zwischen Göttern und Halbgöttern oder Halbgöttern und Nymphen pflegte. Er war der interplanetare Briefbote und das ganze Jahr über auf Reisen. Die Zwillinge-Frau scheint viel davon abbekommen zu haben, denn auch sie liebt Parties, Besuche und Autoreisen. Solchermaßen im ständigen Einsatz und auch noch in Überstunden tätig, kann sie unmöglich viel am häuslichen Herd verweilen. Es wird jetzt auch Verfechtern der lebenslänglichen Einehe klar, daß hier ein einziger Mann gar nichts ist. Der, den sie hat, ist gewöhnlich der Falsche; der, den sie möchte, ist schon verheiratet – dieser Fall kommt am häufigsten vor! Und der Geschiedene war schließlich gar nicht so übel, denn der dritte ist auch nicht besser! Eigenartig – sie besitzt ein tiefes, instinktives Wissen: Es kommt immer wieder einer, und es ist doch nie der letzte! Und damit kommen wir zum Kern der weiblichen Zwillinge-Seele: Sie reift durch Aufregungen und siecht bei Ruhe dahin.

Wer die astrologische Deutung der Zwillinge-Psychologie wissen möchte, dem sei verraten: Zwillinge gehört zu den sogenannten »doppelkörperlichen« Zeichen (wie etwa noch Schütze und Fische). Das bedeutet »Zwei Seelen in der Brust«! In reiferen Jahren weiß jede Zwillinge-Frau, daß sie einem Computer ähnelt, der zeitlebens mit (Liebes-)Daten gefüttert wurde. Wir müssen noch hinzufügen: Eine Zwillinge-Frau wird niemals alt. Und niemals langweilig, und auf gar keinen Fall bleibt sie jemals »übrig«. Eine Eva, die das Lied vom »dritten Mann« kennt, wird bei diesen Zeilen verständnisvoll lächeln – jene, die empört ihre dauerhafte Liebe zum »Ersten« verteidigt, soll noch etwas zuwarten – wir sprechen uns dann später wieder.

Die schwierigsten Situationen im Leben der Zwillinge-Frau treten dann ein, wenn sie wieder einmal »zwischen zwei Stühlen sitzt«. Dann möchte sich eine Seele von der anderen trennen (wiederum »doppelkörperlich« zu verstehen). So etwas erzeugt die unterm Zeichen Zwillinge so bekannten Seelenknöpfe, die dann ein Psychologe oder der Hausfreund entzwiebeln muß. Es ist bekannt, daß die Psychotherapeuten am meisten an den Zwillinge- und Schütze-Frauen verdienen. Sie haben daher für diese Damen den »Heilschlaf« erfunden, einen Zustand, der die fliehenden Seelenhälften wieder kittet. Wenn das die Männer wüßten, könnten sie es selbst besorgen.

Alles über Adam

Als geistiger Ventilator von Ideen und Einfällen bereichert der Zwillinge-Mann Familie, Ehe und jegliche Gemeinschaft mit Frischluftzufuhr, lockert festgefahrene Zustände auf, wie etwa die Ehe, die manchmal des verflixten siebenten Ehejahres gar nicht bedarf, um zu erweisen, daß es doch wieder mal die »Falsche« war. Die Zwillinge-Männer selbst wissen es nur zu gut, daß ihr Zeichen das spritzigste des ganzen Zodiaks darstellt. Sie sind wahre Ideenmörser, aber auch bereit, eigene Überzeugungen wieder einzustampfen, um neuen Platz zu machen. Unter diesem Zeichen sorgt man für steten Umsatz – auch in der Liebe und Ehe. Wir dürfen aber gleich erwähnen: Er will stets nur das Beste! Zuweilen auch die Beste, und da er sie so selten findet, muß er suchen, probieren, vergleichen, verlieren. Kein Hereinfallen erschüttert ihn jemals. Es gibt »Zwillinge«, die schon dreimal beim Standesamt waren, von den Freundinnen gar nicht zu reden. Einige haben Spezialkenntnisse erworben und erleichtern dann den Scheidungsanwälten die Arbeit. Niemals hat ein »Zwilling« nur ein einziges Haus, einen Beruf, eine Wohnung. Er zieht ein, aus, um – baut auf, um, an. Hobbies, Freundinnen, Gattinnen, Berufe, Lieblingsbeschäftigungen – alles wird dem Zwillinge-Mann zu Meilensteinen der Erfahrung. Und mit ihnen pflastert er seine Lebensstraße, die eben deswegen manchmal einen Haken schlägt und in völlig anderer Richtung weiterläuft. Vieles bleibt auf diese Weise liegen, manche Liebe fällt in den Müllschlucker.

Einfälle, Ideen, Pläne sind das Brot der »Zwillinge«. Eine Idee gebiert sogleich zwei neue, immer irrlichtert und funkt es. Eine einzige Frau, eine Weltanschauung sind hier nicht genug. Aus ewigem Wechsel kristallisiert sich das Salz der Erkenntnis, daß nichts auf dieser Welt endgültig sein kann. Zu dieser Erkenntnis kam ja auch schon der weise Heraklit, als er verkündete: »Alles fließt!«

Die Zwillinge-Liebe gleicht einem Sonnenbrand: Nach jeder herzerhebenden Erfahrung schält man sich, und am Ende seines Lebens blickt man auf zahllose abgelegte Häute zurück. Allerdings: Zwillinge-Männer sind auch wie Elixiere – sie pulvern müde Frauen auf und liefern jene Jahresringe an Wissen, die zu Memoiren in Illustrierten ausreichen.

Niemand versteht die eheliche Suppe so geschmackvoll zu würzen, manchmal aber auch zu versalzen. So sind Zwillinge-Ehen fast immer Gleichungen mit einer oder zwei »Unbekannten«. Die Gattinnen beschäftigen sich nur anfangs mit dieser höheren Mathematik und dem Auffinden des weiblichen »X«. Später werden sie weise oder zermürbt – die »Zwillinge« aber immer routinierter. Am Höhepunkt ihrer Entwicklung kann man ihnen überhaupt nichts mehr nachweisen. Der lächerlich kleine Rest, der von findigen Gattinnen erkundet wird, hat keinerlei ernste Beweiskraft, denn er wird zerredet.

In seinen Beziehungen und Kontakten, im Plaudern, Becircen und geistigen Florettfechten, aber auch in Beziehungen, Vermittlungen, Freundschaften, Cocktailparties, Tagungen und Konferenzen ist ein Zwillinge-Mann unschlagbar. Wer ihn besitzt, geht einer seelischen Höherentwicklung entgegen. Natürlich bereitet alle Entwicklung zeitweise Schmerz. Wer ihn zehn Jahre hintereinander besaß, ist über sich selbst hinausgewachsen. Hinsichtlich der Liebe gehören »Zwillinge« zu den Sternschnuppen. Manchmal vergleichen sie die Fähigkeiten von fünf Bräuten von Amore bis zum Kochtopf, wählen die beste aus und – heiraten eine andere. Einige wenige unter den »Zwillingen« sind »alte Sünder«, betreten das Standesamt wie durch ein Gefängnistor und verlassen den Scheidungsanwalt wie neugeboren. Das ist natürlich übertrieben und betrifft nur die reifsten Exemplare dieses Zeichens. Aber eines ist wahr: Es gibt beim Zwillinge-Mann nie eine »letzte Liebe« – Heirat, Trennung, Scheidung sind nur Aussichtspunkte auf neue Horizonte. Und so bleibt dieser Typ ewig jung. Die Ideen sprudeln unversiegbar bis ins hohe Alter, nirgends setzt sich Moos an. Kein Wunder, daß das Nervensystem sehr empfindlich ist.

Was die Nerven besonders belastet, sind erhöhte Spesen für die Liebe. Sie werden in der Regel gedrückt, und auch das Haushaltsgeld wird so kalkuliert, daß für Freundinnen noch etwas übrigbleibt. Gänzlich abgeschrieben werden diese selten. Wenn Gattinnen von Zwillinge-Männern Sekretärinnen, Mitarbeiterinnen und sonstige »Nebenbuhlerinnen« ausrotten wollen, so sind sie höchstens einige Jahre verheiratet. Später wissen sie, was Sisyphus, der immer wieder einen Felsblock den Berg hinaufwälzen mußte, geleistet hat – und geben es auf. Es ist schwer, einen Zwillinge-Mann in die eheliche Mausefalle zu bekommen, aber noch schwerer, ihn darin zu halten.

Was den echten Zwillinge-Mann in der Ehe so unterhaltend und erfrischend macht, ist seine ungeheure Redebegabung. Ähnliche Rededuelle liefert nur noch der Schütze-Mann, der aber nicht selten nur über sich selbst spricht, während der »Zwilling« die Gegenargumente gern hört und sie dann von allen Seiten beleuchtet. Mit seiner Sternenkollegin hat er eines gemeinsam: Die Neugier. Sie treibt ihn zu immer neuen Bekanntschaften und macht ihn erlebnishungrig. Die eigene Häuslichkeit als »ruhender Pol in der Erscheinungen Flucht« bereitet ihm zuweilen Platzangst; dann muß er hinaus, und sei es nur ans Gartentor des eigenen Hauses, um »Leute zu treffen«. Nichts fürchtet er so sehr wie das Gleichmaß von Raum, Ort, Zeit und Bindungen. Zwillinge-Typen sind daher Hans in allen Gassen, haben tausenderlei Beziehungen. Die »Eine«, die Richtige zu finden gehört zu seinen Hauptwünschen – wenn er aber für immer gebunden ist, bereitet es ihm Schmerz. Niemand erlöst ihn davon.

Wer paßt zum Zeichen Zwillinge?

Viermal dürfen Sie wählen:

1. Partner aus dem Zeichen Waage (24. IX. - 23.X.)

Wenn es sich nur um Ihr Sonnenzeichen handeln würde, so hätten Sie auf Anhieb Ihr »bestes Stück« gefunden! Wir müssen es aber wiederholen: Es kommt auf das ganze Horoskop an samt allen Konstellationen und Aspekten und vor allem auf Mars und Venus, die »Liebesplaneten«. Bei dem obengenannten kosmischen Rendezvous begegnen sich Merkur und Venus oder Intellekt und Gefühl. Aus dieser Mischung kommt die Kunst, zu leben, zu lieben, zu schmeicheln und zu becircen. Der »Zwilling« liefert tagein, tagaus die Ideen – die »Waage« gießt sie in die Form. Wir dürfen es gleich verraten: Die »Waage« will gefallen. Dazu gehören guter Geschmack und Chic in der Mode. Natürlich kostet so etwas Geld, und niemand versteht es besser auszugeben als eine Waage-Frau. Daß man unter der Waage so auffällig oft geschieden wird, ist sonderbar – aber die Statistik beweist es. Auch schicksalhafte Trennungen kommen vor. Allerdings braucht das nicht unbedingt für Sie zu gelten, denn erstens war die Venus noch niemals ein »Krawallstern«, und zweitens macht der Merkur geschliffen und schlau. Es müßte also in Ihrem Geburtshoroskop schon eine »scharfe Ecke« vorhanden sein, von der wir natürlich nichts wissen können, da wir ja Ihr Geburtsdatum nicht kennen. Das Schönste an dieser Ehe ist die Freude an gesellschaftlichen Vergnügungen, an Witz und Satire, vor allem aber an den Künsten. Der Zwillinge-Partner ist nahezu ein Alleinunterhalter. Weithin bekannt ist ferner die Tatsache, daß der Waage-Typ nicht allein sein kann. So heiratet man hier meist früh und schnell. Wenn alles auf längere Zeit gutgehen soll, muß der Zwillinge-Partner wissen, daß die »Waage« viel Lob, Anerkennung und auch Schmeichelei ersehnt.

Der Waage-Typ will »wirken« und von außen her bestätigt werden. Letzter Tip: Er fällt auch auf »Äußeres« herein. Legen Sie daher Wert auf kultivierte Erscheinung und Charme im Benehmen. Der »Zwilling« aber ist ein lockerer Vogel – man sollte ihm viel vorsingen, damit er im Käfig bleibt.

2. Partner aus dem Zeichen Wassermann (21. I. - 19. II.)

Wenn Sie an geistigen Anregungen und umwälzend neuen Ideen reine Freude haben, so bekommen Sie mit dem Wassermann-Partner einen Spielgefährten. Liebe und Freundschaft sind sein Hobby. Einen Schock bekommt er nur dann, wenn Sie mit dem Standesamt drängeln, denn unter diesem Zeichen verliebt man sich leidenschaftlich, heiratet aber nur, wenn es sein muß. Sie aber (Zwillinge) waren womöglich schon öfter auf dem Standesamt und kennen die Spielregeln. Für den Zwillinge-Partner ergibt sich Gelegenheit zu stundenlangen Aussprachen, Lebensbeichten und psychologisch orientierten Unterhaltungen. Der »Wassermann« ist ein Tröster in allen Lebenslagen, ein geistiger Fährtensucher und Steckenpferdreiter. Aber er ist nicht grenzenlos anpassungsfähig, sondern eigenwillig, also eine Individualität, wie man so schön sagt. Der Umgang mit solchen Prachtexemplaren muß erst etwas gelernt werden, denn zu weilen bekommt er (oder sie) plötzliche Anwandlungen von Freiheitsgefühlen und wird dann widerspenstig. Der Wassermann-Partner muß stets das Gefühl haben, daß er völlig frei ist und tun kann, was ihm beliebt. Der Begriff des Müssens sollte ihm nicht begegnen; freiwillig tut er so gut wie alles. Die Langeweile ist aus dieser Ehe verbannt, denn einer plaudert, redet, philosophiert und plant immer: Es ist der Zwillinge-Partner. Schönste gemeinsame Eigenschaft: beide sind originell und – unpünktlich! Viel wird improvisiert, über den Daumen gepeilt. Die gemeinsame Buchführung beschränkt sich möglicherweise nur auf die Feststellung, daß kein Geld mehr da ist. Pingelige Wassermann-Partner mit ausgesprochener Sparanlage im Gemüt gibt es nur selten; da handelt es sich meist um Zeichenmischungen.

3. Partner aus dem Zeichen Löwe (23. VII. - 23. VIII.)

Der »Zwilling« ist einer der anpassendsten Typen überhaupt – gelegentlich ist er sogar schlau und diplomatisch. So gewöhnt er sich an alles, auch an das gelegentliche Gebrüll eines »Löwen«, das manchmal ohnehin nur aus Representationsgründen stattfindet. Der »Zwilling« kämpft mit dem losen Schnabel und mit Satire. Wirkliche Krisenzonen sind in dieser Ehe nicht vorhanden. Nur braucht ein Löwe viel Bewunderung und Anerkennung. Hier liegt der Haken: »Zwillinge« sind nur selten ehrfürchtig oder anbetend! Dies wird dann unter Umständen zum geheimen Kummer des »Löwen«. Dem »Zwilling« sei es gesagt: Es läuft viel Konkurrenz herum, die liebend gern einem »Löwen« (oder einer »Löwin«) das Fell krault. Man hat natürlich von »Löwen« sehr viel – vor allem kann man sie herzeigen, denn sie legen Wert auf äußeres Format und stellen fast immer etwas vor. Der Zwillinge-Typ andererseits treibt viel Unfug mit den Würden von »Hoheitsträgern« und ist keineswegs untertänig. Man sollte also einen generösen, großzügigen Löwen bekommen. Handelt es sich um eine Löwe-Frau, so muß ein »Zwilling« viel Geld herbeischaffen, denn ihr Lebensstil ist luxuriös, verlangt nach exquisiter Garderobe, Schmuck, Kulisse und sozialem Aufstieg. Solche Anforderungen nötigen einen »Zwilling« zur Selbstüberwindung und damit auch zum sozialen Aufstieg. Es gibt in dieser Ehe viele Anregungen, viele Gesellschaften oder Parties, Einladungen und Reisen wie auch sonstige Vergnügungen. Nichts wird langweilig und keinesfalls die Liebe. Der Drang zur Autorität und Selbstbehauptung kommt vom »Löwen« – das Untergraben jeglicher Autorität vom »Zwilling«. Mit einigem Humor begegnet man sich in der Mitte.

4. *Partner aus dem Zeichen Widder* (21. III. – 20. IV.)

Während man im Zeichen Zwillinge sehr häufig zwischen zwei Stühlen sitzt und sowohl das eine wie das andere möchte, drängt der Widder-Partner zur endgültigen Entscheidung. Der Mars (= Widder) kennt weder Zwiespalt noch Kompromisse. Am allerwenigsten kann er warten. In dieser Ehe kommen zwei unruhige Herzen zusammen, die sich gegenseitig Feuerwerke liefern. Schon das erste Treffen kann einen Kurzschluß der Gefühle herbeiführen. Die schillernden Gesichtspunkte, nagenden Zweifel und das reichhaltige Lager an »Wenn und Aber« in den Überlegungen eines »Zwillings« räumt ein Widder-Partner kurzerhand unter den Tisch. Nicht einmal auf das empfindliche Nervensystem des anderen achtet ein »Widder«, und so bleibt den hochgezüchteten Seelenknöpfen eines echten »Zwillings« nichts anderes übrig, als sich aufzulösen. Wenn ein »Widder« in Ihr Leben tritt, sind immer Jahresringe an Erfahrungen fällig. Man hat nicht mehr ganz so viel zu tun, denn er organisiert nun das Hauswesen, den Beruf – und die Liebe. Diese gestaltet sich hektisch, wird aber von gewissen Pausen unterbrochen. Sie entstehen dadurch, daß eines von beiden in der Regel abwesend ist. Das größte Glück liegt im Reisen und im Wechsel der Gesichtspunkte. Daß ein »Zwilling« empfindsam und verletzbar sein kann, hat noch keinen Widder gestört. Er lebt sich selber aus. Handelt es sich um eine tatkräftige Widder-Frau, so wird der »Zwilling« organisiert und umfassoniert und gelangt jetzt zu einem bürgerlichen Lebenslauf. Bei sozialen Pechsträhnen greift die Eva aus dem Widder tatkräftig ein. Nebenprodukte der Liebe wie

Freundinnen des Zwillinge-Partners werden an die Luft gesetzt oder sogleich ausgerottet. Ihrem Glück steht nichts mehr im Wege.

Dreimal müssen Sie prüfen!

1. Partner aus dem Zeichen Jungfrau (24. VIII. – 23. IX.)

In beiden Zeichen herrscht der Merkur. Er hat Bezug zum Verstand, zur Kritik. Der Jungfrau-Partner entwickelt außerdem noch viel pädagogisches Talent und achtet auf Einzelheiten. Es wird eine wortgewaltige Ehe mit Cabareteinlagen von seiten des Zwillinge-Partners. Vieles hängt mit dem Haushaltsgeld und dem Sparkassenkonto zusammen, denn mit dem Jungfrau-Partner haben Sie auch gleich Ihren eigenen Wirtschaftsprüfer und Steuerberater im Haus. Nichts wird mehr »über den Daumen gepeilt«, alles wird kalkuliert, vorausgeplant, berechnet. Gründlichkeit und Systematik kommen mit der lockeren Lebensart des Zwillinge-Partners öfter in Konflikt. Er lernt nun Ordnung, Logik und Gründlichkeit. Das Brillantfeuerwerk der Ideen und Einfälle des »Zwillings« schrumpft zur Sachlichkeit und Nüchternheit. Diese Ehe nötigt ihn zum Ankern, zum Bleiben und Ausharren. Auf dieser Basis ließe sich sogar ein Haus bauen, allerdings kein Haus aus lauter Liebe, sondern ein Zweckbau, der Mieten einbringt. Man weiß es: Der »Zwilling« liebt keine allzu feste Verankerung und auch keine Fünfjahrespläne. In der Liebe ist er spritzig, sein Redefluß ist selten zu stoppen und funkelt von spitzfindigen Widerreden, die selbst den Jungfrau-Partner zeitweilig ermüden, aber niemals außer Fassung bringen. In dieser Ehe ist einer des anderen Lebenselixier und Nervensäge zugleich. Es gab schon »Zwillinge«, die ihr Leben auskosteten ohne Rücksicht auf Verluste. Sollte es zu Verlusten kommen, ist der Jungfrau-Typ oft der Leidtragende.

2. Partner aus dem Zeichen Fische (20. II. – 20. III.)

Die Temperamente beider Zeichen sind nicht ganz auf einen Nenner zu bringen. Im Zeichen Fische gedeihen die Gefühle; manches nimmt man hier gleich todernst, was dem »Zwilling« nur ein Spielchen bedeutet. Während dieser vom Kopf her urteilt, manchmal auch nur probiert, wie schnell man einen »Fisch« an die Angel bekommt, hat dieser schon den Haken geschluckt. Phantasie und schnelle Gefühlsreaktionen bringen den »Fischen« die bekannten

Stürme im Wasserglas. Hinzu kommt das Verlangen nach Ruhe, Behaglichkeit, Harmonie und Zuverlässigkeit. Wenn nur die Hälfte von alledem geboten wird, können »Fische« zufrieden sein. In dieser Ehe gibt es viel Wirbel, nichts ist ganz gesichert. Daß die zeitweisen Seitensprünge des »Zwillings« einen Fische-Partner seelisch wundscheuern können, hat sich erwiesen. Aber es hat wenig Sinn, »Vorwarnung« zu geben: Dem unwiderstehlichen Charme und dem mit Pointen angereicherten Redestrom eines »Zwillings« ist kein »Fisch« gewachsen. Es gab schon viele »Fische«, die sich hier wie geschuppt und entgrätet fühlten. Wenn es sich um eine Eva handelt, so erfüllt sich ihr Schicksal, denn eine Fische-Frau muß viel weinen. Fische-Männer haben es leichter: Sie greifen zum Alkohol.

3. Partner aus dem Zeichen Schütze (23. XI. – 21. XII.)

Hier ziehen sich die Gegensätze an. Gelegentlich gibt es aber auch Gemeinsames: Manchmal haben beide Partner schon eine Scheidung hinter sich. Mit diesem Erfahrungswissen könnten Sie den neuen Ehecomputer mit Daten füttern. Ihre beiden Seelen liefern, zusammengenommen, ein Höchstmaß von Überlegungen, Zweifeln und Fragen an das Schicksal, so daß selbst ein Horoskop wenig hilft. In der Impulsivität der Wünsche, der Ansprüche an das Leben und an die Liebe im besonderen wird der »Zwilling« vom Schütze-Partner noch erheblich übertroffen. Nach außen hin ist er forsch und draufgängerisch. Nach oder schon vor dem Standesamt aber überkommt ihn die Angst vor dem eigenen Mut. Nach einem Ehejahr weiß der »Zwilling« Bescheid und beginnt ebenfalls wieder zu suchen. Legen Sie gleich Geld auf die hohe Kante für die eventuellen Scheidungskosten. Die schönste Ihrer Eigenschaften ist die Meisterschaft im Suchen, Verlieben, Finden und Verlieren. Daß man unterm Schützen seelisch nicht so robust ist, wie es scheint, bringen die »Zwillinge« rasch heraus und nützen es. Beide sind dazu verurteilt, in Liebe und Ehe viele Erfahrungen zu machen.

Heiteres Zwischenspiel mit Ihrem eigenen Sternzeichen Zwillinge

Wir müssen es unter jedem Sternzeichen – also zwölfmal – wiederholen, daß es niemals völlig gleiche Typen geben kann, da die Mischungen je nach Gesamtanlage des individuellen Horoskops zahllos sind. Es kann sich also immer nur um den gemeinsamen Nenner handeln. In dieser Ehe füllen Erzählungen über das vergangene Liebesleben (und eventuell auch über die gehabten Scheidungen) die Abende. Tagsüber sind Sie wenig zu Hause. Mieten Sie sich eine billige Wohnung, denn Sie sind zweifellos viel unterwegs, verreist oder ziehen oft um. Es läßt sich auch nicht vermeiden, daß bei beiden Partnern immer wieder der Drang nach neuen Bekanntschaften, neuen Freunden und Freundinnen erwacht. Es kann eine hochmoderne Ehe werden, denn eines ist des anderen Spiegelbild. Ab und zu muß jeder wieder einmal heftig flirten, um zu sehen, ob sein Typ noch gefragt ist. Wenn es bei diesem prickelnden Quiz der Liebe bleibt, kann Ihre Ehe über viele Jahre hin amüsant bleiben. »Bis daß der Tod uns scheidet« findet allerdings jeder »Zwilling« reichlich übertrieben. Sollten Sie an einen ruhigen, behäbigen, phlegmatischen Zwillinge-Typ geraten sein, so kann es sich nur um einen kosmischen Fabrikationsfehler mit einem unterentwickelten Nervensystem handeln.

Liebe und Ehe im Zeichen Krebs

Geboren vom 22. VI. – 22. VII.

Alles über Eva

Die Bestandteile einer weiblichen Krebs-Seele sind so zahlreich und unterschiedlich, daß sie kein Mixgerät mehr schlucken würde. Indessen ist die Krebs-Dame ein apartes Mädchen mit einem prächtigen Gemüt. Dieses gleicht einem Dämpftopf, der zwar brodelt, aber niemals explodiert. Gefühle und hochfliegende Ideen liegen darin wie Kraut und Rüben. Ein einziger Mann kann sie gar nicht ausloten, und so braucht sie in der Regel mehrere – zwar nicht gleichzeitig, aber hintereinander. Sie weiß es schon bald nach der ersten Liebe: Die Ehe ist ein Kompromiß zwischen dem, was man möchte, und dem, was man eben bekommt. Merkwürdig oft ist es übrigens ein Ausländer, denn er soll »anders sein, als die vielen«. Und die Krebs-Frau nimmt nicht jeden. Aber den Richtigen bemuttert und bekocht sie und bringt ihm Gefühle bei. Um die zwanziger Lebensjahre erzeugt sie solche in großen Mengen. Man nimmt ihr nicht immer alle ab und sucht auch nicht ihre schöne Seele. Das bringt die ersten schlechten Erfahrungen und kalte Umschläge um das heiße Herz. Um diese Zeit ist sie auch noch zu Opfern für die

Liebe bereit. Nach den dreißiger Jahren hat sie schon manchen Verlust auf dem Seelenkonto, die schönsten Erinnerungen liegen gepreßt im Herbarium, und aller Glanz weicht einem zarten Schimmer. Mit ihm läßt sich fortan hausen. Die Schaukel der Liebe beweist dieser Eva, daß die Unsicherheit unterm Krebs noch das Sicherste ist, was sie vom Schicksal erwarten darf. So werden die Gefühle von romantischem Sehnen verbrämt, und die wirklich fundierten und gesicherten Heiraten sind unterm Krebs weitgehend unbekannt. Obwohl ein liebes und zartfühlendes Wesen, schaukelt dieses Mädchen auf den Wellen der Liebe wie ein Korken, bis sie sich entschließt, die rettende Planke zu ergreifen. Wie klein die Insel auch sein mag, auf der sie Anker wirft – es wird ein Schmuckstück von eigenem Heim daraus. Und die Tapeten drapiert sie mit den einstmals so exquisiten Wünschen und Hoffnungen. In stillen Stunden erinnert sie sich dann mit einer Träne im Auge der schönen, bunten Schwungfedern, die ihr das Leben und die Männer stückweise ausrupften. So legt sie die abgebauten Ideale in eine Schatulle und den Rest von Kapital in einer Eigentumswohnung an. Der Mann, der sie an diesem »Wendekreis des Krebses« findet, kann lachen, denn er ist gut aufgehoben und wird verhätschelt.

Unterm Krebs sammelt man Erfahrungen der Liebe und stürzt sich in der Jugend kopfüber hinein. Niemals kommt alles, was man sich wünscht, auf einmal. Der erste nimmt schon immer das Schönste mit und kommt nicht wieder. Mit dem nächsten wird man vorsichtiger und rationiert die Gefühle. Aber dem letzten schenkt man noch einmal alles, denn ihn möchte man behalten. Man wird sogar nachsichtig, verzeihend – alles kann er haben. Niemals hätte man sich früher so verhalten – aber so ist eben das Leben unterm Krebs.

Daß diese Dame aus dem Zeichen Krebs die überhöhten Wasserschößlinge an luxuriösen Gefühlen und Erwartungen eigenhändig beschneidet, gereicht ihr zur Ehre. Nur auf diesem Weg gelangt sie schließlich zur Koexistenz mit dem launischen Schicksal. Und aus dem aparten Geschöpf mit komplizierten Seelenknoten und Höchstansprüchen in der Liebe hinsichtlich Kultur und Schliff des Partners wird ein treuer Kamerad, bereit zu manchem Opfer in der Ehe. Zeitweilig nützt man die Krebs-Frau aus, aber ihre Gutmütigkeit hat Grenzen. Viele Partner sündigen im Vertrauen auf diese »weiche Welle« und werden dann plötzlich abgeschoben.

Alle Enttäuschungen und Ernüchterungen der Krebs-Frau stammen aus dem ersten Lebensdrittel, das mit prunkvollen Idealen, exklusiven Ideen und überschäumender Phantasie überstark angereichert ist. Leider bekommt dies den praktischen und realistischen

Zielen sehr schlecht. Zwar wächst die Erfahrung, aber selten das Bankkonto. Viele Krebs-Frauen planen ein Schloß und wohnen am Ende ihrer Tage in einem Häuschen, von vielen verlassen, darunter auch vom erträumten Prinzen. Aber der letzte schenkt ihr das eine, was not tut: Nicht mehr allein sein! Wirkt dieses Mondzeichen ohne jede Mischung oder befinden sich gar noch andere Gestirne im Krebs, so lebt diese Eva überwiegend im Planschbecken heftiger bis leidenschaftlicher Empfindungen. Manchmal hätschelt sie die einen und erwürgt die anderen. Es ist keine Übertreibung: Vollmond, Neumond, Föhn und Tiefdruck sind Pegelstände des Gemüts. Nur noch die Lotosblumen fühlen sich in solchem Stimmungssumpf derart zu Hause. Aber alles geht im eigenen Inneren vor sich, nicht als Show für Hinz und Kunz – die Krebs-Frau macht es mit sich selber ab nach dem Motto: Wie es da drinnen aussieht, geht niemanden was an! Den häufigen Wechsel zwischen Hoch und Tief, den seelischen Zwiespalt und den hauchdünnen Zuckerguß über waberndem Gefühlspudding kann die Krebsfrau nur durch die dem Zeichen Krebs eigene Zähigkeit und durch den psychologischen Trick des »Krebsganges« bewältigen: einen Schritt vor und zwei zurück. Es ist ein mühsamer Weg vorbei an vielen Meilensteinen der Erfahrung. Zuweilen wird es auch ein Umweg zu fernen Horizonten, bis die heimatlichen Ufer wieder locken. Die Krebs-Frau sollte es früh genug wissen: Das »große Glück der Liebe« liegt nicht im Ausland.

Männer, die gern Porzellan zertrümmern, sollten ihr Eigenheim nicht mit Vasen oder einer Krebs-Frau schmücken, sondern eher mit einer Widder-Frau. Diese reicht zum Krawall auch noch die Munition. Aber eine Krebs-Frau haßt Lärm, Autorität, Auftritte und Streit. Man weiß, daß sie massiven Auseinandersetzungen nicht gewachsen ist. Das spricht unbedingt für sie! Man sollte die Krebs-Frau unter Naturschutz stellen, denn ihre Antenne ist dauerhaft auf »Herz« gestimmt, wenn sie auch manchmal launisch oder wetterwendisch erscheint. Der Herrscher des Zeichens Krebs, der Mond, trägt die Schuld, daß ihre Seele einer Zwiebel mit vielen Schalen gleicht. Kein Wunder, daß sie beim Entblättern zuweilen weint. Von der Unruhe des Krebs-Herzens und dem manchmal randvollen Tränenkrüglein der Krebs-Frau machen männliche Sadisten häufig Gebrauch, indem sie diese Dame zu heftigen Gefühlseruptionen reizen, um hernach genußvoller »trösten« zu können. Man darf ruhig einmal darüber sprechen: Krebs-Frauen sind seelische Weichtiere mit etwas Panzer darüber.

Dieser reicht von freundlicher Distanz bis zu seelischer Unnahbarkeit und ist nichts anderes als Tarnung. Wird er vom rauhen Alltag oder durch eine unglückliche Liebe weggescheuert, so zeigen sich Nervosität, Sorgsucht und Empfindlichkeit. Sie können einer Krebs-Frau das Leben recht sauer machen. Man möchte als »Krebs« so gern anständig bleiben, seinem Nächsten glauben oder vertrauen, mit allen Wesen in freundlichem Kontakt bleiben und gegen die Unsicherheiten des Lebens geschützt sein. Das wenigste davon ist der Krebs-Frau vergönnt, oft wäre sie schon mit der Hälfte zufrieden. Nirgends werden die geistigen und seelischen Wahlverwandtschaften wichtiger als unterm Krebs, denn Krach kostet hier Nervensubstanz. Die Partner kommen und gehen, nichts ist unterm Zeichen der rhythmischen Mondphasen stabil! Immer müssen Erfahrungen teuer erkauft werden, zumal zwischen dem 21. und 28. Lebensjahr, der Schicksalsperiode unterm Krebs. Glaubt man, eine Position erreicht zu haben, schwankt eines Tages wieder der Boden. Immer muß viel geleistet werden, denn Protektionen oder Beziehungen sind unsicher, auch die Finanzen entsprechen den Mondphasen. So möchten wir den größten Wunsch einer Krebs-Frau allen Interessenten ins Stammbuch schreiben: Einmal ein nettes Zuhause, ein geschmackvolles Heim, einen gereiften und zuverlässigen Partner und etwas Sonne im Herzen. Intimster und letzter Wunsch unterm Krebs: ein Kind – oder zwei. Sagen Sie es ruhig weiter!

Soraya Esfandiari

Geboren: 22. VI. 1932, Isfahan, genaue Geburtsstunde nicht bekannt.

Sonne in null Grad Krebs, Mond im Zeichen Wassermann, Venus, Merkur und Pluto im Zeichen Krebs. Uranus (22 Grad Widder) im Quadrataspekt mit Pluto (in 20 Grad Krebs).

Der Mond (Symbol für Fruchtbarkeit im weiblichen Horoskop) im Saturnzeichen Wassermann mit dem Saturn selbst, der sich ebenfalls im Wassermann befindet, zeigt das »Kinderproblem« auf, an dem die Ehe scheiterte. Auch Jupiter verletzt den Mond mit Oppositionsaspekt, und Uranus wirft auf Pluto einen Quadrataspekt: Man wird vor Entscheidungen gestellt, vor ein radikales Entweder-Oder. Sonne, Merkur, Venus im Krebs (ein Mondzeichen) prägen auch die Gesichtszüge (weich, voll, rund = Mondeinfluß). Die tragische Liebe zum Schah, die als Hauptschicksalsmotiv das Leben überschattet, ist im Horoskop aufgezeigt: Venus befindet sich exakt im Schnittpunkt zwischen Sonne und Pluto: seelische Erschütterungen, »tragische Liebe«, Trennungen und neue Kontakte, die ebenfalls wieder getrennt werden – im wechselnden Rhythmus (= Krebs).

Alles über Adam

Am besten wissen es die »Krebse« selbst: Die Mondphasen und das wechselnde Seelenleben haben unterm Krebs etwas Gemeinsames und hängen manchmal sogar zeitlich zusammen. Äußerlich sieht bei »Krebsen« alles recht ruhig und harmonisch aus. Innerlich aber existiert ein wahrer Supermarkt an Gefühlen – vom Stimmungseintopf bis zu den individuellsten Wünschen und Träumen. In einer Welt, in der Gefühle den überflüssigsten Luxus darstellen, muß man sich schon eine Schale oder ein Schneckenhaus zulegen, um hinter diesem Tarnpanzer jederzeit in Deckung gehen zu können. Auch das wissen die »Krebse«, daß sich im Atomzeitalter dünnhäutige Seelen selber zur Last werden.

Im Zeichen Krebs geboren zu sein ist an sich schon ein Ausweis für ein vornehmes Gemüt. Freilich – im existentiellen Sinn ist es mehr Ballast als Hilfe. Die »Krebsschale« ist nichts anderes als die psychische Ausweichhandlung eines Menschen, der lieber der Ruhe, der Behaglichkeit, der Harmonie frönen würde als dem offenen Kampf und der Auseinandersetzung mit der feindlichen Umwelt. So wird das rückwärts laufende Schalentier Krebs zugleich Wappensymbol für die verletzbaren, »nach hinten ausweichenden« Krebs-Typen, die allerdings ihre seelische Dünnhäutigkeit mit großer Zähigkeit, diplomatischem Geschick und äußerer Anpassungsfähigkeit auszugleichen wissen.

Die Krebs-Seele ist ein Gemütslabor, in dem ständig Stimmungen erzeugt und Gefühlsatome gespalten werden. Mit der Beseitigung der radioaktiven Müllprodukte haben die »Krebse« zeitlebens viel Arbeit. Der Krebs-Typ nimmt alle Umwelteinflüsse auf wie ein Hohlspiegel und reflektiert sie dann nach innen. Da Mitmenschen und Umwelt aber durchaus nicht immer edel sind und der Mensch zuweilen des Menschen größter Feind ist, haben Krebs-Geborene zeitlebens viel Schwerarbeit zu leisten, um zu einer erträglichen Koexistenz mit dem Schicksal zu kommen. Auch dieses hat Ähnlichkeit mit den Mondphasen. Man muß sich irgendwie mit ihm auseinandersetzen, was freilich Kompromisse erfordert. Insbesondere in der Liebe, denn die Gefühle zeigen phantasieerfüllte Höhenflüge. Die innersten Wünsche sind auf ideale weibliche Wesen gerichtet, die in der Gegenwart beileibe nicht mehr so zahlreich anzutreffen sind, wie der »Krebs« es sich vielleicht vorstellt. Die erste Liebe bleibt lange unvergessen und hinterläßt einen tiefen Eindruck. Ihr folgen viele und wechselnde Kontakte, auch manch ernsthafter Versuch am untauglichen Objekt. Die Gemütsausgaben und Gefühlsinvestitionen schreibt der Krebs kurzerhand ab. Materielle Verluste hat er selten zu beklagen, da er größere Einsätze für die Liebe kaum riskiert, wohl wissend, daß hier selten etwas wieder hereinkommt. Außerdem neigt er mehr zu geistiger Kapitalbildung und gehört zu jenen fortgeschrittenen Seelen, denen Hausstöcke, Bankkonten und Geschäftshäuser so ziemlich erspart bleiben. Seine Ersparnisse sind mehr jenseitiger Natur. Aber die Gattinnen der »Krebse« wissen aus Erfahrung, daß ein »Krebs« niemals umkommt – trotz zeitweise gefährlichen Lebens. Seine Zähigkeit und seine vorsichtige Planung auf lange Sicht bringen ihn vorwärts. Anfänglich glauben manche Teens, mit einem Krebs wunderbar Schindluder treiben zu können. Das warmherzige Gemüt und das freundliche Betriebsklima in der Liebe scheinen zu beweisen, daß man ihn in der Ehe erfolgreich »unterjochen« könnte. Dem ist nicht so! An der Nahtstelle zwischen freundlich-entgegenkommendem Gemüt und getretenem Selbstbewußtsein platzt dem Krebs der Panzer, und dann kommt es zu reinigenden Gewittern in der Ehe, sogar auch im Beruf und mit Leuten, die ähnlich falsche Ansichten vom allezeit »freundlichen Krebs« haben. Wenn sie außer sich geraten, offenbart sich bei Krebs-Männern ein gediegenes Freiheits- und Unabhängigkeitsbewußtsein, das sie zu ergebenen Befehlsempfängern absolut untauglich macht. Wegen der heftig auftretenden Launen und Stimmungsumbrüche braucht das ständige Zusammenleben mit »Krebsen« eine strapazierfähige Partnerin, deren Seele nicht gleich wundgescheuert wird.

In der Liebe eigentlich treu, überfällt den »Krebs« doch gelegentlich jenes eigenartige Bedürfnis nach neuen Sensationen im Gefühl, neuen Kontakten und einem »Wechsel«. Manchmal sind solche Kontakte tatsächlich herzbewegend, aber nicht von Dauer. Meist kehrt ein »Krebs« reumütig zum Alten, Bewährten zurück. Später hat er das dringende Bedürfnis nach einer »Bleibe« und einem geliebten Objekt, das er fortan bemuttern kann. Die Eigenschaft des Umsorgens ist den »Krebsen« eingeboren, und man darf sich in dieser Hinsicht auf sie verlassen. Das Verlassenwerden von einem geliebten Wesen bringt dem »Krebs« seelische Kerben, und er kommt über solche Ehr- und Stolzverletzungen lange nicht hinweg. Wiederum liegt das an seiner komfortablen Psyche, die wahre Wechselbäder von Stimmungen, Ebbe und Flut erzeugt. Denken kann eben jeder, wann und wie er will, zuweilen kann man es auch ganz abstellen - aber machen Sie das einmal mit Gefühlen! Diese sind ganz einfach da und benötigen öfters einen Dompteur. Aber gerade das ist das Schwierigste: gleichzeitig Erzeuger und Beherrscher von Gefühlen zu sein.

Manche »Krebse« werden später klug. Sie leben dann in beschaulicher Betrachtung ihrer Umwelt vor sich hin, ohne in allzu hautnahe Berührung mit ihr zu gelangen. Vorsicht und Umsicht zwingen sie zum Abstand vom Mitmenschen. Aber ganz auf dem trocknen zu sitzen wäre für jeden Krebs der Untergang. So ist das gemäßigte und fortdauernde Kaminfeuer der Ehe für ihn die sicherste Vorbeugung vor Magengeschwüren, denn unterm Krebs schlägt sich jede Dissonanz sogleich auf den Magen.

In der ersten Lebenshälfte ist alles anders: Da locken die Ferne, die Weite, das Abenteuer und die Liebe. Noch weiß der »Krebs« nicht, daß alles Locken und Verlocken nur den Reflex der eigenen inneren Unruhe darstellt, des ständigen Getriebenwerdens von Gefühlen, Neigungen und Abneigungen. Fast das halbe Leben vergeht, bis der »Krebs« Welt und Dinge verarbeitet und sich einverleibt hat. Aber dann hat er auch schon den erwähnten Panzer erworben, jene Kruste von Erfahrungen. Sie wird ihm zur Zuflucht und Selbstverteidigung, denn jetzt weiß er: Weltoffenheit und Emigration nach innen können gleichzeitig nebeneinander bestehen – aber nur im Zeichen Krebs! Neben aller Liebe und dem Bedürfnis, andere zu umsorgen, hütet er jetzt jenes Reservat im eigenen Ich, in dem er für andere unzugänglich ist. So wird der »Krebs« für manche Partnerin zum psychologischen Rätsel, und es gibt viele Mädchen, die an ihm herumdoktern, ohne ihn jemals genau zu kennen.

Die widersprüchlichsten Rätsel gibt ein »Krebs« auf: Er reist leidenschaftlich gern und verkriecht sich plötzlich wieder in die eigene Schale. Er ist Kosmopolit, aber auch Einzelgänger. Ehrgeiz kämpft bei ihm mit Sensibilität. Er will beachtet, anerkannt sein, aber er will nicht übermäßig in Front treten. Und zeitweilig verschwindet er völlig von der Oberfläche. Man kann also lange mit »Krebsen« leben und wohnen und doch nicht sehr viel von ihnen wissen.

Manche Krebse sind geschieden – das sind die typischen »Einsiedlerkrebse«. Sie hätten niemals heiraten sollen. Andere sind Vagabunden, Weltflüchtige oder Nomaden – mit einer instinktiven

Abneigung gegen jegliche Fessel oder Verpflichtung. Man wird sie niemals einfangen können. Für die eheliche Suppe gekocht, laufen sie rot an.

Die man fing, waren vorher schon bereit, sich pflegen, bekochen und umschmeicheln zu lassen. Es sind freundliche, liebenswürdige Typen darunter, die jeden Streit und jede äußere Unruhe vermeiden wollen. Man kommt zeitlebens gut mit ihnen aus, sollte sie aber nicht verwalten oder dirigieren. An dem Tag, da der Zwang, die Bevormundung, die Gewalt einsetzen, ist der »Krebs« verschwunden. Und ward nie mehr gesehen.

Wer paßt zum Zeichen Krebs?

Viermal dürfen Sie wählen:

1. Partner aus dem Zeichen Skorpion (24. X. – 22. XI.)

Eine Kette von Berufs- oder Positionswechseln macht den Lebenslauf eines Krebs-Partners aus. Aber der Skorpion-Typ beendet dieses Auf und Ab und bringt Ordnung in die Gefühle, Stabilität in den Beruf. Sollten Sie einmal insgeheim nach Leidenschaft gedürstet haben – jetzt erhalten Sie diesen Artikel in der Liebe. Aber natürlich auch alles, was zur »totalitären Liebe« gehört: die Begierde, den Besitzanspruch an das geliebte Objekt, die Eifersucht und manchmal auch die »Herrschergelüste« des Skorpions, der niemals mit anderen teilt. Der Tiefgang in den Gefühlen mag sie anfänglich beglücken, zeitweise aber auch belasten, denn der Krebs-Partner wird hier doch sehr in Besitz genommen. In der Liebe ist man mit dem Skorpion-Partner gut bedient, gehört ihm aber auch mit Haut und Haaren. Seelisch ist er zweifellos der Stärkere, es gibt bei ihm auch keine beruflichen Pleiten. Das schwankende Schilfrohrschicksal unterm Zeichen Krebs wird vom Betonpfeiler Skorpion gestützt. Freilich – aus Beton ist auch seine Weltanschauung. Mit seiner Hauptleidenschaft macht jeder Bekanntschaft: Es ist die Eifersucht. Ist sie einmal da, helfen keine Versicherung und auch kein Eid. Wenn es sich um eine Krebs-Frau handelt, liegt der Fall günstiger, denn ihr Gemüt verlangt nach Ruhe und Gleichmaß, aber auch nach häuslichem Frieden. Die Krebs/Skorpion-Ehen zeigten überdurchschnittliche Haltbarkeit. Falls es sich um eine Skorpion-Frau handelt, so dürfen wir unverbindlich anbandelnde Krebs-Männer gleich warnen: Von dieser Frau kommen Sie nicht wieder los. Auch hörte man noch nie, daß dieses Mädchen eine Aufklärung nötig hatte – sie wußte immer schon reichlich mehr, als man glaubte. Wenn sie wirklich liebt, gibt es kein Entkommen mehr.

2. Partner aus dem Zeichen Fische (20. II. – 20. III.)

Beide Zeichen gehören zum gleichen Element: Dem Wasserelement, unter dessen Einfluß Gefühle gezüchtet werden, sogar tiefgehende bis leidenschaftliche. Wir sind fast sicher, daß es hier die bekannte Liebe auf den ersten Blick gibt. Wer die Fische-Partner kennt, weiß, daß sie kühne und weitreichende Pläne entwerfen – vorwiegend im Geiste. Gern hätte man unter diesem spekulativen Zeichen Geld ohne Arbeit. Wenn es ein Fische-Mann ist, so glauben Sie ihm nicht alles, denn er kann träumen, dichten, fabulieren und Luftballons mit hochfliegenden Ideen füllen. Das Geld sollte der »Krebs« verwalten. Das weiche Gemüt stellt die gemeinsame Mitgift dar. Wenn es einmal im sozialen Aufstieg schiefgehen sollte, so braucht der Fische-Partner viel Aufmunterung, ja sogar Aufputschung. Einige unter den »Fischen« beziehen diese aus dem Alkohol, andere aus der Liebe. Handelt es sich um eine Fische-Dame, so entsteht ein sehr harmonisches Familienaquarium, in dem der Krebs-Partner seinen Schleierfisch anbetet. Man hörte noch niemals von Ehekrieg oder gar Scheidung in dieser anmutigen Zweisamkeit. Beide Partner sind sozusagen vom Schicksal für einander bestimmt. Was den Überhang an Launen und Tiefdruck beim Krebs-Partner anbelangt, so hat man als »Fisch« für alle seelischen Untiefen das größte Verständnis. Es gibt festliche Stunden des gegenseitigen Tröstens. Wenn Fische-Frauen des öfteren getrennt oder geschieden werden – was tatsächlich der Fall ist –, dann nur deshalb, weil sie nicht gleich an den Krebs-Partner gerieten. Das soziale Fundament der Ehe ist zeitweise schwankend, wird aber durch Zufälle, Glücksfälle unerwartet stabilisiert. Viele Fische-Frauen rücken zur Seelenfreundin auf und müssen des öfteren stützen, loben, ermutigen. Wenn alles gutgeht, wird es eine heitere Ehe, denn ein Fische-Partner weiß das Leben zu genießen. Geht es schlecht, muß das Gemüt mit Feuerwasser oder Pillen aufgemöbelt werden.

3. Partner aus dem Zeichen Jungfrau (24. VIII. – 23. IX.)

Übermäßig großzügig, leichtsinnig oder verschwenderisch sind »Krebse« nie; die Angst vor der Zukunft läßt sie vorsichtig leben.

Das gefällt dem Jungfrau-Partner maßlos, denn er selbst ist die geborene »Sparkasse«, und nur in allerhöchster Not schlachtet er sein Sparschwein.

Auf dieser gemeinsamen Versicherungsbasis ergibt sich meistens eine ausgezeichnete Partnerschaft, vorausgesetzt, daß Sie nicht an den nörgelnden, kritisierenden Jungfrau-Typ gerieten. Er ist nämlich der geborene Pädagoge und fängt gleich an, Sie noch einmal nach- oder umzuerziehen. Von ihm weiß man, daß er Haushalts- und Wirtschaftsbücher liebt und manchmal in den Suppentopf guckt. Andererseits ist dieser Partner ein Monument an Sicherheit, und die Zukunftsplanung wird großgeschrieben. Man kommt unbedingt auf den bekannten grünen Zweig und zu sozialer Rückendeckung, denn unter dem Zeichen Jungfrau wird viel versichert. Allerschönste Eigenschaft im Zeichen Jungfrau: Man bleibt treu – zuweilen wegen der unbeliebten Aufregungen und dann auch wegen der hohen Spesen. Es gibt tatsächlich noch Moral unter diesem Zeichen und sehr wenig Seitensprünge. An den Jungfrau-Leuten würden die Scheidungsanwälte verhungern.

Daß der Jungfrau-Mann kein turbulenter Draufgänger ist, haben Sie bereits bemerkt. Vor der Ehe wird viel überlegt und vor allem geprüft. »Krebse« haben nicht zu klagen – es sei denn, daß die Jungfrau-Gefühle nicht so demonstrativ an den Mann oder die Frau gebracht werden wie etwa bei den »Krebsen«. Hier herrscht das Herz, bei der »Jungfrau« der Kopf, und so mischt sich etwas Intellekt und kühler Verstand in die Bereiche von Herz und Gemüt. Es entsteht kein weiterer Schaden daraus, weil wenigstens einer öfter von Liebe spricht: der Krebs-Partner. Es wird natürlich keine Luxusartikel in Liebe oder Lebensführung geben, aber die gesicherte Linie des goldenen Mittelweges führt wie eine Leitplanke an allen Höhen und Tiefen vorbei.

4. Partner aus dem Zeichen Stier (21. IV. – 21. V.)

Zwischen Krebs- und Stier-Partnern kann es herrliches Verstehen und dauerhafte Liebe geben, denn nichts ist für das reichlich anfällige Gemüt des »Krebses« beruhigender als das zuverlässig auswattierte Innenleben eines Stier-Partners. Man weiß es aus der Praxis: Den Stier erschüttert selbst ein Erdbeben nur dann, wenn schon der eigene Stuhl wackelt.

Wir sagen es im Vertrauen: Mit diesem Partner haben schon manche freche Mädchen lange Zeit Schindluder getrieben, nur um zu sehen, wann er platzt. Das kann lange dauern, endet aber mit unguten Überraschungen, und die es mutwillig versuchten, tun es nie wieder. Ein Stier-Typ braucht so gut wie niemals irgendwelche Nervenpräparate.

Das wissen in erster Linie »Krebse« zu schätzen, denn sie haben verwundbare Seelen und auch des öfteren sozialen Wackelkontakt. Vom Stier-Partner her kommen die so dringend nötigen Sicherungen, und sogar das Herz kommt zur Ruhe. Sein Herz bringt der »Stier« als unerschöpfliche Mitgift in die Ehe. Gehen Sie aber dennoch nicht leichtsinnig mit ihm um! Ein Stier-Partner will in Liebe und Ehe Alleinunterhalter sein und bleiben. Sollte da noch jemand »mitmischen« wollen, so steht das Liebesbarometer auf Sturm. Nebenbuhler(innen) werden rücksichtslos und bis aufs Messer niedergekämpft. Man hat in Stier-Ehen noch niemals »Dreiecks-Verhältnisse« erlebt.

Mag sein, daß der Krebs-Partner zum bloßen Inventar der Ehe wird und daß sein inneres Freiheitsgefühl verletzt wird. Er weiß, daß er eine Art Fixstern geheiratet hat, unverrückbar und radioaktiv in den Leidenschaften. So etwas bekommt man nicht alle Tage, dieser Partner geht im wahrsten Sinn des Wortes mit Ihnen durch dick und dünn – und nach dem ersten großen Liebesanfall mit Sicherheit aufs Standesamt.

Finanziell hat man mit ihm ausgesorgt. Allerdings müssen Sie hier zeitlebens abbezahlen – mit Liebe.

Dreimal müssen Sie prüfen!

1. Partner aus dem Zeichen Steinbock (22. XII. – 20. I.)

Unterm Abschnitt *Aspekte* erfahren Sie vom »Oppositionsaspekt« einige interessante Einzelheiten, die viel mit Liebe und Ehe zu tun haben: Krebs und Steinbock sind »gegensätzlich« (Oppositionsaspekt). Wie immer und unter jedem Zeichen ziehen sich die Gegensätze an. Beispielsweise sucht ein »härterer« Partner einen »weicheren«. Hier haben wir eine solche Verbindung, wobei man allerdings des öfteren fand, daß bald nach der Anziehung die Reibung auftrat. Wir möchten Sie nicht vergrämen, aber wir erwähnen es hier zum viertenmal: Es gibt keine »reinen Typen«, sondern stets Mischungen, und schließlich kommt es auf das gesamte Horoskop beider Partner an.

Um also wieder den gemeinsamen Nenner herauszustellen, können wir Ihnen verraten: Ein »Steinbock« ist nie ein Vulkan an Gefühlen. Er hält die Leidenschaften vielmehr lange unter Verschluß. Aber ein Eisschrank ist er auch nicht. Er macht nur wenig »Schnörkel« und zeigt auch im Gemüt nicht allzu viele Verzierungen. Wenn ein Steinbock über Liebe spricht, wird manchmal ein Geschäftsbericht daraus oder ein Vortrag über wirtschaftliche Sicherheiten wie Hausstöcke, Grundstücke und Zinsen. Als »Krebs« darf Sie dies nicht abschrecken. Gerade unterm Zeichen Krebs brauchen Sie die betonierten Sicherheiten oder das heimliche Kapital auf der hohen Kante. Es steht zwar fest, daß die Freude daran nur theoretisch ist, denn das Einnehmen liegt einem Steinbock mehr als das Ausgeben. Es mag manche eheliche Bewährungsproben geben, denn unterm Steinbock übertönt der Arbeitshunger die Liebe. Dafür darf sich der Krebs-Partner hier so sicher wie in Abrahams Schoß fühlen. Schönste aller Steinbock-Eigenschaften: Er hat gar keine Zeit für Seitensprünge. Und er hat einen Widerwillen gegen Scheidungsanwälte.

Sie leben fortan in der gemäßigten Zone und tauschen dafür eine gesicherte Existenz ein.

2. Partner aus dem Zeichen Waage (24. IX. – 23. X.)

Beide Zeichen sind hinsichtlich der Gefühle äußerst verwandt: Die Verletzbarkeit des Ichgefühls unter der Waage ergänzt die Anfälligkeit des Gemüts unterm Krebs wunderbar. Immer ist der Krebs-Partner schnellstens beeindruckt von der Liebenswürdigkeit und Verbindlichkeit der »Waage«. Freilich verhält sich der Waage-Partner so auch gegenüber anderen, und bald haben Sie seine kleinen Tricks und Eitelkeiten durchschaut, dann glauben Sie nicht mehr alles. Während man unter der Waage gern »nach außen lebt« – mit Gesellschaften und Vergnügungen –, lebt man unterm Krebs mehr »nach innen«. Es gibt im Zeichen Waage viele Könner in der Liebe und auch äußerst anziehende Evas. Zweifellos wird hier so mancher »Krebs« schwach und taut seelisch geradezu auf. Die Waage-Eva ist – wenn sie will – unwiderstehlich! Adam aus der Waage steht ihr in keiner Weise nach, und manchmal ist er sogar ein regelrechter Kavalier. Was beide in die Ehe mitbringen, sind sehr komfortable, verfeinerte Artikel wie erhöhte Empfindlichkeit, Ungeduld, seelische Reizbarkeit und – Stimmungen! Sie werden die Binsenweisheit erfahren, daß jeder Mensch ein Sonntags- und ein Alltagsgesicht trägt. Nach einiger Eingewöhnung in die Ehe kostet es manche Strapazen, die einstige Liebenswürdigkeit und das verbindliche Entgegenkommen durchzuhalten. Den steten Drang der

»Waage« nach Selbstbestätigung durch neue Freundschaften kann kein »Krebs« aufhalten. Zudem wird unterm Zeichen Waage viel versprochen, was dann nicht gehalten werden kann. Oft werden solche Versprechungen überhaupt vergessen.

Man kann sagen: Hier handelt es sich um ein veredeltes, kultiviertes Liebespaar mit viel Sex und einigen Gefühlsaffekten. In der Ehe leiden aber beide unter erheblichen Abnutzungserscheinungen, zumal die Geduld bei beiden zu kurz gekommen ist. Daß man den Waage-Partner viel loben muß und zu ihm aufschauen soll, macht mit der Zeit müde.

Immerhin – der gute Wille ist alles. Aber keiner von beiden gibt hier gern nach.

3. Partner aus dem Zeichen Widder (21. III. – 20. IV.)

Dies ist der erste wirklich komplizierte Fall, denn es handelt sich um Ihr kosmisches »Gegenstück« oder den sogenannten »Oppositionsaspekt« (den wir im Kapitel *Aspektlehre* genauer erklären). Einigermaßen verrät Ihnen ja der Begriff »Opposition« schon, was wir meinen. Praktisch erfahren Sie es dann in der Ehe. Bei den »Krebsen« wuchern die Gefühle wie Schlingpflanzen. Scheint noch die Sonne der Liebe darauf, so wird das Ganze zu einem brodelnden Stimmungssumpf, in dem sich aber nur Krebse äußerst wohl fühlen. Springt nun ein rasanter Widder-Typ respektlos in diesen Gemütsweiher, so ist es vorbei mit der Seelenruhe (der »Krebse«). Es gibt viele sanfte Geschöpfe und auch Kätzchen darunter, die viel lieber am häuslichen Herd schnurren würden. Zumal dann, wenn sie ab und zu gestreichelt, gekrault und umsorgt werden. Kein Mensch aber kann von einem echten »Widder« verlangen, daß er kurz nach den Flitterwochen oder gar nach längerer Zeit noch streichelt. Zwar stimmt es, daß so manche Krebs-Frau schon von einem »Widder« wachgeküßt wurde. Aber das Erwachen ist mit viel Seelenqual verbunden, wenn er wieder von dannen geht.

Auch so manche Krebs-Männer haben mit Widder-Mädchen schon tolle Abenteuer und Seelenaufschwünge erlebt. Leider ist es oft ein Sturm im Wasserglas: Eine Weile noch branden die Gefühlswellen der Erinnerung, und dann sehnt man sich als »Krebs« wieder nach etwas Ruhigerem und Bleibenderem. Ein »Widder« aber muß reisen, erobern, oft sogar unterjochen und lebt in der Liebe von mancherlei Unfug. Er ist ein »Wandelstern«, manchmal nur ein Komet, der auftaucht, funkt, blitzt und dann wieder im Dunkel verzischt. Sie müssen sich eben überlegen, ob eine Rakete zur

Hausbrandversorgung geeignet ist. Und im Zeichen Krebs möchte man zu gern auch einmal bemuttern, umsorgen.

Hier können Sie aber lediglich – sich selbst Sorgen machen: ob und wann er heimkommt und ob er überhaupt noch kommt. Manche »Krebse« brauchten hier schon Baldrian!

Einige Bewährungsproben:

Bekanntschaft mit Löwen (23. VII. – 23. VIII.)

Es handelt sich um den bekannten Fall der aufeinanderfolgenden Zeichen, die grundverschieden sind. »Krebse« und »Löwen« leben auf ganz verschiedenen Ebenen: Wasser- und Feuerelement begegnen sich hier, und manchmal ergibt dies eben wie bei der Begegnung von Feuer und Wasser: Dampf! Sollte es sich um einen standesbewußten »Löwen« handeln, so müssen »Krebse« schweigen, wenn er brüllt. Nun gibt es natürlich verschiedene Ausgaben von »Löwen«: die gezähmten im Zirkus, die gefangenen im Zoo, die Bettvorleger und schließlich jene, die am meisten Spaß machen: die stolzen, kühnen, mutigen, die nicht nur am Stammtisch brüllen, sondern auch zu Hause! Selbst der mickrigste »Krebs« möchte keinen Bettvorleger. In dieser Ehe ist lediglich eines zu üben: Man muß den »Löwen« anbeten, bewundern, loben oder ganz einfach: vergöttern! Dem widersteht kein »Löwe«. »Krebse« sollen also vor der Ehe Gewissenserforschung betreiben, ob sie ein Leben lang bewundern können. Wenn das gelingt, wird man vom »Löwen« huldvoll betreut, finanziert, mit Titeln versorgt, und auch in der Liebe steht es zum besten. Wenn aber der Zeitpunkt kommt, in dem Sie an sein majestätisches Gebrüll nicht mehr glauben, dann müssen Sie wenigstens so tun, als ob! Nichts erträgt ein »Löwe« schlechter als verletzten Stolz, das brennt ihn wie Schußlöcher im Fell. Falls es sich um eine Löwe-Dame handelt, müssen sich »Krebse« mächtig anstrengen, in der Liebe und finanziell. Diese Dame braucht Luxus, Glorienschein, Schmuck und Bedienung. Es wird eine strapaziöse Ehe, und mancher »Krebs« geht in die innere Emigration. Aber wenn es ihm beruflich schlechtgehen sollte, erhält ihn die Löwe-Frau. Das wiegt alles wieder auf.

Bekanntschaft mit Zwillingen (22. V. – 21. VI.)

Was sich unterm Zeichen Krebs im Sektor »Herz und Gemüt« begibt, das rumort beim »Zwilling« im Kopf! Genauer gesagt: Der eine handelt aus dem Gefühl, der andere aus dem Intellekt. Das ergibt verschiedenartige Ansichten und Handlungen. Manchmal reden beide aneinander vorbei. Bis zu Ende Zwanzig sind beide Typen denkbar unruhig und eifrig im Aufsuchen ferner Horizonte. Später geht ein Krebs-Typ »in Deckung«, der »Zwilling« indessen nie. Außerdem ist bei ihm nie etwas völlig gesichert, am wenigsten, daß man ihn nach der Heirat auch endgültig besitzt. Der Zwillinge-Partner dient dem »Krebs« zur Seelenertüchtigung und bedeutet für ihn eine Art Bewährungsprobe. Das beiderseitige Betriebskapital ist mehr geistiger Natur. Sollte es sich um eine genaue, ordentliche und pünktliche Krebs-Dame handeln, so kann man ihr verraten, daß ihre besten Küchenschöpfungen verbraten, verrauchen, verkrusten werden, weil er wieder einmal zu spät oder gar nicht nach Hause kommt. Ihr ganzes ferneres Leben ist auf Erwartung gestellt – aus Sorge vor dem, was ihr noch blüht oder was er ständig anstellt. Ein guter und unbezahlbarer Tip: Binden Sie Ihr bestes Stück aus dem Zeichen Zwillinge nicht an, weinen Sie ihm nicht nach, stellen Sie kein Ultimatum! Eines Tages kommt er ganz von selbst wieder. Das wissen Sie aber erst in reiferen Jahren. Vorher sollten Sie eine beste Freundin oder eine Großmutter haben, bei der Sie sich gelegentlich ausweinen können. Im ganzen ist hier der Zwillinge-Partner der anregendere oder aufregendere. Viele Leute gehen, um Aufregendes zu erleben, ins Kino oder greifen zu Drogen. Mit einem »Zwilling« haben Sie das nicht mehr nötig!

Zwischenspiel mit Ihrem eigenen Sternzeichen Krebs

Sie haben Ihren »Doppelgänger« gefunden. Freilich nur in beschränktem Maß, denn kein Zeichen zeigt immer die gleiche Wirkung. Es kann sich nur um Mischungen handeln. Das Gemeinsame ist in diesem Fall der Gefühlsreichtum, der rasche Wechsel von Hoch zu Tief. Es geht trotzdem gut, wenn die seelischen Klimaschwankungen nicht bei beiden Partnern gleichzeitig auftreten. Sie können natürlich etwas dazu tun: Selbstbeherrschung und etwas kameradschaftliche Fürsorglichkeit für den anderen. Falls es die Krebs-Frau ist, die diesen sozialen Nerv besonders entwickelt hat, gibt es Verständnis auf Anhieb. Vom Krebs-Mann weiß man, daß er zwar ehrgeizig und aufstrebend ist, aber niemals mit Ellbogengewalt. Sie sollten ihn daher nicht als Erfüller ehrgeiziger oder materieller Pläne betrachten. Er strebt ganz allein nach Sicherheit und opfert ihr manche Ideale. Viele Leute sind der Ansicht, daß in der Ehe mangels Reibung Langeweile entstehen müsse. Falls Sie sich aber schon einmal mit anderen, gegensätzlichen Partnern auseinandergesetzt haben, werden Sie froh sein, daß Ihnen bei Ihrem Doppelgänger kein Wundscheuern der Seele droht. Der Krebs-Typ bedarf gelegentlicher geistiger Auffrischung durch Reisen und kulturelle Genüsse. Nichts verjüngt Ihre Ehe mehr als öftere Fahrten ins Blaue. Die Krebs-Dame siegt häufig durch die »sanfte Tour«, manchmal hilft sie auch noch mit einer Träne nach. Doch die männlichen »Krebse« bestätigen es übereinstimmend: Man kann ihr nicht lange böse sein. Krebs-Männer andererseits greifen bei ehelichen Gewittern zu einer ganz speziellen Abwehr: Sie igeln sich ein.

Liebe und Ehe im Zeichen Löwe

Geboren vom 23. VII.–23. VIII.

Alles über Adam

Als »Löwe« geboren zu sein ist an sich schon ein Geschenk des Schicksals. Nicht genug, solchermaßen von den Göttern bevorzugt zu sein – man stellt unter diesem Zeichen auch noch große Ansprüche an das Leben, an den Beruf, vor allem aber an die Gattin. Diese kann für einen »Löwen« gar nicht gut und vornehm genug sein. Jeder bessere »Löwe« hat einen Titelanspruch, will sein Postament und natürlich eine Frau, die zu ihm aufschaut und ihn anbetet.

Hier hapert es nun aber zuweilen gewaltig, denn moderne Teens beten nichts und niemanden mehr an. Sogar ein »Löwe« ist ihnen gleichgültig. Ältere Restexemplare von »Löwen« spielen zwar noch Scheich, Dompteur oder Generaldirektor, aber freche Mädchen kraulen ihnen das Fell und pumpen sie auch noch an. Was die wirklich piekfeinen »Löwen« der Extraklasse anbelangt, so leben sie in einem Reservat oder einer Art Nationalpark. Einige von ihnen haben erhebliche Abwertungen durchmachen müssen und leben jetzt vom Größenwahn, weil er das letzte ist, was einen Menschen noch aufrechterhält.

Als eheliches Großwild wird der Löwe-Mann von Frauen überaus geschätzt. Wenn man Jagd auf ihn macht, weiß man aber selten, was einem blüht, wenn man ihn endgültig hat. Man sitzt dann selber im Käfig und wird vom Löwen bewacht, betreut und muß ihm dienen. Ganz zahme Löwen machen aber selbst nervenschwachen Frauen keinen Spaß. Wer einmal an solche abgewertete Wappentiere kam, glaubt nicht einmal mehr den steinernen oder marmornen Löwen vor Portalen ihre Hoheit. Mit Mangel an Respekt und Bewunderung bringt man aber einen »Löwen« fast zum Selbstmord. Man sollte ihn dann schon eher umtauschen.

Echte, also majestätische »Löwen« gleichen einem Leuchtturm, während alles rundherum in Dunkelheit liegt. Von Geburt her zur Repräsentation veranlagt, braucht er auch die entsprechende soziale Stufe für den künftigen Aufstieg. Wie man weiß, trifft sich das nicht immer so günstig. Dann werden Zurücksetzung, verletzter Stolz oder Mißachtung zu Voraussetzungen für Herzinfarkte. Man sollte also in Liebe und Ehe zu »Löwen« »aufschauen«. Partnerinnen, die sich hierzu nicht für befähigt halten, werden vom »Löwen« mühsam umerzogen. Gelingt es ihm nicht, so braucht er Ersatzuntertanen – entweder im Büro unter den Sekretärinnen oder am Stammtisch, wo er dann gewaltig aufschneidet. Da verbreitet er dann den Schein eines Gebieters, wertet sich selber auf und trägt eine unsichtbare Krone. Die Psychologen kennen dieses Verhalten als Aufwertungsverlangen aufgrund innerer Komplexe. Das Fürchterlichste ist für den »Löwen« der »Wertschwund« oder der Verlust des Sockels, auf dem er steht. Vielen exilierten Königen, Fürsten und Prinzen erging es so.

Man darf es also einem »Löwen« nicht verübeln, wenn er ständig nach Aufstieg strebt. Dieser beansprucht sein Herz gewaltig, oft ist es bei ihm ein ramponierter Körperteil.

Wer ihn einmal hat, darf sicher sein: Kein Löwe-Mann geht jemals gänzlich unter. Von Jugend an peilt er die obersten Sprossen der sozialen Leiter an. Einmal oben, verlangt er Scheinwerferanstrahlung. In der Ehe besorgen das die Gattinnen. In der Liebe wie auch später in der Familie gibt er den geistigen und seelischen Halt, wobei er natürlich auch befiehlt, leitet, organisiert. Die solchermaßen Geführten empfinden dies manchmal als übermäßige Autorität. Man sollte ihn gewähren lassen, denn niemand würde es besser machen – meint der Löwe. Glauben Sie es ihm ruhig – wenn auch augenzwinkernd –, er meint es ja nur gut mit Ihnen. Die echten »Löwen« sind nämlich großmütig und verzeihend. Das Verlangen nach Besitz, Macht, Titeln und Komfort erlischt niemals. Um dies zu verstehen, muß man nur wissen, daß die strahlende Sonne im Zeichen Löwe herrscht. Sie verleiht dem Löwe-Typ auch seine sprichwörtliche Vitalität. Sein Geburtsmonat ist die Zeit der Ernte dessen, was man gesät hat. Im »Säen« ist der Löwe-Mann groß –

auch hinsichtlich Liebe und »Nachwuchs«! Am liebsten ist ihm aber doch die Ernte, wenn er die Gewähr hat, aus dem vollen zu leben – das ist die Lieblingsbeschäftigung eines monumentalen »Löwen«. Mit einem lächerlichen Sparstrumpf ist ihm nicht gedient, er braucht die vollen, klimpernden Kassen des Lebens, denn noch während der Erfüllung wachsen schon wieder neue Wünsche. Es kommt vor, daß er eine reiche Frau heiratet. Aber ebenso viele Löwe-Männer leben vom eigenen Können, von der geistigen Selbstbehauptung. So manche »arme Kirchenmaus« heben sie großmütig auf die eigene soziale Ebene empor. Aber wenn Sie eine anständige Mitgift mitbringen, sagt kein »Löwe« jemals nein. Seine Pläne sind fürstlich, seine Ideen manchmal etwas größenwahnsinnig. Hätte er nichts mehr, so verbliebe ihm immer noch das Selbstgefühl eines Grandseigneurs im Geiste.

Von Löwe-Männern weiß man, daß sie Freundinnen haben müssen, sozusagen zur linken Hand getraut. Und zur Rechten die Gattin – auch die einstigen Könige hatten beides. Die »Folgen« der Liebe berühren einen echten »Löwen« nicht sehr. Manchmal sieht er am Ende seiner Tage gleich einem Sultan oder Scheich auf die »Fruchtbarkeit« seines Wirkens. Wenn er liebt, dann gewaltig. Gattinnen sind mit ihm noch allezeit zufrieden gewesen. Vollblut-»Löwen« konsumieren ihr eigenes Leben und das der anderen dazu. Nachts aber müssen sie zur Tränke gehen und bechern dann gewaltig im Kreis edler Kumpane. Ist die erste Liebe des »Löwen« eine Art Waldbrand, so reicht es nach der letzten Enttäuschung nur noch zu einem Flackern. Aber auch dies erhellt noch manche Kemenate. In der Jugend und bis weit hinein in die Fünfziger verlangt der Löwe-Mann nach dem Supermarkt der Liebe und verachtet jegliche Kleinkrämerei der Gefühle. Er ist der »königliche Liebhaber«, aber in unserer Zeit der Abwertung aller großen Gefühle zeigt auch er zuweilen »Sonnenflecken«. Die wirklich abgewerteten »Löwen« gleichen nur noch Bettvorlegern; ihnen nimmt man kein Gebrüll mehr ab.

Am Höhepunkt seiner Entwicklung verlangt er Distanz zum »Volk«. Wo in allen Wüsten gibt es Löwen, die mit niederem Getier fraternisieren? Wird es um ihn herum zu laut, so brüllt er einmal achtungsgebietend in die Runde, und alles schweigt – so möchte er es jedenfalls! Sei es eine Rede im Aufsichtsrat oder vor der eigenen Familie – man muß ihm zuhören! Es gibt aber raffinierte Mädchen und Gattinnen, die zwar vor ihrem »Löwen« anbetend das Rauchfaß schwingen, so daß ihm Weihrauch in die Nase duftet, hintenherum jedoch tun sie, was ihnen paßt.

Anfänglich stürmisch geliebt und mit Schwung erobert, werden die Gattin und später die Kinder bald zur »Gefolgschaft«. Ist die innere Löwen-Substanz geringer, so wird mit viel Selbstlob nachgeholfen. Und manchmal werden die kleineren »Löwen« zu wahren Tyrannen. Mit ihnen hat man viel Ärger, da sie mehr oder minder vom Angeben leben müssen. In der Familie machen sie »Theatergebrüll«. Weil das aber niemand mehr ernst nimmt, sinken sie immer tiefer und werden zu »Löwen« im Käfig mit ehelichen Fütterungszeiten. Zum Manko an Selbstgefühl kommt dann als Ausgleich der Hochmut. Er ist das sicherste Zeichen, daß die wirkliche Löwe-Substanz zu gering ausgefallen ist. Der echte »Löwe« muß sich nicht tarnen – nicht in der Liebe und am wenigsten in der Ehe.

Alles über Eva

An sich ist die Löwe-Frau die »große Liebende«. Nur – die Partner beziehungsweise die Männer überhaupt – die sind nicht so. Daher lebt die Löwe-Dame stark von der eigenen Substanz und zeigt damit eine Parallele zur Sonne, ihrem Geburtsgestirn. Von den Sonnenflecken möchten wir lieber schweigen. Die kleineren von ihnen gleicht die Löwe-Frau durch ihren Optimismus aus.

Man weiß von der Sonne, daß sie strahlt und wärmt, ob man ihr nun dankt oder nicht. Diesem Naturgesetz des Schenkens ohne Zins und Rendite untersteht auch die Löwe-Frau. Im ersten Lebensdrittel ist ihr Herz am stärksten strapaziert, es schenkt freigebig ohne jeden Abzug, weil es noch glaubt und vertraut. Das zweite Lebensdrittel bringt schon die ersten Abschreibungen, Verluste und Kreditaufnahmen beim Schicksal. Ganz zum Schluß und zurückblikkend auf die zahlreichen Gefühlsinvestitionen weiß die Löwe-Frau, daß sie vieles mit eigenem Glanz verschönt und aufgewertet hat. Sie fühlt sich wie ein Opferstock, der von den rechtmäßigen Besitzern zeitlebens entleert, von Räubern aber manchmal auch geplündert wurde.

Trotzdem – die Löwe-Frau kann nicht anders, als Sonne um sich zu verbreiten. Sie liebt Gesellschaft, den Wirbel, keinesfalls will sie jemals im verborgenen blühen. Sie ist meist lebenstüchtig, opfert sich oft für andere auf und kämpft mutig um die Existenz ihrer Lieben. Daß sie gerade in der Liebe so häufig Opfer bringen muß, hängt vermutlich mit ihren »Sonnenflecken« zusammen, denn selbst dieses strahlende Gestirn wird zuweilen verdunkelt. Die Löwe-Frau organisiert auch gern. Es gibt einige »Löwinnen«, die es meisterhaft verstehen, andere für die eigene Arbeit einzusetzen. Zuweilen sind es die Männer, manchmal auch »Personal« oder Trabanten. Man nimmt es ihr aber nicht übel, denn in ihren Wünschen liegt viel Selbstverständlichkeit und angeborenes Wissen um das eigene Ich. Wenn es notwendig ist, kann sie sich auch jederzeit die Existenzgrundlage selbst erarbeiten.

Der Zug zum Monumentalen kennzeichnet bei ihr auch die Liebe. Speziell die erste große Liebe wird ein Kolossalgemälde in goldenem Rahmen. Später schrumpft sie zu einem Votivbild, und am Ende liegt sie gepreßt im Herbarium des Familienalbums. Einige Männer kommen »abhanden«. In unserer Verbotstafelwelt ist natürlich kein Platz mehr für »wilde Löwinnen«. Sie werden schon frühzeitig in Pensionaten und Internaten gezähmt, wo sie allerdings auch viel Unfug anstellen. Obwohl sie oft aus »guter Familie« stammen, kommt es manchmal zu sozialen Abstürzen, die sie mit harter Selbstbehauptung bewältigen müssen. Den echten »Löwinnen« droht die Nivellierung, weil man sich eben einen »königlichen Charakter«, Brillanten, Diademe und Schmuck auch unterm fürstlichen Zeichen Löwe nicht mehr ohne weiteres leisten kann.

Früher lebten Juweliere, Modehäuser und alles, was gehobenen Luxus fabrizierte, von Löwe-Frauen. Heute hat ein Löwe-Teen selten genügend männliche Trabanten, die solchen Luxus finanzieren. Eine Löwe-Frau versteht tatsächlich zu repräsentieren. Hat sie ein Häuschen, macht sie ein Schloß daraus. Selbstbewußtsein, gepaart mit innerem Stolz, ist eben der Lebensnerv einer Löwe-Frau. Alles, was diese erhabenen Gefühle bestärkt, wird zum Lebenselixier. Junge Löwe-Mädchen sind selbstbewußte und kratzlustige Kätzchen, die sich später oft hochtrabende Allüren zulegen. Obwohl Löwe-Frauen gern flirten und mit viel modischem Aufwand in den Scheinwerferkegel der Bewunderung und Beachtung eintauchen wollen, sind sie doch sehr wählerisch und schnell pikiert. Auch das Selbstbewußtsein bewahrt diese Dame nicht vor Prestigeverlusten, denn viel echte und lodernde Löwe-Gefühle werden nur mit Falschgeld honoriert. So gerät fast jede Löwe-Frau einmal in den Wendekreis der Liebe, wo sie Bilanz ziehen muß, und siehe da: Sie hat viel verschenkt und manches verloren. Aber dann kommt der Tag, an dem sie sich selbst ins Kreuz tritt und mutig eine eigene Existenz gründet, von der sich schließlich noch einige miternähren.

Mickrige Männer verspüren den »autoritären« Zug zum Höheren bei Löwe-Frauen auf Anhieb und scheiden bald aus, da ihnen diese Dame schnellstens über den Kopf wächst.

Es hat sich oft erwiesen: Eine Löwe-Frau stellt Ansprüche. Sie will auf Händen getragen werden, obwohl die Männer heute immer schwächer werden. Diese Dame braucht einen Rahmen, um wirken zu können. Sie nimmt die Liebe stets ernst, und deshalb erwartet sie, daß die Männer keine Stümper sind. Deren Schlechtigkeit bringt der Löwe-Frau des öfteren einen Kahlfraß der Gefühle. Daß sie dann auf dem Stoppelfeld ihrer Liebe immer wieder aufs neue ein paar Vergißmeinnicht züchtet, beweist die Größe ihrer Seele.

Um die Dreißig herum sind die betörendsten Liebesschwüre der frühen Freunde schon als wertlos entlarvt. Dabei könnte diese exklusive Dame auch in kleinerem Rahmen glücklich sein – wenigstens zeitweise: Falls nämlich die Sonne ihrer Liebe die getünchten Wände bestrahlt. Freilich kommt mit Sicherheit der Tag, an dem sie »aus dem vollen schöpfen will«. Die Besitzer von Löwe-Frauen wissen, daß diese Dame nicht mit falschen Brillanten aufs Parkett geht. Wer also eine Löwe-Frau heiratet, lebt irgendwann einmal als »Prinzgemahl« im Schatten seiner besseren und teuren Hälfte. Daß aber eine Löwe-Frau längere Zeit bereit wäre, anbetend im Schatten ihres Gatten zu verweilen, ist noch nie und nirgends bekanntgeworden.

Wer paßt zum Zeichen Löwe?

Viermal dürfen Sie wählen:

1. Partner aus dem Zeichen Schütze (23. XI.–21. XII.)

Bei beiden Zeichen haben wir es mit dem Feuerelement zu tun – kein Wunder, wenn Sie auf Anhieb entflammt sind, denn in diesem Element sind – wie es der Name schon andeutet – die Gefühle hochaktiv. Dazu kommen noch die geistigen Höhenwanderungen und die exquisiten Wünsche unter diesen beiden luxuriösen Sternbildern. Im Zeichen Löwe sind zwar die Gefühle fundierter, zäher und ausdauernder, aber auch unterm Schützen flammen sie immer wieder auf – manchmal allerdings für verschiedene Liebesobjekte. Die beiderseitigen Ziele sind enorm hoch gesteckt und werden ehrgeizig angestrebt. Vom Schütze-Typ ist bekannt, daß er eine höhere Scheidungsziffer hat als der Löwe-Typ, der »treuer« sein kann. Dem Löwe-Partner ist mit Experimenten in der Liebe nicht gedient – unter diesem Zeichen will man wissen, wohin man gehört! Die geistigen Blitzlichter unterm Schützen sind aber denkbar anregend – zuweilen sogar aufregend –, er weiß viel, hat häufig die halbe Welt gesehen und möchte sie Ihnen auch zeigen. Der Schütze-Partner hat Talent zum Vortragsredner. Da er beim Reden sehr häufig sein eigenes strahlendes Ich in den Mittelpunkt stellt, brauchen Sie als Löwe-Partner nur mehr zuzuhören – was Ihnen aber zeitweise schwerfällt! Am Anfang ist der Schütze-Partner leidlich großzügig, später möchte er die Spesen der Liebe abschreiben. Er steht immer vor der Qual der Wahl, und wenn es sich um eine Schütze-Eva handeln sollte, wäre sie keinesfalls mehr ein unbeschriebenes Blatt. Schütze-Männer wollen repräsentative Gattinnen, die man herzeigen kann und die den eigenen Wert bestätigen. Der »Schütze« hat eine empfindliche, sensible und etwas zwiespältige Seele, die bei Heiratsentscheidungen beträchtlich schwankt. Dennoch – unterm Schützen kann man nie allein sein, und Sie treiben ihm die Zweifel schon aus!

2. *Partner aus dem Zeichen Widder* (21. III.–20. IV.)

Mit Löwenmut stürzt man sich fast in jede Liebe, aber nicht in jede Ehe. Es gibt so manche Partner, bei denen ein »Löwe« im Käfig sitzen würde. Nicht so beim Widder-Partner, denn hier begegnen sich zwei »Sterne«, die beide vom Leben etwas haben wollen. Es wird ein heiterer Zirkus mit glanzvollen Attraktionen. Leider wollen auch beide die Hauptrolle spielen. Zuweilen möchte einer des anderen Dompteur sein. Anfänglich führt das zu wortreichen Unterhaltungen, später zur Koexistenz.

Das Herz des »Löwen« ist anhänglich, opferbereit und voll Liebe. Unter diesen beiden »Feuerzeichen« versteht man zu leben und zu genießen, die Wünsche haben Großformat, und mit einem schalen Lebenslauf wäre beiden nicht gedient. Freilich – Geld fließt hinaus, wie es hereinkommt, zumal im Zeichen Löwe, das man einst das »königliche« nannte. Keiner der beiden Partner läßt sich Freuden entgehen, so manches Blümlein am Weg wird gerupft (zumal vom Widder-Partner!), weil in den Gefühlen sehr häufig Kurzschluß entsteht.

Beim »Widder« sind die Gefühle Stichflammen, prasselnd und voller Leuchtkraft. Aber hinterher ist wieder Funkstille. Andererseits findet man nicht alle Tage Gefühle mit solchem Tiefgang wie beim »Löwen«, und dies ist der Grund, warum »Widder« hier erstmals überlegen, ob sie sich nicht doch für dauernd binden sollten. Trotz der sprichwörtlichen Herzensunruhe des Widder-Partners geht diese Ehe meist gut – einige impulsive Temperamentsausbrüche ausgenommen. Sozial gesehen führt sie nach oben. Der »Widder« hat Ideen – der »Löwe« führt sie durch. So ganz nebenbei lernt der »Widder« erstmals die Gleichberechtigung des anderen kennen – für ihn eine völlig neue Erfahrungstatsache. Vielen »Widdern« mußte sie vom Scheidungsanwalt erläutert werden. In der Ehe macht ihm das unaufgefordert die Löwe-Frau klar (oder der Löwe-Mann). Ein unbezahlbarer Geheimtip: Der »Widder« siegt nur im ersten Ansturm. Die Zähigkeit des »Löwen« unterminiert ihn.

3. Partner aus dem Zeichen Waage (24. IX. – 23. X.)

Kluge Löwe-Leute wissen, daß das »Beste« nicht immer bei der Hand ist (die Astrologen behaupten: Widder- und Schütze-Partner seien das Beste). Deshalb möchten wir Ihnen Partner aus dem Venuszeichen Waage vorstellen. Hier kommen zwei Tierkreistypen zusammen, die heiteren Lebensgenuß mit Luxus zu verbinden wissen. Zwar ist die »Waage« ein Partner mit Seelenkomfort, der viel Beachtung und öfters Lob verlangt. Davon lebt aber auch ein Löwe. In puncto Ehrgeiz begegnen Sie sich, und es ist so gut wie sicher, daß mit dem Hochzeitstag Ihr gesellschaftlicher Aufstieg beginnt. Die »Waage« kennt das glättende Öl verbindlicher Umgangsformen, in der äußeren Erscheinung zeigt sie guten Geschmack, im übrigen liebt sie ein kultiviertes Heim. Das zündet bei Ihnen, denn auch Sie gehören einem sehr »arrivierten« Sternbild an, und manchmal haben Sie auch dementsprechende Allüren. Nach der Heirat verliert man manchmal sein Feiertagsgesicht. Wie gut, daß die »Waage« so gern Gegensätze gleich von vornherein entschärft. Es ist bei dieser Ehe zu erwarten, daß sich die Umgangsformen eines Liebespaars noch lange erhalten, ebenso die Freude am aufwendigen Leben. Handelt es sich um einen Löwe-Mann, so bringt er Namen und Titel – Sie sollten ihm den würdigen Rahmen verschaffen. Die Statistik berichtet, daß man unter der Waage häufig geschieden oder getrennt wird. Mit Löwe-Partnern dürfte Ihnen das nicht passieren. Von den lebensverschönernden Ideen und Einfällen der »Waage« war noch jeder echte »Löwe« begeistert.

Etwas Vorsicht bedarf es mit den »besten Freundinnen«, denn die »Waage« ist anfällig gegenüber Versuchungen, Verlockungen und Anbetung. Viel Lob und gekonnte Werbung macht sie schwach. Man soll Waage-Partner auch viel allein lassen. Und zweitens sollte man sie nicht allzusehr strapazieren, denn sie sind weit mehr für friedlichen Genuß als heftige Arbeit. Auch reißt hier der Geduldsfaden sehr schnell. Dafür kommt Glanz in Ihre Hütte, aber er muß finanziert werden – am besten vom Löwen!

4. Partner aus dem Zeichen Zwillinge (22. V. – 21. VI.)

Gleich nach der Heirat – und meist schon lange vorher – ist hier die Langeweile aus Ihrem Dasein verschwunden. Sie ersparen sich mit einem »Zwilling« Koffein, Krimis und alle aufputschenden Medikamente, denn die Abwechslung kommt nun frei Haus. Er ist ein tag- und abendfüllender Partner! Allerdings kann Sie das mit der Zeit ermüden oder erschöpfen. Aber ein »Zwilling« ist viel außer Haus, muß reisen, reden, organisieren, fahren, und falls es sich um einen Mann handelt, hat er zahllose berufliche Besprechungen. Immerhin – er weiß viel und unterhält Sie jahrelang mit Ideen, mit Berufs-, Positions- und Wohnungswechseln, so daß die lästige Ruhe und das Gleichmaß eingelaufener Ehen weitgehend verbannt sind. Sie sollten als Löwe-Partner viel lächeln – milde und stets verzeihend –, am meisten aber dann, wenn der »Zwilling« wieder einmal etwas verspricht. Sie haben einen bunten, schillernden Schmetterling geheiratet, und so manche Besitzer von »gesetzten«, prinzipientreuen, hartnäckigen Betonklötzen werden Sie beneiden. Ein Löwe-Partner schleppt einen »Zwilling« mühelos zum Standesamt. Das muß sein, weil er sonst immer wieder überlegt, schwankt, vergleicht, ob nicht doch noch »etwas Besseres« kommt als ein »Löwe«. Im Vertrauen: Etwas Amüsanteres, Spritzigeres und Unterhaltenderes kommt gewiß nicht! Mit »Löwen« kann man herrlich plaudern, wenn man eines versteht: zuhören. Nun weiß man, daß »Zwillinge« sehr redebegabt sind, und genau das macht Ihre Ehe so lebendig. Im Fall von Verdachtsmotiven hat es der »Löwe« leicht, denn »Zwillinge« haben ein schlechtes Gedächtnis, fast immer auch ein schlechtes Gewissen und in der Liebe so mancherlei Geheimnisse – süße natürlich. In seinen Brieftaschen, Rocktaschen, Schreibtischschubladen können Sie viel finden, denn »Zwillinge« sind manchmal auch noch schlampig oder besser gesagt: großzügig. Wegen ihrer Zerstreutheit kommt man ihnen leicht auf die Spur. Aber nehmen Sie niemals etwas tragisch! Falls ein Zwillinge-Partner wirklich einmal gehen sollte – verlassen Sie sich darauf: Er kommt wieder.

Dreimal müssen Sie prüfen!

1. Partner aus dem Zeichen Wassermann (21. I. – 19. II.)

Jedes Sternzeichen hat seinen Gegensatz, was die Astrologie Oppositionsaspekt nennt. Bei Ihnen handelt es sich um den »Wassermann«. Er ist bekannt als »widerstandsfähig« gegenüber schnellen Heiratsentschlüssen. Sollte es Ihnen geglückt sein, diesen Partner an die Angel zu bekommen, dann tun Sie fortan so, als ob »nichts geschehen wäre«, als ob die freundschaftliche Bindung einfach weiterbestünde. Lassen Sie es bei der Stimmung der Flitterwochen und machen Sie dem »Wassermann« nichts zur Pflicht. Sein lebenslängliches Hobby ist die Freiheit (oder was er sich darunter vorstellt). Diese Ehe braucht also Phantasie, List und Humor. Wassermann-Partner sind lockere Vögel, die in der freien Liebe entzückend und frech zwitschern, in der Ehe aber ungern singen. Manche Löwe-Ansichten werden vom »Wassermann« umgekrempelt. Er hat andere Begriffe von Unabhängigkeit, die mit den Löwe-Ideen von Stolz, Ichgefühl, Selbstbehauptung zuweilen ins Gefecht kommen. Man beobachtete hier manches Tauziehen, das zur Zermürbungstaktik führte und in der Regel schon bald nach der Ehe mit »Auflehnungsansprachen« begann. Allerdings – der Krieg findet nur im Saal statt, denn beide Typen geben ungern auf; es gibt bei diesen Ehen nur selten Scheidungen. Der »Wassermann« ist weder durch Argumente noch durch Frontalangriffe zu erschüttern. Und ein »Löwe« gibt erst recht nicht nach. Die Ehe braucht also viel psychologisches Verständnis, zumal der Wassermann-Partner ein völlig unkonventioneller Mensch ist, ein Verächter von Titeln, sozialen Rangstufen oder bürgerlichen Moralbegriffen. Alles dies aber achtet ein Löwe-Partner, er legt viel Wert auf äußeres Ansehen. Sie müssen angesichts dieser Gegensätzlichkeiten, die sich natürlich anziehen, zugeben, daß es sich hier um eine äußerst lebendige, von mancherlei Knalleffekten erfüllte Ehe handelt. Sie wissen ja, daß auf Kampf nicht unbedingt immer ein Sieg folgen muß, sondern weit öfter ein Kompromiß.

2. Partner aus dem Zeichen Skorpion (24.X. – 22.XI.)

Während »Löwen« gern spielen, in der Liebe auch mit dem Feuer, nehmen »Skorpione« immer alles todernst und auch sogleich völlig »in Besitz«! Diese Ehe will überlegt sein, denn hier liegen schon im Vorfeld einige getarnte Minen herum. Mit dem Mars (= Skorpion) ist nie zu spaßen, denn er ist erbarmungslos im Nehmen und groß im Verteidigen seines Besitzes. Wenn ein Skorpion-Partner Feuer gefangen hat, so wird gleich ein Waldbrand daraus, und die Gefühlshochspannung des »Skorpions« könnte ein ganzes Elektrizitätswerk versorgen. Stolz und Ichgefühl sind Mitgift beider Zeichen. Kein echter »Löwe« läßt sich jemals verwalten, befehlen, überwachen. Für ein absolut heiteres Leben sehen wir hier etwas dunkel – wenn auch nicht ganz schwarz, weil es niemals völlig unvermischte Zeicheneinflüsse gibt. Sollte es sich um einen Skorpion-Mann handeln, wird die Gesamtlage etwas schwieriger, denn vom modernen Wissen um die Wandlung der Frau und ihre Gleichberechtigung haben »Skorpione« wenig gehört oder gelesen. Sein Selbstbewußtsein ist unerschütterlich, seine Willenskräfte sind unbegrenzt – am meisten wachsen sie bei Widerstand. Die Liebe ist hier ein Spiel mit dem Feuer, und die Löwe-Frau sollte wissen, wie lange sie schweigen kann, ohne zu platzen. Es wird nicht immer offen gekämpft, sondern manchmal auch mit Visier, denn unterm Zeichen Skorpion versteht man etwas von List und Schläue und verfügt manchmal über die Begabung eines geborenen Detektivs. Was bei einem Atomreaktor der Urankern ist, ist unterm Zeichen Skorpion die Eifersucht. Sie nährt die Gefühle und heizt sie an.

Auch die Löwe-Frau ist kein ewig gurrendes Täubchen. Sie kann beträchtlich auf die Pauke hauen, aber ein »Skorpion« hält jeden Krach durch und übt sich schon von klein auf, keinen Streit zu vermeiden. Es wachsen ihm auch immer neue Kräfte zu. Wenn es sich um eine Skorpion-Dame handelt, muß man wissen, daß sie vor keinem »Löwen« schwach wird. Es gab schon manch brüllenden Löwen, der schließlich im Käfig zahm wurde.

3. Partner aus dem Zeichen Stier (21. IV. – 21. V.)

Hier kann man im wahrsten Sinn des Wortes von einem »Bund fürs Leben« sprechen, denn bei einem »Stier« wird man selbst zum »Eigentum« oder zum Inventar der Ehe. Sie sollten also frühzeitig und lange prüfen, denn eine Stier-Seele ist von Leidenschaften erfüllt. Stier-Partner haben außerdem standfeste Ansichten und brüten Ideen aus viereckigen Eiern. Wir sind insofern skeptisch, als einer von beiden des öfteren nachgeben sollte. Das kann aber kein »Löwe« und noch weniger ein »Stier«. Ideen arten hier zu »Standpunkten« aus. Eines bindet: Unter beiden Zeichen liebt man das Geld. Nur sieht man es im Zeichen Stier gern wachsen, gedeihen, gesichert und angelegt. Als »Löwe« aber möchte man es ausgeben.

Unser Rat: Einigen Sie sich in der Liebe und führen Sie getrennte Konten. Wenn es Streit gibt, was ja in den besten Ehen vorkommt, so geht es zuweilen auf Biegen oder Brechen. Tatsächlich bricht manches – auch Geschirr und anderes Porzellan. Gehen Sie rechtzeitig eine Versicherung ein. Die Fälle, in denen wildgewordene Stier-Partner die Kücheneinrichtung zu Kleinholz hackten und durch das Fenster auf die Straße warfen, sind selten, stehen aber manchmal in der Zeitung. Solche »Aussprachen« sollte man mit einem Stier-Partner nicht inszenieren, denn man wäre über seine Verwandlung sehr erstaunt. Gerät ein »Stier« niemals in Wut, so ist das ein Zustand, an dem der Lebensmut des Löwen-Partners langsam zerbricht. Wenn es eine Löwe-Eva wäre, so sollte sie dafür sorgen, daß das Lämpchen der Liebe nie ganz verglüht. In der Liebe nämlich finden Sie sich wieder. Wer aber in dieser Ehe unbedingt Klippe sein will, um den brandet es. Nicht einmal Felsen halten eine solche Behandlung jahrzehntelang aus. Daher noch einmal: Prüfen Sie sich nicht nur im Urlaub während drei Wochen! Ergründen Sie Ihr bestes Stück bis ins Mark. Wenn es sein muß, mit einem genauen Horoskop.

Einige Bewährungsproben:

Bekanntschaft mit Jungfrau-Partnern (24. VIII. – 23. IX.)

Dieses Zeichen folgt auf den Löwen, und »aufeinanderfolgende Zeichen« haben, wie sich oft erwies, völlig verschiedene Eigenschaften. Wenn Sie sich dennoch gefunden haben, so muß die Ehe durchaus nicht schiefgehen. Natürlich muß der Löwe-Partner in Kauf nehmen, daß er ein wenig zurechtgestutzt wird. Noch nie haben Sie soviel vom Sparen, Einteilen und von langfristigen Wirtschaftsplänen gehört wie vom Jungfrau-Partner, der außerdem sehr viel rügt und tadelt. Wenn Sie Kinder bekommen, haben Sie den Studienrat gleich im Haus, zugleich auch noch so etwas wie einen Steuerberater. Dieser kritische Partner aus dem Zeichen Jungfrau erspart Ihnen viele Hereinfälle. Ihr gedanklicher Höhenflug wird allerdings etwas mit Ballast beschwert. Eines Tages kann dann ein »Löwe« tatsächlich sparen, oder er bricht aus. Der »Löwe« redet meist aus dem Herzen – die »Jungfrau« jedoch »mit Köpfchen«. Ob Sie Ihren gewohnten Lebensstil aufrechterhalten können, ist nicht sicher. Die »Jungfrau« steht nämlich mit gezücktem Schwert vor dem Sparschweinchen und kämpft heldenhaft gegen das Schlachten. Das bringt die Familie finanziell mit den Jahren hoch – die Lebenswünsche des Löwen aber herunter. Der bekannte Zug zum Höheren des »Löwen« wird nivelliert, sozialisiert, abgewertet. Es kommt also darauf an, ob es sich um einen »mittleren Löwen« handelt, um eine Art »Volksausgabe«. Auch dieser wird noch des öfteren fauchen, aber er sieht doch ein, daß es der Jungfrau-Partner ja nur gut meint. Autoritäre »Löwen« können heiraten, wen sie wollen, sie geben ganz einfach an. Das schmerzt Jungfrau-Leute, die zeitlebens auf dem Boden der Tatsachen bleiben und praktisch denken. Wenn es sich gar um eine Löwe-Frau mit modischen Hobbies und einem Kleiderschrank von fünf Metern Länge handelt, so sehen wir schwarz.

Bei Ausgaben für Schmuck und Pelze bekommt ein Jungfrau-Mann Herzflimmern oder Nervenzittern.

Bekanntschaft mit Krebsen (22. VI.–22. VII.)

In Gefühlen sind sie beide ganz groß, der »Löwe« im angreifenden, der »Krebs« im duldenden Sinn. Schön wäre es, wenn der Krebs-Partner weiblich wäre, denn dann käme der »Löwe« ausreichend zu einer seiner Lieblingsbeschäftigungen – zum Beschützen. Natürlich will auch ein Krebs-Mann gern »bemuttern« – aber man versuche das mal mit einer »Löwin«! Auch geht mancher stimmungsfreudige Krebs-Mann einer Löwe-Eva bald auf die Nerven. Krebs-Frauen könnten ruhig schlafen – Löwe-Männer geben sich im Beruf nur mit der Spitzenposition zufrieden. Zeitlebens hätten Sie hier ausgesorgt. Umgekehrt lebt ein Krebs-Mann mehr in seinen wechselnden Stimmungen als auf dem festen Boden der Tatsachen. Natürlich sind Ihre Ansichten und Lebensgewohnheiten denkbar verschieden. Jede gute Ehe besteht aus drei Phasen: Zähmung, Kompromiß, Gewöhnung. Fangen Sie gleich bei Phase zwei an! Auf einen Krebs-Mann können Sie einreden, soviel Sie wollen. Er lächelt, schweigt oder gibt nach – scheinbar! Er gibt Ihnen sogar häufig recht – und tut dann doch, was er will.

Der »Krebs« hat ein angeborenes Talent zum Einschmelzen von Gegensätzen. Aber niemals gibt er sein Ich auf oder verändert es. Mit Krebs-Damen ist leichter auszukommen – sie brauchen viel Schutz und Zärtlichkeit. Zuweilen kann man im Zoo beobachten, wie langmütig ein Löwe mit sich »Schindluder« treiben läßt, von seiten der Kinder oder der besseren Hälfte. Vielleicht haben Sie dieses Glück. Löwe-Frauen haben viel Lebensschwung, Impulsivität der Gefühle, sündteure Ideen und gehobene Ansprüche. Es gibt herrliche »Betriebsnudeln« unter dem Zeichen Löwe, mit starkem Drang nach gesellschaftlichen Kontakten. Wir wissen nicht, wie ein Krebs-Mann diesen Drang bändigen könnte. Er selbst ist für Ruhe, Sicherheit, Gleichmaß und manchmal für besinnliche Steckenpferde. Durch den »Löwen« wird er jedoch aufgepulvert und auf Touren gebracht. Manchen »Krebsen« nützt so etwas seelisch. Andere gehen seitwärts, rückwärts oder – verschwinden ganz.

Zwischenspiel mit Ihrem eigenen Sternzeichen Löwe

Selbst wenn Sie an Ihren Sternkollegen geraten wären, hätten Sie noch lange kein Spiegelbild Ihres eigenen Wesens. Was aber auf jeden Fall übereinstimmt, ist der Wunsch nach Aufstieg und nach einem luxuriösen Rahmen um Ihre eigene Persönlichkeit. Zweifellos blühen Sie nicht im verborgenen, denn die »Löwen« leben nach außen, wollen beachtet und anerkannt sein. Unter diesem Zeichen organisiert man seinen eigenen Aufstieg und bändigt seine Umwelt – und die Ehefrau. Im Zeichen Löwe finden sich die Hochgemuten, Freiheitslüsternen, die Selbstbewußten. Wer also auf Löwenspuren wandelt, muß mit zwei Möglichkeiten rechnen: Entweder wird er gefressen oder als ebenbürtig angenommen. Kein »Löwe« macht viel Federlesens. Unter diesem Zeichen gehört man über kurz oder lang zur »Prominenz«. Es gab schon »Löwen«, die ein- oder zweimal im Leben alles verloren. Aber mit absoluter Sicherheit kamen sie jedesmal wieder nach oben. Mit »Löwen« läßt sich gut leben, denn sie schenken lieber, als daß sie nehmen. Freilich hängt die Großmut sehr vom Bankkonto ab. Wenn es zur Ehe kommt, spürt keiner von beiden den »Käfig«, denn das innere Selbstgefühl, das Wissen um sich selbst läßt keinerlei Unterwürfigkeitsgefühle aufkommen. Soziale oder finanzielle Krisen sind nur vorübergehender Natur. Sie entstehen durch vornehme, feudale Lebensführung oder »standesgemäßen« Aufwand. Einer von beiden kommt stets auf spekulative Ideen, wie Lotterie, Lotto, Rouletts, Wetten und ähnliche Beschäftigungen, die man als »Korrigieren des Glücks« bezeichnet. Unter »Löwen« entstehen keine Prestigekämpfe, einer läßt den anderen nach seiner Fasson selig werden. Die vom Schicksal mitgelieferte Luxusausstattung des Gemüts führt zu viel Heiterkeit und eleganter Bewältigung von auftretenden Schwierigkeiten. Was die Liebe anbelangt, so stellt man unterm Zeichen Löwe Höchstansprüche an die Treue und Zuverlässigkeit des anderen. Man erträgt keine Ehr- oder Stolzverletzungen. Von Löwe-Männern weiß man, daß sie bewundernde Freundinnen brauchen, aber der Gattin dennoch treu bleiben.

Liebe und Ehe im Zeichen Jungfrau

Geboren vom 24. VII.–23. IX.

Alles über Eva

Die Jungfrau seligen Gedenkens, im Wandel der Jahrhunderte eine schwankende Erscheinung, ist heute etwas abgewertet. Und die gußeisernen Garanten, die eifersüchtige Rittersleute früher für ihre Burgfrauen schmieden ließen, liegen heute im Museum, von modernen Teenagern bekichert. Mit dem Sternbild Jungfrau hatte all dies jedoch nur wenig zu tun.

Die Evas dieses viel zitierten Zeichens sind klug und verstehen ihre Gefühle jederzeit zu analysieren, zu korrigieren, ja sogar zu massakrieren. Ob sie dabei glücklich sind, ist eine andere Frage. Eine echte »Jungfrau« stellt ganz andere Ansprüche an das bürgerliche Glück als andere Sternzeichentypen. Die Statistik ergab, daß sich die »Jungfrau« ihr privates Glück fast immer selbst organisieren muß. Sie wendet dabei hochnotpeinliche Ausleseverfahren an, testet wie ein Elektronengerät: Nüchtern, eiskalt, pedantisch, überlegt – sie rechnet, kalkuliert und reduziert, vergleicht und erwägt. Zum Schluß steht das geliebte Objekt – bar aller Schwungfedern – vor ihren Röntgenaugen. Heiratet sie dann wirklich, so kann nicht mehr viel passieren. Aber zum »himmelstürmenden Glück« reicht es leider selten.

Ob es nun der Intellekt ist, der sich in die Gefühle einschaltet – manchmal schlachtet er sie auch –, oder ein eingebauter Widerstand, der vor Torheiten schützt – die »Jungfrau« weiß es selber nicht genau zu sagen. Ihr Liebesglück hat zuweilen viel Ähnlichkeit mit einem Auto, das bei gezogenen Bremsen fahren möchte. Aber was in der Liebe verlorengeht, kommt im Beruf wieder herein. Hier ist sie ein Muster an Fleiß, Tüchtigkeit, Zuverlässigkeit und Genauigkeit. Alle Chefs schätzen sie und erhöhen freiwillig ihr Gehalt. Die Chefs aber, die die »Jungfrau« schätzt und gern heiraten würde, sind schon verheiratet. Die Männer, die von der »Jungfrau« schließlich akzeptiert werden, sind fehler- und fleckenfrei, geprüft, gewogen und niemals als zu leicht befunden.

Die »Jungfrau« selbst bestreitet heftig, daß sie »nüchtern« sei. In der Tat gibt es viele, die sich für andere aufopfern und sogar ein Leben lang einsetzen. Das geliebte, umsorgte und bekochte Wesen kommt ihnen aber zuweilen abhanden. »Ernüchterung« über die

Partner ist gemäß den Beichten vieler Jungfrau-Evas so gut wie immer gegeben. Es gibt viele Tränen in der Liebe und manche Abschiede. Überdurchschnittlicher Liebeskummer hängt freilich stets mit der Gesamtlage des individuellen Horoskops zusammen. Teenager dieses Zeichens mokieren sich in jungen Jahren sehr über die Liebe, fallen dann aber später selbst herein. Nach den ersten schlechten Erfahrungen wird die Partnerauslese immer kritischer betrieben. Man weiß aus vielfältigen Beobachtungen: Die Jungfrau »lacht sich keinen an«! An Meilensteinen »läuternder Erfahrungen« kommt keine Eva dieses Zeichens vorbei. Nur gut, daß sie jederzeit in der Lage ist, sich selbst zu ernähren. Der angestaubte und vom Tempo der Zeit überrollte Begriff vom »Ernährer der Familie« ist hier ungültig.

Die »Jungfrau« ist sachlich, kann lange Zeit kühl bleiben, so daß niemand ahnt, daß sie in Wirklichkeit »brennt«. Da liegt eben viel Asche auf der Glut; sie kann als einzige »warten«. Sie läßt die Männer im eigenen Saft schmoren und holt damit mehr heraus als so manche Sexbombe! Aber da sie auch mit dem Verstand lieben will, entsteht so oft im Herzen ein Manko. Es gibt bei ihr wenig impulsive »Sündenfälle«, obwohl sie durchaus nicht prüde ist. Sie »reizt« gern, um dann in Deckung zu gehen. Die tiefgekühlten Leidenschaften verlangen eben nach Sicherheit und echter Wertschätzung auf ferne Sicht. Keine »Jungfrau« wird jemals Perlen vor die Säue werfen, und kein Heiratsschwindler ergattert jemals eine »Jungfrau«. Mädchen dieses Zeichens wirken häufig anziehend und manche sogar als »gebändigte« Circe. Sie zeigen viel, schenken aber nichts. Die Angelockten oder Becircten wissen dann, wie es einer Maus ergeht, wenn die Katze mit ihr spielt. Aber – wer hier zu lange spielt, bleibt eines Tages allein. So gehört der Liebeskummer zur Grundausbildung in der Jungfrau-Liebe. Wie gut, daß diese Dame als »glühender Eisberg« jahrelang in erotischer Quarantäne zu leben vermag, bis eben der Richtige kommt.

Durch ein strenges Ausleseverfahren findet sie ihn! Die Männer werden auf Herz und Nieren – und Bankkonten – geprüft, bis die größten Hereinfälle ausgeschaltet sind. Viele »Jungfrauen« sind keimfreie Mädchen mit »Kopfbremse«. Zuerst kommen bei ihnen die Sicherheiten und die seriösen Grundlagen. Der Blick auf das Detail und auf die Splitter im Auge des Nächsten ist messerscharf. Playboys interessieren eine »Jungfrau« nicht. Wenn sie heimlich liebt – vielleicht, weil der Chef schon verheiratet ist –, so merkt das keiner.

Um die ärgsten Herzenskrisen kommt sie aber in der Regel doch herum. Vielleicht deswegen, weil ihre Gefühle immer auch vom Intellekt abgeschirmt werden. So manche »Jungfrau« ist innerlich überlegen und hört sich vieles an, ohne sogleich in Wallung zu kommen. Nicht selten ist sie sogar eiskalter Kritik fähig, so daß alle Propagandareden schon im Keim erstickt werden. So manche unverbindlichen Absichten wurden unter dem nüchternen Blick der »Jungfrau« schon zu Heiratsanträgen geläutert. Man kann ihr eben nichts vormachen, und es ist sehr amüsant zu beobachten, wie sich manche Draufgänger und Don Juans gegen den Strich gestreichelt fühlen, wenn die spitze Zunge dieser ironischen Eva falsche Liebestöne sogleich korrigiert und abweist.

Was die Ehe unterm Zeichen Jungfrau betrifft, so wird sie so gut wie nie von dieser Eva gestört – dagegen stets von den Partnern! Die Gefühle der »Jungfrau« beginnen dann zu erkalten, und jeglicher Kompromiß, den sie bei der Heirat einging, macht sich bemerkbar. In einigen Fällen gibt es auch platonische, »ideale Beziehungen«, oder man wartet jahrelang auf einen Partner, der seinerseits nichts dazu tut, um die »Jungfrau« endlich zum Standesamt zu führen. Schließlich gibt es aber auch die »komplizierte Jungfrau«, die sich für keinen Partner entscheiden kann und aus dem Prüfen nicht mehr herausfindet. Andere wieder haben seelische Sperren und vermögen sich sexuell nicht genügend aufzuschließen. Die Hingabefähigkeit ist bei einigen dieser weiblichen Typen eine schwierige Angelegenheit und ähnelt dem Geheimschloß eines Tresors, das nur auf ganz gewisse Zahlenkombinationen anspricht. Kommt der »richtige« Mann nicht, so ist die Jungfrau-Dame noch lange nicht unglücklich. Sie fühlt sich auch nicht »unverstanden«, sondern wendet sich dann ihrem Beruf zu und leistet darin manchmal Überdurchschnittliches. Aber selbst dann, wenn der ideale Partner gefunden ist, liebt sie keinen hektischen Sprung in die Ehe, sondern eher ein gewisses Zögern, ganz besonders dann, wenn es schon in früheren Jahren mehrmals nicht ganz »klappte«. Das äußere Verhalten der »Jungfrau« ist niemals herausfordernd im Sinn des bewußten Männerfangs. Für den weiblichen Jungfrau-Typ gilt vielmehr ganz allgemein: Er »fällt nicht auf« – auch nicht hinsichtlich der Mode!

Greta Garbo

Geboren: 18. IX. 1905, 19.30 Uhr MEZ, Stockholm (nach Ebertin-Archiv).

Sonne in 25.09 Grad Jungfrau, Mond in 19.59 Grad Stier, Aszendent in 4.31 Grad Zwillinge, Meridian: 21 Grad Steinbock.

Sensationeller Aufstieg zum Weltstar, zur Popularität der »göttlichen Garbo«. Sofort fällt die fast gradgenaue Konjunktion des Glückssymbols Jupiter mit dem Aszendentengrad auf! Pluto im Quadrataspekt mit der Sonne: Durchsetzung und Massenwirkung auf das Kollektiv (Idol!). Venus im Trigon zum Mars und im exakten Quadrat zum Mond: großes künstlerisches Talent, Ausdrucksgabe, Anziehungskraft. Andererseits aber auch eigenartige psychische Hemmungen, »Schüchternheit«, Neurosen! Saturn im Oppositionsaspekt zum Mondknoten: Hemmungen in Gegenwart anderer, Schwierigkeiten in den engen Bindungen, Trennungen, Verlassenwerden, Vereinsamung im letzten Lebensdrittel (Saturnwirkung!). Trigonal der Sonne auf den Meridian: Berühmtheit, Aufstieg. Zudem auch noch Trigon des Mondes auf den Meridian: Publikumsliebling. Aszendent Zwillinge: Feinfühlig, nervös, zwiespältig, problematisch!

Alles über Adam

Weithin ist es bekannt: Jungfrau-Männer stehen auf dem Boden der Tatsachen, sie sondern die Spreu vom Weizen und sind daher die geborenen Kritiker und Pädagogen – auch in der Ehe! Die Lupe der Analysen ist scharf, und der kommerzielle Einfluß des Merkur ist in seinem Zeichen Jungfrau nicht zu übersehen. Männliche »Jungfrauen« sind nüchterne, kalkulierende, berechnende Fünfjahresplanentwerfer, die alle Ausgaben bändigen und lieber etwas sparen, als private oder amtliche Klingelbeutel zu bereichern. Der Jungfrau-Typ erreicht selten die »großen Früchte« des Lebens, sammelt aber durch emsige Detailarbeit viele kleine Freuden. Manchmal versteht er auch aus fremden Blüten Honig zu saugen. Aus Liebe zu Sicherheiten, Vorschriften und einem geplanten Lebenslauf in Einzeletappen lehnt er jegliches Risiko ab, natürlich auch in der Liebe.

Der Merkurtyp ist im Seelischen und oft auch äußerlich ein Brillenträger und sieht viel kleine Stäubchen auf fremden Westen.

Wird der Blick aufs Detail zu scharf, so entsteht der »Schulmeister«. Mit kühlem Kopf, angereichert mit Schläue, umsegelt man, ohne irgendwo anzuecken, alle Klippen des Lebens, und selbst die verführerischen Sirenen des Odysseus würden der amtlichen Würde eines Jungfrau-Mannes niemals schaden können, da sie für den eigenen Titel oder die erreichte »Position« untragbar wären. So gibt es unter diesem Zeichen keine Bohémiens und keinerlei Neigung zu irgendwelchem Unfug.

Manchmal hat ein Jungfrau-Mann ein Herz mit eingebautem Rechenschieber, den er bei der Brautschau benützt. Mit traumwandlerischer Sicherheit findet er dann die billige und seltene Mischung von Hausfrau, Köchin, Kollegin, Kameradin, Mutter und Sparkommissar, die sich vom Haushaltsgeld auch noch die Urlaubsreise oder den Nerzmantel abspart.

Aber der Jungfrau-Mann hat auch etwas zu bieten! In erster Linie Sicherheit – sowohl im Beruf als auch in den Gefühlen. Man kann sich auf ihn verlassen, denn unter diesem Zeichen gibt es kaum jemals totale Pleiten. Dies ist das Resultat der Jungfrau-Philosophie: Immer etwas weniger ausgeben als man einnimmt, und lieber den Spatz in der Hand als die Taube auf dem Dach. Was an großzügigem Lebensschwung fehlt, wird durch den Drang nach Sicherheit ersetzt. Aber auch die kleinen und großen Vorteile am Rand des Lebens werden zielsicher in die eigene Existenz eingebaut. Im Lauf der Zeit treiben daher viele Bächlein die Mühle.

In der Ehe ist der Jungfrau-Mann zuverlässig, bei den Gattinnen bekannt als »Wirtschaftsprüfer« und exakter Einteiler von Haushaltsgeld. Die Leidenschaften sind wohltemperiert und werden nicht wahllos verteilt. Der Gang zum Standesamt ist sehr genau überlegt und niemals überraschend, denn was vorausging, ist die Karenzzeit skeptischer Prüfung. Aller Kummer, der aus der Liebe erwächst, wird auf ein Mindestmaß reduziert. Natürlich haben auch Jungfrau-Männer ein Nervensystem, wenn auch versteckt und getarnt – aber sie gestatten keinem Nerv, sich regelmäßig oder unvorschriftsgemäß zu benehmen. Der »Nervus rerum«, der Sinn für Geld, ist am stärksten entwickelt. Der Jungfrau-Mann schlägt daher auch niemals über die Stränge, in all seine Handlungen sind »Bremsen« eingebaut.

Von den »Sternen« nimmt er wenig Notiz, denn wie immer auch das Schicksal sich gestaltet – er hilft ihm nach, erspäht gute Gelegenheiten, nützt Beziehungen, bastelt mit »Köpfchen« sein eigenes Horoskop. Das große Glück fällt ihm selten zu, das meiste muß erarbeitet werden. Die Brautschau wird systematisch betrieben, bis man die »Passende« tatsächlich findet. Die »Werbungskosten« sind selten groß, denn unter dem Zeichen Jungfrau sucht man Zahlungen möglichst zu vermeiden, da sie seelischen Schmerz verursachen. Auch ein Horoskop soll nicht viel kosten – weiß man denn, ob es überhaupt stimmt? Die »Sterne« scheitern daher an der Schlauheit und Berechnung der Jungfrau-Leute. Selbst die Scheidungsziffer ist denkbar gering, denn auch die dabei auftretenden Kosten sind nach der vernünftigen Ansicht des Jungfrau-Mannes nutzlos vertanes Geld.

Die Gattinnen müssen Wirtschaftstalent besitzen und sollten keine allzu hohen Ansprüche in bezug auf Kleider, Schmuck oder Vergnügungen stellen.

Der Jungfrau-Mann sucht diese umfassend talentierte Frau mit einer Art seelischer Wünschelrute. Man kann Wetten darauf abschließen, daß er sie findet. Alsbald gründet er dann eine Familie und sie hat niemals Grund, sich über ihren »Ernährer« zu beklagen. Kindersegen ist ihm so gut wie immer beschieden, wobei er auch »geistliche Vorschriften« beachtet. So entspringen die korrekten Früchte der Liebe, deren Gezeiten ebenfalls gut eingeteilt werden. Man möchte nicht auffallen und bleibt innerhalb der Leitplanken gesellschaftlicher Gewohnheiten. Ein Playboy der Liebe ist unterm Zeichen Jungfrau so selten wie ein weißer Rabe. Die Verführungskünste frecher Teenager scheitern an der Vorsicht und dem moralischen Wahlspruch des Jungfrau-Mannes: »Was würden die Leute dazu sagen?« So gehört er auch niemals zu den Flunkerern, Erobertypen und Märchenerzählern. Nicht selten hat er einen Titel zu bieten; außerdem hat er selbst Ehrfurcht vor Titeln und Vorgesetzten.

Seltsam ist seine Empfindlichkeit, wenn es um äußere Geltung oder Prestige geht. Zurücksetzungen werden bitter ernstgenommen und lange nicht verwunden. Enttäuschungen in der Liebe können den Jungfrau-Typ geradezu krank machen. Allerdings beugt er solchen Hereinfällen durch eingehende Partnerinnenwahl gründlich vor.

Wer paßt zum Zeichen Jungfrau?

Viermal dürfen Sie wählen:

1. Partner aus dem Zeichen Steinbock (22. XII. – 20. I.)

Die »kosmische Wahlverwandtschaft« besteht darin, daß beide Zeichen dem Erdelement angehören. Seine Eigenschaften sind: Realistik, praktische Einstellung, Vorherrschaft des Intellekts über die Gefühle. Diese Tendenzen hindern keinesfalls die echte Liebe, denn die beiderseitigen Leidenschaften betreffen das Planen, Kalkulieren, Pläneschmieden und den Sektor Beruf und Geschäft. Der »Steinbock« erarbeitet das eigene Haus, und die »Jungfrau« kassiert die Mieten. Zu Anfang Ihrer Ehe geht es noch um das Porzellanschweinchen, aber schon nach Jahren ums Bankkonto und später um Häuser, Versicherungen, Zinsen, Mieten, Geschäfte und Filialen. Das Paßwort »Rendite« gibt Ihrem Leben Glanz und Sicherheit. Eine Scheidung ist fast ausgeschlossen, denn Besitz verbindet. Allerdings – die bekannten pädagogischen Umerziehungsversuche des Jungfrau-Partners scheitern an der geistigen und seelischen Standfestigkeit des Steinbock-Partners, der eine Art »Fixstern« ist: unverrückbar, unwandelbar, selbstherrlich! Glücklicherweise fällt das nicht auf, denn vieles am »Steinbock« ist gut getarnt. Ihre Ehe ist keine Fahrt ins Blaue, sondern folgt einem genau berechneten Fahrplan, das Ziel liegt schon auf dem Standesamt fest: ein gesichertes, fundiertes, dem langsamen, aber sicheren sozialen Aufstieg gewidmetes Leben. So etwas beruhigt das Nervensystem und besänftigt die Angst vor der Zukunft. Sie brauchen keinerlei Wochenhoroskope mehr, denn der »Steinbock« handelt nach dem klassischen Grundsatz: Der Weise regiert seine Sterne. Manchmal regiert er auch noch Sie selbst. Er ist übrigens der einzige, der Ihnen die Sterne vom Himmel herunterholt. Er verbucht sie dann als Zinsen, Mieteinnahmen, Pfandbriefe oder Pensionen. Ihr Dasein ist abgesichert, die Liebe kommt ratenweise, aber pünktlich.

2. Partner aus dem Zeichen Stier (21. IV. – 21. V.)

Eine prachtvolle Verbindung, denn Sie sehen die Welt aus dem gleichen Blickwinkel. Das »dicke Fell« des Stier-Partners ist bekannt, aus seinem Geduldfaden kann man Zöpfe flechten. Sie sind beide verträglich, voll finanziellen Spürsinns und schätzen Gespräche über Geld, Beruf, Geschäfte und Erfolgsplanungen. All das dient der Harmonie und dem Frieden. Dem Jungfrau-Partner verleiht es die Gewißheit, aufgehoben zu sein wie in Abrahams Schoß. Das gilt freilich nur für den vorsorglichen, ausgeglichenen und realistischen Stier-Typ. Einige tanzen manchmal aus der Reihe und halten es noch mit erotischen Abenteuern. Aber Sie werden sich Ihren Liebling aus dem Zeichen Stier vorher schon genau betrachtet haben. Schönstes an der ganzen Ehe: Mit Liebe und ausdauernder Erotik sind Sie zeitlebens gut versorgt, denn unterm Zeichen Stier gibt es keine neurotischen Männer. Auch ist der »Stier« ein wahres Monument an Ruhe und Ausdauer.

Man muß nur wissen, daß er auch noch andere Eigenschaften besitzt, insbesondere Zähigkeit und Hartnäckigkeit, zuweilen die Standhaftigkeit und Resistenz eines Bunkers. Man kann ihn nicht überrumpeln, aber auch nicht in Gang setzen, wenn er nicht mag. Dies ist ein unbezahlbarer Aufklärungstip für Ihre Ehe: Lassen Sie ihn gleich von Anfang an so, wie er gestrickt wurde. Dafür überleben Sie mit ihm (oder ihr) auch jegliche Inflation, weil ein »Stier« der einzige ist, der mit unerschütterlicher Ausdauer und Geduld stets wieder von vorn beginnt. Unter dem Zeichen Jungfrau huldigt man dem Sinn für die »Realitäten des Lebens«. Diese Mitgift erfreut jeden Stier-Partner. Außerdem liebt er es, gut zu essen, es ist eine der markantesten Lieblingsbeschäftigungen unterm Zeichen Stier. Beide zusammen sind Sie eine Lebensversicherung und später eine Bank. Nur abheben können Sie nicht mehr allein. Dem Jungfrau-Partner aber macht dies am wenigsten Kummer.

Wir müssen die Lobpreisung dieser Ehe beenden, da Stier-Männer sonst allzu rar werden.

3. Partner aus dem Zeichen Skorpion (24. X. – 22. XI.)

Sie müssen es gleich erfahren: Wenn der »Skorpion« ein Mann sein sollte, so wird er mit jedem beliebigen »Stern« fertig! Es kann sich allerdings um verschiedene Skorpion-Ausgaben handeln: um das sogenannte »kernige und handfeste Stück Mannsbild«, das man in keinem Fall umerziehen oder veredeln kann, oder um den listenreichen, schlauen, alle Geheimnisse ergründenden Adam, der seine eigenen ausgezeichnet zu tarnen versteht. Es gibt nur wenige Evas, die jemals genaue Informationen über das wirkliche Einkommen ihres besten Stücks aus dem Zeichen Skorpion erhalten. Nur gut, daß eine »Jungfrau« für Seitensprünge wenig übrig hat. Sie werden sich noch überzeugen können, daß man einen Skorpion-Mann weder umfassonieren noch umtauschen kann. Er ist ein einmaliges

Geschenk des Schicksals. Sollte es aber eine Skorpion-Eva sein, so ist jeder Jungfrau-Mann mit ihr gut bedient. Es wird zuweilen etwas genörgelt, Anstoß genommen, gereizt – aber dies ist eben der Sauerteig der Ehe. Von der grandiosen Hartnäckigkeit der Skorpion-Partner muß man vor der Ehe wissen, ihr marsisch gefärbter Eigensinn ist allgemein bekannt. Sie lieben ihr Leben und konsumieren das der anderen. Daß man den Skorpion zu den »Sexzeichen« rechnet, ist eine pikante Note in der Liebe. Hier gibt es keine »müden Männer«. Von »Jungfrauen« weiß man, daß sie zuweilen in der »gemäßigten Zone« leben, aber das gibt sich. Jedenfalls ist der Skorpion-Mann ein »Mann für alle Tage«. Eine echte »Jungfrau« kann alle ihre Fähigkeiten einsetzen: Sie kann reden, überzeugen, mit Worten fechten, Minen legen und Pfeile spitzen. Alles, aber auch wirklich alles gleitet an ihm ab. Mit Ausnahme der Eifersucht! Aber dazu gibt eine echte »Jungfrau« keinen Grund.

4. Partner aus dem Zeichen Krebs (22. VI. – 22. VII.)

Welch ein Glück, daß Sie ihn fanden! Der Krebs-Typ birgt hochherrschaftliche Gefühle in der Seele und wuchernde Phantasie. Zeitweilig schwankt er wie ein Kahn in der Brandung. Der Jungfrau-Partner ist dann die rettende Planke oder der Pfahl, um den sich die Krebs-Gefühle gleich Kletterrosen ranken können. Hat der »Krebs« die heftig verteidigte Freiheit genügend genossen, wird er reif zur Ehe. Dazu bedarf es viel schlechter Erfahrungen und der Sehnsucht nach dem rettenden Hafen. Von der »Jungfrau« werden solche Hochs und Tiefs ausgeglichen und die krisenreiche Finanzlage des »Krebs« untermauert. Er lernt jetzt sparen und für die Zukunft sorgen. Wenn der Jungfrau-Partner schon des öfteren hereingefallen ist, wird er »Krebse« als recht annehmbar empfinden. Sie lockern seine Gefühlsbremse merklich auf und verstehen zu streicheln. Der »Krebs« besitzt auch jene duldsame Nachsicht, die vieles entschärft; er neigt weit eher zum Frieden, zum Ausgleich und zur Harmonie als etwa zu steten Debatten oder den Nadelstichen des täglichen Kleinkriegs. Die »Jungfrau« darf sich hier manches vom Herzen reden, wozu sie früher die »Sorgentante« der Illustrierten beschäftigte. In der Liebe ist ein »Krebs« anhänglich, bei der Richtigen sogar treu. Man weiß außerdem, daß die Untugend der Ehemänner oft lediglich auf die Übertreibung der Tugend durch die Ehefrauen zurückgeht. Jüngere »Krebse« sind von ihrer Freiheit noch so entzückt, daß sie die Ehe als Käfig betrachten. Man muß sie aufs Standesamt schleppen, sonst krebsen sie noch im letzten Moment. Diese Liebe brennt nicht gleich wie Zunder, aber sie macht warm im Herzen. Jungfrau-Partner schätzen so etwas, und selten genug wirft sich die Eva dieses Zeichens jemandem an den Hals. Sie sollten nur wissen: »Krebse« sind empfindlich, sogar ehrgeizig, in Gefühl und Gemüt anfällig und etwas abhängig von den Mondphasen. Bei heftiger Reizung stellt sich der »Krebs« zum Kampf. Aber es geht ihm nur um Abwehr. Unterm Krebspanzer ist alles weich.

Dreimal müssen Sie prüfen!

1. Partner aus dem Zeichen Zwillinge (22. V. – 21. VI.)

Wie kamen Sie bloß an diesen schillernden Schmetterling aus dem Zeichen Zwillinge? Hat Sie sein Charme, sein Redetalent oder sein allezeit zu Unfug aufgelegter Witz becirct? Es gibt etwas Gemeinsames bei Ihnen: Der Merkur beherrscht beide Zeichen, Jungfrau wie Zwillinge. Aber in den Zwillingen macht er wendig, ideenreich oder wankelmütig, im Zeichen Jungfrau hingegen bodenständig, kritisch, prüfend, pedantisch. Bei beiden Partnern sind die Pfeile der Rede gut gespitzt und treffen meist ins Schwarze. Es können gewaltige Rededuelle entstehen, die allerdings damit enden, daß der Jungfrau-Partner das letzte Wort hat und der »Zwilling« zeitweise verreist. Aber auch sonst gibt es für eine ordnungsliebende, pünktliche »Jungfrau« hier viel zu schlucken: Man wartet auf einen »Zwilling« das halbe Leben – beim Mittagessen, bei Vereinbarungen, ja schon beim Rendezvous. Er geht oft fort, aber er kommt auch wieder, denn ohne die sorgende, betreuende Hand der »Jungfrau« verkommt er. Nimmt er wirklich einmal eine andere – so etwas kommt vor –, so ergeht es ihm dort nicht besser. Überall will man ihn umerziehen, bessern, zu einem pünktlichen und zuverlässigen Menschen modeln. Das macht zwar Spaß, aber hier heißt es: Oft versucht, nie erreicht! Der Jungfrau-Partner hält anfänglich viele zündende Ansprachen. Aber der »Zwilling« ist der größere Redner, er redet noch, wenn andere schon zermürbt sind. Seine treffendsten Reden sind die Ausreden. Unter dem Zeichen Jungfrau ist man ein Muster an Genauigkeit und Methodik, Sorgfalt und Zuverlässigkeit. Ein »Zwilling« jedoch improvisiert – sowohl die Liebe als auch die Ehe. Vor der Ehe lebt er von der Hand in den Mund und ernährt sich von intellektuellen Plänen und Ideen. Der liebe Gott läßt »Zwillinge« gedeihen wie Spatzen auf dem Dach oder Lilien auf dem Feld. So sind sie eben: bar jeglicher Grundsätze, aber voll beschwingender Lebenslust, voller Freude am Neuen – oder an der »Neuen«!

2. *Partner aus dem Zeichen Schütze* (23. XI. – 21. XII.)

Nehmen Sie den »Schützen« nicht gleich allzu ernst! Er ist mehrdimensional und hat immer noch eine andere Eva in »Reserve«. Natürlich ist sie bloß eine Freundin, und vielleicht können Sie die »Konkurrenz« entthronen. Ein »Schütze« spielt jede neue Rolle in der Liebe mit Begeisterung, aber selten ganz zu Ende. So bringt er es auf ein großes Repertoire. Jetzt sind also Sie an der Reihe. Möglich, daß Sie etwas besitzen, was die anderen nicht haben. Seine zwiespältige Seele hat doppelten Boden und liegt manchmal mit sich selber im Kampf, ob die eine oder die andere wohl die »Beste« ist. Letztere müßte man ihm malen! Hat er eine Gattin, denkt er zuweilen wehmütig zurück an die Freundin, die er dann aber doch nicht geheiratet hätte.

Wir wissen genau, daß Sie als »Jungfrau« hier schnellstens »klar Schiff« machen werden. Vorsicht, wenn er schon einmal geschieden ist, was sehr oft vorkommt! Eigentlich sollten Sie ihn schon vor der Ehe genügend kennen, denn er redet freimütig über sich und alles, was er bereits hinter sich hat. Sie erfahren viele Abenteuer, bei denen er stets die Hauptrolle spielt. Da Sie über ein nüchternes Gemüt und eine spitze Zunge verfügen, werden Sie Wahrheit und Dichtung bald unterscheiden lernen. Sollte es sich aber um eine Schütze-Dame handeln, so kommen einem Jungfrau-Mann schon frühzeitig Bedenken; eine Jungfrau/Schütze-Liebe hat enggesteckte Grenzen weil eine Schütze-Eva mit einem einzigen Mann kaum jemals zu jenem psychologischen Erfahrungswissen kommt, das sie für die Ehe unbedingt benötigt.

Während eine Schütze-Dame spielend bis zum dritten Mann kommt, reicht einer »Jungfrau« schon der erste Hereinfall für das ganze Leben. Wir sind sehr skeptisch, ob die Ehe das »verflixte siebente Jahr« erreicht. Sieben rote Rosen wäre dieser denkwürdige Jahrestag zum mindesten wert! Schreiben Sie uns eine Karte, wenn es geklappt hat – wir möchten uns mit Ihnen freuen, daß die »Sterne« doch nicht zwingen.

3. *Partner aus dem Zeichen Fische* (20. II. – 20. III.)

So manche »Jungfrau« hat sich schon im Aquarium einen »Fisch« gehalten. Vielleicht nur, weil er Seltenheitswert hatte oder weil er pflegebedürftig war. Dann war es nicht die wahre Liebe. Aber »Fische« können zärtlich sein und einsame Herzen trösten. Manche »Jungfrau« braucht solch seelisches »Streicheln« – und ein »Fisch« beruhigt so sehr. Wir dürfen es Ihnen ganz offen sagen: In dieser Ehe profitiert der »Fisch« am meisten. Er schenkt zwar Gefühle, züchtet aber auch Ideen und baut Luftschlösser, in die keine »Jungfrau« jemals einzieht. Wenn Sie es genau wissen wollen, warum Sie hier manche Erfüllung abschreiben müssen: Die Zeichen Fische und Jungfrau bilden einen Oppositionsaspekt und sind daher solide, dauerhafte Gegensätze. Man kann sie überbrücken – dann fehlen dem »Fisch« einige Schuppen und der »Jungfrau« das Vertrauen in die Zukunft, die beim Fische-Partner tatsächlich manchmal in den Sternen steht, während eine »Jungfrau« auf »Nummer Sicher« gehen will.

Handelt es sich aber um einen Jungfrau-Mann, so muß er wissen, ob er sich diesen schillernden Schleierfisch leisten kann. Einmal »erweckt«, wird dieses Mädchen nämlich anstrengend, denn es will nicht nur öfter, sondern dauerhaft geliebt sein. Einem Jungfrau-Mann gehen aber eben noch andere Dinge durch den Kopf. In seinem Supermarkt an puren Nützlichkeitsideen ist die Liebe ein Wochenendartikel.

Eine Fische-Dame schrieb einmal voll Resignation, ihr Aquarium sei ein trüber Tümpel und, was Sünden anbelangt, völlig steril. Die Fütterungszeiten seien genau geplant und würden auch pedantisch eingehalten. Aber ihr größter Wunsch sei ein Teich im Freiland der Gefühle, und selbst ein Hecht wäre ihr jetzt recht zum Spielen. Nun, vielleicht handelte es sich hier um ein besonders romantisches Fischlein, das sich vom Jungfrau-Mann entgrätet fühlte. Derartiges kann einer »Jungfrau« nicht passieren, da sie zwar dem Fische-Herz »einheizt«, selbst aber niemals in Flammen aufgeht.

Einige Bewährungsproben:

Bekanntschaft mit dem Zeichen Waage (24. IX.–23. X.)

Es ist wohl nicht zu vermeiden, daß eine Waage-Eva unter der sparsamen Liebesbetreuung des Jungfrau-Mannes mit der Zeit zu frösteln beginnt. Der leichtlebige, genußfreudigere Waage-Typ gerät hier unter die sichtende, verwaltende, berechnende und auf ferne Sicht kalkulierende Obhut der »Jungfrau«. Ihre Hand beschneidet rücksichtslos alle Wasserschößlinge übertriebener Hoffnungen und Pläne. Manche Waage-Dame, die sich in jungen Jahren im Scheinwerferlicht des eigenen Ruhms sah, endete beim Jungfrau-Mann als tüchtige Hausfrau. Er zeigt ihr, wie man Geld anlegt und vermehrt. Ab und zu darf sie im Sparbuch lesen. Aber unterm Zeichen Waage herrscht die lockere Hand und die Freude am kultivierten Lebensgenuß. Man weiß, wie so etwas endet! Wenig schlimm stehen die Dinge im umgekehrten Fall: Die Jungfrau-Dame bringt Ordnung, Methodik und einen systematischen Aufstieg in den leicht verwahrlosten Lebenslauf eines Waage-Mannes. Sie weiß natürlich längst, daß er etwas eitel, manchmal etwas selbstgefällig ist und »wirken« will.

Aber Lob und Schmeichelei fließen ihr nicht allzu leicht von der Zunge. Er hat manches auszustehen, aber jeglicher Reifeprozeß schmerzt eben. Zuweilen treffen ihn die satirischen Pfeile ihrer Kritik bis ins Herz. Er wäre so sehr für Politik und Glätte, aber eine »Jungfrau« vermag jeglichen Heiligenschein zu zerstören und ist es gewohnt, Männer bis ins Mark zu durchschauen. Was bleibt einem Waage-Mann übrig? Er muß zusehen, wie er durch neue Eroberungen den alten Glanz auffrischt. Er will erfahren, ob sein Typ noch gefragt ist. Jede »Jungfrau« sollte es wissen: Ein Waage-Mann ist sehr schnell zu becircen, und die Konkurrenz ist groß, viele sind auf seine gesellschaftlichen Künste erpicht. Es handelt sich eben um ein veredeltes Gemüt, in Stanniol verpackt. Und schön verpackt verkauft sich gut.

Bekanntschaft mit dem Zeichen Löwe (23. VII. – 23. VIII.)
Siehe unter dem vorhergehenden Kapitel: Löwe/Jungfrau.

Zwischenspiel mit Ihrem eigenen Sternzeichen Jungfrau

Wir gratulieren zu dieser lebendigen, unterhaltenden und wortgewaltigen Ehe, denn hier entflammt einer den anderen mit Kritik und guten Ratschlägen. Sie haben alle Voraussetzungen für ein Geschäft oder ein hohes Bankkonto. Ihr sozialer Aufstieg ist unbedingt gesichert, denn das »Bodenständige«, Gesicherte, Zuverlässige ist Fundament Ihrer Ehe. An stillen Abenden lesen Sie gern in Bankauszügen und Bilanzen. Die Liebe ist gut eingeteilt, geregelt, wie überhaupt Ihr Einteilungstalent jegliche Lebens- oder Finanzkrise im Keim erstickt. Beide haben pädagogisches Talent, und selbstverständlich müssen Sie Kinder haben – sogar mehrere. Es gibt nur wenige Jungfrau-Leute, die nicht gern Lehrer geworden wären. Die realistische Weltanschauung und der gutentwickelte

Sparsinn bei preiswerten Genüssen bändigen jede Inflation. Es ist bekannt: Im Zeichen Jungfrau gedeihen die Kritiker, Pädagogen und Beamten. Bei solchen Leuten gibt es keine Pleiten und keine sozialen Erdrutsche. Was das Betriebsklima Ihrer Ehe anbelangt, so erhält das tägliche Florettgefecht des »Stichelns« jung und beschwingt geistig. Wenn Rede und Gegenrede sich würzig mischen, entstehen die besten Pointen. Sie könnten jederzeit eine Schule zur Erlernung der freien Rede eröffnen. Der beiderseitige Scharfblick für die kleinen Dinge, die Fehlerchen des anderen, macht eine Psychoanalyse völlig unnötig. Jeder weiß vom andern, wie er ist. Und da er auch so bleibt, gibt es niemals Enttäuschungen. Sie gleichen einem Pfandbrief: festverzinslich und auf lange Sicht zuverlässig, ohne Hausse, aber auch ohne Baisse. Wir gratulieren Ihnen zu Ihrem ständigen Glück. Manchmal werden Sie freilich erfahren: Auch Glück kann anstrengend sein.

Liebe und Ehe im Zeichen Waage

Geboren vom 24. IX. bis 23. X.

Alles über Eva

Im Zeichen Waage regiert die Herrscherin Venus. Ihre körperlichen Reize wurden schon im Altertum andächtig verehrt und erhielten die größten Opfergaben. Wen wundert das? Allerdings kommt eine Waage-Frau heute teurer zu stehen als die einstige, nur mit Meerschaum bekleidete Göttin, denn sie braucht viele Kleider. Auch verursacht sie stets hohe »Werbungskosten«. Aber dann hat man auch etwas zum Herzeigen in der Gesellschaft. Der Waage-Dame haftet etwas »Gewisses« an, ein Hauch von Komfort, Luxus und gehobenen Lebensansprüchen, der freilich Hinz und Kunz einen leisen Schauer einflößt und sie von billigen Kontaktversuchen abhält. Aber ein Waage-Mädchen leidet niemals unter Mangel an Heiratsangeboten. In jungen Jahren glaubt sie leidenschaftlich an die Liebe. Zwischen dem vierzigsten und fünfzigsten Lebensjahr hat sie dann oft schon ein gediegenes Fachwissen um Scheidungsparagraphen. Die Waage-Frau weiß selber nicht genau, wie es dazu kam. Ist sie doch ein attraktives Geschöpf, das die Männer erfreuen will. Ihr Spiel mit der Liebe ist immer gekonnt, voll glitzerndem

Flirt und einnebelnder Taktik. Im Anfang meist noch »unverbindlich«, wird es dann schnell zum Schicksal. Und manchmal legt zum Schluß der Anwalt die Karten offen auf den Tisch. Siehe da, es war ein Spiel der »schönen Täuschungen«. Wenn sie nicht gerade geschieden wird, laviert sie manchmal am Rande des Möglichen oder begibt sich auf Katzenpfötchen in Nachbarsgärten. Am liebsten freilich wären der Waage-Frau Ruhe und Harmonie sowie ein gediegenes Ein- beziehungsweise Auskommen. Manche Eva dieses Zeichens greift auf Anhieb nach den Sternen; das Schönste, Beste, Eleganteste und Anmutigste ist ein Magnet für die Venus. In der Liebe halten sich aber Erfüllungen und Enttäuschungen die Waage. Die groben Schnitzer, die das Waage-Mädchen in puncto Liebe macht, fördern ihre Selbsterkenntnis. Manche rosarote Wolke, vom Scheinwerferlicht der Liebe angestrahlt, erweist sich später als Illusion. Welch ein Glück, daß eine Waage-Frau niemals lange allein bleibt und auch nicht allein sein kann. Immer wieder findet sie einen Seelentröster, der allerdings auch ihre anmutigen Formen nicht übersieht. Die Waage-Dame gehört zu den Sonderanfertigungen der Venus, kein Mann widersteht ihr!

Die Waage-Frau scheint besonders dafür begabt zu sein, alle Ecken, Kanten und Widerhaken abzuschleifen, Falten auszubügeln und Gegensätze zu überbrücken. Schon in der angeheirateten Familie hat sie damit viel zu tun. Natürlich gerät sie hierbei in manche Zwickmühle oder in erzwungene Kompromisse. Mit Hilfe der konventionellen Spielregeln und des angeborenen diplomatischen Talents meistert sie heikle Situationen. Gesellschaftlich wird fast immer der Olymp angepeilt, dessen begüterte, betitelte und arrivierte Insassen die Leitbilder für den eigenen Aufstieg liefern. Dieser ständige Blick nach oben, verbunden mit einem leichten Gruseln vor den sozialen Abgründen, wird zum Radargerät für den eigenen Lebenslauf, der mit dem Gleitöl der guten Beziehungen einen angemessenen Stapellauf des eigenen Lebensschiffleins garantiert.

Man darf schon sagen: Nicht jeder verdient eine Waage-Frau, weil er eben nicht genug verdient. Aber niemand kann auch eleganter Geld unter die Leute streuen als eine Waage-Dame. Das meiste davon erhält selbstverständlich die Schneiderin. Auch Schmuck verlangt jede echte Venus. Der Rest wird für das komfortable Heim verwendet. Die Glücksansprüche sind eben unter dem Zeichen Waage fürstlich, man gibt sich nicht gern mit Durchschnittlichem zufrieden. Tatsächlich ziehen der charmante Sex-Appeal und die spielerischen Launen dieser Göttin viele Männer an, die ahnen, wozu eine Göttin da ist: zum Anbeten. So erfolgt die erste

Heirat immer früh, manchmal impulsiv. Eigentlich viel zu früh, um gleich alle Erfahrungen auf einmal zu machen. Nicht wenige Waage-Frauen verlieren ihre Männer durch das Schicksal. Die Statistik der Kriegerwitwen zeigt dies deutlich.

Als Gegenleistung für manche trübe Erfahrung stattet Venus ihre Patenkinder stets mit viel Gefühlskomfort, modischem Geschmack, Charme und gut getarnter weiblicher List aus. Obendrein ist die »Waage« häufig auch noch hübsch und attraktiv. So etwas verlangt Opfergaben. Die berufsbelasteten Männer von heute können diese nur noch vorübergehend liefern. Manche häusliche Venus vegetiert daher gegenüber der antiken recht unterdurchschnittlich dahin. Solchen Verlust an Glanz und privater Anbetung kann keine Waage-Frau verkraften. Manchmal gewöhnen sich die Männer an hübsche Frauen und werden nur noch wach, wenn andere – etwa die Hausfreunde – bewundernd schmachten. Eines hat sich immer bewiesen: Eine Venus, die das Scheinwerferlicht öffentlicher Bewunderung wie das tägliche Brot benötigt, kann im trüben Licht eines häuslichen Lämpchens nicht gedeihen. Selbst im Büro zeigt sie modische Extras und ist ein Blickfang, der keinem Chef entgeht. Nur ihre angeborene Diplomatie mildert den Kolleginnenneid ins Erträgliche. Noch eines kommt hinzu: Man kann ihr nie ernstlich böse sein. Unglaublich, aber wahr: Sechs Wochen nach dem Scheidungstermin bekamen manche frühere Besitzer wieder Sehnsucht nach ihrem verlorenen Glück. Die Waage-Frau muß viel weinen, das Schicksal will es so. Anfänglich vergöttert, steht sie oft eines Tages vor den Resten ihres Glücks, in das sich andere hineinmischten, bis es eben platzte. Meist geschieht das um das vierzigste Lebensjahr.

Alles über Adam

Dieses Zeichen des Dolce vita oder der angehobenen Lebensläufe bedarf eines gut fundierten gesellschaftlichen Milieus beziehungsweise einer sorgfältigen Auswahl des Vaters, um seine schönsten Gaben auch richtig entfalten zu können. Der Waage-Mann verlangt nach Glanz in der Hütte und Glorienschein um das eigene Haupt, gesellschaftliche Beachtung macht ihm das meiste Vergnügen. Anerkennung, Aufstieg, Beifall und Beachtung heißen seine Wunschbilder. Jedes Manko wird vom Nerv der Eitelkeit empfindlich registriert. So kommt es immer wieder zum »Balanceakt«, im Alltag wird die verbindliche Geste bevorzugt, denn unterm

Schleiflack taktvollen Benehmens lebt es sich leichter. Man darf von einem Waage-Mann nicht zuviel verlangen, denn Ausdauer, Geduld und Zähigkeit sind die kleinsten Gaben der Venus. Am liebsten möchte er schon sehr früh auf die Schokoladenseite des Lebens gelangen. Hierzu braucht er Beziehungen, Verbindungen, Schlauheit, Diplomatie und ein überwiegend heiteres, unbeschwertes Gemüt. In der Tat haben viele Waage-Männer diese Eigenschaften, im ZeichenWaage ist man Lebenskünstler. Übrigens sind nicht wenige »Lebensberater« und Erfolgsbuchautoren unter der Waage geboren. Mit einer verfeinerten Psyche hat man zwar eine weitreichende Seelenantenne, aber man wird andererseits auch empfindlicher, verletzbarer, sensibler – zumal im Geltungsbedürfnis und im inneren Stolz. Prestigeverluste sind daher für einen Waage-Geborenen geradezu körperlich spürbar. Die »Einsamkeit mit sich selbst« ist unter dem Zeichen Waage das schlimmste. Man braucht stets das Du, die Aussprache, die Harmonie. Von Geburt an höflich, setzt sich der Waage-Mann nicht allzu heftig für andere ein, sondern sucht die Bequemlichkeit, die Freuden der Liebe und hält es mit der Philosophie des »Geschehen-Lassens«. In der Ehe kann man mit ihm gut auskommen, sollte aber nicht allzuviel von ihm verlangen. Mit Geduld ist er besonders knapp ausgestattet, ebenso fällt ihm das Ertragen von Schwierigkeiten oder körperlichen Anstrengungen besonders schwer. Schließlich fördert die Venus jenen bekannten »Zug zum Höheren«, zu den oberen Rängen des Lebens, zum gesellschaftlichen Parkett. Venus ist ein Glücksstern von erotischer Tiefenwirkung, der den Waage-Männern zusätzlich die Politur der Umgänglichkeit und einen kompromißbereiten Charakter verleiht. Unter diesem Zeichen stößt man nicht gern an, noch viel weniger liegt einem Streit oder offene Widerrede. Die diplomatische Wendigkeit wird zum Auftrieb in den zwischenmenschlichen Beziehungen, auch in denen zum weiblichen Geschlecht, das lockt und verlockt. Die Heirat erfolgt früh. Manchmal wird die Liebe mit Geschäft verquickt, was dann zu den bekannten Einheiraten führt. Wenn es in der Ehe auch des öfteren »funkt«, so gibt es doch keinen Waage-Mann, der nicht bis an das Ende seiner Tage immer wieder einen Friedenspakt versuchen würde. Natürlich sind die »illegalen Angebote« unter diesem Zeichen stets außerordentlich zahlreich, und das macht Männer schwach. Sie müssen dann in der Ehe viel tarnen, Frieden stiften, vermitteln und zurechtbiegen. Nach außen hin lächelt der Waage-Mann verbindlich – wie es innen aussieht, geht niemanden etwas an.

Die eigene Weltanschauung wird immer gut getarnt oder derjenigen der Vorgesetzten angepaßt. So kommt man selbst über rauhe und steinige Straßen am Ende doch aufs Parkett einer gehobenen sozialen Position, die einem ja von Anbeginn im Blute lag. Trotz Glück sind die sozialen Aufstiege dennoch verdient, denn ihr Antrieb ist der Ehrgeiz. Für viele Leute aus anderen Sternzeichen gilt der Lehrsatz: Wer klettert, muß Stufen schlagen oder tüchtig treten. Nicht so für den Waage-Mann, der den charakterlichen Doppelsalto meisterhaft beherrscht. Dafür gebührt ihm mancher Titel, den er in der zweiten Lebenshälfte fast immer bekommt. Schlimmer als alles wirkt bei ihm der Sturz aus den Wolken, verletztes Ichgefühl bedeutet für ihn eine Katastrophe. Kein Waage-Mann kann im anonymen Dunkel, im Schatten eines Größeren, in der völligen Nichtbeachtung leben.

Aus Gründen der Selbsterhaltung zeigt man daher überwiegend seine Schokoladenseite, besonders bei der ersten Liebe. In dieser Phase der »Selbstdarstellung« überzeugt sie auch die Gefundenen. Später wird die Wirkung infolge Wiederholung etwas konventionell, sozusagen Routine. Dann glaubt man ihm nicht mehr alles. Trotzdem stürzt sich der Waage-Mann immer wieder in einen neuen »Fall«, in das genußvollste Spiel unter dem Zeichen Waage: den »Sündenfall«. Die Gattinnen verzeihen ihm das nie. Und so schrumpft wieder einmal eine brennende Liebe zur Episode – einem der häufigsten Erlebnisinhalte der Waage-Liebe, mit dem Filmtitel: »Versprich mir nichts!« Der Grund liegt darin, daß die »Waage« bei der Partnerwahl nur selten in die Tiefe geht, sondern von der äußeren Erscheinung her urteilt, also »Chic und Charme« anpeilt. Dies führt dann später zu den »schönen Täuschungen«. Niemals aber hindern diese einen echten Waage-Mann an einer neuen »Liebe auf den ersten Blick«. Alle Evas, aber auch reifere Mädchen, die einmal die kompromißlose Haltung eines echten Haustyrannen erlebt und durchlitten haben, schwören auf den Waage-Mann und behaupten, er sei der letzte Kavalier.

Wer paßt zum Zeichen Waage?

Viermal dürfen Sie wählen:

1. Partner aus dem Zeichen Zwillinge (22. V. – 21. VI.)

Hier könnte es Liebe auf den ersten Blick geben, denn Sie funken auf ähnlichen Wellen. Handelt es sich um eine Zwillinge-Frau, so haben Sie das zwitscherfreudigste Mädchen aus allen zwölf Zeichen gefunden. Dank der sprudelnden Ideen dieser Dame kommt in der Ehe niemals Langeweile auf. Ist es aber ein Zwillinge-Mann, so haben Sie Ihren Alleinunterhalter, Märchenerzähler und Quizmaster gefunden. Er lebt von Einfällen und vom Geist. Zeitweilig fällt ihm ein, daß er da und dort noch einige Freundinnen besitzt, die ebenfalls unterhalten sein wollen. Bleiben Sie wachsam! Für geistreiche Männer besteht ungeheure Nachfrage, und Sie werden auch Ihre Freundinnen etwas überwachen müssen, denn Gelegenheit macht Diebe. Andererseits muß solch ein loser Vogel zeitweise an die Luft. Lassen Sie den Käfig offen, denn auch schnäbelnde Wellensittiche kommen des öfteren wieder zurück. Aufgeladen mit Neuigkeiten, wirkt der Zwillinge-Mann auf müde Waage-Frauen wie Koffein. Von müden Zwillinge-Männern hat man noch selten gehört. Sie finden ihn ebenso beschwingend wie aufregend, können ihn aber leider nicht völlig »besitzen«. Dafür ist er das Salz in Ihrer ehelichen Suppe. Was Zwillinge-Männer an ihrer Waage-Frau außer der Liebe noch erfahren, sind – Kosten, Rechnungen, »Mehrwertsteuern«. Aber es lohnt sich – wegen der vielen Extras, vor allem den kultivierten Gefühlen dieser Dame. Natürlich unterscheidet diese Eva den richtigen »Zwilling« sofort vom falschen: Der Richtige nämlich ist unverheiratet.

In dieser Ehe müssen alle Hobbys des Zwillinge-Partners mitgepflegt werden. Von Geist und Körper wird gleich viel verlangt. Man kann eine Sternschnuppe wie den »Zwilling« nicht an der Leine führen. Was Geld anbelangt, sollten Sie vielleicht gelegentlich mitverdienen oder gleich etwas Mammon mit in die Ehe bringen, denn Zwillinge gehört zu den »ideellen« Zeichen.

2. *Partner aus dem Zeichen Wassermann* (21. I. – 19. II.)

Sollte sich ein »Wassermann« um Sie bemühen, so ist er ganz bestimmt der Richtige, denn er hat ein Radargerät für die »Passende«. Natürlich würde er Sie lieber als Freundin behalten, sozusagen unverbindlich. Aber bei der Waage-Frau kann er einfach nicht nein sagen. Ihre Ehe wird keinesfalls bürgerlich sein. Er hat zu viele Sammeltassen im Schrank, und in seiner Gedankenschatulle irrlichtert es zeitweilig. Viele ausgefallene Ideen sind dabei, und Sie müssen sich daran gewöhnen, daß er die meisten wieder vergißt. Hauptsache ist: Sie machen jedes Spielchen mit und zeigen bei jedem neuen Hobby frenetische Begeisterung. Es kommt viel Leben in die Bude, auch »erfindet« er sehr viel. Alte Bilder, antike Möbel, Stiche, aber auch Hobbys wie Filmen, Basteln, Unterwassertauchen, Segeln, Malen, Heimwerken – es gibt nichts, was Sie in dieser unterhaltsamen Ehe nicht kennenlernen. Vielleicht sogar Posauneblasen oder Fliesenlegen. So etwas weitet den Horizont. Wenn es sich um eine Wassermann-Frau handeln sollte, so könnte der Waage-Mann endlich sein reiches und vornehmes Innenleben ausbreiten. Nach so einer Frau mit angeborenem Mutterwitz und heiteren Einfällen sucht jeder Mann zeitlebens. Und niemand heiratet schneller und entschlossener als ein Waage-Mann. Leider wird er manchmal auch wieder geschieden – aber ganz selten von dieser aparten Eva! Er kann sehr liebenswürdig und zärtlich sein, vergißt auch den ersten Hochzeitstag nicht und bringt Ihnen ab und zu Blumen. Als Wassermann-Frau haben Sie manche »erste Liebe« hinter sich gebracht und wissen, daß solche Aufmerksamkeiten nicht zur Allgemeinbildung gehören. Ein Waage-Mann muß für solche Extras unbedingt gelobt werden, sonst macht es ihm keinen Spaß mehr. Wenn man bedenkt, daß viele Freundinnen zu Scherzen ohne weiteres aufgelegt sind, werden Sie Ihr Bestes tun, solche Konkurrenz auszuschalten. Niemand ist leichter verführbar als ein Waage-Mann!

3. Partner aus dem Zeichen Schütze (23. XI. – 21. XII.)

Sie werden es noch erfahren: Dieser Partner erhält jung, geschmeidig und nötigt zu ständigem Umdenken. Man wechselt die Wohnungen, manchmal auch den Ort, das kann bis in fernste Länder führen. Es gibt kaum einen »Schützen«, der irgendwo für ein Leben lang Anker wirft. Anerkanntermaßen braucht er viele Freundinnen, um zu seinen Erfahrungen zu kommen. Es sollte sich also schon um eine gereiftere Ausgabe handeln, sonst steht Ihnen manches bevor. Das geringste ist, daß Sie ihn bewundern und recht oft seinen vielen Stegreifreden lauschen müssen. Da die letzteren viel von seinem geschätzten Ich handeln, lernen Sie ihn innerhalb einer Woche restlos kennen. Die beste »Betriebsanleitung« für den Umgang mit einem »Schützen« ist daher: zuhören! Anfangs möchten Sie auch einmal etwas sagen – das hört später auf. Jeder Psychologe bestätigt es Ihnen: Das »Wissen um sich selbst« gehört zum Elixier der Seele. Manchmal wird der Größenwahn zum Ersatz. Die Waage-Frau aber besitzt Takt, Charme und Diplomatie. Lauter wahre Geschenke für einen Schütze-Mann! Auch gesellschaftliche Fähigkeiten wünscht er sich von ihr, und nicht selten baut er sie in sein Aufstiegsprogramm ein. Daß diese

Eva auf passive Weise becirct, macht ihm Freude, denn er will Eroberer sein und »wirken«. Wenn es sich um eine Schütze-Frau handelt, so bringt sie manchen bequem werdenden Waage-Mann in Schwung. Andererseits kommt er in der Liebe auf seine Kosten, denn Schütze-Frauen spielen stets gern mit dem Feuer und haben viel Neugier im Blut. Wenn sie auf Ihre Schicksalsfrage »ja«, sagt, so sollten Sie nicht glauben, daß diese Antwort spontan oder aus plötzlicher Laune erfolgt. Sie hat vorher schon den Graphologen, Astrologen, den Psychologen gefragt. Sie wurden ohne Ihr Wissen getestet und – wie könnte es bei diesen beiden Zeichen anders sein? – für richtig befunden. Aber es kommt die Zeit, da jede Schütze-Frau wieder der Zweifel packt. Dann müssen Sie auf Draht sein – besonders in der Liebe.

4. Partner aus dem Zeichen Löwe (23. VII. – 23. VIII.)

Immer wieder macht er Eindruck auf Sie! Noch im kleinen Finger hat er etwas Weltmännisches, Selbstbewußtes und – er fackelt nicht lange herum. Seine Liebe ist so, wie Sie sich das immer vorgestellt haben. Nicht mit der Tür ins Haus fallend, aber doch voller Feuer. Vorausgesetzt, daß Sie einen guterhaltenen »Löwen« ohne Schußlöcher im Fell bekommen haben. Manche sind geborene Schauspieler und zeigen gekonntes Theater. Einige haben Autoritätswünsche im Ärmel versteckt und wollen diese später anbringen. Aber keine Waage-Frau hat für sie Verwendung. Man muß sich also gegenseitig behandeln und verstehen lernen. Obwohl »Löwen« immer gern bewundert werden möchten, bleiben sie doch meist bei der »Einen«. Dies wäre ein Vorteil, weil man unter dem Zeichen Waage leicht die Männer verliert. Der Hauptvorzug des »Löwen« ist sein Wunsch nach Komfort, im Beruf nach den »höheren Etagen«. Man kommt mit ihm bestimmt hoch. Löwe-Frauen erwarten von Waage-Männern Respekt, Anbetung, Zuverlässigkeit im Gefühl. Genau gesagt: Es wird ziemlich viel verlangt! Mancher Waage-Mann vermag das gar nicht durchzuhalten und sucht etwas »Einfacheres«, vielleicht eine Volksausgabe von Löwe-Frau. Schon wegen der hohen Werbungskosten! In Ihrer Ehe treffen sich Sonne (= Löwe) und Venus (= Waage). Die Venus galt schon immer als »kleines Glück«. Das berechtigt zu den schönsten Hoffnungen, zumal das beiderseitige Geltungsbedürfnis in die oberen Ränge führt. Der Waage-Mann hat ein Werktags- und ein Feiertagsgesicht. Mit dem letzteren haben Sie ihn vielleicht kennengelernt. Wenn alles gutgeht, bemüht er sich auch weiterhin, Glanz in die gemeinsame

Hütte zu bringen. Viel hängt vom Geld ab. Möglicherweise von Ihrem. Die höhere Scheidungsziffer liegt hier bei der Waage. Welch ein Glück, daß Löwe-Frauen konservativ, festhaltend und im Verteidigen ihrer Beute äußerst zäh sind. Es gibt nur sehr wenige Waage-Männer, die aus dieser Ehe ungerupft von dannen gingen.

Dreimal müssen Sie prüfen!

1. Partner aus dem Zeichen Widder (21. III. – 20. IV.)

Die Waage-Partner sind gemäß ihrem Venuszeichen beschaulich, kultiviert, verlangen nach unbeschwerten Freuden und Genüssen. Das Widderzeichen stellt den absoluten Gegensatz dar und symbolisiert Wirbel, Tempo, Unruhe, Veränderungen, ewig Neues. Mit diesem Blendwerk an Feuerzauber kommt es anfänglich zum Funkeln und Sprühen. Es reicht zu rasanter Liebe, die häufig in einem Knalleffekt endet. Leider findet der schnellebige, tatenfrohe und impulsive »Widder« kaum die Zeit, das raffiniert garnierte Seelenpüree des Waage-Partners genießerisch auf der Zunge zergehen zu lassen. Er frißt es kurz entschlossen auf. Solchermaßen konsumiert, kommt sich die Waage-Frau recht vulgär behandelt vor. Schließlich muß sie erkennen: Das schöne Tafelsilber, das kostbare Porzellan, die Seidentapeten im Gemüt – alles war »für die Katz«! Schon manche Waage-Frau hat ihr Bestes getan, blieb aber dann wieder allein. Man möchte unter der Waage ernstlich um seiner selbst willen geliebt sein und dazu noch dauerhaft. Welcher Widder-Mann kann ihr das bieten? Allenfalls eine Sommernachtsliebe. Übrig bleiben einige Versprechungen und die Erinnerung an einen abendfüllenden Sexfilm. Sollte es aber wirklich zur Ehe reichen, so bläst ständig Föhn in die Kemenate, und zeitweilig blitzt es. Auch werden die Widder-Partner des öfteren »entzündet«, in der Regel von anderen Sternen. Eine Waage-Frau freut sich zweimal über den Widder-Partner: das erstemal, wenn sie ihn gefunden, das zweitemal, wenn sie ihn wieder verloren hat. Kein »Widder« findet die Zeit, seine Venus ständig zu erheitern und mit Geschenken zu erfreuen. Mitten in der Liebe funkeln die Geschäfte, der Beruf, die neuen Pläne und die große Welt. Ein guter Tip: Erfreuen Sie sich zeitweise an ihm und – heiraten Sie einen anderen!

2. Partner aus dem Zeichen Steinbock (22. XII. – 20. I.)

Die Venus (= Waage) gerät an den Saturn (= Steinbock). Ein seltsames Rendezvous: Sie begegnet eisernen Grundsätzen, gediegenen Berufsinteressen und ehrgeizigen Plänen. Statt der Blumen des Lebens, die das Herz erfreuen, bleiben nur die handfesten Werte übrig, die das Dasein stützen und den Aufstieg untermauern. Die Waage-Frau hört da viel über Geldanlagen, Häuserpläne und ehrgeizige Fernziele. Der »Steinbock« richtet seinen Blick nach oben – zu den sozialen Gipfeln, die immer wieder erstiegen werden müssen. Die Waage-Frau würde viel lieber in der Gegenwart leben – mit allem Liebesglück und dem Zubehör eines kultivierten Daseins. Gewiß kommt sie zu einem Haus – der »Steinbock« baut es, manchmal gleich mehrere. Aber die Blumenwiese fehlt und die Seidentapete im Boudoir. Vieles ist »zweckmäßig« und für alle Tage. Der Blick einer Eva unter der Waage aber richtet sich auf die Sonntage. Gewiß könnten Sie sein arbeitserfülltes Leben verschönern und seinen hart errungenen Mammon genußvoll und elegant »anlegen«. Aber man sah noch keinen »Steinbock«, den das Geldausgeben glücklich machte. Seine kosmische Antenne ist auf Praktisches, Nützliches, Dauerhaftes und Stabiles eingestellt. Das anmutige Glitzern, Schillern und Flimmern Ihrer schönen Seele hat ihn offenbar verführt oder bezaubert. Aber er kommt auch wieder zu sich! Es wird Ihnen manchmal etwas einsam ums Herz, besonders später. Zum Reisen, Tanzen, Genießen werden Sie ihn geradezu hinschleppen müssen. Dafür haben Sie einen gesicherten Lebensabend vor sich. Dazwischen liegt ein etwas nüchterner Lebenslauf mit viel Pflichten und einer ordnenden und leitenden Hand, die manches abschirmt und lieber einnimmt als ausgibt. Bei Waage-Mann und Steinbock-Frau wäre es nicht viel anders. Aber ihre »Erdenschwere« würde immerhin erheblich aufgelockert. Dafür verlangt sie den Waage-Mann zeitlebens ganz für sich allein. Er muß sich dann viel tarnen, manches überbrücken und auch ein wenig flunkern.

3. Partner aus dem Zeichen Krebs (22. VI. – 22. VII.)

Ist die »Waage« verletzbar und voll gediegenen Stolzes, so ist der »Krebs« unter seiner Schale ein Weichtier und sehnt sich nach seinen wechselvollen Wanderjahren nach Ruhe und Geborgenheit und manchmal auch nach Befreiung von beruflichen Strapazen. Dieser veredelten Zweisamkeit fehlt es an Härte, vor allem bräuchte man angeheiratetes Vermögen. Es geht beim »Krebs« eben zeitweilig wieder zurück. Die »Waage« aber verlangt nach anhaltendem Aufstieg und will gern repräsentieren. Es sind beträchtliche Unterschiede vorhanden, die sich gewöhnlich ein Jahr nach den Flitterwochen bemerkbar machen. Dann scheiden sich die Geister. Ein Glück, wenn der Waage-Partner besonders kompromißfreudig ist. Zwar kommt es mit ihm nur sehr selten zum Streit, und auch der »Krebs« hat gern seine Ruhe, zumindest gibt er zeitweise nach – aber nur scheinbar. Diese Ehe verlangt Übung in Selbstbeherrschung und Anpassung. Insgeheim liebt der Waage-Partner das öffentliche Parkett und will sich auch mal zeigen. Der »Krebs« dagegen zieht sich immer wieder zurück. Man kann ihn schlecht »ankurbeln«, denn so weich und empfindsam er auch aussieht oder tut – es ist sehr viel Eigenwille in ihm. Ältere »Krebse« sind wahre Widerstandsnester der Selbstverteidigung. Was aber künstlerische Interessen anbelangt, wie etwa Musik, so hätten Sie durch sie eine Brücke, auf der Sie sich begegnen könnten. Im Beruf kommen die »Krebse« wegen ihrer psychischen Eigenart nicht immer auf die obersten Stufen der gesellschaftlichen Hühnerleiter. Aber Sie wollen ganz plötzlich auch mal »etwas haben vom Leben«, am meisten Freiheit von der täglichen Fron. Unter dem Zeichen Waage aber brennt der Ehrgeiz, man ersehnt einen gehobenen Lebensstandard, der auf Jahre hin abgesichert sein soll. Viel davon kommt beim »Krebs« nicht zustande. Im Fall der Krebs-Frau wäre diese Bindung mit einem Waage-Mann etwas günstiger. *Er* repräsentiert und glänzt nach außen – *sie* kocht und waltet oder schaltet zu Hause. Im Auto aber schaltet *er*!

Einige Bewährungsproben:

Partner aus dem Zeichen Skorpion (24. X. – 22. XI.)

Wiederum begegnen sich Venus (= Waage) und Mars (= Skorpion). Beim ersten Kennenlernen fängt der Skorpion-Typ zuerst Feuer. Seien Sie vorsichtig: Mit seinen »entzündeten Gefühlen« ist nicht zu spaßen. Er hat einen gediegenen Willen und hält daher Widerstandskämpfe über Jahre hinaus aus. Bis die »Waage« einsieht, daß man hier mit List und Schläue weit bessere Resultate erzielt. So manche Waage-Frau hat es schon erfahren: Hier kocht man nicht nur am häuslichen Herd, sondern häufig auch innerlich. Schönste Eigenschaften an diesem Marspartner sind sein gut gepflegter Starrsin und sein Widerspruchsgeist; beides führt zu langen Unterhaltungen. Das ist ein Vorteil gegenüber vielen Ehen, in denen sich die Partner nichts mehr zu sagen haben. Diese Ehe ist tatsächlich eine echte Bewährungsprobe, denn Sie erfahren ohne jegliche Aufforderung viel Kritik und erkennen dabei all Ihre Fehler. Der Skorpion-Typ allerdings ist ein Meister im Tarnen, noch nach vielen Jahren entdecken Sie neue Seiten an ihm. Aber eines ist sicher: Er ist zuverlässig wie eine Lebensversicherung und macht keine Pleiten. Wenn schon, dann fängt er stets wieder von vorn an. Im Fall der Skorpion-Frau liegen die Dinge nicht so problematisch, denn der Waage-Mann hätte ihr viel zu danken; er erhält einen geordneten Haushalt samt Rückenstütze im Beruf. Es gibt keine kurzfristigen und unverbindlichen Liebesspielchen mehr, denn unterm Skorpion wird alles gleich ernsthafte Leidenschaft. Es kommt zur Liebe auf den zweiten Blick und damit zur »Familiengründung« mit langfristiger Verantwortung. Vorbei ist es mit den »Episoden« – eine Skorpion-Frau erfährt alles, weiß alles und findet alles. Sie haben Ihren Detektiv im Haus. Gleich hinterm Standesamt heißt es Abschiednehmen von »Blümlein, die am Wege sprießen«. Zwar möchte ein Waage-Mann auch gern außer Haus noch beachtet sein. Aber nun bedürfen Sie nicht mehr fremder Liebesbeweise – eine Skorpion-Frau gibt und nimmt Liebe im Überfluß.

Partner aus dem Zeichen Jungfrau (24. VIII. – 23. IX.)
Siehe unter Jungfrau/Waage!

Zwischenspiel mit Ihrem eigenen Sternzeichen Waage

Es kann sich hier selbstverständlich nur um gewisse Ähnlichkeiten in den Gefühlsreaktionen handeln. Charakteristisch für diese kultivierte Bindung sind der beiderseitige Feinschliff der Umgangsformen und die komfortablen Wünsche an das Leben. Die gute Lebensart und das diplomatische Talent müßten einen günstigen Nährboden für eine Ehe abgeben. Da das Zeichen Waage für schicksalhafte Trennungen und auch für Scheidungen bekannt ist, könnten Sie einmal testen, ob die »Sterne« nicht doch zu bändigen sind: Seien Sie ganz einfach nett zueinander! Merkwürdig genug: Auch die geschiedenen Waage-Partner behaupten, sie hätten niemals einen Krach inszeniert. Woran es dann liegen mag, sollten Sie einmal ausprobieren. Eine interessante Frage wäre noch, wie Sie Ihren hohen Lebensstandard finanzieren werden. Einer sollte das Geld bereits besitzen, damit es der andere erheiraten kann, was ja in der Waage manchmal vorkommt. Da Sie beide von der Venus regiert werden, gehört Ihr Horoskop zu den attraktivsten. Schon deswegen, weil Sie beide das Schöne, das Beste, Vornehmste und natürlich auch das Teuerste anpeilen. Waage ist eben das Symbol der Lebenskunst, und die Venus ist für vergnügliches Geldausgeben. Die harte Arbeit und das strebende, ausdauernde Mühen sind ziemlich unbeliebt. Sie möchten beide auf elegantere Weise auf den grünen Zweig kommen. Der Waage-Frau sollte man ihre Ansicht verzeihen, daß Schönheit wichtiger als Kochen ist. Es gehört zum Schicksal von Waage-Männern, den Hang zum Schönen finanzieren zu müssen. Sonderbare Erfahrung in Waage-Ehen: Ältere Jahrgänge aus der angeheirateten Verwandtschaft mischen sich in die Ehe ein. Bleiben Sie auf der Hut – oft sind es die Schwiegermütter!

Liebe und Ehe im Zeichen Skorpion

Geboren vom 24. X. – 22. XI.

Alles über Eva

Sagen wir es rund heraus: diese Eva ist sexbegabt, voll geheimer Anziehungskraft auf die Männer, stets zu Erfahrungen bereit und von jenem hintergründigen Nimbus umgeben, der schon Odysseus zur Nymphe Kalypso trieb. Daß man sich Skorpion-Frauen nicht zu Feindinnen machen soll, ist bekannt. Mit ihrem Vergessen kann nicht gerechnet werden, jede Schuld wird mit Zins und Zinseszins heimgezahlt. Gern möchte diese Dame auch die Sterne zwingen. Zum mindesten wirft sie einen Blick ins Wochenhoroskop und tut dann – das Gegenteil. Ihre unterschwelligen Gefühle tendieren zu Liebe und Haß gleichermaßen. Von der besitzverlangenden Liebe mit kleinster Toleranzgrenze gegenüber Verletzungen des Stolzes bis zur brennenden Eifersucht ist bei ihr nur ein Schritt. Sie spricht nicht viel darüber, sondern beginnt zu handeln. Die solchermaßen behandelten Freunde, Liebhaber und am meisten natürlich die Ehepartner gelangen schließlich zur Erkenntnis, daß es nervenschonender ist, auf dem rechten Weg zu bleiben. Und wären sie auch nur einmal gestrauchelt, sie würden lebenslänglich überschattet. Ein angeborener Hang zur Neugier verbindet sich bei der Skorpion-Frau mit psychologischem Fingerspitzengefühl und dem Spürsinn eines Kriminalbeamten, der überall herausfindet, wann und wo etwas schief gewickelt ist. Einer reifen Eva aus dem Skorpion steht die Skepsis höher als der Glaube, und in jeder Suppe findet sie das ominöse Haar. So etwas läutert die unverbindlichen Versprechungen und jegliches Liebesgeflüster zu ernsthaften Bekenntnissen. An der Skorpion-Frau scheiden sich die Geister, Playboys ergreifen die Flucht. Doch keinesfalls ist man unter diesem Zeichen des Mars herzlos! Man streut nur Liebe und Leidenschaften nicht so ohne weiteres unters Volk, sondern prüft, testet, wählt, vergleicht und sieht den Dingen ins Mark. Das tut den Geprüften manchmal weh, aber es veredelt den Charakter. Die Liebe ist unterm Skorpion kein Honigschlecken, auf dem Gemüt liegt kein Zuckerguß. Eine Skorpion-Frau läutert sich selbst, denn sie geht im Leben manchmal durch Himmel und Höllen und erfährt ganz selten etwas Halbes. Manches wird einem wieder genommen, und oft ist es das Liebste. So etwas verleiht Einsicht, und wenn die Jahre zugenommen haben, ist die Skorpion-Frau »wissend« geworden. Man kann ihr nicht mehr viel vormachen. Ihr Röntgenblick geht in die Tiefe, und aus jeglichem Spiel wird zwangsläufig Ernst. Viele müssen mit tiefliegenden Leidenschaften kämpfen und haben ein vulkanartiges Seelenleben (man denke an Anna Magnani, die von ihren Liebhabern die »Schreckliche« genannt wurde!). Außer den wechselnden Gefühlseruptionen gibt es auch erloschene Seelenkrater. Nie aber ist man vor den unterirdischen Gewalten sicher, und der Leiden größtes ist die Eifersucht, die aus verletztem Stolz herrührt. Vergeben fällt schwer, Mißtrauen und Vorsicht sind die schützenden Panzer. Auch List und Schläue stecken hinter siebenfachen Schleiern. Skorpion-Frauen sind nicht auszuloten, eben das macht sie so interessant und liefert den Besitzern mancherlei Überraschungen.

Die Gegengaben einer Skorpion-Frau sind nicht gering: Niemals kapituliert sie im Lebenskampf, im Beruf steht sie ihren Mann. Manchmal erhält sie die ganze Familie, was ihr aber nicht sonderlich gelohnt wird. Im Lebenslauf der Skorpion-Frau sind Mühen und Sorgen das Marschgepäck, und sie muß obendrein noch viele trösten! Wer aber tröstet sie? Daß unter diesem Zeichen so viele Witwen zu finden sind, ist Schicksal, unterm Skorpion verliert man zuweilen alles, was man liebt.

Die Liebe der Skorpion-Frau ist abgründig, zupackend, festhaltend und konservativ. Sie ist nicht minder heftig als der Sex, der aus tiefliegenden Leidenschaften gespeist wird. Diese Eva wünscht Zuverlässigkeit der Gefühle, Dauerhaftigkeit und Sicherheit der

Bindungen, denn man erträgt unterm Skorpion keine Einsamkeit und noch viel weniger Enttäuschungen des Herzens.

Was Skorpion-Mädchen betrifft, so sind sie nicht von gestern. Sie verstehen sich auf zielbewußten Flirt, wodurch das Gleichgewicht zwischen männlichen und weiblichen Verführungskünsten wieder hergestellt wird. Einmal verheiratet, wird die Skorpion-Frau so tüchtig, daß sie auf einen Familien- oder Haushaltsvorstand verzichten könnte. Hat sie etwas zuviel Mars bekommen, so wird sie leicht etwas herrschsüchtig, und ihre Besitzer bekommen eine Vorahnung vom kommenden matriarchalischen Zeitalter. Immerhin ist es wahr, daß man mit dieser Frau Pferde stehlen könnte. Der oft heftige Durchsetzungskampf im Beruf und beim sozialen Aufstieg stählt ihr Gemüt und ihren Willen zur Selbstbehauptung.

Das Zeichen hat eine Tendenz zu Höhen und Tiefen. Wer hier absinkt, erreicht Abgründe. Selbst die Sünden haben im Zeichen Skorpion noch Format. Interessanterweise findet man unter diesem Zeichen sehr wenig Scheidungen, aber viel »Kampf«, denn Unnachgiebigkeit, Hartnäckigkeit und Zähigkeit sind die Geschenke des Mars. Nie und nimmer gibt eine Skorpion-Frau ihren einmal erwählten Liebling aus der Hand. Auch die Freundinnen mit frevelhaften Absichten auf das beste Stück müssen flüchten, wollen sie nicht schwer beschädigt werden. Da sie vom Mars wenig Anpassungsvermögen mitbekommen hat, bügelt die Skorpion-Dame kurzerhand die Männer zurecht, bis sie passen. Sie hat bei der Partnerwahl viel Instinkt und fragt dabei nicht unbedingt die Sorgentante der Illustrierten. Kommt es nicht zur Heirat, so sucht sie ihren Lebensinhalt im Beruf und wird dort unentbehrlich. Eines aber steht fest: Das beschützende, erobernde oder gar autoritäre männliche Prinzip braucht diese Frau am allerwenigsten. Was sie sucht, sind die letzten »sieben Aufrechten«, die zu ihrem Wort stehen; manchmal sucht sie auch einfach die Könner in der Liebe.

Alles über Adam

So leicht ist das Fraternisieren mit Skorpion-Männern nicht, wie manche ahnungslose Eva glaubt. Der Mars, der Herrscher über das Zeichen Skorpion, verzichtet auf Tünche und Schnörkel. Unter diesem Zeichen redet man gern Fraktur und vermeidet nicht unbedingt einen Streit. So ist der »Skorpion« jene scharfe Ecke im Zodiak, die die Partnerinnen zu Bewährungsproben zwingt. Hier fällt nichts mühelos in den Schoß. Vieles muß erkämpft werden – auch die Liebe. Wenn künftige Raumfahrer den Mars erreichen, werden sie vielleicht die Bekanntschaft der »Skorpioniden« machen, die mit größter Wahrscheinlichkeit das Militär erfunden haben, jenen marsischen Virus, von dem sehr viele »Skorpione« infiziert sind. Das Zeichen fördert militante oder autoritäre Weltanschauungen, der »Skorpion« liebt häufig die Befehlsgewalt, die Reibung und den Widerstand. Mildere Skorpione sind Mischungen mit versöhnlicheren Sternzeichen. Die Gattinnen kennen ihren häuslichen Mars meist sehr gut und wissen, daß man mit Debatten, Einwänden und überzeugenden Gesprächen so gut wie gar nichts ausrichtet. »Skorpione«, die ihren heimlichen Stachel nicht berufsmäßig schleifen – wie etwa Soldaten und Polizisten –, arbeiten dennoch mit Schläue, List und kriminalistischer Begabung (80 Prozent der Kriminalbeamten sind unter Skorpion geboren!). Mädchen, die noch einmal davonkommen möchten, fragen künftig jeden Mann nach seinem Geburtsdatum. »Skorpione« selbst brauchen kein Horoskop. Sie fassionieren unpassende Sterne einfach um. Natürlich auch die weiblichen. Das Zeichen ist überaus sexgeladen. In diesem Punkt drohen den Interessentinnen keine Enttäuschungen. Aber man kann mit dem Mars schlecht spielen, denn er nimmt in Besitz mit Haut und Haaren. Umtausch ausgeschlossen!

Hinterher weiß man gar nicht mehr recht, wie alles kam. Kein Skorpion-Mann legt eine »Schau« hin, und auch mit der Werbung steht es nicht allzu üppig. Er gibt sich, wie er ist. Und sie muß ihn dann einfach lieben, denn er fordert und hält fest. Was von Ihnen vielleicht als Flirt gedacht war, wird bei ihm blutiger Ernst. Manche »Skorpione« wirken wie ein Lügendetektor und entlarven jeden Schwindel schon im Keim. Außerdem gibt es im Zeichen Skorpion die Othellos, die Seitensprünge unerbittlich ahnden. Skorpion ist also das Zeichen der Läuterung und Verwandlung; vor allem für die Partnerinnen, die nach der Heirat tatsächlich ein neues Leben beginnen. Es bringt viel Entsagung, Wunschbekämpfung, Pflichtbewußtsein und Treue aus Angst, man lernt auch die bekannten »eisernen Grundsätze« kennen. Aber ein »Skorpion« hat auch zahllose Vorteile. Er ersetzt die »Axt im Haus«, alle fehlenden Handwerker, selbstverständlich die Hausfreunde – und bändigt jeden schwankenden Lebenslauf. Die Wirtschaftsführung wird rationalisiert, die lockere Hand gezügelt, die Ausgaben werden gedrosselt. Äußere Widerstände bekämpft ein Skorpion-Mann mit dem Rezept: »Mit Gewalt geht alles besser!« Aber es gibt unter den »Skorpionen« auch schlaue Brüder mit skeptischem Gemüt, die verschlungene Gänge zu bohren verstehen, wenn der gerade Weg zu gefährlich erscheint. Kämpfe in der Ehe werden zäh und verbissen bis zum Sieg ausgetragen, teils frontal, teils um einige Ecken herum. Leute, die ein »Skopion« nicht mag, läßt er darüber niemals im unklaren. Man liebt die Würze und unter den Gewürzen den Pfeffer. Auch in der Liebe schätzt man ihn. Die Skorpion-Seele ist doppelbödig mit vielen Geheimfächern, »von denen niemand nichts weiß«. Von Ihnen aber weiß der »Skorpion« alles. Freiwillig streichelt er nichts und niemanden – es sei denn im ersten Lenz der Liebe. Später fühlen Sie sich von ihm merkwürdig oft gegen den Strich gebürstet. Die Gaben des Mars sind der brandrote Zorn, die handfeste Kritik, die Durchsetzungslust, gepaart mit Eigensinn, und natürlich die Eifersucht! In dieser Hinsicht ist mit einem »Skorpion« nicht gut Kirschen essen – schon viele Mädchen flüchteten zu ihrer Großmutter aufs Land. Aber seien Sie sicher – er findet Sie! Der Spürsinn des »Skorpions« wäre für jeden Kriminalisten ein willkommenes Geschenk. Gattinnen geben das Flunkern schnell auf, schon sechs Wochen nach der Hochzeit wissen sie, daß man so gut wie nichts vor ihm verstecken oder verbergen kann. Die zweite Erfahrung ist die Bekanntschaft mit seiner »Kampfnatur«. Da hilft nur friedliche Koexistenz, denn keine Eva hält diese Zermürbungstaktik auf lange Sicht aus. Dafür hat man auch Vorteile: Er ist ein Arbeitstier von unermüdlicher Ausdauer und gibt in keiner Lebenslage auf. Widerstand kurbelt ihn an. Übrigens ist das Zeichen Skorpion in seiner Vielfalt kaum ausschöpfbar. Da gibt es seelische Untiefen, Gewölbe voller Leidenschaften, verletzten Stolz und Rachegelüste. Wer in Geschäften Pleite macht oder von der Konkurrenz erwürgt wird, ist niemals ein »Skorpion«. In Liebe und Ehe ist ein »Skorpion« eine Art Dauerbrenner. Dies reizt viele Evas, die in puncto Sex vorher immer nur mit Strohfeuern bedient wurden. Es dürfen allerdings niemals Nebenbuhlerinnen aufkreuzen, da sie sofort zum Nahkampf gezwungen werden. Auch mit früheren Freundschaften muß weitgehend aufgeräumt werden. Die anfängliche Sympathie kann jäh umschlagen. Moderne Evas glauben mit naiver Selbstverständlichkeit an die Gleichberechtigung. Solche hypermodernen Ansichten beeindrucken einen echten Skorpion-Mann so gut wie überhaupt nicht. Er glaubt, daß die Ehe etwa dem Verhältnis zwischen Hammer und Amboß ähnelt, wobei er natürlich die Rolle des Hammers spielt. Trotzdem muß man ihn lieben, denn er ist wie kein anderer Typ knitterfest und waschecht.

Wer paßt zum Zeichen Skorpion?

Viermal dürfen Sie wählen:

1. *Partner aus dem Zeichen Krebs* (22. VI. – 22. VII.)

Wir dürfen Sie beglückwünschen, denn auf beiden Seiten sind heiße Gefühle vorhanden mit dem Wunsch, daß es dauernd so bleibe. Harmonie entsteht vor allem durch die Nachgiebigkeit der Krebspartnerin, die mehr mit dem Herzen als mit dem Kopf denkt. Man beobachtete bei Skorpion/Krebs-Ehen oft gute Zusammenarbeit auf Gedeih und Verderb. Wird der »Krebs« wieder einmal – wie so oft – weich und schwelgt in Stimmungen, Ahnungen oder Ängsten vor der Zukunft, dann greift ihm der »Skorpion« unter den Arm und tröstet ihn. Öfters lädierte »Krebse« mit wundem Seelenleben werden überaus treu und dankbar für Schutz. Der »Skorpion« aber ist anhänglich bis zum Tod. Man ist also bei ihm gut aufgehoben, und der seelische Tiefgang beider Zeichen bringt ein gutes Betriebsklima in die Ehe. Selbst wenn Sie als »Krebs« ein halbes Leben auf ihn gewartet haben – es ist nie zu spät für den letzten Versuch. Ein »Skorpion« bringt jeden »Krebs« aus dem Schneckenhaus und befördert ihn kurz entschlossen aufs Standesamt! Handelt es sich um einen Krebs-Mann, so ist er zwar voller Launen und wechselnder Mondphasen im Gemüt, aber die Skorpion-Frau wird ihm zum Halt in den vier Wänden seiner Privatexistenz. Da auch sie nicht ohne Gefühle leben kann, wird sie vom Krebs-Mann aus seinem reichhaltigen Vorrat an Gemüt zuvorkommend bedient. In der Schule der Ehe führen Skorpion-Gattinnen ihre Lieblinge zur Reifeprüfung und geben die solchermaßen Herangereiften niemals wieder aus der Hand. Das muß ein Krebs-Mann wissen, weil diese Eva nach einem etwaigen ersten Hereinfall ein ganzes Paket von Mißtrauen und Eifersuchtsproblemen mit sich herumträgt. Aber wir wissen es genau: Krebs-Männer suchen die Harmonie, die Ruhe und hassen jeden Streit aus ganzer Seele. Ihr Nervensystem ist für ehelichen Krieg zu zart und macht bei Großkämpfen gänzlich schlapp.

2. *Partner aus dem Zeichen Fische* (20. II. – 20. III.)

Auch hier ergibt sich nahezu ein Volltreffer an Glück, wenn es auch nichts absolut Vollkommenes auf der Welt geben kann. Man braucht einen männlichen »Fisch« nicht zu umgarnen – er geht freiwillig ins Netz. Als »Fisch« hat man viel Gefühl zu bieten und verspürt einen wahren Durst nach seelischen Werten – aber zusätzlich ein heftiges Verlangen nach Umsorgung und einem innigen Leben zu zweien. Auch die Skorpion-Frau hat vieles zu bieten, nur ist sie der härtere Teil in dieser Ehe; aus der Umsorgung wird manchmal Verwaltung und Besitzergreifung. »Fische« sind manchmal schlau – »Skorpione« gerissen. Deshalb sollte mit offenen Karten gespielt werden, es wäre nervenschonender. Außer seelischer Betreuung ersehnen »Fische« eine gewisse Sicherheit in einem freundlich ausgestatteten Familienaquarium. Dieser berechtigte Wunsch wird ihnen hier fast immer erfüllt. Möglich, daß die Skorpion-Frau zeitweilig zur Seelentrösterin werden muß, denn ein »Fisch« will verstanden sein! Bleibt er unverstanden, wechselt er eines Tages vom Wasser zum Feuerwasser über. Merkwürdig oft muß auch eine Fische-Frau im Liebesleid zum Cognac greifen. Nicht so der Skorpion-Mann! Er tritt machtvoll in Ihr Leben und pulvert Ihr poröses Gemüt samt dem abwärtskurvenden Selbstbewußtsein in kürzester Frist wieder auf. Ältere »Fische« freilich gleichen gemütvollen Karpfen, die die Ruhe lieben. Ihre Selbstbescheidung erreicht schließlich jenen Gipfel, der die letzten Freuden verheißt: Lieber gut essen, aber dafür öfter! Mit solch arrivierten »Fischen«, die nach keiner fremden Angel mehr verlangen, ist ein ruhiges Zusammenleben garantiert. Jüngere »Fische« fressen manchmal den Köder, spucken den Haken aber wieder aus. Hier handelt es sich allerdings um besonders durchtriebene »Fische«. Im Netz eines Skorpion-Partners aber werden die meisten anderen »Fische« behütet, beschützt und zeitweilig auch ein wenig geschuppt. Laut Statistik ging diese Ehe so gut wie nie in die Brüche.

3. Partner aus dem Zeichen Steinbock (22. XII. – 20. I.)

Sie haben viel Gemeinsames. Wo sich der »Steinbock« einmal festgesetzt hat, ist er nicht mehr fortzubewegen. Die Hartnäckigkeit des »Skorpions« hinzugenommen, und wir wüßten nicht, was Ihnen nicht glücken sollte, solange Sie zusammenarbeiten. Beide Zeichen kennen die Begriffe Nachgiebigkeit und Anpassung nur vom Hörensagen. Stimmt alles, dann kommen Sie in wenigen Jahren zu einem Haus oder einem Geschäft. Beim »Steinbock« ist dies nahezu selbstverständlich. Im Seelischen gibt es scharfe Ecken. Größter und dauerhafter Besitz in dieser Ehe: Persönlichkeitsbewußtsein, Durchhaltevermögen und Kampfgeist. Diese Mitgift wird auch in zehn Jahren nicht entwertet. Der soziale Aufstieg kommt mit mathematischer Sicherheit, weil beide Partner über das Geheimrezept verfügen, aus nichts etwas zu machen. List und Schläue sind beiderseits vorhanden, und bald verzichten beide darauf, sich gegenseitig etwas vorzumachen. Wenn es sich um den Steinbock-Mann handelt, so kann selbst eine Skorpion-Frau stundenlang an dieses gußeiserne Standbild hinreden, ohne besondere Wirkung zu erzielen. Den Energieaufwand des gegenseitigen Zuschleifens sollten Sie also beide dem Beruf zukommen lassen. Es ist wahr, manche Männer haben mehr »Politur« als der Skorpion-Mann, aber dafür weniger Ehrgeiz. Handelt es sich um die Skorpion-Frau, so muß der Steinbock-Mann wissen, daß diese Dame dauerhaft und heftig geliebt sein will. Man hört oft von ihm, daß er »keine Zeit hat«. Beruf ist eben sein Hobby. Von Liebe redet er nur mangelhaft und selten. Seine liebste Beschäftigung sind Baupläne, aber auch Bilanzen und Geschäftsabschlüsse. Er sieht immer nur in die Zukunft – sie zeitweilig in die Vergangenheit. Er lobt auch nicht sehr viel. Sagen Sie sich: Besser weniger reden, als viel flunkern! Im Küssen und Schmeicheln bleibt er unterm Durchschnitt; selbst wenn sein Herz voll ist, läuft ihm der Schnabel noch lange nicht über. Fühlen Sie sich trotzdem ja nicht zurückgesetzt, denn von diesem Irrtum bis zur »unverstandenen Frau« wäre es nur ein Schritt.

4. Partner aus dem Zeichen Jungfrau (24. VIII. – 23. XI.)

Ob männlich oder weiblich – Partner aus diesem Zeichen Jungfrau üben viel Kritik. Sie machen aber dennoch aus allen Schwierigkeiten das Beste und finden auch in der Wüste noch einen Grashalm. In der Liebe freilich spricht der Kopf mit, wodurch das Herz etwas abkühlt. Im Beruf gibt es keine Abstürze, denn beide Zeichen sind absolut krisensicher. Da Sie nichts dem Zufall überlassen, wird aus Ihrer Ehe eine Lebensversicherung. Das alte Leiden der Eifersucht unterm Skorpion findet bei der »Jungfrau« keine Nahrung. Beim »Skorpion« gründen die Gefühle tiefer, schwelen oft in verhaltener Glut, während sich die Leidenschaften der »Jungfrau« mehr im Nörgeln äußern. Zeitweise neigt sie zur Pedanterie. Es gibt bei dieser Verbindung kaum Trennungen, aber interessante Debatten mit anstrengenden Beweisführungen. Als Diskussionsredner erlahmt der Jungfrau-Partner in dieser Ehe nicht eine Stunde. »Skorpione« gelüstet es manchmal nach Höhen und Tiefen, nach Krach und Versöhnung. Wenn er redet, sollten Sie zuhören, denn er weiß vieles besser und arbeitet an Ihrer Fortentwicklung. Die

Skorpion-Frau dagegen hat mit dem Jungfrau-Mann die Abendkurse im Haus. Man muß sich darüber im klaren sein: Es gibt Männer für den Geist, die Seele und den Körper. Die letzteren sind die Playboys. Sie aber haben einen Intelligenzbrocken geheiratet, der im Nebenberuf noch Steuerberater, Lehrer, Koch, Buchhalter und Finanzgenie ist. Was wollen Sie mehr? Die Liebe kam ohnedies nicht »über Nacht«, sondern entsprang einem vorehelichen Ausleseverfahren. Aufgekratzte Skorpion-Mädchen müssen rechtzeitig darüber aufgeklärt werden, daß der Palisadenzaun moralischer Betriebsvorschriften beim Jungfrau-Mann unübersteigbar ist. Dafür erhalten Sie Sicherheit und bekommen mit dem rauhen, risikoreichen, zwar amüsanten, aber aufregenden Liebesleben nur noch von fern Kontakt. Viele Frauen träumen von einem solchen gesicherten Laufstall. Nehmen Sie ihn ruhig!

Dreimal müssen Sie prüfen!

1. Partner aus dem Zeichen Stier (21. IV. – 21.V.)

Beide Zeichen stehen sich im Tierkreis gegenüber, was man bekanntlich als »Oppositionsaspekt« bezeichnet. Dieser Begriff sagt schon einiges aus. Es kann eine überdurchschnittliche leidenschaftliche Ehe werden, bei der man zugleich auf einem Vulkan sitzt, in dessen tiefsten Kratern die Eifersucht brodelt. Es darf hier also niemals schiefgehen, und man sollte sich an Treue gewöhnen, denn unterm Zeichen Skorpion kann man nicht vergessen und nur schwer verzeihen. Und verletzte Ehre und getäuschte Liebe haben unterm Zeichen Stier schon manchmal eine zweite Wohnungseinrichtung gekostet. Im ganzen handelt es sich um eine Begegnung wie etwa zwischen Schwefel und Zündholz. Auf jeden Fall flammt es auf. Die Anziehung der Gegensätze ist in der ersten Phase der großen Liebe kaum zu verhindern. Die zweite Phase der Abstoßung bedarf der Selbstbeherrschung oder der Selbstverleugnung. Alle Höherentwicklung durch die Ehe schmerzt eben. Der Vorrat an Gemüt und Leidenschaften reicht für ein Leben. Falls Sie eine Skorpion-Frau sind, versäumen Sie keinesfalls einen Kochkurs für gehobene Gaumenansprüche, denn beim Stier-Mann geht die Liebe von alters her durch den Magen, und seine Freude am guten Essen wird Ihnen später zur Stütze einer gesicherten ehelichen Existenz. Beide Zeichen sind schwer »in Gang zu bringen«, strahlen viel mehr Ruhe aus, gepaart mit Gleichmut. Aber sie ist trügerisch. Man darf einen

Stier-Mann zwar erheblich »reizen«, und das verführt zum Glauben an seine »unerschütterliche Ruhe«, aber es ist ein Aberglaube! Den Tag des Erwachens streichen Sie im Kalender rot an, denn er ändert Ihre Weltanschauung – und Ihre Taktik. Sie werden vorsichtig wie gebrannte Kinder. Ob dieser Tag kommen wird? Wir wissen es nicht bestimmt. Es hängt von jener Vorsicht ab, die nur die Entschärfer von Blindgängern besitzen.

2. *Partner aus dem Zeichen Löwe* (23. VII. – 23. VIII.)

So einfach, wie Sie sich das mit dem »Löwen« dachten, ist es nicht. Zwar biegt ein »Skorpion« manchen unpassenden »Stern« zurecht, bis er ihm paßt. Aber »Löwen« dulden keine Eingriffe in ihre Privatsphäre und gleichen Hoheitsträgern mit Machtansprüchen. Man hat zwar noch nie beobachtet, daß »Skorpione« brüllende »Löwen« fürchten. Aber man sollte doch die »inneren Reservate« achten, die selbst ganz mickrige »Löwen« noch ernsthaft verteidigen. Im Fall eines hochkarätigen »Löwen« sollte eine Skorpion-Frau ihre Zuflucht zur Schläue nehmen und zuweilen ein wenig in sich hinein lachen. Falls an Ihrem besten Stück nicht alles »Löwe« ist, dann erst recht – nur merken sollte er es nicht. Sonne (= Löwe) und Mars (= Skorpion) sind zwei feurige Gestirne und fördern das Selbstbewußtsein. Aber ein Löwe-Mann ist zu keiner Zeit so schwach wie in dem Augenblick, da eine schöne Skorpion-Frau ihm sagt, wie stark er doch sei. Sollte er später viel brüllen, so hat er es eben nötig. In diesem Fall sind Sie an einen mehr volkstümlichen »Löwen« geraten. Das echte Löwenmark in den Knochen verrät sich nämlich durch ein angemessenes Selbstbewußtsein, das nicht unbedingt immer von sich selber redet, sondern unbewußt Kraft, Würde und Selbstsicherheit ausstrahlt. Solche Löwe-Männer werden leider immer seltener; sie sind gesucht und umlagert, da ihnen der Ruf von Generosität vorausgeht. Jede Eva hätte gern solch ein Stück »Löwe« für das eigene Heim und würde ihn gern ganz »in Besitz nehmen«. Dies ist das letzte, was Sie einem Löwen antun dürfen! Wenn es eine Löwen-Frau ist, so entbrennt ein Skorpion-Mann meist schon bald in heftiger Liebe und verfolgt seine Geliebte über alle Hindernisse. Es gibt keine Flirts in diesen beiden Zeichen, sondern immer Herzensbrände. Auch Löwe-Frauen werden viel umworben, und wenn sie jung sind, zündeln sie gern. Sie gleichen Fixsternen und wollen umworben sein. Bei »Skorpionen« aber wird nur einmal geworben. Von da an gehören Sie ihm. Treiben Sie noch kurz vor dem Standesamt Gewissenserforschung!

3. Partner aus dem Zeichen Wassermann (21. I. – 19. II.)

Legen Sie ihren Wassermann-Partner nicht auf das »Ja« beim Standesamt fest! Er kann es lange nicht glauben, daß er nun auf ewig »die Eine« durchs Leben begleiten soll. So etwas an Freiheits- und Unabhängigkeitslust und so viel Neigung zu unverbindlichen Freundschaften finden Sie im ganzen Tierkreis nicht mehr. Wir sehen schwarz, wenn Sie nach der Hochzeit Ihre »verbrieften Rechte« ausspielen wollen. Stellen Sie sich lieber um und tun Sie so, als ob er nach wie vor nur ein guter Freund wäre. Es ist die einzige List, die einen »Wassermann« von der Zwangsidee befreit, »gebunden« zu sein. Es bedeutet eine wirkliche Horizontausweitung, wenn Sie Ihr junges Leben fortan mit einem »Wassermann« teilen. Vor Ihnen liegt ein etwas strapaziöses Leben, das viele Aufregungen bringt, aber eben deshalb jung erhält. Die Auffassungen über Liebe, Pflichten, Freiheit, Ehe sind so grundverschieden, daß Sie manchmal glauben, verschiedene Sprachen zu sprechen. Ihr »Wassermann« ist in keine Schablone zu pressen, sondern stellt ein ulkiges Produkt der Sterne dar, das eigentlich gar nicht für die Ehe gedacht war. Er ist der Zeit voraus und huldigt bereits der Kameradschaftsehe, einem Kompromißzustand zwischen Freundschaft und Standesamt. Beide Partner sind von wahrhaft formtreuem Wesen und haben zählebige Ideen. Die Skorpion-Frau möchte ihn gern umerziehen und ihn von den vielen lästigen Hobbys zugunsten eines »geradlinigen Lebensplans« befreien. Sie weiß noch nicht, was ihr da blüht. Zunächst will sie bald nach der Heirat Ordnung, Pünktlichkeit, Konsequenz und Treue in sein Leben einbauen. Aber nichts wäre fürchterlicher für ihn als Pflichten. Er liebt die seligen, ungebundenen Stunden nächtlicher Zwiegespräche auf Barhockern oder in Junggesellinnenbuden, wo er seine Seelenhälften sucht. Lassen Sie ihm bloß den Kinderglauben, er könnte tun, was er will! Hinsichtlich Wassermann-Frau und Skorpion-Mann sehen wir ebenfalls etwas schwarz, denn bei dieser Eva geht alles nur freiwillig, mit Zwang gar nichts.

Einige Bewährungsproben:

Bekanntschaft mit dem Zeichen Schütze (23. XI. –21.XII.)

Wir müssen wieder daran erinnern: Die im Tierkreis aufeinanderfolgenden Zeichen sind grundverschieden in ihrem Wesen, aber wie immer kommt es auf das gesamte Horoskop an und nicht nur auf den Sonnenstand! Ziele und Pläne der »Schützen« sind weitgesteckt, und die Sehnsucht nach der Ferne hört nie auf. Unterm Zeichen Skorpion aber sieht man die Nähe, ist konservativ, seßhaft, ausdauernd und zäh. Im Ganzen ergibt das ein gegensätzliches Gespann mit verschiedener Gangart. Sieht der »Schütze« beide Seiten einer Sache, so zwingt ihn der »Skorpion« zu realistischer Stellungnahme. Wer immer von diesen beiden Partnern daran denkt, den anderen umzuarbeiten oder anzugleichen, wählt die ungünstigste Form der Ehe, nämlich die Überwältigung. »Skorpione« haben das so an sich. Von »Schützen« weiß man, daß sie viel inneren Schwung haben und deshalb keinen Zaun oder Laufstall dulden. Im Seelischen ist der Skorpion-Partner härter im Nehmen. Wenn es sich um die Skorpion-Frau handelt, liegt der Fall hoffnungsvoller. Sie verschafft seinen Ideen den tragfähigen Grund, ist bodenständiger und will alles festhalten. In der Ehe sind »Schützen« unterhaltend, manchmal sogar Alleinunterhalter. Die Skorpion-Frau sollte lauschen, zuhören! Widerrede wäre zwecklos. Skorpion-Frauen, die solche einseitigen Gespräche satt hatten, begannen eines Tages ebenfalls zu reden. Unversehens wurde daraus die Abschiedsrede, und manchmal ging etwas in Scherben. Das wundert Schütze-Männer maßlos, und sie schütteln oft noch nach der Scheidung den Kopf, wie so etwas kommen konnte. Dies ist der Grund, warum so viele Schütze-Partner unschuldig geschieden werden. Nur die Skorpion-Frau weiß nun Bescheid und sagt es im Vertrauen ihren besten Freundinnen, daß ein Schütze-Mann zwar häufig auf einem Sockel steht wie ein Standbild, aber innen nicht aus Marmor besteht.

Bekanntschaft mit dem Zeichen Waage (24. IX. – 23. X.)
Siehe unter Waage/Skorpion!

Heiteres Zwischenspiel mit Ihrem eigenen Sternzeichen Skorpion

Selten genug kommt es vor, daß sich diese beiden stachelbewehrten Tierchen begegnen. Glücklicherweise sind keine zwei »Skorpione« völlig gleich. Es gibt autoritäre und diplomatisch-schlaue. Von echtem Nachgeben ist bei beiden Sorten nie die Rede. Mars bleibt Mars! Vermag man sich auf die mittlere Linie der Vernunft zu einigen, so steht dem wirtschaftlichen Aufschwung nichts mehr im Weg. Wenn der widderbetonte Mars mit dem Kopf durch die Wand will, so versucht es der skorpionbetonte Mars mit dem »Bohren«. Dieses zielstrebige Unterminieren von Widerständen sollte nicht in der Ehe praktiziert werden, sondern im Beruf. Der Aspekt der »Kampfgemeinschaft auf Gedeih und Verderb« wäre in der Tat der beste für Ihre Ehe. Es gibt nur zwei Möglichkeiten: entweder »totaler Krieg« oder Koexistenz. Zwei »Skorpione« unter einem Dach sind gleichwertige Gegner oder treue Freunde, die durch nichts mehr zu trennen sind. Es werden Ihnen keine Rätsel aufgegeben: So wie der andere ist, bleibt er. Und er ist keine Niete – weder im Beruf noch in der Liebe. Sollten Sie den Kampf wählen, so dürfen wir Ihnen gleich voraussagen: Hier gibt es keine Siege. Übrigens auch keine Eifersucht, denn einer überwacht den anderen. Die Lebenssicherung reicht bis ans Grab. Kein »Skorpion« ging jemals unter. Aber keiner hatte auch ein wahrhaft unbeschwertes, vergnügliches Leben. Und mancher weiß: In alle Frauen verliebt zu sein, ist nicht so gefährlich, wie in eine einzige: die Skorpion-Frau!

Liebe und Ehe im Zeichen Schütze

Geboren vom 23. XI.–21. XII.

Alles über Eva

Mit Schütze-Frauen haben die Männer so viel zu tun, daß sie an gar keine andere mehr denken können. Diese Dame braucht Aussprachen, Ansprachen, Gesellschaft, Philosophie, Psychologie, Psychotherapeuten, Trost, Rat und selbstverständlich immer neue Liebe. In ihrer verzwiebelten Seele reihen sich die Knöpfe wie an einem Paternoster. Ein einzelner Mann kann sie gar nicht entwirren.

Liebe und Ehe sind das Aufregendste, aber auch Unterhaltendste im Leben der Schütze-Frau. Mit einem einzigen Partner ist ihr gar nicht gedient – die Erkenntnis kommt aus der Vielfalt, den Gegensätzen, den Hereinfällen, den zwei bis drei Scheidungen. Die Psychologen und die Scheidungsanwälte verdienen viel Geld an den Schütze-Frauen. Vor allem müssen sie über ihre Probleme reden können. Es gibt keine Schütze-Frau, die ihren Liebeskummer still in sich hineinfrißt. Alle Welt erfährt davon, jeder gibt seinen Rat, auch die »Sorgentanten« der Illustrierten, die Astrologen, die Graphologen, sogar die Freundinnen und natürlich erst recht die Freunde. Alle Ratschläge werden angehört. Und dann tut die Schütze-Frau das Gegenteil. Verliebt sich wieder und heiratet immer noch einmal. Ein solches Leben ist rasant, lebendig, aufreibend und erweitert den Horizont. Dieser liegt so gut wie immer in weiter Ferne, und die Sehnsüchte dorthin sind Ursachen vieler Umbrüche, Reisen, Umzüge.

Diese Eva ist wahrhaft unermüdlich im Suchen, Probieren, Finden und Verlieren. Was sie findet, nimmt ihr manchmal der Anwalt wieder ab. Daß sie am Ende ihres aufregenden, anregenden Liebeslebens doch niemals völlig allein steht, ist das große Wunder ihres Horoskops. Immer hat sie eine stattliche Anzahl von Seelenberatern zur Hand, wobei sie auch auf körperliche und geistige Kontakte keineswegs zu verzichten braucht. Auf der Höhe ihrer Reife hat sie ein stattliches Wissen um die Liebe, vergleicht den einen mit dem anderen, den dritten mit dem ersten, ohne jemals einen »Besten« zu finden. Einmal aber denkt sie schließlich an die Versorgung, legt die Klöppelspitzen der Romantik in die unterste Schublade zum Zopf der ersten Jahre und nimmt den »väterlichen Berater«. Sie weiß es jetzt endgültig: Es kommt nichts Besseres nach. Bis sie den vermeintlichen »Richtigen« findet, lernt sie viele »Falsche« kennen. Von diesen lernt sie die Wortgefechte, die erfrischenden Debatten, das Gefühl des »Unverstandenseins«, das ja gerade die kostbarsten und verwundbarsten Seelen empfinden. Viele Männer sind für sie nur Zuhörer, Staffage, Kulisse. Das Herz ist immer voll, daher läuft der Mund öfters über. Schönstes an der Schütze-Frau: Sie nimmt fast nie ein Blatt vor den Mund, eben das überrascht die Freunde zuweilen maßlos. Sie liebt satirisch gewürzte Zwiegespräche, von psychologischen Pointen reichlich durchsetzt. Der geistige Regenbogen einer echten Schütze-Frau schillert in allen Farben, am meisten nach einem abziehenden Ehegewitter.

Ist das Herz genügend durchlöchert, kommt es zur »Vernunftehe«. Manchmal blättert die reife Schütze-Frau im Herbarium ihrer Lebensträume und erkennt dann mit schmerzlichem Lächeln die Hohlwelttheorie ihres Glücks. Immerhin läßt sie den materiellen Aspekt niemals ganz aus dem Auge und erwischt daher oft ein schönes Stück von Fortunas Schleier. Dieses handfeste Glück irdischer Werte möchte sie konservieren, denn besser reich als unglücklich!

Jede Schütze-Frau ist sagenhaft vielseitig. Aber Playboys und »Männchen« kommen bei ihr nicht zum Zug. Sie braucht Männer mit Horizont, mit einem Erfahrungswissen aus zwei bis drei Ehen, mit Positionen, Titeln oder Aufstiegschancen, nicht zuletzt mit gesellschaftlicher Routine. Sie peilt gern den Olymp an und will dann an der Seite ihres exklusiven Lieblings strahlen, beachtet werden. Wo immer sie auch geboren sein mag, die Männer sind stets von »auswärts«, oft sogar Ausländer. Manche Schütze-Frauen rennen auf das Standesamt, um dem inneren Zweifel zu entkommen, ob es der »Richtige« ist. Andere wiederum werden von Eroberernaturen kurzerhand dorthin verschleppt. Man muß es leider sagen: Neben den Zeichen Zwillinge und Waage ist das Zeichen Schütze das scheidungsfreudigste. Die Liebesaffären beginnen schon in früher Jugend, meist im »Nachbargarten«, wo es zu intimem Liebesgeflüster kommt, das von der Neugier angeheizt wird. Taufrische und repräsentative Träume erwachsen aus der ersten Liebe, denn unterm Zeichen Schütze ist nichts zu hoch, zu gewaltig und zu luxuriös! Nach der Heirat schrumpft gewöhnlich das Meer der Liebe zu einem Bottich zusammen, manchmal mit einem Karpfen darin, der langsam Moos ansetzt. Dann gibt es viel Gewissenserforschung, Aussprachen mit Psychologen. Ist das Wasser des Kummers verdunstet, bleibt das Salz der Erkenntnis übrig. Alle werden noch einmal getestet: Der Zweite war gar nicht so schlimm, denn der Dritte ist auch nicht besser. Dieses Für und Wider der heimlichen Aussprachen mit sich selbst wird der rote Faden im Liebesschicksal der Schütze-Frau. In der eigenen Brust liegt das Schlachtfeld der Gefühle. Von den Sternen hat man wenig Unterstützung: Man befragt sie zwar, richtet sich aber keineswegs nach ihnen.

Die häufigen Umbrüche, Wechsel, Veränderungen, Abschiede und Neubeginne hängen dieser quicklebendigen Eva niemals zum Hals heraus. Die echten und wahren Seelenstreichler sind meist die Freunde, die Gatten sollen in erster Linie arriviert sein und vor allem etwas »vorstellen«. Geld und Liebe unter einen Hut zu bringen, ist das schwierigste Unterfangen einer Schütze-Frau. Die beruflichen Seelenberater lieben diese Dame aus dem Zeichen Schütze heftig, denn sie bringt ihnen die meisten Honorare ein. Natürlich auch den Scheidungsanwälten.

Alles über Adam

Wenn nicht doch ein wenig Zweifel und Zwiespalt da wären, würden Schütze-Männer zu den geborenen Optimisten gehören. Der Geburtsort ist gerade recht zum Start. Früh genug wird er verlassen, und von da ab geht es hinaus über alle Horizonte, oft in ferne

Erdteile, auf jeden Fall aber über den jeweils nächsten Zaun. Das Glück liegt »in der Ferne«, und nach jeglichem Finden kommt wieder das Suchen – sei es in der Liebe, im Beruf oder bei den Wohnungen. Nichts ist hier endgültig, kein Kalk rieselt durch die Arterien, und kein Ja auf dem Standesamt ist absolut bindend. Das Herz braucht Anregung, Aufregung, Hochspannung, Freundinnen, kurz: Betrieb. Der Virus der Unruhe und Unrast liegt im Blut. Es wird viel gereist, geflogen, gefahren, gebechert, geplant und geredet – am liebsten über sich selbst. Hierzu braucht man Kulisse, ein Forum, ein Vortragspult, Zuhörer, Bewunderer. Party-Löwen wachsen unterm Zeichen Schütze, aber auch Weltenbummler und Sportkanonen, Volksredner und Conférenciers, Freiheitsfanatiker, Gerechte und Aufschneider, Globetrotter und Einzelgänger. In diesem »Feuerzeichen« funkt es gewaltig von Ideen, Plänen, wechselnden Zielen und hochherrschaftlichen Aufstiegsträumen. Der innere Ehrgeiz brennt, der Geist ist beflügelt und kann von der »Obrigkeit« niemals beschnitten oder gegängelt werden. Nur die Nerven singen zeitweilig und kündigen dann vorübergehend ihren aufreibenden Dienst.

Unterm Schützen weiß man um die Disziplinlosigkeit der zwei Seelenhälften in der eigenen Brust, die manchmal in verschiedene Richtungen ziehen, am meisten in der Liebe. Sagt die eine ja, meint die andere nein. Das geht auch nach der Heirat so weiter. Das Ergebnis: Zwiespalt, Zweifel, Kompromiß. Aber keinen Schütze-Mann bringt das um.

Die Wiegengaben sind ein stark dosiertes Ichgefühl, etwas Impulsivität, das Verlangen nach Durchsetzung und Beachtung nebst der erwähnten überdurchschnittlichen Redebegabung, von der man reichlich Gebrauch macht. Kein Schütze-Mann blüht jemals im verborgenen. Sieht man ihn nicht, so hört man ihn bestimmt. Die Gattinnen wissen um diese Dozentenbegabung und hören schließlich nur noch zu. Sie kommen in diesem Leben um ein gutes Stück Selbstbeherrschung voran. Alle Prediger, Vortragsredner, Anwälte und Leute mit Führungsansprüchen haben eine gute Portion »Schütze« im Horoskop. Das hungernde Selbstbewußtsein muß stets ernährt werden – mit der Zuhörergabe anderer.

So ist man unterm Zeichen Schütze ein Leben lang bemüht, die Erfolgslokomotive unter Dampf zu halten. Es läßt sich nicht vermeiden, daß es manchmal zweigleisig vorangeht, oft sogar in falsche Richtungen. Das macht einem »Schützen« nichts aus, denn nach einiger Zeit liegt er wieder vorn. Die falsch gestellten Weichen bringen manchmal Fahrten ins Blaue, auch in der Liebe.

Nicht selten riskiert man »eine Lippe« und muß dann die Konsequenzen tragen. Aber »Schützen« können nicht schweigen! Ihre Offenheit, Zivilcourage und ihr selbstmörderischer Freimut kennen weder Scheuklappen noch das bekannte Blatt vor dem Mund. Glücklicherweise schwimmt ein »Schütze« im Leben wie ein Kork im Wasser: Die Ziele liegen ganz oben, und das Temperament und die innere Ungeduld helfen nach.

Die Ehe wird niemals fade oder langweilig. Es kommt zu gepfefferten Konferenzen mit dem jeweiligen Partner. Unpassende Bindungen gehen rasch in die Brüche und werden schnell vergessen. Das Neue lockt, begeistert, belebt. Die Elixiere liegen im Wechsel, im Aufbau, in der Organisation. Das Ausruhen am erreichten Gipfel ist kurzfristig. Das Verweilen, Beharren, wird nervliche Belastung. Und manchmal werden es auch die Gattinnen. Eines ist gewiß: Schütze-Männer in beaufsichtigte Hürden zu sperren ist ebenso schwer, wie einen Sack Flöhe zu hüten. Die Besitzerinnen von Schütze-Männern wissen Bescheid. Vom häuslichen Herd und dem erstmals errungenen Wohnsitz wenig entzückt, beginnt ein Schütze-Mann bald wieder zu wandern, zu reisen, umzuziehen, zu bauen und das Erbaute wieder zu verkaufen. Das zuletzt Ersehnte ist freilich der Marmorsockel, das gesellschaftliche Podest, die Kanzel des Erfolgs. Von dort möchte der »Schütze« zu seinem Volk sprechen. Hat der Schütze-Mann kein Publikum, so redet er wenigstens zu seiner Gattin, die ihn aber nach einiger Zeit so gut kennt, daß sie seine gesammelten Reden, Abenteuer, Großtaten und Erfolgsberichte auch ohne Tonbänder reproduzieren könnte.

Sollte der Widerhall bei der besseren Hälfte ausbleiben, so findet ein Schütze-Mann immer noch genügend Freundinnen, die bewundernd zu ihm aufblicken, bis auch sie eines Tages wissend lächeln. Gleichgültig, was ein Schütze-Mann von der Liebe flüstert – mit Heiratsversprechen hält er zurück. Diese letzte Pointe ist ihm nur mit großer List zu entlocken. Er weiß intuitiv, was ihm blüht. Sein Feld ist die Welt, und in jedem Städtchen hat er ein Mädchen. Einmal ausgereift wie milder, vollblumiger Wein, hat er das Gären hinter sich und befindet sich in zweiter Ehe. Die großen Globetrotter der Liebe unterm Zeichen Schütze bringen es mühelos auf drei Scheidungen. Manchmal hat ein »Schütze« an verschiedenen Orten verschiedene Freundinnen, die nichts voneinander wissen. Die meisten »Schützen« drängen in der Ehe zur »Machtergreifung«. Glücklicherweise haben sie eine etwas verletzbare Seele und brauchen dann auch wieder Trost. Das innere Freiheitsgefühl warnt den »Schützen« rechtzeitig vor jeder Freiheitsbeschränkung. Am schlimmsten ist für ihn die aufreibende Begabung, daß er die zwei Seiten einer Sache fast gleichzeitig wahrnimmt. Eigentlich möchte er großzügig, ja königlich in seinen Gesten sein, aber dann reut es ihn wieder. So kommt es manchmal nur zu Großtaten im Geist. Das Ehrgefühl ist empfindlich, und des öfteren gibt es Beschäftigung für den Anwalt. Am wohlsten fühlt sich ein Schütze-Mann im Chefzimmer oder draußen im Getriebe der Welt. Er hat viele Sitzungen, Konferenzen, Termine und Reisen. Die Gattinnen sehen ihn immer nur kurzfristig. Das erhält die Ehe am besten!

Wer paßt zum Zeichen Schütze?

Viermal dürfen Sie wählen:

1. Partner aus dem Zeichen Widder (21. III.–20. IV.)

Da haben Sie einen Weggenossen mit gleicher oder ähnlicher Gemütsveranlagung gefunden. Sie können einem Widder-Mann gar nicht widerstehen! Er zündelt allerdings in Sachen Liebe, wo er geht und steht. Aber auch einer Schütze-Frau ist nicht wohl, wenn sich »nichts rührt«. Schönste Gemeinsamkeit ist Ihre Freude am Reisen, am Sport, am »Betrieb« in jeder Form. Mit niemandem läßt sich so herzerfrischend plaudern wie mit einer Schütze-Frau. Beiden fällt unaufhörlich etwas ein, denn auch im Zeichen Widder lebt man ausschließlich in Ideen, Plänen und dem heißen Mühen, keine Stabilität aufkommen zu lassen. Wenn es sich um eine Schütze-Frau handelt, so erträumt sie sich fast immer einen Prinzen. Im Lauf der Zeit wird es ein Beamter mit Pension. Der »Widder« hat immerhin etwas zu bieten, denn unter diesem Zeichen stehen die Manager, die Eroberer, die Direktoren. Diese Preislage wird vom »Schützen« gesucht. Die Widder-Frau ist unkomplizierter, zeigt weniger inneren Zwiespalt und wird mit schwankenden Schütze-Männern schnell fertig. Es gibt stürmischen Wellengang in dieser Liebe, manchmal kommt sie auf den ersten Blick. Was das ruhelose Herz anbelangt, so begegnen sich hier zwei Ebenbürtige. Es ist kaum anzunehmen, daß Sie sich jemals auf die Nerven gehen, denn meist ist einer von beiden abwesend, manchmal auch beide. Das beste wäre, Sie reisen gemeinsam. Die äußere Unruhe gehört zu Ihrem Lebensprogramm. Wenn es Schwierigkeiten gibt, dann nur wegen der Sonderrationen von Freiheit und Unabhängigkeit. Aber dafür sind die Versöhnungen prachtvoll, und in der Liebe gibt es viel Feuerwerk. Der Temperamentsüberhang nimmt auch bei größter Strapazierung nicht ab. Ihre Ehe ist wirklich spritzig!

2. Partner aus dem Zeichen Löwe (23. VII. – 23. VIII.)

Dieses königliche Sternbild ist Schütze-Partnern wie auf den Leib geschneidert. Probieren Sie den »Löwen« vor der Ehe eine gewisse Zeit aus, denn die »Löwen« sind von sehr unterschiedlichem Rang. Die Sache wird insofern erheiternd, als man unterm Zeichen Schütze viel Lob, Anerkennung und Beifall braucht, unterm Löwen aber ebenfalls angebetet, bewundert und anerkannt werden will. Da entsteht die Frage: Wer lobt wen? Beide sind Hoheitsträger und voll erlesenem Selbstbewußtsein. Der »Schütze« redet gern, aber kein »Löwe« kann stundenlang zuhören. Was Sie verbindet, ist die hochherrschaftliche Mentalität und das innige Verlangen, in die höheren Ränge zu kommen. Das Gemüt einer Schütze-Frau ist von feinster Filigranarbeit. Es sollte also möglichst ein gut erzogener »Löwe« sein, der höchstens am Stammtisch brüllt, aber nicht zu Hause. Autoritäre Manieren erträgt keine Löwe-Frau – da liegt eine Schwierigkeit für Schütze-Männer, denn Herrscheransprüche ohne Volk sind wie eine Party ohne Gäste. Dennoch hat eine Schütze-Frau im Löwe-Mann den Partner ihrer Träume gefunden. Sie ist befreit von den sattsam bekannten Kompromissen, der Zwiespältigkeit, dem steten Vergleich zwischen dem ersten und dem zweiten, dem dritten und dem vierten Partner. Ein Löwe-Mann ist monumental, einmalig, nicht vergleichbar und versteht gleich einem Psychologen die seelischen Leiden einer Schütze-Frau »aus einem Punkt zu kurieren«. Viele Schütze-Frauen gehören zu den »unverstandenen Frauen«. Es ist ja auch kein Wunder, wenn man bedenkt, wie wenig Männer in ihrer Phantasielosigkeit ein so vornehm kompliziertes Seelengetriebe zu schätzen wissen. Nicht so der Löwe-Mann! Er ist imstande, Ihre vielerlei Seelenrädchen gleichmäßig anzutreiben, wozu Sie früher immer mehrere Freunde benötigten. Den einen für die Liebe, den anderen zum Herzeigen und Ausgehen, den dritten zur Entwicklungshilfe. Alle auswechselbaren Rahmen für Ihre Wunschbilder sind jetzt überflüssig. *Ein* »Löwe« bevölkert jede Geheimkammer Ihres Herzens.

3. Partner aus dem Zeichen Wassermann (21. I.–19. II.)

Eine Wolke von Zweifel legt sich auf Ihr Gemüt, ob Sie die netten freundschaftlichen Plaudereien mit dem »Wassermann« auch am ehelichen Kamin fortsetzen können. Er hat nämlich ein ausgesprochenes Witterungsvermögen, das ihn warnt, wenn es »ernst« wird: wie die Vögel vor einem Erdbeben. So sagt er Ihnen plötzlich nach einem netten Abend auf Wiedersehen – für immer. Sie müssen ihn also ganz vorsichtig einfangen wie einen Hecht, er liebt die Gewässer der Freiheit über alles und scheut das eheliche Aquarium. Durch lebhafteste Anteilnahme an seinen Hobbys fesseln Sie ihn. Schütze-Frauen wissen es: Männer sind wie Kinder – man muß mit ihnen spielen. Insbesondere mit einem »Wassermann«! Handelt es sich um einen Schütze-Mann, so bringt er Betrieb und Überraschungen ins Haus, die der Wassermann-Frau auf die Dauer das Nervensystem beschädigen können. Die beiderseitige Redebegabung räumt zwar die ärgsten Schwierigkeiten aus, denn es sind ja meistens die seelischen Mördergruben, aus denen die Probleme emporsteigen. Sie haben viel Gemeinsames: geistige Hobbies, Sport, Reisen, Wandern, Fliegen und Theater, überhaupt: Eindrücke sammeln. Der »Schütze« braucht freilich immer wieder Selbstbestätigungen durch neue Abenteuer. Ihre Bewunderung und das Aufblicken zu ihm darf niemals nachlassen. Sollte das mit der Zeit zu schwer fallen, vielleicht weil Sie Ihren »Schützen« jetzt schon zu gut kennen, so besorgen das die Freundinnen. Bei diesen baut er dann – wie einst mit Ihnen – neue Luftschlösser, hält originelle Ansprachen und blüht auf, während er bei Ihnen immer müder wird. Achten Sie auf solche Ermüdungserscheinungen. Im Zeichen Schütze hält nichts ewig, und auch die Liebe will sich dauernd wandeln. Kein Schütze-Mann glaubt es von vornherein, daß auch die »Nächste« kein Engel wäre. Die Ehe kann lebendig und voller Pointen sein. Aber beide – »Wassermann« und »Schütze« – erhalten viele Angebote, sind vielen Verlockungen ausgesetzt und haben eine wandlungsfähige Seele mit viel Hunger nach Neuem. Hier liegt der Wurm.

4. Partner aus dem Zeichen Waage (24. IX. – 23. X.)

Kein Schütze-Mann, der von der Waage-Frau nicht becirct wird! Sie versteht meisterhaft zu flirten, und dagegen hat er kein Abschirmgerät. Schütze-Männer wollen als seriös gelten und machen manche Zukunftsversprechen, die einer Waage-Frau reizvoll in den Ohren klingen, denn auch sie will »hoch hinaus«. Auch ein Waage-Mann hat hier keine Schwierigkeiten in der Liebe. Zögert er allenfalls, so wird er von einer temperamentvollen Schütze-Frau schnell vernascht, was ihm aber viel Spaß macht. Man hat zwischen »Waage« und »Schütze« noch niemals einen dauerhaften Ehekrieg feststellen können, denn beide Partner lieben das heitere Leben, den Komfort und einen silbernen Rahmen um das eigene Hochzeitsbild. Beim Schütze-Mann sollte man sich allerdings keine Anzahlungen auf kommendes Eheglück geben lassen. Der voreheliche Charme des Waage-Mannes dagegen hält länger an. Aber er ist furchtbar leicht verführbar und hat ein viel zu gutes und weiches Herz. Er ist auch etwas selbstgefällig und freut sich über jede Eroberung. Freiheit und Unabhängigkeit sind unterm Zeichen Schütze die Standardwünsche. Sie lassen sich nicht immer ganz leicht mit der Ehe verbinden, und so kommt es manchmal zu unverbindlich-amüsanten Schäferstündchen. Schütze-Männer sind viel auf »Suche«. Und wir leben in einer Zeit, in der sich schon Teens holen, was sie brauchen. Diese Ehe wird also zeitweilig – meist erst später – durch »Gelegenheiten« und Verlockungen bedroht. Während Waage-Frauen auf dezente, verführerische »Lokkung« spezialisiert sind, braucht man dies bei den Schütze-Frauen weniger – sie kommen von selbst, und wenn sie ernstlich wollen, ist der Waage-Mann der letzte, der nein sagen könnte. Wir dürfen Ihnen noch verraten, daß Ihre beiden Zeichen bei Scheidungsanwälten sehr bekannt sind. Aber meist mit anderen Partnern.

Dreimal müssen Sie prüfen!

1. Partner aus dem Zeichen Zwillinge (22. V. – 21. VI.)

Dieses Zeichen liegt dem Schützen gegenüber, und damit sind Sie an jene Gegensätze geraten, die sich nach Aussage der Psychologen anziehen. Wenn freilich die Anziehung aufhört, sind Sie auch schnell wieder geschieden. Trotzdem: Von den Eroberungskünsten eines »Zwillings« ist jede Schütze-Frau immer wieder beeindruckt. Beide Partner sehen Welt und Dinge von zwei verschiedenen Gesichtspunkten, und das bereichert ihren Horizont ungemein. An dieser Ehe ist so gut wie nichts langweilig, da nur höchst selten einer schweigt. Zu Ihren heiteren Erfahrungen gehören auch die Tatsachenberichte aus früheren Ehen, denn einer ist hier immer getrennt oder geschieden. Das gibt abendfüllenden Unterhaltungsstoff. Im tiefsten Seelengrund haben Sie doch etwas Gemeinsames: die Lust am Wechseln, am Reisen, an Veränderungen, am Neuen, und daraus resultierend die innere Unruhe und Unrast, den steten Wechsel der Gesichtspunkte und das hochtourige Nervensystem. Es gibt herrliche Meinungsverschiedenheiten, die zu erregenden Debatten führen und jegliche Langeweile mit der Wurzel ausrotten. Der Anfang der Ehe ist hier das Interessanteste. Er entscheidet schon nach kurzer Zeit über Sein oder Nichtsein. Infolge überdurchschnittlicher Redebegabung kommt hier keiner zu einem »letzten Wort«. Es naht vermutlich doch der Tag, an dem Sie sich wie zwei flüchtige Sternschnuppen nach einem funkelnden Aufglühen wieder trennen. Es war selten viel »Tragik« dabei. Oft sagte man sich ganz einfach wieder adieu. Warten Sie beide eine gute Weile mit der Verlobung oder gar mit der Heirat und prüfen Sie das Feuerchen der Liebe, ob es im ersten Sturm nicht schon wieder verlöscht. Im ganzen handelt es sich hier um eine hochmoderne Ehe, oft im Sinn einer beruflichen Interessengemeinschaft. Beide Zeichen sind als »kontaktfreudig« geradezu berühmt. Natürlich auch außerhalb der Ehe.

2. Partner aus dem Zeichen Fische (20. II. – 20. III.)

Am Fische-Partner haben Sie ein kostbares Stück gefunden, denn sein Gemüt ist friedlich, und viele Ziele, Pläne und Wünsche formt er aus jenem hauchzarten Stoff, aus dem die Träume fabriziert werden. Von einer Schütze-Frau wird jeder »Fisch« aus seinen Träumen aufgeschreckt und zu Taten gezwungen. Es ist Schicksal, daß »Fische« viele Gefühle investieren müssen, aber selten genügend zurückerhalten. Der Ehrgeiz und Aufstiegswille einer Schütze-Frau bringt Fische-Männer um den letzten sensiblen Nerv. Hier lernen sie endgültig, daß das Zeitalter der Frau im Anbruch ist. Das Betriebskapital der Ehe besteht in Phantasie, Optimismus und geistigen Schätzen. Daß irdische Schätze vergänglich sind, zeigt sich bei »Fischen« sehr deutlich. Was die Gemütsdepressionen unter diesem Zeichen betrifft, so treibt sie eine Schütze-Frau gründlich aus. Schönste Eigenschaft am Fische-Partner: Er gibt nach. Allerdings fühlt er sich dann oft wie geschupppt oder entgrätet. Besser liegt der Fall bei der Fische-Frau. Sie wird vom Schütze-Mann im Sturm erobert, so daß sie sich noch lange mit der Gretchenfrage befaßt, ob dies denn Liebe war. Zum Glück ist er viel außer Haus, hat Sitzungen, Besprechungen, Vereinsabende, Sportabende, »muß« zum Fußballspiel, zu Abendkursen – und manchmal stimmt das sogar. Er liefert der Fische-Frau neue Vorstellungen, neue Einsichten, alles mit dem Feuer der Überzeugung. Dieses Feuer brennt zeitweilig auch für andere Mädchen, aber es hält nicht allzulange an. Sie werden in dieser Ehe gebildet und lernen die männliche Psyche als »Nachtseele« kennen. Ein bequemes Leben wird es allerdings nicht sein. Schon nach einem Jahr wissen Sie, warum die Astrologen immer sagen: Unter dem Zeichen Fische muß man Opfer bringen.

3. Partner aus dem Zeichen Jungfrau (24. VIII. – 23. IX.)

Mit dem Jungfrau-Partner haben Sie auch gleich Ihr Sparschweinchen im Haus. Nur können Sie es niemals schlachten. Er (oder sie) gehört zu den geborenen Wirtschaftsprüfern. Anfänglich möchte der Schütze-Partner diesem kargen Stern Glanz und Politur verleihen, aber das gelingt selten, denn der Jungfrau-Partner peilt die Nützlichkeiten an. Unterm Zeichen Schütze hegt man die Fernsehnsucht und die Träume vom großen Glück. Die »Jungfrau« dagegen schnippelt an allem herum, was »überflüssig« ist. Der Rest ist Versorgung, Kalkulation, Pflicht, Vorsicht und Sicherheit. Diese Ehe ist voller Spannungen, es kriselt schon kurz nach dem Standesamt. Der Schütze-Partner verspürt die seelischen Reizstreifen als erster. Vorbei ist es mit den Techtelmechteln, dem lebenserhöhenden Schwung der illegalen Gefühle. Selbst die Schütze-Frau wird hier rationalisiert, zur Buchhaltung gezwungen, sogar die Liebe lernt »Ordnung« kennen. In diesem Begriff erschöpft sich die neue Lebensform. Sparsamkeit ist einer der Grundpfeiler Ihrer kommenden überwachten, verwalteten und berechneten Existenz. Viele »Schützen« brachen vorzeitig aus, was Jungfrau-Partner nur im Glauben bestärkte, daß diese Bindung sowieso nichts taugte. Es liegt an den Gegensätzen: Der Schütze ist das Symbol der Fülle, der Expansion, der hochgesteckten Ziele; die Jungfrau ist das Symbol der Bescheidung, der Sicherheit, der Beschränkung auf das Wesentliche. Haben Sie ein Geschäft, so ist der Schütze-Partner auf Reisen, die »Jungfrau« aber sitzt an der Kasse. Einen wunschlosen »Schützen«, auf finanzielle Sparflamme gesetzt und in seinen Gefühlen überwacht, sahen wir noch nie. Einer geht hier also »von dannen«, und unglaublich, aber wahr: Auch der andere weint ihm keine Träne nach. Wir erinnern Sie an den Titel dieses Kapitels: Dreimal müssen Sie prüfen!

Einige Bewährungsproben:

Bekanntschaft mit dem Zeichen Steinbock (22. XII. – 20. I.)

Sie wissen nun schon: Es handelt sich hier um »aufeinanderfolgende Zeichen«, die sehr selten innere Berührungspunkte aufweisen. Während man als »Schütze« mit seinen Ideen, Wünschen und Plänen in höheren Regionen weilt, trabt der »Steinbock« auf der Erde, die ihm als das einzig Verläßliche überhaupt erscheint, weil man sie in Grundstücke einteilen kann. Selbst mit dem Schmelz schluchzender Hawaiigitarren entlockt man einem »Steinbock« kein Liebesgefühl, wenn er nicht will. Die Ziele des Schütze-Partners liegen im Heute und Morgen – jene des »Steinbocks« aber im Übermorgen. Tief in seinem Inneren wurzeln Vorsicht und Skepsis. Auf die Schütze-Frau wirkt ein Steinbock-Mann beruhigend, mit der Zeit jedoch ernüchternd. Alles ist auf lange Sicht angelegt, das Geld, die Liebe, die Ehe. Der »Schütze« aber braucht viel Betrieb und »Schau«. Der »Steinbock« zieht die Kulisse vor und tarnt sich am liebsten. Die Schütze-Frau braucht viele Sturm- und Drangjahre und noch mehr Hereinfälle, bis sie den »Steinbock« als ruhenden Pol in der Erscheinungen Flucht schätzen lernt. Umgekehrt sind Schütze-Männer für eine Steinbock-Frau Ersatz für Koffein. Er ist der geborene Erzähler, bevorzugt zeitweilig auch Märchen und spinnt ein Garn, aus dem sich Seile drehen lassen. Die Steinbock-Frau aber glaubt nur einmal – ganz zu Anfang. Stimmt etwas nicht, schläft ihr Mißtrauen niemals wieder ein. Was beide vereint, sind die Zukunftsträume von Titeln, Aufstieg, Luxus und äußerem Glanz. Nicht alle werden erfüllt, denn unterm Zeichen Schütze gibt es Abstiege und Neubeginne. Der »Steinbock« aber strebt zeitlebens zum Gipfel und will dann auch oben bleiben. Sie sind ein ungleiches Gespann: Während der eine Gas gibt, versucht der andere zu bremsen. Wie lange die Fahrt währt, wagen wir nicht zu sagen.

Bekanntschaft mit dem Zeichen Skorpion (24. X. – 22. XI.)
Siehe unter Skorpion/Schütze!

Heiteres Zwischenspiel mit Ihrem eigenen Sternzeichen Schütze

Sie können sich in der Tat viel erzählen! Das meiste über die beiderseitigen Hereinfälle, die falschen Exgatten, die vergeblich investierten Gefühle und Leidenschaften und über das, was Sie nun beide »besser machen wollen«. Mit Ihrem Optimismus werden Sie es auch tatsächlich schaffen. Es wird eine heitere Ehe, denn zuweilen empfinden Sie beide einen unwiderstehlichen Drang nach Unfug. Gelegentlich brauchen Sie beide wieder neue Eindrücke, neues Futter und neue Weidegründe. Wenn auch einer ausbleiben sollte – er kommt wieder. Und dann gibt es herrliche Erlebnisberichte. Im reifsten Stadium geben Sie sich sogar noch gute Ratschläge. Die Betriebsamkeit, die häufigen Reisen, die gegenseitigen Überraschungseffekte machen diese Ehe munter. Sollte es nicht klappen, kann sie auch hochexplosiv werden. Ist der Optimismus verbraucht, kommt die Problematik zum Vorschein. Das Nervensystem ist bei beiden Partnern dünnwandig und platzt bei kritischen Gelegenheiten. Das geht mit viel Temperament und Lautstärke vor sich. Die Pointen sind voller Brisanz, und manchmal erfreuen sie auch noch die Nachbarn. Da Sie aus Ihren Seelen keine Mördergruben machen, gehen Sie an diesen »Aussprachen« niemals zugrunde. Sie erfrischen sogar, denn unterm Zeichen Schütze will man zeitlebens Eindrücke sammeln. Nur wenn Ihr Schütze-Mann dies wieder im Alleingang macht, wird es kritisch. Keine Schütze-Frau nimmt das schweigend hin. Sie geht zur Vergeltung über und beginnt statt Eindrücken Freunde zu sammeln. Eines Tages ist »alles wieder beim alten«, und das Spiel der Liebe und der Trennungen beginnt von vorn. Solche Spielchen ermüden Schütze-Leute keineswegs – im Gegenteil! Der neue Partner oder die Partnerin machen viel Spaß, denn man hat sich ja eine Menge zu erzählen – worüber? Siehe oben.

Liebe und Ehe im Zeichen Steinbock

Geboren vom 22. XII. – 20. I.

Alles über Eva

Die Steinbock-Frau kennt viele stille Stunden der inneren Emigration. Auf der Seele lagern Gewichte, die Freuden sind gezählt, und der Geist, der sich nach Flügeln sehnt, ist voll Ballast. Es kommt zu manchen Enttäuschungen und Ernüchterungen in der Liebe, und auf hohen Borden stehen viele Tränenkrüglein. Die meisten Gefühle bleiben im Panzerschrank des eigenen Gemüts, denn die Schlüssel hierzu heißen Stolz und Eifersucht. Daneben liegen die verdrängten Wünsche. Warum die Witwen unterm Zeichen Steinbock so zahlreich sind, weiß nur der Saturn, der Herrscher dieses Zeichens. Bei vielen »Steinböcken« vereinsamt das Herz. Man trägt Gefühle nicht auf der Zunge, sondern verschließt sie, bis einer kommt, der wärmt, beschwingt, beflügelt. Aber die romantischen

Liebesfeuer gedeihen nicht unterm Saturn, und so muß man froh sein, an einen wärmenden Kachelofen zu geraten. Was der Saturn sonst noch schenkt, sind Häuser, Renten, Zinsen, Pensionen und manchmal Gallensteine.

Die Liebe fordert fast immer Opfer. Viele Steinbock-Frauen sind jedoch »unterkühlt«, lieben zweckbedingt, oder die Liebe wird zur Pflicht. Unter diesem Zeichen kennt man die Quarantäne der Gefühle, die – kaum aufgeblüht – oft schon wieder vom Frost befallen werden. Gern hätte man einen »fürs Leben«, aber das Finden gleicht einer Lotterie, die als Höchstgewinn den Einsatz schenkt. Den Gefundenen möchte man ausschließlich für sich. Aus diesem Verlangen nach Alleinbesitz entsteht die Eifersucht. Dabei darf man nicht einmal über sie sprechen, denn die Selbstachtung und das Ichbewußtsein verbieten es. Es gibt viele zähe, untergründige Kämpfe um das einmal errungene Liebesobjekt, das seinerseits eine lange und intensive Beobachtung bis zur Überwachung erfährt. Hier liegen die Bewährungsproben unterm Zeichen Steinbock. Geht nämlich dieser »leibeigne Besitz« eines Tages »fremd«, so kommt es zu Vulkanausbrüchen aus den nie erlöschenden Kratern verletzter Ehre. Jede Steinbock-Frau kennt solche Herzenskrisen, und die »Fremdgeher« büßen ihre Sünden ein Leben lang.

Keine Steinbock-Frau ist leichtlebig. Selbst wenn sie es versucht, ist ihr nicht wohl dabei. Die Gefühle sind nicht flüssig genug, und die Gedanken schweben nicht wie rosarote Wölkchen vor dem Himmel der Liebe, sind vielmehr zäh und tiefschürfend. Kein Wunder, daß eine Steinbock-Frau, einmal mißtrauisch geworden, so gut wie nichts mehr glaubt, aber alles herausfindet, ergründet, erforscht. Wiederum ist ihr auch hier nicht wohl dabei. Das Wissen um die Hintergründe des Lebens, gleichgültig auf welchen Ebenen, verscheucht das Lachen. Und der Saturn verdichtet jeglichen Spaß gleich zu bohrendem Ernst. Nach außen hin sucht der »Steinbock« das Prestige. Man will und kann sich nichts vergeben, die schnelle Liebe und der spielerische Sex sind verpönt. Die Seele ist oft genug wundgescheuert, das Verlangen nach Liebe und Zärtlichkeit aber unerbittlich. So entsteht manche Problematik, denn nicht leicht ist einer gut genug für die Steinbock-Frau. Obwohl sie in gewissen Zeitabständen depressiv ist, wünscht sie hoheitsvollen Glanz um das eigene Ich. Dem sozialen Aufstieg werden spekulative Gedankengänge gewidmet, oft erreicht man ihn durch Heirat. Ist man am Ziel der Wünsche, wird der Erwählte manchmal zum Vasall, erhält klare Anweisungen und wird überwacht. Ganz im geheimen überlegt manche Steinbock-Frau, ob es nicht doch noch »etwas Besseres« gegeben hätte. Das nüchterne Überlegen, Kalkulieren, Organisieren ist eine Gabe des Saturns. Nie wieder gibt man etwas Errungenes, zum Beispiel den erkämpften Partner, auf. Was man schwer gewann, wird leidenschaftlich verteidigt.

Nebenbuhlerinnen werden in allen Fällen rechtzeitig vertrieben. Die »Sünder« aber stehen fortan unter strenger Aufsicht, bis sie zur Selbstbezichtigung reif sind. So läutert sich das Eheglück häufig zur Resignation und den Lebensweg einer Steinbock-Frau begleiten viele Tränen, von denen niemand etwas weiß. Der innere Stolz trocknet sie schnellstens wieder. Freudiges Schenken, Vergeben und Vergessen gehören zu den schwersten Seelenprüfungen des Saturnzeichens Steinbock.

Die Steinbock-Frau bleibt von Schnulzen moderner Minnesänger ungerührt und lehnt auch »Bratpfannenverhältnisse« grundsätzlich ab. Bewerber erhalten alsbald klaren Wein eingeschenkt und sollten rechtzeitig den Bankausweis auf den Tisch legen. Manche Evas aus dem Zeichen Steinbock wissen es schon sehr früh: Liebe ist vergänglich, Ideale aber nähren nicht. Da sie vom Horoskop meist enttäuscht wird, darf man es der Steinbock-Dame nicht verübeln, wenn sie sich wieder der Erde zuwendet und ihre Aufmerksamkeit den handfesten Werten schenkt. Manche Casanovas möchten freilich liebend gern von dieser zuverlässigen Eva versorgt, bekocht und gepflegt werden. Aber der Saturn bürgt für mitleidlose Tests. Ist man einmal im Besitz einer Steinbock-Frau, so ist Aussteigen, Umsteigen oder Flucht nicht mehr möglich. Männer, die versagen, müssen mit Verhören mittleren Grades bis zur Gehirnwäsche rechnen. Wie oft wird verdientes Geld von Männern leichtsinnig vergeudet. In der Ehe mit einer Steinbock-Frau hört das auf. Sie wird es verwalten, anlegen, arbeiten lassen. Die Männer dürfen dann in den Sparkassenbüchern lesen.

Alles über Adam

Das Seltsame an diesem Zeichen des Saturns ist die verbürgte Tatsache, daß es die Früchte des Lebens erst in reiferem Alter schenkt, während die Jugend und manchmal die ganze erste Lebenshälfte ein großes Paket an zäher Arbeit, gebündelten Hoffnungen und ehrgeizigen Zielen darstellt. Diese Ziele sind mit keinem Lift zu erreichen, man muß klettern – aus eigener Kraft und mit der verbissenen Hartnäckigkeit berufsmäßiger Gipfelstürmer. Immer handelt es sich um mühsame, steile Anstiege aus den Niederungen bis hinauf zu den spezialen Gipfelpositionen von Macht, Einfluß und äußerem Ansehen. Größte Hilfe bei diesem lebenslänglichen Klettern ist der Blick nach oben. Betrüblich ist nur, daß kein erreichter Gipfel wahre Erfüllung bedeutet, weil in der Ferne immer noch ein höherer auftaucht. Diese Höhenkrankheit heißt Ehrgeiz, und es gibt kein Medikament dagegen. Man ist auch niemals bereit, den erkämpften Platz an der Sonne wieder preiszugeben, ebensowenig den Liebes- oder Ehepartner oder jeglichen errungenen Besitz, der vielmehr ängstlich bewacht wird.

In Liebe und Ehe sind Steinbock-Männer treu und fürsorglich und schützen ihre Familie – wiederum ihren »Besitz« – vor jeglicher Unbill. Sie wissen zu sparen und zu wirtschaften wie kaum ein anderer, denn alles wurde ja unter mancherlei Verzicht hart erkämpft. Im Alter hat man fast immer die Fülle, aber sie ist zu hart errungen, und man hat oft das Schenken, die Liebe und die kleinen Freuden des Daseins versäumt. Zu den großen Freuden des »Steinbocks« gehören die Arbeit, das Geld, die Sicherheit auf ferne Sicht, noch mehr aber die Macht, das Ansehen der Persönlichkeit und die Reichweite des Rufes. Wer solchen Leidenschaften frönt, muß zeitlebens kämpfen und draufzahlen, denn die Götter schenken nichts umsonst. Die Opfer unterm Zeichen Steinbock betreffen häufig genug die Liebe. Manchmal ist die Ehe leicht unterkühlt, zweckbedingt, pflichtbetont, oder eines von beiden leidet an innerer Vereinsamung. Im Seelischen errichtet der Steinbock-Mann manche »Zäune«, er möchte sich abgrenzen, absondern, absichern. Er redet auch nicht gern über private Probleme, versteht es vielmehr meisterhaft, seinen Seelenpark zu schützen und vor fremder Sicht einzunebeln. Er klettert nie im Kollektiv, sondern bleibt zeitlebens Einzelgänger und genügt sich selbst. Die wahren Freunde sind spärlich, denn das eigene Mitteilungsbedürfnis ist gering. Daher gibt es auch in der Ehe nur selten Aussprachen. Meist werden Monologe daraus. Die größten Entscheidungen, die tiefsten Erkenntnisse und die leidvollsten Selbstbezichtigungen werden stets in der Einsamkeit geboren und brauchen keine Zuhörer.

»Steinböcke« arbeiten mit verbissener Zähigkeit am Aufbau des eigenen Rufes. Wer sie nicht beachtet, sie übersieht oder gar im Stolz verwundet, dem grollen sie ewig. Sie sind in der Feindschaft ausdauernd, gehen aber nie zum offenen Angriff über, sondern unterminieren die Position des Gegners aus sicherem Versteck. Der lebenslänglich wuchernde Ehrgeiz und das tiefe Verlangen nach wertbeständigen Sicherungen bringen sie meist auf die Höhen einer selbständigen Existenz. Ähnlich den alten Alchimisten verwandeln sie unedle Materie in beständige Werte, die von Rost und Motten nicht zerstört werden können. Die Weltanschauung des »Steinbocks« ist diesseitig, konventionell und realistisch. Es mag gläubige Philosophen geben, die auf den Himmel warten können und sich damit begnügen, daß es im Jenseits einmal besser wird. Nicht so der Steinbock-Typ! Hier will er es haben, das Paradies. Mit Rentehaus als Sicherung für die alten Tage, mit Rückgebäuden und Grundstücken, Geschäftsfilialen, Pension, Pfandbriefen und Aktien, mit einer Partnerin, auf die man sich verlassen kann und die das errungene Geld zusammenhält, und möglichst mit einem Vater, der einem etwas vererbt. Am liebsten aber stehen »Steinböcke« ganz oben und schauen, vom Höhenrausch beflügelt, hinunter auf das Erreichte und den steilen Höhenpfad, auf dem sie ein Leben lang emporkeuchen. Es tut gut zu wissen, daß man aus eigener Anstrengung etwas erreicht hat. Im Alter hat man dann Nachholbedarf, etwa an Reisen, an Liebe, denn in der Jugend mußte man ausschließlich verdienen. Jetzt möchte man noch ein wenig Liebe erleben, ein Stück Welt sehen, etwas »Gebrauch machen vom Geld«.

Ein »Steinbock« ist konservativ. Geldentwertung oder Inflation schmerzt ihn mehr als Gallensteine. Äußerlich bleibt er freilich ein Monument – unbeugsam, zäh, hartnäckig. Und auf die siebzig, achtzig oder mehr Jahre bringt er es allemal! Saturn, der Vater der Zeit, konserviert das Leben. Schon das Einheimsen von Titeln und Würden belebt den »Steinbock« immer wieder aufs neue. Die Welt ist ihm nur Kulisse für das eigene Ich, manchmal auch die Gattin. Die Ehen werden so gut wie nie geschieden. Selbst wenn die Liebe abkühlt, wird nach außen hin die Fassade bewahrt. Für die Familie ist der »Steinbock« der Fels in der Brandung. Wie er wirklich ist, weiß allerdings nur die Gattin. Nach außen hin gibt er sich patriarchalisch. Hinter den Kulissen jedoch lauern die verwundbaren Gefühle und die Depressionen. Manche Gattin kennt ihren Steinbock-Mann als virtuosen Gesellschafter – nach vollendeter Schau aber als müden Eremiten in innerster Zurückgezogenheit. Geht im Leben etwas schief, so gibt es manchmal seelische Kurzschlüsse und psychosomatische Erkrankungen. Erfolg und Geld aber heilen alles. Die Besitzerinnen sollten den »Steinbock« zeitlebens als das betrachten, was er sein will: ein hoheitsvolles Gemälde.

Wer paßt zum Zeichen Steinbock?

Viermal dürfen Sie wählen!

1. Partner aus dem Zeichen Stier (21. IV. – 21. V.)

Für das leicht verwundbare und von Geburt her melancholische Herz des »Steinbocks« ist ein Stier-Partner geradezu Maßarbeit und häufig auch noch eine »gute Partie«. Ohne Geld hat die Liebe weder beim »Steinbock« noch beim »Stier« Bestand. Beide Typen sind den Realitäten des Lebens zugewandt. Schon bald nach dem Standesamt kommt es zu einer Interessengemeinschaft, die unbedingt nach oben führt. Die Standhaftigkeit des Herzens schätzt man unterm Zeichen Stier enorm, denn man kennt die Qualen der Eifersucht. Auch die Steinbock-Frau kennt sie, und manche leidet jahrzehntelang daran. Zwischen »Steinbock« und »Stier« gibt es Liebe auf den ersten Blick, die dann von der Liebe zu den irdischen Werten noch fundiert wird. Will der »Steinbock« zeitlebens bauen, so versucht man als »Stier« das Haus zu schmücken. Von den Mieten, Renten und Zinsen aber leben beide. Es kann gar nicht ausbleiben, daß diese Ehe zu einer realistischen Lebensgemeinschaft wird, denn beide besitzen den Zauberstab des Moses: Wo immer sie Geld investieren, fließen die Bächlein der Zinsen. Stier und Steinbock sind Symbole eines bodenständigen und auf Lebenszeit gesicherten Daseins: Im Zeichen Stier wird gut verdient, und unterm Zeichen Steinbock versteht man Geld anzulegen. Nur – die Freude am Lebensgenuß und an den kultivierten Dingen rund um die eigene Persönlichkeit ist beim »Stier« ausgeprägter, während der »Steinbock« eine wandelnde Sparkasse darstellt. In diesem Zeichen des Saturns wollen auch die Gefühle noch finanziell untermauert sein. Was diese Gefühle beim Stier-Typ anbelangt, so reicht der Vorrat bis ins biblische Alter. Sein Wunsch nach dauerhaften seelischen Zuständen ist auch der Ihre. Weder der »Stier« noch der »Steinbock« kann Enttäuschungen in der Liebe schmerzlos überwinden. Das garantiert die Stabilität dieser Ehe.

2. Partner aus dem Zeichen Jungfrau (24. VIII. – 23. IX.)

Die »Jungfrau« ist beinahe Ihre zweite Seelenhälfte. Allerdings gehen beide erst nach vielen Proben und Prüfungen und mit größter Vorsicht zum Standesamt, wobei unterm Zeichen Jungfrau Vorsicht und Skepsis, unterm Zeichen Steinbock jedoch das Mißtrauen jeglichen Optimismus abbremsen. Im ganzen hat diese Ehe später ein gutes Klima, dem allerdings Glanz und Lichter, Wolkenbruch und Regenbogen fehlen. Dazu ist man als »Jungfrau« zu nüchtern und als »Steinbock« zu kühl. Beide verzichten auf den Seelenkomfort eines dramatischen Liebeslebens zugunsten einer gleichbleibenden, vertrauenswürdigen und soliden Hausmannskost. Ein Dach überm Kopf – möglichst vier Stockwerke darunter, die Ihnen gehören – und abgesicherte Positionen –, das alles gehört zu Ihrem sozialen Aufstieg. Der Steinbock-Partner kassiert die Mieten und Zinsen – der Jungfrau-Partner verbucht und verwaltet sie. Man muß gratulieren, denn diese Ehe ging noch nie in die Brüche. Sie sollten rasch zugreifen, denn speziell die »Jungfrau« liebt mit dem Kopf und überlegt lange. Auch sind die Leidenschaften dieses Zeichens selten besonders hitzig. Aber auch ein »Steinbock« liebt keinen großen Gefühlsaufwand. Dafür ist alles, was vor der Ehe gesagt wird, fundiert und hat zum Maßstab die Kritik. Speziell der Jungfrau-Partner hat ein wahres Adlerauge für Kleinigkeiten. Seine finanziellen Jahrespläne sind das Unterpfand Ihres Lebensglücks. Enttäuschungen in der Liebe wegen illegitimer Seitensprünge kamen in Ihren beiden Zeichen noch nie vor. Für ihre Kinder ist mit dem Jungfrau-Partner gleich der Lehrer im Haus. Manchmal ergänzt er auch Ihre eigenen Wissenslücken. Fragen Sie die Scheidungsanwälte: am Zeichen Jungfrau verdiente noch keiner. Manchmal hat man auch noch den Steuerberater im Haus samt dem Wirtschaftsprüfer, was einer Steinbock-Frau freilich auf die Nerven geht. Dafür klebt er die Tapeten und streicht die Wände. Sie haben den »Heimwerker« fürs Leben.

3. Partner aus dem Zeichen Fische (20. II. – 20. III.)

Es steht schon vor der Ehe fest: Die Steinbock-Frau wird hier zur Stütze, Köchin, Haushälterin, besseren Hälfte und zum rettenden Balken für den Fische-Mann, der öfters mal am Untergehen oder »Schwimmen« ist. Manch verwahrloster »Fisch« wurde schon von einer Steinbock-Frau umerzogen, aufgebügelt und hoffnungslos geliebt. Es gibt »Fische«, die sich vor der Ehe nur von großartigen Ideen, gewaltigen Zielen, vom Alkohol und den daraus gefilterten Spekulationen ernähren. Man weiß, daß »Fische« von solchen geistigen Aufstiegsfilmen geradezu müde werden und dann auf die Verwirklichung verzichten. Das ändert sich sofort, wenn sie eine Steinbock-Frau heiraten. Bei ihr lernt der »Fisch« mit innerem Schaudern kennen, was Planung, Arbeit, Tat bedeuten. Der Steinbock-Frau möchten wir raten: Behandeln Sie ihn mit viel Liebe und Nachsicht, denn Männer sind sensible Geschöpfe und vor allem Fische-Männer. Ihr Herz ist meist schon reichlich durchlöchert, denn sie haben immer schon viele Experimente in Sachen Liebe hinter sich. Erfahrene Witwen unterm Zeichen Steinbock haben schon manchen Fische-Mann aufs Standesamt geschleppt. Sie sind erfahren im Umerziehen von Männern, und ein Fische-Mann ist tatsächlich erziehbar. Er braucht nur viel Anregungen, viel geistigen Zuspruch. Natürlich ist er nicht auf Anhieb für einen geregelten Lebenslauf dankbar. Jede geistige Höherentwicklung tut anfänglich weh. Die Liebe lockt und verlockt ihn – manchmal sogar dann, wenn er schon auf ehelich gesicherten Pfaden wandelt. Die Steinbock-Frau überwacht ihn und kontrolliert seine Ausgaben. Wenn es sich um einen Steinbock-Mann handelt, so wird er für die Fische-Dame zum Betonbunker. Alle Lebensängste dieses blumigen Mädchens sind ein für allemal gebannt. Sie braucht viel Liebesspiel und zärtliche Ansprachen. Ein Steinbock-Mann aber redet am liebsten vom Geschäft und vom Umsatz. Man muß ihn also umgarnen, bestrikken und betören. Das wird manchmal zur Arbeit.

4. Partner aus dem Zeichen Skorpion (24. X. – 22. XI.)

Hier kommen zwei kampferprobte Sterne zusammen: Mars und Saturn. Zur Hartnäckigkeit des »Steinbocks« kommen die Energie, Tatkraft und Zähigkeit des »Skorpions«. Mit dieser Mitgift kann man jedwedes Geschäft gründen. Was Liebe und Sex anbelangt, ist der »Skorpion« um einige Längen voraus, denn er ist voller Leidenschaften, aber auch voller Besitzansprüche. »Steinböcke« waren noch niemals Casanovas. Das hat Vor- und Nachteile. Es darf eben nichts »passieren«, denn einmal verletzt oder beleidigt, sind beide Typen unfähig zu vergeben und schnitzen heimlich an Pfeilen der Vergeltung. Was beiden am schwersten fällt, ist das Einlenken oder der erste Kuß nach dem großen Krach. Dafür haben Sie am »Skorpion« einen Partner für die Regentage des Lebens. Daß er Ihnen bleibt, ist soviel wie sicher. Ein gewisser autoritärer Zug ist bei beiden vorhanden. Einer von beiden muß stets rechtzeitig nachgeben. Von der Steinbock-Frau wissen wir allerdings, daß sie das Nachgeben beinahe körperlich schmerzt. Die Stetigkeit der Skorpion-Liebe wärmt sie jedoch innerlich wieder auf. Vom Tag der Hochzeit an brauchen beide Partner kein Horoskop mehr, denn sie nehmen ihr Schicksal jetzt in eigene Regie. Es gibt viele Skorpion-Männer, die bei Diskussionen unglaublich hartnäckig sind. So etwas stärkt die

Selbstverleugnung einer Steinbock-Frau gewaltig oder stählt ihren Willen bis zur Weißglut. Diese Dame ist von keinem der übrigen elf männlichen Tierkreispartner unterzukriegen. Wir wüßten gern, wie Sie miteinander fertig werden, denn was dem einen der Kampf, ist dem anderen der Widerstand – zwei Tätigkeiten, die das Herz stählen, die Nerven kräftigen und die Gleichberechtigung erzwingen. Es wird eine handfeste Ehe und, wenn alles klappt, eine ausgezeichnete Kameradschaft. Nur eines müssen Sie vermeiden: den »kalten Krieg«!

Dreimal müssen Sie prüfen!

1. Partner aus dem Zeichen Krebs (22. VI. – 22. VII.)

Im Tierkreis sind diese Zeichen Antipoden: Sie stehen sich im Oppositionsaspekt gegenüber. Was der eine zuwenig hat, besitzt der andere zuviel. Der Krebs-Partner hat beispielsweise ein Plus an Gefühl, einen Überhang an Launen und Stimmungen, eine verwundbare Seele und ein waberndes Gemüt. Der »Steinbock« nimmt es jetzt in die Kur. »Krebse« ziehen sich aber schnell zurück, üben »passive Resistenz« und sind dann nicht mehr erreichbar. Als »Steinbock« legt man Gefühle an die Kandare oder beherrscht sie. Als »Krebs« jedoch will man über sie reden. Eine Krebs-Frau ist daher für den Steinbock-Mann ein wahrer Seelentrost. Umgekehrt gießt eine Steinbock-Frau Öl auf die Wellen der Krebs-Stimmung. Beiden ist damit gedient. Auf ferne Sicht sind die Gefühlsausgaben für den »Krebs« ein Verlustgeschäft. Mancher »Krebs« empfindet den »Steinbock« als Kühltruhe, als Frost auf Blüten. Man kann so viel hinreden an einen »Steinbock« und erfährt doch wenig von ihm. Eines dagegen steht fest: Wenn es sich um eine Krebs-Frau handelt, hat sie ausgesorgt, und die wirtschaftliche Existenz wandelt sich zu einem soliden Betonpfeiler, den der Steinbock-Partner aufstellt. Was die Krebs-Frau an Sicherheit bekommt, zahlt sie hinsichtlich Gemütswärme drauf. »Steinböcke« sollten eben öfter mal von der Liebe reden und sie auch zeigen, denn als »Krebs« will man sie spüren. Im ganzen wird diese Ehe ein Kompromiß, der noch die meisten Aussichten hat, wenn es sich um einen »gemischten« Steinbock-Typ handelt. Solche Mischungen sind ohnehin die Norm. Schönste Eigenschaft des »Krebses«: Er versteht herrlich zu trösten. Und die Steinbock-Frau kann das brauchen, denn sie hat fast immer ein schwerblütiges Herz. Es sind viele Gegensätze vorhanden; deren Anziehung führte Sie zum ersten Rendezvous.

2. Partner aus dem Zeichen Waage (24. IX. – 23. X.)

Wieder ergibt sich ein ungleiches Treffen, aber diesmal leidet die Venus (= Waage) am Saturn (= Steinbock). Kein Zweifel, daß der Steinbock-Partner hier einiges gewinnt, was er bisher nicht kannte: Viel Glanz, Schmuck, Vergnügungsfreude und ein allezeit fröhliches Gemüt kommen in seine Hütte. Zunächst weiß er mit soviel Lebenskunst nichts Rechtes anzufangen. Er sollte es gleich wissen: Jede Venus benötigt Komfort, Behagen und etwas Luxus. Daneben selbstverständlich auch Liebeskünste und etwas Schmeichelei. Manchem Steinbock fällt das alles schwer, ihm genügt schon eine erste Hypothek und solides Mobiliar, das eine Ehe überdauert, als Lebenskomfort. Etwas übertrieben ausgedrückt: Wo man als »Steinbock« einen Bauplatz sieht, entdeckt die »Waage« eine Wiese mit Margeriten. Man soll nicht darüber streiten, was nützlicher ist, denn die Welt ist rund, und jeder blickt durch ein anderes Guckloch. Die einen wollen im Garten Rosen, die anderen Salat und Kartoffeln. Falls einer den anderen werkeln läßt, kommt zur Schönheit das Praktische. Wenn es zur Scheidung kommt, ist laut Statistik stets der Waage-Partner der anlaßgebende Teil. Er hält vieles weder aus noch durch, denn seine Geduld ist unterentwikkelt; sein Schönheitshunger kommt dem »Steinbock« fast immer zu teuer. Wer charmant zu lieben und raffiniert zu streicheln versteht, kann eben nicht auch noch gerissener Geschäftsroboter sein. Versuchen Sie also, den Gesichtspunkt des Partners zu verstehen. Wenn der Saturn die Schatten liebt, sieht die Venus schon den Silberstreifen am Horizont. Wenn es sich um eine Steinbock-Frau handelt, so sollte sie darauf achten, daß das »Praktische« und »Nützliche« zeitweilig vom Hübschen, Schönen und Kultivierten begleitet ist. Ein Waage-Mann liebt auch mit den Augen, in jeder Frau sucht er nach einem Restchen »Venus«, er ist für Geschmack in allen Lebenslagen und reagiert auf Nettes, Adrettes, Modisches. Das gilt noch mehr für die Waage-Frau.

3. Partner aus dem Zeichen Widder (21. III. – 20. IV.)

Ehe ist bekanntlich Schicksal, und Sternbilder sind nur Symbole für Chancen oder Bewährungsproben. Zu den letzteren gehört auch die Kombination Widder und Steinbock oder: Angriff und Widerstand. Wer sich hier bei wem die Hörner abstößt, kann man von vornherein nicht sagen. Eines ist gewiß. Unterm Zeichen Steinbock hat man ein Stehvermögen wie ein Fels in der Brandung. Gegen Betonmauern aber rennen auch Widder-Leute nicht. Erfahrungsgemäß gaben es Widder-Männer bald auf, unermüdlich und dauerhaft zu siegen, denn der Mars braucht Siege auf Anhieb. Aber wer siegt schon bei einer Steinbock-Frau? Sie sitzt ganz einfach am längeren Hebel und im Leben auch noch häufig an der Kasse. Und was einen »Widder« am meisten wurmt: Sie ist nicht aus der Ruhe zu bringen und hat nur ein Ziel, nämlich auf den sozialen Gipfel zu gelangen. Aber der »Widder« spielt viele Ziele an und will ständig etwas Neues. Es gibt also sehr wenig Berührungspunkte. Am unterschiedlichsten sind die Willensbestrebungen und die Temperamente. Beide Geburtsherrscher sind »zwingende« Sterne: Mars und Saturn. Ins Steinbock-Schicksal kommt bei dieser Ehe viel Wirbel, aber keiner von beiden Partnern taugt für Angleichung oder Umerziehung. In der Liebe gibt es nur am Anfang Höhepunkte. Als »Steinbock« hätte man viel lieber ein ausdauernd wärmendes Kaminfeuer ohne kurzfristiges Funkengeprassel. Der kurzfristigen Freiheitsbeschränkung, auf die sich der »Widder« einläßt, folgt sehr bald ein heftiges Erwachen. Und dann fällt gewöhnlich die Steinbock-Frau aus allen Wolken. Selbst eine Widder-Frau braucht niemals eine »Stütze« und verlangt selten nach einer »Bleibe fürs Leben«. In diesem Marszeichen gedeihen die Stehaufmännchen; auch eine Scheidung wird nicht als Schicksalsschlag empfunden. Wir müssen Sie daher auffordern, vor dem Standesamt noch eine Prüfungszeit einzulegen, denn was einen »Widder« erfrischt, bringt dem »Steinbock« seelische Kerben ein.

Einige Bewährungsproben:

Bekanntschaft mit dem Zeichen Wassermann (21. I. – 19. II.)

Sie lernen einen völlig anderen Typ kennen, der Ihren seelischen Tiefgang mit vorwiegend heiteren Ideen und originellen Späßen auflockert. Mit seiner nicht alltäglichen Weltanschauung kommen Sie freilich nicht zum ersehnten Mammon – den sollten Sie eher mitbringen. Es kommt nicht allzu häufig vor, daß sich dieser lokkere Vogel mit den heiteren Zwitschertönen in einen amtlich vorgeschriebenen Käfig begibt. Viel lieber singt er in Freiheit, unverbindlich und nach eigener Melodie. Der Wechsel der Horizonte gehört zu seinen innersten Wünschen, während man als »Steinbock« auf erreichtem Besitz Posten bezieht und ihn verteidigt. Mancher Steinbock-Frau sind eierlegende Hühner lieber als Paradiesvögel mit buntem Gefieder. Ein »Wassermann« ist eine Art Luxus für die Steinbock-Frau, denn er gehört nicht zu den Konsumgütern und liefert selten so etwas wie ein todsicheres Einkommen. Betrachten Sie sich daher als Kunstmäzen! Zwar haben Sie an ihm einen treuen Freund, der Ihnen manches psychologische Rätsel löst und auch die siebenfachen Schalen auf Ihrer Seele wie bei einer Zwiebel abblättert. Nur einsperren dürfen Sie ihn nicht, sonst singt er nicht mehr. Was die Wassermann-Frau betrifft, so hat sie andere soziale und moralische Ansichten als der konservative und auf Prestige bedachte Steinbock-Mann. Da kommt es sehr bald zu »Rufschädigungen«, während der »Steinbock« großen Wert auf Titel und ein poliertes Namensschild legt. Eine Wassermann-Frau aber lebt im Freigehege und hat zeitweise ein unwiderstehliches Verlangen nach Unfug und Nichtbeachtung der sozialen Hierarchie. Man wird von ihr des öfteren schockiert und manchmal ganz unversehens verlassen. So etwas übersteht kein echter Steinbock-Mann. Selbst im Scheidungsfall will er »unschuldig« sein.

Bekanntschaft mit dem Zeichen Schütze (23. XI. – 21. XII.)
Siehe unter Schütze/Steinbock!

Heiteres Zwischenspiel mit Ihrem eigenen Sternzeichen Steinbock

Wenn Sie an Ihren »Doppelgänger« geraten, hat dies keine nachteiligen Folgen, sondern höchstens Vorteile: Sie können sofort eine Baugenossenschaft oder eine Sparkasse gründen. Aber ganz selten kommen zwei völlig gleiche »Steinböcke« zusammen. In jedem Fall haben Sie einen Aufstieg aus kleinsten Anfängen vor sich. Und bei der Silberhochzeit werden Sie rückschauend bekennen, daß Ihr Leben aus nichts als Arbeit bestand. Aber trösten Sie sich: Alles, was Sie an irdischen Werten angehäuft haben, alles, was auf Ihren Konten liegt, genießen später Ihre Enkelkinder oder auch schon Ihre Kinder, denn diese nehmen sich Zeit dazu – eine Sache, die Sie nie kannten. Ihre Kinder können mit Ihrem Ersparten ganz der Liebe leben – wieder eine Sache, zu der Sie nicht viel Zeit hatten. Ihr verspäteter Erziehungswahlspruch wird dann bei allem lauten: »Zu meiner Zeit hat es so etwas nicht gegeben!« Ihr beiderseitiger Geburtsherrscher ist der Saturn – ein Gestirn, das nur redliche Pflichterfüllung und Lasten, zähen Ehrgeiz und langfristige Sehnsüchte kennt. Sie ziehen also am gleichen Strang, und es ist völlig ausgeschlossen, daß Sie nicht über den Berg kommen. Spekulationen und Abenteuer bleiben Ihnen fremde Begriffe, und unterm Zeichen Steinbock ist man sich ein Leben lang treu. Daß im Gemüt manchmal ein Tief entsteht, darf Sie nicht bekümmern. Einer kann den anderen trösten, und beide können Sie in stillen besinnlichen Stunden von jenen Dingen reden, die für Sie zeitlebens am herzbewegendsten bleiben: vom Beruf, dem Geschäft, den Bilanzen und vom Umsatz. Sie beide sind der Ansicht: Es muß sich ja nicht immer alles um die Liebe drehen! Fast immer war Ihr Steinbock-Partner Ihre erste Liebe. Im Vertrauen: Es wäre nichts »Besseres« nachgekommen.

Liebe und Ehe im Zeichen Wassermann

Geboren vom 21. I. – 19. II.

Alles über Eva

Als in der Schöpfungsgeschichte das Zeichen Wassermann an die Reihe kam, erkannte der liebe Gott, daß es trotz der vorausgegangenen zehn Tierkreiszeichen immer noch an etwas fehlte: an Humor und Satire. Was da unten herumwimmelte, war teils mit tierischem Ernst, teils mit seelischem Tiefgang beladen. So kam es zur Idee der Wassermann-Frau, die – wie könnte es anders sein? – mitten in den Fasching hineingeboren wurde. Noch heute begeistern die Faschingsideen dieser Eva alle ihre Besitzer, die in einem Leben gleich mehrere Entwicklungsabschnitte absolvieren dürfen. Sie ist ein überwiegend heiteres Geschöpf mit tiefenpsychologischem Blick und einem inneren Drang zu gelegentlichem Unfug. Sie hat jedoch auch viel Herz zu verschenken und tut das häufig genug ohne Gegenwert und Sicherheit bis zum seelischen oder materiellen Ruin. Sie ist die geborene Seelenfreundin und vermag klaglos ganze Lebensläufe, Herzensbeichten oder Geschäftsberichte anzuhören, ohne zu platzen.

Zu dieser Eva kommt man wie zu einem Schnupfen: plötzlich, unvorhergesehen. Sehr oft entsteht Liebe auf den ersten Blick. Sie ist so gut wie immer ein sozial denkendes Geschöpf, also das Gegenteil von »hoheitsvoll«, und findet Titel, Rang oder höhere Dienstgrade beileibe nicht anbetungswürdig. Sie sagt, was sie denkt, und diese Gedanken bewegen sich außerhalb bürgerlicher Laufställe. Man kann alles von diesem Mädchen erhalten, auch die Liebe, aber nur freiwillig! Bei Zwang entwickelt sie die Willensenergien eines sizilianischen Maulesels und wird widerspenstig. Pädagogen, Eltern und Vorgesetzte wissen ein Lied davon zu singen.

Was die Frischzellen in der Verjüngungstherapie bedeuten, sind die Wassermann-Frauen in der Liebe. Hat man einmal mit ihnen angebandelt, so will man sie für immer gewinnen. In ihrer geistigen Schatulle sind einige Kobaltkörnchen enthalten, die bei Annäherung männlicher Geigerzähler ein Ticken auslösen. Allerdings: Männer müssen auf Draht sein, besonders geistig! Wer da unterernährt ist, kann sich gleich trollen. Dieses Mädchen lebt von Ideen, oft von völlig ausgefallenen. Immer tragen sie den Stempel des Eigenbaus, sind aber freundlich verpackt, so daß diese Dame selten aneckt. Dies ist das Erstaunlichste an ihr, denn sie steckt voller Eigensinn und ist in Wünschen und Ideen zäh und hartnäckig. Trotz größten Freiheitsverlangens bringt sie sich bei echter Liebe vor lauter Helfenwollen und seelischem Engagement fast um. Aber bei diktatorischer Behandlung und autoritären Befehlen wird aus dieser Eva eine Art Panzersperre. Wer sie einmal besitzt, braucht weder Koffein noch sonstige Stimulantien, denn die Aufregung erhält ihn jung. Schönster Zug an ihr: Sie hortet fast nie Kapital, kann es aber mit Grazie ausgeben. Sie hat ein Herz mit Lochsaumstickerei, vermag sich aber in Seelenkrisen am eigenen Zopf aus dem Sumpf zu ziehen. Man gewinnt die Wassermann-Frau auf Anhieb oder gar nicht. Obgleich sie von größter Hilfsbereitschaft und eine treue Freundin sein kann, wird man keinerlei Zugänge zu ihrem Herzen finden, wenn Falschheit, Betrug oder Dummheit mit im Spiel sind.

Das Herz ist bei der Wassermann-Frau physisch und psychisch ein sehr strapazierter Körperteil. Auch die häufigen Kreislaufstörungen – die finanziellen und die körperlichen – sind jeder Wassermann-Frau sattsam bekannt. Es kommt zu vielen betrüblichen Umbrüchen, Wechselfällen des Lebens, Abbrüchen von Kontakten und endgültigen Trennungen. Diese mangelnde Stabilität des Zeichens Wassermann verhilft zu einem großen Schatz an Erfahrungen, bringt aber auch Wackelkontakte in der Liebe und manchmal Scheidungen. In der Liebe wird viel experimentiert, es entstehen immer wieder neue Freundschaften, viele Herzensbrände und manche Kurzschlüsse, die mit abrupten Trennungen enden. Diese Eva muß viel suchen, denn am Alltäglichen und an Gemeinplätzen ist sie völlig uninteressiert. Das Originelle, Kuriose, Abseitige und Hintergründige lockt sie. Sie besitzt kein Peilgerät fürs Standesamt, kann vielmehr jahrelang als treue Freundin ausharren, falls das Herz engagiert ist. Von der ersten großen Jugendliebe wird sie fast immer getrennt. Um das 30. – 35. Lebensjahr herum kommt nochmals eine Herzenskrise, die auch eine Ehe gefährden kann. Da alle Reaktionen ausschließlich vom Gefühl und Gemüt her bestimmt sind, gibt es keine Kompromisse oder Halbheiten. Man steht mit grenzenloser Hartnäckigkeit zu seinen Überzeugungen und Ideen, selbst wenn sie einem persönlich schaden. Es sind viele Antennen vorhanden, die Ungesagtes, Wortloses erspüren. Diese Meldungen gehen ins Gemüt, und von dort her kommt die Antwort. Die Wassermann-Frau ist niemals intellektuell, spitzfindig oder berechnend, auf ihren Vorteil bedacht. Im Gegenteil – sie kann gegen sich selbst wüten. Oft sieht sie erst spät ein, daß das einstmals verzehrend geliebte Objekt all die vielen Gefühlsinvestitionen gar nicht wert war. So etwas läßt reifen; niemand sieht auf mehr seelische Bewährungsproben zurück als eine Wassermann-Eva. Am Ende ihrer Tage wird sie gütig, verstehend, sozial, human und bar aller Gehässigkeiten. In der Jugend aber ist sie voller Hingabe an begeisternde Ideen. Es waren Wassermann-Mädchen, die als erste den Zopf abschnitten und als Vorkämpferinnen für neuen Lebensstil auch manche Ohrfeigen ernteten. Aber ihr Lebensmotto lautet: Ein Indianer kennt keinen Schmerz!

Alles über Adam

Kein »Wassermann« ist kosmische Fließbandarbeit, sondern er zeigt stets individuelle Prägung. Daß es auf dieser geordneten, kollektiven, mit Paragraphen, Vorschriften und Uniformen angereicherten Welt noch einige »Irrläufer« oder Individualisten gibt, ist ein Hoffnungsschimmer. Den »Wassermann« kennzeichnet seine zähe Selbstbehauptung und eine selbständige Geistigkeit, die sich erlaubt, eigene Gedanken zu produzieren. »Wassermänner« leben daher oft außerhalb ihrer Zeit und der jeweiligen Gesellschaft. Sie haben ihre eigenen Gewohnheiten, Pläne und Ziele, die zwar urplötzlich wechseln können, aber doch für einige Zeit mit büffelartiger Zähigkeit eingehalten oder verfolgt werden. Diese Eigenart kann sich im Beruf, in der Liebe oder in den Hobbies äußern. Alles Neue belebt, erfrischt, verjüngt den »Wassermann«. Es geht bei ihm immer eine Weile schön geradeaus, und alles scheint aufs beste geordnet. Dann kommt die Wende, der Umbruch, das Neue. Kein Wunder, daß der »Wassermann« auch in der Liebe experimentiert. Er sucht immer wieder neue Freundinnen, die er zeitlebens so nötig hat wie das tägliche Brot. Nur mit größter Anstrengung kann er aufs Standesamt geschleppt werden. Landet er dort, so lebt er dann in der Ehe genauso weiter wie bisher. Er braucht sofort wieder eine Freundin – vorher waren es Sie! Die Verliebtheit kommt wie ein Gewitter – plötzlich, elementar. Sein Gemüt ist dann in Flutlicht getaucht, und das Herz schlägt höher – für eine Weile! Aber auch Weltanschauungen, Hobbies, technisches Spielzeug und ausgefallene Ideen dienen seinem nie ermüdenden Spieltrieb. Er wird Sammler von Kuriositäten und Raritäten, es gibt kein Spielchen, das er nicht am eigenen Leib ausprobiert – natürlich nicht alle auf einmal, sondern schön hintereinander und jeweils mit größter Hingabe. Die Besitzerinnen von »Wassermännern« müssen immer wieder umlernen, jedes neue Hobby mit frenetischer Begeisterung begrüßen und – mitmachen! Wohnungen, Wohnorte, Möbeleinrichtungen, Autos, auch Berufe werden gewechselt, denn immer ist irgend etwas »überholt«, und Neues, Unbekanntes lockt: Stilmöbel, Bilder, Teppiche, Plastiken, das Schwimmbad im Garten, der Tauchsport, das Eigenkino und die Filmerei, Camping, Reisen, Farbfernsehen, Schallplatten. Die Ehefrauen können bei so vielen wechselnden Erfahrungen nicht altern. Sie werden höchstens reifer, verständnisvoller, und nehmen das Ganze schließlich mit Humor. Beim »Wassermann« gedeiht nur selten tierischer Ernst. Viele Wassermann-Geborene leben von ihrem Kopf, von Ideen, Einfällen und Erfindungen, manchmal auch von der Kunst. Viele von ihnen sind prächtige Freunde, Plauderer am Kamin, Reisebegleiter, Seelentröster. Nur wenn die Getrösteten dann leise von einer Heirat reden, werden sie bockig. Man sollte es rechtzeitig wissen: Einen »Wassermann« kann man jahrelang in Anspruch nehmen: als Müllschlucker für seelische Leiden oder Sorgen, als Tröster in einsamen Stunden, als Geliebten zum Wochenende, als Hausfreund, psychologischen Berater in allen Lebenslagen. Aber an dem Tag, an dem Sie der Teufel reitet und Sie jene Gretchenfrage nach juristischer Legalisierung heimlicher Sünden stellen – an diesem Tag bekommt er den Schluckauf. Denn plötzlich befällt ihn ein schauderndes Ahnen, daß er nun etwas tun muß, was er bisher freiwillig tat. Legalisierter Sex, zur »ehelichen Pflicht« gestempelt, ist keinem »Wassermann« ein echtes Vergnügen. Einmal verheiratet, greift er daher zu einem psychologischen Trick: Er sucht sich eine Freundin, und schon ist alles wieder wie zuvor.

Er braucht eben das Gefühl der Freiheit und verbotene Freuden. Es ist wirklich paradox: Man kann sich auf »Wassermänner« absolut verlassen, solange sie »dürfen«, aber nicht »müssen«. Ein echter

»Wassermann« lehnt sich gegen Vorschriften, Gesetze und gegen Obrigkeit auf und ist stets auf der Seite der Unterdrückten. Er gehört eigentlich einer kommenden Epoche an, ist zu »früh geboren« und stets bei den Revolutionären zu finden. Auch geistig will er sich ständig erneuern, in seinem Leben bleiben wie bei Schlangen viele abgelegte Häute zurück. Man findet im Zeichen Wassermann die Weltbürger, die Globetrotter, die Erfinder. Viele »Wassermänner« würden am liebsten alle Zäune und Grenzpfähle, aber auch alle amtlichen Hindernisse einreißen. Nur leider: Die anderen, die sind nicht so. Trotzdem bleibt ein »Wassermann«, was er ist, und tut, was er will. Viele Mädchen bleiben auf seinem Lebensweg zurück, und so manche Ehefrau ist auch darunter. Er ist eben ein charmanter Egoist. Ihn zu zähmen, benötigt die mühevolle Dompteurarbeit eines Flohzirkusdirektors.

Im ganzen gesehen ist der »Wassermann« ein freundlicher, sympathischer Zeitgenosse, human und gerechtigkeitsliebend. Sein Geburtsstern ist der Uranus. Trifft dieser mit der Venus zusammen, so wird der »Wassermann« ein raffinierter Charmeur und Frauenkonsument. Mit dem Mars zusammen schafft Uranus die Rebellen und Freiheitsfanatiker. Und im Aspekt mit der Sonne bringt er die Reformernaturen hervor, die alles verändern wollen – manchmal auch die eigene Frau. Dennoch: Die »Wassermänner« sind der Sauerteig der Gesellschaft. Sie zermürben die Moralisten, die Diktatoren und die »ewig Gestrigen«. Den »Wassermännern« gehört die Zukunft.

Wer paßt zum Wassermann?

Viermal dürfen Sie wählen:

1. Partner aus dem Zeichen Zwillinge (22. V. – 21. VI.)

Die »Zwillinge« scheinen eigens für die »Wassermänner« geschaffen zu sein. Es gibt viel Liebe auf den ersten Blick unter diesen beiden Sternzeichen. Kein Wunder: Handelt es sich doch bei den »Zwillingen« um die kontaktfreudigsten und unterhaltendsten, bei den »Wassermännern« um die humorvollsten und spritzigsten Sternzeichentypen. Beiden fällt immer noch etwas ein, und es ist ausgeschlossen, daß Ihnen in der Ehe der Unterhaltungsstoff ausgeht. Zu den Ideen kommen der Humor und die Liebe. Allerdings – beide Typen werden viel umschwärmt und haben ungewöhnliche

Chancen. Besonders die Zwillinge-Frau wird heftig umworben. Da meldet dann der Wassermann-Partner Besitzansprüche an. Mit einer Wassermann-Frau kann ein »Zwilling« reden und philosophieren, ohne jemals an ein Ende zu kommen. Auftauchende Probleme zerredet er kurzerhand. Wenn Sie glauben, am Ende zu sein – ihm fällt noch etwas ein. Es geht also in dieser Ehe recht lebhaft zu. Beim Zwillinge-Mann ist nichts absolut gesichert. Größere Baukostenzuschüsse für das Eigenheim braucht ein »Zwilling« nur selten, denn sein Heim ist die Welt. Er reist leidenschaftlich gern, und aus Berufsgründen wird viel umgezogen. Auch beim »Wassermann« gibt es angenehme oder aufreibende Totalumstellungen, so daß es nur sehr schwer zu größerer Kapitalansammlung kommen kann. Es ist also nur gut, wenn Sie beide über den Konventionen stehen und an Titeln, Mammon und bürgerlichem Zubehör nicht allzusehr hängen. Beide Partner brauchen Freiheit, sowohl im Gefühlsleben als auch im Gedanklichen. Das Motto Ihrer Ehe heißt: Gleiches Recht für alle! Mit diesem Leitsatz kommen Sie durch alle Krisen.

2. Partner aus dem Zeichen Waage (24. IX. – 23. X.)

Wenn Sie diesem Partner gleich begegnet wären, hätten Sie sich alle übrigen untauglichen Versuche ersparen können. Endlich einmal können Sie Ihr kostbares Seelenleben ausbreiten und der neugierigen »Waage« einen Blick in Ihr geistiges Kuriositätenkabinett gewähren. Sollte der Waage-Partner schon einmal geschieden sein, so war er bestimmt der unschuldige Teil. Sie traten eben zu spät in sein Leben. Waage und Wassermann gehören zu den bekannt günstigen Zeichenverbindungen. Selbstverständlich sagen nur die genauen individuellen Horoskope Endgültiges aus.

Man sollte die »Waage« nicht schockieren, denn sie besitzt ein empfindliches Gemüt, während der »Wassermann« sehr für Unfug ist. Allerdings sträubt er sich heftig, aufs Standesamt zu gehen. Da hört für ihn der Spaß auf, und es bedarf enormer Verführungskünste von seiten der »Waage«. Sie wird bald schmunzelnd feststellen, daß er sie eigentlich nicht als »seine Frau« betrachtet, sondern immer noch als Freundin. Das ist sogar der beste Fall, und hoffentlich verstehen Sie es, diese Rolle diplomatisch zu spielen. Mit »Wassermännern« spielen nämlich auch viele aufgekratzte Mädchen leidenschaftlich gern. Falls es sich um den Waage-Mann handelt, fällt das Heiraten wesentlich leichter, denn er ist immer gleich für die Ehe. Eine Wassermann-Frau schließt die Gewöhnung an den ehelichen Alltag und das gegenseitige Angähnen nahezu völlig aus, denn dieser Dame fällt immer etwas Neues ein. Manchmal sogar Dinge, die einem Waage-Mann ein wenig auf die Nerven gehen. Auch sind die originellen Auffassungen der Wassermann-Frau über Freiheit und Gleichberechtigung in der Liebe durchaus als neuzeitlich zu bezeichnen. Es kommt also sicherlich zu anregenden Aussprachen und Diskussionen, die Sie später für Aufklärungsartikel in Illustrierten verwenden könnten. Eine Wassermann-Frau zeigt dem Waage-Mann, der mehr oder minder »konventionellen« Ansichten huldigt, viel geistiges Neuland.

Damit wird schon die Garantie gegeben, daß Ihre Ehe niemals langweilig wird.

3. Partner aus dem Zeichen Widder (21. III. – 20. IV.)

Wenn sich diese beiden Partner begegnen, gibt es Funken und Feuerwerk. Meist sind die ersten Kontakte sexbedingt und verursachen Kurzschluß in den Gefühlen. Die »Sieger- und Erobererinstinkte« des »Widders« imponieren einer Wassermann-Frau auf Anhieb. Seine späteren Besitzansprüche und autoritären Anwandlungen aber wecken ihre Widerspenstigkeit. Es gibt immer viel »Betrieb« und leidenschaftliche Konversationen bei dieser explosiven Verbindung. In vielen Fällen gab es später ein »Großreinemachen«, dem dann der schnelle Abschied folgte. Wer bei dieser Ehe wen reizt, ist schwer zu sagen, denn beide Partner sind im Nachgeben so gut wie überhaupt nicht geübt. In der Ehe werden sie zwangsläufig zu Widerstandskämpfern, und einmal kommt jenes bekannte Leitmotiv des »Widders« zum Vorschein: Auf Biegen und Brechen! Aber keine Wassermann-Frau ist fürs Biegen, und kein Widder-Mann konnte je völlig gebrochen werden. Die tollen Debatten, die nicht selten kämpferischen Charakter annehmen, erfrischen zwar, ramponieren aber mit der Zeit das Nervensystem. Das letzte Wort hat meist der Widder-Partner. Dafür ist er hernach wieder allein. Manchmal denken Wassermann-Frauen dann doch gern zurück an die »Rauhnächte« dieser Widder-Liebe. Wenn alles gutgehen soll, müßte der Widder-Partner einige versöhnliche Komponenten im Horoskop besitzen. Er muß einsehen, daß man mit Wassermann-Frauen nicht ewig streiten und sie nicht beherrschen kann. Die Wassermann-Frau möchte gern die Realisierung von Ideen und Plänen erleben. Das fällt »Widdern« schwer. Im ersten Stadium der Liebe regen Widder-Männer mächtig an – im reiferen Stadium nur noch auf. Daraus entstehen manche Prüfungen.

4. Partner aus dem Zeichen Schütze (23.XI. – 21. XII.)

Schütze-Leuten muß man manchmal gewaltsam zu ihrem Glück verhelfen, denn sie leiden an dauerndem Wenn und Aber und meiden lange den Pfad der Tugend, der aufs Standesamt führt, und zwar aus dem Zweifel, es könnte doch noch »etwas Besseres« geben. Sagen Sie ihm daher entschlossen, Sie seien der oder die Beste, und damit basta. Es gibt manche gute Verbindung zwischen diesen Partnern, die beide Freiheit und Gerechtigkeit lieben. Außerdem haben beide Sehnsucht nach der Ferne und sind geistig aufgeschlossen. Freilich kann es zeitweise eine temperamentvolle Ehe werden. Anfänglich hat man mit »Schützen« manche Plage, denn unter ihnen gibt es viele Zwiespältige und Problematiker. Sollten Sie von einem »Schützen« ins Auge gefaßt werden, so beginnt schon bald so mancher Test, von dem Sie gar nichts merken. Er verlangt von Ihnen so viele Vorzüge, daß eine einzige Frau diesen hochgeschraubten Wertmaßstäben niemals entsprechen kann. Daher stellt auch jede Ehe im Zeichen Schütze eine Art Kompromiß dar. Auch die Schütze-Frau unterliegt diesem Schwanken und Überlegen; manchmal kann sie zu keiner Entscheidung gelangen. Man arbeite daher mit Suggestion und modernen Werbemethoden, die den Zweifel kurzerhand erwürgen. Was die unverbindliche Liebe anbelangt, so beißt ein Schütze-Mann gern und ohne Hemmungen in jeden Apfel. Er hat verschiedene Lieblingssorten, die ihm besonders munden. Die Wassermann-Frau gehört zu ihnen. Aber diese Dame verleidet ihm später das weitere Suchen nach Blümlein und anregenden Verlockungen. Solche Selbstbesinnung auf die Pflichten der Ehe schätzt wiederum kein Schütze-Mann, und oft genug löckt er wider den Stachel. Die Schütze-Frau dagegen ist felsenfest überzeugt, daß sie für den »Wassermann« die Beste ist. Mit der Zeit glaubt er es auch. Aber es ist ein schönes Stück Arbeit, ihn so weit zu bringen!

Dreimal müssen Sie prüfen!

1. Partner aus dem Zeichen Löwe (23. VII. – 23. VIII.)

Löwen zu bändigen verlangt von jedem Dompteur Einfühlungsgabe, Verständnis und Mut. Letzteren hat man als »Wassermann«, aber es verhält sich mit diesen beiden Zeichen wie mit ihren Geburtsherrschern Sonne und Saturn: Der eine ist des andern Gegenpol. In dieser Ehe kann es leicht zu einer Art Kleinkrieg kommen, denn keiner von beiden gibt nach. Und keinem Löwen ist im Käfig wohl! Unter diesem Zeichen wird alles nur freiwillig verschenkt. Es geht nur gut, wenn kein Machtkampf stattfindet. Wer gewinnen möchte, wird dennoch niemals Sieger. Es sollte sich daher alles mit gegenseitigem Einverständnis abspielen; Freundschaft ist unter Ebenbürtigen die beste Verständigung. Ein »Löwe« ist seinem Wappentier manches schuldig, und Wassermann-Frauen sind imstande, mit Hilfe ihrer angeborenen Dickköpfigkeit jedem Gegner auf die Dauer das Wasser abzugraben. Das führt bei »Löwen« zu jahrelangem kaltem Krieg. Wird die Toleranzgrenze überschritten, ist die Krise da, und es zeigt sich, daß »oppositionelle« Sternzeichenpartner sich zwar mächtig anziehen, später aber auch gewaltige Energien entwickeln, um sich persönlich durchzusetzen. Beide können gar nicht anders: Sie müssen irgendwann einmal Farbe bekennen. Die Wassermann-Frau sollte sich der schönen Zeit der ersten Liebe erinnern und auf Diplomatie umschalten. Lassen Sie also Ihrem »Löwen« die große Geste und das bißchen Gebrüll. Nicht nur »Löwen« brauchen solche Selbstbestätigungen. Er muß eben »repräsentieren«! Von der Löwe-Frau gilt dasselbe. Aber bei ihr kommt noch beträchtlicher Stolz hinzu. Sollte der »Wassermann« seine Lieblingsgewohnheit, das »Fremdgehen«, nicht ablegen können, so wird die Löwe-Frau zu gewaltigen Umerziehungsversuchen gezwungen. Sie enden in dieser Ehe, wie man aus Erfahrung weiß, sehr negativ. Aber die meisten werden nach langem und leidenschaftlichem Training im Tauziehen mit der Zeit müde. Von da ab klappt es wieder.

2. *Partner aus dem Zeichen Skorpion* (24. X. – 22. XI.)

Beide Partner verfügen über viel Willenskraft, Eigensinn, Hartnäckigkeit und Zielbewußtsein. Ihre Zähigkeit und ihr Aufstiegswillen sind unbegrenzt. Man sagt den »Skorpionen« nach, daß sie niemals einen Streit vermeiden, wenn es sich machen läßt. Aber bei Partnern aus dem Zeichen Wassermann gibt es keine Siege. Einmal zu Unrecht angegriffen, wird eine Wassermann-Frau ein Monument an Bockbeinigkeit und Widersetzlichkeit. Diese Verbindung bringt das sichere Wissen: Ehe ist Schicksal! Man kann »Skorpione« nicht so nebenbei lieben, man muß sie heiraten oder wird geheiratet. Nicht immer wollen Wassermann-Frauen fürs ganze Leben in männlichen Besitz übergehen. Plötzlich überkommt sie die Lust nach Neuem. »Skorpione« räumen mit solcher Sehnsucht gründlich auf. Wir müssen hier also warnen, und zwar diesmal den Skorpion-Mann. Alles kann man von einer Wassermann-Frau erhalten, sogar Liebe und Treue, aber nur freiwillig! Wenn sie Zwang spürt oder gar Befehle vernimmt, geht sie zu offenem Kampf über und entwickelt Trotzgefühle, die selbst militante »Skorpione« überraschen. Auch Skorpion-Frauen zwingen »Wassermänner« zum Umdenken. Unter diesem Zeichen wird nichts vergessen, und Seitensprünge verjähren nicht. Im »Skorpion« brennt das ewige Feuer der Eifersucht. Wenn es sein muß, gehen Sie aufs Standesamt, aber mit dem Wissen, daß Sie sich gegenseitig nicht umfassonieren, zurechtbiegen und verändern können. Es kommt sonst der Tag, an dem Sie manche Falte im Gesicht tragen, die aus neuen Erkenntnissen stammt. Es ist aber auch möglich, daß Sie über sich selbst hinauswachsen gemäß dem uralten Spruch: Was mich nicht umbringt, macht mich stark! Leider gilt dies für beide Partner.

3. Partner aus dem Zeichen Stier (21. IV. – 21. V.)

Wenn Sie den vorhergehenden Abschnitt über Wassermann und Skorpion durchlesen, bekommen Sie viele gleichwertige Tips auch für Ihre eigene Ehe. Eine Wassermann-Frau sollte sich ihren Liebling aus dem Zeichen Stier vor der Ehe lange und genau ansehen und ihn in allen Lebenslagen prüfen. Denn wie er jetzt ist, bleibt er, er ist niemals mehr zu verändern. »Stier« und »Wassermann« sind einander, was Ausdauer und zähen Eigensinn betrifft, durchaus ebenbürtig. Legen Sie diese Mitgift zusammen, so haben Sie die Garantie dafür, daß Sie im gemeinsamen Leben beruflich und sozial alles erreichen können. Allerdings neigt eine Wassermann-Frau dazu, aus dem bürgerlich geordneten und gesicherten Zustand einer gleichbleibenden Existenz auszubrechen. Ganz plötzlich überkommt sie der Lebenshunger, die Lust am Neuen oder das Fernweh. Bei solchen schockierenden Gefühlsausbrüchen schüttelt es einen echten Stier-Mann. Er ist für das Bodenständige, Gesicherte, Zuverlässige, Solide. Von den interessanten und aufregenden Neuerungen der kommenden Wassermann-Epoche weiß ein Stier-Mann nichts und will davon auch nichts wissen. Die Welt soll vielmehr unverändert bleiben, das Geld gesichert und die Liebe ewig, natürlich für ihn ganz allein. Eine Wassermann-Frau dagegen weiß, daß sie zeitweilig von bösen Buben verlockt wird. Manchmal kommt die neue Liebe heimlich, still und leise, und doch übermächtig wie ein Naturereignis. Kein Stier-Mann kann das aufhalten. Umgekehrt fühlt sich die Stier-Frau vom »Wassermann« oft unter Druck gesetzt und hart bedrängt. Dann gibt es viel Seelenkummer, und bei beiden ist viel von Grundsätzen und Prinzipien die Rede. Solche scheinbar ausweglosen Situationen lassen Sie in diesem Leben schneller und ausgiebiger reifen als andere. Fast immer ist es der Partner aus dem Zeichen Wassermann, dem dieser Reifeprozeß zu anstrengend wird.

Einige Bewährungsproben:

Bekanntschaften mit dem Sternzeichen Fische (20. II. – 20. III.)

Fische-Frauen sind keine Spielverderber und können bei hartnäckigem Liebeswerben nicht nein sagen. Originellen »Wassermännern« sind Fische-Frauen restlos ausgeliefert. Leider hält das Glück nicht immer an, denn die Verführungskünste des »Wassermanns« brauchen immer wieder neue Objekte. Das Gemüt von Fische-Frauen ist ohnedies meist schon etwas ramponiert, und so endet diese Liebe oft mit Resignation oder Verzicht. Fische-Männer dagegen haben schon manche Wassermann-Frau mit Charme becirct, aber dann später nicht standesgemäß ernährt, bekleidet, umsorgt und gesichert. Die Freude am genüßlichen Leben und einer heiteren Sorglosigkeit setzt eben Mammon voraus, den Wassermann-Frauen selten genug erben, erheiraten oder verdienen. Ein heiteres Intermezzo ist Ihnen zwar sicher, aber in puncto Stabilität hapert es bedenklich. Die zeitweiligen Berg- und Talfahrten im Fische-Schicksal schrecken manche Wassermann-Frau. Er ist überwiegend ein Typ des gefühlsschwangeren Gemüts, liebt auch manche kleinen Seitenwege in der Liebe, von denen zuweilen »niemand nichts weiß«. Aber die Wassermann-Frau kommt ihm auf die Schliche. Dann entstehen Eifersucht und ein allzeit waches Mißtrauen. Mit der Zähigkeit dieser Eva kann kein Fische-Mann konkurrieren. Er erhält allerdings manchen äußeren »Antrieb« und lernt von ihr, phantasievolle Ideen auch tatsächlich zu realisieren. Wenn es sich um eine Fische-Frau handelt, geht alles besser.

Bekanntschaft mit »Steinböcken« (22. XII. – 20. I.)
Siehe unter Steinbock/Wassermann!

Heiteres Zwischenspiel mit Ihrem eigenen Sternzeichen Wassermann

Hier treffen sich zwei Sternschnuppen und wundern sich, daß es so etwas Ulkiges gleich zweimal gibt. Aber wie hier einer den anderen aufs Standesamt verlockt hat, das zu wissen, wäre eine Beichte wert. Es muß ein Wunder an Verführung gewesen sein, und hoffentlich können Sie diesen Triumph länger als sieben Jahre auskosten. Es soll Ehen geben, in denen man sich nichts mehr zu sagen hat und daher auf beredte Weise schweigt. Nicht so bei Ihnen! Beide beherrscht ein heftiger Drang nach Aussprache, Mitteilung und Diskussionen, die hinsichtlich Originalität und modernen Auffassungen nichts zu wünschen übriglassen. Manchmal stürzen sich beide in neue Wissensgebiete und tauchen dann mit neuen Ansichten wieder auf. Jeder »Wassermann« besitzt ein Radargerät für das Ungewöhnliche, Neuartige. In dieser Ehe folgt einer dem anderen auf Neuland – manchmal sogar in der Liebe. Die Ehe wird keinesfalls konventionell, Massenurteile oder -standpunkte interessieren Sie nicht. Es wird eine prickelnde Aufgabe, dem »Wassermann« ewig »Freundin« zu bleiben, damit er keine neue sucht. Wenn das Herz wieder einmal jene Sehnsucht nach dem Unerfüllbaren, nach Ferne und neuen Horizonten zeigt, dann sollte einer den anderen nicht behindern. Die vielen Herzenskrisen im Zeichen Wassermann sind bekannt, und wir können Ihnen nur ein Geheimnis ins Ohr flüstern: Wer dem »Wassermann« nachläuft, verliert ihn! Freiheit dagegen wird zur sichersten Fessel. Die Wassermann-Frau ist ihm in vieler Hinsicht recht ähnlich, sie kann sehr kapriziös sein und gibt viele Rätsel auf, die sie dann gelegentlich selbst löst. »Nur nicht unterordnen« heißt der Leitsatz aller Wassermann-Typen.

Liebe und Ehe im Zeichen Fische

Geboren vom 20. II. – 20. III.

Alles über Eva

Aquarienfreunde behaupten, daß das Betrachten von Fischen und ihren kleinen Spielen die Nerven beruhige und die Gedanken ablenke. Wer aber Fische-Frauen im häuslichen Bottich der Ehe besitzt, ernährt und tröstet, weiß, daß die Nerven hiervon zeitweilig sehr strapaziert werden. Die Seele dieser Eva ist nämlich in steter Bewegung, ihr Gemüt gleicht zuweilen dem zerlaugten »Spinat« der leise wedelnden Wasserpflanzen. Sehr sensible Fische-Mädchen reiferer Jahrgänge benötigen nicht selten statt Wasser Cognac, der sie teils aufputscht, teils in wohlig-süßes Dämmern einlullt, wodurch sie sich innerlich wieder etwas aufrichten. Das Gemüt dieses hypersensiblen Geschöpfs ist fast immer durchlöchert wie ein Teesieb und sehr verwundbar.

Wer diese attraktive Eva näher kennt, weiß, daß ihre Schwäche ihre Stärke ist. Viele Männer wollen leidenschaftlich gern trösten und streicheln. Dafür wurde die Fische-Frau geschaffen. Ihr anmutiges, schüchternes, aber hinhaltendes Betragen, jenes unterschwellige Ankurbeln männlicher Siegergefühle und ein rasches Erkennen und Nützen von Gelegenheiten bringen die Fische-Frau schon dorthin, wo die Liebe zu grünen beginnt. Jeder weiß, wie ein Getreidehalm dem größten Sturm standhält: durch Nachgiebigkeit. Die Fische-Frau bedient sich der »weichen Welle« und weiß aus Erfahrung, daß sogar Rabauken mit »elastischem Widerstand« nicht fertig werden. Alle Fische-Frauen haben ein weiches Herz, wollen lieben und geliebt werden, und zwar treu und dauerhaft. Aber jede dritte Fische-Frau wird geschieden oder verliert den Partner durch das Schicksal. Auch innerhalb der eigenen Familie gibt es manche Enttäuschungen und Herzenswunden. Man soll immer trösten und vergeben, aber wer tröstet die Fische-Frau? Jede Eva dieses Zeichens hat in ihrem Herzen exklusive Gefühle, die für ein Leben ausreichen würden. Leider wird sie in der Liebe oft enttäuscht. Trotzdem möchte sie immer noch einmal glauben und noch einmal verzeihen. Nach vielen Hereinfällen besitzt sie schließlich die bittere Erfahrung, daß Undank der Liebe Lohn ist. Da alle lauwarmen Gefühle keine echten Freuden bringen, die große Liebe aber fast immer zum Konkurs führt, versucht sie es am Ende mit der Akrobatik der Anpassung. Sie investiert nur noch das Nötigste, wäre aber jederzeit bereit, mehr zu geben. Die Männer, die sich allezeit wohlig der Seelenwärme einer Fische-Frau hingeben, wenn es ihnen schlecht geht, werden eines Tages üppig, und dann kommt es zu jener Bilanz, bei der nur Träume übrigbleiben. Kein Wunder, daß diese Eva den Intellekt, der die Träume entlarvt, am liebsten meidet. Hoffnung auf Glück wird daher zu ihrer Medizin, und dieses Stimulans hilft der Fische-Frau ein Leben lang immer wieder auf die Beine. Manchmal belügt sie sich selbst, denn Hoffnung kommt aus Phantasie, und davon hat sie übergenug. So ist Fische das Zeichen der Illusionen, der von der Abendsonne verklärten Schäfchenwolken. Und weil besagte Phantasie erst durch Alkohol die richtigen Flügel bekommt, greift so manche Eva dieses Zeichens zur Flasche. Aber jeder Höhenflug endet mit einem Sturz aus allen Wolken, und voller Selbsterkenntnis sieht dann manche Fische-Frau in den Spiegel und flüstert: Welch ein Schaf! Aber schon bald liebt sie wieder. Gern wäre die Fische-Frau für alle Zeiten materiell gesichert, denn sie fürchtet sich vor Armut oder sozialem Abstieg ganz besonders. In den meisten Fällen erfüllt sich ihre Hoffnung nicht, und die Glückserwartung zeigt als Endergebnis die bekannten »schönen Täuschungen«. So ist denn auch die Scheidungsziffer unter diesem anmutigen Zeichen recht hoch. Oft genug ist das Herz der Fische-Frau auch nach der Trennung noch engagiert. Mit einem Minimum aus der Konkursmasse verschenkter Liebe versucht diese Eva schließlich wieder zu vertrauen und zu glauben. Und da behaupten manche Männer, sie habe Fischblut in den Adern und gleiche den Nixen und Undinen, die zwar mit verführerischen Reizen verlocken und becircen, dem Becircten aber keine reine Freude bringen. Diese Brüder, die selbst gern in Nachbarteichen angeln, sollen ruhig am Haken zappeln. Es ehrt diese Dame, daß sie oft genug mit Hilfe von Liebe und Güte aus getarnten Hechten friedliche Karpfen machen möchte. Nach solch fruchtlosem Mühen sieht so manche Fische-Frau mit Skepsis hinter die Dinge, was ihr den Ruf einer Sphinx eingetragen hat. Ihre Seelenkämpfe macht sie mit sich selbst ab – niemand erfährt etwas davon. Man weiß es aber: Fische-Frauen weinen viel. Daher sind auch Perlen, die verzauberten Tränen des heimlichen Liebeskummers, der Talisman der Fische-Frau. Es muß aber hinzugefügt werden: Die offen geweinten Tränen sind manchmal nur Tarnwaffen – von den echten dagegen erfahren die »Eroberernaturen« am wenigsten. Man sollte Fische-Frauen immerzu streicheln!

Alles über Adam

Dem Märchen von den »träumenden Fischen« liegt wie allen Märchen ein Körnchen Wahrheit zugrunde: Sie träumen vom kommenden Aufstieg und vom großen Glück. Daher sind Fische-Leute die treuesten Kunden von Lotterie- und Lottoeinnehmern, aber auch von Spielbanken, und nicht selten spekulieren sie in Aktien. Sie werden niemals müde, auf das Glück zu bauen und in die Zukunft zu blicken. Sieht nun aber der Fische-Geborene von den Aussichtskanzeln der Erfahrung auf sein Leben zurück, so gewahrt er staunend, daß der Erfolg doch durch eigene Arbeit und Mühe kam. Gewiß – da und dort hat das Glück ein wenig nachgeholfen. Vielleicht durch eine Erbschaft, durch die Heirat, durch das Erspähen günstiger Gelegenheiten oder durch sonstiges freundliches Augenzwinkern der Göttin Fortuna. In den seltensten Fällen aber erfüllt sich der lang gehegte Jugendtraum: das große Los. Als inflationssicherstes Kapital erweisen sich stets die Gefühle und Stimmungen. Sie sind manchmal dumpf und depressiv, dann wieder beschwingt und beflügelt – der Sehnsucht, der Ferne, dem Wunder zugetan. So blüht denn auch der Glaube im Zeichen Fische am stärksten, vor allem eben der Glaube an das eigene Glück. Mancherlei Zufälle führen immer wieder aus den Sackgassen des Lebens heraus. Begibt man sich aber restlos in das Reich der Phantasie, der Spekulation, der Glücksjagd, so drohen die großen Bankrotte, und alles beginnt wieder von vorn. Manchmal fürchtet man die freie Wildbahn beruflichen Schaffens und sucht dann Deckung, etwa beim Staat oder im Schatten der Mächtigen. Raffinierte »Fische« wandern auf geheimen Pfaden, picken Rosinen aus fertig gebackenen Kuchen, die ältere Witwen oder einsame Herzen für sie bereithalten. Aber es ist nicht immer lohnend, solchen Schleichpfaden des zufallenden Glücks zu folgen oder zu vertrauen. Sie enden für manchen Fische-Mann in einem Käfig, den er dann nicht mehr verlassen kann. Erstaunlich oft finden Fische-Männer resolute, tatkräftige und im Beruf mitarbeitende Gattinnen, die ihnen dann manche Zukunftssorge abnehmen oder mindern. Die Liebe ist bei den »Fischen« manchmal ein zwielichtiger Bereich, in dem sich echte Gefühle und spekulative Erwägungen treffen. Der Überhang an Phantasie und beschwingter Vorstellungskraft wird vom rauhen Leben des öfteren korrigiert, und so setzt man schließlich die übertriebensten Hoffnungen auf halbmast. Das Gemüt gewöhnt sich mit der Zeit an den schwankenden Balanceakt, gleich einem Seiltänzer. Man sieht zwar schaudernd in Abgründe, aber man weiß aus Erfahrung: Irgendwo wartet stets Hilfe. Ganz abgestürzt ist noch kein Fische-Mann, denn er versteht sich aufs Schwimmen, nicht selten im Kielwasser von Größeren, Reicheren, Mächtigeren. So fällt einem im Leben manches doch zu, und man weiß es zu nützen, man hat einen sechsten Sinn für Kommendes und die Fähigkeit, sich anständig zu betten. Gegen ein strapaziöses Leben empfindet der Fische-Typ heftigste Abneigung. Von Jugend an schießen seine Pläne und Wünsche gar mächtig ins Kraut, unter den Fischen werden die meisten Architekten von Luftschlössern geboren. Hinzu kommt noch die Liebe, die das Fische-Herz gewaltig in Anspruch nimmt, zumal man zeitlebens mit den verlockendsten Ködern zu kämpfen hat, und gerade dann am meisten, wenn man seelisch und leiblich eigentlich schon ganz gut versorgt ist. Die Abenteuer am Weg und die Blumen in fremden Gärten gehören zu den geheimen Versuchungen, die ein Fische-Gemüt befallen. Der Akzent liegt auf dem Stichwort »geheim«. Nirgends versteht man besser zu tarnen, zu schweigen, zu flunkern als im Zeichen Fische. Selbst langjährige Besitzerinnen kommen nur ganz selten auf die Schliche ihrer in vielen Farben schillernden Schleierfische. Was sie wirklich denken und tun, brauchen andere nicht zu wissen, und so »arrangieren« sie sich mit dem Leben. Was dabei herauskommt, ist oft genug ein Provisorium. Das harte Anecken ist einem Fische-Mann in der Seele zuwider. Was bleibt ihm anderes übrig, als die Gegensätze seiner Umwelt gegeneinander auszuspielen oder zu überbrücken? Daß es in Liebe und Ehe dennoch zu mancherlei Krisen, ja sogar zu Scheidungen kommt, ist sonderbar, aber erwiesen. Die »Fische« werden allerdings meist unschuldig geschieden. Oft versuchen »Fische«, ihren wechselnden Gefühlen zu entfliehen. Der fliegende Fisch, jenes Geschöpf, das sein eigenes Element scheinbar satt hat und sich nach Höherem sehnt, ist das Wappentier manches Fische-Typs. Aber er muß doch immer wieder zurück in die Sphäre des Gemüts und der mit ihm Schindluder treibenden Gefühle und Stimmungen. Fische-Männer, die ein solches Leben eines Tages satt haben, greifen zu extremen Mitteln, zumindest zum Alkohol. Nach einem Selbstmordversuch im Geist richtet er sich neuerdings auf und glaubt wieder an sein Glück. Einmal muß sie ja kommen, die Richtige, mit etwas Vermögen, einem Häuschen oder einem Geschäft, das beide ernährt. Viele Fische-Männer erleben dieses Wunder und ranken sich dann an ihrem besten Stück empor. Mit solch schicksalsbeladenen und wissend gewordenen »Fischen« sind die Besitzerinnen meist sehr zufrieden, denn niemals erliegen sie dem rauchenden Zorn, der blinden Wut, sondern sind von freundlicher Milde, manchmal allerdings auch diplomatisch schlau. Manche Eva glaubt, einen »Fisch« nach der Heirat mühelos schuppen zu können. Weit gefehlt! Dieser Adam ist mit Süß- und Salzwasser gewaschen und findet in jedem Netz noch ein Loch. In Sachen Sex ist er sehr begabt und hat gewaltige Erfolge. Er kann Frauen so trösten, daß die Tränen um den zuletzt Verlorenen auf Anhieb versiegen. Wer um die zahllosen unglücklichen und liebebedürftigen Evas weiß, ahnt, was Fische-Männer leisten müssen.

Wer paßt zum Zeichen Fische?

Viermal dürfen Sie wählen:

1. Partner aus dem Zeichen Krebs (22. VI. – 22. VII.)

Diese Bindung stellt nahezu den Idealfall dar. Beide Partner zeigen gleichgerichtete Gefühlsreaktionen und verwandte Seelenlabyrinthe. Worin sie sich am meisten ähneln, sind die edlen Stimmungen und der gelegentliche Tiefdruck der Seele. Beide haben schwache Stunden mit dem Verlangen nach innerer Emigration, denen aber bald wieder der Höhenflug der Ideen und Pläne folgt. Während man unterm Zeichen Krebs die seelischen Tiefs mit sich selbst abmacht und nur stundenlang wie ein indischer Jogi schweigt, braucht der »Fisch« die Mitteilung, die Aussprache. Hat man keinen Partner zum Reden, muß man die Sorgen ersäufen. Fische-Männer trinken nur deshalb, weil sie zuviel Gefühl erzeugen, was schließlich zum Weltschmerz führt. Welch ein Glück, wenn sich dann der Krebs-Partner gerade in einem Hoch befindet. Wenn es sich um eine Krebs-Frau handelt, kann das Glück vollkommen sein, denn endlich hat sie jemanden zum Bemuttern und Umsorgen. Genau das benötigt ein Fische-Mann, und einmal daran gewöhnt, kann er es nicht mehr missen. Dies ist der »Kit« ihrer Ehe. Handelt es sich um den Krebs-Mann, so hat er viel Pflicht- und Verantwortungsgefühl und ist sehr zärtlich. Daß es unterm Zeichen Krebs etwas langsam und mit gewissen Pausen nach oben geht, bekümmert eine Fische-Frau weniger als andere, da sie vorwiegend aus dem Gefühl lebt. Manchmal steuert sie etwas Optimismus hinzu, ein Seelenkapital, von dem ein Krebs-Mann zeitlebens zehrt. Viel hauchzartes Gefühlporzellan der Fische-Frau wird von rauhen Männern in der Ehe zertrampelt. Niemals jedoch vom Krebs-Partner! Er erliegt fast immer dem träumerisch-saugenden Blick dieses weichen und schmiegsamen Mädchens. Diese Bindung kann zur »vollkommenen Ehe« werden. Krebs/Fische-Partner werden so gut wie nie geschieden.

2. Partner aus dem Zeichen Skorpion (24. X. – 22. XI.)

Dies ist der zweite Idealfall, denn mit einem Skorpion-Mann erhält die Fische-Frau endlich einen Halt, ja eine Säule zum Anlehnen, auf jeden Fall Boden unter die Füße. Wie alle Männer, auf die man sich verlassen kann, ist er etwas autoritär, selbstbewußt und nicht übermäßig nachgiebig. Sollte er aber an Ihnen Feuer gefangen haben, so steckt er mühelos auch jede Ihrer Herzkammern in Brand. Es gibt viele »Skorpione«, die auf ihre Partnerinnen »schicksalsbestimmend« einwirken. Genauer gesagt, Sie können auf einen eigenen Lebenslauf fast verzichten, denn er dirigiert Sie. Damit erstirbt aber bei Ihnen auch jede Angst vor der Zukunft, die Sie so oft bekämpfen mußten, denn Ihre Zukunft wird jetzt von ihm gelenkt. Er hat ein leidenschaftliches Herz und nährt viele Feuerchen, am meisten jenes der Eifersucht. Bleiben Sie daher für ewig bei ihm! Wenn Sie in der Zeitung von rasend eifersüchtigen Ehemännern lesen, die mit dem Beil die Wohnungseinrichtung zerhacken – das sind oft Skorpion-Männer! Mit einer Skorpion-Frau passieren solche Dinge selten, denn sie überwacht den Fische-Mann beizeiten und läßt keinerlei Irrtum darüber aufkommen, daß es sich mit ihr um die Einehe handelt. Freundinnen werden rechtzeitig abgedrängt, das erspart Ihnen manchen Gewissenskampf. Ihre privaten Wünsche und Sehnsüchte gehen durch die Zensur der Skorpion-Frau, denn sie duldet keinen Abstieg in schwankende soziale Zustände mit Totalverlusten und Neubeginnen. Sie werden ein Wanderer zwischen Grundsätzen, Pflichten und seelischen Läuterungsabschnitten. Viele Fische-Männer verdanken einer Skorpion-Frau den beruflichen Aufstieg und wachsen sogar über sich selbst hinaus, indem sie zu weiteren Gefühlabenteuern nein sagen lernen. Sie lernen also auch befehlen – leider nur sich selbst. Was die Liebe anbetrifft, so hat die Skorpion-Frau einen ausreichenden Vorrat an Leidenschaften. Skorpion/Fische-Ehen sind beständig.

3. Partner aus dem Zeichen Stier (21. IV. – 21. V.)

Wir gratulieren Ihnen zu Ihrem Fund! Das Wichtigste gleich zuerst: Sie kommen gar nicht mehr davon, denn ein »Stier« hält eisern fest, was er einmal besitzt. Und das ist die zweite wichtige Tatsache: Sie gehen in den Besitz des Stier-Partners über – mit Haut und Haaren. Was könnte einer Fische-Frau Besseres begegnen als Sicherheit, Zuverlässigkeit, Anhänglichkeit und viel Liebe? Stier-Männer können mit ihren Leidenschaften selbst eine Kühltruhe auftauen. Um so mehr eine Fische-Frau, die schon bei den ersten Gefühlsfeuerchen schmilzt. Sollte es einmal zu Meinungsverschiedenheiten oder Diskussionen kommen, so können Sie mit raffinierter Küche alles wieder gutmachen, denn er ißt lieber gut, aber reichlich. Bei Stier-Männern erlebten schon manche Gattinnen tolle Überraschungen: Sie können nämlich zuweilen selbst kochen, und manche von ihnen haben Luxusrestaurants gegründet. Zum mindesten aber haben sie schon manchen Frauen das Kochen beigebracht. Nicht jede Fische-Frau jubelt über solche Horizontausweitung, sondern hat bald jenen Dreh heraus, wie man einen Stier-Mann durch List und heftiges Lob zu eigener Haushaltsbetätigung ankurbelt. Was die Stier-Frau anbelangt, so wird sie vom Fische-Mann mit sehr viel Gemüt und Herzlichkeit bedient.

Unter diesem Zeichen gibt es aber recht unterschiedliche männliche Ausgaben: Die einen können hart arbeiten, werden jedoch bald wieder müde und brauchen dann gute Pflege und geistige Aufputschung. Die anderen sind dauerhaft müde und suchen einen sicheren Hafen der Ehe, der die beruflichen Strapazen mildert oder überflüssig macht. Für Fische-Männer haben schon manche Besitzerinnen Hartes geleistet. Auch in seelischer Beziehung, denn manche »Fische« gehen öfters einen heben, um ihr wundes Gemüt zu befeuern. »Fische« neigen eben zu passivem Erleben, daher auch zu geistigen Getränken. So manche Stier-Frau paßt sich an und bechert mit.

4. Partner aus dem Zeichen Steinbock (22. XII. – 20. I.)

Durch den Steinbock-Mann kann eine Fische-Frau sogar zu einem Haus kommen, denn Steinbock-Männer ohne Häuser gibt es fast nicht. Wie oft schon sehnten Sie sich nach Ruhe, Sicherheit und Altersversorgung! Mit ihm haben Sie das alles und obendrein die theoretischen Freuden an einem steigenden Bankkonto. Das Abheben dürfte Ihnen allerdings schwerfallen, denn beim »Steinbock« ist alles verbucht, verwahrt, abgesichert. Erfreuen Sie sich mehr am geistigen Besitz und verletzen Sie sein sammelndes Gemüt nicht durch Sonderausgaben. Man weiß, daß Sie gern von der Liebe reden; jetzt müssen Sie sich aber auch für Geschäftsberichte, Bilanzen und Berufsgespräche interessieren. Wenn Sie sein Werk loben, an seinem Beruf teilnehmen, ihn etwas anbeten, steigen Sie zur Lebenskameradin auf. Übrigens schwindelt er selten und macht Ihnen auch schon vor der Ehe nichts vor. Alle Unterlagen sind echt. Freilich werden Sie abends manchmal eine Platte auflegen müssen: »Du hast mich heute noch nicht geküßt . . .« Er vergißt es einfach! Meiden Sie also Grübelei und aparten Weltschmerz, denn hierfür hat er keine Antenne. Dafür ist er ein Partner für alle Tage und besonders für die Regentage. Schönste aller Sicherheiten: Steinbock-Männer werden fast nie geschieden, denn die Gerichtsspesen sind ihnen zu hoch. Was die Steinbock-Frau betrifft, so müssen Fische-Männer hier manchmal mit etwas Gefühlsmanko rechnen, wenigstens nach einigen Jahren. In der ersten Liebe blüht auch die Steinbock-Frau, redet oder singt aber nicht gleich drauflos, sondern frißt Glück wie Unglück gleichsam in sich hinein. Sie werden mit der Zeit Psychologe und müssen das meiste erahnen. Später werden Fische-Männer von Steinbock-Frauen gern »verwaltet«, dirigiert, zu sozialem Aufstieg angekurbelt. Aber alles dient nur seiner eigenen Wohlfahrt, denn ohne die Steinbock-Frau wäre der »Fisch« der Verwahrlosung anheimgefallen.

Dreimal müssen Sie prüfen!

1. Partner aus dem Zeichen Jungfrau (24. VIII. – 23. IX.)

Bei diesen Antipoden handelt es sich um Anziehung der Gegensätze. Wenn ein Fische-Mann von einer Jungfrau »angezogen« wird, so erlebt er nach einiger Zeit eine systematische Ausrottung aller Träume, Phantasien, himmelstürmender Pläne und großartiger Wünsche, die für eine echte »Jungfrau« nichts als Müll darstellen. Fische-Männer werden bei ihr umgeschult, geistig verändert, an Realitäten gewöhnt. Es ist ein harter Prozeß, und so mancher Fische-Mann flüchtete bald und ward nicht mehr gesehen. Wenn es gutgeht, bekommt die »Jungfrau« von ihm nicht nur rationierte Hausmannskost der Liebe, sondern Gefühle im Überfluß. Gehobene Stimmungen, Launen und herrschaftliche Wünsche wechseln sich in seiner Seele ab.

Manche »Jungfrau« muß da durch berufliche Arbeit zum gemeinsamen Glück beitragen. Was ein richtiger Fische-Mann ist, liebt die Ruhe, die Bequemlichkeit und die Mildherzigkeit der Frauen (Hausfrauen, Gattinnen, Vermieterinnen und Wochenendbräute). Oft ist er der Lastenausgleich für vereinsamte Herzen, die außer Trost auch noch handgreifliche Dienste bieten müssen. Die materielle Unsicherheit, die eine »Jungfrau« infolge ihrer Realistik und Organisationsfähigkeit meist nicht kennt, bringt nun der Fische-Mann ins Haus. Sie wird sich dieser altruistischen Lebensaufgabe kaum entziehen können.

Ist es ein Jungfrau-Mann, so bedeutet er für die Fische-Frau die langersehnte Sicherheit, aber es beginnt auch sofort die Umerziehung zur Hausfrau, Mutter, Köchin. Ebenso lernt sie in dieser Ehe erstmals ein Sparschweinchen kennen. In Hausfrauenzeitschriften liest man daher viele Seelenbeichten von Fische-Frauen. Sie handeln alle vom lädierten Gemüt und dem nagenden Zweifel, ob der Gefundene auch der Richtige ist. Im Fall des Jungfrau-Mannes sind wir darüber selbst im Zweifel!

2. Partner aus dem Zeichen Zwillinge (22. V. – 21. VI.)

Seien Sie keinesfalls sicher, daß Sie den »Zwilling« für immer besitzen, falls Sie ihn gerade haben. Anfänglich sind Sie von ihm sehr begeistert, denn alle Ihre seelischen Probleme können Sie vor ihm wie einen bunten Fleckerlteppich ausbreiten. Er ist ambulanter Psychologe und entblättert Ihre Psyche gleich einer Zwiebel. Kennt er dann alles an Ihnen, geht er manchmal wieder. Sie werden zwar getestet, aber nicht geheilt. Manche Fische-Frau hat einen Drang zum Beichten von Problemen. Das kommt bei ihm an! Sie können mit ihm reden und reden – tagelang. Wenn es um Liebe geht, flunkert er manchmal, besonders hinsichtlich der Treue. Sie müssen schon sehr auf Draht sein, denn er besitzt ein Spezialwissen in bezug auf Scheidungsgründe. In Ihrem Liebesschicksal ist er wie ein Komet: Er blitzt auf, schillert, funkelt und verschwindet wieder. Sie leben in der Wärme der Gefühle – er in der kühlen Atmosphäre des Intellekts. Einer von beiden muß leiden, und es ist immer die Fische-Frau! Aber Sie sind dann um eine Erfahrung reicher. Trauern Sie ihm nicht nach, falls Sie ihn verloren haben, denn selbst stärkere weibliche Sterne als eine Fische-Frau benötigten hier schon einen Eisbeutel als Kopfschmuck. Von einer Zwillinge-Frau braucht ein Fische-Mann zeitweise Erholungsurlaub. Sein Nervensystem hält dieser Redebegabung nicht stand. Im vorgeschrittenen Stadium der Resignation oder inneren Emigration verbleibt ihm nur noch das große Schweigen. Keine Zwillinge-Frau hat genügend Zeit, um sich in das verchromte Innenleben eines Fische-Mannes zu vertiefen. Beide Zeichen – Zwillinge und Fische – bringen schon für sich allein genommen viele Pannen in Liebe und Ehe. Wenn Sie den Liebeskummer zusammenlegen, könnte vielleicht eine Interessengemeinschaft entstehen. Hierzu bedürften beide der Reife, wobei aber zu bedenken ist, daß die Zwillinge-Frau selbst bei den »falschen Partnern« eher auflebt als ermüdet. Fische-Männer überstehen solche Bewährungsproben nur mit etwas Alkohol im Blut!

Einige Bewährungsproben:

Bekanntschaft mit dem Zeichen Widder (21. III. – 20. IV.)

»Fische« und »Widder« verhalten sich wie Wasser und Feuer. Daß Sie sich überhaupt fanden, ist einfach Schicksal und muß nun durchlitten werden. Sie wissen es bald: Diese Ehe ist wie Hammer und Amboß, den Hammer schwingen die »Widder«, und die »Fische« müssen dulden, denn zum Opfern scheinen sie wie geschaffen. Das Fische-Herz braucht viel Zärtlichkeit. Aber die Widder-Partner sind Kugelblitze und Knallfrösche! Anfänglich wird das Fische-Herz versengt, dann durchlöchert, und schließlich leidet es an Infarkt. Falls es eine Fische-Frau ist, benötigt sie zur Rekonvaleszenz den Heilschlaf. Was Widder-Männer erobern, wird immer beschädigt! Was andererseits Widder-Frauen mit Fische-Männern anstellen, beweist, daß das Zeitalter der Frau im Anbruch ist. In dieser Ehe wird allenfalls die Gleichberechtigung des Mannes als Haushaltshilfe praktiziert. Nach einem halben Jahr Ehe denkt kein Fische-Mann mehr an seine Rechte, sondern nur noch an seine Pflichten. Ihr Motto heißt fortan: Wer nachgibt, hat mehr vom Leben. Bald nach dem Standesamt flüchten Fische-Männer in den Außendienst oder machen im Beruf Überstunden. Viele sehnen sich wieder nach dem einstigen Dämmerschoppen und vertraulicher Rücksprache mit Leidensgenossen. Man glaubt einem Fische-Mann aufs Wort, daß er nicht mehr weiß, wie oder was ihm geschah!

Bekanntschaft mit dem Zeichen Wassermann (21. I. – 19. II.)
Siehe unter Wassermann/Fische!

Heiteres Zwischenspiel mit dem eigenen Sternzeichen Fische

Dieser Fall kommt selten vor, und wenn, so gibt es ja niemals zwei völlig gleiche Menschen unterm gleichen Zeichen. Nur die komfortablen Seelenlabyrinthe ähneln sich einigermaßen. Diese Ehe wird ein gemütlicher Gefühlswigwam, ausgestattet mit Herz, Gemüt, seelischem Tiefgang und hochtrabenden Wünschen. Zuweilen muß ein Partner den anderen trösten. Am nie versiegenden Strom der Gefühle zeigt sich, daß das Zeichen Fische zum Wasserelement gehört. In reiferen Jahren begießt ein »Fisch« seinen wabernden Gemütsbrei mit mancherlei stimulierenden Flüssigkeiten, in denen kein wirklicher Fisch mehr schwimmen möchte. Angestrahlt wird diese

Ehe vom niemals erlöschenden Silberstreifen am Horizont der Phantasie. In der Ferne liegen die Luftschlösser und Kartenhäuser. Aus Gutmütigkeit und übergroßer Vorsicht erreicht man sie nicht immer. Einfühlungsvermögen und Verzeihenkönnen machen die Ehe überwiegend harmonisch. Gegenseitige Hilfsbereitschaft löst Probleme. Allen sei es gesagt: Die Welt wäre friedlicher und romantischer, gäbe es mehr »Fische«! Freude an Musik, an Büchern, an den Künsten erhellt den Alltag, die geniale Unordnung macht das Heim behaglich. Es ist weithin bekannt, daß sich zwei »Fische« im ehelichen Aquarium ausgezeichnet vertragen. Wenn einer »fremdgehen« sollte, tut er es gewöhnlich mit umwerfendem Charme und treuem Dackelblick. Im Fall der Scheidung wäre Ihnen ein herzbewegender Abschiedsbrief samt der Versicherung, »auf ewig einen treuen Freund zu besitzen«, gewiß! Man kann eben unter »Fischen« nicht böse sein!

Planetenkonstellationen an der Horizontalachse

im Feld I: Eigene Persönlichkeit – engere Umwelt
im Feld VII: Heirat – Ehe – verbundene Umwelt

Der Aszendent: Ihre Umwelt, Ihre Persönlichkeit, Ihr Verhalten
Stichworte für die psychischen Verhaltensweisen gemäß dem Zeichen am Aszendenten (oder am Feld I):

Widder: Bewegtes Schicksal, Tätigkeit, Unruhe, Wechsel, starke Berufsverbundenheit, sozialer Aufstieg, Ichbetontheit, starke und dynamische Persönlichkeit, Extreme. Auseinandersetzungen, Kampfmotive, Durchsetzung.

Stier: Streben nach Stabilität, Ruhe, Sicherung. Umgebung entspricht dem inneren Verlangen nach Besitz, Harmonie, materiellen Werten. Das »Ich« erlangt erhöhte Bedeutung, es lebt auf dem Boden der Tatsachen. Praktiker!

Zwillinge: Beziehungsreiche Umwelt! Vermittelnd, verbindend, beweglich und aufgeschlossen. Vielseitigkeit, Vielfältigkeit des schicksalhaften Erlebens. Zahlreiche Kontakte zur Umwelt. Reisen, Lernen, Neugierde, Wißbegier. Sprache, Schrift, Verkehr, Wissenschaften, Künste.

Krebs: Geborgenheit wird angestrebt. Familie, Haus, Heim, Eltern, Kinder. Schwankende Rhythmik im Schicksal. Wechsel, Veränderungen, Ungeduld, Sensibilität, Launen! Seele und Gemüt verarbeiten die äußeren Eindrücke. Labilität.

Löwe: Das Verlangen nach Autorität, Anerkennung, Beifall und reicher, prunkvoller Ichentfaltung wird in die Umwelt projiziert. Ansprüche an das Leben, Ichbetonung. Die Umwelt wird bezwungen. Herrscheransprüche. Generosität. Die Fülle wird gesucht.

Jungfrau: Mäßigung, Arbeit, Methodik, Kritik, Vereinfachung. Planendes Denken, geordnetes Leben. Pedanterie oder Analyse, Korrektheit, Verstandesdenken. Diät, Hygiene. Verwertung, Ausnutzung, Berechnung, Kalkulation.

Waage: Leichtes Leben, Streben nach Anerkennung, Beifall, Geselligkeit, Kultiviertheit, Harmonie, Überbrückung von Gegensätzen. Eitelkeit, Geltungstrieb oder Selbstdarstellung. Liebe zur Kunst. Aufstieg über die verbundene Umwelt.

Skorpion: Härte, Kämpfe, Disharmonien, Hartnäckigkeit, Eigensinn, psychische Aggression, Ichbehauptung, Leidenschaften, Triebe, unterschwellige Energien, Mißtrauen, Vorsicht, Schläue.

Schütze: Zwiespalt, Schwanken, Impulssteigerungen, starke motorische Antriebskräfte, Arbeitsfreude. Planen, mehrfache Ziele, Vielseitigkeit, Geltungsbedürfnis, Rastlosigkeit, vielseitige Kontakte, Entschlußlosigkeit, Gerechtigkeit.

Steinbock: Materie in jeder Form! Ehrgeiz bei äußerer Einschränkung. Selbstbeschränkung, Sicherungsstreben. Grundbesitz, Hausbesitz. Zähigkeit, Vorsicht, Mißtrauen, List. Zurückhaltung, Strebsamkeit, Geschäftsgeist.

Wassermann: Toleranz, Verbindlichkeit, Humanität, Offenheit, akuter Wechsel, Umbrüche, Neubeginne, Reformen, aufgeschlossene Geistigkeit, Geselligkeit, Reisen, Expansion des Geistes, Ideale, konstruktiver Geist, Planreichtum.

Fische: Zurückgezogenheit, Sensibilität, Depressionen, Vereinsamung, Passivität, Gefühlsverfeinerung, Phlegma, Launen, Genußliebe, Manien, Süchte. Intuition! Schwankendes Schicksal, Zufälle, Krisen.

Zeigte das vorhergehende Kapitel die Wirkung des Sonnenstandes in den zwölf Zeichen im Hinblick auf verbundene Menschen, so geben nun die Planeten in den Feldern I und VII noch genauere Auskunft über Partnerschaft und Ehe. Alles, was sich an Planetenkonstellationen und Aspekten im Feld I zeigt, unter ganz besonderer Dominanz des Aszendentengrades selbst (mit einem Umkreis von 8 Grad vorwärts und zurück), symbolisiert Ihre eigene Persönlichkeit, Ihre Umwelt und die Gestaltung Ihrer Umwelt, Ihre Anlagen, Fähigkeiten und Reaktionsweisen, manchmal auch die Gestalt und körperliche Einzelheiten (sofern ein Planet sehr nahe am Aszendenten steht).

Zeigt die östliche Achsenhälfte (Aszendent und Feld I) starke Planetenbesetzung, so liegt die Aktivität, das Handeln, bei Ihnen. Je stärker und machtvoller das Planetensymbol an dieser Stelle ist, desto stärker ist auch Ihre Initiative (wie im Fall von Sonne, Mars, Uranus).

Zeigt die westliche Achsenhälfte die stärkere Dominanz durch mächtige Planeten, so werden Sie von der Außenwelt beeindruckt und erleben den Partner, die Ehe, persönliche Bindungen mehr im passiven Sinn.

Alle Planeten, die diese Horizontalachse, die Achse der Persönlichkeit, besetzen oder durch Aspekte beeindrucken, prägen auch gleichzeitig Ihr Wesen, Ihr Gemüt, Ihre Reaktionsweisen, Ihre Handlungen und lösen dadurch Ihr Schicksal aus.

Die Sonne im Feld I oder nahe dem Aszendenten

Die Sonne zeigt hier ein starkes Persönlichkeitsbewußtsein an, gefärbt durch die jeweiligen Aspekte und das jeweilige Tierkreiszeichen, in dem sich die Sonne befindet. Alle Anlagen und Fähigkeiten werden sich machtvoll durchzusetzen versuchen. Eine günstig aspektierte Sonne in diesem Feld des Horoskops ist von vornherein eine günstige Basis, bringt die Persönlichkeit auf irgendeine Weise zur Bedeutung, die Anerkennung innerhalb der Gemeinschaft und der Aufstieg im Sozialen erfolgen leichter. Ehrgeiz und Selbstbewußtsein helfen mit an der Verwirklichung weitgesteckter Ziele.

Die Sonne im Feld VII

Hier zeigt die Sonne an, daß alle engeren Verbindungen, Beziehungen und Partnerschaften – der Ehepartner im besonderen – einen wichtigen Bestandteil des Schicksals bilden. Mehr oder minder kommt die Intensität des Erlebens durch den verbundenen Partner, den Gatten, die Heirat. Aber auch die Umwelt wird wichtig, insofern sie das eigene Ich mit der Öffentlichkeit oder dem »Du« verbindet, in Form von Zusammenarbeit, Beteiligungen, gemeinsamen Bemühungen mit anderen. Auch eine öffentliche Position kann diese Verbundenheit mit der Allgemeinheit auslösen. Die Ergänzung, die Projektion des Ichs in die Außenwelt wird wichtiger als das Ich und seine Wünsche.

Der Mond im Feld I oder nahe dem Aszendenten

Ist die Sonne das ursächliche, Leben gebende, geistige Prinzip, so ist der Mond das seelische, reflektorische Prinzip. Der Mond in diesem Feld bedeutet eine Schicksalsrhythmik des Auf und Ab, Vor und Zurück. Bewegung, Unrast, Unruhe treten als seelische Faktoren auf. Infolge dieser Seelenhaltung verliert das Schicksal an Stabilität. Die psychische Grundhaltung erzeugt schwankende Ziele, leichte Ablenkbarkeit, Zersplitterung. Die innere Unruhe projiziert sich in die Außenwelt und läßt diese im wechselnden Reigen der Wunschbilder am Ich vorüberziehen. So treten Erlebnisse auf, die diesen Wunschbildern gemäß sind, wie Reisen, Positionswechsel, Berufswechsel, Veränderungen, neue Kontakte und wiederholte Trennungen. Erreichte Positionen können wieder verloren werden. Man befindet sich im Reich der Reflexionen, Einbildungen, Affekte, Triebe und Wünsche.

Der Mond im Feld VII

Diesem schwankenden, unruhigen, unzuverlässigen und ewig wechselnden Symbol begegnet der Mensch nunmehr in seiner Außenwelt, seinen enger verbundenen Menschen, seinem Ehepartner, der auch charakterlich gewisse Züge des Haltlosen oder wenigstens des Empfänglichen, Sensitiven trägt. Viele Bindungen, Bekanntschaften, Freundschaften begegnen dem Menschen und fordern ihn zu schicksalhafter Anteilnahme an fremdem Geschick auf.

Neptun im Feld I oder nahe dem Aszendenten

Der Neptun an dieser wichtigen Stelle eines Horoskops deutet auf Hypersensibilität der Empfindungen, der Nerven, der Gemütsanlage. Neptun symbolisiert die Phantasie, ihre Erregbarkeit bis zur Irreleitung und Perversion. Sein Reich ist die unterschwellige Triebsphäre, das Unterbewußtsein nebst allen traumhaften, visionären, trügerischen Schöpfungen dieser Tiefenwelt. Nicht selten finden wir daher unter dieser schwer erfaßbaren Konstellation Menschen mit gesteigertem Wunschleben, abnormer Phantasie, einem Verlangen nach Erhöhung ihres Tagbewußtseins, sei es im Rausch, im Trugbild der Sinne oder durch Manien, Süchte, Narkotika und Drogen. Der »verletzte« Neptun an dieser Stelle symbolisiert immer Täuschung, Enttäuschung, Illusionen, Schwindel, Betrug, Utopie oder Unkorrektheiten aller Art. Der gut aspektierte Neptun löst sehr oft eine latent vorhandene Medialität aus. Sie ist jedoch in keinem Fall ein Geschenk, sondern eine Bürde. Den echten Neptunier quälen die Phantasiebilder seiner übersteigerten Sinne. Die Verschleierung seiner Persönlichkeit reicht vom frommen Selbstbetrug bis zur Phrase und Verstellung. Die ganze Rumpelkammer niedriger Geistigkeit mit ihren Tendenzen zu Spekulationen, Intrigen, Klatschereien kann den Neptunier quälen und bedrücken, denn hier ist alles vage, ohne Umriß und ohne echten Gehalt. Die Inspirativen, die Künstler, Musiker und Mystiker unter dieser bedrängenden Konstellation sind in der Mehrzahl.

Neptun im Feld VII

Das Prinzip des Neptunischen beeinflußt hier die Kontakte, Begegnungen, Freundschaften, Partnerschaften und die Ehe. Die Umwelt wird in ihrer Rückwirkung auf die eigene Persönlichkeit zu einer Enttäuschung, Verirrung, zum absonderlichen Erlebnis des »Du« an sich. Umwelt und Begegnungen zeigen ein problematisches Gesicht, bedrücken, ängstigen oder beschweren die Seele. Im besten Fall ergeben sich altruistische Gemeinschaftsziele, Hilfe für den Nächsten, seelische Verbundenheit mit Menschen abseits der Masse. Die Ehe neigt zur Auflösung oder Unbeständigkeit. Bei irgendwelcher Partnerschaft können Betrug oder Illusion sehr leicht eine große Rolle spielen. Häufig genug besteht keine feste Bindung, ebensooft ergeben sich absonderliche Kontakte mit verwirrendem oder chaotischem Ausgang. Der Standpunkt innerhalb der Gemeinschaft oder die Projektion des Ichs in die Öffentlichkeit können umstritten, nebulos, haltlos sein. Bigamie ist hier eine der Möglichkeiten. Das Hochstaplerische, Im-trüben-Fischende ist genauso häufig wie die altruistische Geste der Menschenverbrüderung. Einen scharf umgrenzten Standpunkt, gestützt durch Logik, Konsequenz und Klarheit der Schicksalsmotive, fördert Neptun nicht!

Uranus im Feld I oder nahe dem Aszendenten

Uranus als Symbol des Plötzlichen, Unvorhergesehenen und Bestürzenden offenbart sich in dieser wichtigen Position im Feld I als Eigenwilligkeit, Rastlosigkeit, Energieballung, Durchsetzungstrieb und Freiheitsliebe, die bei »verletztem« Uranus bis zum Anarchismus reichen kann. Die Persönlichkeit und ihre Schicksalsmotive befinden sich außerhalb des alltäglichen, genormten Rahmens. Die Individualität ist voller Spannung, ihre Dynamik reicht vom Ungewöhnlichen bis zum Exzentrischen. Das grundsätzlich Neue, Richtunggebende, in die Zukunft Weisende wird visionär erfühlt und vor anderen Zeitgenossen erkannt. Das Ego befindet sich häufig genug in Kontroversen mit der genormten Bürgerlichkeit; der uranische Menschentyp kennt keine Überlegung, keine Konventionen und keine Grenzen. Diese Menschen sind originell, ihre Intelligenz liegt überm Alltagsdurchschnitt. Technik, Erfindungen, Flugwesen, Radiotechnik, aber auch Grenzwissenschaften, psychologische Disziplinen, Metaphysik, angewandte Psychologie interessieren den typischen Uranier. Viele von ihnen brauchen die Unruhe des Reisens, des Abenteuers und des Risikos. Der Fanatismus eines Uraniers wie auch die schwärmerische oder utopische Weltbetrachtung kann ihn zum Außenseiter harmloser Art, aber auch zum gefährlichen Revolutionär machen.

Die Schicksalsrhythmik zeigt auch noch im Fall eines gemäßigten Uraniers absonderliche Lebenskurven, plötzliche Glücksfälle, unvorhergesehene Wenden, Schicksalsschläge, radikale Umstellungen. Was der Uranus nahe dem Aszendenten keinesfalls auslöst, ist ein stabiles, durchschnittliches Schicksal.

Uranus im Feld VII

Wenn Uranus die Horizontalachse erregt, so wird das Erleben der Gemeinschaft, der Öffentlichkeit, der Umwelt ein äußerst fluktuierendes, erregendes, aufregendes. Die Kontakte zeigen häufig ein Moment der Impulsivität, der Originalität, des Unberechenbaren, und selten genug halten sie längere Zeit an. Zuweilen bringt dieses Schicksalsmotiv der Trennung psychischen Aufruhr, äußere Umstellungen und innere Krisen. Nicht selten sind die Partner, die engeren Bindungen über dem Durchschnitt. Die Einstellung zur Ehe ist unkonventionell. Legitime Verhältnisse zeigen des öfteren Störungsmomente durch Parallelverhältnisse des Partners. Wie auch immer die Bindung zum »Du« geartet sein mag, sie entfernt sich vom Herkömmlichen. Das Motiv der Übereilung, der Impulsivität, der Voreiligkeit macht sich auffallend häufig bemerkbar. Aufregungen sind ein Bestandteil der Beziehungen zum »Du« wie auch zur Umwelt.

Saturn im Feld I oder nahe dem Aszendenten

Wenn wir den Saturn in unserer Symbollehre als Prinzip der Erstarrung, des Konservativen, des Melancholischen, Depressiven, Ernsten, Zurückhaltenden erkannt haben, so fällt es nicht schwer, den echten Saturnier schon an seinem äußeren Habitus zu erkennen. Selbstbegrenzung, Einschränkung, Lebensernst, psychische Schwere, geistige Vertiefung sowie Egozentrik im Denken und Handeln charakterisieren ihn.

Nichts wird von ihm leichtgenommen, nichts gelingt mühelos. Es fehlt jedwede Leichtigkeit und Großzügigkeit. Der Seele ist von Geburt an Ballast aufgebürdet, und nicht selten schafft der Saturnier neuen hinzu.

Die materiellen Dinge werden vom Saturnier als einzige ernst genommen, Besitz und Erwerb sind Angelpunkte des Strebens. Das Aufhäufen von Besitz oder Geld geschieht mit enormer Zähigkeit, und die nüchterne, allem Luxus abgeneigte Lebensführung ist für den Saturnier keinesfalls eine Beschränkung, sondern ein integrierender Bestandteil seines Wesens, der ihn befriedigt. Seine Ziele sind wirtschaftliche Sicherung, Unabhängigkeit vor den Tücken des Lebens, Stabilität.

Der soziale Aufstieg erfolgt unterm Signum des hemmenden Saturns niemals abrupt oder unter außergewöhnlichen Glücksumständen. Die ehrliche Arbeit, der hundertprozentige Einsatz aller persönlichen Gaben und Fähigkeiten und der hartnäckig und mit größter Vorsicht begangene Weg der beruflichen Spezialisierung führen nach oben.

Da Saturn das Alter, die Reife, die Erfahrung symbolisiert, sind die ersten beiden Lebensdrittel Perioden der Arbeit, der Mühe und der Selbstbescheidung.

Saturn im Feld VII

Saturn an der Horizontalachse symbolisiert in bezug auf das »Du« die Verzögerung, die Erschwerung, die Ernüchterung, die Gefühlserkaltung, sofern Saturn in diesem Feld nicht sehr gut aspektiert ist. In diesem Fall bedeutet er ernste, ältere, erfahrene, zuverlässige, pflichtbewußte Partner. Immer aber haftet dem Gemeinschaftsleben ein Motiv der Resignation, des Verzichts oder der inneren Vereinsamung an. Die Kontakte erfolgen nicht leicht, sind nicht stabil. Sie haben aber bei guter Saturnkonstellation ein seelisches Verstehen zur Folge. Irgendein Motiv der Schwere, der freiwilligen oder erzwungenen Pflichterfüllung haftet der saturninen Überlagerung der Horizontalachse wie ein Gewicht an, das die Seele oder die körperliche Erfüllung belastet. Ist der Partner nicht krank, gehemmt, wesentlich älter oder Witwer (Witwe), so ist ein anderer Grund vorhanden, der die Ehe, die Kontakte zum »Du«, die Gemeinschaft, die Stellung innerhalb der Öffentlichkeit etwas problematisch macht. Egoistische Ziele im Hinblick auf Heirat und Ehe werden hier durch das Schicksal korrigiert. Die eigene Verkrampfung, die Hemmungen seelischer oder geistiger Art machen bei verletztem Saturn im Feld VII die Bindung an das »Du« äußerst schwer. Auch kann der Ehepartner durch Depressionen rückwirkend die eigene Psyche belasten. Alle Leichtfertigkeit und Verantwortungslosigkeit erfahren unterm Saturn im Feld VII eine harte Zurückweisung.

Jupiter im Feld I oder nahe dem Aszendenten

Symbolisierte der Saturn Schwere, Konzentration und Erstarrung, so ist Jupiter sein großer Gegenspieler, denn er ist das Symbol der Persönlichkeits- und Schicksalsentfaltung schlechthin. Das Ichgefühl nimmt unter diesem wohltätigen, befreienden Jupitereinfluß zu. Heiterkeit und Optimismus, Streben nach Erweiterung auf allen Gebieten, nach Erwerb und Besitz sind Grundtendenzen, die ein

Horoskop als »jovisch« ausweisen, sofern Jupiter nahe am Aszendenten Einfluß auf das Schicksal nimmt. Je nach dem psychischen und geistigen Standort des Menschen wirkt Jupiter auf positive oder negative Weise. Positiv, wenn er gut konstelliert ist und günstig aspektiert wird. Dann regt er zur Gerechtigkeit, zur Harmonie in jeder Form an. Die Ausbreitung des Ichs geschieht dann nicht auf Kosten anderer. Negativ konstelliert, in einem Zeichen, das seine prinzipiellen Wirkungen nicht genügend durchläßt (Jungfrau oder Zwillinge) und ungünstig aspektiert (durch Quadrat- und Oppositionsaspekte verletzt), verleitet er zur Genußsucht, zur Prahlerei, zu unsozialer Einstellung. Allgemein bewirkt sein Einfluß Besitzzunahme, Geldzufluß, zufallendes Glück. Ihm entsprechen daher die Reichen, Arrivierten, aber auch die Weisen und Verständigen, die Richter, Gesetzgeber, Staatspersonen, Leute in Amt und Würden, die über andere herrschen. Das jovische Prinzip ist also nicht die Starre, die Erschwerung, sondern die Leichtigkeit, die Beschwingtheit, der Auftrieb. Im Gegensatz zum Merkur bedeutet Jupiter den erkennenden Verstand, der über den bloßen »Intellekt« hinaus zur einordnenden Vernunft reift. Bei schweren Aspektverletzungen deutet er auf Opponenten, Streitende und Prozessierende, sich Auflehnende und auf Macht mit Gewalt reagierende Menschen.

Jupiter im Feld VII

Wenn das Prinzip der Erhöhung, Autorität, Expansion den Gegenpol der Horizontalachse besetzt, so wird das Schicksal persönliche Ausweitung, Erhebung, Verbesserung und sozialen Aufstieg durch den Partner bringen. Es zeigen sich Verbindungen, die kraft einer gehobenen Position des Partners rückwirkend auch die eigene Stellung in der Welt heben und erleichtern, verbessern oder erhöhen. Zufallende Chancen zeigen sich, Geld, Kapital, Besitz können durch den Partner zufallen. Damit ist aber auch die Tendenz des Jupiters zur Expansion gegeben: Das Ich wird durch das verbundene Du aus irgendwelchen sozial beengten Lagen herausgehoben und in den Stand versetzt, zu wirken, zu repräsentieren, Einfluß auf andere zu nehmen. Bei schweren Aspektverletzungen und kosmisch schlechtem Stand vermag sich die erhöhende Wirkung des Jupiters nicht auszuwirken. Es kann dann zu Disharmonien, Prozessen, juristischen Auseinandersetzungen kommen und bei entsprechenden, die schlechte Jupiterwirkung noch ergänzenden Planetenkonstellationen zu Scheidungen. Partner und Teilhaber werden dann Verluste auslösen.

Natürlich ist keines dieser bisher beschriebenen Planetenprinzipien allein wirksam, sondern das Horoskop ist ein geschlossenes komplexes Wirkungsfeld. So kann Jupiter in Feld VII Freiheit und Erhöhung, aber auch Verluste und Abhängigkeit vom Mitmenschen bedeuten – je nach der Gesamtposition.

Mars im Feld I oder nahe dem Aszendenten

Das Prinzip des Kampfes, der aktiven, fordernden, aggressiven Kräfte im Ich und innerhalb der Umwelt symbolisiert eine Energiezunahme, eine Kräftesteigerung in der Gefühls- und Empfindungssphäre. Der Mensch mit marsischem Einfluß am Aszendenten wird zum Begehrenden, Unterwerfenden, Verlangenden und Fordernden! Energie, Wille, Arbeits- und Tätigkeitsdrang, Voreiligkeiten, Ichbetonung, Befehlen, Leiten, Organisieren – all dies charakterisiert diese Menschen. Da die Marskomponente zum Feuerelement drängt (Widder!), wird jede Position in einem Feuerzeichen diese Impulse ungewöhnlich erhöhen. Das Erdelement (Stier, Jungfrau, Steinbock) wird sie dämpfen, das Luftelement (Zwillinge, Waage, Wassermann) wird sie sublimieren. Ein Sonnenaspekt wird die Marskraft stärken, ein Saturnaspekt wird sie ins Zerstörerische abbiegen. Man braucht also hier nur zu kombinieren, gemäß den Prinzipien von Planet und Zeichen. Der Aszendent deckt die Umwelt auf, das Ichgefühl, die Impulsreaktionen: Mars wird also an dieser äußerst empfindlichen Stelle des Horoskops das Schicksal stets intensivieren, beschleunigen. Gegensätze treten auf, und die Ichbehauptung innerhalb der Gegensätze wird Kampf und Einsatz erfordern. Es zeigen sich also hier bis zu einem gewissen Grad von vornherein feindliche und bedrohliche Tendenzen. Mars im Feld I bedeutet immer Energie, Widerstand, Angriff.

Mars im Feld VII

Hier wird der Mitmensch zu einem aggressiven, kämpferischen, energischen oder rücksichtslosen Gegner, der in das eigene Leben widerstreitend, bedrohend oder aktivierend eingreift. Die Bindungen sind unter dem Mars irritierend, erregend, aufregend oder kritisch. Bei guter Position des Mars zeigt sich der tatkräftige, zuverlässige, helfende Partner. Immer aber ist dieses Planetensymbol ein Anzeichen von Erregung, Forderung, von abrupten Geschehnissen und Schicksalsschlägen in Verbindung mit anderen Menschen. Die Einfügung ins Gemeinschaftsleben geschieht oft gegen den eigenen Willen. Symbolisiert Mars im Feld I die Unterjochung des Mitmenschen in milder oder aggressiver Form, so zeigt Mars im Feld VII sehr oft das Erduldenmüssen solcher Einflüsse an. Der Ehepartner ist keinesfalls gefügig, hinnehmend, sondern entwickelt aggressive Energie. Zumindest sind Offenheit, Ichbetonung und Selbstwußtsein ein Bestandteil seines Charakters.

Venus in Feld I oder nahe dem Aszendenten

Bedeutet Mars die Kontroverse, die Auseinandersetzung, die Forderung, so ist Venus das Symbol der Harmonie, des Gefühls, der Empfindung, der Liebe, der Künste, der Verfeinerung, der Sentimentalität, des Wünschens und der Überbrückung von Gegensätzen. Die Sphäre der Erotik, der unterschwelligen Triebimpulse, spielt bei dieser Konstellation eine große Rolle. Das schöpferische Moment zeigt sich in irgendeiner Form, und sei es nur im Interesse am Schönen, Harmonischen, Verfeinerten. Das Ich kann sehr wählerisch, sehr gefallsüchtig werden. Die Gefühls- und Empfindungswelt hat das Übergewicht. Die Skala reicht vom Erotischen bis zur Verfeinerung aller Lebensäußerungen. Venus als Liebessymbol steigert das Verlangen, Wünsche und Sehnsüchte. Ob diese Sehnsüchte in Liebesabenteuern oder in sublimiertem Kunstempfinden Befriedigung finden, ist eine Frage des geistigen Entwicklungsstandes. Die Gaben der Venus im irdischen Bereich sind Heiterkeit, leichtes Leben (bei schlechten Aspektierungen auf Kosten anderer), Leichtsinn oder Tendenz zu triebhaftem Lebenswandel. Ähnlich wie bei Mond am Aszendenten erhält die Sphäre des Unterbewußten erhöhte Wirkungskraft, und manchmal zeigt sich dies in einem Mangel an Härte, Energie, Standpunkt und Charakterfestigkeit. Immer aber wird in irgendeiner Weise die Welt der Formen und Farben, ja sogar die Materie als solche ins Verfeinerte, Künstlerische verwandelt.

Venus in Feld VII

Hier zeigt sich eine rasche und leichte Kontaktnahme zu anderen Menschen. Man liebt die Geselligkeit, erhält Anregungen durch die Liebe, durch Vergnügungen. Der Partner erweist sich als entgegenkommend, verbindlich, heiter, lebenserhöhend, liebesfähig. Bei schlechten Aspekten kommt eine Tendenz zur Unzuverlässigkeit, Sorglosigkeit und Unverbindlichkeit zum Durchbruch. Die Projektion des Ichs in die Umwelt bringt Popularität, Anerkennung oder künstlerische Erfüllung. Es ergeben sich viele Verbindungen, Bekanntschaften, Vorteile. Alle Partnerangelegenheiten zeigen das Charakteristikum des Venusprinzips: Heiterkeit, Geselligkeit, Unbeschwertheit, Erfolge durch die Liebe oder den Ehepartner. Dies ändert sich selbstverständlich sofort, wenn noch ein anderer Planet, etwa Saturn oder Uranus, mit der Venus in Aspektverbindung tritt oder gar neben der Venus in diesem Feld anwesend ist. Dann tritt das jeweilige zweite oder dritte Planetenprinzip in Wechselwirkung mit der Venus und erzeugt Disharmonie, Trennung, Gemütskrisen, Ehescheidungen oder kritisches Liebesleben. Dies gilt auch für das Feld I oder den Aszendenten.

Merkur im Feld I oder nahe dem Aszendenten

Die »merkuriale Welt« ist die Sphäre des Handelns, Vermittelns, Reisens, der Rede, Sprache, Schrift, der schnellen Kontakte und Verbindungen, der Geschäfte, des wachen Intellekts und Verstandes. Damit sind schon die Wirkungen des Merkurs auf Charakter und Schicksal angedeutet: Gewandtheit im Geistigen, Regsamkeit, Wendigkeit, rasches Erfassen, Lernen und Vermitteln, Fähigkeit in Rede und Schrift sowie in allen Dingen, die Kenntnisse verlangen und vermitteln. Der merkuriale Typ ist der Verstandesmensch, dessen Beweglichkeit und Anpassungsfähigkeit, Logik, Kritik und Gedächtnis ihn zum vielseitigsten und brauchbarsten Menschen unserer Zeit machen. Wort- und Begriffsbildung kennzeichnen das Prinzip des Merkurs. Er ist der Gegenpol zum Saturn. Bildung und Austausch von Kenntnissen, aber auch Halbbildung, bloßes Gedächtniswissen, Oberflächlichkeit und Neugierde sind Merkurgaben – je nach der kosmischen Stellung und Aspektierung des Merkurs. Sehr geschwächt und verletzt durch sogenannte »Übeltäter« fördert ein so konstellierter Merkur Aufsässigkeit, Widerspruch, Frechheit – im Fall schlechter Neptunaspektierungen auch Lüge, Heuchelei,

Verwirrung und kriminelle Komplexe. Merkur hat ähnlich wie der Mond die Funktion eines Reflektors. Nicht seine Position allein, vielmehr seine Verbundenheit mit allen übrigen Planeten oder, was schlimmer ist, das Fehlen jedweder Aspektierung zeigt Umfang und Tiefe der geistigen Substanz auf. Ein hervorragend gut konstellierter und aspektierter Merkur in einem Horoskop, besonders am Aszendenten, bedeutet expansive Geistigkeit, eindringliche und tiefschürfende Intelligenz (mit Saturn verbunden), inspiratives Wissen und Originalität im Geistigen (mit Uranus verbunden), Gedankenreichtum und gesunden Menschenverstand (wenn mit Jupiter verbunden). Gleich einer Farbenskala mit feinsten Schattierungen zeigt sich der Merkur bei stärkster Aspektierung im Feld I – gleich einem stumpfen, verstimmten oder ausdruckslosen Instrument bei Aspektmangel und schlechter kosmischer Position. Seine Deutung ist die schwierigste und verantwortungsvollste, da er alle planetaren Strahlen wie in einem Spiegel auffängt, ohne selbst ein geistiges Zentrum zu bilden. Die Analyse der Mondposition kommt an schillernder Vielfalt jener des Merkurs gleich. Mond und Merkur zusammen bestimmen den Persönlichkeitswert, das psychische Instrument, die »Reichweite« der Ideenwelt – kurz: den geistigen Pegel eines Menschen. Die Individualität aber, der Kern eines Menschen, wird durch den Sonnenstand bezeichnet.

Merkur im Feld VII

Wenn dieser vielseitige, bewegliche Planet den westlichen Teil der Horizontalachse oder das Feld VII besetzt, so ist mit teils intellektuellen, teils geschäftlichen Beziehungen zu anderen Menschen zu rechnen. Verstand, Vernunft, Intellekt, Berechnung können eine Rolle bei der Heirat spielen. Der Partner kann durch Merkur symbolisiert sein. Die Beziehungen zum Du sind bei schlechter Aspektierung oder Konstellation des Merkurs durch Wandelbarkeit, Kritik, Mangel an Stabilität, Vielfalt der Kontakte, Oberflächlichkeit gekennzeichnet. Im Wirken nach außen zeigt sich ein merkuriales Element der Geschäftigkeit, der Vermittlung, des Reisens, der Zusammenarbeit mit anderen. Die Verbundenheit mit dem Partner oder dieser selbst wird beweglicher, aufgeschlossener, wendiger, wechselnder, vielseitiger. Die Kontakte nehmen zu, ihr Wert wird durch die kosmische Position des Merkurs offenbar.

Pluto als Planet des Außergewöhnlichen, Außerordentlichen am Aszendenten oder im Feld I

Dieser noch sehr wenig erforschte Planet wird im Horoskop dann wichtig, wenn er am Aszendenten oder in sehr umfangreicher, beziehungsreicher Aspektierung zu anderen Planeten steht. Bisher zeigte sich, daß Pluto Gewalt, Macht, Propaganda, Massenbeeinflussung, psychische Fähigkeiten ungewöhnlicher Art (vielleicht auch parapsychologische), fanatische Bestrebungen egozentrischer Art, überkompensierte Komplexe, außergewöhnliche Lebenserfahrungen symbolisiert. Leute mit Plutoeinfluß auf das ungemein empfindliche Feld I oder gar den Aszendentengrad sind in irgendeinem Sinn »gezeichnet«, das heißt, sie sind unterschwelligen, unterbewußten Gewalten ausgesetzt, die irgendwann einmal aus der Latenz gehoben werden können, ob freiwillig-bewußt oder gegen eigenen Willen, das entscheidet das Gesamthoroskop. In allen Fällen, in denen Menschen zu Faktoren turbulenten Geschehens werden, ist Pluto am Werk (Gröning usw.!). Da Pluto auch fanatische, überdurchschnittliche Willensenergien entfesseln kann, werden solche Menschen in irgendeiner Weise zu »Führern« oder von unterbewußt magischen Kräften »geführt«. Die Konstellation ist kritisch, gefahrdrohend, wenn Pluto schlecht aspektiert ist. Aber hier kann noch kein abschließendes Urteil über »gute« oder »schlechte« Aspekte gegeben werden, da die Wirkungen dieses Planetenprinzips außerhalb des Bürgerlichen, des Gesellschaftlichen oder Mittelmäßigen stehen. Die Tendenz Plutos ist mittlerweile erkannt: Er zerstört das Bestehende, um Neues zu schaffen, wobei immer Gewalt, Rücksichtslosigkeit oder Fanatismus eine Rolle spielen. Berühmtheit oder Berüchtigtsein – beides kann Pluto verursachen. Er ist anscheinend verantwortlich für die Umwälzung der Ansichten, Überzeugungen, Weltanschauungen, für Umbrüche im Völkergeschehen und im Kosmos. Ob dieser Einfluß bei Pluto am Aszendenten auch im Individuum immer klar zum Ausdruck kommt, ist ungewiß, da es hier in erster Linie auf die Stimmung des »Instruments« ankommt, also auf die seelisch-geistige Veranlagung des einzelnen Menschen. Bislang beobachtete man eine Verflechtung des Eigenschicksals mit dem Massengeschehen – wie im Bombenkrieg –, auch KZ-Schicksale, Totalverluste. Seelisch kommt der Einfluß am Aszendenten in aufwühlenden, egozentrischen, manchmal chaotischen psychischen Erlebnissen zum Ausdruck. Es darf aber nicht übersehen werden, daß Pluto zu seiner Wirkung starke Aspektierung benötigt. In einem

Fall löste Pluto am Aszendenten im Zeichen Zwillinge, aspektiert von Mond/Saturn, Nervenkrisen, Kollapse, Autounfälle, Kopfverletzungen, Fingerverletzungen und eine Gefangenenpsychose aus. Das Schicksal war von chaotischer Verworrenheit.

Pluto im Feld VII

Sinngemäß kann hier auf ein chaotisches Partnerschicksal geschlossen werden, wobei aber auch erhöhtes Schicksal innerhalb der Umwelt, der Gemeinschaft, der Partnerschaften vorkommen mag. Es kommt zu merkwürdiger »Berühmtheit« innerhalb der Öffentlichkeit oder zu enormen, aufwühlenden Ehekrisen. Der Partner ist zweifellos überm Durchschnitt – im Guten oder Bösen –, dies hängt von der Aspektierung und kosmischen Stellung des Plutos ab. Auch kann auf markantes, meist kritisches Schicksal des Partners und der Partnerschaften überhaupt geschlossen werden. Je näher der Horizontalachse, desto sicherer ist die Rückwirkung auf die eigene Persönlichkeit, besonders von Menschen, die auch plutobetont sind. Die Umwelt trägt die Aura des Außergewöhnlichen, Beunruhigenden, Chaotischen, wobei diese Tendenz oft erst in Zeiten von Massenbewegungen, Massenaufständen, Massenschicksalen (Krieg, Revolutionen) zur Auslösung kommt, während bis dahin die Plutowirkung keinerlei nennenswerte Folgen zeitigte. Persönlich fand ich bei Reihenuntersuchungen und statistischen Auswertungen plutobetonter Horoskope (Pluto an den Achsenspitzen) bemerkenswert häufig eine gewisse Schicksalslatenz vor, die erst eines ungewöhnlichen Anstoßes von außen (zeitbedingte Krisen) bedurfte, um die volle Plutowirkung auszulösen. Dann allerdings fand man Pluto in bestätigendem Ausmaß an der Arbeit: aufregende »Schutzhaften«, Zwangsverhöre mit Verprügelung, Deportation innerhalb einer Masse, KZ-Lager-Schicksale; das reiche Material enthielt übrigens auch sehr oft Fälle von Verschüttungen in Bombenkellern (immer zeigte sich die Krise innerhalb einer menschlichen Gemeinschaft!); immer wieder kehrte das Motiv des Gewaltsamen, den eigenen Willen Auslöschenden oder des Übermächtigen im Schicksal. Diejenigen, die Chaos anstifteten, handelten wie unter einem dämonischen Trieb, der eine gewisse Lust, wenn nicht eine Gier nach Zerstörung der Harmonie, der Ruhe oder des Bestehenden zeigte. Als ganz besonders auffallendes Moment fand ich die Tendenz zu einer Art »Kettenreaktion« der disharmonischen Handlungen, die zuerst eine Person ergriffen und sich dann wie eine Welle über mehrere, oft über Familien hinweg ausbreiteten, bis eine wahre Lawine der Unruhe und Auflösung, chaotischer und aufregender Geschehnisse ins Rollen kam. Dies fand ich beispielsweise bei einem Menschen mit Pluto am Aszendenten, der mit Vorliebe andere Ehen zerstörte (nebst der eigenen), so daß eine wahre Scheidungswelle ausgelöst wurde. Man kann bei markant konstelliertem Pluto fast immer beobachten, daß sich die negativen Ereignisse nicht auf eine Person beschränken. Immer ergeben sich Verknüpfungen mit anderen Schicksalen, oft mit der Masse, dem Kollektiv, auch mit staatlichen Gewalten. Das Motiv des Zwangs oder der Gewalt – ausgeübt oder erlitten – klang am häufigsten an und besonders dann, wenn Pluto die Horizontalachse besetzte oder im Feld I oder VII konstelliert war. In den letzten Jahren wurde die statistische Plutoforschung erheblich vorangetrieben (siehe auch Literaturverzeichnis im Anhang).

Beruf — Begabung

Die Vertikalachse im Horoskop oder Der Weg zum Erfolg

Kosmopsychologie ist der jüngste Zweig der angewandten Psychologie. Was sie lehrt, stand schon im grauen Altertum auf dem Portal des Orakels zu Delphi: Erkenne dich selbst! Aus dieser Selbsterkenntnis resultiert jeglicher Weg zum Erfolg, denn er ist nichts anderes als der Weg des geringsten Widerstands in Ihrem Alltag. Die Astrologie kann mit Hilfe des individuellen Horoskops ohne alle Psychotests den Standort eines Menschen angeben. Und daraus ergibt sich die Forderung: *Werde, was du bist!*

Der Weg zum Erfolg im Zeichen Widder

Geboren vom 21. III.–20. IV.

Widder-Typen gehören im Sinn der Jungschen Typenlehre zu den »nach außen lebenden« (extravertierten) Menschen, die die Tat, den energischen Willenseinsatz und die nicht gerade rücksichtsvolle Ichdurchsetzung bevorzugen. Kennzeichnend für die psychische Grundhaltung sind die Extreme in den Handlungen, die periodischen Willensübersteigerungen, die hektischen Energieballungen. Der unterbewußte Trieb zur Macht und Führung innerhalb von Gemeinschaften halten den Willen stets in Hochspannung, und so kommt es unter diesem Zeichen häufig zum Raubbau an den Nervenkräften, wobei Gehirn und Kopfnervensystem am meisten beansprucht werden. Spontane Willensakte wechseln mit Erschlaffungsperioden. Gern versucht man, »mit dem Kopf durch die Wand« zu rennen. So kommt es zu Auseinandersetzungen, Aggression, Streit und Konflikten mit der Umwelt. »Gemäßigte« Widder-Typen zeigen starke Mischungen mit ausgleichenden Planetenkonstellationen im individuellen Horoskop.

Der Weg zum Erfolg benötigt hier eine Ökonomie des Willens, eine früh einsetzende Willenszucht im Sinn der Bändigung jener ungestümen, oft hemmungslosen Energien, die die engere Umwelt so oft als ungezügelte Freiheits- und Unabhängigkeitslust verspüren muß. Widder-Geborene sollten bei allen Handlungen und Reaktionen Mäßigung und Geduld üben, denn gerade die Ungeduld und innere Reizbarkeit ist das auffallendste Motiv unter diesem Marszeichen. Nicht wenige schädigen sich selbst durch Maßlosigkeit, Rücksichtslosigkeit, brutale Ichbehauptung und offenen Streit. Dies ist ein immer wiederkehrendes Schicksalsmotiv, das sich wie ein roter Faden durch alle Konflikte, Trennungen und beruflichen Rückschläge zieht. Erfolgsschädigend unter diesem Zeichen sind ferner die Impulsivität, die Ungeduld und der Drang zum Tun schlechthin. Infolge der überhöhten Gefühlsaktivität kommt es zu häufigem Wechsel der beruflichen Positionen, der Interessen und Pläne, die vielseitigster Natur sein können. Mancher Widder-Typ greift Neues auf, bevor noch das Alte durchgeführt ist – aus Mangel an weiterem Interesse, sobald die Sache läuft. Hierin liegt auch die Ursache des wechselvollen Berufsschicksals. Seine Begabung liegt im Planen, Organisieren, Leiten und Führen. Die Kleinarbeit überläßt er anderen. Im Berufsleben kann man keinen Widder-Typ unterdrücken oder einengen. Er ist der geborene Leiter, Führer und Vorgesetzte, er will befehlen.

Die *Berufsstatistik* zeigt mit auffallender Häufigkeit den gesamten militärischen Sektor, außerdem alle Polizeiberufe. In erster Linie aber ist unterm Widder die Technik vertreten: Ingenieure aller Gattungen (Elektro-, Maschinen-, Werkzeugbau-, Tiefbau-, Autoingenieure), Techniker der Eisen- und Stahlindustrie, der Werkzeug- und Waffenindustrie. In Wirtschaft und Industrie sind die »Widder« Topmanager, selbständige Geschäftsleute, Unternehmer, Konstrukteure. Sehr stark sind die Berufsgattungen der Kraftfahrzeugindustrie vertreten (auch Fahrer, Chauffeure, Monteure, Mechaniker). »Widderbetont« sind innerhalb der Technik auch die Schmiede, Schweißer, Dreher, Fräser, Gießer, Nieter, Heizer. Ferner alle, die mit Werkzeugen, Waffen, Metall und Feuer zu tun haben (auch Feuerwehrleute). Innerhalb der Medizin sind insbesondere Chirurgen »widderbetont« (das Zeichen Widder hat eine Tendenz zu Instrumenten, Messern usw.).

In der Politik findet man viele »Widder« als aggressive, aufbrausende, wortgewandte Redner oder Agitatoren. Aber auch Anwälte und Verteidiger sind häufig »Widder«.

Im intellektuellen Sektor sind »Widder« vielfach als Verleger und Naturwissenschaftler tätig.

Auffallende Motive hinsichtlich der Art der Berufsausübung sind die äußere Unruhe, das Reisen, Fahren, Fliegen, das erregende Betriebsklima und der stete Wechsel der Gesichtspunkte. Der Widder-Typ braucht bewegliche Positionen, da die innere Unrast alle engen, seßhaften und ortsgebundenen Verhältnisse ablehnt. Der Aufstieg im Leben kommt durch den persönlichen Wagemut, die Initiative im Handeln, die Zivilcourage, das Draufgängertum und den inneren Persönlichkeitsschwung. Die Krisen und Verluste resultieren fast immer aus der Tendenz zur Auseinandersetzung, aus unüberlegten Entschlüssen, insbesondere aber aus selbstverschuldeten Positionswechseln. Das allgemeine Schicksal nimmt schon in den zwanziger Lebensjahren einen schnellen Anlauf. Günstige Aufstiegstendenzen zeigten sich besonders bei Geburten zwischen Sonnenaufgang und Mittag; je mehr gegen die Mittagsstunde, desto besser. Von 14 Uhr bis Mitternacht Geborene hängen sehr von den Umweltbedingungen des Elternhauses, der Familie und oft auch der Heirat ab. Es ergibt sich ein größerer Zwang zur Anpassung. Von Mitternacht bis Sonnenaufgang Geborene erlebten Verzögerungen, Widerstände, besonders in der Jugend. Das letzte Lebensdrittel wurde dann erfolgreicher.

Das schwierigste Schicksal zeigen die triebhaften, jedem äußeren Impuls oder auch inneren Leidenschaften hingegebenen Widder-Typen. Bei ihnen ergeben sich dauernde Berufs- und Positionsveränderungen, die dann auch immer zu finanziellen Krisen führen. Bevorzugte Berufe der weiblichen Widder-Geborenen sind: Sportlehrerin, chemische oder technische Laborantin, Kinderärztin, Zahnärztin, Röntgenassistentin, Arzthilfe, Gymnastiklehrerin, Direktrice, Einkäuferin, Dolmetscherin, Stewardeß, Chefsekretärin, Filmcutterin, Reporterin, Journalistin. Diese arbeiten auch in Verlagen und Zeitungsredaktionen, manche im spezialisierten Handwerk (Friseusen).

Fürst Otto von Bismarck
Geboren: 1. IV. 1815, 13.30 Uhr in Schönhausen.

Sonne in 10.56 Grad Widder, Mond in 8.53 Grad Steinbock, Aszendent in 19 Grad Löwe (!), Meridian in 4 Grad Stier. In der widderbetonten Sonne zeigt sich der mächtige Wille, der durch das exakte Sextil des Saturns zur Sonne noch gefestigt wurde. Der Trigonalaspekt der Sonne zum Uranus zeigt den staatsmännischen Weitblick und die fortschrittliche Mentalität, aber auch die starken seelischen Spannungen und das unbändige Unabhängigkeitsbedürfnis, das Bismarck zahlreiche Konflikte eintrug. Er litt an chronischer Schlaflosigkeit (= Widder) und auch an Depressionen (Mond im Steinbock und im Quadrataspekt zur Sonne!). Er ließ sich zeitlebens keinerlei Schranken auferlegen (Uranusaspekt auf Sonne im Widder, Aszendent im Löwen!). Außerdem befindet sich der Mars (1 Grad Wassermann) mit 9 Grad Abstand noch beim Saturn (in 10 Grad Wassermann) im Feld VI: die Konstellation eines Pflicht- und Arbeitsmenschen! Daß er auch gesellschaftliche Talente besaß, symbolisiert die hochgestellte Venus in 4 Grad Stier (in ihrem eigenen Zeichen). Seinem Konflikt mit dem jungen Kaiser Wilhelm II. folgte die Entlassung: Mars und Saturn verletzen mit Quadrataspekten teils den Meridian, teils Feld X.

Wilhelm Busch
Geboren: 15. IV. 1832, 6.00 Uhr in Wiedensahl.

Sonne in 25 Grad Widder, Mond in 26 Grad Waage, Aszendent in 20 Grad Stier, Meridian in 22 Grad Steinbock. Merkur im Quadrat zum Uranus ist der Schlüssel zu Buschs Originalität, aber auch zu seiner Satire. Die starken seelischen Spannungen sind auf Anhieb erkenntlich durch die fast exakte Opposition zwischen Sonne und Mond, die auch die Ehelosigkeit symbolisiert, ebenso die Depressionen, die Busch durch künstlerisches Schaffen löste. Seine widderbetonte Sonne äußerte sich nicht in Aggressionen gegenüber der Umwelt, sondern im Kampf gegen den tierischen Ernst mit Hilfe des Zeichenstifts! Sehr beachtlich auch das Quadrat des Merkurs zum Uranus im Hinblick auf die »Respektlosigkeit« in der Darstellung menschlicher Schwächen; dazu gehört auch das Quadrat des Mars auf den Aszendenten.

Prominente Persönlichkeiten im Zeichen Widder
(21. III. – 20. IV.):

Otto von Bismarck	1. IV. 1815
Erich Ludendorff	9. IV. 1865
Kurt Georg Kiesinger	6. IV. 1904
Hermann Höcherl	31. III. 1912

Leopold II. von Belgien	9. IV. 1835
Ludwig XVII.	27. III. 1785
Napoleon III.	20. IV. 1808
Königin Friederike von Griechenland	18. IV. 1917
Wladimir Iljitsch Lenin	10. IV. 1870
Nikita Chruschtschow	17. IV. 1894
Lawrenti Berija	29. III. 1899
William Booth	10. IV. 1829
Palmiro Togliatti	26. III. 1893
Ernst Thälmann	16. IV. 1886
Herbert von Karajan	5. IV. 1908
Arturo Toscanini	25. III. 1867
Joseph Haydn	1. IV. 1732
Johann Sebastian Bach	21. III. 1685
Leonardo da Vinci	15. IV. 1452
Casanova	2. IV. 1725
Emile Zola	8. IV. 1840
Rudi Dutschke	17. IV. 1940
Charlie Chaplin	16. IV. 1889
Wilhelm Busch	15. IV. 1832
Otto Wilhelm Fischer	1. IV. 1915
Hans Christian Andersen	2. IV. 1805
Samuel Hahnemann	10. IV. 1755
Alfred Kubin	10. IV. 1877
Edgar Wallace	1. IV. 1875
La Mistinguett (Jeanne-Marie Bourgeois)	5. IV. 1875
G. Pincus (Erfinder der Antibaby-Pille)	9. IV. 1903
Jean-Paul Belmondo	19. IV. 1933
Hardy Krüger	12. IV. 1928
Jayne Mansfield	19. IV. 1934
Brigitte Horney	29. III. 1911
Doris Day	3. IV. 1924
Gregory Peck	5. IV. 1916
Willi Forst	7. IV. 1903
Anna Magnani	11. IV. 1909
Paul Dahlke	12. IV. 1904
Vincent van Gogh	30. III. 1853
Wernher von Braun	23. III. 1912
Wilhelm Conrad Röntgen	27. III. 1845
Wilhelm von Bunsen	31. III. 1811
Donald M. Campbell	23. III. 1921

Sepp Herberger	28. III. 1897
Gustav Scholz	12. IV. 1930
Marika Kilius	24. III. 1943
Sonja Henie	7. IV. 1912
Therese von Konnersreuth	8. IV. 1898

Der Weg zum Erfolg im Zeichen Stier

Geboren vom 21. IV. – 21. V.

Stier-Geborene sind nüchterne Realisten und Lebenspraktiker. Sehnsüchtigstes Verlangen unter diesem Zeichen ist das nach Sicherung und Beständigkeit. Man erstrebt das »Bleibende«, darunter versteht man Haus- und Grundstücksbesitz, Renten, Pensionen, Versicherungen, Zinsen. Wünsche, Pläne, Ziele haben für den »Stier« Wert, wenn sie sich auch verwirklichen lassen. Den Weg zur Verwirklichung geht der Stier-Typ mit größter Zähigkeit und eigenwilliger Stetigkeit. Fremde Ratschläge oder Einmischungen werden selbst wider bessere Einsicht abgelehnt und äußere Widerstände »eisern« überwunden. Langmut, Gutmütigkeit und Verträglichkeit kennzeichnen diese Menschen, deren Selbstbeherrschung nur bei großer Reizung versagt, um dann die mühsam gebändigten Leidenschaften und den Jähzorn freizugeben.

Der Weg zum Erfolg führt hier über die wichtige Erkenntnis, daß das vielgestaltige Leben in all seinem Wandel keinen hartnäckigen Starrsinn verträgt, sondern auch Lockerung, Toleranz und Freizügigkeit fordert. Die »Erdenschwere« wird unter diesem Zeichen oft genug zu einer Abriegelung des Ichs, so daß sich Reserviertheit, Mißtrauen, Beharrung auf eigenen Ansichten und »passive Resistenz« einstellen.

Rückschläge entstehen zuweilen aus der angeborenen Genußliebe, aus einem Hang zur Bequemlichkeit oder zum Phlegma. Der Ehrgeiz ist nicht brennend. Der Stier-Typ möchte lieber auf den Früchten des Erreichten ausruhen, statt sich die Managerkrankheit zu holen. Nur die stete Sehnsucht nach einem angenehmen und heiteren Leben, das möglichst gesichert sein soll, kurbelt seinen Willen an und macht ihn dann zum zähen Arbeiter, der auf ein fernes Ziel hin zu sparen versteht. Die Überzeugungen, die Positionen, der Beruf sind meist recht stabil. Der negative Stier-Typ ist »schwer zu bewegen«. Aber einmal in Fahrt gekommen, verfolgt er seine Lebensziele »auf Biegen und Brechen«. Dieser Typ kennt auch keine Entwicklungssprünge. Auf Vorhandenem wird aufgebaut, und man vermag bescheiden und genügsam zu leben, bis jene Lebensbasis erreicht ist, die es erlaubt, der angeborenen Genußfreudigkeit etwas mehr zu opfern. Im Beruf überwiegen die »Realitäten des Lebens« und das tiefinnere Verlangen nach materieller Absicherung für das Alter. Daher wird auch mit absoluter Sicherheit das unmittelbar Wichtige, Grundsätzliche, Nützliche und Praktische einer Sache oder eines Berufes angepeilt.

Die *Berufsstatistik* zeigt mehr als in allen übrigen Zeichen jene Geschäftsbranchen, die den Körper kleiden und nähren: Lebensmittelgeschäfte, Feinkosthandel, Konsumgütererzeugung, Konfektions- und Modebranche. Ungewöhnlich stark mit Stier-Typen sind auch Landwirtschaft und Gartenbau (Obstplantagen usw.) besetzt. Hier äußert sich die bodenständige Liebe des Stier-Typs zur Heimat und zur Natur. Auch Blumengeschäfte, Obstimport, Handelsgärtnereien befinden sich unter diesem Zeicheneinfluß.

In der Politik finden wir in erster Linie Wirtschafts- und Agrarpolitik vertreten; Lagerhausverwaltung und landwirtschaftlicher Produktenhandel sind ebenfalls sehr häufige Tätigkeitsbereiche des »Stiers«.

Als Studienfächer werden am häufigsten gewählt: Chemie, Pharmazeutik, Nahrungsmittelchemie, Volkswirtschaft, Architektur. Tierärzte, Baumeister, Bergbauingenieure, Mediziner (auch Heilpraktiker), Apotheker und Fotochemiker sind sehr oft Stier-Typen.

Im Bereich der Kunst werden bevorzugt: Musik, Gesang, Schauspiel. Innenarchitektur, Bühnenbildnerei, Kunstgewerbe. Massenhaft besetzt sind auch alle Berufe im Finanzsektor: Kassiere, Börsenmakler, Immobilienmakler, Wirtschaftsprüfer, Bankkaufleute. Jeder, der mit Hypotheken, Sparkassen, Versicherungen, Banken, Generalvertretungen usw. beruflich zu tun hat, steht unter Stier-Einfluß.

Auffallend häufig findet man Stier-Typen auch im Gaststättengewerbe, besonders als Köche, aber auch als Besitzer von Luxusrestaurants, Bars, sowie im Hotelgewerbe. Der Delikatessenhandel, Konditoreien und Vergnügungsetablissements zeigen Stier-Einfluß, schließlich noch Parfümerien und Modegeschäfte. Der soziale Aufstieg wird durch Zähigkeit und Planung auf ferne Sicht erreicht, in erster Linie aber durch Geduld. Dogmatismus, Starrsinn und Widerspenstigkeit schaden im Beruf, durch Triebhaftigkeit und Genußsucht entstehen Verluste. Auffallend unterm Zeichen Stier sind die Robustheit des Körpers und die zähe Widerstandskraft. Im Sport ist daher die Schwerathletik am meisten vertreten (Ringer, Boxer, Gewichtheber, Catcher). Die Mentalität ist »bodenbeständig«, konservativ, leicht skeptisch oder mißtrauisch. Der »Stier« verläßt sich auf die Gegebenheiten der Materie, auf das Sicht- und Greifbare. Unentwickelte Stier-Typen neigen zum krassen Materialismus, feiner entwikkelte zeigen ungewöhnlich viel Schönheitssinn, Sinn für Form, Plastik, Farbe (daher ist bei den Künsten die Landschaftsmalerei und die Bildhauerei so stark vertreten).

Weibliche Stier-Geborene findet man in erster Linie im Modesektor, besonders als Schneiderinnen, Dekorateurinnen, Modistinnen, Einkäuferinnen für Modehäuser, Mannequins, Modezeichnerinnen und Kunstgewerblerinnen.

Für das Studium erwiesen sich als besonders günstig: Chemie, Pharmazeutik, Lebensmittelchemie, Bakteriologie (Labortätigkeit), Medizin, Biologie. Weitere häufig gewählte Berufssparten: Gartenarchitektur, Gärtnerei und Blumenhandel, Blumenzucht, Apotheken. Schließlich ist die »angewandte Kunst« stark vertreten: Innenarchitektur, Möbelentwurf, Malerei (Porzellanmalerei). Von den Künsten wird in erster Linie der Gesang bevorzugt, dann das Schauspiel und die Instrumentalmusik.

Unübersehbar sind die Berufe im Kaufmännischen (Einkäuferin, Verkäuferin, Verwaltung, Kassiererin, Direktrice). Auch Parfümerien, Gold- und Schmuckwarenindustrie, Friseursalons sowie das Gaststättengewerbe sind mit weiblichen Stier-Geborenen stark besetzt.

Prominente Persönlichkeiten im Zeichen Stier (21. IV. – 21. V.):

Harry S. Truman	8. V. 1884
Golda Meir	3. V. 1898
Oliver Cromwell	24. IV. 1599
Maximilien de Robespierre	6. V. 1758
Karl Marx	5. V. 1818
Gustav Stresemann	10. V. 1878

Evita Peron	7. V. 1919
Zar Nikolaus II. von Rußland	18. V. 1868
Königin Elisabeth II. von England	21. IV. 1926
Königin Juliana der Niederlande	30. IV. 1909
Maria Theresia, Königin von Österreich, Böhmen und Ungarn	13. V. 1717
Jacques Massu	5. V. 1908
Kai Uwe von Hassel	21. IV. 1912
Karl Schiller	24. IV. 1911
Hildegard Hamm-Brücher	11. V. 1921
Ralf Dahrendorf	1. V. 1929
Rudolf Hess	26. IV. 1894
Christian Morgenstern	6. V. 1871
Max Frisch	15. V. 1911
Bertrand Russell	18. V. 1872
Karl Fr. H. Frhr. von Münchhausen	13. V. 1720
Sigmund Freud	6. V. 1856
Karl Ernst Krafft	10. V. 1900
Fritz von Unruh	10. V. 1885
Honoré de Balzac	21. V. 1799
William Shakespeare	23. IV. 1564
Immanuel Kant	22. IV. 1724
Johannes Brahms	7. V. 1833
Hans Pfitzner	5. V. 1869
Hans Joachim Kulenkampff	27. IV. 1921
Axel Springer	2. V. 1912
Orson Welles	6. V. 1915
Gary Cooper	7. V. 1901
Martine Carol	16. V. 1922
Bing Crosby	2. V. 1904
Giovanni Guareschi	1. V. 1908
Paul Hörbiger	29. IV. 1894
Magda Schneider	17. V. 1909
Fritz Kortner	12. V. 1892
Werner Egk	17. V. 1901
Werner Finck	2. V. 1902
Fernandel	8. V. 1903
Walter Slezak	3. V. 1902
Lex Barker	8. V. 1919
Ruth Leuwerik	23. IV. 1923
Olga Tschechowa	26. IV. 1897
Gerlinde Locker	28. IV. 1938

Karin Hardt	28. IV. 1913
Audrey Hepburn	4. V. 1929
James Mason	15. V. 1909
Winnie Markus	16. V. 1921
Jean Gabin	17. V. 1904
Dietmar Schönherr	17. V. 1926
Adrian Hoven	8. V. 1923
Stewart Granger	6. V. 1913
Danielle Darrieux	1. V. 1917
Sebastian Kneipp	17. V. 1821
Claudius Dornier	14. V. 1884
Alfred Krupp	26. IV. 1812
Guglielmo Marconi	25. IV. 1870
Max Grundig	7. V. 1908
Bernhard Grzimek	24. IV. 1909
Robert Oppenheimer	22. IV. 1904
Josef Strassberger	27. IV. 1903
Yehudi Menuhin	22. IV. 1916
Manfred Schnelldorfer	2. V. 1943

Der Weg zum Erfolg im Zeichen Zwillinge

Geboren vom 22. V. – 21. VI.

So gut wie nie findet man unter diesem Zeichen den Stubenhokker, den Grübler oder den nur nach innen gerichteten Menschen. Der Zwillinge-Typ will die Welt von außen her erleben. Schon frühzeitig wird der Gesichtskreis erweitert: durch Lernen, Lesen, Schreiben, Reisen. Dieser Typ hat große Neigung zum Studium. Er braucht Kontakte, Bekanntschaften, Freundschaften. Beziehungen versteht er gut zu verwerten. Im ganzen ist der »Zwilling« der kontaktfreudigste Typ aller zwölf Zeichen. Wegen der Fülle der Eindrücke, Interessen, Ideen, Pläne und Ziele, die ein Mensch aus dem Zeichen Zwillinge verarbeiten will, kommt er in die stete Gefahr, sich zu zersplittern. Er wird dann oberflächlich, zerstreut, zwiespältig, unentschlossen, es fehlt ihm dann an Konzentration und »Tiefgang« im Geistigen. Er will von allem etwas wissen, selten aber gründlich. So kann er auch über alles mitreden. Hier findet man den Typ mit wechselnden Berufsinteressen, der auch häufig die erreichten Positionen wieder aufgibt oder von neuem beginnt.

Das Berufsschicksal der »Zwillinge« ist unruhig, veränderlich und vielerlei Umbrüchen ausgesetzt. Die innere Unrast spiegelt sich im äußeren Erleben, insbesondere im »Für und Wider« beim Entscheiden, weshalb »Zwillinge« so häufig in vielen Sätteln gleichzeitig reiten wollen. Die Gründe für die Rückschläge liegen im unstillbaren Erlebnishunger, der vielseitigste Erfahrungen benötigt. Leute dieses Zeichens sind Meister der Improvisation. Die starke Ablenkbarkeit gefährdet den sozialen Aufstieg. Der Weg zum Erfolg sichert hier nur die Konzentration auf ein einziges Ziel, und zwar schon von früher Jugend an! Wird sie nicht systematisch geübt, entstehen mit Sicherheit Zweifelsucht, ein ständiges »Suchen« und eine Verzettelung der Kräfte. Im besten Fall ergeben sich später Hobbies, die den eigentlichen Beruf nicht gefährden. Unentschlossenheit wirkt lähmend auf das Handeln ein. So müssen die wechselnden Ziele und Interessen auf einen Nenner gebracht werden, sonst geschieht es mehrmals im Leben eines Zwillinge-Mannes, daß er an seiner bisherigen Beschäftigung oder seinem erlernten Beruf die Lust verliert und wieder einmal »umsattelt«. Dieser Zwiespalt wird zeitlebens zu einer ermüdenden Auseinandersetzung mit den »zwei Seelen in der Brust« und macht auch die finanziellen Grundlagen unsicher.

Die *Berufsstatistik* zeigt, daß die Hauptbegabungen fast immer intellektueller Natur sind. Der »Zwilling« tendiert zum Studium, zu den Wissenschaften, aber auch zu den »merkurialen« Betätigungen. Im sozial gehobenen Sektor findet man viele Wissenschaftler, Forscher, Ärzte (Fachärzte für innere Krankheiten, Nervenärzte), Psychologen, Psychotherapeuten, Mathematiker, Rechtsanwälte, Geographen, Pädagogen und Fachlehrer, Sprachwissenschaftler, Schriftsteller, Redakteure. In den kaufmännischen Berufen sind die »Zwillinge«: Vertreter, Reisende, Sekretäre, Schalterbeamte, Korrespondenten (besonders Fremdsprachenkorrespondenten), Werbefachleute, Vermittler, Makler.

Viele »Zwillinge« sind Journalisten, Reporter, Bildreporter, Redakteure, Verlagsdirektoren, Auslandskorrespondenten, Dolmetscher, Lektoren, Übersetzer, Verlagsangestellte, Buchhändler, Bibliothekare, Kritiker, Zeitungswissenschaftler. Man findet sie in allen Sparten der Literatur, des Rundfunks, des

Fernsehens und der Philologie. Im Staatsdienst schlagen sie häufig die Diplomatenlaufbahn ein oder arbeiten als Juristen.

Im Bereich der Kunst ist die Malerei stark vertreten, aber auch technisches Zeichnen und Werbegraphik, schließlich noch Tanz und Rhythmik. Besonders stark besetzt sind Reisebüros, Schiffsagenturen, Flughafenbüros, Vermittlungsdienste, Speditionsunternehmen, auch die Hotelbranche, der gesamte technische und handwerkliche Sektor des Nachrichtenwesens (Telefon, Telegraf), die öffentlichen und privaten Verkehrsunternehmen, Bundesbahn und Bundespost. Zwillingebetont sind auch alle Redner, Rezitatoren und Ansager, überhaupt alle Berufsgruppen, bei denen es auf schnelle Auffassung, Geschicklichkeit, Gewandtheit, Anpassung, Vielseitigkeit und Umstellungsfähigkeit ankommt.

Der achte Grad des Zeichens Zwillinge bringt durch den Fixstern Aldebaran große Unruhe ins Schicksal. »Zwillinge«, die am Mittag (oder kurz vor- oder nachher) geboren wurden, zeigen künstlerische oder wissenschaftliche Befähigungen. Allerdings ergeben sich hier auch zahlreiche Veränderungen und äußere Unruhe, insbesondere in bezug auf Wohnungen. Dasselbe zeigt sich, wenn im Zeichen Zwillinge Planetenhäufungen vorhanden sind. Auffallend oft wird der erlernte oder zuerst ausgeübte Beruf zugunsten einer völlig neuen Tätigkeit aufgegeben, die dann in der Folgezeit größere materielle Sicherheit bringt. Die frühe Jugend ist keinesfalls leicht, und der Geburtsort wird in achtzig Prozent aller Fälle verlassen (ähnlich wie unterm Zeichen Schütze).

Weibliche Zwillinge-Geborene findet man in allen kaufmännischen Berufen, besonders häufig als Stenotypistinnen, Phonotypistinnen, Sekretärinnen, Dolmetscherinnen, in Redaktionen von Modezeitschriften und Zeitungen, als Sprecherinnen, Ansagerinnen beim Rundfunk und Fernsehen, als Auslandskorrespondentinnen, Tonbandassistentinnen, in der Werbung und Werbegraphik, als Fotografinnen, Programmiererinnen, im Telefon- und Telegrafenwesen, als Stewardessen, am Fernschreiber, in Büchereien und Verlagen. Tanz und Choreographie, Kunstgewerbe und Mode sind Tätigkeitsbereiche der Zwillinge-Frau, außerdem technische Berufe, bei denen es auf Feinnervigkeit und Handgeschicklichkeit ankommt. Zwillinge-Frauen sind beruflich nahezu universell, haben lediglich zur Seßhaftigkeit und Ausdauer wenig Neigung.

Prominente Persönlichkeiten im Zeichen Zwillinge
(22. V. – 21. VI.):

John F. Kennedy	29. V. 1917
Hubert Humphrey	27. V. 1911
Prinz Philipp von England	10. VI. 1921
Wallis Simpson	19. VI. 1896
Josip Broz Tito	25. V. 1892
Achmed Sukarno	6. VI. 1901
Fabiola, Königin von Belgien	11. VI. 1928
Ali Khan	13. VI. 1911
Dalai Lama	6. VI. 1935
König Konstantin von Griechenland	2. VI. 1940
Anastasia Romanow	17. VI. 1901
Fritz Teufel	17. VI. 1943
Martin Bormann	17. VI. 1900
Rainer Barzel	20. VI. 1924
Jean-Paul Sartre	30. V. 1906
Oswald Spengler	29. V. 1880
Dante Alighieri	23. V. 1265
Albrecht Dürer	20. V. 1471
Siegfried Wagner	6. VI. 1896
Thomas Mann	6. VI. 1875
Richard Wagner	22. V. 1813
Berta von Suttner	9. VI. 1843
Conan Doyle	22. V. 1859
Josephine Baker	3. VI. 1906
Lilli Palmer	24. V. 1914
Ingrid van Bergen	15. VI. 1931
Marilyn Monroe	1. VI. 1926
Bruno Gröning	30. V. 1906
Erich Jan Hanussen	2. VI. 1889
Theo Lingen	10. VI. 1903
Françoise Sagan	21. VI. 1935
Charles Aznavour	22. V. 1924
Nancy Sinatra	8. VI. 1940
Peter Frankenfeld	31. V. 1913
Rupert Davies	22. V. 1916
Willi Hagara	4. VI. 1927
Eva Bartok	18. VI. 1927
Ulla Jacobsson	23. V. 1929
Ernst Stankowsky	16. VI. 1928

Margit Saad	30. V. 1929
Leslie Caron	1. VI. 1931
Judy Garland	10. VI. 1919
Jenny Jugo	14. VI. 1906
Maria Andergast	4. VI. 1912
Josef Neckermann	5. VI. 1912
Franz Anton Mesmer	23. V. 1734
Otto Lilienthal	23. V. 1848
Graf Luckner	9. VI. 1885
Pater Pius	22. V. 1887

Der Weg zum Erfolg im Zeichen Krebs

Geboren vom 22. VI. – 22. VII.

Das Berufsschicksal unterm Krebs ist gemäß statistischer Erfahrungen bekannt: zwei Schritte vor, einen zurück. Es handelt sich um eine schicksalhafte Rhythmik des Auf und Ab, die jedem Krebs-Geborenen bekannt ist. Die Ursachen liegen in der eigenen Sensibilität, der inneren Bereitschaft zum Wechsel und zu Veränderungen, in den schwankenden Zielsetzungen und vor allem in den gefühlsbetonten Vorstellungen, die sich ständig einmischen. So weist die berufliche Linie Umwege und Irrwege auf. Es geht nicht planmäßig nach oben, sondern es kommt zu Rückschlägen und Neubeginnen. Bis etwa zum dreißigsten Lebensjahr kann man dies am deutlichsten beobachten. In den Jugendjahren gibt es zahllose, ideell oder romantisch gefärbte Berufspläne. Sie werden später alle zu Grabe getragen und müssen schließlich realistischen Erwägungen Platz machen. Es kommt die Zeit der Besinnung und der Abkehr von den einstigen Lieblingswünschen.

Dieser Typ liebt es wegen seiner psychischen Sensibilität keinesfalls, prominent vor die Öffentlichkeit zu treten, obgleich er gern beachtet sein möchte. Viele Krebse bleiben lieber im Hintergrund.

Der Erfolg stellt sich nur bei größerer Aktivität und Kontaktbereitschaft ein. Die Tendenz zur inneren Distanzierung beziehungsweise die bei Jüngeren auftretende Schüchternheit muß frühzeitig bekämpft werden. Das Zurückziehen in den schützenden Panzer des Ichs und auch die Tendenz zum »Krebsgang« bei größeren Schwierigkeiten behindern den konsequenten Aufstieg. Immer zeigen sich im Schicksal bemerkenswerte Anläufe, die aber nach einer gewissen Zeit wieder stagnieren oder gar mit Schaden enden. Man fängt unterm Zeichen Krebs mehrmals im Leben ganz von vorn an, zuweilen auf gänzlich neuer Basis. Der Erfolg kommt dennoch nach einiger Zeit aufs neue, in der Regel durch die eigene Zähigkeit. Dies schließt aber eine gewisse innere Ruhelosigkeit nicht aus; viele »Krebse« leiden außerdem noch unter »Sorgsucht«. Der Erfolg kommt besonders dann, wenn der Krebs-Typ völlig selbständig sein kann, also keinerlei Direktiven oder Befehle von außen her erhält. Gemüt, Gefühl und Empfindungssphäre sollen mit dem Beruf harmonisieren, sonst fühlt sich der Krebs-Typ zeitlebens unglücklich und neigt dann zu fortwährenden Positionsveränderungen. Freizeit, Ungebundenheit und Unabhängigkeit sind das höchste Ziel. So neigt der »Krebs« stark zu freien Berufen. An Sicherheit oder Versorgung wird im ersten Lebensdrittel kaum gedacht.

Die *Berufsstatistik* zeigt, daß der feinsinnige, gebildete Krebs-Typ in erster Linie künstlerische Berufe wählt, oft im Bereich der Musik oder Literatur. Ganz besondere Neigung hat der »Krebs« zu Geschichte, Kunstgeschichte, Archäologie und zu Antiquitäten, zur wissenschaftlichen Erforschung historischer Ereignisse oder Bauwerke. Der »Krebs« ist überhaupt oft nach rückwärts gewandt – er hängt am Alten, Vergangenen. Sehr viel Heimatforscher, Geschichtsforscher und Expeditionsteilnehmer sind unterm Zeichen Krebs zu finden.

Im geschäftlichen Sektor wird der Beruf des Exportkaufmanns bevorzugt. Auch alle Branchen, die einen raschen Warenumsatz haben, fallen unter das Zeichen Krebs. Außerdem Gaststätten, Hotels, Schiffahrtsunternehmen, das Mühlengewerbe und Fischereibetriebe. Das künstlerische, schöpferische Handwerk ist stark vertreten. In der Jugend hat der »Krebs« viel Fernsehnsucht, Reise- und Wandertrieb. Eigenartig ist der stets vorhandene Drang zum Wasser, zum Meer, zu Seen oder Flüssen. Daher liebt der »Krebs« auch Wassersport, Segeln, Paddeln, Schwimmen, Seereisen.

Im künstlerischen Sektor findet man immer wieder Schauspieler, Schriftsteller, Novellisten, Autoren von Abenteuerromanen, Gesellschaftsromanen, Zukunftsromanen.

Ist die Sturm- und Drangperiode vorüber, gehen manche Krebse beruflich »in Deckung«, etwa beim Staat, bei Behörden. Selten geschieht dies aber aus innerem Drang. Die Jahre von funfundzwanzig bis fünfzig sind von entscheidender Bedeutung, was mit fünfzig nicht konsolidiert erscheint, ist und bleibt fragwürdig. Gegen Mitternacht Geborene sind enorm sensibel und empfindlich. Bessere Aufstiegschancen im Beruf haben um die Morgenstunden Geborene. Nach dem Mittag Geborene sind unstet, erleben viele Domizilwechsel und Reisen (auch Berufsreisen).

Herstellung und Vertrieb von Flüssigkeiten (Getränkehandel usw.), auch Tankstellen, ferner Lebensmittelgeschäfte, Bierbrauereien, Gastwirtschaften, Milchbars usw. stehen unter dem Zeichen Krebs. Kellner, reisende Artisten, Jahrmarktsverkäufer sind oft Krebs-Typen; außerdem haben »Krebse« oft Berufe im Zusammenhang mit Kaufhäusern.

Bei etwaigen wissenschaftlichen Forschungen der Krebs-Typen stehen Rassen- und Erbforschung, Geologie, Ernährungsforschung und Ahnenforschung im Vordergrund. Matrosen, überhaupt alle Berufe der Schiffahrt, haben ebenfalls Krebs-Einschlag. Am wenigsten sind militärische Berufsgruppen vertreten, denn der »Krebs« ist friedliebend und will selbständig bleiben. Der 12. Grad des Zeichens ist durch den Fixstern Sirius begünstigt und kann populär oder berühmt machen.

Weibliche Krebs-Geborene sind nicht so unstet, aber dennoch auch voller Phantasie und in der Jugend voll romantischer Ideen. Überaus häufig kommt es zu Auslandsreisen, Stellungen im Ausland, manchmal in der Hauswirtschaft oder als Erzieherin, Hausdame oder dergleichen.

Auffallend viele soziale Berufe finden sich im Zeichen Krebs, wie etwa Fürsorgerin, Sozialbeamtin, Kindergärtnerin, Kinderärztin, Kranken- oder Säuglingsschwester, Arzthelferin oder Laborassistentin.

Das Hotel- und Gaststättengewerbe ist stark besetzt, aber auch der Sektor der Genußmittel- und Feinkostgeschäfte. Oft arbeiten weibliche Krebs-Geborene als Verlagssekretärinnen, Redakteurinnen, Angestellte in Reise- und Flughafenbüros. Das Umsorgende, Sozialdenkende und Mütterliche zeigt sich bei weiblichen Krebs-Geborenen besonders stark ausgeprägt, obwohl es auch, wie wir gesehen haben, bei männlichen Krebs-Geborenen nicht fehlt.

Professor Dr. Ernst Ferdinand Sauerbruch
Geboren: 3. VII. 1875 in Barmen.

Sonne in 11 Grad Krebs, Mond in 13 Grad Krebs, Aszendent: 6 Grad Jungfrau, Meridian: 27 Grad Stier.

Maximale Konstellation – Pluto in Nähe der Berufsspitze X in 23 Grad Stier: auf seinem Gebiet eine Berühmtheit mit »Massenwirkung«, weithin bekannt durch den Beruf (= Pluto). Autoritäre Persönlichkeit mit Selbstbehauptungswillen. Venus-Jupiter-Saturn sind miteinander im dreifachen Trigonalaspekt (Triangel) verbunden: »Glück« im Beruf, aber verbunden mit Aufopferung und Pflichtkomplexen (Venus, Trigon, Saturn). Die Trigonale von Jupiter und Saturn münden ins X. Berufsfeld: Aufstieg, Welterfolg durch eigenes Können und angestrengte Arbeit (= Saturn). Sonne in fast gradgenauer Konjunktion zum Mond (Neumondphase!): Nachlassen der Kräfte, starke seelische Spannungen (= Krebs).

Prominente Persönlichkeiten im Zeichen Krebs
(22. VI. – 22. VII.):

Maximilian, Kaiser von Mexiko	6. VII. 1832
Kaiser Rudolf II. von Österreich	18. VII. 1552
Herzog Eduard von Windsor	23. VI. 1894
Walter Ulbricht	30. VI. 1893
Raymond Pompidou	5. VII. 1911
Herbert Wehner	11. VII. 1906
Grigory Rasputin	20. VII. 1872
Soraya	22. VI. 1932
Prinz Bernhard der Niederlande	29. VI. 1911
George Sand	1. VII. 1804
Rembrandt	15. VII. 1606
Peter Paul Rubens	28. VI. 1577
Jean Cocteau	5. VII. 1889
Graf Hermann Keyserling	20. VII. 1880
Erich Maria Remarque	22. VI. 1898
Käthe Kollwitz	8. VII. 1867
Louis Armstrong	4. VII. 1900
Gina Lollobrigida	4. VII. 1927
Natalie Wood	20. VII. 1938
Hermann Hesse	2. VII. 1877

Wilhelm von Scholz	15. VII. 1878
Chris Howland	30. VI. 1928
Gustav Knuth	7. VII. 1901
Yul Brynner	11. VII. 1917
Peter Alexander	30. VI. 1926
Otto E. Hasse	11. VII. 1903
Paul Hubschmid	20. VII. 1917
Peter Lorre	26. VI. 1904
Claus Biederstädt	28. VI. 1928
Charles Laughton	1. VII. 1899
Olivia de Havilland	1. VII. 1916
Vittorio de Sica	7. VII. 1901
Silvio Francesco	13. VII. 1927
Graf von Zeppelin	8. VII. 1838
Hermann Oberth	25. VI. 1894
John Glenn	18. VII. 1921
Alexis Carrell	28. VI. 1873
O.-E. Flick	27. VI. 1916
Roald Amundsen	16. VII. 1872
John D. Rockefeller	8. VII. 1839
Ernst Ferdinand Sauerbruch	3. VII. 1875

Der Weg zum Erfolg im Zeichen Löwe

Geboren vom 23. VII. – 23. VIII.

Viele Löwen leiden an einer Überfunktion des Selbstbewußtseins. Das wird ihnen selbst aber weniger bewußt als ihrer Umgebung. Berufserfolg wird hier vor allem als Expansion, »Ausbreitung der eigenen Persönlichkeit« gesehen. Die Löwe-Tendenz ist unverkennbar: Sie verleiht Kraftfülle, Freiheitsdrang, Selbstsicherheit. Unweigerlich führt dies zur Autorität, zum Verlangen nach Leitung und Führung, nach Anerkennung und Beachtung von seiten der Umwelt. Der echte Erfolg verlangt jedoch Selbstbeherrschung, Zügelung der Durchsetzungsgelüste. Übersteigertes Selbstbewußtsein führt zu bloßem Geltungsdrang, manchmal zur Eitelkeit oder Überheblichkeit. Zwar steht fest, daß viele »Löwen« nicht nur von ihrer Umgebung viel verlangen, sondern auch persönlich immer nur das Beste wollen. Aber in ihrer Ichbefangenheit sehen sie sich doch oft nur im Glanz der eigenen Überlegenheit. Dies führt zu Krisen mit Untergebenen oder auch Vorgesetzten. Löwe-Typen werden im Beruf fast immer selbständig, zumindest erhalten sie die verantwortliche Leitung von Geschäften oder Unternehmen. Der Aufstieg kommt oft durch Nutzung von Kontakten und Beziehungen zu sozial Höherstehenden. Nach astrologischer Erfahrung symbolisiert das Zeichen Löwe die Mächtigen, den Staat, Behörden oder Leute in Amt und Würden. Es hat daher auch Bezug zu Protektionen. Was vom »Löwen« vermieden werden muß, ist das Gefühl des Besserseins, die geistige Überheblichkeit. Wirkliche Autorität erringt nur jener Löwe-Typ, der durch sein Können und seine Herzensbildung überzeugt. Der »Löwe« versucht schon frühzeitig, die persönlichen und materiellen Grenzen seines Milieus zu sprengen. Nahezu jeder »Löwe« verlangt nach einem würdigen, verfeinerten, luxuriösen Rahmen um seine Persönlichkeit. Ist genügend geistige Substanz vorhanden, strahlt er jenes achtungsgebietende Fluidum aus, das ihm Gefolgschaft und Gehorsam sichert. Gewisse Aspektverletzungen auf die Sonne im Löwen (etwa von Jupiter oder Mars) mindern das Format, so daß aus echtem Selbstbewußtsein mehr oder minder »Angabe« wird.

Die *Berufsstatistik* zeigt, daß sich der Löwe-Typ sehr schlecht zum Untergebenen oder Angestellten eignet. Ein Sonnenstand um den 29. Grad dieses Zeichens (um den 22. August) zeigt den Fixstern Regulus in Konjunktion mit der Sonne und wirkt zu irgendeiner Zeit des Lebens als Aufstiegsmotiv. Das Verlangen, eine Rolle zu spielen, zeigt sich bei fast allen Berufsgruppen unterm Löwen, etwa bei dem leitenden Direktor eines Unternehmens, bei den Managern, bei führenden Offizieren, die das »autoritäre Prinzip« am reinsten verkörpern. Im wissenschaftlichen Bereich finden wir den »Löwen« als leitenden Arzt, als Chef eines Krankenhauses oder Sanatoriums, im Geschäftsleben als Großkaufmann, leitenden Organisator, im Politischen als führenden Parteipolitiker. Überaus stark besetzt ist der gesamte künstlerische Sektor, ganz besonders das Schauspiel, die Regie. Auch Revuen, die Vergnügungsindustrie und Schaustellerunternehmen stehen unter Löwe-Einfluß. Im Bereich des Handels sind das Textilgewerbe, die Seidenindustrie, die Bekleidungsindustrie und Webereien stark löwebetont, aber auch die Schmuck- und Uhrenindustrie, Juwelierläden und jegliches Kunstgewerbe. Der gesamte Staatsdienst und viele Behördenangestellte haben Bezug zu diesem Zeichen, ebenso das Gerichtswesen und die Finanzämter. Viele Verbands- und Vereinsvorsitzende zeigen Löwe-Einfluß, auch Kunsthändler und Impresarios. Im kaufmännischen Sektor tendiert der »Löwe« zur Expansion, also stets zum Großhandel. Den positiven Löwe-Typ erkennt man sofort an seiner Großzügigkeit, an seinem Großmut. Kleinliche Verhältnisse liegen ihm nicht, noch weniger aber Unterwürfigkeit oder berufliche Abhängigkeit. Sehr häufig drängt der Löwe-Typ in die Öffentlichkeit. Verluste entstehen durch seinen spekulativen Zug, insbesondere im finanziellen Bereich. Viele leidenschaftliche Spielernaturen haben Löwe-Einfluß.

Im Beruf ergeben sich keine sehr schnellen Aufstiege. Meist bringt die Lebensperiode zwischen dem dreißigsten und fünfunddreißigsten Lebensjahr einen entscheidenden Ruck nach vorn. Das stark entwickelte Ichgefühl, die meist vorhandene Vitalität und die Sicherheit des Auftretens garantieren den Berufserfolg. Zwischen zehn und dreizehn Uhr Geborene zeigen die Aufstiegstendenz am überzeugendsten. Was dem Löwe-Typ am meisten schadet, ist der geistige Dünkel und die Starrköpfigkeit. Der negative Typ neigt zu Selbstlob und Prahlerei. Auch er bleibt keineswegs im verborgenen, sondern zeigt Unternehmungslust, wobei aber die Risiken nicht richtig erkannt werden. Diese Fehleinschätzungen bringen ihm dann Verluste. Er blufft seine Umwelt durch Aufschneiderei und lebt auch über seine Verhältnisse. Er gleicht Filmkulissen mit prunkvoller Fassade, hinter denen nur Luft ist.

Weibliche Löwe-Typen zeigen Befähigung zur Repräsentation, zur Leitung von Geschäften oder Führung von Personal. Die gesamte modeschaffende Industrie bis zum Verkauf ist stark löwebetont. Textilien, Seidenwaren, Luxuswaren, Schmuck- und Goldwaren haben Bezug zum Löwe, auch Dekoration und Innenarchitektur, die Möbelindustrie, Parfümindustrie, Friseur- und Massagesalons usw. Film, Bühne, Schauspiel ziehen »Löwinnen« mächtig an, ebenso die Musik. Bei den Wissenschaften wird die Chemie bevorzugt, in der Medizin die Zahnheilkunde (viele Dentisten und Zahnärzte haben Löwe-Einfluß!), viele wählen den Beruf der Kinderärztin oder Röntgenassistentin. Löwe-Frauen sind bekannt als gute Hausfrauen, aber auch gesellschaftliche Repräsentantinnen. Tanzschulen,

Modeboutiquen, Kunstgewerbeläden, Hutsalons stehen ebenfalls unter Löwe-Einfluß.

Napoleon I. Bonaparte
Geboren: 15. VIII. 1769 zu Ajaccio.

Sonne in 23 Grad Löwe, Mond in 28 Grad Steinbock, Aszendent in 17 Grad Waage. Das Geburtshoroskop zeigt als maximalen Faktor den hochgestellten Saturn in 26 Grad Krebs nahe der Spitze X und exakt verletzt von einem Oppositionsaspekt des Mondes, wobei sich der Mond übrigens noch im Saturnzeichen Steinbock und der Saturn im Mondzeichen Krebs aufhielten – ein Austausch der Zeichen, den man astrologisch als »Rezeption« bezeichnet, was die Aspektwirkung verdoppelt! Alle Horoskope mit solchen Saturnpositionen an höchster Stelle zeigen bei Aspektverletzung Aufstieg zu höchsten Ehren, aber auch »Sturz von der erreichten Höhe« an (siehe auch das Horoskop Hitlers mit Saturn im Feld X). Die Symbolwirkung dieses Saturns wurde als »Machtmißbrauch« erkannt. Der Ehrgeiz bei dieser Konstellation ist brennend, die Zähigkeit ungewöhnlich. Der Aufstieg braucht Jahrzehnte! Ein weiteres Beispiel mit Saturn im Feld X: Napoleon III., Kaiser der Franzosen (geb. 20. IV. 1808), der nach England ins Exil ging.

Prominente Persönlichkeiten im Zeichen Löwe (23. VII. – 23. VIII.):

Kaiser Franz Joseph I. von Österreich	18. VIII. 1830
Erzherzog Rudolf von Österreich	21. VIII. 1858
Napoleon I.	15. VIII. 1769
Gräfin Dubarry	19. VIII. 1743
Prinzessin Margaret Rose	21. VIII. 1930
Jacqueline Kennedy	28. VII. 1929
Fidel Castro	13. VIII. 1926
Makarios III.	13. VIII. 1913
Benito Mussolini	29. VII. 1883
Habib Burgiba	3. VIII. 1903
Haile Selassie	23. VII. 1893
Alfred Hitchcock	13. VIII. 1899
Mata Hari	7. VIII. 1876
Hans Moser	6. VIII. 1880

Hertha Feiler	3. VIII. 1916
Margot Eskens	12. VIII. 1936
Carl Wery	7. VIII. 1894
Peter Weck	12. VIII. 1930
Sabine Sesselmann	13. VIII. 1936
Sabine Sinjen	13. VIII. 1942
Tilla Durieux	18. VIII. 1880
Marianne Koch	19. VIII. 1931
Alice und Ellen Kessler	20. VIII. 1936
Rudolf Prack	2. VIII. 1905
Adele Sandrock	19. VIII. 1864
Knut Hamsun	4. VIII. 1859
Carl Gustav Jung	26. VII. 1875
Matthias Claudius	15. VIII. 1740
Peter Rosegger	31. VII. 1843
Nikolaus Lenau	13. VIII. 1802
Guy de Maupassant	5. VIII. 1850
George Bernard Shaw	26. VII. 1856
Joachim Ringelnatz	7. VIII. 1883
Aldous Huxley	26. VII. 1894
Hans Jürgen Winkler	24. VII. 1926
Fritz Hugo Eckener	10. VIII. 1868
Fritz Wankel	13. VIII. 1902
Alfried Krupp von Bohlen-Halbach	13. VIII. 1907
Gottlieb Duttweiler	15. VIII. 1888
Henry Ford	30. VII. 1863
Bernard Baruch	19. VIII. 1870

Der Weg zum Erfolg im Zeichen Jungfrau

Geboren vom 24. VIII. – 23. IX.

Jungfrau-Leute sind Realisten, Kopfdenker – das Herz spricht erst in zweiter Linie –, Kritiker! Dies sind brauchbare Gaben für den Lebenskampf. Hinzu kommen Systematik, Planung, Unterscheidung, Methodik. Das Zeichen kennt keine Spekulanten und Glücksspieler. Bei der »Genauigkeit« sind wir beim wunden Punkt dieses Zeichens: Etwas zuviel von dieser nützlichen Eigenschaft, und wir haben den Pedanten, Nörgler, Egozentriker. So kann der Blick auf das Detail die große Linie völlig übersehen lassen, so daß man am Buchstaben klebt und den Sinn für das Ganze verliert. Tatsächlich findet man unter diesem Zeichen die meisten berufsmäßigen Kritiker. Der Erfolg im Beruf kommt unterm Zeichen Jungfrau durch die angeborene Gabe der Vorausplanung und durch die hartnäckige Verfolgung des Lebensziels über einzelne Etappen. Vorsicht, Ordnungsliebe und Zuverlässigkeit sichern den späteren Erfolg und Aufstieg. Mit seiner realistischen Grundhaltung verliert sich der Jungfrau-Typ niemals in Sackgassen. Jungfrau ist das Zeichen der Kalkulation, der Berechnung und des bewußten Nützens von Gelegenheiten und Umständen, die in die eigenen Interessen eingebaut werden. Hier zeigt sich die intellektuelle Note des Zeichens Jungfrau am meisten. Die Impulse des Gemüts oder des Gefühls werden weitgehend ausgeschaltet. Um Pedanterie zu vermeiden, sollte jedoch die stets vorhandene Kritik auch zur Selbstkritik verwendet werden. Halten Sie stets den Blick auf das Ganze einer Sache gerichtet, sonst entsteht ein Mangel an Zusammenschau (Synthese). Es liegt im Wesen des Zeichens Jungfrau, daß es den aktiven Willen weniger anwendet, als vielmehr diplomatische Anpassung und abwartende Vorsicht. Die Ziele liegen selten im Scheinwerferlicht des öffentlichen Wirkens oder in der Verantwortlichkeit einer selbständigen Position, sondern eher in der Einordnung in die Gemeinschaft. Man bevorzugt Anstellungen, Vertrauenspositionen, Mitarbeit unter der Leitung anderer. Der Erfolgsweg verläuft niemals steil nach oben, sondern in Etappen. Das meiste verdankt man sich selbst; das »zufallende Glück« ist selten. Die ungewöhnliche Befähigung zur Sparsamkeit, Wirtschaftlichkeit und zur Selbstbegrenzung schaltet Berufskrisen aus. Der Wille ist stark, aber nicht drängend, arbeitet vielmehr mit den diplomatischen Mitteln der Anpassung an die gegebenen Umstände.

Die *Berufsstatistik* zeigt hier eine unübersehbare Zahl von Angestellten (auch leitenden). In zweiter Linie sind die freien Berufe stark vertreten. Sie fordern dem Jungfrau-Typ allerdings manchmal viel Mühe ab, bis die finanzielle Sicherheit gewährleistet ist. Als Studienfächer werden Philologie, Philosophie, Psychologie bevorzugt, ferner Medizin (hauptsächlich innere Medizin), manchmal auch Pharmazeutik (Arzneimittelkunde). Die meisten Jungfrau-Typen sind im kaufmännischen Sektor tätig und bevölkern hier alle Sparten: Buchhaltung, Sekretariate, Korrespondenz, Fremdsprachen, Registratur, Kalkulation, Programmierung, Buch- und Steuerprüfung. Buchdrucker, Korrektoren, Verlagsangestellte, Redakteure, Bibliothekare, Buchhändler, Buchkritiker, Theaterkritiker, Bankbeamte sind ebenfalls sehr oft Jungfrau-Typen. In staatlichen Behörden ist der Jungfrau-Typ überaus stark vertreten, etwa im Finanzdienst, auf Grundbuch- und Katasterämtern, im Versorgungswesen, außerdem bei Versicherungen. Das Gros aller intellektuellen Jungfrau-Typen ist in pädagogischen Berufen zu finden: als Lehrer, Professor, Studienrat, Schulrat, im Kultusministerium, als Fachlehrer, Sprachlehrer, Sportlehrer. Die »schulmeisterliche Art« des Jungfrau-Zeichens ist bekannt. Spezialfächer sind ferner Mathematik, Astronomie, Botanik, Bakteriologie; auch Theologie wird häufig studiert. Labortätigkeit, Krankenpflegerberufe, Uhrmacher, Feinmechaniker stehen ebenfalls unter Jungfrau-Einfluß. Wissenschaftler unter diesem Zeichen sind stets auf einen ganz bestimmten Sektor spezialisiert. Die Naturwissenschaften interessieren am meisten, überhaupt die sogenannten »exakten Wissenschaften«. Auch Sprachforscher (Orientalisten, Sanskritforscher usw.) sind häufig jungfraubetont. Für Hygiene und Körperpflege, insbesondere aber für die Ernährungslehre besteht großes Interesse. Auffallend viele Jungfrau-Typen sind Vegetarier und Nichtraucher. Im Bereich der Psychologie und der angewandten Menschenkenntnis, wie etwa Charakterologie, Graphologie, ferner in der Auswertung von Psychotesten ist der Jungfrau-Geborene überaus erfolgreich, da er in besonderem Ausmaß die Befähigung zur Zergliederung, zur Analyse, zu Einzelbeobachtungen besitzt. Dies erklärt auch, warum so viele Heilpraktiker, Homöopathen, Vertreter moderner Gesundheitslehren unter Jungfrau-Einfluß stehen.

Weibliche Jungfrau-Typen bevorzugen die intellektuellen Berufsgattungen und sind auch im kaufmännischen Sektor in großer Zahl anzutreffen. Gründlichkeit, Genauigkeit und Zuverlässigkeit führen hier zum Erfolg, wenn auch erst nach längerer Zeit. Verlage, die Presse, der Buchhandel, Bibliotheken, Redaktionen – alle diese Sparten haben »Merkureinfluß« und daher Jungfrau-Tendenz, ebenso Buchhaltungen, Kassenverwaltungen, Wirtschaftsämter, Aufsichtspositionen in Geschäften und Kaufhäusern. Beschließerinnen im Hotel- und Gaststättengewerbe, Verkäuferinnen und Einkäuferinnen haben starke Jungfrau-Konstellationen. Zuweilen findet man weibliche Jungfrau-Geborene auch als Schwestern, medizinische Assistentinnen,

Kindergärtnerinnen, Lehrerinnen. Berufe, die Geduld und große Genauigkeit verlangen, sind günstig für den Jungfrau-Typ, besonders dann, wenn das Detail einer Sache eine Rolle spielt (Arzthilfen, Laborassistentinnen, Operationshilfen, Sprechstundenhilfen; Graphik, Keramik, Kunstgewerbe). Spezialberufe der modernen Bürotechnik (Hollerithmaschinen, Lochkarten, elektronische Datenverarbeitung, Buchungsmaschinen usw.) sind stark besetzt mit weiblichen Jungfrau-Typen. Die Lebensjahre zwischen zweiundvierzig und fünfundvierzig zeigen oft berufliche Umbrüche oder Schwierigkeiten im bisherigen Arbeitsbereich. Manchmal wird der Beruf schicksalswichtiger als Liebe und Ehe, und zwar wegen der gefühlsmäßigen Enttäuschungen.

Johann Wolfgang von Goethe
Geboren: 28. VIII. 1749 mittags 12 Uhr in Frankfurt am Main.

Sonne in 5 Grad Jungfrau, Mond in 12 Grad Fische, Aszendent in 16.45 Grad Skorpion, Meridian in 5 Grad Jungfrau.

Sonne im Zenit des Horoskops: Aufstieg, Erfolg, Ruhm. Sonne im exakten Trigonal zum Mars im Steinbock und im Quadrataspekt zum Pluto, der sich noch im Feld I der eigenen Persönlichkeit und im Zeichen Schütze befindet: »Eine ungewöhnliche Persönlichkeit mit Einflußnahme auf die Masse«. Vor allem aber Saturn in Nähe des Aszendenten im tiefgründigen Zeichen Skorpion und im geschlossenen Trigon mit dem Mond: die »faustische Konstellation«, das »Ringen um Probleme«. Mars als »Herrscher« über den Aszendenten und seinerseits im Saturnzeichen Steinbock symbolisiert die zähe und konzentrierte Energie des Schaffens. Der seelische Tiefgang wird aufgezeigt vom Mond in den Fischen, der aber hinsichtlich Phantasie und Stimmungen von einem Trigonalaspekt des Saturns zuchtvoll gebändigt wird. Das geistige Format Goethes ist durch Sonne und Merkur an höchster Stelle des Horoskops, im Zenit, gekennzeichnet. Hierbei befindet sich die Sonne im Merkurzeichen Jungfrau, der Merkur aber im Sonnenzeichen Löwe – beides erhöht die Wirkung (= Zeichenaustausch oder Rezeption): Fähigkeit zur Kritik und Neigung zum wissenschaftlichen Detail im Sinn der Forschung (= Jungfrau) nebst großzügigem und umfassendem Denken (= Löwe). Das Mars-Trigon auf Sonne und Berufsspitze X erhöht Ehrgeiz und Auf-

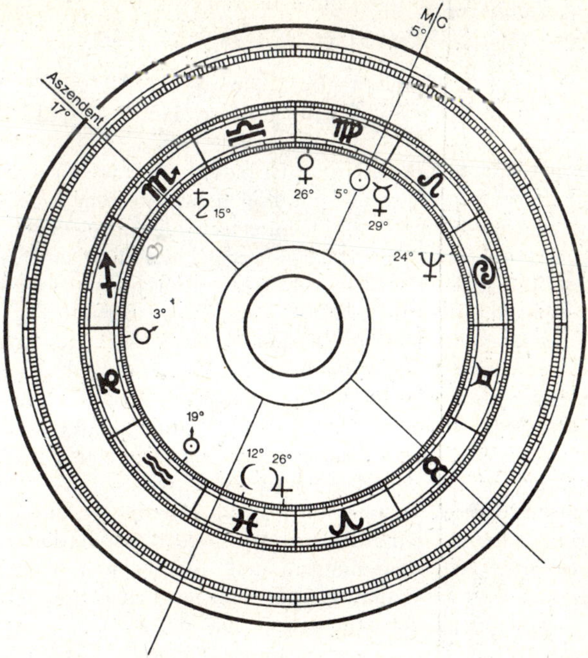

stiegsstreben und befähigt zu führenden Positionen im Staat (= Sonne). Der Dichter Goethe wird symbolisiert von der Venus und der Sonne im X. Feld, wobei die Venus auch einen Sextilaspekt vom Neptun erhält (= Dichtung). Dieser Neptun aber besetzt Feld IX – das Feld geistiger Expansion und philosophischen Strebens – und erhält ein ausgezeichnetes Trigon vom Jupiter, dem Symbol der Weisheit, der Religion und der Metaphysik. Goethes wechselnde Beziehungen zu Frauen und seine Liebeskonflikte sind ebenfalls deutlich aufgezeigt: Venus im Oppositionsaspekt zu Jupiter!

Franz-Josef Strauß
Geboren: 6. IX. 1915, 22 Uhr MEZ, 48 Grad Breite.

Sonne in 13.10 Grad Jungfrau, Mond in 11.52 Grad Löwe, Aszendent in 9.57 Grad Zwillinge, Meridian: 9.02 Grad Wassermann.

Dominierende Konstellation: Uranus in 12 Grad Wassermann in Nähe des Meridians und im Trigonalaspekt zum Aszendenten: schnelle geistige Reaktionen, eigene Ideen, ungewöhnliche Durchsetzungskraft, mehrfacher Wechsel der Ziele und beruflichen Einsätze. Überraschungsmotive durch ungewöhnliche Handlungen. Merkur in 2.20 Grad Waage befindet sich im Quadrataspekt mit Pluto in 3.08 Grad Krebs: Reizbarkeit, Widerspruchsgeist, ungewöhnliche Suggestionskraft durch Rede und Massenbeeinflussung. Mars in enger Konjunktion mit Saturn (Mars in 11.45 Grad Krebs, Saturn in 14.02 Grad Krebs): ungewöhnliche Durchsetzung, Kraftproben, Auseinandersetzungen! Der Mond in 11.52 Grad Löwe befindet sich in genauer Opposition zum Uranus, zum Mondknoten und zum Meridian – dies ist die zweite dominante Konstellation dieses Horoskops: Affekthandlungen und plötzliche Reaktionen, Eigenwilligkeit bis Fanatismus in Überzeugungen oder Zielen, nervliche Spannungen. Im ganzen ein ausgesprochenes Spannungshoroskop mit Willensdynamik, aber auch mit stark berechnenden Motiven (Sonne/Jungfrau).

Prominente Persönlichkeiten im Zeichen Jungfrau (24. VIII. – 23. IX.):

Ludwig XVI. von Frankreich	23. VIII. 1754
Alexis Zarewitsch	25. VIII. 1904
Albrecht von Wallenstein	14. IX. 1583
Königin Wilhelmine der Niederlande	31. VIII. 1880
Baudouin I., König von Belgien	7. IX. 1930
Kardinal Herzog von Richelieu	8. IX. 1585
Königin Anne-Marie von Griechenland	30. VIII. 1946
Lyndon B. Johnson	27. VIII. 1908
Franz-Josef Strauß	6. IX. 1915
Eugen Gerstenmaier	25. VIII. 1906
Claus von Amsberg	6. IX. 1926
Gerhard Schröder	11. IX. 1910
Otto Strasser	10. IX. 1897

Greta Garbo	18. IX.	1905
Ingrid Bergman	29. VIII.	1915
Romy Schneider	23. IX.	1938
Sophia Loren	20. IX.	1934
Hubert von Meyerinck	23. VIII.	1896
Hans Albers	22. IX.	1891
Maurice Chevalier	12. IX.	1888
Vico Torriani	21. IX.	1920
Albert Bassermann	7. IX.	1867
Willy Reichert	30. VIII.	1896
Willy Birgel	19. IX.	1891
Carla Hagen	11. IX.	1932
Karin Baal	19. IX.	1940
John B. Priestley	13. IX.	1894
Friederike Hauffe	23. IX.	1801
Johann Wolfgang von Goethe	28. VIII.	1749
Graf Leo Tolstoj	9. IX.	1828
Franz Werfel	10. IX.	1890
Wilhelm Raabe	8. IX.	1831
Agatha Christie	15. IX.	1890
Theodor Storm	14. IX.	1817
Eduard Mörike	8. IX.	1804
Maurice Maeterlinck	29. VIII.	1862
Ferdinand Porsche jun.	19. IX.	1909
Franz Beckenbauer	11. IX.	1945
Fritz Berg	27. VIII.	1901
Rudolf August Oetker	20. IX.	1916
Hermann Buhl	21. IX.	1924
Aristoteles Sokrates Onassis	21. IX.	1906

Der Weg zum Erfolg im Zeichen Waage

Geboren vom 24. IX. – 23. X.

Unter dem Zeichen Waage gedeihen viele Lebenskünstler, die das Motto »Leben und leben lassen!« bevorzugen. Die »Waage« zeigt eine heitere, unbeschwerte »Schauseite« und hat oft wenig Tiefgang. Geduld und Ausdauer sind nicht übermäßig entwikkelt, meist fehlt auch die Hartnäckigkeit im Wollen und die

Härte im Einsatz. Bei beruflichen oder persönlichen Schwierigkeiten ist die »Waage« zum Kompromiß, zum Einlenken bereit. Den Weg zum Erfolg sichert also die Diplomatie, der Ausgleich der Gegensätze, zumal die Kräfte des Gemüts überaus sensibel sind und innerhalb der beruflichen Umwelt nach Harmonie verlangen. Da solche Umweltverhältnisse nicht immer herstellbar sind, nimmt der Waage-Typ die geistige Beweglichkeit, die gute Beobachtungsgabe und die geschliffene Lebensart zu Hilfe. Manches dient nur dazu, das gesellschaftliche Ansehen zu sichern. Nichts erträgt der Waage-Typ im Beruf weniger als mangelnde Beachtung oder fehlende Anerkennung seines Wirkens. Wenn es dem Zeichen an innerer Substanz fehlt, ergeben sich hier die »Gesellschaftslöwen«, die in der Öffentlichkeit gesehen werden möchten. Auch die Klatschspalten der Boulevardblätter leben von diesen betriebsamen Waage-Typen. Schauspielerei, Mitteilsamkeit und Geselligkeitstrieb spielen eine große Rolle. Rückschläge im Beruf kommen durch Ablenkbarkeit, mangelnde Ausdauer bei Schwierigkeiten und allzu schnelles Wechseln der Positionen. Die Fähigkeit zum Überbrücken von Gegensätzen in der Umwelt macht den Waage-Geborenen geeignet für den diplomatischen Dienst, für die gesellschaftliche Repräsentation, für eine Position als Empfangschef, Protokollchef, Konsul oder überhaupt als Vermittler. Der Waage-Typ kennt keine fanatischen Weltanschauungen und neigt niemals zum geistigen Querulantentum. Im Beruf bewährt man sich in der Zusammenarbeit, in der Mitarbeit am Werk anderer, als Gesellschafter, Kommanditist, Teilhaber. Obwohl eine gewisse Selbständigkeit angestrebt wird, findet man sie nicht allzu häufig. Der gebildete Waage-Typ ist überaus wortgewandt, hält auf Umgangsformen und zeigt im gesellschaftlichen Umgang Routine. Er legt auch größten Wert auf Titel, Orden, Auszeichnungen.

Die *Berufsstatistik* zeigt den juristischen Beruf ungewöhnlich stark besetzt: Richter, Anwälte, Verteidiger, insbesondere auch Scheidungsanwälte! Hier kann sich die »Waage« mit ihrer Fähigkeit, Frieden zu stiften, als Anwalt der Gerechtigkeit bewähren. Meist verbinden solche Anwälte Beredsamkeit mit Schläue, List und Überzeugungskraft. Auch Standesbeamte und der höhere Verwaltungsdienst fallen unter das Zeichen Waage. Eine zweite, ungewöhnlich starke Berufstendenz von Waage-Typen zeigt sich in der Neigung zu den Künsten, angefangen von der bildenden Kunst über die Musik bis zur Literatur. Auch

Tänzer, Schauspieler, Kunstgewerbler, Zeichner, Porträtisten, Plakatmaler, Fotografen, Bildreporter haben Waage-Einfluß. Die Verfeinerung der Sinne – insbesondere des Farb- und Formensinns – sowie die ideelle Gestaltungskraft gehören zu den schöpferischen Eigenschaften des Waage-Zeichens. Schriftsteller (hauptsächlich Erzähler), Kunstexperten, Tänzer (auch Ballett und Groteskanz), ferner Instrumentalmusiker, Kunsthändler, Kunsthistoriker, Artisten (Equilibristen, Jongleure, Trapezkünstler), Theaterdirektoren und Inhaber von Luxusgeschäften sind waagebetont; ebenso Friseurgeschäfte, Parfümerieläden, Modesalons, Schönheitssalons. Wegen der Verfeinerung und Gewandtheit im sprachlichen Ausdruck ist das Fremdsprachenstudium oft besonders aussichtsreich. Da Waage auch das »Partnerzeichen« ist, haben Ehevermittlungsinstitute sehr oft starken Waage-Einfluß. Zum Zeichen Waage gehören ferner Tapezierer, Dekorationsmaler, Schneider, Seidenweber, Konditoren, Blumenverkäufer und Konfitürenhändler.

Die »Waage« braucht Erfolg, Anerkennung und Beifall; bei auftauchenden Schwierigkeiten läßt die Durchsetzungsfähigkeit zu wünschen übrig. Im finanziellen Sektor gibt es häufig zufallendes Vermögen durch Heirat, Erbschaften, Partnerschaften. Verluste kommen durch Prozesse, Verpflichtungen aus Scheidungen. Das 40. – 42. Lebensjahr ist besonders markant und unruhig! Der 22. Grad des Zeichens Waage ist durch den Fixstern Spica im beruflichen Aufstieg beziehungsweise hinsichtlich Popularität sehr begünstigt. Mit Geld ist der Waage-Typ etwas großzügig oder gar leichtsinnig. Man möchte gern »aus dem vollen« wirtschaften. Auffallend sind bei der »Waage« ihre Vergnügungsliebe, aber auch das Schönheitsempfinden und der Sinn für Eleganz. Das Geltungsbedürfnis ist überaus stark, wenn auch getarnt; jeder Tadel schmerzt das Selbstgefühl. Bei ungünstigem »Betriebsklima« verändert sich ein Waage-Typ sehr schnell. Sehr weiche Typen dieses Zeichens zeigen eine Indolenz, die manchmal an Phlegma grenzt. Überhaupt ist dieser Typ nicht für harte Arbeit.

Weibliche Waage-Geborene zeigen künstlerisches Formgefühl, Sinn für Ästhetik und verfeinerte Mode. Viele verwenden ihr schöpferisches Talent als Modezeichnerin, im Entwurf, in der Dekoration, in der Bildniskunst, in der künstlerischen Fotografie. Viele Mannequins haben Waage-Einfluß. Auch das »Zubehör« im Modesektor (Taschen, Lederwaren, Handschuhe, Hüte, Schmuck) steht mit dem Zeichen Waage in Zusammenhang. Im kaufmännischen Bereich ist alles waagebetont, was das Leben verschönert oder angenehm gestaltet. Gesellschaftstanz, Rhythmik und Gymnastik wirken attraktiv auf Waage-Damen. Die Heirat ist gemäß Statistik oft viel wichtiger und schicksalsbestimmender als der Beruf. Leider aber nicht immer im positiven Sinn, da Scheidungen unter dem Zeichen Waage geradezu an der Tagesordnung sind (siehe auch das Kapitel: Liebe und Ehe im Zeichen Waage!). Eine besondere Begabung der Waage-Frau liegt in der kultivierten Ausgestaltung des Wohnbereichs.

Prominente Persönlichkeiten im Zeichen Waage
(24. IX. – 23. X.):

Dwight D. Eisenhower	14. X.	1890
Farah Diba, Kaiserin von Persien	15. X.	1938
Mahatma Gandhi	2. X.	1869
Papst Paul VI.	26. IX.	1897
Paul von Hindenburg	2. X.	1847
Georges Bidault	5. X.	1899
Engelbert Dollfuß	4. X.	1892
Walther Rathenau	29. IX.	1867
Heinrich Himmler	10. X.	1900
David Ben Gurion	16. X.	1886
Heinrich Lübke	14. X.	1894
Gerhard Stoltenberg	29. IX.	1928
Georg Leber	7. X.	1920
Cesare Borgia	17. IX.	1474
Eleonora Duse	5. X.	1859
Cléo de Mérode	27. IX.	1875
Brigitte Bardot	28. IX.	1934
Barbi Henneberger	3. X.	1940
Heinrich George	9. X.	1893
Lilo Pulver	11. X.	1929
Udo Jürgens	30. IX.	1934
Lil Dagover	30. IX.	1897
Luis Trenker	4. X.	1892
Johanna Matz	5. X.	1932
Margot Hielscher	29. IX.	1919
Montgomery Clift	17. X.	1920
Michael Jary	24. IX.	1906
Hans Söhnker	11. X.	1905

Marion Michael	17. X.	1939
Freddy Quinn	27. IX.	1931
Anita Ekberg	29. IX.	1931
Rita Hayworth	17. X.	1919
Elly Ney	27. IX.	1882
Heinrich von Kleist	18. X.	1777
Friedrich Nietzsche	15. X.	1844
William Faulkner	25. IX.	1897
Georg Büchner	17. X.	1813
Oscar Wilde	16. X.	1854
Ernst Kretschmer	8. X.	1888
Hans Thoma	2. X.	1839
Le Corbusier	6. X.	1887
Adolf Frhr. von Knigge	16. X.	1752
Max Schmeling	28. IX.	1905
Fridtjof Nansen	10. X.	1861
Hermann Abs	15. X.	1901

Der Weg zum Erfolg im Zeichen Skorpion

Geboren vom 24. X. – 22. XI.

Skorpion-Geborene sind recht entschiedene Leute, die sehr genau wissen, was sie wollen. Insbesondere wissen sie es im Beruf. Der Aufstieg erfolgt selten rasch oder sprunghaft, wird aber mit großem Ehrgeiz und noch größerer Hartnäckigkeit angestrebt. Die »Skorpione« neigen zur Planung und Organisation und setzen ihren Willen ruhig, aber sehr bestimmt ein. Die Schwächen der Umwelt und der Mitmenschen erkennen »Skorpione« auf Anhieb; man kann ihnen nichts »vormachen«. Über eigene Belange oder Fernziele schweigen sie. Sie sind nicht immer Diplomaten, und man weiß von manchen »Skorpionen«, daß sie mitunter recht aggressiv werden können. Andererseits sind sie schlau und vorsichtig, wenn sich dies als nützlich erweist. Der Weg zum Erfolg liegt in der Bändigung der Willenskräfte. Das erhöhte Ichgefühl trachtet nach Leitung, Führung oder Durchsetzung der Persönlichkeit. Die wirklichen Begabungen sind sehr ausgesprochen, eindeutig und kommen meist schon früh ans Tageslicht. Es gibt unter diesem Zeichen keine interesselosen oder indolenten Menschen. Das Verlangen nach Unterwerfung der Umwelt aufgrund des eigenen Führungsanspruchs führt diesen Typ häufig zu Konflikten mit der Umwelt. Nicht umsonst ist der heftige bis anmaßende Skorpion-Geborene negativer Art so oft in »militanten« Berufen anzutreffen. Wird die gleiche Willensdynamik zur Beherrschung des eigenen Ichs, zur Selbsterkenntnis und Selbstüberwindung verwendet, so zeigen sich besondere Erfolge im Beruf. Alle Gegensätze sind im Zeichen Skorpion vereint, sie sind nichts anderes als das Wissen um »Gut und Böse«. Und in den seltensten Fällen werden hier Kompromisse eingegangen. Der Drang zur Selbstbehauptung und die persönliche Unabhängigkeitslust bringen in der beruflichen Umwelt mancherlei Reibungen und Auseinandersetzungen. Vor Erreichung der Ziele ergeben sich viele Veränderungen und Positionswechsel. Feindschaften und unversöhnliche Gegnerschaften sind die Ursachen solcher Umbrüche. Die geistigen Fähigkeiten sind ausgezeichnet, tiefgründig. Der innere Ehrgeiz tritt nicht offen zutage, kann aber brennend sein. Der »Skorpion« neigt sehr zur Kritik, zur Analyse, zur Erforschung unbekannter Dinge. Man beobachtete, daß der technische und wissenschaftliche Berufssektor am meisten bevorzugt wird.

Die *Berufsstatistik* zeigt Chemie und Chemotechnik am stärksten besetzt, außerdem Gebrauchstechnik, Maschinenbau, Mechanik, Kraftfahrzeugtechnik und Turbinenbau, metallverarbeitende Industrie, Elektrotechnik, Hochfrequenz. Überaus stark besetzt sind alle Bereiche der Medizin, wobei sich unter den Ärzten dieses Zeichens Arzthelfer, Apotheker, Drogisten, Zahntechniker und Dentisten die meisten Spezialisten befinden, aber auch Heilpraktiker, Pfleger, sind sehr oft »Skorpione«. Arzneimittelherstellung, Sanitätsdienst, Röntgenwesen, Magnetopathen gehören ebenfalls zum Zeichen Skorpion. Eine zweite und überaus häufig vertretene Berufsgattung sind alle »Waffenträger«, also alle militärischen Berufe, aber auch Polizei, Kriminalpolizei, Fahndungswesen und Detektivbüros gehören hierher. In den wissenschaftlichen Berufen werden Physik, Chemie, Zoologie, Philosophie bevorzugt, im kaufmännischen Sektor Betriebswissenschaft, Kalkulation, Bürotechnik, Computertechnik. Sehr viele »Skorpione« findet man in Verlagen, bei der Presse als Vertriebskaufleute. Bei Behörden zeigen Bestattungsbeamte, Testamentsvollstrecker und Konkursverwalter Skorpion-Einfluß. Im Handwerk findet man starke Skorpion-Besetzung bei der Eisen- und Stahlindustrie, bei den Mechanikern,

Schlossern, Schweißern, Drehern, Schlächtern, Färbern, Gerbern, Radierern, Glasschneidern, Maschinisten, Elektrikern, Brauern und Werkzeugmachern. Der Aufstieg im Beruf geht langsam vor sich, verlangt zähen und auf ferne Sicht geplanten Einsatz. Es kommt häufig zu Intrigen im engeren Bereich der beruflichen Umwelt und dadurch zu Schädigungen. Die Leistungsfähigkeit ist ungewöhnlich groß und wächst mit den Schwierigkeiten. Nach Sonnenuntergang bis etwa zehn Uhr abends Geborene zeigen solche Schwierigkeiten sehr häufig und haben auch die größten Mühen hinsichtlich des Aufstiegs. Der jedem »Skorpion« innewohnende Erkenntnisdrang führt zur Erweiterung des Horizonts. Bei starker geistiger Substanz zeigt sich Interesse für Metaphysik, Geheimwissenschaften, Psychologie, Parapsychologie, Okkultismus. Das Unbekannte, Unerforschte, Geheimnisvolle, Verborgene zieht außerordentlich an. Namen wie Paracelsus, Luther, Schleiermacher, Dostojewskij zeigen dies deutlich. Das Denken ist konzentriert, zergliedernd, nach innen gerichtet. Die Intensität der Triebwelt und der Leidenschaften ist außerordentlich groß, voller Dynamik. Unterm Skorpion beobachtete man oft aktive oder passive Teilnahme an Geheimgesellschaften, Logen wie etwa den Freimaurerlogen und dergleichen. Die Lebensjahre von dreiunddreißig bis einundvierzig und von fünfzig bis siebenundfünfzig sind sehr markant und ereignisreich. Das erste Lebensdrittel zeigt Kampf und heftige Durchsetzungsversuche. Nicht selten wird einem der Erfolg knapp vor der Erreichung eines Ziels wieder streitig gemacht. Der negative Skorpion-Typ schadet sich häufig selbst am meisten, da er schlau, listig und gerissen ist und häufig genug die Positionen anderer zu unterminieren versucht. Solche Typen sind extrem egozentrisch und suchen rücksichtslos die eigene Versorgung und Absicherung durchzusetzen. Einige zeigen hierbei ein rüdes Verhalten, andere arbeiten mehr aus der Kulisse heraus und tarnen ihre Absichten meisterhaft. Weibliche Skorpion-Geborene sind zu großen und intensiven Anstrengungen fähig, wobei nicht selten ein eigenartiges Motiv des »Opferns« für andere Interessen auftritt. Der Sektor der Krankenhausberufe (Schwestern, Arzthelferinnen, Laborhilfen, Assistentinnen) ist mit Skorpion-Frauen überbesetzt. Ebensooft arbeitet die Skorpion-Frau als Ärztin, Kinderärztin, als Pharmazeutin in Apotheken, als Drogistin, im Bereich der Heilmassage und im Röntgenfach. Auch Hebammen sind skorpionbetont. Die zahnärztliche Labortechnik (Prothesen) wie überhaupt der medizinisch-technische Sektor wird von vielen Skorpion-Frauen besetzt. Bei Behörden kommen Finanzämter, Anwalts- und Gerichtsbüros, der Justizdienst und die weibliche Kriminalpolizei in Frage. Die Fähigkeit der Skorpion-Frau zu verantwortlichen und leitenden Positionen in der Wirtschaft ist bekannt (Etagenchefin, Filialleiterin, Geschäftsführerin). Ferner findet man auffallend viele prominente Sportlerinnen unter diesem Zeichen, das zu größter Willensanstrengung und zähem Ehrgeiz befähigt. In künstlerischen Berufen ergibt sich oft eine Spezialisierung, besonders beim Theater. Man bevorzugt nicht selten Sarkasmus, Ironie oder Satire (Cabaret, Lustspiel, Komödien, gesellschaftskritische Stücke usw.). Die Berufslaufbahn wird oft durch die Heirat unterbrochen und erst später wieder aufgenommen.

Pablo Picasso
Geboren: 25. X. 1881, Null Uhr Ortszeit, Málaga.

Sonne in 1.45 Grad Skorpion, Mond in 26 Grad Skorpion, Aszendent in 13 Grad Löwe, Meridian: 5 Grad Stier.

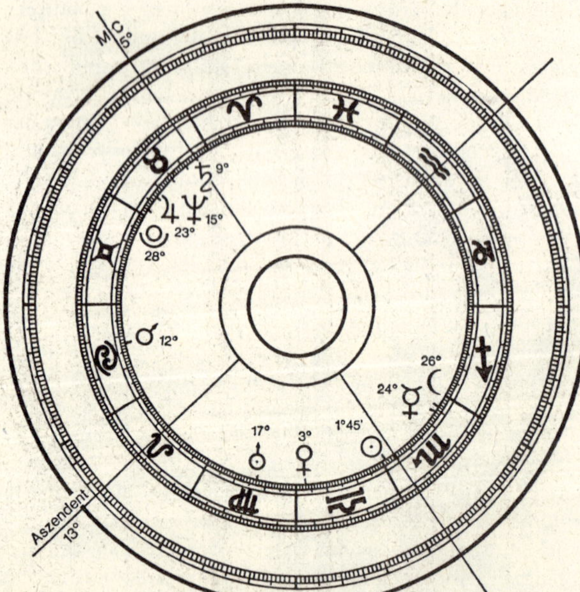

Picasso steht seit langem im Mittelpunkt des öffentlichen Interesses; 600 Bücher wurden bereits über ihn geschrieben: Aszendent im Löwen, Jupiter mit Pluto im X. Feld. Uranus im Trigon zu Neptun: früherer Surrealismus. Mond/Merkur in Opposition zu Jupiter/Pluto: Wandelbarkeit der Stile und des Empfindens. Mond/Pluto im Aspekt: Suggestivkraft, Massenwirkung, »abgründige Kunst«. Maximale Besetzung des Zeichens Stier mit vier Planeten und dem Meridian: größte Zähigkeit; Jupiter bei Pluto: Machtstreben, Geschäftstüchtigkeit. Sonne im Schnittpunkt (Halbsumme) zwischen Venus und Pluto: »Mut zu Häßlichem«, starke Gestaltungskraft.

Ferner: massierte Besetzung des Zeichens Skorpion mit Mond, Merkur und Sonne. Sonne verletzt von Saturn (Opposition): »dämonische Kunst«, okkulte Einflüsse. (Nach spanischen Archiven soll Picasso um 21.30 Uhr geboren sein.)

Marie Curie, Mitentdeckerin des Radiums
Geboren: 7. XI. 1867, 13.24 Uhr osteuropäischer Zeit, Warschau.

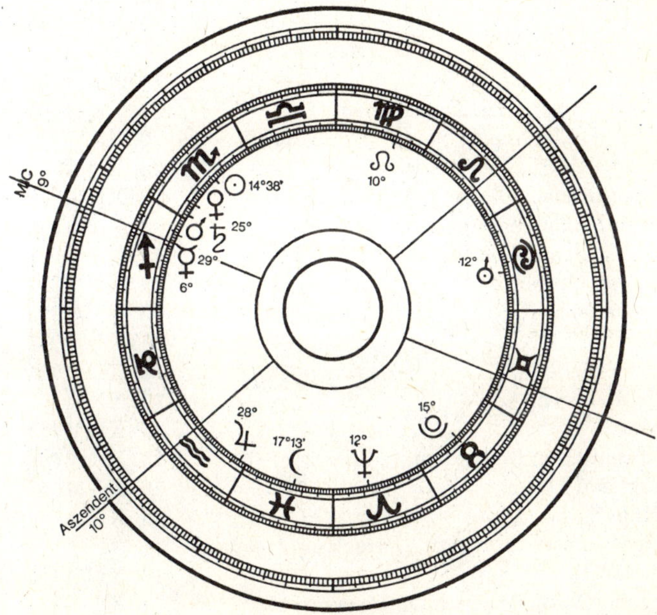

Sonne in 14.38 Grad Skorpion, Mond in 17.13 Grad Fische, Aszendent vermutlich in 10 Grad Wassermann (Geburtsstunde nicht absolut gesichert).

Sonne im Skorpion: Chemikerin in einem Institut der Sorbonne in Paris. Aszendent Wassermann: moderne Technik, Strahlenforschung. Ferner: Sonne in Trigonal mit Uranus: Entdeckungen, Forschungsaspekt! Uranus deutet auf Strahlungsforschung, Atomtheorie usw. Sonne in Opposition zu Pluto: Unermüdliches Streben und Forschen im Dienst der Allgemeinheit (= Pluto). Jupiter ist Herrscher über das Berufsfeld X und befindet sich im I. Feld: Ruhm, Ehren, Nobelpreis! Venus bei Saturn: »Pflicht und Arbeit werden über die Liebe gestellt.«

Prominente Persönlichkeiten unterm Zeichen Skorpion (24. X.–22. XI.):

Charles de Gaulle	22. XI. 1890
Kronprinz Charles von England	14. XI. 1948
Marie Antoinette	2. XI. 1755
Indira Gandhi	19. XI. 1917
Robert Kennedy	20. XI. 1925
Tschiangkaischek	31. X. 1888
Moise Tschombe	18. XI. 1919
Jawaharlal Nehru	14. XI. 1889
Viktor Emanuel III. von Italien	11. XI. 1869
Otto von Habsburg	20. XI. 1912
Reza Pahlevi, Kaiser von Persien	26. X. 1919
Fürstin Gracia Patricia de Monaco	12. XI. 1929
Juan Domingo Peron	8. X. 1895
Georges Danton	28. X. 1759
Joseph Goebbels	29. X. 1897
Roland Freisler	30. X. 1893
Paul Lücke	13. XI. 1914
Erich Mende	28. X. 1916
Friedrich von Schiller	10. XI. 1759
Martin Luther	10. XI. 1483
Erasmus von Rotterdam	28. X. 1467
Edmund Halley	29. X. 1656
Hans Sachs	5. XI. 1494
Theophrastus Bombastus Paracelsus von Hohenheim	10. XI. 1493
Fjodor Michailowitsch Dostojewskij	11. XI. 1821

Friedrich Wilhelm Herschel	15. XI.	1738
Johann Kaspar Lavater	15. XI.	1741
Ignacy Jan Paderewski	18. XI.	1860
François-Marie Arouet Voltaire	21. XI.	1694
Friedemann Bach	22. XI.	1710
Gerhart Hauptmann	15. XI.	1862
Paul Hindemith	16. XI.	1895
Auguste Rodin	14. XI.	1840
Mary Wigman	13. XI.	1886
Vincenzo Bellini	1. XI.	1801
Niccolo Paganini	27. X.	1782
Georges Bizet	25. X.	1838
Emmerich Kálmán	24. X.	1882
Alfred Klabund	4. XI.	1890
Paul Lincke	7. XI.	1866
Fritz Reuter	7. XI.	1810
Graf Coudenhove-Kalergi	17. XI.	1894
André Gide	21. XI.	1869
Selma Lagerlöf	20. XI.	1858
Pablo Picasso	25. X.	1881
Curt Götz	17. XI.	1888
Elke Sommer	6. XI.	1940
Conny Froboess	28. X.	1943
Toni Sailer	17. XI.	1935
Dieter Borsche	25. X.	1909
Johanna von Koczian	30. X.	1933
Luise Ullrich	31. X.	1911
Ann Smyrner	3. XI.	1936
Fred Bertelsmann	27. X.	1925
Rudolf Forster	30. X.	1889
Renate Ewert	9. XI.	1935
Alain Delon	8. XI.	1935
Robert Graf	18. XI.	1923
Margit Nünke	15. XI.	1935
Catherine Hepburn	8. XI.	1909
Rudolf Vogel	10. XI.	1900
Uwe Seeler	5. XI.	1936
Marie Curie	7. XI.	1867
Barbara Hutton	14. XI.	1912
Alfred Nobel	21. X.	1833
Thomas Cook	27. X.	1728
Carl Baedeker	3. XI.	1801

Hans Heinz Porst	8. XI.	1922
Mathilde Ludendorff	4. X.	1877
Rudolf Augstein	5. XI.	1923

Der Weg zum Erfolg im Zeichen Schütze

Geboren vom 23. XI. – 21. XII.

Leute unterm Schützen sind Weltbürger mit steter Fernsehnsucht, in keine Schablone und in keinen bürgerlichen Laufstall zu sperren. Der innere Drang nach oben, nach Leitung, Führung, Autorität, Selbständigkeit und Unabhängigkeit führt tatsächlich des öfteren in höhere gesellschaftliche Ränge, wo man dann gern repräsentiert oder wenigstens beachtet und gesehen werden möchte. Der »Schütze« strebt nach innerer und äußerer Expansion, nach »Fülle«. In kleinlichen Verhältnissen werden »Schützen« gemütsleidend und gehen seelisch ein. Schütze-Leute wissen sozusagen um sich selbst, und zeitweilig kann dies zur Selbstüberschätzung führen. Das erscheint anderen dann als Anmaßung oder Dünkel. Zu Konflikten führt manchmal die brutale Offenheit oder der Freimut, der aus dem Gerechtigkeitsgefühl stammt. Kein echter Schütze-Typ ist für Verschweigen! Er nennt die Dinge ohne alle Angst beim Namen. Im Beruf führt dies nicht selten zu Konflikten, zu plötzlichen Positionsveränderungen. Nicht wenige »Schützen« haben eine scharfe oder satirische Zunge. Man darf ihnen aber zugute halten, daß sie es ehrlich meinen. Der »Schütze« redet gern und viel, am meisten über sich selbst. Man möchte Mittelpunkt sein! Daher die vielen Diskussionsredner unter diesem Zeichen, in dem übrigens auch so manche Prediger geboren sind. Das Berufsleben ist unruhig, zeigt keine stabile und gleichbleibende Erfolgslinie. Manche Umbrüche und äußere Wechsel entspringen der eigenen Impulsivität oder Unbeherrschtheit. Das Zeichen zeigt auch noch andere »wunde Punkte«: etwa die Tendenz zur Zersplitterung, zur Gefühlszerrissenheit und zum Zwiespalt bei Entscheidungen. Oft liegt es an der verwirrenden Vielseitigkeit der Interessen und Ziele, der Wunschträume und Willenseinsätze. Der Schütze-Typ kann nur sehr schwer bei einer einzigen und stets gleichbleibenden Tätigkeit bleiben. Der Intellekt ist enorm aufnahmebereit, in Haupt- und Nebeninteressen gespalten. Zu den letzteren gehören die mannigfachen Steckenpferde und Lieblingspläne. Mit Berufsreisen und Positionsveränderungen sind natürlich auch die vielfachen Umzüge, Wohnungs- und Ortsveränderungen verbunden. Das Ausland spielt eine nicht geringe Rolle. Häufig wirkt es als verlockendes Symbol kommenden Aufstiegs oder besserer Berufschancen. Der Weg zum Erfolg öffnet sich für den »Schützen« nur durch Konzentration und Selbstbesinnung auf das wirklich Wesentliche.

Die *Berufsstatistik* zeigt Positionen leitender oder führender Art in Wirtschaft und Industrie, beim Im- und Export, bei Auslandsvertretungen, überhaupt bei der Repräsentation von Firmen. Auffallend stark besetzt ist der juristische Bereich (viele Richter und Anwälte). In besonderem Maß aber tendiert das Zeichen zum Staat, zu Behörden und Ämtern. Auch sehr viele Geistliche und höhere geistliche Würdenträger haben starken Schütze-Einfluß, ferner Offiziere und Wehrmachtsbeamte, Beamte in Kultusministerien und im öffentlichen Lehramt, auch Polizeibeamte. Viele Theologen und Prediger, aber auch Sektierer und Anhänger bestimmter philosophischer Richtungen zeigen Schütze-Einfluß. Was immer wieder auffällt, ist die Vorliebe für das Reisen, Fahren, Fliegen, für bewegliche Positionen, also auch für Vertretungen aller Art. Ein großer Prozentsatz der Schütze-Geborenen ist in der Politik tätig, in der Wirtschaftspolitik, aber auch in Auswärtigen Ämtern und Konsulaten sowie im diplomatischen Dienst. Auch Verleger mit großzügigem Verlagsprogramm und Großkaufleute sind sehr oft »Schützen«. Interesse besteht fast immer für Naturwissenschaften, Philosophie, Medizin, Physik, Psychologie oder Geographie. Auffallend im Zeichen Schütze sind die großen Globetrotter, Expeditionsreisenden, Missionare und Entdeckungsreisenden. Dahin gehören auch die zahllosen Sportler, die viele Auslandsreisen unternehmen. Viele »Schützen« haben Interesse für Leichtathletik, Schwimmen, Rasensport, Fußball, Tennis, Skisport und merkwürdigerweise auch für Pferdesport oder Hundezucht. Auch Jäger, insbesondere Großwildjäger gehören hierher; schließlich noch Bankiers mit internationalen Beziehungen. Hinsichtlich der Wissenschaften besteht oft Interesse für Charakterologie und angewandte Menschenkenntnis. Der Intellekt des »Schützen« ist oft außerordentlich rege, schnell erfassend, aktiv, wobei die erarbeiteten Überzeugungen leidenschaftlich vertreten werden. Der strebende Schütze-Typ ist voller Enthusiasmus und tritt für seine Weltanschauung mit großer Hingabe und Begeisterung ein. Er fürchtet hierbei keine Gegner oder Konkurrenten, ist im Fall der Auseinandersetzung auch immer fair. Mitunter wird die Auseinandersetzung oder Diskussion geradezu gesucht. Daß Schütze-Geborene so gut wie nie am Geburtsort verbleiben, entspricht dem Verlangen nach Expansion des Geistes. Spekulative Züge (Wett- und Spielleidenschaft) sind eigenartigerweise sehr häufig anzutreffen. Der unentwikkelte Schütze-Typ zeigt rastlose Unruhe und einen Hang zum »Betrieb«, zum Reden oder Plappern. Alle Umweltverhältnisse interessieren diesen Typ brennend, seine Neugier ist unersättlich. Im ganzen kommt es hier also sehr auf die jeweilige geistige Substanz an!

Weibliche Schütze-Typen eignen sich für den gesamten kaufmännischen Sektor, insbesondere für Kauf und Verkauf. Fremdsprachenstudium nützt außerordentlich! Folgende Berufe werden sehr häufig gewählt: Sportlehrerin, Gymnastiklehrerin, Heilmasseuse, Sozialbeamtin, Jugenderzieherin, Lehrerin, Heimleiterin, Sozialfürsorgerin, Ärztin, Reporterin, Auslandsberichterstatterin, Bildreporterin, Fotografin, Autoverkäuferin, Reiseführerin, Dolmetscherin, Tierpflegerin (Zoo), Auslandskorrespondentin, Schalterbeamtin im Reisebüro, überhaupt alle Berufe mit Publikumskontakt. Auch in artistischen Berufen, im Eiskunstlauf und im Tennisspiel kommen viele weibliche Schütze-Typen zu großem Erfolg.

Bei Nacht geborene »Schützen« zeigen auffallend starke Musikbegabung. Nach der Mittagsstunde Geborene neigen am meisten zu Reisen und Auslandsaufenthalten. Der 8. Grad des Zeichens Schütze zeigt den Fixstern Antares, der beruflich häufig sehr populär werden läßt.

Bei ungünstigen Planetenkonjunktionen zu diesem Fixstern ergaben sich Unfälle, ganz besonders Sportunfälle. Die Häufigkeit der Hüftgelenkverletzungen, Beckenbrücke, Sehnenzerrungen, Bänderrisse, Verstauchungen und Quetschungen unterm Zeichen Schütze ist erstaunlich. Beim Sport – besonders beim Ski- und Autosport! – ist daher stets große Vorsicht am Platz.

Prominente Persönlichkeiten im Zeichen Schütze (23. XI.–21. XII.):

Francisco Franco, Caudillo von Spanien	4. XII. 1892
König Georg VI. von England	14. XII. 1895

Winston Churchill	30. XI. 1874
Erzherzog Franz Ferdinand von Österreich	18. XII. 1863
Prinz Joachim von Preußen	17. XII. 1890
Paul I. von Griechenland	14. XII. 1901
Papst Johannes XXIII.	25. XI. 1881
Gustav Adolf von Schweden	19. XII. 1594
Nero	15. XII. 37
Josef Stalin	21. XII. 1879
Leonid Breschnew	25. XII. 1916
Heinrich Brüning	26. XI. 1885
Willy Brandt	18. XII. 1913
Carlo Schmid	3. XII. 1896
Walt Disney	3. XII. 1901
Alfred de Musset	11. XII. 1810
Ludwig van Beethoven	16. XII. 1770
Heinrich Heine	13. XII. 1797
Hector Berlioz	11. XII. 1803
Maria Callas	4. XII. 1923
Gérard Philipe	4. XII. 1922
Paul Wegener	11. XII. 1874
Kirk Douglas	9. XII. 1916
Curd Jürgens	13. XII. 1915
Edith Piaf	19. XII. 1915
Rainer Maria Rilke	4. XII. 1875
Michel Nostradamus	14. XII. 1503
Ludwig Klages	10. XII. 1872
Horst Buchholz	4. XII. 1933
Jean Marais	11. XII. 1914
Susanne Cramer	3. XII. 1937
Johannes Heesters	5. XII. 1902
Maximilian Schell	8. XII. 1930
Frank Sinatra	12. XII. 1915
Barbara Valentin	15. XII. 1940
Erich Ponto	14. XII. 1884
Paul Getty	15. XII. 1892
Werner Heisenberg	5. XII. 1901
Enrico Rastelli	19. XII. 1886
Robert Koch	11. XII. 1843
Helmut Kindler	3. XII. 1912

Der Weg zum Erfolg im Zeichen Steinbock

Geboren vom 22. XII. – 20. I.

Bei keinem der zwölf Zeichen ist der berufliche Aufstieg und der späte Lebenserfolg so gesichert wie unterm Steinbock. Männer dieses Zeichens sind Realisten, Lebenspraktiker, Tatmenschen, ja sogar Arbeitstiere. Ehrgeiz und innerer Stolz samt dem überaus verletzbaren Ichgefühl sind die Triebfedern, die niemals erlahmen. Die materielle Absicherung und der Erfolg werden konsequent, hartnäckig und ausdauernd angestrebt. Dieser Typ weiß schon frühzeitig: Können ist wichtig, Erfahrung ist notwendig, aber wichtiger als alles ist die Konsequenz des Tuns, die Konzentration auf das eine Ziel, das nicht nur den Ehrgeiz befriedigt, sondern auch materiellen Rückhalt für die »alten Tage« sichert. Im Zeichen Steinbock bestätigt sich die moderne Erfolgspsychologie am überzeugendsten: Große Erfolge sind das Mosaik der kleinen Taten! Gewiß kann die Konzentration auch zu Starrsinn und Unbeugsamkeit ausarten, insbesondere bei älteren Steinbock-Typen, kann sich als Mangel an Wendigkeit, Aufgeschlossenheit und Einfühlungsvermögen äußern. Dieser Typ ist eben auf sich selbst konzentriert, nicht wenige Vertreter dieses Saturnzeichens sind reine Egozentriker. Der Weg zum Erfolg fordert aber mehr diplomatische Einordnung in die Gemeinschaft und größere seelische Anteilnahme am »Du«.

Kaufmännische Begabung, Wirtschaftlichkeit und sparsamste Kalkulation sind nahezu jedem Steinbock-Typ angeboren. Das Vorhandene wird ausgebaut. Die Statistik ergab, daß die erste Hälfte des Lebens fast immer durch Abhängigkeit hindurchführt. Erst die zweite Lebenshälfte und weit mehr noch das letzte Lebensdrittel bringen Unabhängigkeit, Besitz und Selbständigkeit. Die Anpassungsfähigkeit ist gering. Stolzverletzungen werden niemals vergessen. Auch wenn das Herz voll ist, läuft der Mund dennoch niemals über. Der »Steinbock« ist meist schweigsam, verhalten, neigt zur Tarnung. Über Besitz, Geld und persönliche Ziele wird nicht viel geredet. Aber auch der Kampf gegen Berufsgegner findet niemals offen statt. Der »Steinbock« bedient sich lieber der List, der Schläue und manchmal »gewundener Wege«. Die Berufswünsche sind in erster Linie und schon ganz früh vom Motiv »Sicherheit« geprägt. Kein Verlust und kein Rückschlag können einen »Steinbock«

zurückhalten, sofort wieder von vorn zu beginnen. Eine große Portion Skepsis und Mißtrauen sichert ihn vor geschäftlichen oder beruflichen Hereinfällen. Die Nüchternheit des Denkens bewahrt ihn vor Spekulationen, läßt ihn aber auch häufig als »trocken« und humorlos erscheinen. Allenfalls zeigt sich Anlage zur Satire.

Die *Berufsstatistik* erweist, daß eine Unzahl Politiker, insbesondere Wirtschaftspolitiker und Kommunalpolitiker, Bürgermeister und Abgeordnete in diesem Zeichen geboren sind. Aber auch Industriemanager, leitende Direktoren der Wirtschaft, höhere Staatsbeamte, führende Vertreter von Gewerkschaften oder Handelskammern sind steinbockbetont. Der Handelsgeist dieses Zeichens zeigt sich in allen Unternehmungen und Geschäften, die den Menschen kleiden oder ernähren. Auch in der Bauindustrie (Baumaterialienhandel, Steine, Erden, Zement) und in den entsprechenden Berufen (Baumeister, Poliere, Architekten), außerdem beim Kauf und Verkauf von Häusern und Immobilien findet man stets wieder Steinbock-Typen. Immobilienmakler, Treuhänder, Hypothekenvermittler gehören ebenfalls hierher. Nationalökonomie, Agrarpolitik, Chemie, Landwirtschaft und Forsten, Bergbau, Landvermessung, auch Philosophie und Theologie sind typische Interessengebiete oder berufliche Arbeitsgebiete des »Steinbocks«. Im künstlerischen Bereich werden Töpferei, Keramik und Bildhauerei bevorzugt. Beim Sport ist die Vorliebe für Alpinistik, Bergwandern, Klettern unverkennbar. Eine große Reihe von Steinbock-Geborenen neigt zu Spezialistenberufen, die viel Ausdauer, zähes Studium und harten Einsatz verlangen. Im Handwerk sind Schuhmacher, Lederarbeiter, Maurer, Gerber, Steinbrecher, Töpfer und Schornsteinfeger steinbockbetont. Die wissenschaftlichen Berufe sind in der Regel forschend, analysierend, vor allem auf Detailgebiete spezialisiert. Der Handel zeigt auffallend viel Steinbock-Typen im Textil- und Bekleidungsgewerbe und im Stoffhandel in Supermärkten und Genossenschaften. Berufe, die Zurückgezogenheit und Einsamkeit verlangen, sind ebenfalls häufig. Man nennt den unter Saturneinfluß stehenden Steinbock ja auch ein »vereinsamendes« Zeichen.

Weibliche Steinbock-Geborene sind zuverlässig, praktisch, zum methodischen Arbeiten veranlagt. Man findet sie als Sekretärinnen, Verkäuferinnen, Direktricen, im Büro und in Verwaltungen, sehr oft in Vertrauenspositionen. Sehr oft ist schauspielerische Begabung vorhanden, weshalb man viele Steinbock-Frauen beim Theater findet. Der Beruf wird von der Steinbock-Dame sehr ernst genommen, nicht selten wird er wichtiger als Liebe oder Heirat! In Geschäften und Kaufhäusern, in Industrie und Handel arbeiten viele Steinbock-Frauen als Angestellte, aber auch als Abteilungsleiterinnen und Chefsekretärinnen. In der Lederwaren-, Seiden- und Textilbranche, in Kleider- und Schuhgeschäften findet man viele weibliche Steinbock-Typen im Verkauf, in der Geschäftsführung, Kalkulation, Korrespondenz oder Aufsicht.

Der »Steinbock« muß stets viel leisten, um anerkannt zu werden. Oft gibt es Kampf oder Intrigen. Befindet sich die Sonne zwischen 20 und 30 Grad Steinbock, so kommen auch intellektuelle Berufe vor, wie etwa Schriftsteller, Lektor, Kritiker, Redakteur. Das Verlangen des »Steinbocks«, sich finanziell zu verbessern, löst mancherlei Positionswechsel aus. Rückschrittliche Tendenzen beobachtete man indessen nie. Die Versorgung (Pensionen, Renten, Versicherungen) spielt eine große Rolle. Die schwierigste Periode des Berufs liegt so gut wie immer im ersten Lebensdrittel. Oft macht die Berufswahl Schwierigkeiten. Hier tritt die eigenartige Verzögerungstendenz unterm Steinbock in Erscheinung. Insbesondere in der Jugend fällt die Orientierung, das Wissen um die inneren Zielsetzungen, sehr schwer. Dieses Schwanken bezüglich des einzuschlagenden Lebenswegs führt dann leicht zu Überkompensation, zu einer Art Arroganz, die das Leben später von selbst berichtigt. Die Konstellation des Saturns im Geburtshoroskop samt seinen Aspekten ist besonders wichtig und gibt genauere Aufschlüsse über das Berufsschicksal. Die Position des Saturns im Berufsfeld X bei kritischen Aspekten bewirkt Abstürze von der erreichten Höhe.

Konrad Adenauer
Geboren: 5. I. 1876, 10 Uhr Ortszeit, Köln.

Sonne in 14.28 Grad Steinbock, Mond in 24.15 Grad Widder, Aszendent in 11.15 Grad Fische, Meridian: 22.31 Grad Schütze.

Jupiter, das Aufstiegs- und Expansionssymbol, herrscht über das Berufsfeld X, befindet sich aber im Feld VIII und im ausgezeichneten Trigon zum Mars: Erfolg nach der Lebensmitte und Ehrungen beim Tod (= Jupiter in VIII). Die steinbockbetonte Sonne symbolisiert äußerste Zähigkeit und Hartnäckigkeit,

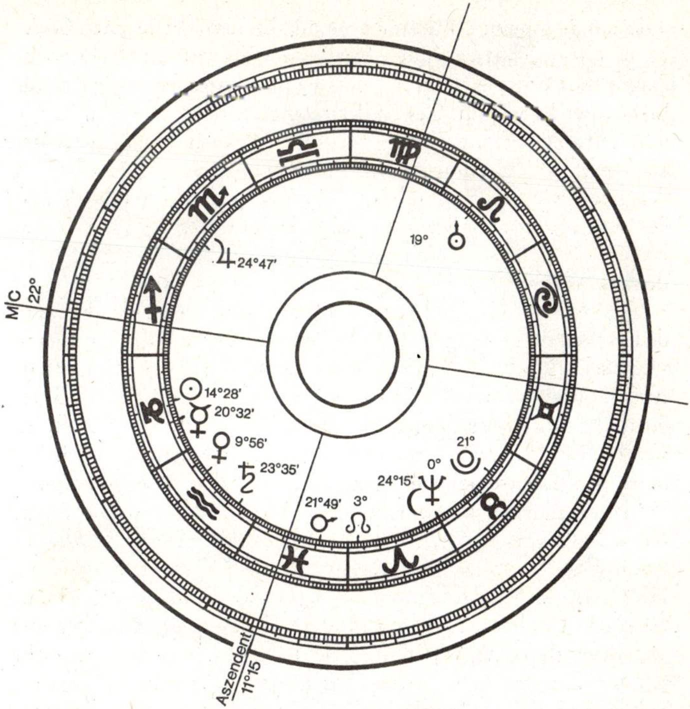

ebenfalls Erfolg erst im letzten Lebensdrittel. List und Schläue des Steinbocks werden durch den Merkur im Steinbock in der Nähe der Sonne noch erhöht. Der Mond im autoritären Zeichen Widder verkündet den Führungsanspruch und den unbedingten Aufstiegswillen. Das beinahe exakte Quadrat des Mondes zur Sonne bringt manche Kämpfe und auch Durchkreuzung des Willens und der Ziele, zudem den frühen Tod der Lebensgefährtin. Der Aszendent im Zeichen Fische zeigt manche geheimnisvolle Querverbindungen an, auch »einsame« Entschlüsse und ein Wissen um Dinge, die anderen nicht zugänglich sind. Dieser Fische-Einfluß macht auch zum Pazifisten. Steinbock in der Kombination zu Fische (= Sonne/Aszendent): vermag »zu schweigen« mit der Nebenbedeutung des »Schweigenmüssens«! Die dominierenden Eigenschaften Adenauers aber sind zum größten Teil bereits in seiner steinbockbetonten Sonne enthalten: Ehrgeiz, Konzentration auf das Wesentliche, Realismus,

Eigensinn, Unnachgiebigkeit, Geduld! Die Mentalität ist trokken, neigt zur Satire: Merkur im Steinbock und im Sextil zum Mars. Der Saturn verletzt Pluto mit Quadrataspekt: fanatisches Festhalten an Grundsätzen oder Überzeugungen!

Prominente Persönlichkeiten im Zeichen Steinbock (22. XII.–20. I.):

Konrad Adenauer	5. I.	1876
Woodrow Wilson	28. XII.	1856
Richard Nixon	9. I.	1913
Benjamin Franklin	17. I.	1706
Barry Goldwater	1. I.	1909
Gamal Abd el Nasser	15. I.	1918
Mao Tse-tung	26. XII.	1893
Kaiserin Elisabeth von Österreich	24. XII.	1837
Wilhelm Canaris	1. I.	1887
Hermann Göring	12. I.	1893
Jeanne d'Arc	6. I.	1412
Ho Chi Minh	15. I.	1894
Ludwig Huber	29. XII.	1928
Caterina Valente	14. I.	1931
Hildegard Knef	28. XII.	1925
Gustaf Gründgens	22. XII.	1899
Marlene Dietrich	27. XII.	1901
Josef Kainz	2. I.	1858
Maria Schell	15. I.	1926
Pola Negri	31. XII.	1899
Gertrud Kückelmann	3. I.	1929
Gardy Granass	7. I.	1930
Elvis Presley	8. I.	1935
Hilde Krahl	10. I.	1917
Hannelore Schroth	10. I.	1922
Christine Kaufmann	11. I.	1945
Elsa Martinelli	13. I.	1935
Cary Grant	18. I.	1904
Lilian Harvey	19. I.	1907
Willy Millowitsch	8. I.	1909
Carl Zuckmayer	27. XII.	1896
Françoise Hardy	17. I.	1944
Isaac Newton	4. I.	1643

Bernadette Soubirous	7. I.	1844
Franz Grillparzer	15. I.	1791
Annette von Droste-Hülshoff	10. I.	1797
Albert Schweitzer	14. I.	1875
Johannes Kepler	27. XII.	1571
Friedrich Dürrenmatt	5. I.	1921
Heinrich Zille	10. I.	1858
Heinrich Nordhoff	6. I.	1899
Helmut Horten	8. I.	1909
Conrad Hilton	25. XII.	1887
Emanuel Lasker	24. XII.	1868
Louis Pasteur	27. XII.	1822
Martin Niemöller	14. I.	1892
Cassius Clay	17. I.	1942

Der Weg zum Erfolg im Zeichen Wassermann

Geboren vom 21. I. – 19. II.

Der »Wassermann« ist meist originell und geistig aufgeweckt. Das Denken wird nicht zur Schablone, sondern ist oft erfinderisch, tendiert zu Reformen, ist eigenwillig und produziert eine Fülle von Ideen, Einfällen und wechselnden Plänen. Auch das Berufsziel kann plötzlich wechseln, wobei das Unabhängigkeitsverlangen meist den Ausschlag gibt. Die Hartnäckigkeit beim Verfechten der jeweiligen Überzeugungen oder Ansichten ist erstaunlich, um so mehr, als sie dann plötzlich aufgegeben werden. Wassermann-Leute sind dem grundsätzlich Neuen zugetan und lieben keine ausgefahrenen Geleise. Erfahrungen, Überzeugungen und Ansichten anderer Leute sind für sie keineswegs maßgebend. Der Weg zum Erfolg verläuft nicht gradlinig. Häufig hängt der Erfolg von einem gewissen Spürsinn; von einem intuitiven Erfassen neuer Möglichkeiten ab. Es gibt nicht wenige Wassermann-Geborene, die den erlernten Beruf oder die bisherige Tätigkeit mit einem Schlag aufgeben und eine völlig neue Berufsrichtung einschlagen. Der Aufstieg führt nicht selten über mancherlei Umwege. Ein echter »Wassermann« hegt keinerlei Vorurteile, geht gern völlig eigene Wege und ist nicht selten gegenüber der Tradition oppositionell bis revolutionär eingestellt. Er kennt auch keine Geburts- oder Standesvorurteile, ist sehr sozial gesinnt und versucht, überholte Dinge abzuschaffen oder zu verbessern. Er ist jedem Fortschritt auf geistigem oder sozialem Gebiet zugetan, insbesondere aber auch jedem technischen. Der »Wassermann« ist das extreme Gegenteil des Kollektivtyps, der sich in der Masse wohl fühlt und die Ansichten der Masse teilt. Was man vom echten »Wassermann« am wenigsten erwarten kann, ist ein konservativer, alltäglicher, an bestimmte Bürostunden gebundener Beruf. Er verlangt nach Abwechslung, nach Neuem, nach persönlicher Ungebundenheit, weshalb die freien Berufe unter diesem Zeichen besonders häufig vertreten sind. Das Forschen, Studieren, die Eroberung von Neuland auf technischem oder wissenschaftlichem Gebiet liegen diesem Typ am meisten, während der Handel oder Beamtenberufe ihn weniger interessieren. Mit Leidenschaft wird alles verfochten, was Hinz und Kunz noch nicht anerkennen. So gehören die »Wassermänner« zu den Individualisten, oft sind sie absolute Einzelgänger oder Vorkämpfer für neue Ideen.

Die *Berufsstatistik* zeigt unter anderem auch manche ausgefallene Interessengebiete. Im Bereich der Wissenschaften sind Psychologie, Graphologie, Phrenologie, Astrologie, Philosophie, Sozialwissenschaft, Betriebswissenschaft stark besetzt. Auch viele Psychiater, Betriebspsychologen, Psychoanalytiker, Psychotherapeuten, Lebensreformer und Ernährungsforscher sind wassermannbetont. Ebenso viele moderne Gebiete der Technik: Hochfrequenz, Funktechnik, Fernsehtechnik, Radiotechnik, Radartechnik, Raumschiffahrt, Atomphysik, Computertechnik, moderne Bürotechnik, Elektrotechnik, Motorenbau, Schiffsbau, Brückenbau, Flugsicherung. Funker, Piloten, Autokonstrukteure, Taucher, Operateure (Film- und Fernsehen), Regisseure, Beleuchter und Cutter stehen unter Wassermann-Einfluß, auch die gesamte Kunststofftechnik (Schaumgummi, Plastik). Im künstlerischen Bereich fällt die starke Besetzung im Schauspiel, beim Tanz und besonders in Choreographie, rhythmischer Gymnastik und beim Ballett auf. Aber auch viele Maler und Graphiker (insbesondere Werbegraphiker) sind wassermannbetont. Im Bereich der Medizin findet man viele Homöopathen, Magnetopathen, Hypnotiseure, Nervenärzte und Psychiater. Film und moderne Literatur sind bevorzugte Kunstgebiete. Das Zeichen fördert geradezu Entdecker, Erfinder, Bastler, Originale und Sonderlinge, auch Verfechter und Vorkämpfer von Wissenschaften, die noch nicht als »exakt« gelten, wie Okkultismus und Parapsychologie. Zahlreiche Instrumentalvirtuosen, ferner Chauffeure, Fremdenführer und Gewerkschaftssekretäre findet man unterm Zeichen Wassermann. Selten zeigt sich jener Berufstyp, der über Jahrzehnte hinweg eine gleichbleibende Tätigkeit fordert. Der Wassermann-Typ ist kaum jemals reiner Realist, Nutznießer oder Egozentriker, oft weit eher Idealist oder Romantiker, weshalb er im Beruf keine absolute Sicherung anstrebt und zeitweise mit Geldmangel oder ungesicherten Verhältnissen zu tun hat. Hier zeigen sich die Folgen exzentrischer Unabhängigkeitslust und extremer bis kapriziöser Mentalität, deren plötzlich auftauchende Launen eine Stabilität der Berufslinie unmöglich machen. Solange sich das Abspringen von einer Lieblingsbeschäftigung auf eine andere lediglich im Bereich der Hobbies vollzieht, schadet es nicht weiter. Stellungswechsel werden jedoch völlig unvorhergesehen ausgelöst, falls das jeweilige Betriebsklima die innere Freiheitslust herausfordert. Geduld und Anpassungsfähigkeit befinden sich eben nicht in genügendem Maß im Marschgepäck dieses Typs, der Zwang oder Bevormundung grundsätzlich ablehnt.

Weibliche Wassermann-Geborene stehen in dieser Hinsicht ihren männlichen Sternkollegen in keiner Weise nach. Bei ihnen sind die wechselnden Gefühlseindrücke und die Eigenwilligkeit sogar noch markanter. Es gibt auch hier so manche plötzliche Positionswechsel. Stärkstens besetzt ist das gesamte Verlagswesen, ferner die Presse, der Buchhandel und die Bibliotheken. Es besteht ein Hang zur Gymnastik, zum Tanz. Philologie, Philosophie und Psychologie sind beliebte Studienfächer, auch Biologie und Pädagogik. Alle Berufe, die mit Reisen zu tun haben, sind sehr beliebt: Tätigkeit in Reise- und Flugbüros, als Fremdenführerin, Hostesse. Zum Zeichen Wassermann gehören schließlich noch die Sportberufe. Anpassung, Gleichschaltung, Unterordnung und Einfügung werden nicht geschätzt. Gesucht wird die freie Entfaltung der eigenen Persönlichkeit, was natürlich in den freien Berufen am besten gelingt. Der materielle Kampf um die Sicherheit gehört dann allerdings stets dazu. An das Alter wird unterm Zeichen Wassermann so gut wie nie gedacht. Daher spielen Geldfragen später eine große Rolle; Besitzschwankungen sind im Wassermann chronisch! Auslandsreisen und Auslandsbeschäftigungen wurden immer wieder beobachtet, allerdings stets mit späterer Rückkehr verbunden.

Der Weg zum Erfolg ist nur gewährleistet durch stärkere Vorausplanung und bessere Diplomatie. Sonst bringt das Schicksal nur zahlreiche Entwicklungsstufen, die aber nicht folgerichtig oder planmäßig ineinander übergehen, sondern ganz abrupt und unvorhergesehen auftreten. Häufig spricht man von der »Exzentrizität« des Wassermann-Typs. Mancherlei Kapriolen der Wassermann-Frau lassen diese Bezeichnung noch milde erscheinen.

Friedrich II., der Große
Geboren: 24. I. 1712 in der Mittagsstunde im Berliner Schloß.

Sonne in 3 Grad Wassermann, Mond in 11 Grad Löwe, Aszendent in 4 Grad Zwillinge.

Die Sonne im Zenit des Horoskops mit Mars und Merkur im Wassermann symbolisiert hier den Wesenskern, wobei sich die saturnbetonte Sonne auch noch mit dem Saturn selbst in Zeichen-Opposition befindet. Der Mars in Sonnennähe erhöht den Ehrgeiz und den Willen zur Durchsetzung. Der Mond (= die frühe Jugend) in Opposition zu Mars und Sonne zeigt die har-

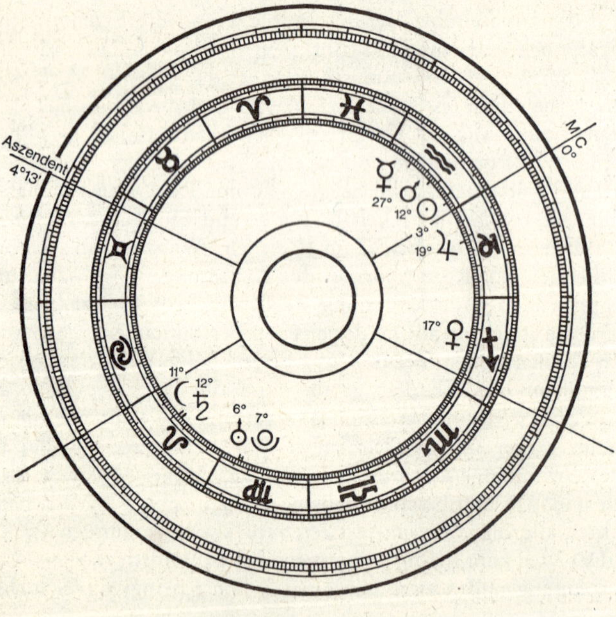

ten Erziehungsmethoden auf. Ein »Spannungshoroskop«: »Kampf gegen sich selbst«, Auflehnung! Das massiert besetzte Zeichen Wassermann zeigt die Originalität des Denkens, den geschliffenen Intellekt, denn auch Merkur befindet sich in diesem Zeichen. Der aspektverletzte Saturn im »Vaterhaus IV« zeigt den Konflikt mit dem Vater, der Mond beim Saturn die seelische Vereinsamung, die psychische »Sperre«. Merkur in Opposition zum Saturn: Sarkasmus, Skepsis!

Wilhelm II.
Geboren: 27. I. 1859, 15 Uhr, Berlin.

Sonne in 7.10 Grad Wassermann, Mond in 26.51 Grad Skorpion, Aszendent in 21 Grad Krebs, Meridian in 20.33 Grad Fische.

Dieses Horoskop ist von der Tragik des Saturns überschattet, der fast gradgenau die Sonne mit Oppositionsaspekt verletzt. Zudem befindet sich Neptun dicht am Zenit, an höchster Stelle des Horoskops. Interessant ist die Tatsache, daß der englische Astrologe Sepharial in der zweiten Auflage seines Werks »The New Manual of Astrology« den Sturz dieses Herrschers voraussagte: Das Buch erschien bereits 1909! Der Neptun ist ein treffendes Symbol für die untergründigen, geheimen Gegner und Feinde des Auslands, deren Pläne schon lange vor 1914 beschlossen wurden. Jeder Saturnangriff auf die Sonne aber symbolisiert »abgeschlossene oder einsame Lebensführung am Ende des Lebens«. Die »Illusionen« des hochgestellten Neptun gipfelten treffend in Wilhelms II. Ausspruch: »Viel Feind, viel Ehr!«

Bert Brecht
Geboren: 10. II. 1898, 4.30 Uhr, Augsburg (Archiv »epa«/Ebertin).

Sonne in 21 Grad Wassermann, Mond in 2 Grad Waage, Aszendent in 23 Grad Schütze, Meridian: 23 Grad Waage.

Sonne im Wassermann im Trigon zum Neptun und in Konjunktion zur Venus symbolisiert den Dichter. Die freiheitliche, nach geistiger Unabhängigkeit verlangende Mentalität ist durch die Wassermann-Betonung sofort ersichtlich, andererseits aber auch durch den Merkur dicht beim Mars im Steinbock: Provozierung der Obrigkeit und geistiger Kampf (= Mars/Merkur) gegen autoritäre Systeme. Saturn in Opposition zu Pluto: Verfolgung durch die Nazis. Aszendent Schütze und Sonne/Wassermann: Sozialrevolutionär!

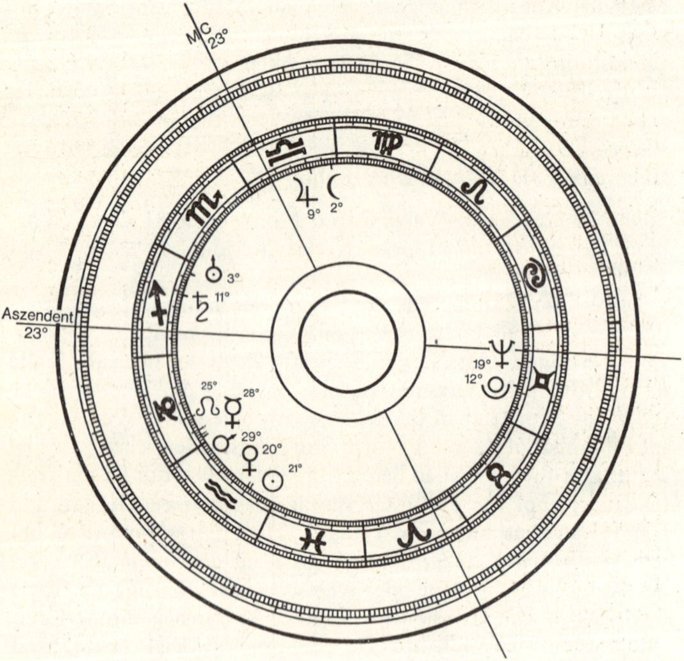

Prominente Persönlichkeiten im Zeichen Wassermann (21. I.–19. II.):

Friedrich II., der Große	24. I. 1712
Begum	15. II. 1906
Kaiser Wilhelm II.	27. I. 1859
Prinzessin Beatrix von Holland	31. I. 1938
Kaiser Franz II. von Österreich	12. II. 1768
Abraham Lincoln	12. II. 1809
Friedrich Ebert	4. II. 1871
König Faruk von Ägypten	11. II. 1920
Wladislaw Gomulka	6. II. 1905
Nicolai Podgorny	18. II. 1903

Theodor Heuss	31. I. 1884
Antonio Segni	2. II. 1891
Ludwig Erhard	4. II. 1897
Kardinal Frings	6. II. 1887
Hans-Jochen Vogel	3. II. 1926
Vera Brühne	6. II. 1910
Eva Braun	5. II. 1912
Heidi Brühl	30. I. 1942
Willy Fritsch	27. I. 1901
Hazy Osterwald	18. II. 1922
Georg Thomalla	14. II. 1915
Bibi Johns	21. I. 1929
Kim Novak	13. II. 1933
Jeanne Moreau	23. I. 1928
Rudolf Platte	12. II. 1904
Eva Ingeborg Scholz	16. II. 1928
Mario Lanza	31. I. 1912
Clark Gable	1. II. 1901
Karl Schönböck	4. II. 1909
Sonja Ziemann	8. II. 1926
Juliette Greco	7. II. 1927
Heinz Erhardt	20. II. 1909
Karin Dor	22. I. 1938
Hedwig Courths-Mahler	18. II. 1867
Carl Spitzweg	5. II. 1808
Franz Schubert	31. I. 1797
Gotthold Ephraim Lessing	22. I. 1729
Wolfgang Amadeus Mozart	27. I. 1756
Hugo von Hofmannsthal	1. II. 1874
E. T. A. Hoffmann	24. I. 1776
Norman Mailer	31. I. 1923
Wilhelm Furtwängler	25. I. 1886
Christian Dior	21. I. 1905
Thomas Edison	11. II. 1847
Auguste Piccard	28. I. 1884
Hjalmar Schacht	22. I. 1877
Karl Blessing	5. II. 1900
Hugo Stinnes	12. II. 1870
Hans Porst	9. II. 1896
Hans Jürgen Bäumler	29. I. 1942
Sjouke Dijkstra	28. I. 1942

Kalanag	23. I. 1903
Charles Lindbergh	4. II. 1902
Louis de Wohl	24. I. 1903

Der Weg zum Erfolg im Zeichen Fische

Geboren vom 20. II. – 20. III.

Häufig fehlen diesem Typ die »Ellbogentalente«, seine verwundbare Stelle liegt im Gemüt! Dort herrscht die Phantasie, manchmal die Fähigkeit des »Wachträumens«. Wer diese Gabe der Phantasie mit der beschwingten und befreienden Tat zu koppeln versteht, dem gelingen beträchtliche Aufstiege im Leben. Infolge der inneren Gemütsanfälligkeit wird der Fische-Typ jedoch von den stets wachen Empfindungen und den äußeren Eindrücken oft mehr belastet als erfreut. Der Erfolg kommt beim »Fisch« auf keinen Fall durch die romantischen Vorstellungsbilder und das passive, geduldige Warten, bis die Dinge »auf einen zukommen«, sondern die unterm Zeichen Fische so deutlich geschauten Wunschbilder müssen in die Wirklichkeit übertragen werden. Dies geschieht selten durch den nüchternen Intellekt und noch weniger durch »eiserne Vorsätze«, sondern durch vernünftige Zerlegung großer Ziele in kleine, erreichbare Teilstrecken. Jeder Kleinabschnitt, der getreulich absolviert wurde, fügt der empfindlichen und etwas zurückhaltenden, zaudernden Persönlichkeit ein wenig mehr Selbstvertrauen und Wissen um das Wachsen der inneren Kräfte hinzu. Dies ist für Fische-Typen der gangbarste Weg! Gern hätte man unter diesem Zeichen einen leichten, mühelosen Gelderwerb, man sehnt sich nach einem beschaulichen Leben und vor allem nach Sicherheit. Bei schwächeren Naturen wird die abwartende, passive Haltung zuweilen zur »Schicksalsgläubigkeit« im Sinn des Ausgeliefertseins an höhere Gewalten. Einige neigen dann zum Spekulativen, Abenteuerlichen, Unkontrollierbaren. Die Statistik zeigt allerdings auch mancherlei Gewinne, Glücksfälle (Fische-Leute sind die Hauptkunden im Lotterie- und Lottogeschäft). Der Weg zum Erfolg führt aber nur über die Bewältigung der gestellten Aufgaben, aus kleinen Erfolgen wächst dem Fische-

Typ Kraft zu. Man weiß von der häufigen Melancholie oder Depressionstendenz so mancher Fische-Typen. Vermeiden Sie daher alle phantastischen Zielsetzungen. Gerade bei den »Fischen« ist der Lebenserfolg eine Sache der Planung, des Mutes zur Tat und der ausdauernden Zielstrebigkeit. Schon deswegen, weil sich erfahrungsgemäß viele Widerstände, Hemmungen, häufig auch psychische Behinderungen (Neurosen, Depressionen, Abhängigkeit von Stimulantien, Drogen, Medikamenten, Alkohol usw.) ergeben. Der Ehrgeiz ist verhalten, ruhig, erwacht erst, wenn die innere Anteilnahme am Beruf geweckt wird.

Die *Berufsstatistik* zeigt auffallend viele Fische-Typen in Krankenhäusern (als Pfleger, im Labor, im Sanitätsdienst, als Assistenzärzte), aber auch im gesamten Fürsorgewesen (Diakonie, Caritas, Gefängnisfürsorge usw.). Das Verlangen nach Sicherheit führt den Fische-Typ auch in die amtlichen, behördlichen Berufsgattungen. Viele »Fische« arbeiten im Kirchendienst, in der Seelsorge, als Anstaltsleiter. Von den Wissenschaften sind in erster Linie Medizin und Pharmazeutik, aber auch die »Geheimwissenschaften« und die Parapsychologie stark fischebetont; alles Geheimnisvolle, Unbekannte interessiert besonders den Fische-Typ. Der Hang zu den Künsten ist ebenfalls groß. Die gesamte Filmkunst (Schauspieler, Regisseure, Drehbuchautoren, Filmoperateure), aber auch Malerei und Musik (besonders die Instrumente Violine, Harfe, Orgel, Cello) zeigen starken Fische-Einfluß, ebenso Literatur und Dichtung. Zum Zeichen Fische gehört aber auch das gesamte Bank-, Börsen- und Geldwesen. Im Handel stehen unter Fische-Einfluß: Tabakhandel, Getränkehandel, Bierbrauereien, Eishandel, Milchbars, Alkoholhandel, Handel mit Morphium und Opiaten, Fischhändler und Fischereibetriebe. Fische-Einfluß zeigen ferner: Die Schiffahrt (Kapitäne, Matrosen, Reeder), Badebetriebe, Schwimmbäder, Massageinstitute, Gastwirtschaften und Bars, Drogerien, Lebensmittelhandlungen. Eine eigenartige Häufung von »Fischen« beobachtete man bei Berufen in »abgeschlossenen Anstalten« (Mönche, Nonnen, Sozialberufe in diesen Anstalten). Auch Detekteien und gewisse Sparten der Kriminalpolizei (Suchdienst, Erkennungsdienst, Morddezernat) unterstehen häufig dem Fische-Einfluß. Der Fische-Typ hat eine Tendenz zur Erforschung von Geheimnissen, aber auch zur Verinnerlichung. Die Anhänger von Sekten, Philosophien, fernöstlichen Geheimlehren, der Jogalehre, des Okkultismus oder der

Mystik sind überaus fischebetont. Es gibt unter den »Fischen« sehr weiche und hingebende Typen, die sich für andere aufopfern können. Der Blick für die Realitäten ist aber auch manchmal getrübt, so daß sehr subjektive Vorstellungen das Handeln leiten. Im ganzen ist das Zeichen äußerst vielschichtig! Viele »Fische« sind gastfreundlich, hilfsbereit, genußfreudig. Tritt der Intellekt stärker hervor als das Gemüt und das Gefühl, so kann der Fische-Typ auch selbständiger Kaufmann, zum Beispiel Verlagskaufmann, sein, oder auch Schriftsteller (besonders Lyrik, Märchen, phantastische Erzählungen und Romane). Im Bereich der Musik sind Fische-Typen in erster Linie Komponisten, Textdichter, Geiger oder Cellisten. Das schöpferische Unterbewußtsein ist bei »Fischen« ganz besonders gelockert, weshalb sich oft große Intuitionskraft zeigt, auch religiöses Gefühl oder ganz allgemein das Verlangen nach einer geistigen Stütze. Für um Mitternacht Geborene gilt dies am meisten. Die Konstellationen von Sonne und Jupiter zeigen an, ob sich im Schicksal Glücksmotive ergeben können. Zwischen dem 45. und 55. Lebensjahr beobachtete man finanzielle Krisen. Schädigungen im Berufsleben kommen durch Intrigen oder allzu große Vertrauensseligkeit. Negativ aspektierte Sonnenpositionen machen phlegmatisch, lethargisch, träge. In diesem Fall ergibt sich dann das bekannte Grübeln und »Brüten« über negativen Ideen und Stimmungen. Aspektverletzte Jupiterkonstellationen machen verschwenderisch, oder es fehlt an der realistischen Planung.

Fische-Frauen sind besonders häufig in künstlerischen Berufen anzutreffen. Schauspiel, Rezitation, erzählende Literatur, Märchen, Lyrik, Musik sind die bevorzugten Gebiete. Handfestere Fische-Frauen arbeiten im Gaststättengewerbe, in Bars, Restaurants, Vergnügungsbetrieben, Molkereien oder auch als Sozialbeamtinnen, Fürsorgerinnen, Krankenschwestern, Laborantinnen, Arzthilfen, Kindergärtnerinnen, Sekretärinnen, Kontoristinnen, Verkäuferinnen, Haushalthilfen oder Staatsangestellte. Die Fähigkeit, sich im Beruf durchzusetzen, ist nicht übermäßig groß. Gefühlsbeziehungen und Liebeskontakte sind allzu stark mit der beruflichen Betätigung verbunden und verursachen oft Schwierigkeiten, Veränderungen, Schädigungen der eigenen Position. Weibliche Fische-Geborene müssen sehr stark auf die eigene spätere Lebenssicherung achten! Sehr negative weibliche Typen dieses Zeichens zeigen hysterische Züge, sind unberechenbar in den Handlungen, aufreibend hinsichtlich ihrer Launen, manchmal sogar jähzornig. Fast immer hängt dies mit heftigen Gefühlsengagements, also auch mit der Liebe, zusammen! Liebe und Beruf sind bei »Fischen« nicht selten miteinander verkoppelt.

Albert Einstein
Geboren: 14. III. 1879, 11.30 Uhr, in Ulm.

Sonne in 23.32 Grad Fische, Mond in 14.55 Grad Schütze, Aszendent in 13 Grad Krebs, Meridian in 15 Grad Fische.

Sonne und Jupiter flankieren den Meridian oder die Berufsspitze X: Aufstieg, Berühmtheit. Merkur (3 Grad Widder) in engster Konjunktion mit dem Saturn (4 Grad Widder) ist auf Anhieb als »Mathematikerkonstellation« zu erkennen und zeigt den forschenden, grübelnden, konzentrierten Geist, der in »Abgeschlossenheit vom Getriebe der Welt« (= Saturn) Probleme

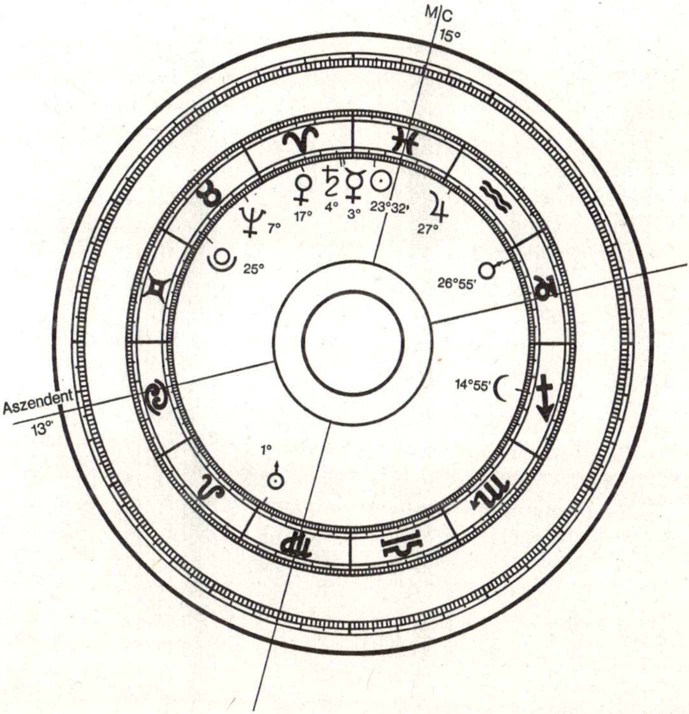

wälzt (= Merkur). Auffallendste Konstellation ist aber der Aszendent, der sich genau in der Mitte (im Schnittpunkt) zwischen Uranus und Pluto befindet: Schöpfer eines neuen Weltbildes! Auch das Trigonal zwischen Mars und Pluto kennzeichnet den aktiven, forschenden Geist und den zähen Willen. Pluto aber bedeutet den »Umbruch«, das Wassermann-Zeitalter.

Prominente Persönlichkeiten im Zeichen Fische (20. II. – 20. III):

Houston Stewart Chamberlain	18. III. 1869
Rosa Luxemburg	5. III. 1870
Adolf Eichmann	19. III. 1906
Arthur Schopenhauer	22. II. 1788
Galileo Galilei	18. II. 1564
Joseph von Eichendorff	10. III. 1788
Henrik Ibsen	20. III. 1828
Georg Friedrich Händel	23. II. 1685
Victor Hugo	26. II. 1802
Erich Kästner	23. II. 1899
Manfred Kyber	1. III. 1880
Karl May	25. II. 1842
Raphael Schermann	18. III. 1874
Ernst Löhndorff	13. III. 1899
Benjamino Gigli	20. III. 1890
Oskar Kokoschka	1. III. 1886
Sven Hedin	19. II. 1865
Albert Einstein	14. III. 1879
Heinz Rühmann	7. III. 1902
Elizabeth Taylor	27. II. 1932
Ursula Andress	19. III. 1936
Zarah Leander	15. III. 1907
Joachim Fuchsberger	11. III. 1927
Roy Etzel	3. III. 1925
Marlon Brando	3. III. 1924
Victor de Kowa	8. III. 1904
Nadja Tiller	16. III. 1929
Chariklia Baxevanos	15. III. 1936
Grete Weiser	27. II. 1903
Michèle Morgan	29. II. 1920
Jennifer Jones	2. III. 1920
Carl Raddatz	13. III. 1912

Elisabeth Flickenschildt	16. III. 1905
Karlheinz Böhm	16. III. 1928
Yuri Gagarin	9. III. 1934
Otto Hahn	8. III. 1879
Gottlieb Daimler	17. III. 1834
Rudolf Steiner	27. II. 1861
Hermann Hollerith	29. II. 1860
Karl Jaspers	23. II. 1883
Pius XII.	2. III. 1876
Hans Knappertsbusch	12. III. 1888

Ihr Kind im Spiegel der Sterne

Heitere astropsychologische Winke für leidgeprüfte Väter, Mütter und andere Erzieher

Temperamentvoller Nachwuchs unterm Zeichen Widder (21. III. – 20. IV.)

Sie sehen den Aufgang eines neuen Sterns und gewinnen völlig neue Erkenntnisse: Widder-Kinder erziehen ihre Eltern – vorwiegend zum Jasagen, zur Einschränkung eigener Lebensbedürfnisse, zur seelischen Abhärtung und zu weitreichenden Verzichten auf elterliche Autorität! Erster Grundsatz Ihrer künftigen Umerziehung – von seiten der Widder-Kinder – lautet: Vaters Erkenntnisse stammen aus der Steinzeit – Mutters Ratschläge für Teenager aus dem Widder sind völlig überholt! Das Leben wird für Sie aufregend, blutdrucksteigernd, denn Widder-Kinder sind ein Geschenk des Himmels für Väter, die Nachholbedarf an Selbstüberwindung oder sportlicher Ausbildung haben. Sie werden jetzt von ihren Söhnen zum Skifahren, Schwimmen, Tennisspielen, Basteln und Waldlauf gezwungen. Mütter bekommen wertvolle Tips und praktische Ratschläge für Liebe und Ehe von ihren Teenagern, vor allem wie man die Gleichberechtigung der Frau durchführt. Widder ist ein Symbol für ungehemmte Persönlichkeitsentfaltung. Nach dem Naturgesetz muß dabei immer einer unterliegen – es ist der Vater, die Mutter oder der amtliche Pädagoge! Machen Sie sich nichts daraus, denn Kinder sind Schicksal, und Ihr Horoskop hat es so gewollt. Dafür zieht »Betrieb« in Ihre Wohnung ein, und es hagelt herzhafte Überraschungen. Die Väter sollten rechtzeitig Fensterscheiben-, Spiegelglas- und Haftpflichtversicherungen eingehen, die Mütter den Führerschein erwerben und die Pädagogen ein Abonnement beim Psychotherapeuten nehmen. Widder-Kinder sind die kommenden Unternehmer, Militärs, Ingenieure, Industriellen, Lehrer, Piloten, Raketenpassagiere und Verächter aller gutbürgerlichen Konventionen. Unseren Glückwunsch für solchen Nachwuchs!

Mit dem Kopf durch die Wand – im Zeichen Stier (21. IV. – 21. V.)

Es ist nur halb so schlimm – wenn Sie Ihrem Liebling aus dem Zeichen Stier nicht widersprechen. Erster psychologischer Rat: Es hat gar keinen Sinn, den Inhalt eines Köpfchens aus dem eigensinnigsten aller Zeichen mit Gewalt verändern zu wollen. Widerspruch reizt den Trotz und macht Ihren Liebling verbiestert, bockbeinig, querköpfig – aber mit Humor geht alles besser! Die Lernfaulheit treibt die Eltern allerdings zur Verzweiflung und zu psychologischen Aussprachen mit Lehrern und Erziehern. Immerhin: Das Gelernte sitzt. Pochen Sie nicht auf Noten oder Zeugnisse! Die Theorie – oder die Schule – wird vom »Stier« mit Ach und Krach gemeistert. Die wirklichen Werte kommen erst viel später, denn mit Stier-Kindern haben Sie Praktiker, Lebenskünstler, Wirtschaftsexperten, Spargenies und geborene Kaufleute vom Himmel zum Geschenk erhalten. So etwas braucht Reife, Erfahrung und Geduld. Mit der Hartnäkkigkeit der kindlichen Reaktionen und Wünsche werden Sie schnell bekannt, und Ihre Versprechungen müssen gehalten werden. Die Teenager werden hübsch und frühzeitig »attraktiv«, was Sie an den Freunden im Haus bemerken dürften. Bei Jungen aus dem Zeichen Stier gehört die Sparkasse zum ersten Mobiliar des Lebens, was Ihnen nur teilweise Freude bereitet, denn Sie müssen viel »opfern«. Die Mädchen finden Sie bald in der Küche, denn unterm Zeichen Stier gedeihen die Gourmands, manchmal auch die Vielesser. Im ganzen brauchen Sie keine Sorgen zu haben: Beim »Stier« gedeihen die Konten, Sparbücher, »Sicherheit«, der Hausbesitz; er hat ein Radargerät für Geld und Verdienen! Vaters Alter ist gesichert.

Ein Sack voller Flöhe – im Zeichen Zwillinge (22. V. – 21. VI.)

»Hüten«, beaufsichtigen, bändigen können Sie hier gar nichts! Alles an Ihrem Sprößling aus den Zwillingen ist Quecksilber, Lebenslust, Neugier, Wirbel. Niemand versteht so herrlich zu »lügen« oder Kurzgeschichten zu erfinden wie ein Zwillinge-Kind, denn seine knisternde Gedankenschatulle ist voller Phantasie und Träume, voller Erfindungslust und Abenteuer. Eines macht Ihnen allerdings viel Kummer: Der Zeitsinn Ihres Kindes ist zu kurz gekommen, und einen Uhrzeiger scheint es nicht zu geben, weder beim Schulbeginn, beim Essen, beim Schlafen noch beim Aufhören irgendeiner Sache. Dafür funkt es im Köpfchen: Man lernt spielend und leicht – das hat der Junge vom Vater – und mit Zeugnissen gibt es nur sehr selten Malheur. So spielend gelernt wird, so schnell wird leider auch vergessen. Es mangelt an der Konzentration, an der Gründlichkeit – diesbezügliche Vermerke finden Sie stets als Sentenzen in den Zeugnissen: »Könnte mehr leisten, ist aber sehr zerstreut!« Machen Sie sich keinen Kummer – alle Professoren sind zerstreut und wurden doch Professoren! Und das meiste im Leben ist wert, wieder vergessen zu werden. Väter müssen hier viel lernen, mitlernen, nachlernen, um noch »Vorbild« sein zu können. Eventuelle eigene schlechte Zeugnisse sind rechtzeitig zu vernichten, wie überhaupt jeglicher Prestigeverlust zu vermeiden ist, denn das Triumphgeheul intellektueller Zwillinge-Kinder schädigt das Selbstbewußtsein jedes Vaters. Legen Sie für Ihr Kind keinen Beruf fest! Denn beim »Zwilling« wird der Beruf einmal oder mehrere Male gewechselt, und dazu gibt es noch zahlreiche Hobbies. Zwillinge-Kinder sind für ihre Eltern lebensverjüngend!

Kinder mit Gefühlsüberhang – unterm Zeichen Krebs
(22. VI. – 22. VII.)

Sie hatten gedacht, gehofft oder geträumt, einen Sprößling zu bekommen, der die Welt aus den Angeln hebt, und nun hat das liebe Kind etwas zuviel Gefühl als Wiegengabe mitbekommen. Es ist leicht verletzbar, sensibel, voller Träume, verspielt, etwas anfällig im Psychischen – kurz gesagt: Es hat eine komfortable Seele, ein Gemüt mit reicher Innenausstattung und buntfarbigen Tapeten. In der ersten Jugend weint es viel und oft, und unter Spielkameraden zieht es oft den kürzeren. Vater möchte einen Willensriesen aus ihm machen, aber die Mutter versteht es besser: Ein Krebs-Kind ist feinfühliger als andere, und die wahre Individualität erwacht spät. Das Unterbewußtsein ist rege, verletzbar, empfindlich. Das Krebs-Kind liest gern Bücher, vergißt die Welt um sich her, träumt, liebt später die Künste oder das Reisen. Ungeduld und Reizbarkeit zeigen sich, Launen und Stimmungen. All das hat es von der Mutter – sagt der Vater. Man muß hier einmal ein Exempel statuieren, meint er verbissen. Tun Sie es nicht! Es gibt Rennpferde und Ackergäule – jedes hat seinen Wert an seinem Platz. Den richtigen Platz findet ein Krebs-Kind später auf intuitive Weise – alles kommt zu ihm! Die Intuition überwiegt bei ihm den Intellekt. Mutters sorgsame Hand sollte über Teenagern wachen, denn die Affekte im Gefühlsleben sind die Gefahrenklippen der ersten Jugend, und die Selbstbehauptung ist noch sehr gering. Im späteren Leben gibt es viel Wechsel, Veränderungen, Umbrüche, innere Unruhen und eine allgemeine Rastlosigkeit.

Krebs-Kinder brauchen die Eltern als Freunde! Das warme Nest und später das eigene Heim sind die Grundlagen des Glücks unterm Zeichen Krebs.

Kinder mit Lebensansprüchen – unterm Zeichen Löwe (23. VII. bis 23. VIII.)

Eltern, die das ungeheure Glück, Kinder aus dem »königlichen Zeichen Löwe« geschenkt zu erhalten, nicht ganz erfassen, sollten wenigstens etwas opfern: Eine Aussteuerversicherung oder finanzielle Unterlagen für einen Lebenslauf zu hohen Preisen, den Löwe-Kinder fast immer anstreben. Sie haben vom Himmel eine Individualität zum Geschenk bekommen – nichts an Ihrem Liebling ist Konfektion, Durchschnitt oder genormt! So etwas verpflichtet Väter zu äußerster Sparsamkeit und zur Entwicklung eines vorbildlichen Charakters, was kolossal ermüdet. »Löwen« und »Löwinnen«, selbst wenn sie noch sehr jung sind, zeigen schon jenen autoritären Zug zum Herrschen, der ihnen später leitende Berufe einbringt. Aber alles will gelernt sein – auch das Angeben! So sind Spielkameraden, Mitschüler und manchmal auch die Eltern die ersten Bewährungsopfer. Der Drang, im Mittelpunkt zu sein, ist das, was junge Löwen unterm »Krallenschärfen« verstehen. Später nennt man das Egozentrik. Die Gediegenheit der Wünsche, die angeborene Fähigkeit, sich selbst darzustellen und zur Wirkung zu bringen, und die Lust am Luxus lassen die Eltern zuweilen fragen, woher das

Kind diese exklusive Veranlagung bloß haben mag: Wir können es Ihnen sagen: Nicht vom Vater und auch nicht vom Großvater, sondern von den Sternen, es steht darin geschrieben, daß man unterm Zeichen Löwe Hauptrollen zu spielen hat. Die Eltern sind da manchmal nur noch Staffage. Aber die Väter dürfen das Stück finanzieren.

Nachwuchs, der nicht enttäuscht – unter dem Zeichen Jungfrau
(24. VIII. – 23. IX.)

Anfänglich hielten Sie Ihren Sprößling oder Ihre Tochter für blassen Durchschnitt. Sie erwarteten mehr Profil, mehr »Substanz«. Aber warten Sie nur ab! Ein schlaues Köpfchen, eine Art »savoir-vivre«, die Fähigkeit, sich richtig zu betten, um später gut zu liegen – das alles ist im Keim schon vorhanden. Dazu eine nachtwandlerische Sicherheit, große Ziele über kleine Etappen zu erreichen, unter Nutzung der Umstände und Gegebenheiten. »Nicht auffallen« ist das Lebensmotto, weder durch gute noch durch schlechte Noten, wenn nur das gesteckte Ziel erreicht wird. Kleine »Jungfrauen« beobachten ausgezeichnet und sehen oder hören mehr, als Sie ahnen. Es wird schon beizeiten gern kritisiert, und Teenager dieses Zeichens sind erhaben über Liebe und ähnlichen Unfug, den ihre Eltern früher angestellt haben. Man wird das alles »ganz anders« machen. Wozu hat man denn seinen frech-fröhlich zwitschernden Schnabel, dem nichts heilig ist! Das Köpfchen weiß überdies stets, was es will, und die Gedanken, die darin nisten, sind leicht egoistisch – zum mindesten auf das eigene Wohl konzentriert. Man hat auch schon von Musterschülern gehört unter diesem Zeichen, das zu den »autodidaktischen« gehört. Später entwirft man Lebenspläne und Jahrespläne, um auf diese Weise zu einem sicheren Posten zu kommen. Was anfänglich farblos aussah, wird eine recht zielstrebige Persönlichkeit – zwar kein Meteor am Himmel, aber ein sparsam brennendes Lämpchen, dem das Öl niemals ausgeht. Was wollen Sie mehr? Gab es doch schon Väter, denen der Aufstieg ihrer Kinder Konkurs einbrachte!

Von der Glücksgöttin Venus begünstigt – im Zeichen Waage
(24. IX. – 23. X.)

Mutter wollte schon immer etwas Apartes und Vater etwas Vornehmes, Exklusives, Weltmännisches. Jetzt haben Sie es: ein

»Venuskind« unter der Waage, jenem Zeichen, das die Künste protegiert, vor allem die Lebenskunst. Ihr Liebling versteht frühzeitig zu schmeicheln und ist ein Naturwunder an zielstrebiger Anpassungsfähigkeit bei freundlich-sympathischem Wesen. Das Waage-Kind braucht Lob und Anerkennung, denn das liebe Wesen ist ein wenig eitel, später ist es bedacht auf äußeren Rahmen und weltlichen Aufstieg, dem sehr oft Titel folgen. Teenager zeigen Chic und Charme. Das erfreut sogar die Väter, kommt aber allmählich teuer und muß durchgestanden werden, bis die Spesen von den späteren Freunden oder Gatten übernommen werden. Die Waage verleiht natürliche List und Schläue – im Fall einer jungen Eva werden Sie das beizeiten feststellen können –, daneben aber auch viel Geltungsbedürfnis und schauspielerische Begabung. Selbst Lehrer fallen darauf noch herein. Der Ehrgeiz in der Schule ist mäßig, im Leben aber brennend. Vieles wird über die »süße Tour« erreicht, den gekonnten Schmeicheleien einer Waage-Tochter kann kein Vater widerstehen! Mütter sind stolz auf ihre Jungen und zehren später mit am Aufstieg und den Titeln. Es gibt keine Mauerblümchen und keine Versager unter diesem Zeichen, denn Diplomatie, Schläue, Ehrgeiz und eine anpassende Wendigkeit bringen Waage-Kinder dorthin, wo sie am besten gedeihen: an die Öffentlichkeit oder ins Rampenlicht der Gesellschaft.

Zum Kampf und zur Bewährung geboren – unterm Zeichen Skorpion (24. X. – 22. XI.)

Mit Skorpion-Kindern werden Mütter und Väter vor gewaltige Erziehungsprobleme gestellt, denn in diesem Zeichen herrscht der Mars, das Symbol für Eigenwillen, Selbstbehauptung, Dickköpfigkeit und manchmal »Querulanz«. So etwas bringt Väter und Lehrer zuweilen auf die Palme, aber Mars ist eben kein konzilianter Planet, sondern er sucht Kampf, Reibung, Widerstand. So entstehen »Charaktere«. Was ein Häkchen werden will, krümmt sich beizeiten, und daher ist unterm Zeichen Skorpion immer Frühentwicklung zu finden. Achten Sie auf den Umgang Ihrer Skorpion-Kinder – es hängt ungemein viel von Kameraden und Freunden ab! Die Neugier nach Unbekanntem ist groß, und die Eltern werden in den seltensten Fällen zu Mitwissern der Geheimnisse und Erfahrungen ihrer Skorpion-Kinder. Die Frühreife führt immer zum Abenteuerdrang, der dem Wissensdrang in keiner Weise nachsteht. Manche Mütter stellen fest, daß sie mit Skorpion-Kindern eine Art »Drillbohrer« geschenkt erhielten, dessen bohrenden Fragen und anhaltender Energie so gut wie nichts standhält! In manchen Fällen werden diese prachtvollen Eigenschaften noch überhöht durch Schläue. Sie brauchen indessen nicht zu verzweifeln, denn unsere Welt braucht Pioniere, Konquistadoren und Kämpfer. Skorpion-Leute schrecken vor nichts zurück – nicht einmal vor dem Militär! Väter werden hier noch einmal zu Widerstandskämpfern.

Schütze-Kinder brauchen sportliche Eltern (23. XI. – 21. XII.)

Welch ein Glück, wenn Sie selbst noch jung sind! Mit Schütze-Kindern beginnt Ihr Leben noch einmal von vorn, denn alles, was Sie versäumten oder vergaßen, muß nachgeholt werden: Sport, Reisen, Wandern, Spielen. Die Väter sind vor ihren Kindern keineswegs rehabilitiert, wenn sie Homer und Ovid übersetzen können. Sie sollen auch etwas verstehen von einem gemischten Doppel oder wissen, wie ein Viertakter arbeitet und wie tief man mit einem Schnorchel tauchen kann. Daß Sie abends, wenn die Kinder von Sport und Spiel müde geworden sind, die paar Gleichungen mit einer oder zwei Unbekannten nebst der lateinischen Übersetzung noch rasch erledigen, erwarten moderne Kinder heute von jedem Vater – es ist also kein Ausnahmeschicksal, das Sie mit Ihrem Schütze-Jungen ereilt hat! Schütze-Teenager sind nicht zu halten, und was Sie als Mutter von einem Doppelsalto beim Rock'n' Roll halten, ist völlig gleichgültig. Das Leben beginnt frühzeitig in Hosen, und Sie werden hochmoderne Anschauungen über die Liebe und erst recht über die Ehe hören. Das bildet selbst konservative Eltern um, bis sie den »Zeitgeist« zu verstehen beginnen, der im Zeichen Schütze stets um einige Meilen voraus ist. Kinder dieses Zeichens sind niemals Stubenhocker, sondern mit fünfzehn flügge, und Sie hören manches Kolleg über die »Freiheit« und die Ungebundenheit des Individuums im Atomzeitalter. Beginnen Sie Ihre Einwände oder philosophischen Betrachtungen nicht mit dem überholten Satz: »Zu unserer Zeit ...« Das erzeugt nur homerisches Gelächter! Noten, Zeugnisse, Lehrer und Schulbildung sind für Schütze-Kinder gehobener Blödsinn und müssen eben durchgestanden werden. Daß mindestens vier Berufe zur Debatte stehen, darf Sie nicht erschrecken. Zwei davon werden immerhin eines Tages ausgeübt, und noch kein Schütze-Kind ging im Lebenskampf unter.

Aufstieg unter Garantie – im Zeichen Steinbock
(22. XII. – 20. I.)

Es ist völlig gleich, wo sich die Wiege eines Steinbock-Kindes befindet: Der vorgezeichnete Weg führt immer nach oben, wenn auch unter Mühen und heftigen Einsätzen. »Durch Abhängigkeit zur Selbständigkeit« ist die Devise. Spätentwicklung ist hier ein Schicksalsgesetz, und nur ganz selten werden Sie im ersten Jugenddrittel Ihres Steinbock-Kindes jene Anlagen erkennen, die ihm später den Aufstieg sichern: Geduld, Zähigkeit, Hartnäckigkeit, Härte im Nehmen. Sollten Sie ein Geschäft besitzen – der Junge macht einen Konzern daraus. Oder ein Haus? Es läppert sich ein zweites und ein drittes hinzu! Zinsen, Renten, Hypotheken, Mieten, Pensionen, Versicherungen sind hier die Garanten materieller Sicherheit. Das Anlehnungsbedürfnis von Steinbock-Kindern ist enttäuschend gering – man hat es mit Wesen zu tun, die in sich verkapselt sind. Absonderungsstreben und Kontaktmangel kommen vor, zuweilen auch Schüchternheit oder Zurückgezogenheit. Das alles darf Sie als Eltern nicht beeindrucken – der Aufstieg Ihres Nachwuchses ist gesichert! Die Teenager sind selbstbewußter, und Mütter erfahren wenig oder nichts von den Herzensgeheimnissen. Wenn Sie klug sind, warten Sie, bis man zu Ihnen kommt! Eines Tages ist es soweit – aber es ist meist der Tag einer Krise.

Weltbürger, Globetrotter, Freiheitsfanatiker – unterm Zeichen Wassermann (21. I. – 19. II.)

So etwas Ulkiges wie ein Wassermann-Kind haben Sie noch nie gehabt! Im Reigen Ihres übrigen Nachwuchses liegt es wie ein Kuckucksei im Nest, und Sie können die Verwandtschaft bis ins vierte Glied durchstöbern – es findet sich nichts Ähnliches an Originalität. Gut, wenn Sie über keine »Prinzipien« oder vorgefaßte Meinungen verfügen und noch weniger an gutbürgerlichen Glaubenssätzen festhalten. Ein Herzinfarkt wäre Ihnen sicher, denn es kommt alles, alles anders, als Sie dachten, planten, träumten. Wassermann-Kinder sind das Salz in der Suppe, und von ihren Einfällen leben Eltern, Großeltern und Geschwister. Allerdings sind diese Einfälle, Ideen und Ziele völlig anders als die althergebrachten, gutbürgerlichen und entsprechen keinerlei Glaubenssätzen und festgefügten Weltanschauungen. Die Väter fallen angesichts der

Ideen ihrer supermodernen Töchter zuweilen aus den Socken, und die Mütter erschauern unter völlig neuen Moralthesen, deren oberste darin besteht, daß die Kameradschaftsehe die einzig richtige sei. Der Romantitel »Ich spucke gegen den Wind« paßt haargenau auf Teenager dieses Zeichens. Wassermann-Kinder sind pietätlos, respektlos, eigenwillig und sofort »aufgerauht« gegenüber Befehlen und Anordnungen von oben. Aber sie sind sehr anfällig gegenüber Sympathie und Güte. Vielleicht gehören sie zur kommenden Rasse der Weltbürger, die Zäune, Pfähle, Pässe, Paragraphen und staatliche Schafhürden strikt ablehnen. Was sollen wir anderes tun, als Ihnen zu gratulieren, daß Sie als Erzeuger dem Fortschritt eine Chance gegeben haben!

Etwas Glück, etwas Leid – und viel Gemüt: im Zeichen Fische
(20. II – 20. III.)

Vom Tränenkrüglein machen Fische-Kinder reichlich Gebrauch, denn in allen Herzkammern wohnen zarte Gefühle, Empfindlichkeit und ein wenig Lebensangst. Ehrgeizige Väter sind darüber erbost, denn sie wollten einen Sprößling mit heldischer Ader, und nun beginnen sie mit der »Erziehung«. Aber Sie werden es nicht glauben wollen: Hier ist wenig zu erziehen! Es handelt sich nur um »dünne Haut«, viel Seele und eine Überdosis Gemüt. Die Mütter ahnen es gleich intuitiv: Man muß mit Fische-Kindern gut Freund werden, denn Zutritt zum Herzen ist alles! Gewiß, es gibt auch Fische-Leute mit Energie und Organisationsgabe, aber sie gehören zu den Ausnahmen. Meist lebt der »Fisch« aus einem überreichlich vorhandenen Kapital an Gefühl, Ahnungsvermögen, Instinkt und Spekulationsdrang; er sehnt sich nach dem »leichten Leben« und dem großen Los. Das kommt aber nie, denn es geht unterm Zeichen Fische auf und ab, und manches hängt an »Zufällen«. Die Kinder zeigen fast alle einen Hang zum Phlegma, um nicht zu sagen: zur Faulheit. Desinteressiertheit am Lernen ist an der Tagesordnung. Aber was aus dem Herzen kommt und die Stimmungen, das Gefühl anspricht, wird zum Kompaß (Musik, Künste). Niemand hängt so sehr von Sympathie oder Antipathie ab wie ein Fische-Kind. Ein Wechsel des Lehrers kann ganze Zeugnisse verändern! Väter werden zu Anwälten, Mütter zu Verteidigern ihrer Fische-Kinder. Was an Mitgift in die Wiege gelegt wurde, sind Phantasie, Vorstellungskraft, Wunschbilder und Stimmungen. Es ist nicht leicht, aus diesen Stimulantien einen handfesten

Lebensplan zu zimmern. Aber verzweifeln Sie nicht: Alle Ursachen haben ihre Wirkungen, alle Bilder ihre Spiegelbilder. Im Zeichen Fische wirkt das Schicksal nach unwägbaren Gesetzen, die wir als »Zufall« bezeichnen.

Planetenkonstellationen an der Vertikalachse

im Feld IV: Heimat, Elternhaus, Heim und Familie
im Feld X: Beruf, Expansion, soziale Position

Der Meridian und seine Wirkung in den zwölf Zeichen

Der zweitwichtigste Punkt in einem Horoskop ist nächst dem Aszendenten der kulminierende Punkt oder der obere Meridian (auch Himmelsmitte: Medium Coeli oder kurz MC genannt). Er wird von der Spitze X oder dem »Berufsfeld« begrenzt und bildet den oberen Teil der sogenannten Vertikalachse eines Horoskops. Horizontal- und Vertikalachse bilden das Achsenkreuz und lassen wertvolle Schlüsse auf Wesenskern und Handlungsweise eines Menschen zu.

Der Meridian zeigt die Individualität eines Menschen auf sowie seine Stellung innerhalb der Öffentlichkeit und damit auch seine soziale, berufliche Position und die Möglichkeiten seines Aufstiegs im Leben. Wiederum muß hier einschränkend gesagt werden, daß dieses Feld X und seine Planetenbesetzung niemals ausschließlich gültige Aussagen machen, sondern daß erst das ganze Horoskop in der Zusammenschau aller Faktoren wirklich stichhaltige Prognosen ermöglicht.

Immerhin ist es nicht gleichgültig, welches Tierkreiszeichen sich zum Beispiel am höchsten Punkt, also am oberen Meridian, befindet. Die nachstehenden Ausführungen können freilich nur als Anhaltspunkt zur Beantwortung der Frage nach dem materiellen Streben gelten.

1. Der Meridian im Zeichen Widder ♈

Das persönliche Streben richtet sich auf Eroberung der Umwelt, ist bedacht auf Leitung, Führung, Durchsetzung der Persönlichkeit, wobei das Verhalten mitunter etwas aggressiv bis rücksichtslos sein kann. Herrscher des Zeichens Widder ist der Mars, und in einem gewissen Sinn werden die Energien marsisch gefärbt sein, also der Position des Mars im Horoskop eine größere Bedeutung zukommen lassen. Man ist auf Ansehen, Geltung und gesellschaftliche Erhöhung bedacht, wobei die Erreichung der Berufsziele nicht ohne Kampf und Widerstände gelingt. Energie und Unternehmungsgeist sind immer vorhanden. Falls die negativen Kräfte des Mars die Oberhand gewinnen, zeigen sich Impulsivität, Übersteigerung, Voreiligkeit und Aggression gegenüber der Umwelt.

2. Im Zeichen Stier ♉

Auffallend ist hier die Realistik der beruflichen und persönlichen Gesichtspunkte. Die Ideale oder inneren Neigungen müssen sich der materiellen Sicherung und dem Verlangen nach Beständigkeit unterordnen. Es wird geplant, maßvoll kalkuliert und der Blick auf das Praktische, Verwertbare gerichtet. Obwohl Venus als Herrscherin dieses Zeichens der Persönlichkeit eine künstlerische Note oder eine Vorliebe für genußvolles Leben verleihen kann, werden auch diese Eigenschaften von der Realistik des Denkens gebändigt. Die Ziele werden mit Beharrlichkeit und Ausdauer verfolgt, und das konservative Denken herrscht vor. Wenn sich dieses Zeichen am Meridian befindet, wird man mehr oder minder immer den finanziellen Ertrag einer Sache im Auge behalten!

3. Im Zeichen Zwillinge ♊

Das Berufsschicksal ist unruhig, denn dieses Zeichen repräsentiert die Vielseitigkeit, die innere Unruhe und die Zwiespältigkeit. Man wechselt gern den Beruf oder gibt seinen vielfältigen Neigungen, Anlagen und Wünschen nach. Der soziale Aufstieg zeigt daher unterschiedliche Tendenz, Aufstieg und Rückschläge wechseln periodisch. Man ist unzufrieden mit dem Geschaffenen oder Erreichten. Zersplitterung und Unentschlossenheit sind die wahren Ursachen der beruflichen Kämpfe. Lieblingsbeschäftigungen und immer neue verlockende Ziele erschüttern die äußere Stabilität. Das Leben auf einen einheitlichen Nenner zu bringen ist das Schwerste unter dem Einfluß des schillernden Merkur, der hier über den Meridian herrscht.

4. Im Zeichen Krebs ♋

Die finanzielle Lage und die wirtschaftliche Sicherung sind Schwankungen ausgesetzt, lassen einen deutlichen Rhythmus des Auf und Ab, des Vor und Zurück erkennen. Mehrmals fängt man ganz von vorn an, denn der Mond als Herrscher dieses Zeichens nimmt Einfluß auf Beruf und soziale Geltung. Die Ziele sind größtenteils gefühlsbetont, die Durchsetzung wird mit Diplomatie und Anpassung an die gegebenen Verhältnisse versucht. Trotz innerer Nachgiebigkeit ersehnt man Selbständigkeit und Unabhängigkeit. Es hängt hier sehr viel vom Willen und der Stetigkeit des Mühens ab. Die Energie läßt unterm Zeichen Krebs leicht nach, zumal bei auftretenden Schwierigkeiten. Das wahre Ziel findet man oft erst durch langes »Suchen«. Das Streben nach wirtschaftlicher Sicherung ist groß, ist aber nicht immer erfolgreich.

5. Im Zeichen Löwe ♌

Das Verlangen nach Ansehen, Geltung, Einfluß oder sogar nach Macht tritt deutlich hervor. Die Persönlichkeit will innerhalb ihrer Sphäre beachtet werden, und man versucht, über Protektionen, Beziehungen und Verbindungen den Aufstieg zu beschleunigen. Die Gesichtspunkte sind großzügig, und bei günstiger Sonnenposition im Horoskop (Sonne ist Herrscherin im Zeichen Löwe!) lassen sich hohe Ziele erreichen. Das Streben ist etwas egozentrisch, die Persönlichkeit verlangt nach einem luxuriösen Rahmen, in dem sie sich selbst bestätigt findet. Die Ansprüche an das Leben sind groß und leidenschaftlich. Werden sie vom Schicksal nicht erfüllt, zeigt sich oft Überkompensation, Übertreibung, Angeberei.

6. Im Zeichen Jungfrau ♍

Gewissenhaftigkeit, Genauigkeit und Methodik führen aus kleinsten Anfängen heraus systematisch nach oben. Vorsicht und kritische Einstellung des Denkens verhüten große Verluste. Das Hauptaugenmerk wird auf die wirtschaftliche Sicherheit gerichtet, die »festen« Positionen werden selbst bei kleinerem Radius der Persönlichkeitsentfaltung bevorzugt. Die berufliche Linie zeigt keine Sprünge, sondern führt auf dem Weg des »Organisierens«, des Nützens vorhandener Möglichkeiten und der realistischen Selbsterkenntnis zum Ziel. Lebenspläne und Einteilungssysteme spielen eine Rolle. Berechnung ist das Hauptmotiv! Der Merkur als Herrscher dieses Zeichens fördert das Kopfdenken und unterdrückt Gefühlsregungen. Der Aufstieg geht keinesfalls mühelos vor sich.

7. Im Zeichen Waage ♎

Beruf und äußere gesellschaftliche Stellung im Sinn des »Repräsentierens« und der Popularität sind maßgebende Faktoren bei diesem Meridian. Der Ehrgeiz mischt sich in die beruflichen Pläne, Beziehungen und deren Nutzung sind Mittler zum Aufstieg. Die Persönlichkeit erhöht ihren Einfluß gern durch Anschluß an andere, sucht Teilhabe, Beteiligung, Partnerschaft, und auch die Heirat wird manchmal beruflichen Erwägungen eingeordnet. Die Konzilianz im Wesen und das gewinnende Verhalten ermöglichen die Erfüllung ehrgeiziger Wünsche, die oft etwas spekulativer Art sind. Diplomatie und schlaue Berechnung fördern die eigenen Pläne. Die Herzlichkeit und das freundliche Wesen sind nicht immer wirklich herzlich, sondern »Umgangsform«! Venus als Herrscherin verfeinert und läßt die Künste lieben.

8. Im Zeichen Skorpion ♏

Energie, Beharrlichkeit, Zähigkeit und Aufstieg aus eigener Kraft sind für diesen Meridian charakteristisch. Der Aufstieg erfolgt durch große Leistungen und Fleiß und manchmal rücksichtslos oder impulsiv. Der Ehrgeiz ist äußerst stetig. Die Berufsinteressen sind niemals oberflächlich, sondern gehen in die Tiefe. Man scheut keine Arbeit, kann sich sogar infolge Überarbeitung selbst schädigen. Man ist ziemlich egozentrisch und behält die wirklichen Ziele für sich. Mars als Herrscher dieses Zeichens hat kritische, kraftvolle Tendenz. Die Umwelt ist nicht immer mit den Bestrebungen einverstanden, so daß des öfteren List und Heimlichkeit Anwendung finden. Der Erwerbssinn ist sehr ausgeprägt.

9. Im Zeichen Schütze ♐

Die Ziele sind weit gesteckt, die Persönlichkeit verlangt außerordentlich nach Ansehen, Geltung, Einfluß und sozialer Beachtung. Vielseitige Interessen und vielerlei Pläne zu gleicher Zeit erschweren die Konzentration bei der Tat. Das Gerechtigkeitsempfinden und die Tendenz, auf legale und anständige Weise die Ziele zu erreichen, verhindern Rücksichtslosigkeit. Diesem Typ wird oft Macht und Einfluß verliehen, sei es durch Protektionen oder durch staatliche, behördliche Funktionen. Reisen ins Ausland, Erweiterungen des Gesichtskreises ergeben sich durch Einflüsse des Herrschers Jupiter, dessen Position im Horoskop bedeutsam für die Fülle, den Reichtum oder die Leere, die Hohlheit dieses Zeichens ist. Im letzteren Fall überwiegen Geltungsdrang und Egozentrik.

10. Im Zeichen Steinbock ♑

In diesem Zeichen verleiht der Meridian stets brennenden Ehrgeiz und unlöschbares Verlangen nach Aufstieg und Persönlichkeitsgeltung bei gleichzeitiger Sicherung im Materiellen und Finanziellen. Man erstrebt weniger den Aufwand als die Macht. Die Grundeinstellung ist absolut realistisch, und Gefühle werden unterdrückt. Saturn als Herrscher dieses Meridians verleiht eine gewisse Härte, aber auch eine große Begabung zur Überwindung jeglicher Hindernisse. Der Aufstieg geht langsam und zäh vor sich und führt nach Überwindung oft großer Schwierigkeiten zu selbständigen und unabhängigen Positionen. Das Motiv der Solidität und der Pflichterfüllung im kleinen ist meist vorhanden. Alle Ziele werden auf lange Sicht angestrebt und dann durch Zähigkeit erreicht.

11. Im Zeichen Wassermann ♒

Das soziale und berufliche Schicksal ist manchen unerwarteten Schwankungen ausgesetzt, oft völligen Umbrüchen und Neubeginnen, weshalb die finanzielle Stabilität schwer zu erreichen ist. Oft ist ein sogenannter »Brotberuf« vorhanden, während die wirklichen Interessen auf anderem Gebiet liegen. Oft auch führt dieses Zeichen am Meridian zu eigenwilligen und selbstverschuldeten Veränderungen. Immer werden die Freundschaften und Beziehungen zur Umwelt wichtig. Die mancherlei verlockenden neuen Ziele und plötzlichen Interessenwechsel schaden dem sozialen Aufstieg. Das Ungewöhnliche, Abseitige, Originelle und Kommende ziehen stark an. Alltagsbeschäftigungen befriedigen nicht. Trotzdem zeigt das Zeichen Hartnäckigkeit und Eigenwilligkeit in den Bestrebungen an!

Die Energieeinsätze sind nicht allzu stark und auch nicht allzu zielstrebig. Die empfängliche, gefühlsbetonte, manchmal indolente und ausnutzbare Veranlagung bewirkt Berufskrisen. Materielle Glücksfälle, unerwartete Hilfen von der Umwelt oder Erbschaften, spekulative Glücksfälle, »Zufälle« sind ebenfalls häufig. Das materielle Streben geht nach leichtem, mühelosem Leben oder auch Genuß. Hilfsbereitschaft ist fast stets vorhanden und wird im Fall von Krisen auch von anderen erfahren. Das Schicksal führt einen nur selten vor die große Öffentlichkeit, und der Beruf folgt der Linie des geringsten Widerstands.

Die Willenskurve ist nur immer kurzfristig positiv. Zielstrebiger Ehrgeiz ist nicht oder nur wenig vorhanden.

Alle diese Zeicheneinflüsse am Meridian können beträchtlich verändert werden, falls sich im X. Horoskopfeld ein oder mehrere Planeten befinden. Auch umfaßt ein Horoskopfeld manchmal zwei Tierkreiszeichen, je nach seiner Ausdehnung, so daß auch das zweite Zeichen zur Wirkung kommt! Befindet sich aber die Sonne im Feld X und in einem der vorgenannten Zeichen, so kann man schon auf eine sehr markante Wirkung des jeweiligen Zeichens schließen.

Brachte der Abschnitt »Beruf und Erfolg« gemäß dem Sonnenstand in den zwölf Zeichen allgemeinere Angaben, so ergeben nunmehr Planetenbesetzungen der Vertikalachse in den Feldern IV und X genauere Hinweise über die Berufstendenz: Zeigte der Aszendent die Persönlichkeit samt ihrer Stellung in der Umwelt, so sehen wir in der Vertikalachse von IV zu X die Individualität, angedeutet durch die Spitze X oder den Meridian (auch Medium Coeli oder kurz MC genannt), ferner den Beruf, den Lebensweg.

Die untere Spitze IV der Vertikalachse dagegen zeigt die Herkunft, die Erbmasse, das Elternhaus, das eigene Heim und die Heimat, den Grundbesitz und die Verhältnisse am Lebensende an. Damit bedeutet also die Vertikalachse den Entwicklungsweg aus dem Schoß der Familie und der Heimat hinaus in die »Fremde«, in die Selbständigkeit, in den Beruf. Ist die Himmelstiefe (Feld IV) der »Schoß«, aus dem sich alles entfaltet, so ist die Himmelsmitte (Feld X) die Entfaltung selbst, die Expansion, die Ausbreitung, die Projektion in die Außenwelt. Wie wir diese Außenwelt erringen, erobern und mit welchen Mitteln –

all dies ist in Feld X und seiner Spitze, dem Meridian, ausgedrückt.

Wir wenden also wieder sinngemäß die Planetenprinzipien auf diese Felder an.

Die Sonne im Feld X oder nahe dem Meridian

Es liegt auf der Hand, daß ein solch mächtiges, repräsentatives Gestirn wie die Sonne ein ganz besonders betontes Machtstreben auslösen muß im Sinn der Durchsetzung innerster Ziele und Bestrebungen, Pläne und Wünsche. Alles aber hängt hier von der kosmischen Stellung und der Aspektierung der Sonne ab. Eine ganz einfache Überlegung wird uns sagen, daß das feurige Gestirn an Kraft verlieren muß, wenn es sich in einem Wasserzeichen (Krebs, Fische) befindet. Das bedeutet eine Einbuße in der Durchsetzungskraft; die »Ellbogentalente« eines Menschen werden sichtlich schwächer, er setzt sich mehr mit den Mitteln der Diplomatie durch oder mit Schläue und List (Skorpion) statt etwa mit Aggression (Widder!) oder konsequenter Zähigkeit (Stier, Steinbock), Berechnung und Kalkulation (Jungfrau). Daß das eigene Zeichen der Sonne, also Löwe, hier die unmittelbarste Entfesselung der Sonnenenergie wachruft, ist ebenfalls nur ein logischer Schluß, wie auch jene andere Schlußfolgerung, daß jeder feurige, aktive Planetenaspekt auf die Sonne hier einen Zuwachs an Energie bringt (Mars), daß aber auch eine gut konstellierte Sonne durch eine Saturnverletzung ein Moment außerordentliche Erschwerung, der Hemmung und des Widerstands bedeuten muß. Planetensymbol plus Tierkreiszeichensymbol plus Aspektierung ergibt jene Synthese, die Wesentliches über Weg und Ziel eines Menschen auszusagen hat. Die Sonne in Feld X bedeutet also in jedem Fall eine Aktivierung des Lebensweges, eine Heraushebung aus der Masse, sie ist hier ein Zeichen für bewußte Individualität, die eher den Willen und die vorhandenen Mittel von Intelligenz und Erfahrung dazu benützt, sich eine gehobene Position zu schaffen, als von den äußeren Ereignissen getrieben zu werden. Die Arbeit, das Werk, das Ziel sind wichtige Bestandteile im Gesamtschicksal. Die Wertung des Ziels und die Art und Weise der Erfüllung sind abhängig vom Gesamtkomplex der Sonnenkonstellation. Es glaube niemand, daß eine hochgestellte Sonne im Feld X schon eine Garantie für

Aufstieg, Macht und Erhöhung im Sozialen ist. Die Praxis würde ihn rasch von seinem Irrtum überzeugen. Ein einziger schlechter Aspekt auf diese hochgestellte Sonne löst schon eine Erschwerung, Behinderung aus.

Die Sonne im Feld IV

Das Elternhaus, der Vater, die Erbmasse, die Herkunft sind wichtige Schicksalsbestandteile, die hemmen oder fördern können – wiederum je nach der kosmischen Stellung der Sonne und der Aspektierung von seiten der übrigen Planeten. Es kann also Anhänglichkeit, Gebundenheit an Elternteile, Erbschaft, Vermögensbasis durch die Herkunft vorhanden sein – es kann aber auch Behinderung, Entwicklungshemmung, Widerstand, Dissonanz mit dem Elternhaus entstehen. Die Bindung an alles »Zuhause« (also nicht nur an die Eltern, sondern auch an die Heimat, an die spätere eigene Häuslichkeit usw.) kann harmonisch, Verankerung schenkend, Liebe spendend, Schutz und Bewahrung gebend sein – aber sie kann auch trennend, zerstörend und Verluste auslösend wirken. Jedes weitere Planetensymbol in diesem Feld ändert wieder das Bild. Hier nur ein Hinweis: Sonne im Löwen (dem eigenen Zeichen der Sonne!) im Feld IV brachte einem Menschen ein reiches, angesehenes Elternhaus und ein Geburtsmilieu, das die mühelose Expansion zu gewährleisten schien. Indessen hatte die Sonne eine Konjunktion zum Saturn (ebenfalls im Löwen!), und der Vater, der über eine allzu generöse Hand verfügte, verlor sein ganzes Vermögen durch einen Rennstall. Der Mensch stand, als er volljährig wurde, vor dem Ruin – das Elternhaus kam unter den Hammer, die Schulden konnten unter völliger Liquidierung des elterlichen Besitzes gerade noch getilgt werden. Dieses Beispiel zeigt, daß ein Planetensymbol ohne seine Querverbindungen und die kosmische Anlage im Horoskop niemals für sich allein ausgedeutet werden darf.

Der Mond im Feld X oder nahe dem Meridian

Diese Position des Mondes zeigt ein Überwiegen der psychischen, gefühlsmäßigen, intuitiven Kräfte über jene des Verstandes oder der Individualität an. Die Persönlichkeit ermangelt des festen, sicheren, konsequenten Standpunktes, die Expansion wird schwankend, von einer gewissen Rhythmik des Vor und Zurück abhängig. Die Durchsetzung geschieht mit Intervallen in der Energie, es kann zu Rückschlägen kommen, zu einem Mangel der Stabilität in den Positionen, zu einem Wechsel der Ziele, zu Abbrüchen und Unterbrechungen. Mond als Symbol des Wechsels schlechthin (Ebbe und Flut) symbolisiert also hier Wandelbarkeit – nicht nur der Ziele, sondern auch der Gemütslage, der Stimmungen, des ganzen Empfindungslebens. Hieraus resultiert wiederum (denn Charakter ist Schicksal!) ein Beruf, der entweder zahlreiche Varianten aufweist und der gleichbleibenden Linie ermangelt, oder aber ein Beruf, der in seiner ganzen Struktur und seinen Erfordernissen diesem Symbol der Veränderlichkeit nachkommt: Reisender, Agent, Vertreter, Vermittler, eine öffentliche Position mit Publikumskontakt, zum Beispiel im Schalterdienst, im Verkehrswesen, in öffentlichen Büros, Behörden und noch zahllose Berufsmöglichkeiten aller Bildungs- und Herkunftsgrade. Es wird, ob der Mond nun gut oder disharmonisch konstelliert ist, zu Wechseln und Veränderungen im Leben kommen, denn ein Planet wird sich in Richtung seiner typischen Eigenart auswirken. Daß ein »lunarbetontes« Horoskop (mit Mond in dominierender Position) auch alle Nachteile dieses Planetenprinzips im Charakterlichen anzeigt, wird immer wieder bestätigt: Die psychische Sphäre herrscht über die ordnende des Verstandes. Ähnlich wie die Mondphasen variieren auch die Impulse, Gefühle, Empfindungen, und es kann zu Triebhandlungen, zum Typ des Psychopathen kommen. Das schöpferische Moment tritt zugunsten des reflektorischen, rezeptiven zurück.

Der Mond im Feld IV

Auch hier zeigt sich eine Tendenz zum Wechsel, zur Veränderung im Bereich von Haus, Häuslichkeit, Wohnung, Wohnsitz. Ein gut konstellierter Mond in diesem Feld der Familienbande bedeutet zweifellos eine Beziehung harmonischer Art zu einem Elternteil, zeigt seelische Verbundenheit mit dem ruhenden Pol innerhalb der Familie, Geborgensein, mütterliche Erbmasse, Beschäftigung mit Familienangelegenheiten. Ein schlecht konstellierter Mond weist auf Stabilitätsmangel häuslicher Bande, auf mancherlei Ortswechsel und Umzüge hin. Da das Feld IV erbbezüglich ist, kann auch ein Rückschluß auf die Eltern, den Vater, die Mutter gezogen werden. Der Sinn für Heimat, Haus, Familie, Häuslichkeit wird durch den Mond, den Repräsentanten des Gefühlslebens und der psychischen Impulse, stark geweckt. Das Gemüt wird also bei dieser Mondposition von den jeweiligen Gegebenheiten der Familie angesprochen, wobei es zu innerer Anhänglichkeit an Elternhaus und Heimat kommt. Dies wird bei einem männlichen Horoskop noch stärker in Erscheinung treten, da der Mond beim Mann ja auch die Mutter, die Gattin symbolisiert. Es kann auch noch die weitere Symboldeutung von Anhänglichkeit an Althergebrachtes, Sinn für Tradition in Anwendung kommen, da das Feld IV die Verankerung im Vererbten andeutet. Haus- oder Landbesitz wird nur bei einem sehr gut aspektierten Mond Stabilität aufweisen, sonst ist eher auf Wechsel in den Kapitalanlagen zu schließen. Das Flutende, Fluktuierende des Mondes ist eine wankende Basis für Werte, die ganz offensichtlich Dauer, Stetigkeit und Solidität repräsentieren sollen.

Neptun im Feld X oder nahe dem Meridian

Dies ist eine außerordentlich problematische Konstellation, da nur sehr wenig Menschen die wirklichen Schwingungen des Neptun aufnehmen, die mehr die metaphysische Seite des Daseins berühren und nur bei einer außerordentlich fein und durchlässig gestimmten Psyche Resonanz finden können. Neptun als Symbol der Täuschung, der Illusion, der Enttäuschung und aller nebulosen Dinge bewirkt im Feld X oder gar dicht am Meridian eine Sensibilisierung des Gemüts, Irritierung des rationalen Denkens, aber auch falsche, nebelhafte, irrlichternde Zielsetzungen, die mehr der Phantasie entspringen als dem nüchternen Planen. Für die Masse der heutigen Menschen ist der Neptun ein Störungsfaktor, der in allem, besonders natürlich im Beruf, Unklarheit, Unsicherheit, Verwirrung auslöst und die wirklichen Ziele verhüllt. Nicht nur die eigene Handlungsweise hat etwas Vages, Unbestimmtes, oft Energieloses oder Irrendes, Täuschendes, sondern auch die Menschen der Umgebung, des Berufs, der Tätigkeitssphäre können diese Tendenzen verkörpern, so daß man mit Täuschung, falschen Vorspiegelungen, Betrug, Übervorteilung, Ausnützung (dieses Motiv kehrt am häufigsten wieder!) und Fehlentscheidungen zu tun bekommt. Oft ist das Ziel hinter einer Fassade schöner Illusionen verborgen, die die Dinge in einem falschen Licht zeigen. Immer ist hier die Phantasie mit im Spiel, und immer ist das nüchterne, vom abwägenden Intellekt her erfolgende Denken oder Urteilen geschwächt zugunsten triebmäßigen, phantasieerfüllten, nebulosen Denkens und Handelns. Hier muß ganz besonders die kosmische Stellung des Neptuns beachtet werden. Die Spannweite neptunischer Färbung reicht vom Betrüger bis zum echten Mystiker oder Okkultisten. Aber diese Wegstrecke wird vom heutigen Menschen selten durchlaufen, immer zeigt sich mehr oder minder eine seltene, aus dem Rahmen fallende Laufbahn. Hervorragende Neptunkonstellationen in diesem Feld können überdurchschnittliche Erfolge auslösen, zumal wenn Jupiter mit im Spiel ist. Das Verborgene, Verhüllte, Ungewisse, Unklare ist in erster Linie am Werk, wenn Neptun auf das Feld X Einfluß gewinnt. Man findet hier in harmloseren Fällen manchen Utopisten, Phantasten oder Schwärmer, der ungewissen, formlosen oder »ideellen« Zielen nachläuft, ohne sie in die Welt der Wirklichkeit herüberzwingen zu können. So mischt sich also in die Psyche ein Faktor des Übersinnlichen, des Unterbewußten, des Jenseitigen; nicht selten findet man bei Berufsmedien einen markant gestellten Neptun im Horoskop vor. Man achte ferner bei dieser Neptunkonstellation auf die willensmäßigen Reaktionen des Betroffenen: Immer zeigt sich eine Abhängigkeit von irgendwelchen Dingen, Stimulantien, Drogen, Medikamenten, Gewohnheiten, Manien und Süchten. Selten verhält sich ein Mensch mit starkem Neptun bei Aspektverletzungen auf diesen Planeten geistig und seelisch völlig souverän. Er leidet vielmehr unter seltsamen psychischen Zwängen, Verlockungen, Eingebungen. Viele Menschen mit dieser Neptunkonstellation werden sich solcher Einflüsse gar nicht hellwach bewußt. Sie handeln unter dem Einfluß von Ideen, Vorspiegelungen und erkennen nur schwer die Welt der Tatsachen. Die Träumer, die Süchtigen, aber auch die Intuitiven, die Psychometer, die Medien, die Schwärmer, die »Menschheitsveredler« und »Beglücker« aller Schattierungen sind hier gemeint. Oft kommt der Neptuneinfluß auch als »Flunkern«, Lügen, Haltlosigkeit zum Ausdruck, wenn Neptun verletzt ist (etwa von Merkur oder Mond!).

Neptun im Feld IV

Es ist verständlich, daß nach Analogie des Planetensymbols Neptun die Belange des Feldes IV weitgehend von der kosmischen Konstellation dieses Planeten abhängig sind. Es kann eine tiefe Verinnerlichung vorhanden sein, ein ungeheuer sensibles Gemüt, das nach der Position des Neptuns, aber auch zu verworrener Seelenhaltung oder psychischen Belastungen tendiert. Jedenfalls wird in diesem Raum des Unterbewußten, Erbbezüglichen eine besondere Resonanz für neptunische Schwingungen geboten – im Guten wie im Bösen. Was die Herkunft, das Milieu, das Elternhaus betrifft, so können geheime, verschleierte, täuschende, auflösende Merkmale vorhanden sein (oft Stiefeltern, zuweilen illegitime Kindschaft oder aber irgendwelche neptunische Veranlagung eines Elternteils). Es kann aber auch nur die Entfaltung, die Entwicklung aus der häuslichen Sphäre heraus gehemmt oder geschädigt sein. Im Bereich von Haus, Wohnung, Familie ist bei schlechter Aspektierung eine Tendenz zur Auflösung vorhanden. Oft sind Herkunft, Geburt, Ruf, Ansehen, soziale Position verschleiert, belastet, von Geheimnissen umgeben, und die Dinge sind nicht mehr in ihren realen Verhältnissen festzustellen. Das Prinzip des Neptuns bedeutet eben in keinem Fall Festigung, Klarheit, Durchsichtigkeit, sondern fast immer Zersetzung, Unterminierung, schleichende Auflösung, Vernebelung, Haltlosigkeit. In außerordentlich günstiger Aspektierung (insbesondere zu den Hauptlichtern Sonne und Mond) kann Neptun in einem auch sonst auf Verinnerlichung hinweisenden Horoskop seine wirklichen Tendenzen psychischer Sensibilität und schöpferischer Imagination zum Ausdruck bringen. Diese Fälle sind äußerst selten.

Uranus im Feld X oder nahe dem Meridian

Dieses stets zum Ungewöhnlichen, Außerordentlichen und Originellen neigende Planetensymbol wird in diesem Feld des Berufs, der sozialen Stellung und des äußeren Aufstiegs entweder Ungewöhnliches, Außerordentliches, nicht Alltägliches oder aber nur äußere Unruhe, Wechsel, fühlbaren Mangel an Stabilität im ganzen Schicksalsgeschehen anzeigen. Uranus hat in diesem mächtigen und exponierten Feld des Horoskops eine ungewöhnliche Wirkungskraft! Menschen mit dieser Konstellation zeigen innere Unabhängigkeitslust, Freiheitsgefühl, Oppositionslust, Originalität im Denken und Handeln mit dem Ergebnis, daß völlig eigene Wege gegangen werden. Ob diese Wege ins Chaos führen oder zu wirklich bedeutenden, vom Alltäglichen abweichenden Zielen – dies muß die Gesamtstruktur des Horoskops erweisen. Als Einzelfaktor darf selbstverständlich kein Planetensymbol in irgendeinem Feld des Horoskops analysiert werden, denn nur die Zusammenschau von Felderkonstellation, Zeichenkonstellation und Aspektierung ergibt einigermaßen treffende Urteile.

An sich wird der Lebensweg eines »Uraniers« – also eines Menschen mit einem stark gestellten Uranus – immer ungewöhnlich sein, da er sich zu den herrschenden Überzeugungen, Ansichten und Zielsetzungen seiner Umwelt in Gegensatz bringt oder, besser gesagt, dieser Umwelt und ihren Konventionen manchmal erheblich voraus ist (was an sich noch kein Plus oder Minus bedeutet, sondern nur eine Andersartigkeit, vielleicht auch Originalität, Ursprünglichkeit). Daß aus dieser Geistes- und Seelenhaltung heraus keine einförmige Gerade im Schicksalsweg entstehen kann, wird klar, wenn man bedenkt, daß die typisch uranische Wirkung in der Umgestaltung des Bestehenden, in der Neuartigkeit des Denkens und Urteilens, in der schöpferischen Geisteshaltung und in der Unbekümmertheit um Konventionen, Überzeugungen und Ansichten aller übrigen Mitmenschen besteht. Bei ungünstiger, oppositioneller Aspektierung des Uranus von anderen Planeten – ganz besonders von sogenannten »Übeltätern« wie Mars, Pluto, Saturn – oder sonstigen Aspektverletzungen – wie Quadrat, Anderthalbquadrat, Halbquadrat, Konjunktion – ergeben sich Berufsrisiken, plötzliche Umstellungen oder ein bizarrer Lebensweg, der vielerlei Kurven und Entwicklungssprünge aufweist. Es kann zu schweren Konflikten, Kontroversen und Störungen innerhalb des beruflichen Gemeinschaftslebens kommen, denn der Uranustyp widersetzt sich herrschenden Ansichten, wird sich nur äußerst schwer in vorgeschriebene Bahnen einfügen – ist kurz gesagt ein Mensch, der immer wieder aus dem bürgerlichen Laufstall ausbricht und seine eigenen Wege geht. Daß man einen solchen Menschen nicht gerade zum Beamten machen sollte, liegt auf der Hand. Auch alle anderen Allerweltsberufe und Positionen, die Unterordnung verlangen, sind unpassend. Die wirklichen, von den innersten Wünschen getragenen Ziele werden unter dieser mächtigen Uranusstellung mit ungeheurer Energie verfolgt, und es entstehen dann oft organisatorische, schöpferische oder überhaupt ungewöhnliche Leistungen. Es kann sich um fähige, geniale Techniker, Erfinder, Psychologen, Kunstler, Ärzte, Magnetiseure, Metaphysiker, Graphologen, Chiromanten, Astrologen, ferner um Literaten, Ingenieure, Industrielle usw. handeln. Uranier kleineren Formats zeigen außerdem Gegensätzlichkeiten zu ihren Mitmenschen und oppositionelle Tendenzen zum Elternhaus, das Trennungen und Konflikte aufweisen kann.

Aus meiner Statistik: Uranus im Feld X oder an der Vertikalachse

Karl Marx (5. V. 1818):	Uranus im Feld X (20 Grad Schütze)
Wladimir Iljitsch Lenin (10. IV. 1870):	Uranus im Feld X (18 Grad Krebs)
Marie Antoinette (3. XI. 1755):	Uranus im Feld X (11 Grad Fische)
Mao Tse-tung 26. XII. 1893):	Uranus im Feld X (14 Grad Skorpion)
Friedrich Nietzsche (15. X. 1844):	Uranus im Feld X (Oppositionsaspekt)
Michelangelo (6. III. 1475):	Uranus im Feld X
Albert Einstein (14. III. 1879):	Uranus im Feld X (Oppositionsaspekt)
Alexander der Große (22. VII. 356 v. Chr.):	Uranus im Feld X (7 Grad Steinbock)
Kaiser Augustus (23. IX. 63 v. Chr.):	Uranus im Feld X (4 Grad Krebs)
Pius XII. (2. III. 1876):	Uranus im Feld X (17 Grad Löwe)
Eleonora Duse (3. X. 1858):	Uranus im Feld X (3 Grad Zwillinge)
Heinrich von Kleist (18. X. 1777):	Uranus im Feld X (10 Grad Zwillinge)
Helen Keller (27. VI. 1880):	Uranus im Feld X (6 Grad Jungfrau)
Käthe Kollwitz (8. VII. 1867):	Uranus im Feld X (9 Grad Krebs)

Paul Wegener
(11. XII. 1874): Uranus im Feld X (15 Grad Löwe)
Alan Leo (7. VIII. 1860): Uranus im Feld X (11 Grad Zwillinge)
Benito Mussolini
(29. VII. 1883): Uranus im Feld X (21 Grad Jungfrau)

Uranus im Feld X ist ein sicherer Hinweis auf Originalität der Persönlichkeit, auf ein ungewöhnliches bis exponiertes Schicksal, auf Freiheitsbewußtsein und Unbeugsamkeit im Geistigen bei konzentriertem Einsatz der Energie und des Willens. In jeder Hinsicht ungewöhnliche Persönlichkeiten, die des öfteren mit dem »Zeitgeist« in Konflikt geraten, da sie ihrer Zeit voraus sind.

In keinem Fall ergab diese Konstellation gewöhnliche Durchschnittsmenschen!

Uranus im Feld IV

Ähnlich wie im Feld X (wenn nahe an der Spitze X des Horoskops) zeigt der Uranus auch im Feld IV (und hier vermehrt bei Aspektverletzung) einen elterlichen Konflikt an, innere Dissonanzen mit einem Elternteil, meist dem Vater, frühes Verlassen des Elternhauses oder Unruhe im Elternhaus, ferner auch einen exponierten, gefährdeten oder unruhigen Beruf des Vaters. Die gesamte häusliche Atmosphäre, das Familienleben, auch Wohnung, Haus und Grundstücke, unterliegen einem Störungsfaktor, der selbstverständlich nicht ununterbrochen, sondern einige Male während des Lebens zum Ausdruck kommt in Form von wiederholten Umzügen, Auslandsreisen, Heimatverlust, Hausverlust durch ungewöhnliche äußere Ereignisse (Bombenzerstörung usw.), aber auch durch unerquickliche, disharmonische Verhältnisse am Wohnort oder innerhalb einer Wohngemeinschaft. Jeder andere günstige Planet am gleichen Ort wird diese konfliktreiche Tendenz etwas mildern, aufheben wohl nie, denn die Kraft des Uranus ist in den Eckfeldern I, IV, VII, X ungeheuer durchschlagend, und selten wird ein Mensch die Uranuswirkung hier nicht verspüren. Es wird oft übersehen, daß das Feld IV nicht nur Heimat, Eltern, Haus, Wohnung, Grundstücke und das Lebensende repräsentiert, sondern auch noch einen metaphysischen, psychischen, unterschwelligen Einfluß. Er betrifft die Psyche, das Innenleben, die Verbundenheit mit dem höheren Ich, die Kräfte, die aus dem Unterbewußten, aus der »Tiefe« (Feld IV – die »Himmelstiefe«) fließen wie aus einem tiefgründigen Brunnen, in dem unsere geheimsten Kräfte ruhen. Somit wird der Uranus an dieser Stelle der Himmelstiefe für reife Menschen eine Umstellung, eine geistige Neugeburt, ein seelisches Wachstum andeuten, das zu irgendeiner Zeit des Lebens – meist spät! – durchbricht und den Menschen an die Quellen seines Seins heranführt. Uranische und neptunische Einflüsse auf das Feld IV haben oft die Sehnsucht nach den Hintergründen des Lebens und Fragen nach dem »Woher« und »Wohin« erweckt. Manchmal liefert auch ein Elternteil eine ungewöhnliche Erbmasse.

Saturn im Feld X oder nahe dem Meridian

Saturn symbolisiert, wie wir bereits näher ausführten, die Hemmung, die Schwere, den Widerstand. Im Berufsfeld X bewirkt er gemäß seiner Symbolik Ausdauer, Härte, Gleichförmigkeit, Hartnäckigkeit, großen Ehrgeiz, Willensintensität, harten Daseinskampf, erschwerten Aufstieg im Sozialen, langsames Reifen, Machtstreben. Außerordentlich wichtig wird hier die ganze Konstellation des Saturns in Zeichen und Aspektierung! Jeder schlechte, verletzende Aspekt eines anderen »Übeltäters« führt hier zu Berufs- und Lebenskrisen, Verlusten, Verzichten. Durchkreuzter Ehrgeiz ist das Hauptmerkmal einer verletzten Saturnkonstellation im Feld X. Alle Bemühungen müssen hier von großer Willensenergie getragen sein, nichts fällt leicht und mühelos in den Schoß, nichts glückt auf den ersten Anhieb. Saturn will die Bewährung, er prüft, läutert und sondert aus. Ein starker und gut aspektierter Saturn läßt gleich einem Glücksplaneten sozial aufsteigen, schenkt Macht, Einfluß, läßt herrschen – aber dicht neben der Höhe droht der Sturz in die Tiefe. Immer ist das Motiv der seelischen und geistigen Bewährung latent vorhanden. Nichts wird hier vom Schicksal mächtiger bestraft als Mißbrauch der Macht, Überheblichkeit und Tyrannentum. Hart an der Grenze zwischen Macht und Machtrausch pendelt das Zünglein der Waage, auf der der Saturnier zu jeder Zeit seines Lebens gewogen wird. Immer erstrebt der vom Saturn Beherrschte die Materie, das Geld, die Sicherheit, am liebsten in Form von »dauernden Werten«, Grundstücken und

Häusern. Innerlich ist er einsam; vielleicht sucht und will er diese Einsamkeit, weil jeder schenkende oder lockernde Charakterzug seinen festgefügten Lebensplan erschüttern könnte. Immer liegt ein gewisser Zug des Zurückgeworfenseins auf sich selbst, des Maßhaltens, der Begrenzung im echten Saturnier. Äußerlich kann sich Gleichförmigkeit, Sturheit, Habsucht zeigen. Von der Kindheit, dem Elternhaus oder den Erbfaktoren her ist in der persönlichen Entwicklung und geistigen Entfaltung meist eine hemmende Tendenz gegeben. Sie äußert sich in Resignation, Ressentiments, Beschränkungen, Hemmungen seelischer Art, Mangel an Balance oder Beschwingtheit. Es ist klar, daß das saturnine Prinzip, gleichgültig wo es auftritt (ob im Feld I, IV, VII oder X), überall seine einschränkende, hemmende, erstarrende Wirkung ausübt. Der echte Saturnier ist ein Grübler, der gern ins eigene Schneckenhaus zurückkriecht und die Berührung mit dem »Du« nicht aufgeschlossen sucht, sondern sich tarnt, versteckt, schwer über seine eigenen Belange zu sprechen vermag und selbst beim Versuch der Berührung mit dem »Du« seelisch einsam bleiben kann, da ihm das Geben, Schenken vom Schicksal erschwert wird. Aus diesem Grund verläßt er sich auch wirtschaftlich-beruflich am liebsten auf sich selbst, um nicht in Abhängigkeit von anderen zu gelangen. Häufig entwickeln sich bei dieser Saturnstellung Minderwertigkeitskomplexe.

Zufall oder Schicksal?

Aus meiner Statistik: Saturn im Feld X und seine Wirkung im individuellen Horoskop

Napoleon I. (15. VIII. 1769):	Saturn im Feld X (26 Grad Krebs)
Napoleon III. (20. IV. 1808):	Saturn im Feld X (21 Grad Skorpion)
Adolf Hitler (20. IV. 1889):	Saturn im Feld X (13 Grad Löwe)
Alfons XIII., König v. Spanien (17. V. 1886):	Saturn im Feld X (6 Grad Krebs)

Karl I., Kaiser v. Österreich (17. VIII. 1887):	Saturn im Feld X (29 Grad Krebs)
Heinrich Himmler (7. X. 1900):	Saturn im Feld X (29 Grad Schütze)
Hermann Göring (12. I. 1893):	Saturn im Feld X (13 Grad Waage)
Alfred Rosenberg (12. I. 1893):	Saturn im Feld X (13 Grad Waage)
Leo Tolstoj (9. IX. 1828):	Saturn im Feld X (0 Grad Löwe)
Leonardo da Vinci (15. IV. 1452):	Saturn im Feld X (13 Grad Waage)
Rasputin (19. VII. 1872):	Saturn im Feld X (17 Grad Steinbock)
Victor Hugo (26. II. 1802):	Saturn im Feld X (4 Grad Jungfrau)
Katharina von Medici (13. IV. 1519):	Saturn im Feld X (23 Grad Steinbock)
Jeanne d'Arc (6. I. 1412):	Saturn im Feld X (18 Grad Stier)
Sven Hedin (19. II. 1865):	Saturn im Feld X (0 Grad Skorpion)
Margaret Rose (21. VIII. 1930):	Saturn im Feld X (6 Grad Steinbock)
Elisabeth II.,Königin v. England(21.IV.1926):	Saturn im Feld X (21 Grad Skorpion)
Oscar Wilde (16. X. 1854):	Saturn im Feld X (16 Grad Zwillinge)
Albrecht Dürer (20. V. 1471):	Saturn im Feld X (2 Grad Zwillinge)

Saturn im Feld X und ungünstig aspektiert ist eine astrologisch erhärtete Konstellation mit den Tendenzen: »Sturz von der Höhe«, große Widerstände und Höchsteinsätze im Beruf, Zwang zur Selbstbeherrschung, gewaltsames Schicksal, Verbannung, erbitterte Kämpfe mit der Umwelt, persönliche Charakterschwächen, die zum Sturz führen. Erfolg nur durch zermürbende Kämpfe. Häufig »Gewalttendenz« im Schicksal.

Saturn im Feld IV

Für Menschen mit dem Saturn in diesem tiefsten Feld des Horoskops wird der Vater, das Elternhaus, die Erbmasse, das Geburtsmilieu zum Schicksal, das nur sehr schwer zu überwinden ist. In irgendeiner Weise ergibt sich eine Krise im elterlichen Schicksal, wobei Verluste, Vermögensschwund, Trennungen, Dissonanzen mit einem Elternteil, Entwicklungshemmungen durch die Eltern oder deren soziale Position vorkommen können. Das Erworbene, Erarbeitete, Ererbte, Übernommene wird zäh verteidigt und festgehalten. In der geistigen Einstellung zum Schicksal ist etwas wie fatalistische Angst, Lebensangst, Mangel an Vertrauen in die eigenen Kräfte festzustellen. In der engeren Heimat ist ein Motiv der Beengung, Erschwerung und Ernüchterung gegeben. Die Umstände der Geburt oder die Rückwirkungen elterlichen Schicksals sind so nachhaltig, daß man sie nur schwer ausgleichen kann. Oft kommt es zum Verlust der Heimat oder zur Auswanderung. Selbst große elterliche Vermögen sind hier, wenn der Saturn verletzt wird oder in schlechter kosmischer Stellung ist, gefährdet; oft kann nur wenig oder gar nichts in die eigene Existenz herübergerettet werden. Meist zeigte sich Trennung vom Vater, Tod des Vaters oder irgendwelche Belastung durch den Vater. Die späteren häuslichen Verhältnisse sind gekennzeichnet von Einsamkeit, Beschränkung auf das Notwendigste, Beengung, Abschließung und Ernüchterung. Man steht auf die »alten Tage« allein da oder hat den Kontakt zu seinen Mitmenschen verloren, wie überhaupt der Kontaktabbruch zum Nebenmenschen ein echt saturnischer Zug ist. Sehr gute Saturnstellung löst höchstens Grund- und Hausbesitz aus, da der betreffende Mensch leidenschaftlich die Verkapselung, die Sicherung, die »Geborgenheit in der Materie« sucht. Ein Mensch mit materiell angelegtem Horoskop wird hier zum Makler oder Immobilienhändler, beschäftigt sich mit Haus und Grund und allem, was zum Bauwesen gehört. Die geistigeren Saturntypen werden zu wahren Suchern und dann auch zu Überwindern ihres materiellen Schicksals, indem sie geistige Werte sammeln, »die von Motten und Rost nicht zerfressen werden«. Man wird aber nicht fehlgehen, wenn man den Saturn in diesem Feld der seelischen Läuterung als Zuchtmeister betrachtet – so wie er in Feld X des öfteren als »Verführer« auftritt, der Geld und Macht verspricht, wenn sich der Mensch dafür seiner Geistigkeit begibt und den Phantasmagorien der Materie erliegt.

Menschen mit Saturn an der Vertikalachse werden in ihrem Leben also zu kämpfen haben und müssen frühzeitig erkennen, daß die Materie geistigen Gesetzen folgt und daß nur der inneren Entwicklung die äußere folgen kann! Über die Materie allein ist Saturn nicht zu bändigen.

Jupiter im Feld X oder nahe dem Meridian

Konträr zur saturninen Tendenz steht das Symbol des Jupiters. Er vertritt alles Expansive, Beglückende, Erleichternde, Erweiternde, Schenkende und im materiellen Sinn »Erfolgreiche«. Hier bringt der Beruf Anerkennung, Ansehen und Achtung, soweit Jupiter in Zeichen und Aspektierung günstig konstelliert ist. Die Öffentlichkeit nimmt Notiz, die soziale Position erfährt Beachtung, die Berufsmöglichkeiten neigen zur Entfaltung, und der Mensch hat alle Chancen, über die Stufe der Geburt aufzusteigen und das elterliche Milieu zu überflügeln. Sowohl im privaten als auch im beruflichen Sektor zeigt sich die jovische Tendenz des Beschützenden wie auch des Beschütztwerdens, des Protegierens wie auch der Protektion durch hochgestellte Persönlichkeiten. Der Aufstieg wird nicht erschwert, sondern beschleunigt oder erleichtert. Öffentliche Ämter, Ansehen oder Würde, Autorität im guten Sinn und Optimismus, Hoffnungsfreudigkeit, ein Wissen um das eigene Können erleichtern die vom Jupitertyp angestrebte Herausstellung der eigenen Person. Ist die Jupiterposition verletzt, so mag sich dies alles ebenfalls ergeben, aber der Expansion wohnt ein Motiv der Übersteigerung, des Übertreibens, der Konflikte inne, und es wird sich nicht vermeiden lassen, daß man dann mit Vorgesetzten, mit Behörden oder auch mit dem Gesetz in Konflikt kommt.

Repräsentiert Saturn die Unzufriedenheit, die Unsicherheit, die Beklemmung durch die eventuell errungene Macht, so bewirkt Jupiter im Feld X natürliche Offenheit, innere Ausgewogenheit, Harmonie der Seele und des Geistes. Jede Aspektverletzung des Jupiters aber zeigt schon eine Schmälerung dieses natürlichen Empfindens: Der Mensch sucht sich dann aufzuplustern, das schöne Gefieder zeigt unter den grellen Farben der Selbstbeweihräucherung die dunklen Flecken des Hochmuts und des übertriebenen, ungesunden Geltungsbedürfnisses. Besonders tritt dies zutage, wenn Jupiter und Sonne in verletzenden Aspekten zueinander stehen (Quadrate, Oppositionen). Dann zeigen natürlich auch die Berufspositionen schwankende Tendenz, und auf den mit Gewalt erzwungenen Aufstieg kann der Rückschlag folgen. Die eigenen Fähigkeiten zeigen ein verzerrtes Bild; Frechheit und Anmaßung lassen die innere Hohlheit erkennen; die errungene »Höhe« ist oft nur Schein, und es kommt eines Tages die verdiente Korrektur und die Zurechtweisung in die eigenen Schranken durch Gesetz, Recht oder Öffentlichkeit. Jupiter symbolisiert eben auch die »Waage der Gerechtigkeit«, und jeder ichbetonte Zwang erfährt früher oder später seine Strafe durch »Fall«. Fest steht jedoch, daß ein Mensch mit hochgestelltem Jupiter seinen Lebensweg ungleich leichter geht als etwa ein Mensch mit saturninem Schicksal.

Jupiter im Feld IV

Man beobachtete bei dieser Jupiterkonstellation eine harmonische und zu stabiler Entfaltung drängende Häuslichkeit, die oft eine üppige, luxuriöse Note annehmen kann (bei sehr guter Aspektierung). Das Elternhaus birgt gewisse beruhigende, helfende, fördernde, harmonische Faktoren, wodurch die seelische und geistige Entfaltung der Persönlichkeit ohne Hemmungen und Komplexe abläuft. Das Zuhause – gleichgültig ob das elterliche oder das eigene – bietet eine behütende, Schutz und Sicherheit gewährende Zuflucht, das Elternhaus ist die Quelle aller Entfaltung, wobei materielle Vorteile, Behaglichkeit und Sicherheit den Lebensweg erleichtern. Der verletzte Jupiter an dieser Stelle führt zu Kontroversen mit dem Vater oder mit Respektspersonen, manchmal zu Auflehnung, Opposition, betontem Eigenwillen oder zur Widerspenstigkeit gegenüber väterlichen Zielen. Trotzdem kann, besonders nach der Lebensmitte, eine gewisse Anhänglichkeit an einen Elternteil auftreten, denn auch ein verletzter Jupiter bewirkt noch Züge der Versöhnung. Später kann bei sehr guter Position eine Vermögensvermehrung durch elterlichen Besitz und durch Erbschaften eintreten. Da das Feld IV als tiefste Einflußsphäre eines Horoskops die zeitliche Entwicklung des Schicksals mehr ins letzte Lebensdrittel verlegt, so ergibt sich auch die expansive Tendenz, die Selbständigkeit, die Erhöhung im Sozialen, die Jupiter ja stets symbolisiert, mehr nach dem zweiten Lebensdrittel. Grundsätzlich sind beim Überwiegen jovischen Einflusses in Feld IV die Lebensbedingungen aufgrund der Familie, später die eigene Familie und die eigene Häuslichkeit von positiver Struktur. Materielle Werte (Haus- und Grundbesitz) brauchen nicht immer vorhanden zu sein, dies kann aber natürlich vorkommen. Dann sind diese Werte mehr ein Faktor des Lebensgenusses, während sie unter dem Saturn zweckbetonter sind und der Sicherung dienen.

Mars im Feld X oder nahe dem Meridian

Mars ist das Symbol des Kampfes, der erhöhten Aktivität, der angreifenden, willensbetonten Kräfte. Wenn er auf den Beruf und die soziale Laufbahn Einfluß nimmt, so zeigen sich je nach Kraft und Stärke des Mars in Zeichen und Aspekten Durchsetzungswille, Aufstiegswille, Macht- und Herrschergelüste in der jeweiligen Position, aber auch Berufsschwierigkeiten, Stellenverluste, Kampf um die erreichten Positionen und falsche Einsätze im Berufsleben, wenn er verletzt wird oder in Zeichen doppelkörperlicher Art (Zwillinge, Schütze, Fische) konstelliert ist. Man darf nicht vergessen, daß Mars seiner Wirkungstendenz nach ein gewaltsamer Störungsfaktor ist, der nicht das ruhige, beschauliche und auf Genuß bezogene Ausruhen bewirkt, sondern Energien seelischer und geistiger Art auf den Plan ruft, das heißt beunruhigt, ansporntt, aufputscht, bedroht. Das Gemeinschaftsleben innerhalb der jeweiligen Position nimmt zuweilen disharmonische Formen an, ruft zum erhöhten Einsatz aller Kräfte auf, löst Konkurrenz, Widersacher, Gegenkräfte aus, die den Menschen bedrängen, ihn unter Umständen aber auch – wenn das Horoskop überwiegend Planeten in positiven Zeichen zeigt! – zu übersteigerter Energie und Aggression reizen. Dadurch ergeben sich Konflikte und Streitigkeiten, Voreiligkeiten und eine übersteigerte Zielstrebigkeit, die der Balance ermangelt. Verletzte Marskonstellationen sind stets ein Symbol von Erregung und Impulsivität. Beruflich können mitunter tatsächlich marsische Tendenzen auftreten (Berufe, die mit Metall, Feuer, Werkzeugen, Waffen zu tun haben), sehr oft aber bedeutet die Anwesenheit von Mars im Feld X nur verschiedenartige Formen von Energie, zum Beispiel gewandte, bewegliche Geistigkeit, impulsiven Willen, schnelle Handlungsbereitschaft, rasche

Entschlossenheit, Vielseitigkeit der Energieansätze (wenn in Zwillinge oder Schütze). Sind dann noch Aspektverletzungen vorhanden, so wird der Beruf allerdings zu einem Problem: Man findet nur äußerst schwer den wirklichen Beruf, tastet hin und her und verscherzt jene Erfolge, die nur durch Konzentration, Ausdauer und Sammlung auf ein Ziel eintreten könnten. Mars symbolisiert eben nicht die Konzentration (wie Saturn oder Merkur/Saturn), sondern die Impulse, die rasche Erregbarkeit, die schnelle Begeisterung. Die Sturm- und Drangperiode – bei Mars im Feld X –, das berufliche Suchen, Versuchen, Tasten und Schwanken liegt meist um das 18. bis 25. Lebensjahr herum. Insgesamt bewirkt ein marsbetontes Horoskop (Mars an höchster Stelle im Feld X oder am Meridian) zeitlebens harte Einsätze, einen Mangel an Stabilität und führt zu vielfältigen Ansatzpunkten der Arbeitsenergie. Nur ein sehr stabiles und hartnäckiges Zeichen (wie etwa Stier oder Steinbock) bändigt die marsischen Kräfte etwas zugunsten ausdauernder Energie.

Mars im Feld IV

Das Elternhaus, der Vater und die Häuslichkeit zeigen Motive von Auseinandersetzung und Kampf. Ein verletzter Mars bringt hier unweigerlich Störungen in der elterlichen oder eigenen Häuslichkeit, Bedrohung derselben durch Feuer, Kriegseinflüsse, Unfälle usw., Auseinandersetzungen innerhalb der Wohngemeinschaft oder Mieterstreitigkeiten. Die Heimat kann hindernde, schädigende Bedingungen ergeben, oder man kämpft für die Heimat, kämpft um Harmonie oder Stabilität des eigenen Heims, um das Erworbene schlechthin, um den Besitz. Das letzte Lebensdrittel kann kampferfüllter sein als die erste Lebenshälfte, und Krankheiten können dann in stärkerem Maß auftreten. Die harmonische Marsposition im Feld IV verspricht für das letzte Lebensdrittel Dynamik im erfolgreichen Sinn und Erweiterung des Besitzes.

Venus im Feld X oder nahe dem Meridian

Wenn dieses Symbol der Liebe, des Empfindens, der Zuneigung und Sympathie, aber auch der künstlerischen Verfeinerung oder Gemütssensibilität das Berufsfeld X besetzt, so ist damit zu rechnen, daß die persönlichen Fähigkeiten, Begabungen, Berufsziele in irgendeiner Hinsicht gefühlsmäßig orientiert sind und daß alle Gaben der Venus, wie Schönheitssinn, Kunstempfinden, Hingabe, Lebensgenuß, Verlangen nach Harmonie und Kultur in einem dafür empfänglich gestimmten Gemüt Resonanz finden. Das betrifft vor allem die Künste, aber auch sonstwie »verfeinerte« Berufe fallen unter das Venussymbol, ebenso wie »verschönernde« (Mode, Parfümerie, Schmuck, Körperkultur). In männlichen Horoskopen kann die Venus hier auch Berufstätigkeiten anzeigen, die mit Frauen zu tun haben (ein Sport- und Gymnastiklehrer, Inhaber einer Schule für Körperkultur und Gymnastik, hatte zum Beispiel die Venus nahe dem Meridian). An sich verfeinert die Venus im Feld X die Psyche und schafft ein sensibles Gemüt, wobei natürlich auch alle Schattenseiten, wie Eitelkeit, Selbstbewunderung, Gefühlsübersteigerung, Hysterie auftreten können. Im allgemeinen fördert die Venus im Feld X die formgebenden Kräfte, die Intuition, Sinn für Farbe und Form (Maler!) und auch für Harmonie (Musiker, Sänger!). Man darf diese Venusposition aber nicht immer in Zusammenhang mit venusbetonten Berufen bringen, sondern je näher sie dem Meridian rückt, desto eher wirkt sie auf das Seelische und die Gemütskräfte ein. Kommt ein Venuszeichen wie Waage oder Stier hinzu, so ist die Venus schon eher beruflich zu deuten, da ihre Kräfte dann allseitig geweckt werden. Man wird kaum annehmen, daß die hochgestellte Venus ein schweres, arbeitsreiches, von dynamischen Schicksalen erfülltes Leben symbolisiert. Ihre spezifischen Wirkungen sind vielmehr Freude, Harmonie, Liebe, Künste, Erleichterung, Verschönerung. In irgendeiner Weise zeigt ein Mensch mit dieser Venuskonstellation immer eine weiche, schmiegsame, nach Hingabe und Liebe verlangende Gefühlsseite, selbst wenn er sie unter einer rauhen Schale tarnt. Weist der Brotberuf nicht auf den Zusammenhang mit der Venus, so hat der betreffende Mensch ein musisches Steckenpferd, eine Lieblingsbeschäftigung, die der Sehnsucht nach dem Künstlerischen, Schöpferischen entspricht. Man liebt die Musik, spielt ein Instrument, hat Freude am Gesang oder am Malen. Außerdem versucht man, die Schicksalslinie in eine leichtere, amüsantere Bahn zu lenken. Gesellschaftliche Talente sind häufig anzutreffen, ebenso die Fähigkeit, gesellschaftlich Mittelpunkt zu werden.

Sehr wichtig sind die Zeichenkonstellation und die Aspekte anderer Planeten, die mit Venus eine Beziehung aufnehmen.

Sollte Jupiter mit im Spiel sein, so darf man ohne weiteres auf wesentliche Schicksalserleichterung und gesellschaftliche Gewandtheit, Verwertung dieser gesellschaftlichen Formen im Beruflichen schließen. Die Erdzeichen Steinbock und Jungfrau mäßigen diese Venuseinflüsse etwas zu Lasten der Gelockertheit, der Gewandtheit, des Musischen, Ideellen. So wird man also mit dem voreiligen Schluß auf die Künste schlechthin etwas vorsichtig sein und zunächst einmal den Aszendenten und sonstige Einflüsse im Feld X in Betracht ziehen, denn ein saturnines Horoskop (mit Saturn als Dominanz) ist auch für eine Venus im Feld X kein Instrument des Schöpferischen, es bannt zu sehr an die Erde, an die Materie, an die Arbeit. Nur die individuelle Zusammenschau zwischen dem Planetensymbol und allen Faktoren, die auf es Einfluß nehmen, kann den Weg weisen, auf dem sich die Kräfte durchsetzen wollen. Die musischen Kräfte der Venus brauchen heitere Harmonie; ein Saturn im Feld IV wird sie ihnen nicht gewähren können. Ebenso stören marsische Gegenkräfte die Entfaltung.

Venus im Feld IV

Die Beziehungen des Ichs zum »ruhenden Pol« der Heimat, des Elternhauses, der Familie, der Häuslichkeit werden durch das Venussymbol in diesem Feld bei guter Konstellierung und Aspektierung Harmonie, Frieden, Wohlfahrt, Annehmlichkeit, Behaglichkeit und Kultur auslösen. Das künstlerische, verfeinernde Prinzip wird sich in Wohnkultur, Harmonie in den engsten Beziehungen innerhalb der Familie auswirken. Bei schlechter Konstellation kann eine Trübung der gesamten häuslichen Atmosphäre eintreten. Dennoch ist die Venus in diesem Feld nicht von eklatanter Bedeutung. Aber sie zeigt zu einem großen Teil die Entwicklung des Gefühlslebens, was bei Verletzung der Venus – zum Beispiel durch Saturn – sofort offenbar wird, denn das Feld IV ist in hohem Maß das Feld alles Unterbewußten und aller erbmäßigen Vorgänge. Musische Talente können hier sehr wohl angedeutet sein.

Merkur im Feld X oder nahe dem Meridian

Mit dem beweglichen, ruhelosen, vielseitig schillernden Merkureinfluß in diesem Feld der Entfaltung der Persönlichkeit sind alle Chancen gegeben, das eigene Ich auf die vielseitigste Art in die Umwelt hinauszuprojizieren. Es wird schwerfallen, zu einer eindeutig klaren Stellungnahme hinsichtlich Beruf, Begabung und Tätigkeit zu kommen. Der Merkurtyp paßt sich den Verhältnissen an, verändert, vermittelt, vergleicht, verwertet, verkauft, kalkuliert, berechnet, bedenkt, redet, schreibt und handelt. Der Merkur ist im Berufsfeld also von ganz besonders starker Wirkung und bekommt je nach Zeichen und Aspekten eine ganz spezifische Färbung, die eine Berufsanalyse sehr erleichtert. An sich ist er zunächst das Prinzip des Veränderlichen, beruflicher Umstellungen oder mehrerer Tätigkeiten. Genauer aber bezeichnet er wissenschaftliche oder kaufmännische (also merkuriale) Fähigkeiten. Inwieweit der betreffende Mensch der Welt des Handels und der Geschäfte verschrieben ist, läßt sich durch ergänzende Horoskopfaktoren wie Aszendent, Sonnen- und Mondzeichen aussagen. Ob er aber in die Tiefe geht, an Wert gewinnt, das wird erst durch die Aspektierung offenbar, denn kein Planetensymbol verlangt mehr nach Beziehungnahme, Befruchtung und Beeindruckung durch andere Planeten als Merkur. Jupiter gibt mit Merkur die geistige Reichweite, die Weisheit, Saturn verleiht mit Merkur die Tiefe, die Konzentration, Wissenschaftlichkeit und Gründlichkeit. Uranus schenkt mit Merkur die Intuition, den zündenden Funken der Originalität, Venus verleiht mit Merkur die Imponderabilien der Kunst und der Verfeinerung, Mars stärkt mit Merkur die Impulse und gewährt dem Denken das Feuer der Begeisterung, die Sonne vertieft den Merkur vollends und gibt ihm Bedeutung, Neptun verleiht mit Merkur die Flügel der Phantasie und der Imagination, Pluto macht im Verein mit Merkur zum Demagogen, zum Propagandisten, der Mond verbündet den Merkur mit der Welt der Gefühle und gibt dadurch den Worten und Gedanken Schliff und Rundung. Je isolierter der Merkur ist, desto ärmer wird das Gedankenleben der betreffenden Menschen und desto weniger Farben zeigt sein geistiges Prisma. Erkenntnis und Selbsterkenntnis, Urteil über sich, über andere und über die Dinge dieser Welt, Kritik und Schätzungsvermögen - dies alles ist am Pegel des Merkurstandes erkennbar. Merkur sollte der Sonne nicht näher als fünf Grad kommen. Engere Konjunktionen machen subjektiv, fanatisch im Denken, stören die Sicht auf das Ganze. Weitgezogene Konjunktionen zwischen Sonne und Merkur dagegen erweitern diese Sicht, runden das Denken und das Urteilen, machen es umfassender, großzügiger. Ein erdhafter, materieller Merkur führt in die Welt des Handels; Geschäftsgeist – manchmal auch »Krämergeist« – erfüllt den Beruf. Das Luftelement (Zwillinge, Waage, Wassermann) beflügelt der Merkurtyp, und Reisen sind ihm dann gemäß, auch Vermittlung, Austausch, Wissensgier, Lernfreude. Man ist also beim Merkur am meisten zur Analyse verpflichtet, denn Vielfalt und Beweglichkeit, die Nähe und die Weite, die Studierstube und ferne Länder, das ABC und die Literatur, Kleines und Großes unterstehen dem geflügelten Zauberstab des Götterboten Mercurius. Er spricht in allen Zungen und schreibt in jeglichem Versmaß. Wenn er auf den Aszendenten oder die Spitze X Einfluß nimmt, kann man gewiß sein, daß seine Gaben nicht unbedeutender Art sind.

Merkur im Feld IV

Das flüchtige Element des Merkurs steht im Widerstreit zum seßhaften Prinzip dieses Feldes. Heimat, Elternhaus, Wohnung, Häuslichkeit werden das Merkmal der Veränderungen und des Wechsels tragen – ähnlich wie beim Mond in diesem Feld. Reisen können vorkommen, aber auch Vermittlungstätigkeiten wie Wohnungsvermittlung, Tätigkeit in Agenturen, im Grundstückshandel. Im gehobenen Aspekt kann der Merkur hier geistige, wissenschaftliche, intellektuelle Dinge bedeuten, Schulen, Anstalten, Erziehungsheime, bei sehr guter Aspektierung auch Heime, Häuser, Anstalten, die der Bildung, dem Nachrichtenwesen (Zeitungen), dem geistigen und kulturellen Leben dienen (Verlage).

Immer stehen Verstand, Intellekt, Rede, Sprache oder Schrift im Vordergrund. Genauere Auskunft kann die Aspektierung, das Zeichen, das übrige Horoskop geben. Verstand, Intellekt usw. können auch den Belangen von Heimat, Wohnort und Haus (Feld IV) dienen, auch dem Volk im weiteren Sinn. Der Radius des Merkurs an dieser Stelle ist also ungeheuer, und es fällt schwer, bei der Vielfalt von Eigenschaften hier eine ganz bestimmte, eindeutige Aussage zu machen.

Merkur ist demnach ein Planetenprinzip, das, aus dem Zusammenhang des übrigen Horoskops herausgerissen, nur Täuschungen und Irrtümer ergeben kann. Interessant ist die Tatsache, daß das Zeichen an der Spitze IV sehr oft in den elterlichen Horoskopen an einer wichtigen Stelle wiederkehrt. Damit ist das Feld IV als das der Erbanlagen gekennzeichnet.

Pluto im Feld X oder nahe dem Meridian

Pluto an dieser exponierten Stelle des Horoskops ist ein außergewöhnlicher Faktor, der die Persönlichkeit im Sinn explosiver, extremer Machtausübung zur Entfaltung aller latenten Kräfte aufruft. Das Schicksal zeigt ein Motiv des »Auserwähltseins« im guten wie im schlimmen Sinn, je nach der Aspektierung und dem übrigen Horoskop. Der Beruf wird todernst genommen. Aus dem Beruf kann Berufung entstehen. Gewalttätigkeit ist eine Möglichkeit, eine andere die Chance zu großer Entfaltung. Aufstieg, Anerkennung, ungewöhnliche Leistung kann Pluto in dieser Konstellation ebenso bedeuten wie ungewöhnlichen Sturz von der Höhe, Kraftproben im Schaffen, Zerreißproben im schicksalhaften Wirken inmitten der Öffentlichkeit oder des engeren Berufssektors. Pluto ist Symbol des Ungewöhnlichen, oft von Geschehnissen, die durch die Masse ausgelöst werden, mit der Beeindruckung der Masse zu tun haben (Propaganda) oder mit Schicksalseinflüssen aus der Masse. Pluto ist schlechthin der Planet der Massenwirkungen und des zu Ende gehenden zwanzigsten Jahrhunderts mit all seinen kollektiven Tendenzen und Schicksalen (Massendeportationen, Massensport usw.).

Pluto im Feld X und noch mehr nahe dem Meridian (oder dem Aszendenten) duldet keine Genügsamkeit, keine Ruhe und kein Ausruhen auf erworbenen Lorbeeren. Der betreffende Mensch verlangt das Äußerste – von sich wie von anderen! Er tendiert zur Autorität und zur Führerschaft. In einem Horoskop mit schwachen Konstellationen wirkt Pluto mäßig, in extremen Horoskopen (Oppositionsverletzungen, viele Planeten in positiven Zeichen, Mars/Saturn-Verbindungen usw.) wird Pluto zum Vollstrecker des Schicksals. Was er aber in allen Fällen braucht, ist die vielfältige Aspektierung über andere Planetenkräfte. Erst diese Bezugnahme zu anderen kosmischen Faktoren erweckt ihn aus der Latenz und kann zu einem bestimmten Zeitpunkt, wenn er von Direktionen oder Transiten »berührt« wird, explosives, überwältigendes Schicksal auslösen. Mächtige Plutokonstellationen deuten auf »gezeichnetes Schicksal«.

Robespierre (7. V. 1758):	Pluto im Feld X (23 Grad Schütze)
Prinz Wilhelm v. Preußen (4. VII. 1906):	Pluto im Feld X (22 Grad Zwillinge)
Alfons XIII. v. Spanien (17. V. 1886):	Pluto nahe dem Meridian (2 Grad Zwillinge)
Henry Ford (30. VII. 1863):	Pluto exakt im Trigon zum Meridian
Thomas Mann (6. VI. 1875):	Pluto am Meridian (23 Grad Stier)
Heinrich Zille (10. I. 1858):	Pluto im Feld X (5 Grad Stier)
Marlene Dietrich (27. XII. 01):	Pluto exakt am Meridian (18 Grad Zwillinge)
Heinrich Heine (13. XII. 1797):	Pluto im Feld X (29 Grad Wassermann)
Ludwig van Beethoven (16. XII. 1770):	Pluto exakt am Meridian (17 Grad Steinbock)
Prof. Ferd. Sauerbruch (3. VII. 1875):	Pluto am Meridian (23 Grad Stier)
Wilhelm Furtwängler (25. I. 1886):	Pluto exakt am Meridian (1 Grad Zwillinge)
Pandit Nehru (14. XI. 1889):	Pluto im Feld X (6 Grad Zwillinge)
Lindberg-Baby (22. VI. 1930):	Pluto exakt am Meridian (19 Grad Krebs)

Pluto im Feld X oder am Meridian erzeugt Breitenwirkung der Persönlichkeit, bewegt oder erregt das Kollektiv, macht zum »Idol der Masse« (Marlene Dietrich), zur Berühmtheit oder »Autorität« (Sauerbruch). Sehr oft bewirkt Pluto einen »Sturz von der Höhe«, je nach der Aspektierung (Alfons XIII.). Selten bleibt ein Mensch bei dieser Pluto-Konstellation anonym oder unbeachtet.

Pluto im Feld IV

Gemäß den Prinzipien von Feld IV darf man hier auf schicksalhafte Erbmasse schließen. Heimat und Volk können schicksalhaft werden. Haus, Heim und Häuslichkeit enthalten einen latenten Störungsfaktor! Pluto kann aber auch im Metaphysischen zum Erwecker werden. Seltsame, dem Rationalismus noch nicht zugängliche Erfahrungen können vorkommen, wenn Übersinnliches in die Welt der Erfahrungen eindringt. Manchmal wird der Mensch zum Träger ungewöhnlicher Fähigkeiten; in einem Fall hatte ein Wünschelrutengänger eine überragende Fähigkeit des Erfühlens von Wasser- und Erzadern! In einem anderen Fall wurde eine Mutter mit allen Kindern und einem Teil ihrer nächsten Angehörigen durch Bombeneinschlag in einem Schacht verschüttet (Feld IV!). Die Wirkung Plutos im Feld IV kann aus einem Horoskop ohne Bezugnahme auf alle übrigen Faktoren keinesfalls einwandfrei ersehen werden. Bei mäßiger Aspektierung und entfernt von den Achsenspitzen (I, IV oder X) zeigt er keine besondere Wirkung. In einem Fall ist ein unaspektierter Pluto im Feld IV erst aus der Latenz erwacht, als er im Transit später über den Aszendenten lief: Verlust des Eigenheims durch Sprengbomben, schwere Splitterverletzungen, Knochenbrüche und Lungenschädigung durch Spreng- und Staubwirkung. Das Hauptsymptom, Schicksal unter Masseneinfluß, kehrt immer wieder.

Mit diesen grundsätzlichen Symboldeutungen, die hier an den wichtigsten Horoskopachsen und den damit verbundenen Feldern I, IV, VII und X demonstriert wurden, vermag sich der Laie ohne weiteres in die Deutung der übrigen Achsenfelder II, III, V, VI, VIII, IX und XII des Horoskops einzufühlen, da er ja nun die jeweiligen Planetenprinzipien kennt und sie analog anwenden kann.

Verteilung der Planeten im Horoskop

Sind Sie ein Mensch der Tat oder leben Sie mehr nach innen?

In einer allgemeineren Hinsicht können nach der jeweiligen Gesamtgruppierung der Planeten in einem Horoskop ziemlich einwandfreie Schlüsse gezogen werden auf die Art, wie sich das Schicksal auswirken wird. Jedes Horoskop besteht aus vier Quadranten, die durch den Horizont (Aszendent-Deszendent) sowie durch den Meridian gebildet werden. Jeder einzelne Quadrant umfaßt drei Kraftfelder oder Häuser mit zusammen 90 Grad Ausdehnung. Die vier Quadranten zusammen umfassen demnach 360 Grad, das heißt den ganzen Zodiakalgürtel. Horizont und Meridian ergeben das jeweilige Kreuz, auf das der Mensch in diesem Leben gebunden ist. Nach der Art der Tierkreiszeichen am östlichen Kreuzbalken (dem Aszendenten) sowie am westlichen (Deszendenten), nördlichen (Nadir) oder südlichen (Zenit) lassen sich bestimmte Schlüsse auf seine ureigenste Lebenssphäre ziehen. Im ersten Teil dieses Buches wurde der Aszendent in seiner schicksalsmäßigen Auswirkung eingehend geschildert. Nunmehr soll der Sonnen- und Planetenrhythmus in seiner individuellen Ausprägung im Grundhoroskop betrachtet werden. Je nachdem die Sonne und die Planeten über oder unter dem Horizont, östlich oder westlich des Meridians konstelliert sind, ergeben sich typische Wesens- und Schicksalsveranlagungen.

Figur I

Hier fällt sofort die eigenartige Konstellation sämtlicher Planeten über dem Horizont ins Auge. Es muß gleich gesagt werden, daß diese Zeichnungen lediglich theoretisch zur besseren Veranschaulichung einer Planetenhäufung gedacht sind. Praktisch kommen natürlich immer mehr oder minder »gemischte Horoskope« in Betracht, mit einer Verteilung der Planeten über das ganze Horoskop. Würde sich aber beispielsweise in einem Horoskop die Verteilung von Figur I ergeben, so hätten wir den rein positiven Menschen vor uns, der in der Lage wäre, sein Schicksal weitgehend selbst zu meistern, und der von einer großen Durchschlagskraft im Materiellen wäre. Die Vorzüge wie die Fehler seines Charakters würden sich mit gleicher Wucht entla-

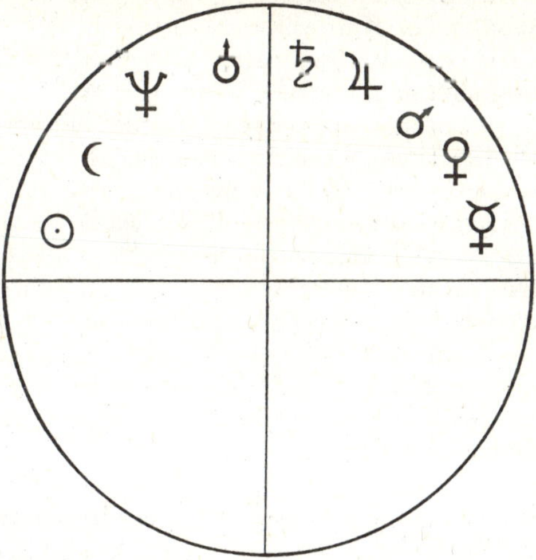

den. Man hätte einen Tatmenschen vor sich, der die Schwierigkeiten seiner Lebensverhältnisse mühelos bewältigen und seine heftigen Feinde und Gegner bändigen könnte. Es ist einleuchtend, daß ein solches Horoskop eine ungewöhnliche Ausnahme darstellt, und es ist außerordentlich bezeichnend für diese astrologische These, daß zum Beispiel Mussolini in seinem Horoskop sämtliche neuen Planeten über dem Horizont konstelliert hatte.

Je näher nun bei diesem Fall I die Sonne dem Meridian (also der Spitze des Feldes X = Beruf) kommt, desto mächtiger wird die äußere Position, die ein Mensch im Leben erreicht. Die Sonne hat ihren höchsten Stand im Zenit und strahlt mittags am kräftigsten. Daß mittags um zwölf Uhr Geborene mit einem kraftvolleren Schicksal rechnen können, ist daher ohne weiteres verständlich. Solche Menschen werden bei guter Konstellation ihrer Sonne (von günstigen Aspekten bestrahlt) eine exponierte Lebensstellung einnehmen, sei es durch das Geburtsmilieu oder im späteren Berufsleben oder in der Stärke ihrer charakterlichen Eigenschaften. Bei sehr ungünstigen Aspekten auf eine so konstellierte Sonne ergeben sich trotzdem immer noch markante

Schicksalseinflüsse. Diese Menschen würden auch bei mißgünstigem Schicksal genug Kräfte in sich vorfinden, um die Widerstände und Hemmungen des Lebens zu besiegen. Befindet sich nun die Mehrzahl der übrigen Planeten gleichfalls in der Nähe des Zenits, besonders aber im Haus X, so ist mit einer überragenden Persönlichkeit zu rechnen, die im Leben irgendwie über andere Menschen herrscht oder dominiert. Jupiter in dieser Stellung neben der Sonne ergibt jene häufig wiederkehrende Konstellation in den Horoskopen von Monarchen und Souveränen. Saturn oder Mars in schlechten Aspekten auf diese Stellung würden bereits die Gefahr des Sturzes andeuten.

Figur 2

Hier sehen wir sämtliche Planeten unter dem Horizont – ebenfalls ein rein theoretischer Fall. Ein Mensch, unter dieser Konstellation geboren, wäre das gerade Gegenteil von dem vorhin

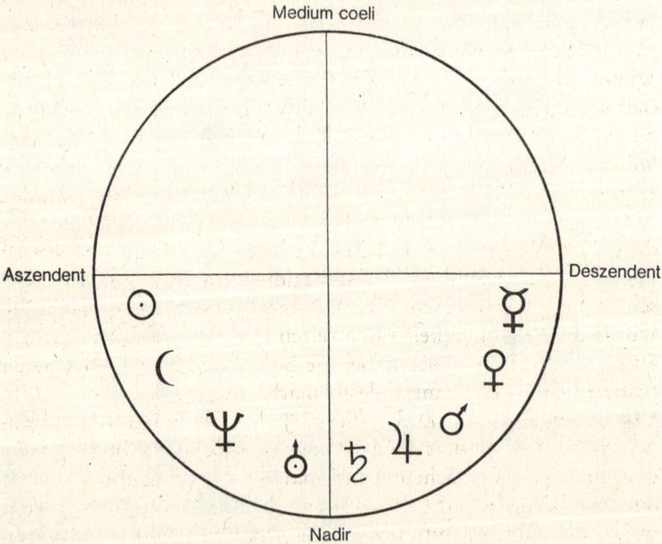

geschilderten Wesenstyp. Er würde im äußeren Erleben zu negativ sein, lediglich das Innenleben erführe eine gesteigerte Entfaltung. Dieser Mensch müßte sein Schicksal vorwiegend duldend ertragen. Er wäre nicht imstande, äußere Widerstände zu besiegen und zu meistern. In irgendwelcher Form hätte er sich positiveren Naturen zu beugen. Wären nun Sonne und Jupiter günstig plaziert, vielleicht am Nachtpol, wie man die Spitze des vierten Feldes nennt, so ergäbe das einen tief innerlichen Menschen, einen Mystiker oder Metaphysiker, der das Leben kraft innerer Erkenntnisse zu meistern imstande wäre. Er hätte vielleicht magische Kräfte, hellseherische oder intuitive Fähigkeiten, die ihm Einblicke in das Naturgeschehen und eine völlig andersgeartete Einstellung zu Leben und Tod geben würden. Bei schlechter Konstellation könnte es allerdings einen besonders unglücklichen Charakter ergeben, der vom Leben getrieben und von seinen eigenen Schwächen hin- und hergeschleudert würde. Glücklicherweise hat fast jedes Horoskop eine mehr oder minder harmonische Verteilung der Planeten auf den ganzen Umkreis. Dadurch wird das Schicksal ausgeglichener.

Figur 3

Außer dem Tag- und Nachtpol eines Horoskops sind auch die Wirkungsverhältnisse der östlichen und westlichen Quadranten von großer Bedeutung. Ein Horoskop, wie es Figur 3 darstellt, würde durch die Häufung der Planeten in der östlichen Hälfte das betreffende Schicksal zu frühzeitiger Entfaltung bringen. Schon nach den ersten Jugendjahren, die ebenfalls markant wären, würden sich entscheidende Ereignisse ergeben. Aus dem Elternhaus kämen vielleicht Einflüsse, die den betreffenden Menschen zu sehr früher, großer Selbständigkeit zwingen würden. Das Berufsleben brächte Entscheidendes in der ersten Lebenshälfte, bei guten Konstellationen raschen Aufstieg, bei schlechten starke Hemmungen und Widerstände. Dadurch würde die Persönlichkeit rasch reifen und frühzeitig lernen, sich zu entscheiden. Je näher dabei die Sonne und sonstige Planeten dem Aszendenten kämen, desto machtvoller würden sie sich in Charakter und Schicksal äußern. Je höher sie dann im Vorwärtsschreiten auf das Feld X oder den Zenit vorrücken würden, desto ausgesprochener und markanter wären die Einflüsse des Berufslebens und der sozialen Position. In gewissem Sinn wirkt der Sonnenrhythmus allein schon durch die einzelnen

Kraftfelder, weshalb man in einem allgemeineren Sinn sagen kann, daß Menschen, die zwischen Morgen und Mittag geboren wurden, aktiver sind und mehr treibende Kräfte in sich fühlen. Hat die Sonne dann den Zenit überschritten und neigt sich nach Westen (bei Geburten zwischen Mittag und 6 Uhr abends), so tritt bei den betreffenden Menschen das äußere Erleben mehr zurück. Das Schicksal wird passiver, unterliegt mehr äußeren Hemmungen und Einflüssen. Der Mensch hat weniger Kraft in sich, diese Einflüsse durch den eigenen Willen zu meistern. Je weiter dann die Sonne sinkt, desto mehr wendet sich der Mensch seinem inneren Wesen zu. Das innere Erleben gewinnt die Oberhand. Er wird intuitiver, die inneren Sinne werden wacher, und das äußere Schicksal muß erduldet und zu Erkenntnis verwandelt werden. Dies leitet hinüber zu Figur 4.

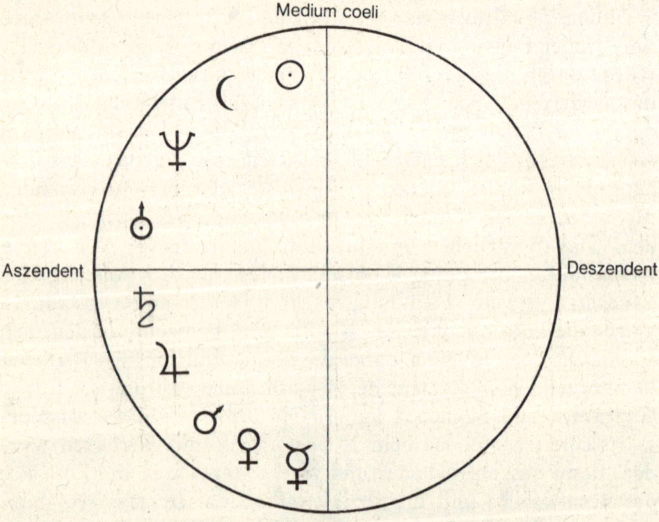

Figur 4

Die Planeten sind im westlichen Quadranten gehäuft, wodurch das Schicksal an Aktivität verliert und die wichtigeren Ereignisse in die zweite Lebenshälfte verlegt werden. Je tiefer die Sonne sinkt, desto später fallen die markanteren Geschehnisse im Leben. Solche Menschen werden negativ, zurückhaltend, abwartend. Haupterlebnisse und Haupterfahrungen treffen ins Innenleben. Wichtige und zahlreiche Planeten nebst der Sonne im *östlichen* Quadranten würden demnach im allgemeinen Sinn bedeuten: Die Hauptereignisse fallen in die frühe Jugend und die erste Lebenshälfte. Diese Menschen hätten auch die beste Möglichkeit zu einem äußeren Aufstieg im Leben. Liegen fast alle Gestirne im *westlichen* Quadranten, dann löst sich das Schicksal besonders in der zweiten Hälfte des Lebens aus. Diese Menschen müssen ihr Schicksal im duldenden Sinn hinnehmen, ohne wesentlich in es eingreifen zu können.

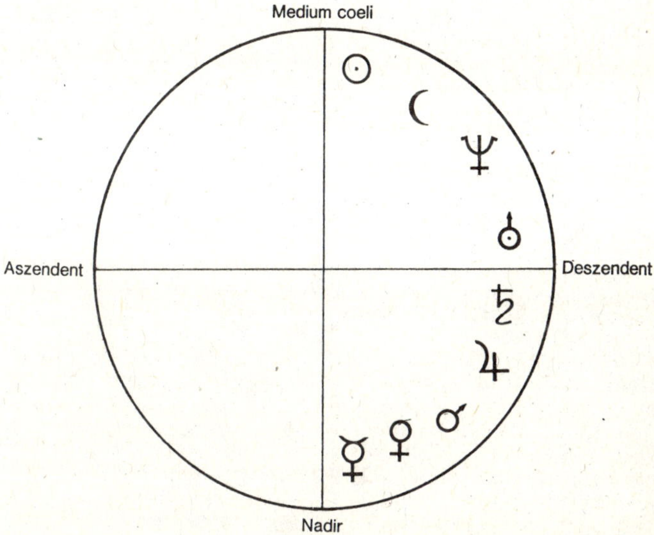

Planetenpositionen in den zwölf Zeichen

(Widder bis Fische)

Mond – Merkur – Venus – Mars – Jupiter – Saturn – Uranus

Im folgenden werden die typischen Wirkungen jedes Planeten in einem der zwölf Zeichen geschildert. Die Position des Mondes wie auch der Planeten kann allerdings nur gemäß der individuellen Geburtsstunde aus den Gestirnstandsauszügen errechnet werden. Die Kombination von Planet und Zeichen erklärt den Wesenskern, die Handlungsweise und die Gefühlsreaktionen eines Menschen oft erstaunlich gut. Ergänzt wird sie durch die Stellung der Planeten in den zwölf Feldern, und als letzte Feinheit bezüglich der positiven oder negativen Wirkungsweise kämen schließlich die Aspekte hinzu. Diese dreifache Kombination der Gestirneinflüsse ist allerdings schon Sache des fortgeschrittenen Astrologen.

Die frühere »klassische« Astrologie hatte nun ein umfangreiches und ausgeklügeltes System errichtet, das den Planeten ganz bestimmte »Stärken und Schwächen« zuteilte je nach dem Zeichen, in dem sie sich befanden. Beispielsweise sprach man von einem Planeten in seiner »Erhöhung«, in »Würden«, in seinem »Fall« oder seiner »Vernichtung«. Diese Ansichten gelten heute als überholt. Jeder Planet nimmt ganz einfach die Eigenschaften jenes Zeichens an, in dem er konstelliert ist. Eine »Auf- oder Abwertung« von Planeten ist damit nicht verbunden. In der Praxis bestätigte sich dagegen die Zuteilung eines Planeten zu einem Zeichen, in dem er »herrscht«, das heißt, zu jenem Zeichen, das seiner Natur am meisten entspricht. So gehört etwa die Sonne zum Zeichen Löwe, der Mond zum Zeichen Krebs usw. Wir sprachen bereits eingehend über die Sonne in den zwölf Zeichen. Aber ebenso große Bedeutung hat der Mond als Symbol für Gefühl, Gemüt und Psyche. Er kann unter Umständen die Wirkung der Sonne noch übertönen, besonders in weiblichen Horoskopen, aber auch bei Menschen, die eher intuitiv, gefühlsbetont handeln als etwa intellektuell oder die mehr durch das passive Erleben beeindruckt werden als aktiv handeln.

Kombiniert man beide Einflüsse von Sonne und Mond, so kommt man dem innersten Wesenskern eines Menschen schon sehr nahe. Man bezeichnet diese Kombination in der Astrologie als die »Polarität« im Horoskop.

Der Mond (Symbol für Psyche, Gemüt, Gefühlswelt)

☽ ♈ *Im Zeichen Widder:* Gefühlsaktivität, heftiges Verlangen nach Willensdurchsetzung. Widerspenstigkeit oder Impulsivität. Großer Ehrgeiz im Erstreben von Zielen. Eigenwilligkeit erschwert die Einfühlung in die Gemeinschaft. Im weiblichen Horoskop: häufig Mangel an Anpassung bis zum »Herrschaftsverlangen«. Eignung zur Leitung und Führung, besonders dann, wenn sich auch noch die Sonne in einem »Feuerzeichen« (Widder, Löwe, Schütze) befindet. Fast immer ruheloses Gemüt bei starker Triebsphäre. Sensationsbedürfnis!

☽ ♉ *Im Zeichen Stier:* Gemüt und Gefühlssektor werden ruhiger, fester, konservativer, ausdauernder. Sinnennatur stark und nach Genuß verlangend. Mehr praktisch, realistisch orientiert als etwa ideell! In den Zielsetzungen konservativ, Veränderungen eher vermeidend als suchend. Dem Schönen zugetan, naturliebend, ausgesprochener Sinn für Form und Plastik. Bei Venus-Berührung (Aspekt zum Mond) im männlichen Horoskop dem »Ewig-Weiblichen« verbunden. In diesem Fall auch tiefgründig, forschend. Im weiblichen Horoskop sehr viel Charme!

☽ ♊ *Im Zeichen Zwillinge:* Verfeinert den Intellekt und macht ihn wendig, aber nicht konzentriert, schnell erfassend, aber nicht »behaltend«. Unruhige Psyche mit großem Erlebnisdrang. Reiselust und »Fernweh«. Im Seelischen erregbar, beeindruckbar. Nervöse Grundanlage. Meinungsänderungen und Stimmungswechsel. Braucht vielseitige Kontakte, Unterhaltung, »Nachbarn«. Liebt Satire und Witz. Aspektverletzungen auf den Mond »lassen nicht zur Ruhe kommen« oder lösen vielfache Wohnungswechsel aus. Man will gern »unterwegs« sein. Ausdauer gering. Fast immer Unterhaltungsgabe.

☽ ♋ *Im Zeichen Krebs:* Hier befindet sich der Mond in seinem »eigenen Zeichen«. Daher äußerst sensible, empfindsame Natur (insbesondere als Kind!). Launen und unterbewußte Einflüsse machen die Persönlichkeit unberechenbar und veränderlich. Keinerlei Aggression, eher Verkapselung in sich selbst, daher auch ausgeprägtes Heim- und Häuslichkeitsverlangen (vor allem in der zweiten Lebenshälfte!). Sehr fürsorgliche Natur, manchmal in Gesellschaft etwas schüchtern oder zurückhaltend. Liebt Beschaulichkeit, bleibt vorsichtig und sparsam.

☽ ♌ *Im Zeichen Löwe:* Erhöhtes Ichgefühl und daher stolz, empfindlich, auf Beachtung und Anerkennung bedacht. Sehr offenherzig, Falschheit verachtend. Gesellschaftliche Ansprüche und Verlangen nach Luxus um die eigene Person. Kunstverständnis. Die seelische Haltung neigt zur Treue, ist leidenschaftlich im Gefühlssektor. Äußerlich liebenswürdig, konziliant, herzlich! Bei Aspektverletzungen auf den Mond leicht anmaßend, man benötigt dann äußeren »Betrieb« und »schneidet leicht auf«.

☽ ♍ *In der Jungfrau:* Im Seelischen nicht sehr aufgeschlossen, eher zurückhaltend, reserviert oder mit Komplexen belastet. Sehr auf sich selbst konzentriert. Redet zuweilen viel und schnell. Hält auf Distanz und konventionelle Form. Gemüt leicht kritisch, schnell beleidigt. Bei ungünstigen Aspekten nur Alltagsinteressen. Günstig aspektiert: forschend mit wissenschaftlichen Interessen. Sieht aber leicht den Splitter im Auge des Nächsten und überhaupt das Detail einer Sache. Neugierde!

☽ ♎ *In der Waage:* Verfeinert in Sprache und Gemüt. Sehr auf äußere Erscheinung bedacht, auch im Modischen. Etwas eitel bis selbstgefällig, aber gut getarnt. Gewandter Gesellschafter mit guten Umgangsformen. Verspricht manchmal schnell, vergißt es aber wieder. Will keinen Streit, sucht Harmonie in der engeren Umwelt und »will es jedem recht machen«. Erlangt schnell Sympathie und versteht, Menschen »zu nehmen«. Wenig Geduld und Abneigung vor »harter Arbeit«. Liebe zum anderen Geschlecht!

☽ ♏ *Im Skorpion:* Starke Energie und Fähigkeit zur Selbstüberwindung. Im Umgang sehr bestimmt, wenig konziliant, scheut das »Anecken« nicht. Gemäß der Tradition wird diese Konstellation als überaus »eifersüchtig« dargestellt. In Wahrheit werden eben Stolzverletzungen sehr übelgenommen. Die Gefühlsnatur ist leidenschaftlich, sinnlich. Bei Aspektverletzungen auf den Mond (etwa vom Mars) kommt dies am stärksten zum Durchbruch. Die Arbeitskraft ist enorm, ebenso die Zahigkeit des Willens!

☽ ♐ *Im Schützen:* Beweglicher, sportfreudiger Typ. Etwas impulsiv bei starker Gefühlserregbarkeit und manchmal nervlicher Labilität. Offenheit bis zur Selbstschädigung. Plötzliche Gefühlsaffekte und häufig innere Unrast (daher auch »Wandertrieb«, Reiselust). Kann nicht »still sitzen«. Ist schnell begeistert von Ideen und Plänen, hält aber nicht lange durch. Besitzt in Geldsachen eine »lokkere Hand«. Im ganzen aufrichtig, optimistisch, sympathisch.

☽ ♑ *Im Steinbock:* Gemüt leicht und schnell depressiv. Seelischer Tiefgang. Nimmt die Dinge zu schwer und kann auch nicht vergessen. In den Gefühlen erstaunlich ausdauernd. Praktischer Sinn, sehr auf Ordnung bedacht. In der persönlichen Geltungssphäre sehr empfindlich. Ehrgeizig, aufstrebend. Selbstbeherrschung, die quälend werden kann. Neigt zum Grübeln. Der Gefühls- und Gemütssektor zeigt eine gewisse »Schwere«.

☽ ♒ *Im Wassermann:* Konziliantes, freundliches Wesen, kontaktfreudig und geistig sehr aufgeschlossen. Überwiegend gutmütig, solange die persönliche Freiheit nicht in Gefahr ist. In den inneren Bindungen anhänglich, sonst viele wechselnde Freundschaften. Anregungsbedürfnis und Reiselust; Teilnahme am Schicksal anderer. Manchmal idealistische Tendenzen, die aber schlecht belohnt werden. Fast immer künstlerische Interessen und Neigung zur Literatur.

☽ ♓ *In den Fischen:* Das Gemüt ist überaus eindrucksfähig, mehr dem seelischen Erleben zugetan. Nach außen hin erscheint die Persönlichkeit manchmal »indolent« oder träumerisch bis phlegmatisch. Indessen handelt es sich weit eher um Sensibilität und allzu starke Eindrucksfähigkeit. Die Gefühle sprechen schnellstens an, daher Mitleid, intuitives Verständnis für andere Menschen. Vermag

Gefühle »dramatisch« zu äußern. Bei Aspektverletzungen Neigung zur Intrige und zur Täuschung. Stimmungswechsel und Launen.

Der Mond in den zwölf Horoskopfeldern

☾ *Im Feld I:* Empfindungstyp von großer Beeindruckbarkeit bei wechselnden Gemütsstimmungen, in der Regel gesellig und anpassungsfähig, aber auch leicht depressiv. Schicksal wechselvoll mit manchem Auf und Ab. Im seelischen Bereich Spannungen, Neurosenanfälligkeit.

☾ *Im Feld II:* Wechselnde und wenig stabile Geld- oder Vermögensverhältnisse infolge schwankender Existenzkurven, manchmal aber auch infolge eigener Unvorsichtigkeit. Glückserwartungen nur bei sehr guten Aspekten auf den Mondplatz. Öffentliches Wirken, Geschäfte, Publikumskontakte spielen eine Rolle.

☾ *Im Feld III*: Häufig »Wandertrieb« und viele kleine Reisen, manchmal auch berufsbedingte Fahrten. Unruhige Mentalität, wechselnde Pläne und Ziele. Oft auch öffentliches Wirken, wobei Publikationen, Journalismus eine Rolle spielen. Beziehungen zu Frauen, Korrespondenz mit Frauen, vielfältige Umweltkontakte. Bei schlechten Aspekten Verlust eines Bruders oder einer Schwester.

☾ *Im Feld IV:* Unruhige Häuslichkeit und eventuell mancherlei Ortswechsel. Bei gutem Aspekt starke und harmonische Beziehung zum Elternhaus und zur Heimat. Wohnungsveränderungen wurden aber auch bei gutem Aspekt immer wieder beobachtet. Der Mond ist eben kein Symbol für Stabilität. Beziehungen zu Vater oder Mutter je nach positiver oder negativer Aspektierung gut oder schicksalhaft.

☾ *Im Feld V:* Im weiblichen Horoskop: sehr starke Beziehung zum Kind. Im männlichen Horoskop: manchmal pädagogische Interessen. Wechselnde Liebesverhältnisse und zahlreiche Kontakte. Gesellige Natur, Vergnügungsliebe. Oft Beziehungen zur Öffentlichkeit. Popularität.

☾ *Im Feld VI:* Gesundheitszustand labil. Das psychische Moment tritt stark hervor. Sehr empfänglich für Umweltverhältnisse. Sicherheit in den beruflichen Positionen wäre anzustreben, da hier die Selbständigkeit äußerst schwierig wird. Viel Wechsel der Angestellten oder Untergebenen. Nervensystem anfällig.

☾ *Im Feld VII:* Falls der Mond gut aspektiert wird, ist das Hervortreten der eigenen Persönlichkeit in der Öffentlichkeit äußerst günstig und erfolgreich. Die Beziehungen zum Partner oder zur Partnerin sind schwankender Natur, hängen sehr vom Verhalten des anderen ab. Unschlüssigkeit bei der Partnerwahl. Vielseitige gesellschaftliche Beziehungen zur Umwelt, die nicht immer Bestand haben. Bei dieser Mondkonstellation hängt alles von den Aspekten ab!

☾ *Im Feld VIII:* Ungünstige Aspekte auf den Mond brachten schicksalhafte Trennungen und Erbschaftsschwierigkeiten, auch finanzielle Auseinandersetzungen über Prozesse. Die psychische Natur tritt stark hervor. Sehr anfällig für Depressionen, überhaupt für seelische Belastungen.

☾ *Im Feld IX:* Sehr starke Phantasie und Einfühlungsgabe. Reisen und insbesondere Auslandsreisen werden schicksalswichtig. Konstanter Sitz im Ausland aber unwahrscheinlich. Neigung zum Studium und zur Erweiterung des Gesichtskreises. Öffentliche Positionen. Im ganzen Streben nach Veränderung und Wechsel.

☾ *Im Feld X:* Geschäfte mit schnellem Warenumsatz. Oft beruflicher »Zwang« zum Reisen, Fahren, zu äußerer Unruhe. Verbindung mit dem Publikum und mit Kunden. Vermittlung, vielfältigste Beziehungnahme zum »Du«. Manchmal nur »Brotberuf«, während die wirklichen Interessen gänzlich anderer Art sind. Viele Beziehungen zu Frauen, oft Beruf mit Liebe verquickt.

☾ *Im Feld XI:* Wechselnde Freundschaften, die aber bei guter Aspektierung vorteilhaft und nützlich sein können. Im männlichen Horoskop: vielseitigste Kontakte mit

Frauen. Bei schlechten Aspekten auf den Mond rufschädigende Beziehungen und Intrigen. Im ganzen vielseitige Kontakte zur Umwelt.

☾ *Im Feld XII:* Diese Konstellation des Mondes bewirkt ein depressives, empfindliches, schnell verletzbares Gemüt. Unruhige Psyche, Tendenz zur Zurückgezogenheit. Manchmal Neurosenbildung, jedenfalls nervöse Veranlagung und eine Tendenz, sich in die »Einsamkeit« zu flüchten. Die Konstellation hemmt die Persönlichkeitsentfaltung oft schon in füher Jugend.

Der Merkur (Symbol für Verstand, Sprache, Vermittlung)

☿ ♈ *Im Zeichen Widder:* Debatten, Diskussionen, Auseinandersetzungen. Im ganzen also scharfer Intellekt, leicht sarkastisch bis ironisch gefärbt. Erfinderisches Denken, schlagfertige Beweisführungen. Oft technische Interessen. Sehr ehrgeizig. Bei Aspektverletzungen (besonders von Mars) allzu impulsiv, voreilig handelnd. Geistig etwas ruhelos, voller Ideen und Pläne.

☿ ♉ *Im Stier:* Etwas starrsinnig oder unbeugsam in den Ansichten oder Überzeugungen. Die Mentalität ist eher gründlich, konzentrativ als etwa schnell erfassend. Es wird nicht gern und nicht leicht gelernt, aber das Gelernte »sitzt«. Eher gefühlsbetont als intellektuell. Ausdauer und Geduld. Bei Aspektverletzung leicht starrköpfig oder widerspenstig, auf eigenen Grundsätzen beharrend.

☿ ♊ *In den Zwillingen:* Äußerst gewandter Intellekt mit schnellen Reaktionen. Beredsamkeit und Schlagfertigkeit in Rede und Gegenrede. Die geistige Wendigkeit und Vielseitigkeit geht aber auf Kosten der Konzentration. Ausgezeichnete Fremdsprachenbegabung. In der Regel nervöser Typ. Bei Aspektverletzungen Schlauheit und Oberflächlichkeit, flüchtiges Denken. Der Intellekt braucht Anregungen.

☿ ♋ *Im Krebs:* Fast immer sehr gutes Gedächtnis! Im Krebs entwickelt der Merkur sehr ausgeprägte Phantasie (viele Schriftsteller haben diese Konstellation). Stimmungen und Launen lassen die geistige Haltung sehr veränderlich erscheinen. Der Intellekt wird vom Gefühl, von den seelischen Empfindungen gesteuert. Daher auch anfälliges Gemüt und das Verlangen nach immer neuen Eindrücken.

☿ ♌ *Im Löwen:* Sehr aktiver Verstand und äußerst freimütig, offenherzig. Die Gefühle mischen sich in den Intellekt. Ideelle Auffassungen. Sympathisches Wesen, das sehr herzlich sein kann. Verlangen nach geistiger Führung. Eindringliche Mentalität! Man vermag zu überzeugen, aber auch andere zu bluffen. Bei Aspektverletzungen reizbar im Geistigen, leicht jähzornig. Im Urteil dann auch leicht arrogant.

☿ ♍ *In der Jungfrau:* Gutes Sprachgefühl und sehr eindringlicher Intellekt, der insbesondere das Detail einer Sache erfaßt. Genauigkeit. Begabung für Mathematik, Grammatik. Geduldig, eindringlich, etwas kritisch. Der Intellekt ist mitunter philosophisch, will die Zusammenhänge erfassen, manchmal wirkt er belehrend. Logische Urteile. Bei Aspektverletzungen pedantisch, nörgelnd.

☿ ♎ *In der Waage:* Überaus beweglicher, gewandter Intellekt, sehr rasch erfassend, gut beobachtend und vergleichend. Fast immer Liebe zu den Künsten, besonders zur Literatur. Ausgesprochener Gerechtigkeitssinn. Ausgewogene Sprache und viel Sinn für persönliche »Wirkung« in Rede und Schrift. Daher gute Redner und manchmal auch Schauspielbegabung.

☿ ♏ *Im Skorpion:* Der Intellekt ist eindringlich scharf, die Fehler anderer schnell erfassend. Im ganzen sehr scharfsinnig, konzentriert arbeitend. Verstand ist erfinderisch, erfaßt auch die Hintergründe einer Sache. Fast immer Interessen für Okkultismus und philosophische Lebensfragen. Bei Aspektverletzungen etwas dreist, manchmal auch listig, skeptisch.

☿ ♐ *Im Schützen:* Reich an Ideen, Einfällen und wechselnden Plänen. Rasche bis unüberlegte Sprache, überhaupt impulsiver Intellekt. Absolut freimütig! Verteidigt die Gerechtigkeit. Geistig sehr beweglich und nach Reisen verlangend, etwas unstet in der gesamten Haltung. Nicht selten ergibt sich hier eine Art »Überlegenheitsgefühl« gegenüber anderen.

☿ ♑ *Im Steinbock:* Logisch denkend, kritisch erfassend. Der Intellekt fußt auf Tatsachen und verlangt Objektivität. Wenig Phantasie, dafür eindringlich klar im Denken und Urteilen. Der Verstand ist gründlich, liebt Systematik. Begabung für Mathematik, Diplomatie. Bei Aspektverletzung geizig, listig, nachtragend. Im ganzen sehr starke Gedankenkonzentration, daher auch Depressionen und »Grübeln«!

☿ ♒ *Im Wassermann:* Große Intuition, sehr beweglicher Intellekt mit psychologischer Begabung. Meist originell in der Ausdrucksweise. Sehr gutes Gedächtnis! Verlangen nach geistiger Unabhängigkeit! Häufig ideelle Zielsetzungen. Gerechtigkeitsverlangen. Die Mentalität ist sehr freiheitlich, kennt keine Unterwürfigkeit und haßt jeglichen Zwang.

☿ ♓ *In den Fischen:* Der Intellekt wirkt überaus gefühlsbetont, richtet sich nach eigenen Überzeugungen und wird von der Phantasie gesteuert, häufig auch durch Intuition. Aufgeschlossenheit fur fremde Ideen. Läßt sich täuschen oder täuscht selbst. Im ganzen aber gutherzig und sympathisch. Bei Aspektverletzung leicht grüblerisch, empfindlich, niedergeschlagen.

Die Venus (Symbol für Liebe, Harmonie, Schönheitsempfinden)

♀ ♈ *Im Zeichen Widder:* Impulsive, leidenschaftliche Gefühle, »Liebe auf den ersten Blick«, aber auch Verlangen nach »Abwechslung«. Rasche, vorschnelle Kontakte. Wenig echte Stabilität in Liebe und Ehe! Zeitweilig auch romantische Gefühle mit abenteuerlichem Einschlag. Etwas verschwenderisch. Auf plötzliche Begegnungen folgen ebensooft auch wieder Trennungen.

♀ ♉ *Im Stier:* Erhöht die Leidenschaften und stärkt die Sinnennatur. Gesellschaftliche Talente und Schönheitssinn. Guter modischer Geschmack. Musikalisch! Der äußere Eindruck entscheidet meist. Starke Hingabefähigkeit und im künstlerischen Sektor schöpferisches Talent. Bei richtigen Partnerbindungen treu und anhänglich. Bei Aspektverletzungen sinnlich, verschwenderisch.

♀ ♊ *In den Zwillingen:* Gewandter Ausdruck und ästhetischer Sinn! In den persönlichen Zuneigungen schwankend. Vielseitige Bindungen und schnelle Bekanntschaften, oft auch durch Korrespondenz. Frühzeitiger Eheschluß oder frühe Chancen zur Heirat. Manchmal Parallelbindungen! Verfeinerte Gefühle. Bei Aspektverletzung unzuverlässig in der Liebe, möglicherweise berechnend.

♀ ♋ *Im Krebs:* Überaus empfängliches und schnell beeindruckbares Gemüt, das nach Harmonie verlangt. Beim richtigen Partner sehr anhänglich, fürsorglich! Mehr passiv erlebend als aktiv gestaltend. Große Empfänglichkeit für Stimmungen und Umweltverhältnisse. Verlangt sehr nach kultivierter Häuslichkeit. Viel Phantasie! Oft auch mediale Veranlagung.

♀ ♌ *Im Löwen:* Großmut und starke idealistische Bestrebungen, besonders in der Liebe. Sehr impulsive bis leidenschaftliche Gefühle. Bei Aspektverletzungen beobachtete man immer große Genußliebe und Verlangen nach Vergnügungen. Erfolge durch gesellschaftliche Talente und manchmal durch Spekulationen. Der »Rahmen um die eigene Person« soll prunkvoll sein, denn man will »sich zur Schau stellen«.

♀ ♍ *In der Jungfrau:* Gefühlssektor etwas gehemmt bis spröde oder leicht berechnend. Hingabefähigkeit begrenzt, daher nach außen hin »kühl« erscheinend. Zuweilen Mitgefühl für fremdes Leid. Die seelische Haltung ist kompliziert, zeigt Tendenz zu Hemmungen, Neurosen, Psychosen. Die ersten erotischen Erfahrungen entscheiden viel! Manchmal entstehen hier erste Komplexe.

♀ ♎ *In der Waage:* Ausgesprochene künstlerische Begabung oder seelische Verfeinerung! Kunstsinn. Viele Freundschaften infolge großer Kontaktfähigkeit. Musikliebe! Wegen der gesellschaftlichen Fähigkeiten Beliebtheit und Popularität. Die Waage verfeinert den Geschmack in allem, besonders in der Mode. Nicht selten etwas eitel, auf Wirkung bedacht.

♀ ♏ *Im Skorpion:* Sehr starker Sex und leidenschaftliche Sinnlichkeit. Starke Begierdennatur. Fast immer wird auch Eifersucht beobachtet. Handelt es sich um sehr willensstarke Naturen, so versuchen sie die Triebe zu beherrschen. In vereinzelten Fällen beobachtete man dann extreme Selbstbeherrschung. In den weitaus meisten Konstellationen dieser Art ergaben sich aber vielfältige Sexkontakte.

♀ ♐ *Im Schützen:* Zersplitterung der Gefühle und Vielseitigkeit der Beziehungen. Anlage zum Flirt im weiblichen Horoskop! Meist mehrere Eheschlüsse. Liebe zu den Künsten, besonders zur Musik. Wenig Stabilität in Liebe und Ehe. Manchmal abnorme Sexbeziehungen. Unüberlegte, schnelle Bindungen, die sich wieder lösen, weil sie des wirklichen Tiefgangs entbehren.

♀ ♑ *Im Steinbock:* Sehr ernste und tiefgehende Bindungen. Meist Treue und Zuverlässigkeit. Der Partner ist des öfteren älter, reifer oder hat andere Ansichten und Überzeugungen. Die Eifersuchtstendenz ist überaus häufig zu beobachten. Manchmal »Kameradschaftsehen«, Verzögerung des Eheschlusses. Die Gefühle sind stets ernst und zeigen Tiefgang, leiden aber später an einer gewissen Ernüchterung. Im Sex Abstinenzkrisen.

♀ ♒ *Im Wassermann:* Schnelle Kontakte, aber oft auch nur freundschaftlicher Art. Etwas ungebundene Auffassung über Liebe und Sex. Freiheitsverlangen auch im Gefühlssektor und daher Ablehnung von »Zwang« oder Konvention. Der Eheschluß wird verzögert, interessiert auch gar nicht so sehr! Die Konstellation hat Bezug zur »freien Liebe«. Sehr persönliche Ansichten über »Moral«.

♀ ♓ *In den Fischen:* Starke Gefühlsveranlagung, Hilfsbereitschaft und Opferfähigkeit. Intuition! In Liebesangelegenheiten häufig Enttäuschungen und viel Unruhe, Wechsel der Beziehungen. Soziale Betätigung. Empfindliche psychische Veranlagung. Sehr tolerant, eindrucksfähig, mitfühlend. In der Triebsphäre leidenschaftlich.

Der Mars (Symbol für Wille, Energie, Tatkraft)

♂ ♈ *Im Zeichen Widder:* Die stärkste Position des Mars, daher Durchsetzungswille, Tatkraft, Unternehmungsgeist, Unerschrockenheit, Ungeduld, Vitalität, Sportinteressen, Reizbarkeit. Bei Aspektverletzungen viele Auseinandersetzungen mit der Umwelt. Spontane Willensaffekte. Aber auch Begeisterungsfähigkeit. Aufbrausende Temperamentslage. Zuweilen unvorsichtig und unüberlegt.

♂ ♉ *Im Stier:* Sehr entschiedene, bestimmte, beharrliche Mentalität, die nicht nachgibt. Energie wächst mit den Schwierigkeiten. Ausdauernde Durchsetzung, keine hektischen Willensentladungen! Zähigkeit der Überzeugungen und manchmal sogar »Sturheit« in den Ansichten. Starkes Besitzverlangen und Verlangen nach materieller Absicherung. Alles wird auf lange Sicht geplant. Bestimmtes Auftreten.

♂ ♊ *In den Zwillingen:* Intellekt beweglich, beschwingt, vielseitig und schnell erfassend. Aber die Ziele sind veränderlich, daher meist unruhiges Berufsschicksal mit vielfachem Positionswechsel. Schwanken über den einzuschlagenden Weg im Beruf, da mehrere und stets wechselnde Interessengebiete! Schnelle Auffassungsgabe. Gewandt in Debatten, zeitweilig etwas scharf im Ausdruck, zur Satire neigend oder zum Sarkasmus.

♂ ♋ *Im Krebs:* Schwankende Willenskurven. Mehr aktive Phantasie als echte Tat. Gesteigerte Vorstellungsgabe. Inneres Freiheitsgefühl und Auflehnung gegenüber Zwang, vorwiegend aber im Geist. Beträchtlicher Ehrgeiz. Subjektiv gefärbte Ansichten und Überzeugungen. Unruhe in

Heim und Häuslichkeit. Unsichere Temperamentslage. Viel Stellungswechsel. Unausgeglichene Energie.

♂ ♌ *Im Löwen:* Heftige Energieeinsätze und Verlangen nach Durchsetzung der eigenen Persönlichkeit. Tatbegeisterung. Große Zähigkeit bei Durchführung der großartigen Pläne. Innerlich unbeugsam, besonders bei Widerspruch. Zivilcourage! Manchmal Forcierungen, Übersteigerungen des Willens. Heftige und drängende Gefühlswelt, leidenschaftliche Liebesfähigkeit. Ehrlich und freimütig!

♂ ♍ *In der Jungfrau:* Der Intellekt steuert den Willen, daher Überlegung und Vorsicht. Dennoch leicht reizbar und dann sehr kritisch. Auseinandersetzungen mit der Umwelt. Spitzfindigkeit in den Argumenten! Begabung für forschende, wissenschaftliche Berufe. Bei Aspektverletzungen sehr kritisch, manchmal »besserwissend«. Schlaue Mentalität, aber etwas »trocken«.

♂ ♎ *In der Waage:* Wille und Energie zeitweise stark, dann wieder nachlassend. Großer Ehrgeiz und Verlangen, »an die Spitze zu kommen«. Launisch und bei Aspektverletzungen auch eitel. Empfindlich in den Gefühlen. Leidenschaftlich und »schnell entflammt«. Liebe zum anderen Geschlecht. Im Ichgefühl verletzbar. Impulsive Heiraten.

♂ ♏ *Im Skorpion:* Wille von größter Dynamik! Oft übereilte, unüberlegte Handlungen. Autoritäre Anwandlungen. Schwierigkeiten steigern die Energieeinsätze! Aber auch die Unnachgiebigkeit, so daß heftige Feindschaften entstehen können. Kraftentfaltung bis zur Rücksichtslosigkeit. Manchmal »lautes« Benehmen. Mechanische und manuelle Geschicklichkeit. Tiefgründige Leidenschaften!

♂ ♐ *Im Schützen:* Begeisterungsfähig und freimütig, offenherzig bis zur Selbstschädigung. Gerechtigkeitsgefühl! Starkes Sportinteresse, beweglicher Geist. Manchmal Zersplitterung in den Zielen. Impulsive, spontane, unüberlegte Handlungen. Redebegabung! Überzeugungstalent. Etwas streitbare Mentalität, mit Kritiklust verbunden.

♂♑ *Im Steinbock:* Große Geduldsreserven bei sehr zähem, ausdauerndem Willen. Sehr ehrgeizig und unbedingt nach Aufstieg verlangend. Manchmal Selbstüberschätzung, bei verletztem Ichgefühl rachsüchtig, nachtragend. Im ganzen wird der Wille sehr überlegt eingesetzt. Methodik in den Zielsetzungen. Bereitschaft zur Verantwortung.

♂♒ *Im Wassermann:* Das innere Verlangen nach Freiheit und Unabhängigkeit treibt zu starken Willenseinsätzen. Kampf für Humanität und Gerechtigkeit. Wille verbindet sich hier mit Phantasie und Intuition. Weltverbesserungsideen. Originelle Mentalität. Bei Aspektverletzung aufsässig, »rebellisch«, etwas brüsk im Ton. Eigene Ansichten kollidieren häufig mit jenen der Umwelt.

♂♓ *In den Fischen:* Schwankende Willens- und Energiekurven! Starke Empfindlichkeit, sehr verletzbar. Keine Veranlagung zu »offenem Kampf« oder Widerspruch! Ausgleich durch List, Diplomatie, Heimlichkeiten. Bleibt lieber im Hintergrund. Vielseitige heimliche Liebesbeziehungen. Zeitweilig erscheint die Persönlichkeit träge, labil.

Der Jupiter (Symbol für Gerechtigkeit, Gesetz, Expansion)

♃♈ *Im Zeichen Widder:* Tatbereite Energie, ausgeprägtes Gerechtigkeitsgefühl, daher oft »Vorkämpfer« für eine Idee. Häufig etwas Impulsivität und Ungeduld in den Zielsetzungen. Ehrlichkeit in den Bestrebungen. Tatkräftige Bereitschaft in der Durchsetzung von ideellen Vorstellungen.

♃♉ *Im Stier:* Dieser Einfluß wirkt sich mäßigend auf alle übrigen Horoskopkonstellationen aus, soweit sie von übertreibender oder sonstwie negativer Art sind. Bei sehr guter Aspektierung besteht viel Hilfsbereitschaft. Bei Aspektverletzung zeigt sich manches Übermaß im Genuß wie auch im Geldausgeben.

♃ ♊ *In den Zwillingen:* Viel Optimismus und geistiger Lebensmut. Liebe zum Studium, überhaupt Expansion im Geistigen. Starke Reiseliebe. Erfinderische Mentalität. Interesse für Geisteswissenschaften und religiös-philosophische Probleme. Bei Aspektverletzung aber eher freireligiös.

♃ ♋ *Im Krebs:* Einlenkende, vermittelnde Wesensart. Starke Empfindungen mit ideellem Einschlag. Höfliches, verständnisbereites Wesen. Vorsichtige Lebensplanung und materielle Absicherungen. Bei Aspektverletzung zeigten sich Diätfehler infolge Unmäßigkeit in den Genüssen.

♃ ♌ *Im Löwen:* Sehr starkes Verlangen nach Aufstieg und gesellschaftlicher Beachtung oder »Bewunderung«. Die expansive Tendenz des Jupiters kann im Löwen leicht zur Unmäßigkeit, zur Vergnügungssucht, zum übermäßigen Genuß ausarten. Bei guter Aspektierung ist dies die beste Jupiter-Konstellation, da sie auch materiell sehr begünstigt!

♃ ♍ *In der Jungfrau:* Das Zeichen ist der eigentlichen Wesensart des Jupitersymbols »fremd«, da das ständige »Kopfdenken« die Großzügigkeit bremst und die Gefühle überwacht. Pädagogische Fähigkeiten bestehen sehr häufig, da Kritik und Methodik vorhanden sind. Bei Aspektverletzung schwierig für den Aufstieg.

♃ ♎ *In der Waage:* Etwas zu selbstbewußt, aber aufgeschlossen für die Künste und für Verfeinerung des Lebensstils. Ausgleichend im Wesen und sehr gerechtigkeitsliebend! Die Konstellation wirkt mäßigend, vermittelnd. Ausgezeichnete Position für Anwälte, Richter. Günstig auch für Teilhaberschaften.

♃ ♏ *Im Skorpion:* Sehr selbstbewußter Wesenskern, der leicht zur Arroganz neigt. Die Jupitertendenz wirkt hier übertreibend, steigernd, insbesondere hinsichtlich des Ehrgeizes und des Verlangens nach persönlicher Durchsetzung. Auch die Leidenschaften werden überaus intensiviert!

♃ ♐ *Im Schützen:* Verlangen nach Freiheit, Ungebundenheit, Selbständigkeit. Daher viele Positionswechsel. Starke philosophische oder weltanschauliche Interessen. Expansion im Geistigen! Sehr reiseliebend. Man beobachtete einen Hang zu spekulativen Unternehmungen.

♃ ♑ *Im Steinbock:* Das Schicksal verlangt harte Einsätze und bringt manche Bewährungsprobe! Entfaltung der Persönlichkeit mühevoll. Großer Ehrgeiz. Hang zu Konvention, zu Titeln und Verlangen nach Beachtung der eigenen Persönlichkeit. Fast immer sparsam. Befähigung zu Vertrauenspositionen in »Amt und Würden«.

♃ ♒ *Im Wassermann:* Soziale, philosophische, pädagogische Interessen. Begünstigung durch Jupiter über Freunde, Verbindungen und Protektionen. Sehr oft öffentliche Positionen oder eine Berufsbeziehung zur Öffentlichkeit. Bei Aspektverletzung aufsässig gegenüber »Obrigkeit« oder Vorgesetzten.

♃ ♓ *In den Fischen:* Seelisch verfeinerte Menschen. Hilfsbereit, gastfreundlich, human. Großes soziales Verständnis. Liebe zum Okkultismus und zu »geheimen Wissenschaften«. Mediale Veranlagung, da äußerst empfänglich für psychische Einflüsse. Im ganzen »Philanthropenkonstellation«. Gegen sich selbst ziemlich nachgiebig, wenn der Jupiter aspektverletzt ist.

Der Saturn (Symbol für Mühen, Arbeit, Pflicht)

♄ ♈ *Im Zeichen Widder:* Die Konstellation macht ziemlich egozentrisch und auch widerspenstig. Der Wille, andere zu leiten und zu dirigieren, ist auffallend. Daher Mangel an Verträglichkeit und besonders an Geduld. Im ganzen etwas eigensinnig, kritisch. Organisatorische Begabungen.

♄ ♉ *Im Stier:* Praktiker, Realist! Manchmal langsam arbeitend, aber ausdauernd. Der Saturn wirkt hier beengend, begrenzend. Daher äußerst sparsam bis geizig. Zäher Wille. Verlangen nach Solidität. Im Wesen häufig berechnend. Im sprachlichen Ausdruck langsam, umständlich. Sonst aber zuverlässig, bestimmt.

♄ ♊ *In den Zwillingen:* Die »Schwere« des Saturns wird gemildert zugunsten einer tiefer und konzentrierter angelegten Mentalität. Die exakten Wissenschaften wie Mathematik interessieren sehr. Im Gemüt ist man allerdings zuweilen depressiv oder ängstlich, macht sich sehr viele Sorgen.

♄ ♋ *Im Krebs:* Seelischer »Tiefgang«, zugleich starke Konzentration auf die wirtschaftliche Sicherung, auch für das Alter. Daher äußerst sparsam, am Erreichten festhaltend. Im Schicksal Verzögerungen. Innerlich etwas unzufrieden. Die Ziele liegen oft höher als die eigene Befähigung. Verlangen nach Ruhe und Sicherheit.

♄ ♌ *Im Löwen:* Oft hohe Ideale, aber quälende Pflichten. Diese Konstellation erhöht das Ichgefühl und hat manchmal Selbstüberschätzung zur Folge. Die Ziele werden mit Zähigkeit angestrebt, auch gegen die Interessen anderer. Im ganzen nicht übermäßig verträglich. Zu sehr überzeugt von der eigenen Großartigkeit.

♄ ♍ *In der Jungfrau:* Der Intellekt wird überaus eindringlich, prüfend, sichtend, konzentrativ. Starke geistige Kraft, die in die Tiefe geht. Mehr verstandesmäßige Einsichten als etwa gefühlsorientierte. Intellektuell grübelnd. Häufig bewirkt der Saturn hier Pedanterie oder Nörgelsucht, manchmal auch Melancholie.

♄ ♎ *In der Waage:* Zuverlässige, pflichtbewußte Menschen mit seelischem oder geistigem Tiefgang. Sehr oft eine künstlerische Befähigung, die mit großer Hingabe ausgebildet wird. Sehr gerecht denkend! In der Ehe manchmal Ernüchterungstendenzen und Schwierigkeiten mit angeheirateter Verwandtschaft, besonders mit älteren Jahrgängen.

♄ ♏ *Im Skorpion:* Ausgesprochene Zähigkeit und sehr starker Wille, der bei Schwierigkeiten sogar noch zunimmt. Entschlossenheit und Ausdauer garantieren den Aufstieg, wenn er auch lange Zeit erfordert. Technische und mechanische Fähigkeiten. Große Überzeugungskraft und Eindringlichkeit der Rede.

♄ ♐ *Im Schützen:* Der Saturn festigt hier den Willen und macht das Denken sehr tiefgehend, untersuchend. So gut wie immer philosophische Interessen. Häufig öffentliche Positionen mit Einfluß auf andere Menschen. Verlangen nach Leitung und Führung. Manchmal grübelnde Naturen mit seelischem Tiefgang.

♄ ♑ *Im Steinbock:* Die Jugend beziehungsweise die erste Lebenshälfte vergeht in hartem Durchsetzungskampf. Mühevoller Aufstieg. Innerlich wird Selbständigkeit ersehnt. Etwas zurückhaltend bis scheu. Aber sehr geduldig im Ertragen von äußeren Schwierigkeiten. Nicht besonders mitteilsam.

♄ ♒ *Im Wassermann:* In den Ideen sehr zäh und hartnäckig. Interesse für Geheimwissenschaften und Okkultismus. Bei Aspektverletzung listig bis schlau. Es besteht eine Gabe, andere Menschen zu beeinflussen beziehungsweise richtig zu behandeln. Im ganzen eine Befähigung zu intuitiver Menschenkenntnis.

♄ ♓ *In den Fischen:* Grübelnde oder wissenschaftlich forschende, nach Erkenntnis suchende Typen. Manchmal schicksalhafter »Zwang« zur Einsamkeit oder zum Zurückziehen in sich selbst. Vermag sich nicht wirkungsvoll durchzusetzen, da die Psyche zu sensibel ist. Man sucht Ruhe und Frieden, oft in der »Stille«. Häufig ein Mensch, der irgendwie gezwungen ist, »im Hintergrund« zu verbleiben.

Die großen und langsamen Wandelsterne wie Uranus, Neptun und Pluto wirken weniger durch ihre Position in den Tierkreiszeichen als vielmehr durch ihre jeweiligen Stellungen in den Horoskopfeldern und ganz besonders über ihre Aspektierung! Während sich beispielsweise der Saturn vom März 1967 bis April 1969 andauernd im Zeichen Widder befindet, verweilt der Uranus sogar vom Jahr 1962 bis September 1968 ununterbrochen im Zeichen der Jungfrau. Und Neptun und Pluto benötigen noch größere Zeiträume, um ein einziges Tierkreiszeichen zu durchlaufen. Hier handelt es sich also nicht mehr um »individuelle« Einflüsse, sondern um Generationsaspekte.

Die Voraussage

Berechnung und Deutung von Planetentransiten

Die moderne astrologische Zukunftsprognose beruht auf einer Reihe von Methoden, deren einfachste und zudem wichtigste die Transite darstellen. Wie die nachfolgende Zeichnung in einfacher Weise darlegt, kann ein Planet sowohl seinen eigenen Platz und dessen Aspekte als auch die Plätze und Aspekte der übrigen Planeten im Grundhoroskop transitieren. Sind dabei die Transite der den Zodiak rasch durcheilenden Planeten wie Mond, Venus und Merkur nur von schnell vorübergehender, oft kaum spürbarer Alltagswirkung, so verursachen die langsam wandelnden großen Planeten wie Saturn, Uranus, Neptun, Pluto und Jupiter ernste und nachhaltige Schicksalsereignisse, oft sogar Lebenskrisen, völlig neue Lebensabschnitte und zuweilen grundsätzliche Umstellungen im Schicksal überhaupt.

Um die Transite irgendeines Planeten im laufenden Jahr oder in kommenden Zeiten feststellen zu können, werden Gestirnstandsauszüge (Ephemeriden) benötigt. Diese Sterntabellen enthalten den täglichen Standort jedes der Planeten einschließlich Sonne und Mond. Man ist vermittels dieser Gestirnstandsauszüge in der Lage, für jeden Tag des Lebens die laufenden Planetenübergänge oder Transite des eigenen Grundhoroskops mühelos zu errechnen. Nötig hierzu ist allerdings, daß man sein einwandfrei errechnetes Grundhoroskop besitzt.

Hinsichtlich der zeitlichen Auswirkungen ist zu beachten, daß die Transite von Mars, Uranus und Pluto bereits einige Zeit vor dem errechneten Stichtag wirken, während Saturn und Neptun erst ab oder nach diesem Stichtag wirksam sind. Haben wir beispielsweise für einen Saturn-Transit den 15. Juli errechnet, so wird seine Wirksamkeit erst nach diesem Termin spürbar anlaufen und noch einige Wochen anhalten.

Um sich die Auswirkung der unendlich vielfältigen Horoskopeinflüsse veranschaulichen zu können, muß sich der Leser klarmachen, daß die Übergänge oder Transite der Planeten dem komplizierten Räderwerk einer Uhr gleichen. Niemals darf ein einzelner Transit für sich gedeutet werden, denn unaufhörlich bilden die kreisenden Wandelsterne neue Transitkonstellationen. Es werden sich stets gute und schlechte Einflüsse der verschiedensten Art zu gleicher Zeit ergeben. Dies hat zur Folge, daß zum Beispiel ein guter Jupitertransit durch einen gleichzeitig fällig werdenden disharmonischen Saturntransit durchkreuzt und in seiner glücklichen Auswirkung gehemmt wird. Somit können sich gute Transitwirkungen verstärken oder abschwachen, schlechte durch günstige gemildert oder aufgehoben werden.

Diese Vielfalt von Wirkungen zu kombinieren, in ihrem Kräfteverhältnis richtig zu erkennen und in ihrer Dynamik abzuschätzen, schließlich auch das betroffene Lebensgebiet treffsicher herauszukristallisieren, erfordert naturgemäß eine vieljährige Übung und intensive Praxis. Am schnellsten führt die jahrelange Beobachtung des eigenen Horoskops und der Lebensläufe von enger verbundenen Menschen zum Ziel.

Es gibt somit kein Lebensgebiet, für das wir nicht aufgrund der Transitberechnungen wertvollste Hinweise erhalten könnten.

Wirkung der Transite

So wichtig und aufschlußreich die Transite und ihre Wirkungen auf die verschiedensten menschlichen Lebensgebiete sind, so darf man trotzdem nie außer acht lassen, daß das Grundhoroskop eines Menschen die entscheidende Aussage über Glück oder Unglück, Erfolg oder Mühen, Aufstieg oder Schicksalstendenz darstellt. Deutet beispielsweise das Grundhoroskop infolge disharmonischer Aspekte der großen Wandelsterne untereinander oder zur Sonne auf widrige Lebensverhältnisse, ernste Schicksalsschläge und überhaupt auf erschwerte äußere Lebensbedingungen, so dürfen wir uns von guten Transiten glückversprechender Wandelsterne, zum Beispiel des Jupiters, nicht allzuviel erhoffen. Die Wirkung wird sich in diesem Fall vielmehr darin zeigen, daß zu Zeiten glückverheißender Transite zwar keine außergewöhnlichen Glückszufälle eintreten, aber immerhin eine ruhigere, sorgenfreie Zeit von kürzerer oder längerer Dauer – je nach Art des Transits – gegeben ist. Es kann also eine Art von »Ruhepause« in Zeiten schweren Ringens eintreten. Aber es kann sich auch um einige vergnügte, heitere und unbeschwerte Wochen handeln. Der Lebenskampf wird erleichtert, man wird nicht im Glück schwimmen, aber auch nicht von ernsten Sorgen gequält werden.

Anders ist die Sachlage, wenn sich im Grundhoroskop günstige, harmonische und lebensfördernde Aspekte vorfinden. Zu Zeiten eines glücklichen Transits wird dann mit einer besonderen Aufstiegsperiode gerechnet werden können. Glücksfälle können sich ereignen, Geldzuwachs beträchtlicher Art kann eintreten, geschäftliche Transaktionen können in Fluß geraten, und der Betreffende kann, wie von einer Woge getragen, seinen sozialen Standort wesentlich verbessern.

Aus all dem bisher Gesagten geht also hervor, daß gute, glückliche Transite ein schlecht aspektiertes Geburtsbild einigermaßen aufzuhellen vermögen (natürlich nur für die Zeitdauer des glückhaften Transits), schlechte Transite jedoch bei einem disharmonisch veranlagten Geburtshoroskop zu einer ernsten Lebenskrise führen können. Nur in der ständigen Analyse der Konstellation des Grundhoroskops mit den laufenden Transitergebnissen liegt die Gewähr einer treffsicheren Zukunftsprognose.

Um die Wirkung eines Transits in all seinen Einzelheiten analysieren zu können, müssen wir uns zuerst über eine Reihe von Fragen schlüssig werden.

Im folgenden seien daher die Auswirkungen aller Transite auf die verschiedenen Lebensgebiete einer eingehenden Betrachtung unterzogen. Besitzt der Leser ein Grundhoroskop, so kann er sich, soweit er über die nötigen astrologischen Grundkenntnisse verfügt, anhand der laufenden Ephemeriden die Transitzeiten unschwer selbst berechnen.

Die Transite des Jupiter

1. Transit des Jupiter über die Sonne im Geburtshoroskop

Stark wirkender, glück- und erfolgverheißender Transit von etwa zwanzig Tagen Dauer. Der Transit wirkt um so stärker, je günstiger die Sonne im Grundhoroskop konstelliert und aspektiert ist. Eine schwache oder schlecht aspektierte Sonne oder ein ungünstig konstellierter Jupiter im Radixhoroskop vermag nur mäßig günstige bis schwache Wirkungen hervorzubringen. Es ist außerdem sehr zu beachten, ob zu gleicher Zeit andere günstige Transite fällig sind – die Wirkung ist dann viel ausgesprochener und prägnanter. Gleichlaufende schlechte Transite können die Glückswirkung eindämmen.

Transitwirkung auf Beruf und Geschäft

Aufstiegsperiode! Das gesamte soziale Milieu unterliegt der Förderung. Tendenzen zur Expansion. Fortschritte werden erzielt, der berufliche und geschäftliche Machtbereich wird erweitert, neue Unternehmungen sind von Erfolg gekrönt, geraten in Fluß und gelingen müheloser als zu anderen Zeiten. Günstige Zeit für Stellungsantritt, Bewerbung, Vorstellung, zum Aufsuchen sozial höhergestellter Persönlichkeiten, Amts- und Gerichtspersonen. Alle Verhandlungen mit Behörden und Gerichten unterliegen der Förderung. Günstige Zeit für Prozesse, aber auch für Festlichkeiten und Vergnügungen. Protektionen von seiten Höherstehender können erlangt werden. Rechtsangelegenheiten, Verhandlungen mit Anwälten und Amtspersonen unterliegen harmonischen, fördernden Einflüssen. Geschäftsverträge, Partnerschaften und neue geschäftliche Verbindungen können eingegangen werden. Günstigster Zeitpunkt zum Aufbau oder Beginn eines Geschäfts oder eines Unternehmens. Künstlerische, intellektuelle, ethische, religiöse, rechtliche Probleme sollen zur Lösung gelangen.

Transitwirkung auf Geld und finanzielle Transaktionen

Die Wirkungstendenz des Jupiter neigt zur Fülle. Alle finanziellen Angelegenheiten werden gefördert. Günstige Zeit für Geldanlagen, Transaktionen mit Wertpapieren, Beteiligung an Geschäften, aber auch für Kauf und Verkauf von Waren, Lebensmitteln, Gütern im großen Stil. Günstig für Geldverleih und jede Art von Kapitalanlage. Gehaltsaufbesserungen können erlangt werden. Falls andere glückliche Transite zu gleicher Zeit fällig sind, könnte das Lotterieglück erprobt werden.

Transitwirkung auf Liebe und Ehe

Günstigster Zeitpunkt für Verlobungen und Eheschluß, da Jupiter alle rechtlichen Bande fördert. Harmonie in den Beziehungen zum Partner, überhaupt zum »Du«. Eine glückliche Zeit für alle Liebesangelegenheiten, die, unter diesem Transit begonnen, zu späteren Bindungen führen können. Streben nach Ehe und Gründung eines eigenen Heims werden gefördert. In diesem Zeitpunkt geschlossene Freundschaften erfahren eine Festigung und Vertiefung.

Bei Frauen ergeben sich unter diesem Transit nicht selten Schwangerschaften und Geburten. Ein unter diesem Transit vollzogenes Bündnis, gleichgültig ob als Freundschaft, Partnerschaft, Verlobung oder Ehe, hat die Tendenz zur Stabilität, Erhaltung und Festigung.

Transitwirkung auf körperliche Einflüsse

Der Jupitertransit über die Sonne ergibt eine Festigung des allgemeinen Gesundheitszustandes. Die körperliche Widerstandskraft wird sehr gestärkt. Es herrscht ein gesteigertes Wohlbefinden. Krankheiten nehmen unter diesem Transit einen gutartigen, heilenden Verlauf. Kindergeburten sind häufig zu beobachten gewesen.

Was ist unter diesem Transit zu tun?

Es sollten alle Dinge in Angriff genommen werden, die der Ausdehnung und Erweiterung des eigenen Wirkungskreises dienen und einen wirtschaftlichen beziehungsweise finanziellen Aufstieg in die Wege leiten können. Die eigene Position kann in dieser Glücksperiode durch Hilfe und Protektion höhergestellter Personen oder Vorgesetzter eine Förderung erfahren. Günstige Zeit also für Bewerbungen, Gesuche, Gehaltsaufbesserungen, Stellungsantritte, Freundschafts- und Liebesbündnisse. Günstig ebenfalls für Loskauf, Aktienkauf oder -verkauf, Geschäftsvergrößerungen und dergleichen. Rechtliche Probleme, ungeklärte Streitigkeiten, schwebende Prozesse sollten jetzt ausgetragen werden. Gesundheitliche Kuren, ärztliche Behandlungen, unter diesem Transit begonnen, haben Erfolg. Wiederherstellung geschädigten Rufes, Rehabilitierung der Berufsehre und dergleichen sollten jetzt versucht werden. Aussöhnung mit Gegnern, Aussprache mit Feinden oder Neidern erfährt die zur Harmonie und Eintracht neigende Tendenz des Jupiter. In geistiger Hinsicht sollten Optimismus, Heiterkeit der Seele, ethische Höherentwicklung und Gerechtigkeitsempfinden angestrebt werden.

2. Die Transite des Jupiter über Sextil- und Trigonalaspekte der Sonne im Geburtshoroskop

Vorgenannte Transite weisen eine ähnliche Wirkung auf wie der Übergang Jupiters über den Sonnenplatz, jedoch in etwas schwächerer Art. Auch unter diesen Transiten ergeben sich heitere, sorglosere und unbeschwertere Zeiten. Alles gelingt leichter als zu anderen Zeiten; man erhält Förderung im Schicksal, erlangt die Gunst von Vorgesetzten, Beförderung, gewinnt wirtschaftliche und geschäftliche Vorteile. Die Transite bessern die körperliche Gesundheit und stärken das Widerstandsvermögen. Die Schaffenskraft wird angeregt. Die eigene Persönlichkeit erlangt Anerkennung oder Beförderung. Der Wirkungsbereich wird erweitert, neue Unternehmungen kommen in Fluß, und ein beruflicher oder geschäftlicher Aufstieg kann müheloser angestrebt werden als zu irgendwelchen anderen Zeiten.

Alle Liebes- und Eheangelegenheiten erlangen eine gewisse Stabilität und Festigung. Bestrebungen zur Gründung eines eigenen Heims, zum Eingehen einer Ehe werden begünstigt. In Liebe verbundene Menschen streben Heirat an. Die Beziehungen zum Partner werden harmonisch und erfahren unter diesen Transiten Förderung. Es ergeben sich nicht selten finanzielle Hilfen oder sonstige Glücksumstände, die Aufstieg und Erfolg verheißen. Dieser Erfolg wird viel ausgesprochener, wenn zur gleichen Zeit dieses Glückstransits auch noch andere günstige Transite fällig werden und schlechte Transite fehlen.

Alle Geldgeschäfte, Transaktionen, Käufe und Verkäufe, Geldanlagen usw. sollten während dieser Zeit vorgenommen werden. Rechtliche Auseinandersetzungen, Prozesse, Verhandlungen mit Behörden und Gerichtspersonen, alle Eingaben, Gesuche und persönlichen Vorstellungen bei Vorgesetzten erlangen fördernde Wirkung. Das Zusammenwirken mit anderen Menschen unterliegt harmonischen Einflüssen. Man kann in dieser Zeit ein Amt, eine Berufung erhalten, kann aber auch ein Geschäft gründen.

3. Die Transite des Jupiter über die Quadratur- und Oppositionsaspekte der Sonne im Geburtshoroskop

Diese Transite ungünstiger Art sind ebenfalls von starker Wirkung und können sich auf eine Dauer von drei Wochen erstrekken. Da alle Quadratur- und Oppositionsaspekte disharmonische, trennende, gefahrenbringende Wirkung haben, so kann sich auch das Glücksgestirn Jupiter unter solchen Transiten nicht fördernd und helfend auswirken.

Transitwirkung auf Beruf und Geschäft

Ein Zeitabschnitt, der Rückschläge bringen kann. Es gilt, vorsichtig zu disponieren und keinerlei neue Unternehmungen zu beginnen. Kreditschwierigkeiten können auftreten, Neigung zu Verlusten im Geschäft. Es kann zu Unannehmlichkeiten mit Behörden und zu Konflikten mit Gerichtspersonen kommen. Daher empfiehlt es sich, während dieser Zeit keinerlei Prozesse zu führen. Alle Verhandlungen mit Amtspersonen und Rechtsanwälten verlaufen ungünstig. Auch entstehen Schwierigkeiten mit Banken, daher während dieser Transite keinerlei Verhandlungen mit Geldinstituten!

Unter diesen Transiten werden häufig größere Geldausgaben, Steuerauflagen, Verluste durch Partner oder enger verbundene Menschen usw. beobachtet. Auch Neigung zu Verschwendung oder zu ungünstigen Einkäufen kann sich ergeben. Alle Geldanlagen und alle Spekulationen vermeiden! Es sollten keine Verträge, Grundstückskäufe oder Verkäufe abgeschlossen werden. Vorsicht vor Schriftstücken und Unterzeichnung von Urkunden! Es ist eine Beeinflussung zu leichtem, unüberlegtem Geldausgeben vorhanden. Unvorsichtigkeit bei Vertragsbindungen und Versprechungen schafft unter diesem Transit Verluste. Weitere Möglichkeiten: Strafen durch Gerichte oder Vorgesetzte, Enttäuschungen durch allzu große Vertrauensseligkeit; Gefühlsüberschwang; übersteigerte Vergnügungssucht.

Gefahr der Ausnützung durch andere Personen in Liebe und Freundschaft.

Charakterliche Einflüsse

Man neigt in Zeiten solcher Transite zu Übertreibung, Selbstüberschätzung, Rechthaberei, falschem Stolz, Egoismus, daher auch zu falschem Einsatz der eigenen Kräfte. Dadurch entstehen Konflikte mit der Umwelt. Leichtfertigkeit, unangebrachter Ehrgeiz und einseitiger, undiplomatischer Durchsetzungswille schaffen Reibungen und Ärger im Beruf oder Geschäft. Übersteigertes Ichgefühl und daher Streitigkeiten, Sorglosigkeit und Arbeitsunlust sind weitere Gefahren.

Körperliche Einflüsse

Erkrankungen von Leber und Galle. Herzfunktionsstörungen. Da Jupiter eine Tendenz zur Fülle und zum Wohlleben aufweist, ist zu Zeiten ungünstiger Jupitertransite Diät am Platze. Neigung zu Schlagfluß und Blutzirkulationsstörungen.

4. Transit des Jupiter über seinen eigenen Platz beziehungsweise sein Sextil oder Trigonal im Grundhoroskop

Stark wirkender Transit von etwa zwanzig Tagen Dauer. Die Auswirkung ist gemäß der Glücksnatur des Jupiter fördernd, harmonisch, erfolgbringend. Unter diesem Transit ergeben sich zuweilen glückliche Wendungen im Schicksal von nachhaltiger Wirkung. Die eigene Person kommt in Beruf, Geschäft und im jeweiligen Wirkungsbereich zur Geltung, wird gefördert durch sozial höherstehende Personen, erlangt Aufstieg durch Protektion und Leistung und erringt sich Anerkennung.

Der Übergang des Jupiter über seinen eigenen Platz und seine guten Aspekte verschafft neuen Auftrieb, inneren Antrieb durch Stärkung des Ichgefühls im positiven Sinn.

Man wird sich seines Werts oder seiner Leistungen bewußt und erhält den entsprechenden Platz durch richtigen Einsatz am richtigen Ort.

Transitwirkung auf Beruf und Geschäft

Oft ein neuer Lebensabschnitt mit glücklichen Wendungen zum Guten und zum Erfolg. Anerkennung der eigenen Arbeit durch Dritte. Beförderung und Gehaltsaufbesserung. Umsatzvergrößerung im Geschäftlichen. Oft Umstellung durch günstige Gelegenheiten. Ehrungen und sozialer Auftrieb. Geselligkeiten oder frohe Feste. Die äußeren Daseinsbedingungen gestalten sich harmonischer. Die Konjunktion des Jupiter mit seinem eigenen Platz im Horoskop hat die stärkere Wirkung und führt sehr häufig zu glücklichen Umstellungen oder gänzlich neuen Ansätzen im Beruf, die sich später als finanziell günstig erweisen.

Es ergeben sich neue Kreditmöglichkeiten. Sehr wichtig sind hier allerdings die gleichzeitig fällig werdenden übrigen Transite. Sollten während dieses Jupitertransits auch noch Saturntransite ungünstiger Art eintreffen, so werden die Glückswirkungen des Jupiter stark eingedämmt oder nicht spürbar sein. In allen übrigen Fällen handelt es sich um eine Zeit des Auftriebs, die ausgenützt werden sollte. Man hat Lust zu Reisen; Lern- und Bildungstrieb; Erweiterung des Wissens und des geistigen Gesichtskreises wird angestrebt. Bei oberflächlicher lebenden Menschen zeigt sich ein Verlangen nach guter Lebensführung hinsichtlich Essen und Trinken, oder auch Vergnügungstrieb, Spieltrieb.

Körperliche Einflüsse

Der Transit hat körperlich stärkende Wirkung. Alle Bestrebungen nach Heilung, Wiederherstellung angegriffener Gesundheit durch Sanatorien, Bäder und Arzneien werden unter diesem Transit stark begünstigt. Erholungsreisen haben Erfolg. Krankheiten der Leber, Galle und Milz, der Herzfunktion und des Blutkreislaufs haben jetzt Aussicht auf Heilung oder Besserung.

5. Transit des Jupiter über seine Quadratur- und Oppositionsaspekte

Die typischen Wirkungen des Jupiter – Ausdehnung, Ausbreitung, Fülle und Zunahme in der Geltungssphäre der Persönlichkeit – treten auch unter diesen Transiten zutage, aber die sonst harmonische Wirkung verkehrt sich beim Übergang über die Quadratur- und Oppositionsstellen im Grundhoroskop in schädigende, auf falschem, übertriebenem Ehrgeiz beruhende Fehlhandlungen. Das Ich überschätzt die Mittel und Wege und seine Kräfte. Das Geltungsbedürfnis übersteigert sich, man wendet Gewalt an und verschafft sich dadurch Ärger, Streit und Sorgen. Der Transit ist besonders im Übergang über die Oppositionsstelle sehr wirksam und bringt Rückschläge.

In allen geschäftlichen Transaktionen sei man auf der Hut! Auf keinen Fall sollte man während dieses Zeitabschnitts etwas erzwingen wollen.

Expansion auf Kosten anderer schafft jetzt ernste Verwicklungen rechtlicher Art, die sich eventuell erst später auswirken können. Das Fundament, auf dem unter diesem Transit gebaut wird, kann sich später als geschäftlicher Verlust erweisen. Im Beruf strebe man keine Verbesserungen, Beförderungen, Anerkennungen oder Beziehungen an. Die Tendenz dieses Transits ist der sozialen Erhöhung der eigenen Persönlichkeit nicht förderlich. Man vermeide alle Unregelmäßigkeiten, lasse sich nicht in ungesetzliche Handlungen ein und unterlasse jetzt alle Verhandlungen mit Anwälten, Gerichtspersonen, Vorgesetzten und Behörden. Konflikte und Auseinandersetzungen mit der Umwelt müssen unter allen Umständen vermieden, und Prozesse dürfen während dieser Zeit nicht ausgefochten werden, da alles, was mit der Justiz zusammenhängt, jetzt einer sehr ungünstigen Wirkung unterliegt. Wortfechtereien und absolutes Bestehen auf dem eigenen Recht führen zu Streitigkeiten.

Die Finanzen erfahren unter diesen Übergängen des Jupiter keine Förderung. Man warte mit Geldanlagen, hüte sich vor größeren Geldausgaben und leihe jetzt keine größeren Beträge aus. In allen Dingen des Vermögens ist Vorsicht am Platze. Käufe und Verkäufe können sich als ungünstig und verlustbringend erweisen. Keine rechtswidrigen Handlungen in Geldangelegenheiten vornehmen! Vorsicht bei Unterzeichnung von Verträgen, Schuldscheinen, Wechseln. Gutmütigkeit oder allzu leichtfertige Hilfsbereitschaft kann in der Folgezeit größeren Schaden bringen. Spekulationsgewinn oder Lotterieglück ist unter diesem Transit nicht möglich.

Im täglichen Zusammenleben und in allen Bindungen durch Liebe und Ehe ist möglichst Harmonie anzustreben. Bei bestehenden Meinungsverschiedenheiten suche man nicht bei anderen Menschen das Unrecht und vermeide selbst alle Anlässe zu Streit oder Disharmonie, da diese sich zu größeren Mißverständnissen und ernsten Zerwürfnissen ausweiten könnten. Familiäre Unannehmlichkeiten und Störungen des Friedens im eigenen Heim können auftreten, Tendenzen zur Selbstsucht könnten ein allzu starres und unnachgiebiges Verhalten gegenüber dem Partner auslösen. Sehr leicht ergeben sich finanzielle Nachteile durch den Partner, ungünstige Freundschaften und Störungen durch die Verwandtschaft.

Es besteht eine Neigung zu Leber- und Magenbeschwerden oder nervösen Reizungen. Während des Übergangs des Jupiter über seine Quadratur- und Oppositionsaspekte ist besonders

Mäßigkeit im Essen und Trinken angezeigt, da die Tendenz des ungünstig aspektierten Jupiter zur Genußsucht anreizt. Ältere Menschen neigen zu Krankheiten des Blutkreislaufs und der Arterien, es besteht die Gefahr eines Schlaganfalls.

6. Transit des Jupiter über den Saturn oder dessen Sextil oder Trigonal

Ein günstiger Transit bedeutungsvoller Art, der ebenfalls längere Zeit, zuweilen zehn bis vierzehn Tage, anhält. Die erweiternde, aufbauende und zur Fülle tendierende Eigenart des Jupiter verbindet sich hier in harmonischer Art mit den erhaltenden, stabilisierenden Beeinflussungen des Saturn. Hieraus resultieren Vorteile in allen Dingen des Besitzes, des Berufs und der sozialen Stellung.

Besonders günstig beeinflußt wird hier der ernste, ausdauernde und wohlüberlegte Aufbau eines Geschäfts oder einer Stellung. Höhergestellte, besonders ältere Personen und Vorgesetzte wirken fördernd. Das persönliche Leistungsvermögen wird heraufgesetzt, die Schaffenskraft wächst und konzentriert sich auf ein Ziel. Unter der gnüstigen Jupiter/Saturn-Bestrahlung können sich Vorteile durch Grund- und Bodenbesitz ergeben. Auch für den Aufbau eines eigenen Heims ist die Zeit günstig. Alle Geschäfte auf lange Sicht, alles, was Bestand haben soll, was planmäßige Kleinarbeit erfordert, befindet sich unter günstiger Beeinflussung. Gründungen von langer Dauer, Hausbau, wirtschaftliche Sicherungen durch Immobilien, landwirtschaftliche Käufe und dergleichen sollten vorgenommen werden.

Es besteht eine günstige Wirkung auf alle Transaktionen von Geld und Geldwerten, auf Anlage in Bodenwerten oder Hypotheken sowie auf alle Werte, die beständigen und verläßlichen Ertrag bringen sollen, daher ist die Zeit gut für langfristige Geldanlagen. Geschäftliche Verbindungen, die unter diesem Transit eingegangen werden, können sich als lohnend und wertvoll für die Zukunft erweisen.

Eine gute Zeit außerdem für Weiterbildung, für Studien ernster Art, für die Erweiterung der Kenntnisse und des Wissens. Willenseinsatz und Persönlichkeitsbildung mit Zielsetzung auf lange Frist werden gefördert.

7. Transit des Jupiter über die Quadratur und Opposition des Saturn

Die großzügige, erweiternde, aufbauende Tendenz des Jupiter wird im Übergang über die schlechten Saturn-Aspekte eingeengt, unterdrückt oder aufgehoben, häufig auch ins Negative umgebogen. Der Transit hat starke Wirkung, besonders wenn im Grundhoroskop auch noch schlechte Aspektierung zwischen Jupiter und Saturn vorherrscht.

Es ergeben sich hemmende Einflüsse bei allen Bestrebungen in der persönlichen, beruflichen oder geschäftlichen Geltungssphäre. Man unterlasse während dieses Zeitabschnitts alle Vergrößerungen des Geschäfts, sei vorsichtig im Disponieren auf lange Sicht, meide größere Transaktionen und achte besonders auf die Erhaltung des Erworbenen. Ein Aufstieg in bessere gesellschaftliche oder berufliche Positionen ist im Augenblick nicht möglich, und alle krampfhaft unternommenen Versuche solcher Art würden zu Rückschlägen oder Verwicklungen führen. Der Geltungsdrang, der Besitzwille und das Verlangen nach Anerkennung und Aufstieg müssen während der Dauer dieses Transits eingedämmt werden. In Geschäft und Beruf zeigen sich Verschleppungen, es will nichts recht gelingen und flott vorangehen. Man hat mit Hinderungen, Enttäuschungen, Sorgen oder Rückschlägen zu rechnen. Jedweder Willenseinsatz um jeden Preis, jede Hartnäckigkeit muß unterlassen werden, da sonst Auseinandersetzungen mit der Umwelt zu erwarten sind. Man erlebt Stauung und Stockung auf allen Gebieten der Existenz.

Der Transit wirkt einschränkend auf den Erwerb. Man rechne nicht mit Aufbesserungen, Glückszufällen oder leicht zu erringendem Besitz. Während dieses Transits fällt nichts zu. Alles muß erarbeitet werden. Spekulationen haben keinen Erfolg. Mit Geld und Geldeswerten sollte vorsichtig umgegangen werden. Größere Ausgaben, Ausleihungen, Kredite können zu Fehlschlägen, Verlusten, Nachteilen führen. Es besteht Gefahr der Verschwendung oder leichtsinnigen Geldanlage. Übervorteilungen, Ausbeutung und Verlust durch schlecht fundierte Geldanlagen oder unehrliche Geschäfte sind möglich. Keine Aktien oder sonstigen Papiere kaufen oder verkaufen! Vorsicht mit allen Unterschriften und Bürgschaften!

Der Transit hat Tendenz zur Trennung, zur Erkaltung in den gegenseitigen Beziehungen, zur Vereinsamung und zu nüchternen, kritischen Gefühlen. Mißtrauen und Argwohn können die Beziehungen zum Partner trüben. Es kann zu Verbindungen kommen, die sich später als hemmend, disharmonisch und nur triebhaft erweisen. Gefallsucht und Genußsucht im Erotischen bringen falsche, unpassende Partnerschaften. Es besteht die Gefahr der Auflösung von bisherigen Freundschaftsverbindungen, der Abwendung von Freunden und engverbundenen Menschen. Es ist eine ungünstige Zeit für harmonische Verbindungen, daher ungeeignet für Verlobung und Heirat.

Körperliche Einflüsse

Während der Dauer dieser Transite ist der Körper anfällig, und Exzesse irgendwelcher Art können ernste Schädigungen der Gesundheit verursachen. Alle chronischen Krankheiten können gefährlich werden. Die heilenden und gesundenden Kräfte sind in Stagnation, daher tritt bei Anfälligkeit leicht eine Verschlechterung des körperlichen Zustandes ein.

Vorsicht vor Erkältungen und saturnbedingten Krankheiten (Rheuma, Gicht, Ischias)!

8. Transit des Jupiter über die Konjunktion oder den Sextil- oder den Trigonalaspekt des Uranus

Bei diesem Transit verbindet sich der schenkende und fördernde Einfluß des Glücksgestirns Jupiter mit dem impulsiven, plötzlichen und absonderlichen, unvorhersehbaren Einfluß des Uranus. Es handelt sich demnach um günstige Auswirkungen, die der eigenen Persönlichkeit Auftrieb schenken und zufallendes Glück verheißen. Beim direkten Übergang des Jupiter über den Platz des Uranus im Grundhoroskop ist diese Wirkung am ausgesprochensten.

Diese Transite sind günstig in jeder Hinsicht, steigern den Leistungswillen, die persönliche Energie, lassen die eigene Person in Front kommen, bringen neue Ideen, neue Schaffenspläne, machen originell und einfallsreich, regen den Spiel- und Spekulationstrieb an; im Beruf kann es zu Beförderungen, Anerkennungen, plötzlichem Aufstieg, zu besonderen Leistungen kommen, die sich in der Folgezeit auf das Fortkommen fördernd auswirken. Man versuche, unter einem solchen Transit eventuelle Aufträge besonders erfolgreich zu lösen, suche Anstellungen und Aufträge zu gewinnen, bringe sich bei seinen Vorgesetzten in Erinnerung, nütze Protektionen und Beziehungen. Im Geschäftlichen kann ein größerer Einsatz gewagt oder eine neue Unternehmung angebahnt werden. Neue Bekanntschaften geschäftlicher Art bringen Vorteil, Freunde erweisen sich hilfreich und fördernd. Eine günstige Zeit, um mit Unternehmungslust und einem gewissen gewagten Einsatz größere Pläne durchzuführen. Neuartige Ideen, Reformen und Umstellungen haben unter diesem Transit Erfolg.

9. Transit des Jupiter über Quadratur- und Oppositionsaspekte des Uranus

Auch bei diesem Transit wirken die expansiven Kräfte des Jupiter und die umwälzenden, Neuerungen bringenden Einflüsse des Uranus. Durch den Übergang über die Quadratur- und Oppositionsaspekte des Uranus werden diese Einflüsse jedoch disharmonisch und zerstörend, machen den Betroffenen unvorsichtig, vorschnell, hastig und allzu leichtsinnig. Insbesondere ist der Übergang über die Opposition des Uranus von plötzlichen, Verlust oder Sorgen bringenden Auswirkungen begleitet.

Man ist allzu leicht geneigt, die Dinge auf die leichte Schulter zu nehmen. Deshalb hüte man sich während dieser Zeit vor unüberlegten geschäftlichen oder beruflichen Transaktionen, lasse die Finger von allen spekulativen Unternehmungen und sei vorsichtig im Kauf und Verkauf von Waren usw. Es zeigen sich Geschäftsmöglichkeiten, die allzu leichten Verdienst versprechen; sie scheinen auf den ersten Blick vorteilhaft, ergeben aber im Lauf der Zeit alle möglichen Verluste oder Krisen.

Man sollte unter diesen Transiten kein Geschäft aufbauen, seine Existenz nicht gewaltsam verbessern wollen und sich davor hüten, in unklare, unsichere Verhältnisse zu kommen.

Geld und finanzielle Verhältnisse

Keine Geldgeschäfte unternehmen! Vorsicht vor Bürgschaften, Geldverleih, allzu sorglosen Geldausgaben und unübersehbaren finanziellen Transaktionen! Der sonst klare geschäftliche Blick wird während diesem Transit durch Sorglosigkeit und unbegründete Großzügigkeit getrübt. Man kann so in unangenehme Situationen geraten. Gelegenheiten, die allzu leichten Geldgewinn versprechen, erweisen sich hinterher als äußerst verlustreich! Vorsicht auch vor Freunden, Bekannten und Geschäftspartnern! Es sollte möglichst nichts Neues unternommen werden.

Liebe und Ehe

Die Beziehungen zum Mitmenschen unterliegen einer Trübung und einer Tendenz zu Streitigkeiten, Mißverständnissen, plötzlich eintretenden Auseinandersetzungen, Gereiztheit und plötzlicher Trennung.

Man neigt zum Abenteuer, zu ungesetzlichen Handlungen, zur Überstürzung in den Entschlüssen und zu aufgeregtem Wesen. Die Impulse werden durch die Eigenart der Uranus-Bestrahlung im ungünstigen, disharmonischen Sinn verstärkt.

Jupitertransite über die schnellaufenden Planeten Mond, Merkur, Mars und Venus

Diese Jupiter-Übergänge rufen nur dann wichtigere Geschehnisse hervor, wenn Jupiter mit einem dieser Planeten bereits im Grundhoroskop durch Aspekte verbunden ist. Der Einfluß ist jedoch nich sehr erheblich und hat mehr oder minder nur kurzfristige Tendenz.

♃ ☾ *Jupiter/Mond-Transite*

bezeichnen im männlichen Horoskop zuweilen Angelegenheiten mit der Partnerin, Freundin, Gattin und wirken günstig oder ungünstig, je nachdem ob der Transit harmonisch oder disharmonisch ist. Allgemein bezeichnet Jupiter hier emotionelle, seelische Vorgänge, Gefühlssteigerungen. In einigen Fällen symbolisiert er auch Reisen, da der Mond an sich Reisesignifikator ist.

♃ ♂ *Jupiter/Mars-Transite*

können außerordentlich wirksam werden, wenn die Verbindung beider Planeten schon im Grundhoroskop vorhanden ist und durch den Transit aus der Latenz gehoben wird. In diesem Fall bringt Jupiter Energiesteigerungen, aber auch Konfliktmöglichkeiten und Auseinandersetzungen gemäß dem Planetenprinzip des Mars (Heftigkeit, Impulse, Triebsteigerungen) und jenem des Jupiter (Ehrgeiz, Übertreibung, Behörden, Staatsorgane, Finanzen).

♃ ☿ *Jupiter/Merkur-Transite*

können sehr wirksam werden in geistig-intellektuellen Dingen wie Studien, Prüfungen, Examen, Verhandlungen, Verträgen, Abschlüssen, Reden, Plänen. Ungünstige Jupitertransite über disharmonische Aspektstellen des Merkur bringen in diesen Dingen Verluste, Fehlspekulationen, Fehlhandlungen.

♃ ♀ *Jupiter/Venus-Transite*

haben Bezug zum Liebesleben, zur Erotik und Zeugung, zu Freundschaften, Verlobungen, Anregungen, heiteren Stunden. Im ungünstigen Transit verführt Jupiter hier zum Wohlleben, zu Ausschweifungen, finanziellen Ausgaben für Vergnügungen, Schmuck, Mode, Garderobe usw. Sind in einem Grundhoroskop Jupiter und Venus in harmonischem Aspekt oder gar in Konjunktion, so wird der Jupitertransit über die Venus-Aspekte eine äußerst harmonische Periode auslösen, die gesteigertes Liebesleben, materielle Gewinne, harmonische Freundschaften bringt. Jupiter und Venus sind schon in der klassischen Astrologie als *fortuna major* (großes Glück) und *fortuna minor* (kleines Glück) bezeichnet worden.

Jupitertransite zum Aszendenten

bezeichnen eine Periode nützender, wertvoller Bekanntschaften und Kontakte zu sozial Höherstehenden, guter Verbindungen, aber auch neuer Anregungen, Pläne und Möglichkeiten. Kommt Jupiter zum Aszendenten in disharmonischen Transit, zum Beispiel in Opposition, so tendiert das Gemeinschaftsleben zu Konflikten, gerichtlich-behördlichen Dissonanzen und dergleichen.

Jupitertransite zum Meridian oder MC

Da Aszendent und Meridian ichbezüglich sind, so ergibt der Jupiter-Übergang über diese wichtigsten Eckfelderspitzen des Horoskops die Tendenz zur Expansion, wie sie eben dem Jupiter-Prinzip innewohnt: Alle persönlichen Wünsche, Ziele und Triebe erhalten eine positive Intensivierung, und die Persönlichkeitsgeltung wird hier besonders verstärkt. Es kann zu beruflichen Glücksfällen kommen, wobei persönliche Kontakte zu sozial oder finanziell arrivierten Personenkreisen eine fördernde und helfende Rolle spielen können. Man hat in geschäftlichen und beruflichen Dingen eine glückliche Hand, oft ergeben sich finanzielle Zuflüsse und berufliche Aufstiegsmöglichkeiten.

Die Übergänge des Glückssymbols Jupiter über den Meridian (Spitze X) können nur dann eine außerordentliche Wirkung zeitigen, wenn Jupiter schon im Radixhoroskop eine Beziehung, also einen Aspekt, zum Meridian hat. Ist es ein guter, fördernder, harmonischer wie das Trigon, die Konjunktion oder das Sextil, so kann der Jupitertransit eine einschneidende Wirkung haben! Ist der Aspekt aber schlecht, so wird sich das Gute durch übersteigerten Geltungstrieb, durch allzu forciertes Drängen nach Erfolg oder durch Schädigung anderer in sein Gegenteil umkehren.

Jupitertransite zum Neptun

Im Fall der Konjunktur wäre zu prüfen, ob das Grundhoroskop an sich schon Geld und Glücksfälle verspricht. Wenn dies der Fall ist, könnte der Jupitertransit über Neptun oder dessen gute Aspekte finanzielle Glücksfälle besonderer Art bringen.

Im Fall von Geldtransaktionen, Spekulationen, Lotterie- und Totogewinnen ist die Jupiterposition im Radixhoroskop, ferner der Transit des laufenden Jupiter stets von größter Bedeutung, wie die Erfahrung zeigte.

Sehr oft bringen übrigens Jupitertransite über Pluto oder im Aspekt zu Pluto – ganz besonders dann, wenn im Grundhoroskop schon solche Jupiter/Pluto-Beziehungen vorhanden sind – große Gewinne und ungewöhnliche Glücksfälle. Als Beispiel diene das folgende Horoskop eines »Totokönigs«.

Hermann Franz Rosenberger, »Totokönig«, Gewinner von 636 575 DM bei einem Einsatz von 3 DM.

Geboren: 24. IX. 1909, 23 Uhr, Gunzenbach (Bayern).

Sonne in 1.13 Grad Waage, Mond in 27 Grad Steinbock, Aszendent in 11 Grad Krebs, Meridian: 10 Grad Fische. (Aus dem Archiv Ebertin, gemäß Mitteilung von Herrn Heinrich Müller).

Das Horoskop zeigt die Sonne mit dem Glückssymbol Jupiter in Konjunktion. Venus befindet sich mit den Hauptachsen Aszendent und Meridian in einem Trigonalaspekt. Jupiter formt einen Aspekt mit Pluto (gradgenaues Quadrat!). Merkur erhält von Pluto ein exaktes Trigonal. Die Sonne herrscht über das Finanzfeld II und ist in Konjunktion mit Jupiter. Dieser wiederum begünstigt den Mond mit einem exakten Trigonalaspekt (= Glück).

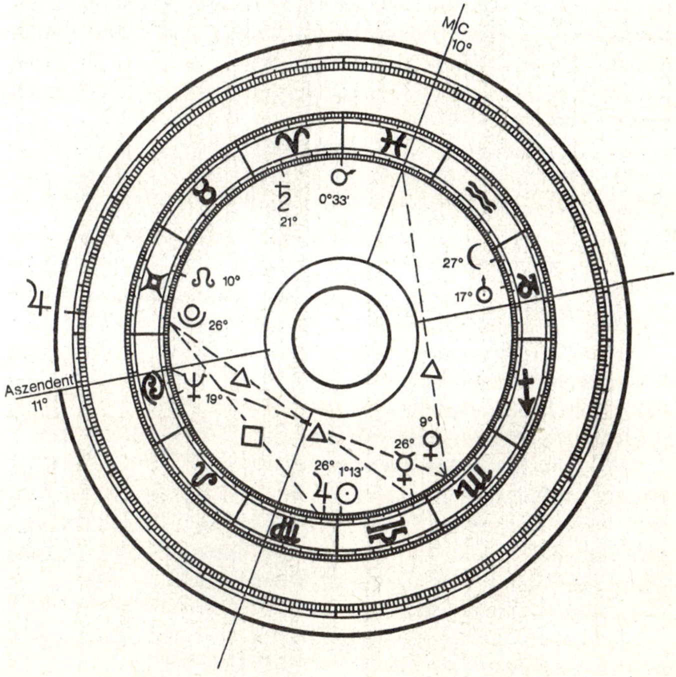

Der Totogewinn erfolgte am 25. X.1953: An diesem Tag befand sich der laufende Jupiter – das »große Glück« – exakt auf dem Platz des Pluto in 26 Grad Zwillinge, also wiederum auf jenem Grad, der bereits im Geburtshoroskop einen Aspekt zu Jupiter besitzt. Der Gewinn erfolgte also unter dem Transit für »Großgewinne«: Jupiter über Pluto direkt!

Die Transite des Saturn

In der alten klassischen Astrologie galt das Planetenprinzip des Saturn als das »große Unglück«. Zum Fatalismus besteht deshalb noch lange kein Grund, sondern es handelt sich eben um ein psychologisches Symbol der Hemmung, der Erstarrung, der Schwerfälligkeit und des Mangels an seelischer Gelockertheit. Diese Seelenhaltung als eine Parallele zu pessimistischer Mentalität kann natürlich äußere Folgen zeitigen und schicksalsmäßig Rückschläge, Fehlschläge, Depressionen auslösen. Während langjähriger statistischer Beobachtung von vielen hundert Nativitäten haben sich bei saturninen Grundhoroskopen, in denen Saturn eine ausgezeichnete kosmische Konstellation aufwies, soziale Festigung, Stabilität auf lange Sicht und langsames, zähes Durchsetzen der Persönlichkeit bei guten Saturntransiten gezeigt. Probleme ernster oder schwerer Art wurden gemeistert, Forschungen gelangen, Geschäfte wurden mit Hartnäckigkeit und großem Fleiß aufgebaut. Diese Eigenschaften allerdings sind der »rote Faden«, der sich durch die Wirkungstendenz des Saturn zieht: Emsigkeit, Zähigkeit, Fleiß, Hartnäckigkeit und Bescheidung – sie sind die Vorbedingungen, unter denen Saturn schenkt und gibt!

Menschen mit kosmisch schlecht konstelliertem Saturn (durch Aspekte sehr verletzt) haben freilich zu ringen und stehen bei Saturntransiten unter inneren und äußeren Bewährungsproben. Wichtig ist hier, wie übrigens auch bei anderen Planetentransiten, das Feld, das Saturn im jeweiligen Grundhoroskop durchläuft! Es kann eine sehr lange Zeit dauern, bis der Saturn ein Horoskopfeld transitiert hat, so daß sich zum Beispiel im Fall des Durchgangs durch das Berufsfeld X oder beim Überlaufen der Spitze X, also des Meridians, eine Periode harten und erschwerten Einsatzes aller Fähigkeiten ergibt. Man wird um diese Zeit feststellen können, daß eine gewisse Durchkreuzung des persönlichen Ehrgeizes stattfindet.

1. Transit des Saturn über die Sonne im Geburtshoroskop

Sonne und Saturn sind antagonistisch, verhalten sich zueinander wie Licht und Schatten. So können wir uns ein Bild machen, wie ein Saturn-Übergang über die Sonnenposition irgend eines Horoskops wirken muß: Verlangsamung der Funktionen, Einengung des Macht- oder Geltungsbereichs der Persönlichkeit, Erschwerung des materiellen Strebens durch Abschnürung finanzieller Quellen, durch Kapitalschwund oder durch Erschwerung des Berufs als solchen, oder auch Stellenverlust, Übernahme schwerer Aufgaben im Tätigkeitsbereich, Minderung des persönlichen Einflusses auf andere.

Es ist zu unterscheiden, ob Sonne und Saturn im Radixhoroskop eine Aspektbeziehung haben oder ob sie überhaupt keine gegenseitige Beziehung besitzen.

Im ersteren Fall der gegenseitigen Aspektierung – es sei ein Sextil- oder Trigonalaspekt angenommen – wird der Saturntransit nicht überzeugend, auch nicht im kritischen Sinn, wahrgenommen werden. Des öfteren ergaben sich sogar unter diesem Übergang des Saturn langsame, stetige, zunächst kaum wahrnehmbare Besserung der Berufsposition. Einmal konnte unter großer Mühe ein Geschäft aufgebaut werden, ein anderes Mal kam ein Grundstückskauf zustande, der das vorhandene Kapital auf längere Zeit band und sicherte.

Im zweiten Fall völliger Beziehungslosigkeit zwischen Saturn und Sonne im Radixhoroskop hängt der Saturntransit sehr von allen anderen, gleichzeitig laufenden Planetentransiten ab. Zuweilen bleibt der saturnine Übergang latent, zuweilen zeigen sich einige Hemmungen mäßiger Art. Das zufallende Glücksmoment fehlt allerdings vollkommen, denn Saturn schenkt nur bei großer eigener Mühe.

Die überzeugendste Saturn-Wirkung tritt dann auf, wenn Sonne und Saturn im Radixhoroskop in Konjunktion, Quadratur- oder Oppositionsaspekten stehen. Hier kommt der saturnine Charakter erst richtig zum Durchbruch. Die Wirkungen sind: Spürbare Herabsetzung der körperlichen und auch geistigen Widerstandskraft, depressive Haltung, die ihrerseits der

Anlaß zu körperlichen Störungen werden kann, wobei das Zeichen, in dem Sonne und Saturn im Radix befindlich sind, einen gewissen Anhaltspunkt für die körperliche Sphäre abgibt. Da die Sonne ja auch Hauptsignifikator für das allgemeine Glück ist, so zeigen sich unter dem bedrückenden Saturn-Einfluß sehr oft Berufs- und Geschäftsschädigungen und ein Rückgang der Prosperität im allgemeinen. Fehlspekulationen und Fehlhandlungen zeigen jetzt erst ihre Folgen. Anscheinend festgefügte Bindungen und die berufliche Position kommen ins Wanken, und man findet immer wieder, daß sich ein Abbruch der bisherigen Stabilität im Materiellen, Sozialen, Finanziellen einstellt. Selbstverständlich hat die Sonnenposition in Feld und Aspekt einen starken Einfluß gemäß unserer Erläuterung über die Art und Weise der Transitwirkungen. Die Felderposition der Sonne zeigt manchmal sehr eindeutig die Ebene der Geschehnisse an, zum Beispiel bedeutet die Sonne in Feld X bei Saturn-Übergang eine Berufskrise, aber auch sonstige Fehlschläge und Konstitutionsschädigungen. Es wird sich erweisen, daß alle Einsätze jetzt erschwert sind: mehr Leistung, mehr Mühe, weniger Anerkennung, weniger Erfolg. Geldtransaktionen dürfen um diese Zeit saturniner Belastung keinesfalls vorgenommen werden! Auch sind alle finanziellen Glückschancen während solcher Transite abgedrosselt. Man muß sich mit der Tatsache abfinden, daß dem so ist, ohne die wirklichen Ursachen im psychologischen Sinn erschöpfend darstellen zu können. Wohl mag die mentale und psychische Haltung auf die äußeren Umstände abfärben. Zu oft aber findet man bestätigt, daß nach einer langen Zeit der Wohlfahrt und des beruflichen Erfolgs diese Saturntransite plötzlich eine Wende herbeiführen, und zwar ohne alle Einwirkung der eigenen Person oder des eigenen Willens. So kommt es zu Kündigungen, Stellenwechseln, zum Abbruch nützlicher Beziehungen und Verbindungen, zur Entfremdung von Nahestehenden, zur Enttäuschung hinsichtlich gehegter Hoffnungen und Wünsche. Der Ehrgeiz erfährt eine sichtliche Durchkreuzung durch auftauchende Schwierigkeiten, die man nicht einkalkulierte. Familiensorgen tauchen ebenfalls auf, wobei die Sonne im männlichen Horoskop sehr oft den Vater symbolisiert – im weiblichen dagegen den Gatten. Es besteht fast immer eine hohe Wahrscheinlichkeit hinsichtlich der näheren Einflußnahme des Saturn. Erschwert wird die Aussage nur durch die Vielfalt der Horoskopfelder-Bedeutungen. Hier ist zweifellos jener Astrologe im Vorteil, der neben strenger wissenschaftlicher

Selbstkontrolle doch auch einen Funken Intuition besitzt. Zum Beispiel hat das Feld X auch eine Nebenbedeutung bezüglich aller Dinge, die mit der Mutter zusammenhängen (die Spitze X ist wie diejenige des Feldes IV erbbezüglich). Die Spitze VI oder das Feld VI kann Krankheit symbolisieren, aber auch Gegner, Feinde, Anfeindungen und Beeinträchtigungen des Arbeitsgebietes, ebenso Stellenwechsel. Das Feld III kann nicht nur eigene Geschwister oder Verwandte bedeuten, es kann ebenso Reisen, Korrespondenz, Verträge und auch die mentale Haltung symbolisieren. Saturn durch Feld III könnte also depressiv machen, könnte aber auch – falls die Sonne hier konstelliert wäre – einen Bruder und Mißgeschick mit demselben anzeigen. Eine Reise bei saturniner Belastung des Feldes III würde mit außerordentlichen Schwierigkeiten verbunden sein. Saturn im Transit durch das Feld II eines Horoskops hat eine fühlbare Einschränkung, Erschwerung im finanziellen Sektor zur Folge. Alle Geschäftsverhandlungen, Verkäufe und Abschlüsse bei einem Durchgang des Saturn durch dieses Feld verlaufen zäh oder bringen Verluste oder Einschränkung des Erfolgs (dies auch im Feld X!). Ein Transit des Saturn durch das Todesfeld VIII eines Horoskops kann zuweilen einen Todesfall im engeren Kreis der Angehörigen zur Folge haben (manchmal bezieht es sich auch auf den Gatten oder die Gattin), aber dies muß bei weitem nicht immer zutreffen. Des öfteren wird vielmehr die finanzielle Sphäre beeinträchtigt, da Feld VIII dem Feld II gegenüberliegt. Ferner beobachtete man häufig eine körperliche Schwächung, eine Zunahme bestehender latenter Schwächen, eine große Labilität im Seelischen. Bei Todesfällen und ähnlichen einschneidenden Ereignissen müßte man stets nach einer Bestätigung durch andere Einflüsse (auch durch Direktionen und Progressionen) suchen! Die Transitvorhersage ist also kein leichtes schematisches Verfahren, sondern braucht langjährige Erfahrung, Beobachtung und intuitive Abschätzung aller beteiligten Transitfaktoren. Am weitesten kommt man, wenn man *Tendenzen* feststellt, die ja durch die Prinzipienlehre der Planeten festgelegt sind.

2. Transit des Saturn über den Mond oder dessen Aspekte

Der direkte Saturn-Übergang über den Mond ist im Seelischen stark spürbar als depressive, schwankende Stimmung. Dieser Transit wird im weiblichen Horoskop stärker wahrgenommen als im männlichen, da die Gefühlsintensität der Frau ohnedies stärker ist. Aber auch im männlichen Horoskop kann dieser Transit starke Gemütsschwankungen auslösen, die meist ein äußeres Schicksalserleben mit der Gattin, eventuell auch der Mutter zum Anlaß haben. Der Transit ist beim Mann für das Erleben innerhalb einer engeren Gemeinschaft (Ehe) störend, manchmal sogar Trennung verursachend. Wenn der Mond im Radixhoroskop Gesundheitliches andeutet (Feld I und Feld VI, eventuell auch Feld VIII und XII), so entspricht der Saturn-Übergang einer Zeit körperlicher Anfälligkeit, der eine seelische vorausgeht. Bei ungünstigen Saturntransiten (Konjunktion, Quadratur- und Oppositionstransit) zum Mond können sich disharmonische Eheereignisse ankündigen, Eifersucht, Mißtrauen, innere Entfremdung, Ernüchterung der Gefühle und Empfindungen. Die engere Umgebung im Häuslichen mag beunruhigen, Reisen scheinen nötig zu werden oder gewisse kurzfristige Veränderungen aus Zwangsgründen. Oft beobachtete man Krankheit der Mutter (oder Gattin) oder einer älteren weiblichen Familienangehörigen, die zu Kummer oder Sorgen Anlaß gibt. Im weiblichen Horoskop ergaben die Saturntransite über den Mondplatz ebenfalls auffallend häufig Sorgen, Unruhe, Ärger mit weiblichen Angehörigen oder überhaupt durch das gleiche Geschlecht, also auch durch Kolleginnen, Freundinnen, Mitarbeiterinnen usw. Die Saturntransite über gute Mondaspekte haben keine wichtige Bedeutung im Sinn äußeren Geschehens. Hier wird lediglich das Seelische, Gefühlsmäßige gefestigt, gestärkt, widerstandsfähiger bei äußeren Schwierigkeiten. Dennoch zeigt sich, daß unter solchen Transiten die innere Schwungkraft etwas gedämpft wird zugunsten der Vorsicht oder des Abwartens, wie dies eben dem Saturn-Symbol entspricht. Das Ganze wird viel ausgesprochener wirksam und spürbar, wenn im Radixhoroskop zwischen Saturn und Mond schon disharmonische Aspekte (Konjunktion, Quadrat, Opposition) vorhanden waren. Dann ist der Saturntransit auch körperlich wahrnehmbar als Herabsetzung der Widerstandskraft, der seelischen Elastizität und des geistigen Abwehrwillens infolge einer lähmenden Passivität, über die man nur schwer Herr zu werden vermag. Diese letzteren Saturntransite wirken äußerst überzeugend, werden aber meist etwas später akut als zur Zeit der theoretischen Auslosung. Die gleiche Wirkung wird nicht nur durch die Transite, sondern auch durch den progressiven Mond hervorgerufen, wenn er mit Saturn oder einem schlechten Saturnaspekt in Kontakt kommt. Frauen mit Saturn/Mond-Konjunktionen oder sonstigen Saturn/Mond-Verletzungen im Grundhoroskop sind des öfteren krank, körperlich anfällig (je nach dem Zeichen, in dem der Mond konstelliert ist) und zeigen in regelmäßigen Intervallen auffallende Gemütsdepressionen. Der Grund liegt darin, daß der Mond wegen seines schnellen Laufs in den Progressionen wie auch in den Transiten wiederholt die gleichen Aspektverletzungen des Horoskops überläuft. Solche Horoskope sind belastet, und das Gemütsleben dieser Frauen hat schwere Krisen zu überwinden. Männer mit solchen Saturn/Mond-Verletzungen zeigen diese Tendenz weniger im Psychischen, aber erfahren im Zusammenleben mit der Frau, im Häuslichen, in den Dingen der Liebe immer wiederkehrende Belastungsproben. Die Ergänzung des eigenen Ichs wird erschwert, das seelische Erleben durch die Frau gestaltet sich leicht depressiv.

3. Transite des Saturn über seinen eigenen Platz im Horoskop oder dessen schlechte Aspekte

Diese Saturntransite sind in der Tat schicksalhaft, denn sie bezeichnen in allen Fällen Belastungsproben auf vielerlei Lebensgebieten, wobei auch hier wieder die Saturn-Konstellation im Grundhoroskop innerhalb des Zeichens oder Feldes oder der Gesamtaspektierung nähere Hinweise abgibt. Saturn wird nicht abrupt, plötzlich, auffällig in Erscheinung treten, seine spezifische Wirkung ist vielmehr schleichend, unterminierend, langsam vorbereitend. Man kann annehmen, daß Saturn bei diesen Transiten über seinen eigenen Platz im Horoskop eine Prüfungsperiode einleitet, sei es im erschwerenden äußeren Sinn, sei es im Sinn einer geistigen, seelischen oder auch körperlichen Entwicklungskrise. Immerhin – dieser Transit hat verspätete Wirkung, das heißt, er offenbart sich erst nach einer gewissen Periode des Anlaufens, die oft lange dauern kann (da Saturn ja immer um wenige Grade vorrückt und oft lange Zeit wieder rückläufig wird, so daß er die gleiche Aspektstelle ein- bis dreimal überläuft). Die Erfahrung zeigte, daß Saturn im Rücklauf über die verletzte Aspektstelle oder seinen eigenen Platz die tiefgreifendste Wirkung auslöst. Beim erstmaligen Übergang wird eine Krise erst langsam, kaum spürbar eingeleitet. Beim Überpendeln der Aspektstelle wird schon die nachhaltige Wirkung verspürt, und beim letztmaligen Transit kann der Vorgang in vollem Ausmaß in Erscheinung getreten sein. Das saturnine Prinzip ist hier nicht im weltlichen Sinn als »gut« oder »böse« zu bezeichnen, sondern es symbolisiert ganz einfach einen Reifevorgang, der mit den verschiedensten Mitteln erreicht werden kann. Es kommt hier sehr auf die Gesamtentwicklungsstufe des betreffenden Menschen an! Äußerst materiell eingestellte Menschen werden den Saturn am heftigsten auf der ihnen gemäßen Ebene – eben der materiellen – verspüren. Geistig entwickeltere, gelokkerte und auf geistige Erfahrungen ansprechende Menschen können eine äußere Schicksalsprüfung als geistigen Wertzuwachs empfinden – im Sinn von Erfahrung, Läuterung, Vertiefung. Kein Horoskop gleicht dem anderen, und ein Saturntransit hat für jeden Menschen eine andere Variante.

Stets ist also Saturn am Werk, wenn eines Menschen Stunde schlägt, wenn er aus dem Trott seines Versponnenseins in die Dinge der Materie nicht mehr herausfindet. Saturn löst und bindet, gibt im Geistigen und nimmt im Materiellen. Wenn er auf materiellem Plan gibt – und dies kann bis zu außergewöhnlichem Grad geschehen –, so ist das Geschenk ein »Danaergeschenk«: Früher oder später fordert Saturn Rechenschaft über das verwaltete Gut. Das populäre Sprichwort: »Gottes Mühlen mahlen langsam, aber sicher«, trifft in vollstem Ausmaß auf Saturn zu. Wer einen verletzten Saturn in Feld X oder nahe dem Meridian hat, für den gilt dies ganz besonders! Seinem Aufstieg kann der Sturz auf dem Fuße folgen.

4. Transit des Saturn über seine guten Aspekte (Sextil und Trigonal)

Man kann über die Wirkung dieser Transite nicht viel mehr sagen, als daß sie die »Abwesenheit von Unglück« bezeichnen, also vielleicht eine stabilisierende Periode, die ernster Arbeit die entsprechenden Früchte bringt. Da aber der Mensch eine ruhigere Zeit gleichmäßigen Fortschritts nicht als besonderes Glück erkennt, wird auch diese stabile Periode nicht als besonders auffallend erkannt werden. Handelt es sich um Horoskope mit kosmisch ausgezeichnet konstelliertem Saturn, so mag sich gemäß der Felderstellung dieses Saturn ein gewisser Erfolg zeigen, jedoch nie auffallend oder plötzlich, denn diese Symptome gehören niemals der Saturn-Wirkung an. Solche Transitzeiten wären in jeder Hinsicht ausgezeichnet, um beispielsweise ein neues Geschäft, ein neues Unternehmen zu gründen, eine neue Position anzutreten, wissenschaftliche Forschungen einzuleiten – kurz alles, was Bestand haben soll und nicht nur für den Augenblick bestimmt ist. Hierzu gehört auch der Kauf von Grundstücken, der Beginn eines Hausbaus, der Erwerb von Immobilien und dergleichen.

Für rein spekulative Aktionen kommen die Saturntransite nicht in Frage.

5. Die Transite des Saturn über Jupiter oder dessen gute Aspekte

Es kommt wie immer darauf an, ob sich beide Planeten im Radixhoroskop schon aspektieren und in welcher Weise. Sind sie ohne Bezug zueinander, so wird der Transit nicht besonders spürbar, es sei denn in einem Nachlassen der Prosperität, in erhöhten Ausgaben, in stärkeren Einsätzen oder sozialen Kämpfen, denn Saturn als Symbol der Anstrengungen, Erschwerungen und Behinderungen hemmt die jovische Wirkung hinsichtlich Ausdehnung, Machteinfluß und finanzieller Lage. Selbst bei Saturntransiten über die guten Jupiteraspekte kann man selten eine soziale Aufwärtsentwicklung feststellen – es sei denn, Saturn hätte im Radix einen ausgezeichneten Aspekt zum Jupiter. In diesem Fall dringt man in Jupiter-Angelegenheiten, wie Auseinandersetzungen mit Behörden und dem Gericht, durch, aber nur mit Zähigkeit und Hartnäckigkeit. Gewisse Konflikte, die in der Luft hängen, können unter diesem Transit beigelegt werden. Da Saturn immer auch Haus, Wohnung, Heim symbolisiert, also die festen Abgrenzungen der eigenen Persönlichkeit, so kann Jupiter unter diesem Transit zu Veränderungen und Wohnungswechsel geneigt machen oder solche Pläne ins Auge fassen lassen.

Bei schlechtem Transit verschlechtert er oft auch die Häuslichkeit und die Wohnungsverhältnisse mit Mietern usw.

6. Transit des Saturn über die schlechten Jupiteraspekte

Grundsätzlich sollte man unter diesem Transit alle finanziellen und wirtschaftlichen Verhandlungen unterlassen. Es zeigt sich eine Tendenz zu Verlusten, zu erhöhten Ausgaben, zu erschwertem Verdienst.

Diese Tendenz muß jedoch nicht immer besonders auffallen – es kann sich auch um verschleierte Einkommensminderungen, um Kapitalschwund, um falsche oder zeitlich ungünstig angesetzte Investitionen handeln. Die persönliche Durchsetzung und der materielle Erfolg werden gemindert. Eine ungünstige Zeit also für Geldverleih, Geldanlagen, Hauskauf und Wohnungsänderungen. Vertrauensmißbrauch oder Fehlhandlungen im Beruf und Geschäft können vorkommen.

7. Saturntransite über den Uranus oder dessen ungünstige Aspekte

Diesen Transiten haftet weit eher die Tendenz zum Plötzlichen, Akuten an als allen bisherigen, denn Uranus ist das Symbol für Umbrüche, Umstellungen, akute Wechsel usw. Saturn als Signifikator der Widerstände wird, wenn er in Kontakt zu Uranusaspekten kommt, dessen explosive Tendenz ins Schicksalhafte erweitern. So zeigten sich hier des öfteren plötzlich äußere Widerstände, heftige Konflikte innerhalb der Gemeinschaft, seelische Aufregungen und Krisen, auch gewaltsame Eingriffe ins eigene Schicksal. Mit der Zähigkeit des Saturn verbindet sich hier die Heftigkeit des Uranus. Das zeigt sich dann in Lebenskonflikten, ausweglosen Situationen, innerlich bedrückenden und aufregenden Ereignissen. Bei Beziehungslosigkeit zwischen Saturn und Uranus im Radix wird dieser Termin am wenigsten verspürt. Bei vorhandenem Aspekt (Konjunktion, Quadratur, Opposition) kann eine ganz erhebliche, schicksalhafte Wirkung eintreten. Da ergaben sich akute Trennungen gewaltsamer oder unvorhergesehener Art, Todesfälle, Unfälle, Lebenskrisen, Streite und Kontroversen mit unvorhersehbaren Folgen.

8. Saturntransite über die günstigen Uranusaspekte

Alles hängt davon ab, ob zwischen beiden Planetensymbolen im Radix schon ein günstiger Aspekt vorhanden ist. Dann erfährt man Erfolg in allen Unternehmungen und Arbeiten, die mit großer Energie und Zähigkeit vorgenommen wurden. Selbst in kritischen Momenten beobachtete man hier eine Steigerung der eigenen Initiative, der seelischen Durchhaltekräfte. Eine Tendenz zum Krisenhalten oder Außergewöhnlichen ist allerdings häufig vorhanden. Techniker oder Leute, die in ihrem Radix uranischen Einschlag haben – Erfinder, Originale, außergewöhnliche Talente, über dem Durchschnitt stehende Menschen, die über schöpferische Kräfte verfügen – spüren diesen Transit weit stärker als Alltagsmenschen. Da Uranus immer auch die Wende symbolisiert, hat dieser Saturntransit nichts Stabilisierendes an sich, sondern es kommen neue Pläne, Ideen und Ziele zum Vorschein. Den willensmäßig auftretenden Energien begegnet Saturn mit äußerem Widerstand.

9. Saturntransite über den Neptun oder dessen Aspekte

Man beobachtete hier nur selten eine äußere Intensität des Schicksals. Der Transit ist in der Regel seelisch wirksam. Er kann aufwühlen, quälen oder beunruhigen, und zwar infolge äußerer Vorgänge, die man nicht zu ändern vermag. Während dieses Transits ist hinsichtlich aller Menschen der beruflichen und geschäftlichen Umwelt Vorsicht am Platz. Es kann zu Enttäuschung, Betrug, Verleumdung, Illusionen und Fehlhandlungen aus falschen Ansichten und Überzeugungen heraus kommen. Die Erwartungen, die man an enger verbundene Menschen stellt, werden des öfteren schwer enttäuscht.

10. Saturntransite über Merkur oder dessen Aspekte

Hier erfährt die intellektuelle Betätigung eine Vertiefung oder Verlangsamung. Merkur, das Symbol für Gedanken, Geist, Rede, Schrift, Sprache, Mitteilung usw. kann unter dem schwerwiegenden Einfluß des Saturn keine Leichtigkeit, Wendigkeit und Lockerung bewirken. Der Transit kann gut sein in Horoskopen mit günstigen Saturn/Merkur-Verbindungen – er kann aber auch depressive Geisteshaltung, Widerstände und Hemmungen im Wirkungsbereich des Merkur auslösen. Menschen, die an sich zur Verinnerlichung neigen und wissenschaftliche Interessen haben, verspüren den Saturn-Übergang keinesfalls als hemmend. Vielmehr fördert Saturn in diesen Fällen Gedankenbriefe, Besinnlichkeit, Beschaulichkeit, Bilanz im geistigen Sinn. Andererseits werden Anpassungsfähigkeit, Wendigkeit und Leichtigkeit gemindert erscheinen.

Schriftstellerische Betätigung wird bei guten Saturntransiten zu Merkur erheblich begünstigt, besonders wenn es sich um wissenschaftliche Arbeiten handelt. Bei schlechten Saturn-Übergängen erlebt man Mühen, Sorgen, Ärger, Belästigung durch Äußerungen anderer Menschen.

11. Saturntransite über Venus oder deren Aspekte

Da die Sphäre der Gefühle, Empfindungen und Triebe, der Liebe und Sexualität einen der mächtigsten Faktoren im menschlichen Leben darstellt, sind Transite über die Venus oder deren Aspekte selten ohne tiefere Bedeutung. Saturn muß schon im Radix sehr gut mit der Venus verbunden sein, wenn dieser Saturn-Übergang ausschließlich harmonische Wirkung zeigt. Dann allerdings bewirkt er oft eine Vertiefung der Gefühlsbindungen, Ernst, Treue und besonders Pflichtgefühl. Diese geradezu typisch saturnine Beeinflussung hat immer eine Nuance von Schwere, Ernst, Mangel an Beschwingtheit im seelischen Erleben engerer Beziehungen zu geliebten Menschen. Saturn stellt auf die Probe, ernüchtert, erkaltet die Gefühle, läßt sehr oft vereinsamen, wenn er direkt über die Venus transitiert. Das Moment der Bindung an ältere Partner tritt überraschend häufig auf. Auch Zweckbindungen unter wirtschaftlichen, materiellen Gesichtspunkten kommen vor, und man findet ganz allgemein, daß die Schwere des Saturn den Bereich der Liebe und Erotik belastet. So werden die Herzensbindungen unterm Saturn stets ernst, pflichtbetont, sorgenvoll, zwangsläufig.

12. Saturntransite über den Mars oder dessen Aspekte

In erhöhtem Maß ist hier das Radixhoroskop als letzte Instanz zu betrachten! Saturn/Mars-Verbindungen oder gar Konjunktionen im Radix werden unterm Saturntransit außerordentlich wirksam, oft mit überzeugender Treffsicherheit. Beide Planetensymbole sind »Übeltäter« im menschlich-irdischen Bereich. Der Alltagsmensch verfällt ihnen am schnellsten, insbesondere alle Triebmenschen. Das Jähe, Explosive und Heftige in den Äußerungen dieses Transits ist auffallend. Die körperliche und die seelische Sphäre werden meist gleichzeitig beeindruckt. Es kann zu Unfällen, Verletzungen und zu heftigen akuten Krankheiten kommen – je nach der Konstellation von Mars und Saturn im Radix. Psychisch angelegte Affekte werden durch den Übergang des Saturn aus der Latenz gehoben. Eifersucht, Kontroversen, Auseinandersetzungen sind die Folgen. Saturn und Mars fördern hier keineswegs Konzilianz, Höflichkeit oder Selbstbeherrschung, sondern eher Grausamkeit, seelische Härte, innere Kälte – und dies ganz besonders dann, wenn schon im Grundhoroskop Mars/Saturn-Beziehungen kritischer Art (Konjunktion, Quadratur, Opposition) vorhanden sind. Unter diesem Transit ist größtmögliche Selbstbeherrschung nötig, Unterdrückung aller Affekthandlungen, aller Jähzornsausbrüche! Äußerlich wird man in allen materiellen, sozialen, finanziellen Angelegenheiten schwer durchdringen, da Saturn Krisen heraufbeschwört, wenn er mit Mars in Berührung kommt. Sogar die äußeren Dinge nehmen eine feindliche Haltung ein, die Menschen der Umgebung stellen sich gegen die eigene Persönlichkeit und deren Wünsche. Die Sicht auf die Umwelt trübt sich, und man begeht impulsive, irregeleitete Handlungen. Vieles kommt spontan, unvorhergesehen, eine gereizte Stimmung macht sich bemerkbar. Sehr häufig kommt es – laut Statistik – zu Unfällen. Die eigenen Kräfte werden überschätzt, wie überhaupt das Urteilsvermögen abnimmt. Es kommt zu Schädigungen auf den verschiedensten Lebensgebieten.

Energie, Wille, Kraft (= Mars) werden durch Zähigkeit, Ausdauer, Pflichtgefühl (= Saturn) erhöht und gesteigert. Menschen mit einem günstigen Merkmal der Energiesteigerung im Radix können bei Saturntransit über die Marswinkel allerlei Risiken eingehen und gefährlich aussehende Unternehmungen durchführen.

Ein sehr instruktives Beispiel für die Gefahren des Saturntransits über das Marsquadrat finden wir im Horoskop John F. Kennedys am Tag der Ermordung. Zunächst das Grundhoroskop:

John Fitzgerald Kennedy, Präsident der USA, ermordet am 22. XI. 1963. Geboren: 29. V. 1917, 15 Uhr Standardzeit, Brooklyn/Mass., USA, 15.15 Uhr Ortszeit (nach »American Astrology«).

Sonne in 7.51 Grad Zwillinge, Mond in 17 Grad Jungfrau, Aszendent in 20.52 Grad Waage, Meridian in 24.34 Grad Krebs.

Das Geburtshoroskop zeigt eine massierte Besetzung des Todesfelds VIII und darunter den »Todesstern« Mars im Feld VIII im Quadrataspekt zum Uranus in 23 Grad Wassermann. Im ganzen befinden sich fünf Gestirne im Feld VIII. Seine maximale Konstellation bildet der Saturn dicht am Meridian, also an höchster Stelle des Horoskops in 27 Grad Krebs. Diese Position des Saturn am Meridian ist berüchtigt (siehe auch Napoleon I., Napoleon III., Hitler). Der englische Astrologe Carter schrieb in der Londoner Zeitschrift »Astrology« vor dem Wahlsieg Kennedys am 9. XI. 1960: »Dieses Horoskop ist eine einzige Katastrophe!« Jeder Astrologe sieht an der Konstellation des Uranusquadrats auf drei Planeten zugleich im Todesfeld VIII (nämlich auf Mars, Merkur und Jupiter) den »gewaltsamen Tod«! Außerdem zeigt sich der brennende Ehrgeiz dieses Politikers am hochgestellten Saturn, der auch hier »Sturz von der Höhe« brachte. Diese astrologische Regel ist so alt, daß man sie schon in den »klassischen Lehrbüchern« des Mittelalters nachlesen kann. Kennedys Horoskop allein würde die Richtigkeit astrologischer Thesen vollauf bestätigen, denn auch die zeitliche Auslösung der Katastrophenkonstellation wurde vorausberechnet, aber nicht auf Kennedys Ermordung bezogen, sondern auf einen Kriegsausbruch unter seiner Regierung. Noch überzeugender aber ist die »Weltpolitische Vorschau« von Reinhold Ebertin/Aalen vom 4. VIII. 1963 auf der »Arbeitstagung für kosmobiologische Forschung« in Aalen, bei der folgende Sätze gesprochen wurden: »Bereits in allernächster Zeit ist mit einer schweren Krise (Kennedys) zu rechnen, die schon im August einsetzen und sich sowohl auf seine politische Tätigkeit wie auch seine Familie beziehen kann. Man beachte hierzu die Saturn-Übergänge über Merkur, Mars und Pluto. Man könnte

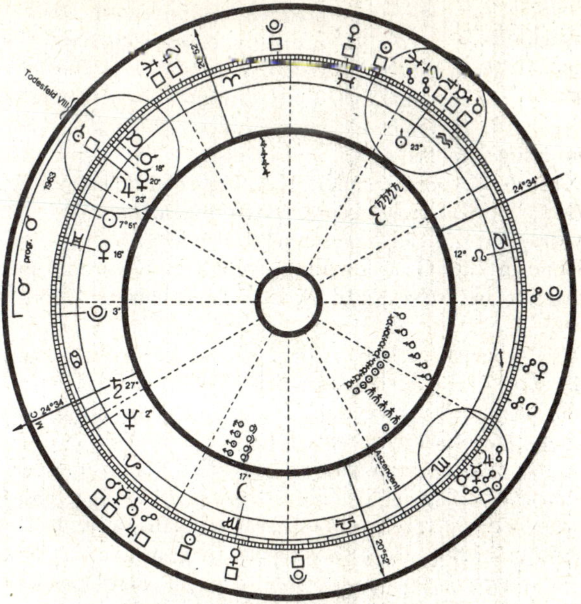

sogar annehmen, daß er von plötzlichen Unfällen, Katastrophen oder Attentaten (!) betroffen werden könnte. Gerade Uranus und Pluto über Aszendent, Sonne und Meridian und später Pluto lassen sehr große Wandlungen, verbunden mit Aufregungen erkennen ...« Auch dieser lange vorher gegebene Hinweis auf eine Attentatsmöglichkeit anhand von Transitberechnungen ist ein überwältigendes Zeugnis für die Richtigkeit und Treffsicherheit astrologischer Berechnungen.

John F. Kennedy

Geboren: 29. V. 1917, 15 Uhr Standardzeit

Im äußeren Kreis sind die Planetenorte zur Zeit der Geburt angegeben (s. Abb.). Aspekte negativer Art sind am Rand eingezeichnet. Im inneren Kreis sind die Transitorte der Planeten im Monat November 1963 und damit auch am Todestag – 22. XI. 1963 – zu ersehen. Im Todesfeld VIII befinden sich Merkur, Mars, Jupiter, verletzt vom Quadrataspekt des Uranus. In den roten Kreisen der Aspekthäufungen ergeben sich die Konstellationen für die Ermordung: Der laufende Saturn befindet sich exakt auf dem Quadrataspekt des Mars! Der laufende Mars überpendelt exakt die Oppositionsstelle der Sonne (gradgenau!). Der laufende Uranus befindet sich in der Nähe des Quadrataspekts der Sonne.

Auch eine Progression des Mars – um den Sonnenbogen von 45 Grad vorgeschoben! – erreicht genau den Platz des Pluto im 46. Lebensjahr: gewaltsames Ereignis innerhalb des Kollektivs (= Pluto!).

Das Horoskop Kennedys lief ab wie eine Uhr!

Robert Kennedy

Geboren: 20. XI. 1925, 14.19 Uhr St. Time, Brooklyn/Mass. (NW-Archiv), ermordet am 6. Mai 1968.

Auf Anhieb zeigt dieses Horoskop mit dem hochkonstellierten Jupiter in Konjunktion zur Venus im Zeichen Steinbock Popularität, Aufstieg und Beliebtheit beim Volk an. Der Mond im Steinbock (hier noch zugehörig zur Jupiter/Venus-Gruppe) deutet auf öffentliche Ämter und ungewöhnliche, beinahe suggestive Breitenwirkung auf das Publikum. Neben dieser ungewöhnlichen Glückskonstellation – die die Wahl zum Präsidenten unterstützt hätte! – befindet sich die große »Schicksalskonstellation«: Sonne im »Todesfeld« VIII des Horoskops, mit den beiden Übeltätern Mars und Saturn durch ein Planetenbild verbunden (Saturn annähernd im Schnittpunkt von Mars zur Sonne!) und alle drei Gestirne im Zeichen Skorpion, dem Zeichen des Todesfeldes. Mars als Geburtsherrscher ist im Feld VII (Öffentlichkeit) konstelliert und herrscht gleichzeitig über Sonne und Saturn; dies zeigt ein gewaltsames Lebensende an. Robert Kennedy wäre wohl ein energischer Reformer geworden und stand mächtigen Gruppen »aus der Kulisse« im Wege; darauf deutet Neptun in der Halbsumme zwischen Sonne und Saturn, mit Quadrataspekt auf die Sonne und Saturn, ebenso Pluto im Trigon zu Saturn und Uranus. Am Todestag, dem 6. Mai 1968, befand sich der laufende Mars, wie aus jener Ephemeride zu entnehmen ist, in 28 Grad Stier und damit in exakter Opposition zur Geburtssonne von Robert Kennedy: Diese Konstellation deutet auf den Mordschuß (Mars = Symbol der Gewalttätigkeit), der das Leben Kennedys auslöschte. Aber auch der laufende Saturn griff den Jupiter aus 19 Grad Widder mit

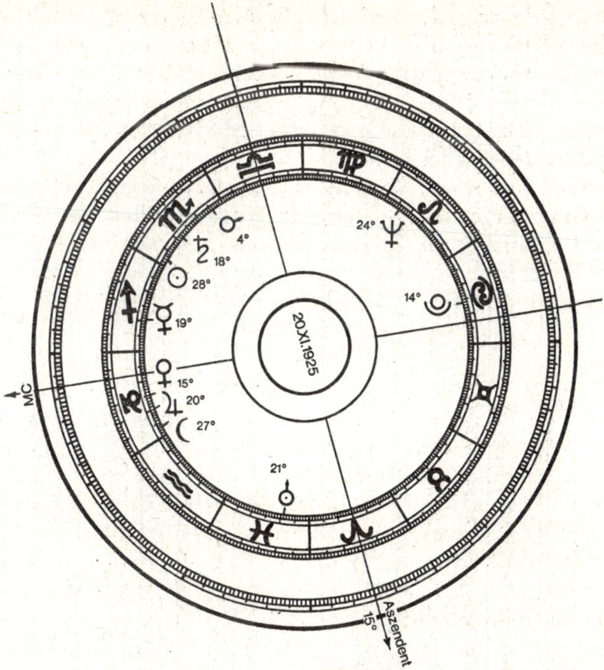

einem Quadrataspekt an. Die laufende Sonne war nur 2 Grad von der Oppositionsstelle des Saturn entfernt. Der laufende Neptun (Hinterhalt, Verschwörung) bildete zu seinem eigenen Platz im Geburtshoroskop einen Quadrataspekt! Das Zusammenwirken aller Unglückstransite löste jenes Schicksal aus, das im Geburtshoroskop schon angezeigt war.

13. Saturntransite über den Aszendenten

Da dieser wichtigste Punkt des Horoskops die persönlichsten Belange, das Ich, den Körper, aber auch die Umwelt symbolisiert, so bewirkt der Saturn in diesem Transit eine eigentümliche Minderung der körperlichen, seelischen und geistigen Widerstandskraft, die man immer wieder bestätigt finden kann. Der Transit des Saturn lastet hier wie ein Druck auf der Seele, und die Gemütsreaktionen sind entsprechend negativ. Es kommt zu einer Distanzierung von der Umwelt, manchmal durch eigenes Verhalten, ebensooft auch erzwungen. Das Gesamtschicksal erleidet eine Belastung, die Initiative ist gelähmt, äußere Hemmnisse treten auf. Ältere Leute verspüren den Übergang des Saturn über diesen körperbezüglichen Punkt des Horoskops als Minderung der Widerstandskraft, aber auch als seelischen Druck, als innere Vereinsamung. Diese kann auch durch tatsächliche Trennung von nahestehenden Menschen, Verwandten, Freunden ausgelöst werden. Oft genug ereignen sich unter diesem Saturntransit Todesfälle älterer Angehöriger aus der eigenen Familie oder naher Verwandter, besonders dann, wenn Saturn irgendwelche Beziehungen zu den Feldern III, IV, X hat. Bereits vorhandene Saturn-Belastungen zum Aszendenten im Radix wirken sich beim Saturntransit besonders nachhaltig aus. Hier kann es dann auch zu ernsteren Krankheitsfällen kommen, wobei das Zeichen des Aszendenten eine erhebliche Rolle spielt. Die innere und äußere Distanzierung zum Nächsten erfolgt sehr oft auch aus Gründen einer inneren Abneigung, mit anderen Menschen Kontakte aufzunehmen oder aufrechtzuerhalten.

14. Saturntransite über den Meridian des Horoskops

Auch das MC oder die Spitze X gehört zu den wichtigsten Punkten des Horoskops und hat ebenfalls persönliche, aber auch erbbezügliche (Elternteil) und berufsbezügliche Bedeutung und symbolisiert die Wirkung der Persönlichkeit nach außen. Es liegt auf der Hand, daß Saturn im Übergang über diesen Erfolgspunkt des Horoskops die äußere Tätigkeit hemmt, behindert, erschwert. Wenn im Radix sehr gute Saturn-Aspekte auf das MC vorhanden sind, dann kann man auf eine konzentrierte, langanhaltende Tätigkeit unter großem Willenseinsatz schließen. Saturn brachte beim Übergang über diese markante Spitze nicht selten familiäre Ereignisse negativer Art, manchmal Todesfälle oder Erkrankungen von Familienmitgliedern, da das Feld X ja dem Feld IV (= Eltern, Familie, Haus und Heim) gegenüberliegt. Auch die eigene Psyche wird unter diesem Transit belastet, da Feld X die Folgen aus dem eigenen Verhalten, aus den begangenen Taten schildert. Man wird also nicht gerade unter einem Saturntransit über die Spitze X ein neues Unternehmen gründen, eine neue Stellung antreten. Man sollte eher versuchen, die erreichten Positionen zu halten, da unter diesem saturninen Einfluß der Hemmung und der Widerstände meist Kämpfe im Sozialen, materielle Schwierigkeiten und Zwang zur Selbstbehauptung auftreten. Berufskrisen fand man als häufigste Folgeerscheinung dieses Transits.

Die Transite des Uranus

Wenn wir im planetaren Prinzip des Jupiter die Glücksperioden, im saturninen Prinzip die Prüfungsperioden erkannt haben, so zeigt sich uns Uranus als das Symbol der plötzlichen Wende, der Umgestaltung des Bestehenden und der Überraschungen. Uranus hat niemals eine stagnierende Wirkung. Seine Einflüsse sind von spontaner Heftigkeit und können ganz außerordentliche Wirkungen zeitigen. Er hält die Dinge im Fluß, zerstört und baut auf, beseitigt Überholtes und stellt die Lebensbedingungen auf völlig neue Grundlagen.

Die Uranustransite sind oft mit überzeugender Präzision auf viele Jahre im voraus zu prognostizieren. Am treffsichersten ist der Uranustransit über seine eigene Oppositionsstelle, aber auch über seine beiden Quadrataspekte, die etwa um das 21. und 42. Lebensjahr herum bei jedem Menschen fällig werden. Es sind Schnittpunkte in der individuellen Entwicklung, Störungsphasen und Umstellungsperioden ersten Ranges, die dann mit frappanter Wirkung eintreten, wenn Uranus im Radix schon eine bemerkenswerte starke Stellung (I, X, IV, VII) innehatte oder stark aspektiert war. Niemals bringt Uranus Ruhe, Stagnation, Stabilität. Sein Prinzip liegt in kurzfristiger, kaum wahrnehmbarer Vorbereitung eines Ereignisses, das dann wie ein Blitz aus heiterem Himmel eintrifft. Andere, gleichzeitig laufende Planetentransite werden nicht selten durch Uranus erst richtig ausgelöst, und es kann zu wahren »Kettenreaktionen« im äußeren Ablauf der Geschehnisse kommen. Die wahre Tendenz eines Uranus-Übergangs ist erst viel später erkennbar. Im Augenblick der Wirksamkeit ist alles im Umbruch, und die Wenden oder Umstellungen, die erfolgen, lassen noch nicht erkennen, in welche Richtung der neue Lebensweg gehen soll. Uranus läuft außerordentlich langsam. Es kommt daher vor, daß er bei seinen Transiten die gleiche Planeten- oder Aspektstelle mehrmals, oft bis zu dreimal überläuft. Dann kann man damit rechnen, daß der zweite Übergang – wenn Uranus im Tierkreiszeichen am langsamsten vorwärtsrückt – die Entladung auslöst. Beim letztmaligen Übergang ist das Ereignis bereits im Fluß.

1. Die Transite des Uranus über die Sonne oder deren Aspekte

Uranus/Sonne-Verbindungen im Radix lassen diese Transite zu ganz besonderer Bedeutung gelangen. Aber auch ein Mangel an Aspektierung beider Planeten im Radix ergibt dennoch immer wieder sehr akute Wirkungen. Da die Sonne ein äußerst markanter Faktor im Horoskop ist, ergibt sich auch aus einem Uranustransit über diesen Platz des Horoskops eine bedeutsame akute Umstellung im Leben. Je nach der Sonnenposition und jener des Uranus werden wir einen Anhaltspunkt besitzen, in welche Richtung die umstellenden Kräfte drängen. Auch jenes Feld, das Uranus transitiert, hat eine Nebenbedeutung wie bei allen Transiten. Schon beim erstmaligen Übergang des Uranus über die Sonne oder deren Quadrat- und Oppositionsaspekte fühlt man eine innere Erregung, einen Drang zu Neuem, zum Wechsel, eine Irritierung des Gemüts und Belastung des Nervensystems. Alle bisherigen Bindungen an die Umwelt können nun eine Veränderung, oft sogar eine abrupte Trennung erfahren. Hier ist besonders das weibliche Horoskop betroffen, da die Sonne im weiblichen Horoskop den Gatten, den Partner symbolisiert. Es kann also zu ehelichen Krisen, Scheidungen, Trennungen von Freundschaften kommen, meist mit viel Aufregung verbunden. Im männlichen Horoskop symbolisiert die Sonne mehr den Beruf, sozial Höherstehende, Vorgesetzte, oft auch den Vater oder Respektspersonen schlechthin. Auch erbbezüglich ist die Sonnenposition, weshalb das Ich, der eigene Körper, die Gesundheit von unvorhergesehenen Belastungen betroffen werden können. Immer wieder treten Unfälle auf. Plötzliche Verletzungen, Unfälle mit Verkehrsmitteln, sonstigen Fahrzeugen, Krafträdern, Flugzeugen usw. sind eine besondere Spezialität des Uranus.

Uranustransite über Sextil- oder Trigonalaspekte der Sonne haben zwar immer die gleiche plötzliche, aufregende Wirkung, aber die Ereignisse sind in ihren Endergebnissen nicht so schädigend, sondern weit eher begünstigend, ja sogar unter Umständen glückbringend. Wiederholt ergaben sich große Erfolgstransaktionen, Coups oder Lotteriechancen ungewöhnlicher Art unter diesen Uranustransiten, wenn schon im Radix entsprechende Konstellationen vorhanden waren. So hat Uranus zwar vielfältige Wirkungen, aber seine Tendenz des Unvorhergesehenen und Verändernden bleibt erhalten.

2. Uranustransite über den Mond oder dessen Aspekte

Diesem Transit geht gewöhnlich eine merkwürdige seelische Erregungsperiode voraus, die ganz besonders von Menschen empfunden wird, deren Mond die Zeichen Zwillinge, Schütze oder Krebs besetzt. Das Gemütsleben wird latent explosiv, voller Unrast und nervöser Zersplitterung, bis der Transit sich exakt auslöst. Die sonderbarsten Einfälle, Intuitionen, Ideen, Pläne und Ziele tauchen unter diesem Transit auf. In männlichen Horoskopen ist der Übergang bedeutsam für alle Angelegenheiten der Liebe und Erotik – ähnlich wie beim Uranustransit über die Sonne und deren Aspekte in weiblichen Horoskopen. Hierbei besteht immer eine Tendenz zu Skandalaffären oder aber zu erregenden, aufregenden Erlebnissen im Liebes- und Eheleben. Manchmal – wenn das Radixhoroskop schon darauf hinweist: Feld I, IV, X – hat Uranus im männlichen Horoskop auch mit der Mutter oder nahen weiblichen Verwandten zu tun, wobei Aufregungen, Trennungen, Krankheitsfälle vorkommen können. Im großen und ganzen werden immer jene Bereiche betroffen, die der Mond als Planetensymbol aufzeigt: Gefühl, Empfindungen, Gemüt, Körper, ferner aber auch Reisen.

3. Uranustransite über den eigenen Platz oder dessen Aspekte

Wie allen Uranustransiten wohnt diesen Übergängen über die eigenen Aspekte das Motiv der Plötzlichkeit inne. Es kommt hier ganz auf die Konstellation des Uranus im Radix an, insbesondere auch auf seine Felderstellung. Beim Transit über die günstigen Aspektstellungen können sich neue geistige Zielsetzungen oder günstige Gelegenheiten ergeben, die überraschend auftauchen (wobei aber auch andere gleichzeitig laufende Transite zu beachten sind!). Man beobachtete völlig neue Lebensabschnitte, inneren Drang zu Umstellungen innerhalb der Berufssphäre oder näheren Umwelt, aber auch Aufstiegschancen im Sozialen sowie – bei Leuten mit künstlerischen Berufen – eine starke Beachtung von seiten der Öffentlichkeit. Dem Transit des Uranus über sein eigenes Trigon entspricht sehr häufig eine Lebenswende im günstigen, vorwärtsweisenden Sinn, wobei aber die Umstellungsmotive plötzlich und überraschend in Erscheinung treten.

Die Transite über Quadrat- und Oppositionsstellen bewirken Entwicklungskrisen im Geistigen, wobei auf materieller Ebene stets Veränderungen irgendwelcher Art folgen, sei es, daß man den Beruf wechselt, eine völlig neue Tätigkeit beginnt oder daß man zu bisherigen Plänen, Ideen, Zielen eine neue Einstellung bekommt. Schon im vorigen Abschnitt berichteten wir von der Krisentendenz der Oppositionstransite um das 42. und 43. Lebensjahr. Zu einem völligen Umlauf des Uranus innerhalb des Tierkreises, also durch alle zwölf Zeichen, sind 84 Jahre erforderlich. Selten erreicht daher ein Mensch jenes Alter, in dem Uranus seinen eigenen Platz im Horoskop – die Konjunktion zu seinem Radixort – wieder einnimmt.

4. Uranustransite über Saturn und dessen Aspekte

Die Konjunktion im Transit des Uranus zum Saturn bewirkt fast immer schicksalhafte Ereignisse, wenn die Aspektverbindung zwischen Uranus und Saturn im Radix schon gegeben ist. Andernfalls spürt man sie nur als psychische Spannung, innere Unruhe, Nervosität, Problematik im Denken, Urteilen und Handeln, die bis zu Kontroversen und Konflikten mit Menschen der Umgebung führen kann, da die innere Haltung widersprüchlich ist. Besondere äußere Ereignisse treten ein, wenn einer der beiden Planeten im Radix schwere Aspektverletzungen hat (beispielsweise von Mars, Pluto oder Sonne). Feindliches Verhalten der Umwelt (es wurden zum Beispiel des öfteren Verhaftungen, überraschende Angriffe auf Ruf, Freiheit oder Position beobachtet), disharmonische Einflüsse durch enger verbundene Menschen und deren Verhaltensweise, aber auch akut ausbrechende Sorgen oder Beunruhigungen durch das Schicksal anderer Menschen können auftreten. Dem Transit eignet sowohl die Schwere des Saturn als auch die Plötzlichkeit des Uranus.

Selbst ein Transit des Uranus über die guten Saturnaspekte löst oft noch akute Vorfälle im Berufsleben aus, Umstellungen, die Kraftanstrengungen und Willenseinsätze fordern. Diese

Transite sind von Uranus zu Saturn natürlich ebenso wirksam wie von Saturn zu Uranus – die Grundprinzipien beider Planeten stehen sich konträr gegenüber und müssen daher Disharmonie, Erregungen des Willens und des Gefühls auslösen. Menschen mit überwiegend positiv konstellierten Planeten in ihrem Horoskop neigen mehr zu aktiver, äußerer Auslösung im Sinn intensivierten Schicksals. Jene mit negativen Konstellationen verlagern diese Erfahrungen mehr ins Seelische und Geistige. Bei Horoskopen mit Planetenballungen in den Kardinalzeichen – Widder, Waage, Krebs und Steinbock – sind die Uranuswirkungen stärker als bei solchen mit Planetenhäufungen im »veränderlichen, anpassenden Element« (Jungfrau, Fische, Schütze). Man muß also hier eine umfassende Analyse des Radixhoroskops zu Hilfe nehmen, bevor man die Uranustransite abschätzt.

5. Uranustransite über den Jupiter oder dessen Aspekte

Da Jupiter in besonderer Weise die finanziellen und materiellen Gegebenheiten (Transaktionen, Spekulationen, Gewinne und Verluste) symbolisiert, so ist der Uranuseinfluß im Transit über den Jupiterplatz oder dessen schlechte Aspekte ein kritisches Anzeichen von Verlusten aller Art, riskanten Geschäften und Aufregungen mit geschäftlichen Problemen. Börsenverluste, Spekulationsverluste aller Art fallen unter diesen Transit, der gemäß der Wirkungsart des Uranus außerordentlich plötzlich eintritt. Geldanlagen unter diesem Transit haben alle Chancen, zu Verlusten zu führen. Die übrigen Jupitertendenzen, die sich auf rechtliche, behördliche, gerichtliche Probleme beziehen, sind ebenfalls in ihrer positiven Wirkung eingeschränkt, ja meist kritisch und besonders dann, wenn im Grundhoroskop schon Uranus/Jupiter-Aspektierungen vorliegen. Die innere Haltung ist unter diesem Transit aufsässig, man pocht auf seine angeblichen Rechte, forciert die eigene Expansion, so daß man in persönliche oder juristische Konflikte mit anderen Menschen kommt, insbesondere auf beruflichem Gebiet.

Eine für Spekulationen günstige Wirkung soll der Transit des Uranus über die guten Jupiteraspekte haben, insbesondere über das Jupitertrigonal! Hier müßte aber wohl schon im Grundhoroskop eine Parallelaspektierung vorhanden sein. Einige Male wurde festgestellt, daß der umgekehrte Transit – Jupiter über das Uranustrigonal – große Gewinne auslöste. Es mag jedoch auch unter Uranustransiten eine solche Tendenz auftreten, wenn ein Horoskop bereits entsprechende Positionen in den Feldern II, V, XI aufweist. Im allgemeinen wird man wenig davon verspüren, wenn Uranus und Jupiter im Radix beziehungslos zueinander sind. Eine gewisse Großzügigkeit kann auftreten, eine Bereitschaft zu riskanten Unternehmungen und Spekulationen.

6. Uranustransite über Neptun oder dessen Aspekte

Dieser Transit hat weniger eine äußere und materiell fühlbare Wirkung als vielmehr eine »unterirdische«, unterminierende, schädigende, im Hintergrund sich vollziehende, und brachte sehr häufig Enttäuschungen bei Versprechungen anderer, Rufschädigungen, Verleumdungen, Berufsschädigungen durch üble Nachrede oder geheime Angriffe aus dem Hinterhalt, ferner ein Mißlingen von Plänen auf lange Sicht, seelische Verwirrung durch äußere Niederlagen, deren Ursachen man nicht gewahrt oder nicht aufdecken kann. Durch eine merkwürdige Verkettung von »Zufällen« schädigt man sich selbst. Dies wurde am häufigsten beobachtet bei Uranustransit über den Neptunplatz im Grundhoroskop, am auffälligsten dann, wenn Neptun verletzt war. Die Transite über die günstigen Aspekte des Neptun haben wenig Aktuelles ergeben, vollziehen sich vielleicht auf geistiger oder psychischer Ebene und werden vom Durchschnittsmenschen nicht sonderlich wahrgenommen.

7. Uranustransite über Merkur oder dessen Aspekte

Diese Transite haben sich, obwohl oft nur kurzfristig wirksam, als sehr spürbar herausgestellt. Man beobachtete eine Zunahme geistiger Aktivität, Weitblick, Organisationslust, Voreiligkeit und Impulsivität, wenn Uranus und Merkur im Radix gut verbunden waren. Sonst bewirkte der Übergang des Uranus über den Merkur (vor allem wenn Uranus/Merkur-Verletzungen vorlagen) oder dessen schlechte Aspekte eine Zunahme der Nervosität, seelische Aufgeregtheit, einen beinahe manischen Zwang zu Taten, Reden oder Auseinandersetzungen mündlicher und schriftlicher Art im übertreibenden, allzu forcierenden, ungestümen und voreiligen Sinn. Man lasse sich also unter diesem Transit nicht in drohende Dispute und Auseinandersetzungen ein. Bei Briefen, Verträgen, Unterschriften usw. sei man äußerst zurückhaltend, da diese Unterlagen später zu persönlichen Repressalien verwendet werden können. Geistige Arbeiten und Studien unter diesem Transit sind wenig konzentriert und sachlich. Die Uranustransite über die guten Merkuraspekte, insbesondere über das Trigonal, zeigen tatsächlich eine geistige Aktivierung an. Man hat äußerst positive Ideen und Vorhaben und energische, tatkräftige Gefühlsantriebe. Auf geistige Arbeiter wirkt dieser Transit wohl am fühlbarsten. Wissenschaftliche Studien werden von ihm vorzüglich unterstützt; es ist etwas Schöpferisches in diesem Uranus/Merkur-Transit. Originalität, Interesse an geistigen Problemen, weltanschaulichen, wissenschaftlichen, okkulten oder metaphysischen Angelegenheiten wurden des öfteren beobachtet. Man kommt unter diesen Transiten nicht selten zu Bekanntschaften, Freundschaften oder Kontakten mit überdurchschnittlichen Menschen. Alles Originelle, Nichtalltägliche, Außergewöhnliche steht unter diesem Einfluß.

8. Uranustransite über Venus oder deren Aspekte

Diese Transite machen sich entgegen den übrigen auch in solchen Horoskopen bemerkbar, die keine Uranus/Venus-Beziehung im Radix besitzen. Da die Venus nicht nur Liebe, Erotik, Liebesabenteuer und Bekanntschaften symbolisiert, sondern auch weitgehend das Gefühlsleben, die Gemütslage, alles Harmonische, Kultivierte, Künstlerische, so kann ein starker Uranustransit über die Venus oder deren gute Aspekte auffällige Wirkungen zeitigen, wobei wiederum die Positionen der Venus und des Uranus im Radix eine orientierende Rolle spielen. In Horoskopen triebhafter, launischer, gemütsschwankender Menschen – insbesondere lunarbetonte Horoskope – wirkt dieser Uranustransit erregend auf die Gefühle, Leidenschaften, Impulse und bringt nicht selten besondere Erlebnisse im Liebesleben, plötzliche Kontakte zu Frauen (bei männlichen Horoskopen), eine spürbare Neigung zu Vergnügungen und Geselligkeit, manchmal auch – bei triebhaften Menschen – Ausschweifungen.

Eine gut konstellierte Venus im Radixhoroskop künstlerisch schaffender Menschen wird beim Transit des Uranus, ganz besonders über das Venustrigon oder Sextil (bei Konjunktion nur, wenn die Venus nicht im Radix verletzt oder kosmisch schlecht konstelliert ist!) große äußere Erfolge bringen und die betreffende Persönlichkeit ans Licht der Öffentlichkeit stellen. Man kann unter solchen Transiten Popularität, öffentlichen Erfolg, Aufstieg anstreben und auch erreichen. Noch häufiger treten allerdings Angelegenheiten der Liebe auffallend in Erscheinung, und zwar in einer unvorhergesehenen Weise. Die unter diesem Transit erfolgenden Bekanntschaften und Kontakte im Liebesleben sind nicht sonderlich haltbar, sondern kennzeichnen eben eine allgemeine Erregung der Gemüts- und Sexualsphäre. Frauen neigen bei diesem Transit zu impulsiven Handlungen und Liebesabenteuern; konventionelle oder gesellschaftliche Schranken werden kurzerhand beiseite gestellt.

Die emotionelle Erregung steht also bei diesem Transit im Vordergrund.

9. Uranustransite über Mars oder dessen Aspekte

Auch diese Transite sind äußerst wirksam, selbst bei Horoskopen ohne jede Uranus/Mars-Verbindung. Wie immer, wenn Mars beteiligt ist, verstärkt sich das Moment der Auseinandersetzung, der jähen Konflikte, der heftigen, erregenden Gefühlssteigerung im negativen, zerstörenden Sinn. Man muß bei diesem äußerst kritischen Transit sehr darauf achten, daß man allen äußeren Konflikten mit Beherrschung, Ruhe und Überlegung entgegentritt. Es besteht eine Neigung zur Auflehnung, zum Streit, zu tätlichen Angriffen. Die meisten Unfälle geschehen unter diesen Uranus/Mars-Transiten, ganz besonders aber dann, wenn Uranus und Mars schon im Radix verletzt sind. Die Skala der gewaltsamen Ereignisse reicht vom Streit über Gefahrenmomente körperlicher Art bis zu Unfällen und heftigen äußeren Zwangsereignissen. In kriegerischen oder unruhigen Zeiten ist dieser Transit äußerst gefahrvoll.

Innerlich zeigt sich die Transitwirkung als hochgradige Nervosität, seelische Erregung, als Neigung zu Impulshandlungen, brutalen und unduldsamen Gewaltaktionen, Schlägereien, Überfällen, als Aufputschung des Freiheits- und Unabhängigkeitsdrangs bei dafür besonders veranlagten Menschen, zum Beispiel bei Horoskopen mit Mars/Uranus- oder Mars/Jupiter- oder Uranus/Jupiter-Verletzungen!

Kraftfahrer, Motorsportler und Sportler aller Art sollten diesen Transit genau beachten! Er ist der typische Motorsportunfall-Transit.

10. Uranustransite über den Aszendenten

Uranus als plötzlich und unvorhergesehen wirkendes Planetensymbol, das stets den Umbruch, die Neuerung, die Umstellung bewirkt, hat beim Übergang über die Spitze I eines Horoskops besondere Bedeutung, wenn der Aszendent stark aspektiert ist, und noch mehr, wenn er auch noch einen Uranusaspekt aufweist, am stärksten jedoch, wenn Uranus im Feld I nahe dem Aszendenten lokalisiert ist. Alle Transite über dieses empfindliche Feld I der Persönlichkeit schaffen äußere Unruhe, am häufigsten aber plötzliche Zwischenfälle innerhalb der Gemeinschaft, der Umwelt; auch auf die Ehe kann dieser Transit wirken. Aufregungen und innere Unruhe sind markante Begleiterscheinungen; oft löst die innere Bereitschaft zu Wenden, Veränderungen die äußere Dynamik erst aus. Das Nervensystem, der Körper, die geistige Haltung – all dies steht unter der Einwirkung dieser Uranustendenzen. Das Gemüt ist allem Neuen geöffnet, Lust am Wechsel kommt auf, Neues drängt heran, die seelische Hochspannung nimmt auffällig zu, je mehr sich Uranus dem Aszendenten nähert und ihn bis zu 5 Grad Umkreis transitiert. Die Radixposition des Uranus spielt dabei eine große Rolle, auch seine Aspektierungen im Grundhoroskop. Auch hier gilt der Grundsatz: Transite können nicht mehr geben, als der transitierende Planet schon aufgrund seiner Radixstellung verspricht. Gute Transite zum Aszendenten haben nur dann eine größere Wirksamkeit, wenn Uranus den Aszendenten bereits im Radix aspektierte. Sonst wurde höchstens eine Zeit der äußeren Unruhe, der gehäuften Begegnungen und Kontakte innerhalb der Gemeinschaft festgestellt. Manchmal ergaben sich Reisen und Wohnungsveränderungen, manchmal auch Gefahrenmomente und Unfallneigung – dies besonders, wenn Uranus schon im Radix kritische Unfallaspekte aufwies (Mars/Uranus- oder Saturn/Uranus-Verletzungen!). Man muß dann fast immer mit Aufregungen im unmittelbaren Bereich der Persönlichkeit und Familie, des Ehepartners rechnen, zum Beispiel bei Uranustransit in Opposition zum Aszendenten, der sehr häufig eine äußerst disharmonische, feindliche, aufregende Rückwirkung aus der Umwelt und der engeren Umgebung auslöste!

11. Uranustransit über MC oder dessen Aspekte

Die Spitze X des Horoskops (der Meridian oder das Medium coeli, abgekürzt MC) ist erbbezüglich, hat auch mit Elternteilen zu tun und symbolisiert, wie wir dies schon unter den Felderanalysen schilderten, den Beruf, die Umwelt, das Ich und dessen ehrgeizige Ziele, Pläne und Wünsche. Die akuten Wenden, die inneren und äußeren Umstellungen treten hier stärker in Erscheinung als etwa beim Transit über den Aszendenten. Berufswechsel kommen vor, aber auch neue Zielsetzungen, neue Ideen. Ob diese einen sichtbaren äußeren Niederschlag finden, hängt sehr von einer Uranusbeziehung zum MC ab. Sonst tritt nur eine merkliche Irritierung der Gefühlssphäre ein, die zur Unzufriedenheit und damit zum Wechsel anreizt. Dann können Wohnungswechsel, Ereignisse unruhiger bis aufregender Art in Haus und Heim auftreten. Auch die familiäre Sphäre, die des Elternhauses oder der Ehe, macht Sorgen. Die stärkste Wirksamkeit ist anzunehmen, wenn das MC markant aspektiert wird, von zahlreichen Planeten oder vom Uranus selbst. Ein Quadrat des Uranus oder gar eine Opposition auf das MC und die Intensität des Uranustransits wird außerordentlich stark. Ebenso beim Trigonal, wobei sich dann merkliche Aufstiegschancen ergeben oder ein Ruck nach vorn eintritt. Uranus ist in jedem Fall bedeutsam für die Herausstellung der eigenen Persönlichkeit – sei es im Guten oder im Bösen.

Die Neptuntransite

Die Neptuntransite sind in ihren Wirkungen schwer zu spezialisieren, da diesem Planetenprinzip immer eine fast gleichbleibende Tendenz innewohnt: Sensibilisierung des Nervensystems, körperliche Anfälligkeit, seelische Empfindlichkeit und Beeinflußbarkeit und geistige Verworrenheit, Unklarheit und Täuschung. Alle diese typisch neptunischen Wirkungen kommen zur Auslösung, wenn ein starker Planetenaspekt durch Neptuntransit erregt wird.

Im allgemeinen ist die Wirkung des Neptun seelisch, gemütsmäßig, die Stimmungen, Empfindungen, das Lebensgefühl beeindruckend. In sehr seltenen Fällen bewirkt Neptun eine Verfeinerung des Seelischen zugunsten medialer, okkulter Fähigkeiten wie Trance, Hellsehen, Psychometrie und ähnlicher Auswirkungen einer überempfindlichen Psyche. Meist haben wir es bei Neptuniern mit Menschen zu tun, die irgendeine Labilität im Bereich des Körperlichen, Seelischen oder Geistigen aufweisen und Eigenschaften, die dieser Labilität entsprechen, wie Manien, Süchte, Gewohnheiten zwingender Art, Stimmungswechsel, Mangel an Aufrichtigkeit und Zuverlässigkeit, Tendenz zum Lügen, zu Verleumdungen, Betrug und Schwindel. Dies allerdings nur in Horoskopen mit entsprechenden Bestätigungen durch andere Mond/Merkur-, Merkur/Saturn- und Merkur/Neptun-Verletzungen! Dann zeigen sich alle neptunischen Eigenschaften in schillerndsten Farben, von der allzu üppigen Phantasie bis zur Lüge, von der Süchtigkeit bis zum körperlichen Verfall, von der Empfindlichkeit des Gemüts bis zur Haltlosigkeit.

Die Plutotransite

Die Deutungen der laufenden Übergänge dieses – erst seit 1930 erforschten – Planetenprinzips sind vorläufig noch theoretisch spekulativ. Nachgewiesene Plutowirkungen bei Horoskopen mit Pluto an wichtiger Stelle bestanden in außergewöhnlichen bedrohlichen Ereignissen, die alle im Zusammenhang mit Massengeschehen standen. Plutotransite zum MC oder Feld X zeigten starke Berufskrisen, Übertreibungen der Energie oder der Ichgeltung gegenüber Untergebenen oder beruflich verbundenen Menschen. Pluto hat weitgehend eine Tendenz zur Gewalt, zur Intensivierung des Gefühlslebens und des Geltungsbedürfnisses.

Am stärksten und nachhaltigsten werden die Plutowirkungen auf den Mond, auf den Aszendenten oder die Sonne wahrgenommen. Hier kann es zu schweren Auseinandersetzungen, zur Trennung von engverbundenen Menschen in Liebe und Ehe, zu seelischen Erschütterungen oder starken Beanspruchungen der eigenen Kräfte kommen. Die Arbeit wächst einem über den Kopf, die Ziele vervielfachen sich, die Durchsetzungswünsche werden bedrohlich oder aggressiv, körperliche Organstörungen kommen vor, oder auch Verletzungen. Frauen neigen bei Plutotransiten zur Sonne zur Trennung von ihrem Partner, zu Ehekrisen gewalttätiger Art, wobei Einmischungen von seiten anderer erfolgen können.

Wer Pluto in seinem Horoskop am Aszendenten hat oder nahe der Spitze I, leidet sein ganzes Leben lang unter latenter Unruhe mit chaotischem Einschlag. Veränderungen, Reisen, Unruhe innerer wie äußerer Art sind typische Merkmale. Solche Menschen werden in unaufhörliche Auseinandersetzungen mit ihren Mitmenschen verwickelt und zeigen auch selbst eine Tendenz zu Aggression, Gewaltsamkeit, Brutalität in ihren Handlungen. Sie erleben eine permanente Durchsetzungskrise der eigenen Persönlichkeit und auch körperliche Gefahren, Unfälle oder lebensbedrohende Verletzungen.

Die Sonnentransite

Die bisher besprochenen Transite sind jene der Superiorplaneten, das heißt jener langsam laufenden Gestirne, die im wahrsten Sinn des Wortes die »Gezeiten des Schicksals« anzeigen. Ihnen gegenüber stehen die Transite der schneller laufenden Planeten, zu denen man auch die Sonne rechnet (im astrologischen Sinn natürlich). Die Übergänge der Sonne über ihre eigene Position (am Geburtstag), ferner über ihre guten und ungünstigen Aspekte bezeichnen mehr oder minder die »guten« und »schlechten« Tage des Jahres – Termine, die beruflich, geschäftlich oder persönlich wirken, wobei stets der Sonnenstand innerhalb des Radixfeldes die ungefähren Bereiche der Ereignisse erkennen läßt. Da die Sonne gemäß ihren Prinzipien auch die Individualität vertritt, so bezeichnen ihre Transite auch Energie- und Tätigkeitskurven gemäß den überlaufenen Aspekten. Man wird wichtigere Ereignisse in gute Sonnentransitperioden verlegen, da die Sonnenquadrate und Sonnenoppositionen meist Hindernisse, Erschwerungen, Konflikte oder Widerstände anzeigen.

Beim Transit der Sonne über andere Planetenplätze oder deren Aspekte muß man die Symbolwirkung der transitierten Planeten mit in Betracht ziehen.

Ein Beispiel wird dies klären: Mars symbolisiert Kampf, Streit, Energieeinsatz, Tätigkeit, Wille. Wenn nun die Sonne über die Marsopposition läuft, so ist es verständlich, wenn an solchen Tagen eine Tendenz zu Übertreibungen, Energieballungen, Konflikten, Auseinandersetzungen, vielleicht auch Krankheiten, Verletzungen, Unfällen, Trennungen und dergleichen besteht. Ebenso im Fall eines Sonnentransits über die Uranusaspekte, währenddem akute Ereignisse, Bindungen und Trennungen, Überraschendes, Reisen usw. auftreten werden – gemäß dem überlaufenen Aspekt.

Die Marstransite

Dieses Planetensymbol repräsentiert, wie wir aus der Prinzipienlehre am Anfang dieses Buches wissen, den Willen, die Energie, die Tätigkeit, die Arbeit, die persönlichen Antriebskräfte. Wieder in Vergleich gesetzt zu jenen Planetensymbolen, die er im Transit überläuft (oder zu deren Aspekten), wird er uns jene Termine anzeigen, die zu harmonischer Willens- und Energieentfaltung geeignet sind, aber auch jene, die uns Konflikte, Auseinandersetzungen, Streitigkeiten, Impulsivitäten, voreilige Entschlüsse, Unfälle, Verletzungen usw. bringen können. Die im Radix schon vorhandenen Marsaspekte zu anderen Planeten sind im Transit des Mars über diese Aspekte ganz besonders wirksam. Ähnlich wie bei der Sonne sind diese Transite nur kurzfristig, dauern kaum mehr als einige Tage. Erst wenn Mars »stationär« wird, das heißt, wenn er in den Ephemeriden (Gestirnstandauszüge der Sternwarte Greenwich) auf seinem Grad einige Tage bis Wochen stehenbleibt, so steigert sich die Wirkung auch zeitlich und kann dann sehr bedeutungsvoll werden – vorausgesetzt, daß in diesen »stationären« Graden ein Planetenaspekt zum Mars besteht. Wer beispielsweise in seinem Grundhoroskop Mars in schlechtem Aspekt zu Uranus hat (Quadrat oder Opposition), der wird unterm Marstransit über diesen Aspekt zu ganz besonderer Aktivität, zur Übersteigerung seiner Energieentfaltung angetrieben und kann dadurch infolge Unvorsichtigkeit, Unüberlegtheit oder Gereiztheit kritische Auseinandersetzungen, Unfälle oder Verletzungen erleben. Er sollte diesen Marstransit sehr bewußt, mit großer Überlegung und Zurückhaltung zu durchleben versuchen.

Das Horoskop von der Stange
Die Jahrmarktsastrologie
oder
Wie werden Illustriertenhoroskope errechnet?

Daß ein Konfektionsanzug nicht unbedingt »sitzt«, dafür aber billiger kommt, hat seine Parallele im »Sonnenstandshoroskop« oder dem »Horoskop von der Stange«. Selbst die Heiratsinserate bedienen sich der »Vulgärastrologie«: »Bin Stier – suche Jungfrau«, was natürlich viel Wasser auf die Mühlen der Gegner der Astrologie liefert. Den Illustrierten aber bringt die Vulgärastrologie Käufer. Die Verleger möchten zwar gern seriös bleiben, aber sie können es nicht, denn die Leser verlangen ihr »Wochenhoroskop«. Es ist die »Astrologie des kleinen Mannes« und häufig das Zusatzgewürz zu den Prophetien der Kartenschlägerinnen. Bei diesen »Volksausgaben« der Astrologie wird wenig Zeit zu Berechnungen »verschwendet«; die Orakelbuden der Vulgärastrologie gleichen einem Müllschlucker menschlichen Kleinkrams, der von der Liebe über das Standesamt bis zum Grab reicht. Das Honorar entspricht dem Richtsatz: »Was Sie gern geben«, läßt also der Sparsamkeit eines Stier-Typs oder der Generosität eines »Löwen« jeglichen Spielraum, kommt aber selten über zehn Mark hinaus. Dafür kann kein Mensch eine Aszendentenberechnung verlangen!

»Sonnenstandshoroskope« haben daher einen einzigen Beziehungspunkt: den Geburtstag. Beispiel: Sie sind am 10. Januar geboren. Damit ist nur der Sonnenstand von 19 Grad Steinbock gegeben. Auf diesen Bezugspunkt von 19 Grad Steinbock werden nun die Transite des Jupiters, Saturns, Uranus usw. berechnet. Hierzu genügt eine Ephemeride des laufenden Jahres. Verlangt die »Planetenschlägerin« auch noch Ihr Geburtsjahr, so kommt sie auf die Planetenstände des Datums Ihrer Geburt, was bereits bessere Transitberechnungen zuläßt. Nach der Geburtsstunde wird kaum jemand gefragt, da für diesen individuellen Punkt schon eine ganze Reihe mathematischer Berechnungen sowie umfangreiche Tabellen nötig wären.

Noch ungünstiger liegt aber der Fall bei den Zeitungshoroskopen! Hier kann der Astrologe nur summarisch die einzelnen Tierkreiszeichen von Widder bis Fische behandeln, da es sich ja um Tausende von Lesern handelt, deren Geburtstag er nicht kennt. Man hilft sich damit, daß man wenigstens ein Zeichen in drei Dekaden unterteilt (0–10 Grad Widder, 11–20 Grad Widder, 21 – 30 Grad Widder). Auf diese Dekaden werden nun die Transite der laufenden Planeten bezogen, wozu man nur die Gestirnstandsauszüge oder Ephemeriden des laufenden Jahres benötigt. Was dabei herauskommt, erreicht im Höchstfall eine Trefferzahl von 20 – 30%. Dies allerdings auch nur dann, wenn jemand auf seinen Sonnenstand sehr stark anspricht, was beileibe nicht immer zutrifft! Man kann solche Wochen- oder Monatsprognosen also nur gemäß den zwölf Zeichen »gebündelt« berechnen. Es darf zwar gesagt werden, daß solche Prognosen oft erstaunlich treffend sind – beispielsweise dann, wenn Saturn oder Uranus monatelang das Sonnenzeichen eines Menschen belasten. Die Treffer hängen aber sehr von der Erfahrung und dem Kombinationsvermögen eines Astrologen ab. Dies ist auch der Grund, warum Prognosen in verschiedenen Illustrierten oder Zeitungen oft beträchtlich voneinander abweichen. »Wie es gemacht wird«, zeigt die nachfolgende Zeichnung.

Angenommen, der Astrologe bearbeitet die »Monatsprognose« für das Zeichen Widder, also für jene Menschen, die zwischen dem 21. III. und 20. IV. geboren sind – Näheres als diese Datengruppen von Sonnenständen kann er ja von seinen Lesern nicht wissen! Die Zeichnung zeigt den Lauf der Sonne im Zeichen Widder. Im äußeren Ring ist der Lauf der Planeten in jeder Zeitspanne eingezeichnet, für die die Prognose errechnet werden soll, zum Beispiel im April 1968. Der Gestirnstandsauszug (die Ephemeride) des Tagesdatums zeigt im April 1968 den laufenden Saturn in 14 – 18 Grad Widder.

Auf Anhieb zeigt sich im äußeren Ring, daß der Saturn hierbei den Sonnenort all jener Menschen direkt überläuft, die zwischen dem 4. und 8. IV. geboren wurden. Die Transitprognose lautet also: Saturn in Konjunktion zur Sonne. Was dies bedeutet, findet der Leser in unserem Kapitel über Transite, Abschnitt Saturn. Wir sehen aber gleichzeitig, daß sich auch die laufende Venus und der Merkur im Widder befinden. Ferner zeigt sich der laufende Jupiter im Monat April 1968 zwischen 25 und 26 Grad Löwe. Damit befindet er sich in einem ausgezeichneten Trigonalaspekt bei jenen Widder-Leuten, die zwischen dem 15. und 16. April Geburtstag haben. Auch dies ist im Kapitel Transite, Abschnitt Jupitertransite, ausgedeutet. Schließlich durchläuft auch noch die Sonne der Reihe nach die

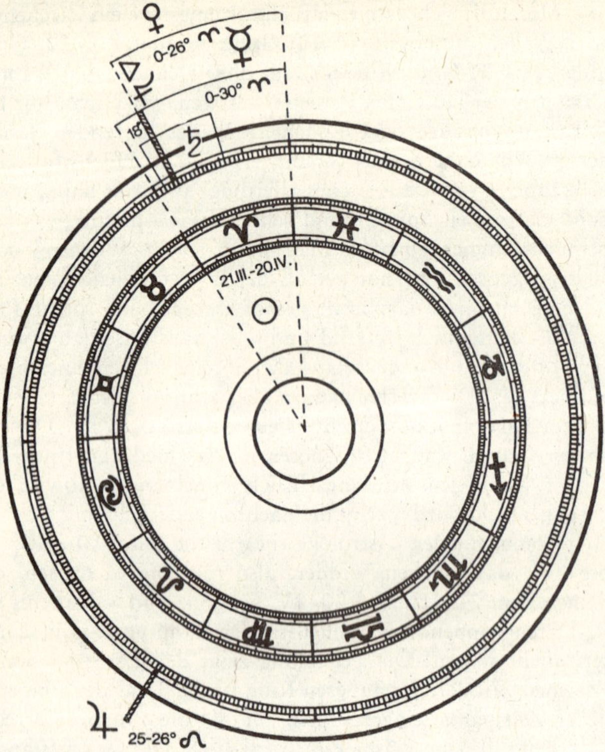

Grade 11 – 29 des Zeichens Widder, also die Geburtstage der Widder-Geborenen vom 1. – 19. IV. Im ganzen ein überaus ereignisreicher Monat, der so manchem Widder-Geborenen der genannten Daten noch im Gedächtnis sein dürfte.

Wenn nun schon ein einziger Bezugspunkt des Gesamthoroskops, nämlich der Sonnenort, eine Reihe sehr differenzierter Ausdeutungen zuläßt, so wird es verständlich, daß das gesamte individuelle Horoskop (also für ein Einzeldatum) mit allen individuellen Zeitberechnungen eine sehr zutreffende Prognostik ermöglicht – falls ein wirklicher Kenner der Materie mit jahrzehntelanger praktischer Erfahrung sie vornimmt. An dieser Stelle sei erwähnt, daß die Prognostik anhand der Planetentransite zu den einfachsten überhaupt gehört. Sie muß ergänzt werden durch weitere, viel schwierigere Prognosesysteme, für die man überdies Spezialtabellen benötigt, zum Beispiel durch die Direktionsverfahren (Primär- und Sekundärdirektionen, Sonnenbogendirektionen usw.). Diese Systeme sind aus Spezialwerken (siehe Literaturverzeichnis) zu erlernen und erfordern umfangreichere mathematische Kenntnisse. Wer diese Berechnungssysteme anwenden will, benötigt als Voraussetzung die minutengenaue Geburtszeit, die der Klient angibt, erst einmal anhand von mindestens vier bis sechs markanten Ereignisdaten aus der Vergangenheit (Todesfälle der Eltern, Heiratsjahr, größere Umbrüche im Schicksal, Operationsdaten usw.) zeitlich zu korrigieren (in der Fachsprache: rektifizieren). Dies benötigt oft mehrere Stunden Zeitaufwand außer jenem der Grundberechnungen. Sie dürfen es dem Autor glauben: Unter 200 DM wäre dies reiner Zeitverlust. Am besten, Sie lernen es selbst!

Wie berechnet und deutet man ein Horoskop?

Durchgeführt am Horoskop Albert Schweitzers

Albert Schweitzer
Geboren: 14. I. 1875, 23.52 Uhr, Kayserberg/Elsaß.

Sonne in 23.26 Grad Steinbock, Mond in 25.32 Grad Widder, Aszendent in 16.10 Grad Waage, Meridian in 20.20 Grad Krebs. Neptun: 28.04 Grad Widder, Uranus: 14.02 Grad Löwe, Pluto: 20.44 Grad Stier, Saturn: 14.08 Grad Wassermann, Jupiter: 0.09 Grad Skorpion, Mars: 24.06 Grad Steinbock, Mondknoten: 21.57 Grad Widder.

Dominierendes Planetenbild: Mars exakt im Schnittpunkt (Halbsumme) von Saturn und Uranus. Daher: Saturn exakt in Opposition mit Uranus, Mars exakt im Quadrat zu Saturn und Uranus.

Zweiter maximaler Aspekt: Sonne und Merkur in Konjunktion und beide exakt im Quadrataspekt mit Mond und Mondknoten und im Quadrat mit Neptun.

»Kardinalzeichen« am stärksten besetzt: mit Aszendent, Meridian, Sonne, Mond, Merkur, Neptun.

»Fixierte« Zeichen am zweitstärksten besetzt: Saturn, Uranus, Jupiter, Mars.

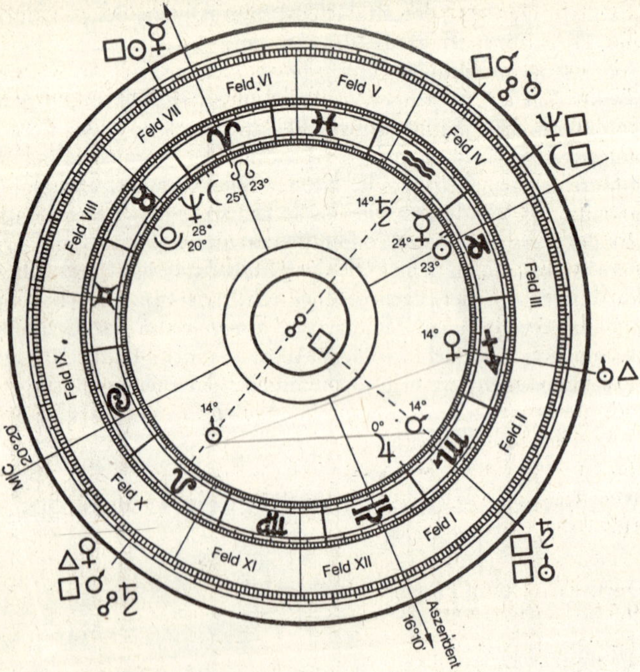

Die mathematische Errechnung des individuellen Horoskops

Ein individuelles Horoskop wird auf die Geburtsminute und den Geburtsort berechnet, der Geburtsort wiederum auf den Schnittpunkt zwischen geographischer Breite und Länge. Man benötigt also zu einer Horoskopberechnung folgende Hilfstabellen:

1. Astronomische Gestirnstandstabellen (in der Fachsprache: Ephemeriden). Am bekanntesten sind die englischen »Raphael-Ephemeriden« für jedes Jahr. Jedoch gibt es längst auch in Deutschland derartige Tabellenwerke (siehe Literaturverzeichnis). Sie können auf Null Uhr Weltzeit oder auf Mitternachtsstand zwölf Uhr berechnet sein.

2. Städtetabellen, die fertig errechnete geographische Positionen mit Breiten- und Längengradangaben aufweisen.

3. Sogenannte »Häusertabellen«, die gewöhnlich vom 40. bis 56. Breitengrad alle Häuser- oder Felderspitzen des Horoskops

(von 1 bis 12) enthalten – darunter auch Aszendent und Meridian.

Ferner ist zu achten auf die Greenwich-Zeit, die Mitteleuropäische Zeit (= MEZ), auf einfache und doppelte Sommerzeiten und bei Auslandshoroskopen auch auf die jeweiligen Zonenzeiten.

Da alle Zeitangaben der Ephemeriden auf die Sternwarte Greenwich bezogen sind, müssen sie erst einmal auf die jeweilige Orts- oder Lokalzeit umgerechnet werden. Für Deutschland gilt die Mitteleuropäische Zeit (MEZ). Man beachte aber genau: Sie wurde am 1. IV. 1893 in Norddeutschland und am 1. IV. 1892 in Süddeutschland eingeführt. Ab 1916 sind die Sommerzeiten zu beachten.

In unserem Beispiel mit Geburtsjahr 1875 ist die Geburtszeit auch gleichzeitig die Ortszeit (weil vor 1892): 23.52 Uhr oder 11.52 Uhr nachts. Zu dieser »Lokalzeit« (Kaysersberg/Elsaß) kommt nun noch die Sternzeit Greenwich vom 14. I. 1875 hinzu. Laut den Gestirnstandsauszügen beträgt sie 19.34 Stunden. Dies ergibt folgende Rechnung:

11.52 Std. (Lokalzeit seit dem Mittag des 14. I. 1875)
19.34 Std. (Sternzeit am Mittag des 14. I. 1875)
31.26 Std. (Sternzeit des Feldes X oder Meridian)
24.00 Std. (in Abzug, da Resultat größer als 24 Stunden)
7.26 Std. (Sternzeit)

Kaysersberg liegt auf dem 48. Breitengrad. Wir finden unter der errechneten Sternzeit dieses 48. Grades die genauen Felderspitzen für das individuelle Horoskop Albert Schweitzers: Aszendent (oder aufsteigender Grad): 16 Grad Waage; Spitze des Feldes X (oder Medium coeli, abgekürzt MC): 20 Grad Krebs. Hiermit hätten wir bereits die »Hauptachsen« dieses Horoskops: die »Horizontalachse« (Felderspitze I zu Felderspitze VII) und die »Vertikalachse« (Felderspitze X zu Felderspitze IV). Dazwischen liegen die »Häuser«- oder Felderspitzen. Feld II: 12 Grad Skorpion; Feld III: 14 Grad Schütze; Feld XI: 24 Grad Löwe; Feld XII: 23 Grad Jungfrau. Graphisch skizziert ergibt dies das »Gerüst« des Horoskops.

Dieses Gerüst oder der Aufriß der Horoskopfelder besagt immer noch nichts – es muß sozusagen erst »mit Fleisch umkleidet werden«. Dies geschieht nun durch die Einzeichnung der Planetenstände gemäß den Angaben in den Gestirnstandsauszügen des 14. Januar 1875. Da aber diese Planetenstände wiederum nur auf 12 Uhr mittags »Weltzeit« angegeben sind, müssen sie mit Hilfe von mathematischen Interpolationen auf die Greenwich-Zeit umgerechnet werden. Auch hierfür gibt es Tabellen, die diese Rechnungen vereinfachen. Beispielsweise läuft der Mond innerhalb von 24 Stunden etwa 12 Grad weiter, pro Stunde also einen halben Grad. Die Planeten selbst bringen nur Minutendifferenzen.

Wir zeichnen die gesamten Planetenstände, bezogen auf die individuelle Geburtsminute (23.52 Uhr), in das Horoskopgerüst ein und erhalten nun das ganz genaue, individuelle Geburtshoroskop Albert Schweitzers.

Der interessierte Laie, der sich sein Horoskop selbst berechnen will (oder auch das seiner Angehörigen usw.), bedarf im Hinblick auf die verschiedenen Zeitsysteme, Länderzeiten (falls außerhalb Deutschlands) und wegen des unumgänglich nötigen Tabellenmaterials diverser Spezialwerke der astrologischen Literatur. Im Rahmen dieses Handbuchs beschränken wir uns auf unser Standardbeispiel.

Der Aszendent ermöglicht uns schon sehr spezifische Aussagen, die mit dem Leben Albert Schweitzers übereinstimmen:

Die Waage, ein Zeichen der Venus – Venus ist »Herrscherin« im Zeichen Waage –, ist ein musisches Zeichen, den Künsten und der Musik günstig. Es verbindet auf schicksalhafte Weise mit der Umwelt, verleiht eine Tendenz zur Gemeinschaftsarbeit, fördert auch ein gewisses Geltungsbedürfnis und macht sehr verletzbar im Ehrgefühl. Zeitlebens ist das eigene Schicksal des betreffenden Menschen mit demjenigen anderer verbunden, etwa durch die Ehe, durch Partnerschaften oder den Beruf.

Albert Schweitzer schreibt in seinem Buch *Aus meinem Leben und Denken:* »Mit sieben Jahren überraschte ich die Lehrerin in der Schule damit, daß ich ihr auf dem Harmonium Choralmelodien mit selbsterfundenen Harmonien vortrug, und mit acht Jahren begann ich Orgel zu spielen . . .«

Daß für Albert Schweitzer die »schicksalhaft verbundene Umwelt« der leidenden Menschheit zur Lebensaufgabe wurde, bestätigt die Aussage des Aszendenten Waage!

Außer der Waage befindet sich im Feld I seines Horoskops noch das Zeichen Skorpion, ein Marszeichen. Es deutet auf Durchsetzungskampf, Widerstand und schließlich Wachsen der Kräfte an diesem Widerstand, nicht selten auch auf Verteidigung gegen die Umwelt. Im Geistigen ist es das Zeichen der

Skeptiker, der »Tiefenlotungen«, des leidenschaftlichen Verlangens nach Erkenntnis. Naturwissenschaften und Medizin werden vom Skorpion symbolisiert, aber auch das »leidenschaftliche Erspüren der Wahrheit«, das zur Philosophie führt. Allerdings – zu einer Philosophie der Tat! Wir zitieren wieder aus der Autobiographie:

»Hauptsache ist, daß der Mensch sein Schicksal nicht einfach über sich ergehen läßt, sondern sich mit aller Energie durch geistige Tat in den ungünstigen Verhältnissen als Menschenpersönlichkeit zu behaupten sucht! Sein Menschenleben neben dem Berufsleben rettet sich, wer auf die Gelegenheit aus ist, in persönlichem Tun Mensch zu sein.«

In dieser Synthese von feinfühliger Seelenanlage, Fähigkeit des Mitempfindens und Verbundenheit mit dem »Du« (= Waage/Venus) mit jenem unwiderstehlichen inneren Verlangen nach tatkräftiger Praktizierung solcher Ideale liegt bereits ein sehr wesentlicher Teil der Persönlichkeit (= Feld I/Aszendent) Albert Schweitzers begründet!

Albert Schweitzers Individualität – also sein geistiger Standpunkt und der Kern seiner Persönlichkeit – sind in seinem Horoskop symbolisiert durch die Sonne, das Zentralgestirn im Kosmos wie auch im Mikrokosmos Mensch.

Sie befindet sich, wie das Horoskopschema zeigt, in 23 Grad des Zeichens Steinbock und nur 3 Grad von der Vertikalachse, und zwar der Felderspitze IV, entfernt. Damit hat die eine dominierende Stellung gemäß der Dominantenlehre, die den Planeten an maximal wirkenden Horoskopfeldern – also an den Achsenspitzen – eine das ganze Leben und Schicksal beeinflussende Wirkung zumißt. Steinbock ist das Zeichen des Saturn: Mühe, Arbeit, Pflichterfüllung, Last und Sorgen sind seine Geschenke. Er ist der »Vollstrecker des Schicksals«, wägt die Taten, läutert durch Bewährungsproben, lotet die Tiefen aus und führt ins Herz aller Dinge. Philosophie, Wissenschaften, Weltanschauung und Forschung sind seine Bereiche. Er verlangt alles oder nichts, zwingt aber zur Selbstbescheidung, zur Konzentration auf das Wesentliche, und seine Siege sind schwer erkämpft, überall schafft er Hindernisse und Prüfungen.

Er ist »Kronos« oder »Herr der Zeit«: Was er schenkt, kommt spät, muß lange erarbeitet werden. Aber das Werk »überdauert den Menschen«! Und »ein Ding seines Schaffens steht für viele« – es wird beispielgebend, richtungweisend.

Hierzu Albert Schweitzer: »Will der Mensch über sich selber und sein Verhältnis zur Welt ins klare kommen, so muß er immer aufs neue von dem vielen, was sein Denken und Wissen ausmacht, absehen und sich auf die erste unmittelbarste und stetig gegebene Tatsache seines Bewußtseins besinnen. Nur von dieser aus kann er zu denkender Weltanschauung gelangen . . .«

»Arzt wollte ich werden, um ohne irgendein Reden wirken zu können! Ärztliche Kenntnisse ermöglichten mir das reine Verwirklichen der Religion der Liebe in der besten und umfassendsten Weise, wohin auch immer der Weg des Dienens [=Saturn] mich führen mochte . . .«

Diese Sonne – vom Strahl des Saturn geläutert und »auserwählt« aus der Masse – leuchtete ihm bis zuletzt und krönte sein Werk »am Ende der Tage«. Sonne im Feld IV: späte Ernte, hartes Alter, »Last der Tage« – 90 Jahre währte sein Leben! Steinbock: das »konservierende« Zeichen.

Merkur, das Symbol des Wissens, des Lernens, der analytischen, untersuchenden und forschenden Mentalität (= Steinbock), ist ganz nahe bei der Sonne. Ein solcher Mensch forscht, untersucht, wird »Spezialist« auf einem erwählten Fachgebiet (hier Tropenmedizin); sein Geist ist »bohrend« (Steinbock), sieht hinter die Schleier, stößt zum Urgrund vor. Aber Merkur im Saturnzeichen Steinbock schenkt Wissen nicht ohne Mühen, und aus dem »Schoß der Familie« (= Feld IV des Horoskops, in dem sich Sonne und Merkur befinden) kommt wenig Hilfe, dafür »Zwang und Zucht«:

»Mein Taufpate hatte die Güte, mich um die Gymnasialzeit bei sich aufzunehmen. Anders wäre es meinem Vater, der zum Unterhalt seiner großen Familie nur über sein bescheidenes Pfarrergehalt verfügte, kaum möglich gewesen, mich auf das Gymnasium zu tun! Die strenge Zucht, in die ich bei diesem Großonkel [= Steinbock] und seiner Frau kam, hat mir sehr wohl getan . . .«

Wir sprachen von Saturn, Sonne und Merkur. Mit diesen Planetensymbolen befanden wir uns schon auf dem Weg der »Symboldeutung«: Jeder »Planet« steht stellvertretend für gewisse Urqualitäten, für »Entsprechungen«. Die Sonne beispielsweise für Individualität, Geist, Lebenskraft, soziologisch aber auch für Staat, Könige, Herrscher. Selbstverständlich hat sie auch Beziehungen zu ganz bestimmten Berufen, Krankheiten, Personenkreisen, Typen usw. Schließlich ist jedem Planeten auch sein Zeichen im Zodiak zugeordnet: der Sonne das Zeichen Löwe, dem Saturn der Steinbock, dem Merkur die Zeichen Zwillinge und Jungfrau usw. Man kann umgekehrt auch sagen: Wo immer sich im Horoskop das Zeichen Löwe befindet, wirkt es »stellvertretend« für die Sonne.

Das Deutungsverfahren beginnt also mit den Planetensymbolen an sich. In welcher spezifischen Art der Planet wirkt, ergibt sich durch seine Stellung in einem der zwölf Zeichen zur Zeit der Geburt (bei Albert Schweitzer zum Beispiel Sonne im Steinbock). In welcher Richtung beziehungsweise auf welches irdische Schicksalsgebiet er wirkt, ergibt sich durch die Stellung in einem bestimmten Horoskopfeld (bei Albert Schweitzer zum Beispiel Sonne im Feld IV).

Obwohl wir nun schon eine erhebliche Detaillierung der Aussage erreicht haben, ist sie immer noch ungenügend. Die letzten Feinheiten bezüglich »Qualität« und Wirkung eines Planeten ergeben sich aus seiner Aspektierung.

Damit sind wir bei der individuellsten Aussage einer Planetenkonstellation angelangt: der Winkelbildung zu den übrigen Planeten im Horoskop.

Die einstigen Qualitätsbegriffe von »gut« oder »schlecht« haben sich in bezug auf die Aspekte längst in die Begriffe »spannungsreich« und »spannungsarm« gewandelt. Die »Zusammengestirnung« zweier – oder mehrerer – Planeten stellt eine Konjunktion dar und ist in ihrer Wirkung abhängig von der »Harmonie« oder »Dissonanz« zweier – oder mehrerer – Planetensymbole. Eine Winkelentfernung von 60 oder 120 Grad – man nennt sie Sextil beziehungsweise Trigonal – wirkt gemäß der Erfahrung »spannungsarm« oder harmonisch, manchmal aber auch stagnierend (ohne besondere Impulse); der Winkel von 90 Grad oder die Quadratur ist das Symbol für »Durchkreuzung«, also Stauung oder Hemmung; der 180-Grad-Winkel schließlich, die »Opposition« bezeichnet einen »Widerstreit« der betreffenden Planeten unter sich, ist daher spannungsreich. Quadrate und Oppositionen sind die Winkel der Handlungen, der Tat, aber auch der Impulssteigerung, der Übertreibungen usw.

Im Horoskop Albert Schweitzers finden wir die Sonne mit Merkur in nur einem Grad Differenz »zusammengestirnt«, also in Konjunktion. Das kennzeichnet Albert Schweitzer als »Individualisten« mit äußerst subjektivem Denken (Merkur zu nahe bei der Sonne), das ihn mit den Ansichten der Umwelt, der

Öffentlichkeit, der Vorgesetzten usw. zeitweise in Kollision brachte:

»Als Mann der individuellen Tat bin ich seither von vielen Menschen um Meinung und Rat angegangen worden. Wer sich vornimmt, Gutes zu erwirken, darf nicht erwarten, daß die Menschen ihm deswegen Steine aus dem Weg räumen, sondern muß auf das Schicksalhafte gefaßt sein, daß sie ihm welche daraufrollen! ...

Außer einem Drittel Professor, einem Drittel Apotheker und einem Drittel Bauer habe ich auch noch einige Tropfen ›wilder Mann‹ in mir! ...

Als meine Afrikapläne bekannt wurden, wollten mich die Professoren der Straßburger Universität zunächst einmal zu einem Psychiater nach Paris schicken ...«

Dieser individuelle, eigenwillige »Merkur im Steinbock« wollte und mußte aber auch reden, predigen, und vor allem überzeugen! Aus »Reden« wurde »Überreden«, was sich auch in Schweitzers hervorragender »Sammelbegabung« bei der Geldbeschaffung für Lambarene überzeugend ausdrückte. Ein Merkur im saturninen Zeichen Steinbock würde dies allein nicht vermocht haben; dazu benötigte er den Trigonalaspekt des Pluto (120 Grad Entfernung zwischen Merkur und Pluto), jenes Planetensymbols, das »die Massen zu beeinflussen versteht« und mit Überzeugungskraft wirbt. Dieser Merkur ist also ein »Bekennersymbol«.

Anhand dieses Beispiels von Sonne, Merkur und Pluto wird man schon bemerkt haben: Das Horoskop ist in seiner Gesamtheit eine Art »Code«, eine verschlüsselte Geheimsprache aus den Planeten, den Stellungen der Planeten in Zeichen und Kraftfeldern sowie den Aspektierungen der Planeten. Wer diese Sprache zu deuten versteht, für den beginnt ein Horoskop zu reden. Um aber vom »Buchstabieren« – der Analyse – zur Zusammenschau (Synthese) zu gelangen, bedarf es wie bei anderen Künsten auch noch der Begabung, genauer gesagt: der Intuition.

Ein wichtiger Teil der Kombination ist die Polarität: das Zusammenwirken von Sonne und Mond. Symbolisiert die Sonne die geistige Individualität, so der Mond die Psyche, das Gemüt, die Emotionen, die Persönlichkeit in ihrem »irdischen Aspekt«.

Bei Albert Schweitzer finden wir den Mond im Zeichen Widder, dessen Herrscher der Mars ist, und im Feld VII des Horoskops, jenem Feld, das die »Projektion der Persönlichkeit in die Umwelt«, also das öffentliche Wirken, die Gemeinschaft und die Partnerschaft symbolisiert. Mit dem marsbetonten Mond im Widder finden wir Albert Schweitzers Persönlichkeit noch präziser gekennzeichnet, insbesondere in der Dynamik seines Wollens. Lapidar ausgedrückt ist dieser Mond ein Hinweis auf eine eigenwillige Persönlichkeit mit heftigem Durchsetzungswillen. Ein Schuß Rebellentum ist darin und eine potenzierte »Sturm- und Drangperiode« (Mond = Jugend), aber auch Idealismus, der – unter dem Zeichen Widder – nach der Tat verlangt. Wie Tat und Durchsetzung verlaufen, zeigt das Feld VII an: Alles zielt auf das »Du«, auf die Gemeinschaft (Feld VII), auf die Öffentlichkeit und das »Volk« (= Mond). Aber vom Mitmenschen empfängt er auch tatbereite Hilfe: Seine Lebensgefährtin geht mehrmals trotz großer körperlicher Beschwerden mit nach Lambarene. Er findet aufopferungsbereite Schwestern, Ärzte, Unterstützung durch Spenden von seiten der Öffentlichkeit (Mond). Ob nun aber dieses Wirken in der Öffentlichkeit (Mond in VII) leicht oder mühevoll wird, darüber sagt der Mond allein noch nichts aus: Seine Aspektierungen – fast exakte Quadrataspekte von 90-Grad-Winkeln zu Sonne und Merkur – zeigen es an! »Sonne/Quadrat/Mond« ist der Aspekt der Mühen und Schwierigkeiten, der inneren Kämpfe zwischen Verstand und Gemüt und des Gegeneinanderwirkens der Kräfte. Die tatkräftige Realisierung ideeller Vorstellungen und Ziele brachte Kampf und Rückschläge (Quadrataspekt). Sie war auch nicht von Anfang an möglich, denn der Mond befindet sich mit Neptun in Konjunktion (nur 3 Grad Entfernung zwischen beiden Gestirnen): das bedeutet Phantasie, Intuition, Musik (Neptun!), Empfindlichkeit, innerer Reichtum, Träume! Aber auch Enttäuschungen!

»Auf dem Gymnasium war ich zunächst ein schlechter Schüler – das lag an meiner Trägheit und Verträumtheit ...

Richard Wagners ›Thannhäuser‹ überwältigte mich so, daß es Tage dauerte, bis ich wieder fähig war, dem Unterricht in der Schule Aufmerksamkeit zu schenken ...

Mit dem Geist der Zeit befinde ich mich in vollständigem Widerspruch [Sonne Quadrat Mond!], weil er von Mißachtung des Denkens erfüllt ist ...«

Die ganze Tragik und Schwere der Quadrataspekte zwischen Sonne und Merkur einerseits und Mond und Neptun andererseits wird bestätigt durch die weltanschaulichen, aber auch materiellen Kämpfe und durch die schmerzlich erlebte Diskrepanz zwischen Sehnen und Erfüllung, zwischen Innen und Außen:

»Zwei Erlebnisse werfen ihre Schatten auf mein Dasein; das eine besteht in der Einsicht, daß die Welt unerklärlich geheimnisvoll und voller Leid ist; das andere darin, daß ich in eine Zeit des geistigen Niederganges der Menschheit hineingeboren bin.«

Sind Weg und Ziel im Horoskop erkennbar?

Dies ist eine der Standardfragen, die an den Astrologen gerichtet werden. Da sie für jeden Menschen schicksalswichtig ist, muß sich die Astrologie an ihr bewähren.

Das setzt eine hohe Kombinationsgabe bei der Analyse vorhandener Begabungen und Fähigkeiten, aber auch bezüglich der Durchführbarkeit erkannter Ziele voraus. Nur wenigen Menschen ist ein Fernziel eingeboren – weitaus häufiger stehen Irrtümer, Fehlschläge, enttäuschte Hoffnungen, Umbrüche und Neubeginne als Meilensteine am Schicksalsweg. Das Horoskop vermag jedoch dem erfahrenen und intuitiven Astrologen verblüffende, oft umfassende Hinweise zu geben. Die Aussagen liefern das Feld I (Persönlichkeit, Neigungen, Wünsche), das Feld X (Beruf, soziale Position, Lebensziel), das Feld II (Finanzen, Erwerb, materielle Lage), ganz besonders aber der »dominierende Planet« – oft der höchstgestellte oder »elevierte« oder dicht an den Horoskopachsen konstellierte – und schließlich die maximalen – »geschlossenen« oder gradgenauen – Aspekte von Planeten unter sich oder von Planeten auf die Hauptachsen. Ein Blick auf das Horoskop Albert Schweitzers zeigt auf Anhieb den Uranus als »elevierten«, an höchster Stelle des Horoskops stehenden Planeten im Berufsfeld X und im Zeichen Löwe, das auch »stellvertretend« für die Sonne wirkt, denn die Sonne »herrscht« im Zeichen Löwe. Wäre dies ein Testhoroskop, das heißt, wäre die betreffende Person dem Astrologen völlig unbekannt, so würde er gemäß allen Regeln der alten klassischen wie auch der neuen Astropsychologie von der Stellung des Uranus sofort den Individualisten erkennen, die ungewöhnliche Persönlichkeit von schöpferischer (Löwe), eigenwilliger (Uranus) und allen geistigen Erkenntnissen aufgeschlossener Wesensart. Uranus ist das Symbol der geistigen Erneuerung, der Wendepunkte und Lebenskrisen, er bedeutet: »Ausweg aus schwebender Problematik und Durchbruch zum Wesentlichen, Zerschlagung eines Komplexes von Gewöhnungen und stürmische Umstimmung der Gesamthaltung eines Menschen« (Deutung nach Thomas Ring: *Astrologische Menschenkunde,* Band I). Unter »solarem Einfluß« dieses Uranus – im Sonnenzeichen Löwe – kann sich je nach vorhandener Substanz ein hoher Grad von Erkenntnis ergeben, im Feld X eine weithin sichtbare, exponierte Tat im Sinn eines Lebenswerks. Die Intuition des Uranus stammt nicht aus der Tätigkeit des rationalen Ichs, der durch Uranus repräsentierte Geist ist nicht identisch mit dem Intellekt (nach Thomas Ring).

Wir haben hier also einen Hinweis auf einen Menschen von ungewöhnlicher, freiheitlicher und geistig selbständiger Prägung mit einem nicht alltäglichen, vielleicht ungewöhnlichen Beruf (Uranus) oder Tätigkeitsgebiet. Löwe, das »führende« Zeichen, hebt den Menschen aus der Masse und »läßt sein Werk leuchten«.

Was aber ist dieses Werk? Jupiter steht im Feld I und im Zeichen Skorpion: Hier erkennen wir den »Prediger« von St. Nicolai, den Kulturphilosophen, aber auch den Physiologen und Naturwissenschaftler Albert Schweitzer. Jupiter, der Planet der Weisheit, eine »Mischung aus Vater, Patriarch und König« (nach Papus), obendrein im Zeichen Skorpion – jenem Zeichen des »Stirb und werde!« –, das neben Löwe gemäß astrologischer Statistik zu den »Ärztezeichen« gehört, ebenso häufig aber auch bei Chemikern und Pharmazeuten zu finden ist. Hier liegt der intensivste Hinweis auf den »weißen Medizinmann«! Aber Jupiter schenkt im Feld I auch Ehren und Auszeichnungen; man weiß, daß Albert Schweitzer die Ehrendoktorhüte nur so einsammelte, ohne den Verlockungen des Ruhms zu erliegen. Im Skorpion, dem Zeichen des Erkenntnisdranges, ist er vielmehr willens und fähig, jede Tiefe auszuloten:

»Mit Notwendigkeit endet rationales Denken, wenn es in die Tiefe geht, in dem Irrationalen der Mystik.«

Mit diesem Jupiter im machtvoll wirkenden Kraftfeld I des Horoskops könnten nun viele Ethiker, Philosophen und Helfer der Menschheit geboren sein – aber noch fehlt jenes Feuer der Begeisterung, jenes Gran »wissender Gläubigkeit«, das innere Erkenntnisse in die Tat umsetzt. Winston Churchill bezeichnete es als »Genie der Menschlichkeit«.

Wiederum ist es Uranus, der höchstkonstellierte Planet im Horoskop Albert Schweitzers, sein eigentlicher »Leitstern«, der ihn hinaushob über Konventionen und bürgerliche Hemmnisse. Dieser Uranus im Feuerzeichen Löwe bewirkt die Bereitschaft, jederzeit in die Unabhängigkeit auszubrechen, im Berufsfeld X macht er den Menschen zum Rebellen, zum Außenseiter, ja manchmal zum Exzentriker. In diesem Fall handelt es sich um die »Exzentrik« eines freien Geistes, der nicht nur zu tiefsten Erkenntnissen vorstößt, sondern sie auch ehrlich und rücksichtslos gegen sich selbst in die Tat umsetzen will:

»Finden sich Menschen, die sich gegen den Geist der Gedankenlosigkeit auflehnen und als Persönlichkeiten lauter und tief genug sind, daß die Ideale ethischen Fortschritts als Kraft von ihnen ausgehen können, so hebt ein Wirken des Geistes an, das vermögend ist, eine neue Gesinnung in der Menschheit hervorzubringen!«

Eine interessante Interpretation der Wirkung des Uranus im Berufsfeld X können wir dem Werk der Holländerin Ele Parker: *Astrologie* entnehmen (erschienen 1924 im Veen's Verlag, Amersfoort). Es ist wohl kaum anzunehmen, daß die holländische Verfasserin im Jahr 1922, dem Entstehungsjahr des Buches, sehr viel von Albert Schweitzer wußte. Dennoch ist ihre Deutung von einer verblüffenden Prägnanz und Übereinstimmung mit den Hauptschicksalszügen Albert Schweitzers:

»Uranus im Feld X deutet auf einigermaßen besondere Beschäftigungen in gesellschaftlich-ethischer Richtung. Ist doch Uranus der Planet des Altruismus und der Inspiration. Wenn er nun im ›Haus des Berufs‹ steht, deutet er auf einen Arbeitskreis, der darauf eingerichtet ist, die Schwächeren auf der Welt zu beschützen, zu fördern, auf allerlei Weise zu stützen. Krankenpflege, sowohl körperlich als auch moralisch, Aufrichtung der aus der Gesellschaft Ausgestoßenen, das alles wird mit Liebe getan werden, und damit ist auch Erfolg zu erwarten. Es versteht sich von selbst, daß dieser Weg bei Beschädigung [schlechter Aspektierung] nicht gegangen werden kann, ohne Widerstand zu begegnen oder selbst Spott zu erfahren. Uranus zeigt hier etwas Originelles und sogar Geniales. Das ändert nichts daran, daß diese Person für ihre Umwelt ein ›schwarzes Schaf‹ sein wird, das man auf alle mögliche Weise zu bekehren versuchen muß. Alles in allem ist die Stellung ein Hinweis auf ein vielbewegtes Leben, das gewiß nicht unbeachtet verlaufen wird ...«

Diese, in einem öffentlichen Werk für viele gegebene Interpretation deckt sich nahezu vollgültig mit dem Lebenswerk

Albert Schweitzers. Uranus bestätigt in Albert Schweitzers Horoskop die Dominantenlehre, wonach »achsenscharfe« oder am höchsten konstellierte Planeten – im Feld X – »Schicksal« aufzeigen. Uranus ist Symbol aller Mutationen, aller Neuschöpfungen, Initiator aller Umbrüche oder Wendepunkte. Eine psychologische Interpretation dieses maximal wirkenden Uranus bringt Thomas Ring in Band I seiner Astrologischen Menschenkunde:

»Über das Persönliche hinausweisend, stellt Uranus in irgendeiner Form die Verbindung zum Zeitgeist her, sei es in Erfinder- oder Entdeckertätigkeit, in politischen oder kulturellen Umgestaltungen oder nur im Teilhaben an typisch modernen Lebensformen. Tieferes Erfassen des Zeitgeistes, dem Durchschnitt vorauseilend, führt praktisch oft zur Haltung des Unzeitgemäßen, gegen den Strom Schwimmenden, für die Masse nicht zu unterscheiden vom bloß Abseitigen, dem Sonderling . . .«

Eine tiefere Deutung gelingt nur über erfaßbare Zusammenhänge aus der Gesamtanlage eines Horoskops, jede Einzelbetrachtung einer Konstellation bliebe ein Torso. Hier hilft uns die Aspektierung des »dominierenden Planeten« weiter und zeigt, wie wir gesehen haben, zuweilen mit treffsicherer Prägnanz das wahre Schicksal eines Menschen auf.

Synthese eines Horoskops, das schwierigste Kapitel der künstlerischen Deutung

Betrachtet man Albert Schweitzers Horoskop rein visuell, so fällt einem sofort ein Aspektkreuz ins Auge, dem lediglich der rechte Kreuzbalken fehlt: Der dominierende Uranus befindet sich mit Saturn in einer gradgenauen Opposition (14 Grad Löwe zu 14 Grad Wassermann); wiederum exakt in die Mitte – in die Halbsumme oder den Schnittpunkt – dieser Konstellation fällt die Position des Mars in 14 Grad Skorpion. Somit »verletzt« Mars sowohl Uranus als auch Saturn mit einem exakten Quadrataspekt (90-Grad-Aspekt).

Damit sind wir im Kern der Synthese oder der Zusammenschau dreier Planeten – Mars, Saturn, Uranus –, die immer Schicksal anzeigen. Die Opposition – psychologisch gesprochen: Spannung – des mächtig konstellierten Uranus zum »Schicksalssymbol« Saturn ist ein Motiv für »Wille und Widerstand« (nach R. Ebertin: *Kombination der Gestirneinflüsse*, Verlag

R. Ebertin, Aalen) und symbolisiert damit nicht nur Eigenwilligkeit, Zähigkeit, Hartnäckigkeit, sondern auch die Überwindung großer seelischer Spannungen im eigenen Ich. Daneben bedeutet diese Konstellation härteste Durchsetzung im Beruf und permanenten Kampf gegen Schwierigkeiten, Widerstände (Saturn) und »Zeitgeist« (Uranus). Althergebrachte Grundsätze und Traditionen müssen über Bord geworfen werden. Die eigene Weltanschauung kollidiert mit diesen Tatsachen. Das ehrgeizige Streben nach persönlichem Erfolg wird vom Saturn geläutert, das Ich wird der Allgemeinheit untergeordnet, die Egozentrik (Saturn) wird dem Altruismus geopfert (Uranus):

»Mit dem Geiste der Zeit befinde ich mich in vollständigem Widerspruch, weil er von Mißachtung des Denkens erfüllt ist! ... Die organisierten staatlichen, sozialen und religiösen Gemeinschaften unserer Zeit sind darauf aus, den einzelnen dahin zu bringen, daß er seine Überzeugungen nicht aus eigenem Denken gewinnt, sondern sich diejenigen zu eigen macht, die sie für ihn bereithalten ...«

In diesen Zeilen zeigt sich überzeugend das Motiv der Auflehnung gegen jegliches Gängelband eines obrigkeitlichen Denkens! Die spannungserzeugende Opposition des Uranus zum Saturn, aber auch sein Quadrataspekt zum Mars, dem Symbol für Aufstand, Freiheitswillen, Unbeugsamkeit, beide gewähren die tiefsten Einblicke in den Wesenskern dieses »Aufsässigen gegenüber Sattheit und geistigem Herdentrieb«:

»Ein Mensch, der eigenes Denken hat und damit geistig ein Freier ist, ist ihnen etwas Unbequemes und Unheimliches. Er bietet nicht genügend Gewähr, daß er in der Organisation in der gewünschten Weise aufgeht ...«

Eine letzte Aussage liefert Mars in seinem eigenen Zeichen Skorpion – wir haben es schon einmal als das »Kampfzeichen« schlechthin erkannt. Wenn dieser aus tiefsten Erkenntnisquellen (Skorpion) strömende Wille (Mars) den Saturn angreift – das Symbol der zähen, hartnäckigen, unverrückbaren Widerstände –, so kann es leicht zum Fanatismus kommen. Im Fall des Marsangriffs auf den Uranus könnte man es sogar mit einem »geborenen Revolutionär« zu tun haben, dessen innere Dynamik das Zeug zum Despoten oder Tyrannen abgäbe.

Daß dem nicht so ist, zeigt sich an der Sonne im Steinbock, die eine tiefe, zu Welt- und Menschenkenntnis drängende Einsicht bedeutet, und am Jupiter im Feld I, der dazu führt, alles zu verstehen und alles zu verzeihen.

Die Synthese also ist es, die den Menschen Albert Schweitzer in seiner wirklichen, echt menschlichen Substanz aufzeigt. Bei einem Aspektkreuz aus Mars, Saturn und Uranus hängt alles von dieser Substanz ab. Andererseits erkennen wir in der Synthese genau die Bedeutung jenes »königlichen« Zeichens Löwe, das zum größten Teil das Berufsfeld X dieses Horoskops erfüllt: den »Herrscher von Lambarene!« Daß die geistige Souveränität schwer erkämpft werden mußte, besagt allein schon der Mars/-Saturn-Aspekt mit der Bedeutung: Alles Wollen stößt auf Widerstand, es kommt zu Kraftproben:

»In meinem eigenen Dasein sind mir Sorge, Not und Traurigkeit zuzeiten so reichlich beschieden gewesen, daß ich mit weniger starken Nerven darunter zusammengebrochen wäre. Schwer trage ich an der Last von Müdigkeit und Verantwortung. Von meinem Leben habe ich nicht viel für mich selber, nicht einmal die Stunden, die ich Frau und Kind widmen möchte . . .«

Dieses Bekenntnis Albert Schweitzers blieb bis ans Ende seines Lebens gültig. Saturn, der Herr des Alters und der schweren Bürden, in diesem Horoskop die Sonne im Steinbock, gab ihm 90 Jahre – mehr zur Last als zur Freude. So manche der »großen Alten« (Adenauer: Sonne im Steinbock) befinden sich unter der Signatur des Saturn.

Mit diesem Versuch einer Verifikation der Astrologie aus anderer Sicht, als sie gewöhnlich die Vulgärastrologie gestattet, und anhand eines exponierten Lebenslaufs, den jeder kennt, möchten wir das Thema Horoskop – viel gelästert, oft unterdrückt, aber in aller Munde – beschließen. Nicht ohne das Bekenntnis eines großen Psychologen, C. G. Jung, anzuführen: »Die Astrologie ist die Psychologie der Alten. Und sie klopft heute schon vernehmlich an die Tore der Universitäten . . .« In der Tat erlaubte die bedeutendste Universität Amerikas, die Harvard-Universität, 1960 einer Studentin, Marcia Moore, eine Doktorarbeit über Astrologie vorzulegen, die besonders die Beziehungen der Astrologie zur heutigen Psychologie darstellte.

Tabelle der Zonenzeiten:

Die Mitteleuropäische Zonenzeit (MEZ) wurde eingeführt in:

Norddeutschland	am 1. IV. 1893 0 Uhr
Süddeutschland	am 1. IV. 1892
Österreich	am 1. X. 1891
Schweiz	am 1. VI. 1894
Ungarn	am 1. X. 1891
Italien	am 1. XI. 1893
Jugoslawien	am 1. X. 1891
Norwegen	am 1. I. 1895
Schweden	am 1. I. 1900
Tschechoslowakei	am 1. X. 1891

Die Westeuropäische Zeit (WEZ) wurde eingeführt in:

Belgien	am 1. V. 1892
Frankreich	am 11. III. 1911
Elsaß-Lothringen	am 11. XI. 1918
England	am 1. X. 1880
Schottland	am 29. I. 1884
Irland	am 1. X. 1880
Luxemburg	am 1. XII. 1918
Portugal	am 1. I. 1912
Spanien	am 1. I. 1901

Die Osteuropäische Zeit wurde eingeführt in:

Bulgarien	am 30. XI. 1894
Estland	am 1. V. 1921
Griechenland	am 28. VII. 1916
Lettland	am 1. I 1919
Litauen	bis 1920 (dann MEZ)
Polen	am 16. IX. 1919 dann MEZ ab 31. 5. 1922
Rumänien	am 24. VII. 1931
UdSSR (Moskau)	1931
Türkei	am 1. I. 1916

Vor der Einführung dieser Normalzeiten bestand überall die jeweilige Landeszeit!

Tabelle der Sommerzeiten:

In Deutschland wurden sog. »Sommerzeiten« eingeführt am:

1916 vom 30. IV.	23 Uhr bis	1. X.	1 Uhr (MEZ)	
1917 vom 16. IV.	3 Uhr bis	17. IX.	3 Uhr (MEZ)	
1918 vom 15. IV.	3 Uhr bis	16. IX.	3 Uhr (MEZ)	
1940 vom 1. IV.	3 Uhr *durchgehend* bis			
1942		2. XI.	2 Uhr (MEZ)	
1943 vom 29. III.	3 Uhr bis	4. X.	2 Uhr (MEZ)	
1944 vom 3. IV.	3 Uhr bis	2. X.	2 Uhr (MEZ)	
1945 vom 2. IV.	3 Uhr bis	16. IX.	3 Uhr (MEZ)	auch WEZ!
	bis	18. XI.	2 Uhr in den Ostzonen	
1946 vom 14. IV.	3 Uhr bis	7. X.	3 Uhr	
1947 vom 6. IV.	3 Uhr bis	11. V.		

doppelte Sommerzeit:

1947 vom 11. V.	3 Uhr bis	29. VI.	3 Uhr!!

dann wieder »einfache« Sommerzeit:

1947 vom 29. VI.	3 Uhr bis	5. X.	3 Uhr
1948 vom 18. IV.	2 Uhr bis	3. X.	3 Uhr
1949 vom 10. IV.	2 Uhr bis	2. X.	3 Uhr

Im Falle der »einfachen« Sommerzeit ist eine Stunde in Abzug zu bringen, im Falle der »doppelten« Sommerzeit zwei Stunden!

Astrologie war einst Religion

Der Weg durch die Jahrtausende

Die Kosmologie der Sumerer und Akkader
(5000–3000 v. Chr.)

Im vorderasiatischen Stromland des Euphrat und Tigris liegt die Wiege des uralten Sternenweistums. Astrologie und Astronomie waren noch eins. Ihre Gesetze wurden in den babylonischen Keilschriftziegeln niedergelegt. Die archäologischen Funde solcher Ziegel in Mesopotamien ergaben interessante Tatsachen: Alle wichtigen Staatsereignisse wie Königskrönungen, Kriegsbeginne, Baubeginne von Tempeln usw. fielen auf errechnete günstige Planetenkonstellationen. Die ältesten Tierkreisbilder, in Stein gehauen, reichen über die Schwelle des vierten Jahrtausends v. Chr. hinüber.

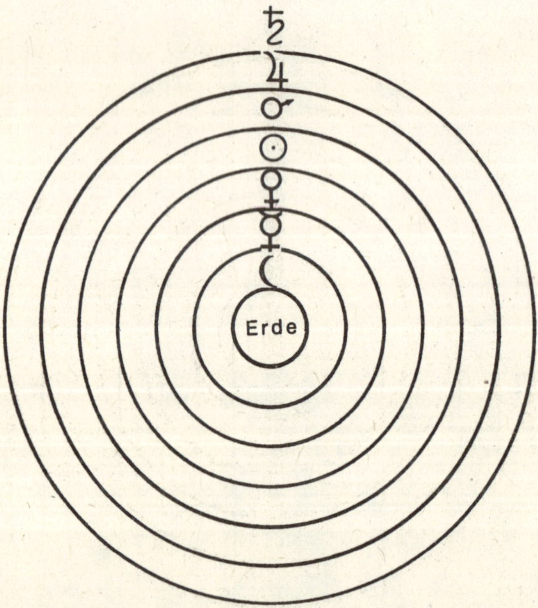

Das ptolemäische Weltsystem

Die Sumerer, von denen wir seit den Ausgrabungen von Ur Genaueres wissen, hatten bereits um 3500 v. Chr. eine hochentwickelte Kultur, deren Einfluß von Indien bis Ägypten reichte. Das kosmologische Weltbild der Sumerer, das sie von noch älteren Völkern übernahmen, gehört in die frühesten Stadien der Menschheitsgeschichte. Den Chaldäern ist es zu verdanken, daß wir von diesem Weltbild eines Sternenweistums Kenntnis haben: 25 000 Keilschriftfragmente mit kosmologischem Inhalt wurden gefunden. Nur ein Teil davon konnte entziffert werden. Der Gehalt dieser Sternenreligion kann auf einen einzigen Nenner gebracht werden: Den ganzen Kosmos durchflutet Leben. Die Welt ist ein ewiger Kreislauf ohne Anfang und Ende. Das Geschehen am Himmel findet sein genaues Spiegelbild auf der Erde: »Wie oben, so unten«. Dem Geist des Guten steht der Geist des Bösen gegenüber. Doch in der Synthese beider Pole löst sich diese Dualität wieder auf. Die Sternengötter

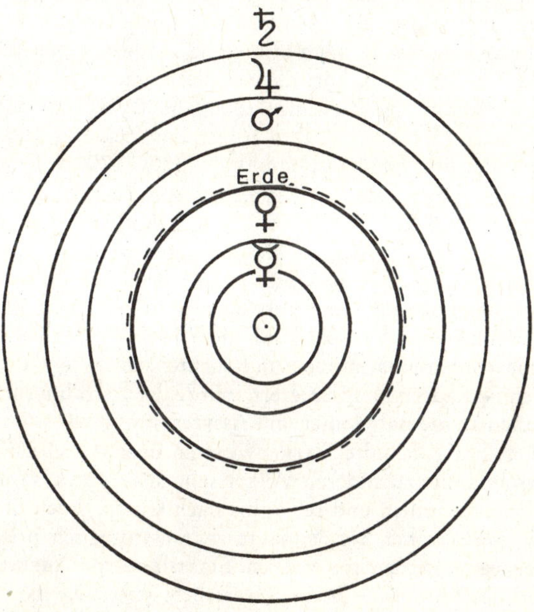

Das kopernikanische Weltsystem

lenken die Weltenuhr. Diese Weltanschauung, die man als »kosmisch verbunden« bezeichnen kann, bannten die Sumerer in Stein: Der Stufenturm wird der »Tempel der sieben Befehlsübermittler des Himmels und der Erde«. Seine Stufen symbolisieren die »sieben Sphären«, die Wirkungs- oder Einflußbereiche der sieben Planetengötter. Diesem Makrokosmos entspricht der Mensch als Mikrokosmos. Der sumerische Mensch lebt in Einheit mit dem Kosmos. Das Wirken der Sterngötter ist seine Religion. Der Wille dieser Sterngötter für das Land und seinen Herrscher wird tagtäglich von den Priestern und Hierophanten, den Eingeweihten, über die Beobachtung des Himmels und seiner Sternkonstellationen abgelesen. Die Instrumente hierzu waren Zirkel, Lineal und ein Visierinstrument. Sieben Sterne mit Eigenbewegung wurden erkannt, daher die sieben Stufen der Sumerertempel. Jahrtausendelange Beobachtung dieser Bewegungen brachte genaue Resultate, die in ein astrologisches System verarbeitet wurden: zwölf Sonnenstationen, 27 Mondstationen und die Planetenstationen. Die Sumerer erkannten bereits die Präzession, das Vorrücken der Sternbilder, wobei sich der Frühlingspunkt alle 72 Jahre um einen Grad verschiebt. Diese Bewegung des »großen Himmelsgewölbes« ergibt die kosmischen Zeitalter: So gehört die Zeit der Sumerer beispielsweise in den Abschnitt der Zwillinge (6000–3800 v. Chr.) oder das Zeitalter des Mondkultes. Ihm folgte das Zeitalter des Stier-Zeichens, das dem Sonnenkult huldigte (3800–1700 v. Chr.).

Die »sieben Sphären« des Kosmos entsprachen bei den Sumerern aber auch sieben Entwicklungsstufen des Menschen. Außerdem betrachtete der Mensch dieser uralten Sterngötterreligion Gestirne noch als lebende Wesenheiten! Lediglich aus dem Betrachten des Sternenhimmels erwachten Erkenntnisse über die Verbundenheit des Menschen mit dem Kosmos. Man verstand noch die »Sphärenharmonie« und suchte sich ihr einzuordnen. Von den Akkadern und Sumerern wurde der Astralmythos weitergegeben an die Babylonier und Assyrer.

Später drang das alte Sternenweistum über die Grenzen des Zweistromlandes zu anderen Völkern: nach Ägypten, Griechenland, Persien, Indien und selbst bis nach China. Auch die Kultur der Mayavölker auf Yukatan war astrologisch orientiert. Beispielsweise fanden die großen Staatsfeste im August, dem Zeichen des Löwen (= Staat, Herrscher) statt. Die Totenzeremonien wurden in den November verlegt: ins Zeichen Skorpion, das Zeichen des Todes.

Schließlich verbreitete sich die Astrologie, die noch im Banne der Mythologie stand, über ganz Ostasien, den Stillen Ozean bis nach Amerika. Daß ihre Urheimat in Babylonien lag, erwies auch die ausgegrabene Bibliothek des Königs Assurbanipal (um 650 v. Chr.). 1847 begann man mit den Ausgrabungen. Die Keilschrifttäfelchen enthielten Aufzeichnungen über kosmische Ereignisse und deren irdische Entsprechungen. Die Babylonier hatten bereits Deutungsverfahren für kosmische Gestirnkonstellationen entwickelt.

Die zweite Blüte der Astrologie entwickelte sich in Ägypten, das bereits um 2400 v. Chr. eine Sonnenreligion besaß. Herodot berichtet, daß die Ägypter eine Jahreseinteilung von 365 Tagen hatten und darauf achteten, »welchem der Götter jeglicher Monat und jeglicher Tag heilig ist und was einem begegnen wird, wenn man an dem oder jenem Tag geboren wird, was es für ein Ende nehmen und was aus ihm werden wird«. Man übte also eine Art Prognostik aus den Sternkonstellationen. Diese artete aus in die »Tagesprognose«, die man aus Orakeltexten aus der Zeit der 12. Dynastie kennt. Auch um die Zeit der 19. Dynastie um 1300 v. Chr. findet man die »Tagesprognosen« noch in voller Blüte. Die Entstehung des Tierkreises geht auf altersgraue Zeiten zurück. Einer der ältesten Tierkreise, in Stein gehauen, wurde im Tempel von Denderah gefunden. Seine Tierkreiszeichen nebst den Gestalten von Göttern und Göttinnen stellen die Beschreibung des Himmels während einer ganz bestimmten Epoche der Vergangenheit dar.

Die ägyptische »Tagewählerei« und die Orakelbücher erniedrigten schließlich die einstige Sternreligion der Babylonier zur Wahrsagerei.

Daneben gab es aber auch ernst zu nehmende Werke wie etwa das *Buch des Hermes*. Denn inzwischen war eine hellenistische Astrologie entstanden, deren damals sehr angesehene Lehren um etwa 150 v. Chr. veröffentlicht wurden. Die Schriften des Hermes wurden streng geheimgehalten, galten als »hermetisches Wissen«, das nur den Eingeweihten, Priestern und Königen zugänglich war. Außer der auch damals schon vorhandenen »Vulgärastrologie«, die zum großen Teil von den Chaldäern stammte, deren Wahrsagemethoden sich bis nach Ägypten verbreiteten, gab es eben eine Astrologie, die als »Tempelwissenschaft« galt und den Profanen nicht zugänglich war. Die Schüler dieses Geheimwissens nannte man die »Neophyten«. Der schon in Babylon vorhandene Urmythos eines »Großen Menschen«, der als »Gott Kosmos« den Tierkreis erfüllt und von dem der irdische Mensch ein genaues Abbild ist, findet sich wieder bei Platon (427–347 v. Chr.) und ebenso bei dem griechischen Astronomen und Astrologen Hipparch (190–125 v. Chr.). Claudius Ptolemäos übernahm die Aufteilung des irdischen Körpers in die zwölf Tierkreiseinflüsse in seinem großen astrologischen Werk *Tetrabiblos*, das jahrhundertelang als »Astrologenbibel« galt und auch heute noch beachtet wird. Das Weltsystem des Ptolemäos (um 90–160 n. Chr.) schlug die Geister in ihren Bann, und die Astrologie bekam griechisches Gepräge. Die Lehre von den kosmischen Gesetzmäßigkeiten und ihrer Rückwirkung auf das irdische Geschehen und das Menschenschicksal war nun über die ganze Welt verbreitet, jedoch den völkischen Besonderheiten und Entwicklungsstufen entsprechend gefärbt.

Es kam das 15. und 16. Jahrhundert mit seinen revolutionierenden Entdeckungen. Kopernikus (1473–1543) hob mit seiner neuen Lehre vom »heliozentrischen Weltbild« die alte Welt aus den Angeln und nahm der Erde ihre althergebrachte »Würde« als Zentralgestirn. Das bisherige geozentrische System (Erde als Mittelpunkt) mußte dem heliozentrischen (Sonne als Mittelpunkt des Planetensystems) weichen. Damit setzte auch die Abkehr von der bisherigen Astrologie ein.

Die Entsprechungen zwischen dem Mikrokosmos Mensch und dem Makrokosmos der Antike waren mit einem Schlag hinfällig. Die einstige Astrologie wurde anrüchig. Die »realistischen Wissenschaften« – heute nennt man sie die »exakten« – zerstörten die »Sternenreligion« und verwiesen sie ins Reich des Aberglaubens. Der Materialismus begann seinen Siegeszug. Neue wissenschaftliche Gesetze schossen wie Pilze aus dem Boden. Die neue Himmelsmechanik hatte nichts mehr gemeinsam mit den jahrtausendealten Erfahrungen der Ägypter, Sumerer, Mayas und Azteken. Die Astrologie trennte sich von der Astronomie, und diese berichtete nur noch über die »Fakten«, die sichtbar und »greifbar«, mathematisch berechenbar waren.

Von diesem Zeitpunkt an setzte der »Rufmord« der Astrologen ein, die – weil sie noch das geozentrische System benutzten – als weltfremd und völlig unwissenschaftlich verschrien wurden. Vom hohen Katheder her wurde die Astrologie öffentlich zum Aberglauben degradiert.

Was diese Argumente gegen die »unwissenschaftliche« beziehungsweise »weltfremde« Astrologie betrifft, so sind sie in einer ganzen Reihe von Publikationen eingehend widerlegt und klargestellt worden, insbesondere in dem Buch *Astrologie ist Wissenschaft* von Th. Bayer (zu beziehen über Hermann-Bauer-Verlag, 78 Freiburg), ferner in *Astrologie – ein Dialog für Anhänger und Gegner* von Erich Karl Kühr (ebenfalls über Hermann-Bauer-Verlag). In beiden Büchern ist klar aufgezeigt, worum es sich wirklich handelt: Die Astrologie erfaßt und erforscht ein Koordinatensystem von Gestirnwirkungen *auf den Menschen!* Dieser Mensch als Beziehungspunkt befindet sich aber *auf der Erde,* und nur hier – geozentrisch gesehen – können ihn die Wirkungen treffen. Man stellt ja auch die Wirkungen einer Granate nicht beim Abschuß oder gar im Rohr des Geschützes fest, sondern beim Einschlag. Es handelt sich also nicht um eine rückständige geozentrische Einstellung der Astrologen, sondern um eine Annahme, die die Erde als »Einschlagsort« kosmischer Wirkungen ansieht. Und zweitens gibt es seit langer Zeit auch eine »heliozentrische Astrologie«, deren Forschungen weit gediehen sind. Darüber schweigen die Gegner. Alle Einwände gegen die Astrologie wurden zum Beispiel auch in einem Sonderheft der Präsidentin der Österreichischen Astrologischen Gesellschaft, Gräfin Zoe Wassilko, Wien, entkräftet. Jedenfalls lassen sich wissenschaftlich vorgebildete Astrologen nicht für dumm verkaufen.

Obwohl der astrologische Gedanke auf der Tradition von Jahrtausenden beruht und in allen Menschheitskulturen zu Hause war, brachte die neue Himmelsmechanik von Kepler, Galilei und Newton, die der kopernikanischen Kosmologie auf dem Fuße folgte, der Astrologie eine gewaltige Einbuße an Wertschätzung. Dies schloß aber nicht aus, daß sich Kepler, Galilei und auch Newton mit praktischer Astrologie beschäftigten, obwohl es um diese Zeit lebensgefährlich war, da sich die Kirche anschickte, Astrologen wie »Zauberer« zu verbrennen. Vor allem für Kepler war es um so gefährlicher, als seine leibliche Mutter nur mit knapper Not dem Scheiterhaufen der kirchlichen Inquisition entging. Kepler faßte seine Erkenntnisse in seiner Schrift *Harmonices Mundi* (Die Harmonie der Welt) zusammen. Ebenso wie der Däne Tycho de Brahe versuchte Kepler der Astrologie durch mathematisch-astronomische Berechnungen ein neues Fundament zu verschaffen.

Das 18. Jahrhundert, das rationalistische Zeitalter der Aufklärung, lehnte schließlich alles ab, was nicht logisch zu begründen oder experimentell zu beweisen war. Die astrologische For-

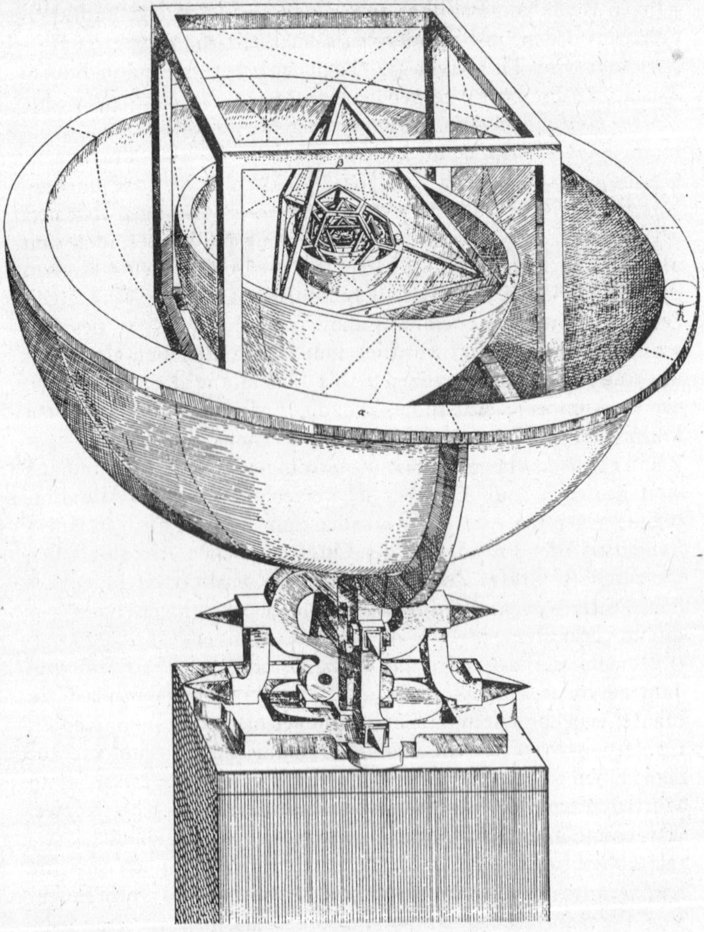

Eine Zeichnung Keplers aus dem Jahr 1596. Sie erläutert die Harmonie des Weltalls durch den Vergleich des Planetensystems mit den fünf sogenannten Platonischen Körpern (Polyedern) der Geometrie

schung, aber auch okkulte oder parapsychologische Erkenntnisse wurden der Lächerlichkeit überantwortet, so daß sich beamtete Akademiker damals – wie auch heute – hüteten, solche Probleme auch nur zu erörtern.

Die letzten Vorlesungen über Astrologie an einer deutschen Universität wurden 1817 an der Universität Würzburg gehalten. Der letzte Professor der Astrologie hieß J. W. A. Pfaff (geboren: 5. XII. 1774, gestorben: 26. VI. 1835). Er war Mitglied der Akademie von Petersburg und München und der physikalisch-medizinischen Gesellschaft in Moskau. 1817 wurde er Professor in Würzburg und 1818 ordentlicher Professor der Universität Erlangen. Er verfaßte das Werk *Astrologie*, das wegen seiner präzisen mathematischen Fundierung weite Verbreitung fand. Um diese Zeit gab es nur in England Vorkämpfer für die Erneuerung der Astrologie, darunter sehr angesehene Gelehrte wie Zadkiel, Simmonite, Sepharial, Pearce, Wilson und Raphael (Herausgeber der englischen Ephemeriden). Pfaff hielt jahrelang Vorlesungen über Astrologie und gab die beste Übersetzung der *Tetrabiblos* des Ptolemäos heraus – jenes Standardwerks der Astrologie, das sich bis in unsere Zeit erhalten hat. Es erschien 1822 in der Palmschen Verlagsbuchhandlung Erlangen.

In seiner Abhandlung *Wert und Nutzen der Sterndeutung* schrieb Professor Pfaff: »Es sind also anzunehmen Ereignisse, allgemeine und besondere, die einzig durch Himmelseinfluß eintreten. Dem kann keine Kraft widerstehen, er ist mächtiger als jeder Widerstand. Andere Ereignisse dagegen, die nicht einzig aus des Gestirns Bewegung erfolgen, lassen sich leicht abändern. Dies ist Schuld nicht der Notwendigkeit, sondern der Unwissenheit der Menschen. Die Geburt und das Leben der Steine und Pflanzen und der Tierwelt, Wunden, Krankheit, Schwächung haben teils unabwendbare Ursachen, teils solche, welchen man begegnen kann. So ist die Vorhersagung in unserer Wissenschaft begründet, es ist nicht leere Meinung.«

An solch mutigen Bekennern eines Sternweistums, das vom vierten Jahrtausend v. Chr. bis herauf in unsere Zeit nicht totzukriegen war, fehlte es besonders in Deutschland am meisten. An dieser Stelle mag es angebracht sein, eine Reihe erlauchter Geister aus allen Jahrhunderten zu nennen, die von der Astrologie nicht nur überzeugt waren, sondern sie öffentlich verfochten.

Die großen Bekenner der Astrologie

Abgesehen von den Priester-Eingeweihten des alten Ägypten, deren Namen unbekannt sind, zeigt besonders die hellenistische Kultur eine Reihe von Gelehrten, die zu ihren Zeiten Weltruf besaßen und die Lehre vom Wirken der Gestirne auf den Menschen in Wort und Schrift vertraten. Beispielsweise Heraklit, der Weise von Ephesos (540 bis 480 v. Chr.), dessen Lehrsätze zu geflügelten Worten wurden: »Alles ist immer in Fluß – der ständige Wechsel ist das einzig Bleibende.«

Pythagoras, der Philosoph aus Samos (6. Jahrhundert v. Chr.), gehört ebenfalls hierher. Er wanderte 532 nach Italien aus und gründete in Kroton eine philosophische Schule, deren Schüler man die Pythagoreer nannte. Seine kosmologischen Studien wurden berühmt.

Der griechische Philosoph Platon (427–347 v. Chr.), Schüler von Sokrates, gründete in Athen die erste europäische Philosophenschule, die er »Akademie« nannte. Er kannte bereits die Präzession, das heißt die Dauer des Umlaufs des Himmelspols um den Pol der Ekliptik: rund 26 000 Jahre. Man nannte diesen Weltrhythmus das »Platonische Jahr«.

Der griechische Philosoph Zenon verkündete die Lehre der Stoa, deren Anhänger Stoiker genannt wurden. Ihre ethische Überzeugung forderte, in Übereinstimmung mit der Natur und dem Kosmos zu leben. Seneca, Epiktet und Mark Aurel waren beispielsweise Stoiker und bejahten ein Leben der Übereinstimmung des Mikrokosmos mit dem Makrokosmos (Verbundenheit mit dem Wirken der Gestirne).

Gajus Julius Cäsar (100–44 v. Chr.), der römische Staatsmann und Feldherr, ließ sich den Beginn seiner Feldzüge von einem Staatsastrologen berechnen, ebenso Kaiser Augustus (63 v. Chr. bis 14 nach Chr.).

Weithin bekannt waren die Lehren der Gnostiker (nach »Gnosis«, dem griechischen Wort für Erkenntnis), die um 130 n. Chr. ihre Blütezeit hatten. Sie handelten von den tieferen Zusammenhängen zwischen Gott und dem aus ihm hervorgegangenen Kosmos. Über den Weg »kosmischer Verbundenheit« erstrebten die Gnostiker die Erlösung.

Albertus Magnus (1193–1280), Scholastiker, Dominikaner und Universitätslehrer in Paris und Köln, bekannte sich zur Astrologie, ebenso sein Schüler Thomas von Aquino (1225–1274), Universitätslehrer in Paris, Rom und Neapel.

Die Reihe der Geistesheroen, die von der Wahrheit der Astrologie überzeugt waren, ist fast unübersehbar: Agrippa von Nettesheim, Melanchthon, Kopernikus, Tycho de Brahe, Kepler, Galilei, Bacon von Verulam, Spinoza, Leibniz, Shakespeare, Roger Bacon, Meister Eckhart, Dante, Dürer, Paracelsus; dann die astrologiekundigen Päpste Sylvester II., Johann XX. und XXI., Julius II., Paul III., Leo X.; in neuerer Zeit Goethe, Walter Scott, Stendhal, Novalis, Görres, A. W. Schlegel, Justinus Kerner, Fechner ...

Weithin unbekannt ist beispielsweise die Tatsache, daß der berühmte Philosoph, Naturforscher und Universalgelehrte Gottfried Wilhelm Leibniz (1646–1716) an der Potsdamer Sternwarte fürstlichen Personen das Horoskop stellen ließ und als Präsident der preußischen Akademie der Wissenschaften in Kalendern astrologische Wetterprognosen veröffentlichte. Von Johannes Kepler wird stets behauptet, er habe nur aus Gründen des Gelderwerbs Horoskope berechnet. In Wahrheit war er von den astrologischen Lehren überzeugt: »Die Sternwissenschaft hat zwei Teile. Der erste behandelt die Bewegung der Gestirne, der zweite die Wirkung der Gestirne auf die sublunare Welt.« Diese Einführungsworte standen auf seinem großen Rudolfinischen Tafelwerk, das er mit 50 Jahren schrieb. Daß er die Astrologie wirklich bejahte, beweisen auch seine Worte: »Denn erstlich mag ich mich dieser Experienz mit Wahrheit rühmen, daß der Mensch in der ersten Entzündung seines Lebens, wenn er nur für sich selbst lebt und nicht mehr im Mutterleib bleiben kann, einen Charakter und eine Abbildung empfange aller himmlischen Konstellationen oder Strahlgebilden, die (im Geburtsaugenblick) auf der Erde zusammenströmen, und denselben bis in sein Grab hinein behalte: Der sich hernach in Formierung des Angesichts und der übrigen Leibgestalt, sowohl als in des Menschen Handel und Wandel, Sitten und Gebärden, merklich spüren lasse ...«

Die Wallenstein-Story

Im Jahr 1608 wurde ein berühmter Medikus, nämlich Dr. Stromayr in Prag, von dem Feldherrn Wallenstein gebeten, bei dem berühmten Astronomen Kepler Fürsprache wegen der Berechnung eines Horoskops einzulegen. Kepler kannte den Auftraggeber nicht, willigte aber ein, das genaue Geburtsdatum des

Unbekannten zu berechnen: 14. IX. 1583, 16.38 Uhr in Hermanitz (Julianischer Kalender). Kepler errechnete zwei Fassungen. Er erfuhr erst später, daß es sich um den später allmächtigen Herzog von Friedland, Albrecht von Wallenstein, handelte. Kepler hatte vorher schon das Horoskop von Kaiser Rudolf II. berechnet und stand daher am Kaiserhof in bestem Ruf. Als erstes fiel Kepler in Wallensteins Horoskop die genaue Opposition von Merkur zu Jupiter auf. Darüber schrieb er: »Und weil Mercurius so genau in Opposito Jovis stehet, will es das Ansehen gewinnen, als werdt er einen besonderen Aberglauben haben und durch mittel desselbigen eine große Menge Volks an sich ziehen oder sich etwa einmal von einer Rotte so malcontent zu einem Haupt- und Rädlführer aufwerffen lassen, woraus allerlei grausame erschreckliche Verwirrungen mit seiner Person sich ergeben werden . . .« Noch präziser hätte man das Schicksal und das Ende Wallensteins kaum deuten können. Dabei wußte Kepler von der Anwesenheit des Uranus dicht am Aszendenten des Wallenstein-Horoskops noch nichts! Sonst hätte er vermutlich das genaue Ende errechnet. Zu dieser Zeit war Wallenstein noch keineswegs berühmt. Im Jahr 1634 wurde Wallenstein ermordet; Keplers Prognose stimmte auffallend. Bei der zweiten Fassung berechnete Kepler auf die Bitte Wallensteins hin auch noch die Zeit des Eintreffens der »erschrecklichen Verwirrungen«. Er fand: Im März 1634 (!) stehen Saturn und Jupiter in Opposition zu Sonne, Merkur und Venus, die somit ein »wunderliches Creuz« bilden. Keplers Prognose war ein Volltreffer, denn am 26. Februar 1634 gegen halb elf Uhr nachts wurde Wallenstein von den Kaiserlichen ermordet. Wie man weiß, hatte Wallenstein einen Hausastrologen: Seni, um 1600 in Padua geboren. Dieser hatte sich schon frühzeitig in Italien mit der Astrologie beschäftigt und war Leibastrologe Wallensteins geworden, nachdem er ihm untrügliche Beweise seiner Kunst geliefert hatte. Die bekannte Prophezeiung Senis in Schillers Drama *Wallensteins Tod* ist allerdings reine Dichtung: »Flieh Hoheit, eh der Tag anbricht. Von falschen Freunden droht Dir nahes Unheil. Die Zeichen stehen grauenhaft – komm, lies es selbst in dem Planetenstand . . .: Der Leibastrologe Giambattista Zenno (Seni) wurde vom kaiserlichen Hof bestochen, so daß er Wallenstein *nicht* warnte, sondern bewußt irreführte. So bewahrheitete sich Keplers Voraussage.

Horoscopium gestellet durch *Ioannem Kepplerum* 1608.

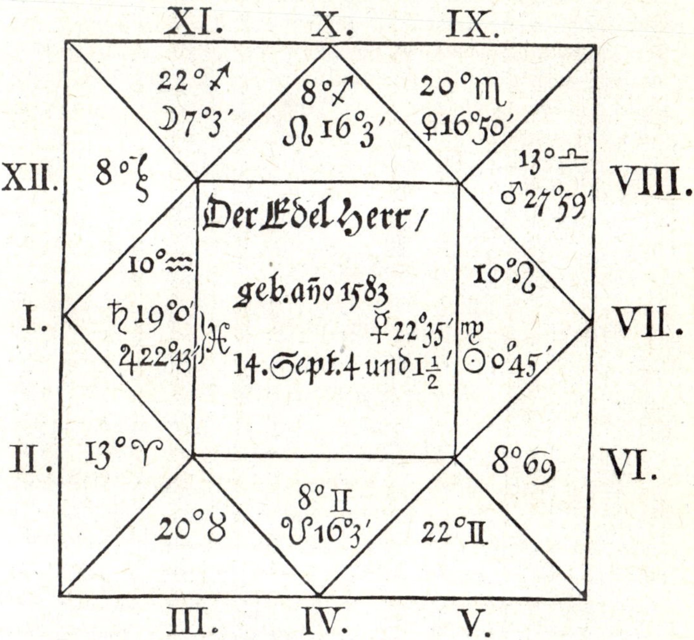

Im Horoskop Wallensteins fällt sofort die dominierende Konstellation des Uranus in 24 Grad Wassermann nahe dem Aszendenten in 19 Grad Wassermann auf. Wie immer symbolisiert Uranus an einer so markanten Stelle wie dem Aszendenten eine äußerst unruhige Umwelt, aber auch im eigenen Wesen Ruhelosigkeit, unstetes Schicksal mit vielen plötzlichen Umbrüchen und Veränderungen. Ferner zeigt sich hier Mars im Todesfeld VIII, und Merkur wird exakt verletzt von einer Opposition des Jupiters: Betrug, Verleumdung, Taktlosigkeiten. Der »Betrug von seiten Höherstehender« (= Jupiter) ergab sich denn auch als heimtückischer Mord im Auftrag des kaiserlichen Hofes.

Die Renaissance der Astrologie

Mit dem Ende des 19. Jahrhunderts ging von England eine neue Bewegung aus, die schnell auf Holland, Frankreich und Deutschland übergriff. Der Engländer Alan Leo (1860–1917) brachte seine vielbändigen astrologischen Werke heraus, die sofort in mehrere Sprachen übersetzt wurden und auch heute noch weit verbreitet sind. Bedeutende deutsche Gelehrte – C. Bezold, F. Boll – befaßten sich nun ebenfalls mit historischen Studien, auch der Münchner Paläontologe E. Dacqué und der Philosoph Hans Driesch, außerdem Johannes M. Verweyen, Graf Hermann Keyserling, H. H. Kritzinger, Erich Maria Winkel, Chr. Wöllner, Fliess, Swoboda und andere. Ihnen folgten dann die Praktiker, die heutigen »Altmeister der Astrologie«, die die allseits bekannten Fachwerke der klassischen Astrologie herausbrachten. Zum Teil fußten sie noch auf historischem Quellenmaterial, wie jenem des Morinus, Firmicus Maternus usw. Bald darauf tauchten neue Deutungs- und Prognosesysteme auf. Die heutige, moderne Astrologie schlägt völlig neue Wege ein. Die sogenannte »Schnittpunktdeutung« (Lehre von den Planetenbildern wie etwa in dem Werk Alfred Wittes) in die fundierteste. Aber auch die neueren Entdeckungen des Astrologen Parm – »Lehre vom Spannungsherrscher« usw. – zeigen ungewöhnliche Originalität des Denkens und Forschens. Insgesamt schwenkt die Astrologie mehr und mehr ins psychologische Lager hinüber und erhält von dort völlig neue Akzente. Sie bereichert aber auch die psychologischen Deutungswissenschaften, wie etwa Charakterologie und Typologie, indem sie diese ergänzt oder aufhellt. An dieser Nahtstelle zur praktischen Psychologie könnte die Astrologie den verlorengegangenen Anschluß an die Wissenschaft vielleicht wieder erreichen. Viele hervorragende Werke der »Astropsychologie« zeigen die geleistete Pionierarbeit bereits auf, beispielsweise das Buch des Oskar A. H. Schmitz *Der Geist der Astrologie* oder die Werke von Frhr. von Klöckler, Hans Künkel *(Die Sonnenbahn),* F. Schwab, Erich Karl Kühr und Reinhold Ebertin (*Kombination der Gestirneinflüsse),* ganz besonders aber Thomas Rings *Astrologische Menschenkunde.* Wer diese Fachwerke studiert, weiß, daß die Astrologie zu neuen Ufern strebt. Man sollte Bücher wie jene von Thomas Ring auch auf den »hohen Kathedern« nicht länger ignorieren.

Dennoch: Die Astronomen sind dagegen! Ihre Einwände sind stereotyp immer wieder dieselben, obgleich sie durch ausführliche Berichtigungen und Klarstellungen bekannter wissenschaftlich vorgebildeter Astrologen zahllose Male entkräftet wurden.

Der am häufigsten gegen die Wissenschaftlichkeit der Astrologie vorgebrachte Einwand betrifft das geozentrische Weltbild der Astrologen. Dieser Einwand wurde bereits entkräftet: Es handelt sich in der Astrologie nicht um die Stellung des Menschen auf der Sonne – das wäre heliozentrisch gesehen –, sondern um die Gestirnwirkungen, die ihn auf der Erde treffen!

Der zweite sattsam bekannte Einwand betrifft die »Inkongruenz der Sternbilder«. Natürlich decken sich die Tierkreisbilder und die Tierkreiszeichen nicht annähernd mehr. Auch haben die Sternbilder der Ekliptik ganz verschiedene Ausdehnung und zwar bis zu 60 Grad und darüber. Die 30-Grad-Einteilung ist selbstverständlich keine astronomische. Aber die Astrologen wissen auch, daß die optischen Fixsterngruppen, die die Namen der Tierkreisbilder tragen, nicht identisch sind mit den Entsprechungsfaktoren. Es handelt sich vielmehr um die zur Zeit etwa 30 Grad rechts von jedem Sternbild gelegenen Kreisabschnitte der Sonnenbahn. So ist also die Einflußsphäre Widder mit dem Sternbild Widder in keiner Weise identisch. Die Präzision des Frühlingspunktes kann an den zwölf Einflußsphären und ihrer seit Jahrtausenden eigentümlichen Struktur nichts ändern; eine kausale Abhängigkeit dieser zwölf Sphären von den früher einmal mit ihnen zusammengefallenen Fixsternbildern hat nie bestanden und besteht weiterhin nicht. Mit ausführlicher wissenschaftlicher Begründung findet man die Widerlegung der »Inkongruenz der Sternbilder« in der schon erwähnten Broschüre *Astrologie ist Wissenschaft* von Th. Bayer, ferner in der umfassenden Entgegnung auf alle Einwände gegen die Astrologie in dem Buch *Astrologie* von Erich Karl Kühr. Da keiner der Gegner der Astrologie diese grundlegenden Berichtigungen kennt, kehren die falschen Behauptungen immer wieder.

Die Präzision des Frühlingspunktes und der Ablauf der Kulturen

Um 150 v. Chr. entdeckte Hipparch von Alexandrien neuerdings die sogenannte Präzession, die vor ihm schon ein geheimes Urwissen darstellte und im Verlauf der Jahrtausende wieder in Vergessenheit geraten war. Bekanntlich besteht der zodiakale Tierkreis aus zwölf einzelnen Zeichen, beginnend mit dem Widder. Zur Zeit Hipparchs deckte sich dieses Zeichen Widder des Zodiaks noch mit dem gleichnamigen Sternbild Widder. Aber etwa alle 2160 Sonnenjahre verschiebt sich der Frühlingspunkt um ein Zeichen, und erst nach genau 25 920 Sonnenjahren dekken sich Sternbilder und Zodiak wiederum. Man nennt diese Bewegung die Präzession oder das Vorrücken des Frühlingspunktes (Widder). Die Wanderung durch alle zwölf Zeichen nannten die Alten das »große Weltenjahr« oder ein Äon. Ein Zwölftel – also 2160 Sonnenjahre – ist daher ein »Weltenmonat«. Immer, wenn der Frühlingspunkt um ein Sternbild weiterrückt, bricht auch eine neue Phase in der Menschheitsentwicklung an. Vor einem solchen Anbruch eines neuen »Weltenmonats« stehen wir gegenwärtig, wobei allerdings der »Abschluß« und der »Neubeginn« von Kulturepochen zeitlich nicht auf fünfzig bis hundert Jahre fixiert werden dürfen – dies wäre allzu menschlich gedacht. Der Übergang erfolgt selbstverständlich fließend, aber er ist dennoch spürbar, wie wir im weiteren Verlauf unserer Deutung noch mehrmals sehen werden.

Die uranische Zeitenwende oder das »Wassermann-Zeitalter«

Vor rund 2000 Jahren trat der Frühlingspunkt in das Sternbild Fische ein, zu Beginn jenes Zeitalters der christlichen Kultur, deren frühes Symbol bekanntlich die Fische waren. Rund 2000 Jahre vor dem Fische-Zeitalter währte die Widder-Epoche (der Widder war zum Beispiel das Opfertier im jüdischen Kult) und noch einmal 2000 Jahre früher befand sich der Frühlingspunkt im Sternbild Stier (Stierkultur in der Hochkultur des alten Ägypten). Wir selbst leben im Ausgang des Fische-Zeitalters und befinden uns bereits im Übergang zum Wassermann-Zeitalter, denn der Frühlingspunkt wandert jetzt von den Fischen ins Sternbild Wassermann hinüber. Einige Forscher wie Hentges behaupten, die ersten Auswirkungen der uranischen Umsturzperiode hätten schon mit der großen Französischen Revolution (1789) begonnen, andere wiederum betrachten die kommende Jahrhundertwende als den eigentlichen Beginn des Wassermann-Zeitalters.

Wer indessen die Zeichen der Zeit zu verstehen sucht, insbesondere die grundlegende Umwälzung im technischen Denken des letzten halben Jahrhunderts bis herauf in unsere Tage – unter Einbeziehung der beiden ungeheuren Weltkriegskatastrophen –, der wird kaum mehr daran zweifeln, daß die Weltuhr wieder einmal um eine Stunde weitergerückt ist und daß sich unter schmerzhaften Geburtswehen eine völlig neue Epoche ankündigt. Wir leben bereits inmitten dieser Wende, diesem kosmischen Geburtsakt, dem heftige tellurische Erschütterungen und Menschheitskatastrophen vorausgehen. Es ist dem letzten Drittel des 20. Jahrhunderts vorbehalten, die eigentliche Wende zu bringen.

Für den Astrologen befinden sich die vergangenen Jahrzehnte eindeutig unter der Herrschaft des Uranus, jenes Planetensymbols der revolutionären Umstürze aller bestehenden Gesellschaftsordnungen und Traditionen. Tradition ist zum Beispiel der Gedanke des »Königtums«. Wie viele Throne sahen wir seit Beginn des Ersten Weltkriegs wanken und stürzen!

Planetare Beeinflussung des »Zeitgeistes«

Im Grunde genommen sind alle Krisen unserer Zeit nur die vorletzten Zuckungen eines völlig vermaterialisierten Zeitgeists, dem der kosmische Erneuerer Uranus den Todesstoß versetzt. Was wir Menschen dieser Zeit infolge unserer geistigen Gebundenheit an eben diese Epoche als abgründig, ja apokalyptisch empfinden, ist dennoch nur die Krise vor der späteren Heilung.

Der Schritt des Zeigers der Weltenuhr im Zeichen Wassermann verkündet nichts weniger als einen völlig neuen Zeitgeist, ein neues Weltbild, aber auch planetare Umwälzungen, die ihrerseits wiederum ein völlig neues Denken auslösen müssen. Ein wirklich großer Kampf völlig entgegengesetzter Weltanschauungen muß stattfinden, in dem Systeme, Völker, ja Kontinente aufeinanderprallen. Daß in diesem mörderischen Kampf der Ideen, Geister und Weltanschauungen kein Kompromiß mehr zustande kommen wird, weiß jeder, der die früheren Kulturumbrüche in ihrer geschichtlichen Tragweite studierte. Sol-

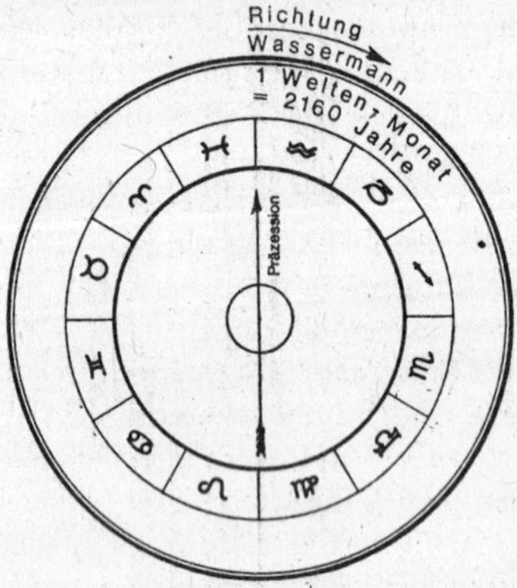

Die Wanderung des Frühlingspunkts durch den Tierkreis (Präzession)

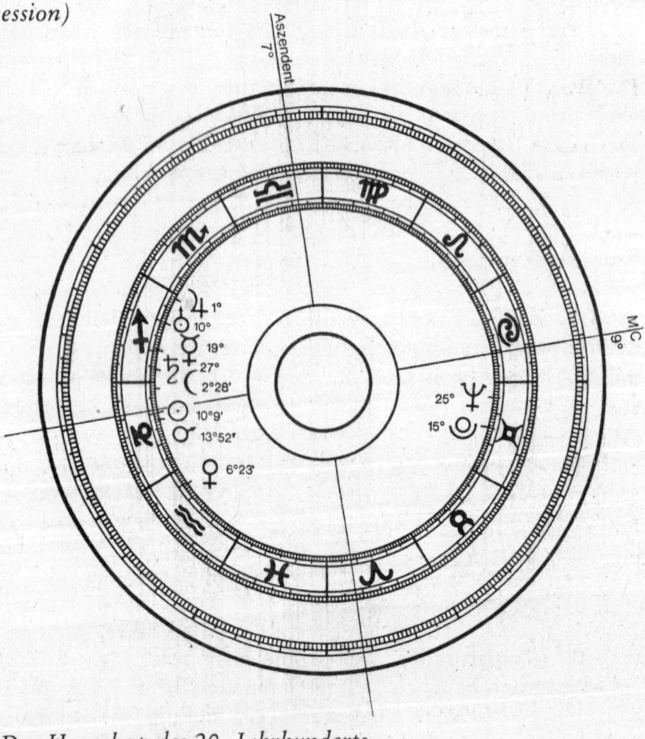

Das Horoskop des 20. Jahrhunderts

che Umwälzungen hängen zusammen mit kosmischen Gesetzen, zum Beispiel mit dem Umlauf der Superiorplaneten Uranus und Pluto, wahrscheinlich auch mit anderen kosmischen Faktoren, die vielleicht noch entdeckt werden.

Selbst im Gebiet der Meteorologie zeigen sich »Zeichen« – Wer vermöchte die seit Jahren immer häufiger und heftiger auftretenden Störungen der Großwetterlagen, die vielen Naturkatastrophen noch zu leugnen? Sie sind wohl doch Folgeerscheinungen kosmischer Ursachen, planetarer Dynamik. Dieser Dynamik entsprechen im sozialen Leben die vielen Revolutionen, die Verwirrung der Geister, der Kampf aller gegen alle, die Massendemonstrationen und die Streiks gegen Gewalt und Diktatur von links oder rechts. Schließlich gehört hierher jenes Gehetztsein des modernen, technisch orientierten Menschen, der seine Seele verloren hat und sich fast rettungslos im Labyrinth der Materie verirrt hat.

Das Werk Plutos im uranischen Zeitalter

Das große Werk der Menschheitserneuerung zu fördern ist die Aufgabe Plutos: Bevor das Pendel der Entwicklung nach oben schwingt, muß es durch das tiefste Chaos hindurch, und so zeigt sich uns Menschen des ausgehenden 20. Jahrhunderts Pluto als Planet des Kollektivismus, des Massenwahns, der Massenveranstaltungen, Massenvergnügungen und des Massentötens! Maschinen, Technik, Weltraumraketen, Atombomben – all dies ist das Werk Plutos in Verbindung mit uranischer Dynamik. Die Menschheit muß durch das Inferno der Selbstzerstörung und des Massendenkens – unter der Führung einzelner abgründiger Plutoniker! – hindurch, bis sie zu neuer und gewandelter Erkenntnis gelangt. Noch haben die Schlachtfelder des Uranus nicht genügt – Pluto steuert die Hirne der Erfinder, der Physiker und Chemiker bis an die Grenzen der modernen Technik, die mit der Atomzertrümmerung eben erst begann.

Da eine echte Kulturwende nicht ohne geistige Erneuerung vor sich gehen kann, ist diese Geisteswende das große Ziel im Zeichen Wassermann. Aber sie wird nicht kommen, bevor das Alte, Erstarrte geborsten ist. Der in mancherlei Hinsicht gewaltsame Vorgang der Umwälzungen geht in unserer Zeit vorwiegend den Weg der Technik, denn noch reagiert die Menschheit des ausgehenden 20. Jahrhunderts nur auf die materiellsten Reize. So wird es die Aufgabe Plutos sein, die Menschheit reif zu machen für den uranischen Geist der Erneuerung.

Pluto, der Planet der Atombombe

Die bisherigen Forschungen zahlreicher Experten des In- und Auslands erwiesen übereinstimmend, daß die höchste Gestirndynamik in Richtung Umbruch, Wende, Chaos, Kampf und Zerstörung des Alten von dem 1930 entdeckten Planeten Pluto ausgeht. Er ist in Wahrheit der Bahnbrecher des kommenden Wassermann-Zeitalters; seine spezielle Funktion scheint im brutalen Sturz des Alten zu liegen. Er steigert die technischen Erfindungen dieser Übergangsperiode bis zu jenem gefährlichen Punkt, an dem die Entwicklung der Menschheit ebensogut in Selbstvernichtung wie zu einer völligen Abkehr vom bisherigen materialistischen Zeitgeist führen kann.

In diesem Sinn wird Pluto zum Vollstrecker jener kosmischen Wende, die wir durch das Vorrücken des Frühlingspunktes ins Zeichen Wassermann bereits angedeutet sehen.

Die Plutodynamik bedeutet den Untergang einer alten Welt, die hoffnungslos im Mammonismus festgefahren ist. Zwischen den konservativen Mächten, die an der Aufrechterhaltung der alten Ordnung und ihrer Systeme, Gesetze und Dogmen interessiert sind, und den Kündern einer völlig neuen Welt- und Geistesanschauung wird es einen erbitterten Kampf geben, und da sich zwischen diesen konträren Lagern die Geister scheiden müssen, werden die Kämpfe der kommenden Jahrzehnte zu Menschheitskonflikten in kontinentalen Ausmaßen heranreifen.

Dieser chaotischen Auflösung des Alten wird und muß im 21. Jahrhundert, dem Jahrhundert des anlaufenden Wassermann-Zeitalters, die Neuordnung folgen – in diese Richtung deuten auch einige Weissagungen des Nostradamus.

Heute noch tragen Uranus und Pluto ein Janusgesicht entsprechend der positiven und negativen oder geistigen und materiellen Wirkung jeglicher Planetendynamik. Pluto, der im Todeszeichen Skorpion herrscht, ist heute noch der »Vernichter«. Seine grausame, unerbittliche, ja apokalyptische Wirkung zeigte sich schon in den ersten beiden Weltkriegen, als er mit Saturn unheilvolle Aspekte bildete, die er übrigens 1955/1956 und 1965 wiederholte. Seine eigentliche Machtperiode aber kommt, wenn er in sein eigenes Zeichen Skorpion eintritt, was 1983/1984 der Fall sein wird. Die großen, kosmischen Aspektkreuzungen sind die Zeiger auf der Weltenuhr, und weder einzelne Menschen noch Völker können sich dem jeweiligen Zeitgeist entziehen.

Entsprechend der plutonischen Gewalt wird die Menschheit durch ihre technischen Experten in eine völlig neue Phase ihrer Existenz geführt. Pluto beginnt bereits seit einem Jahrzehnt die Entfesselung der Naturkräfte vorzubereiten. Die Anfänge der Raketentechnik reifen mehr und mehr zu Projekten interplanetarer Raumschiffahrt heran. Die Erschließung gebundener Energien bei der Spaltung des Atomkerns, bei der künftigen Auswertung der Sonnenwärme und sonstiger in der Erde enthaltener Kräfte, zum Beispiel Vulkankräfte, kann das Gesicht der Erde verändern und dem Menschen eine Neuorientierung seiner Lebenszustände bringen. Pluto zielt auf das Gigantische, Tollkühne, Waghalsige. Alles, was der uranisch gefärbte Intellekt des Menschen an Umstürzlerischem, Revolutionärem ersinnt, bringt erst Pluto zur praktischen Durchführung.

Wernher von Braun

Geboren: 23. III. 1912, 9.15 Uhr MEZ, Wirsitz bei Bromberg.

Sonne in 2 Grad Widder, Mond in 26,24 Grad Stier, Aszendent in 27.43 Grad Zwillinge, Meridian: 20 Grad Wassermann.

Dominierendes Gestirn: Pluto exakt am Aszendentengrad und in Konjunktion mit Mars – beide im Luftzeichen Zwillinge: Techniker, Pionier des kommenden Weltraumflugs, Tatmensch: Sonne im Widder. Pluto im Schnittpunkt zwischen Sonne und Mars: Fanatismus in der Arbeit, Streben nach großer Leistung, weitgesteckte Ziele. Hinsichtlich der maximalen Plutokonstellation in diesem Horoskop siehe die Erläuterungen dieses Kapitels. (Daten über Archiv Hans Schwarz und »epa«-Archiv.)

Waren es in grauer Vorzeit die magischen Seelenkräfte des Menschen, mit denen er aus seiner transzendentalen Verbundenheit schöpfte, so wirkt der Mensch von heute in seiner transzendentalen Verlassenheit im Bereich der entfesselten Materie und ihrer Kräfte, von denen die Atomenergie eine der größten sein wird.

Mit der Atombombe gelangten die plutonischen Kräfte der Zerstörung bereits zu der Möglichkeit der Zivilisationsvernichtung, und die Gefahren für die Menschheit werden immer grö-

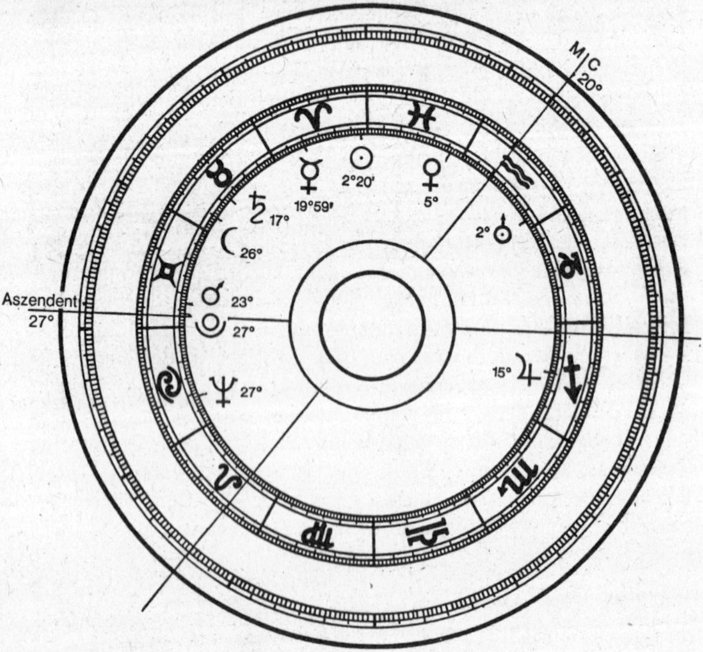

ßer, wenn tote, vermaterialisierte Technik und lebendige innere Geisteshaltung nicht mehr miteinander Schritt halten können. Die Divergenz zwischen dem technischen Golem und dem geistigen Homunculus wird zum Faust-Problem der gesamten Menschheit dieses zu Ende gehenden Zeitalters der Fische.

Horoskop der ersten Atombombenexplosion in Alamagordo/ Mexiko

Mit diesem denkwürdigen Tag des 16. VII. 1945, 5.30 Uhr früh, begann das Atomzeitalter. Der individuellste Punkt des Horoskops, der Meridian, liegt bezeichnenderweise am Anfang des Tierkreises in 0 Grad Widder. Saturn ist exakt auf dem Aszendenten in 15 Grad Krebs, im Quadrataspekt zum Mond (in der Mundanastrologie: »Das Volk«). Der Fixstern der Gewalt und der Zerstörung, Algol (25 Grad Stier), befindet sich dicht bei der Sonne.

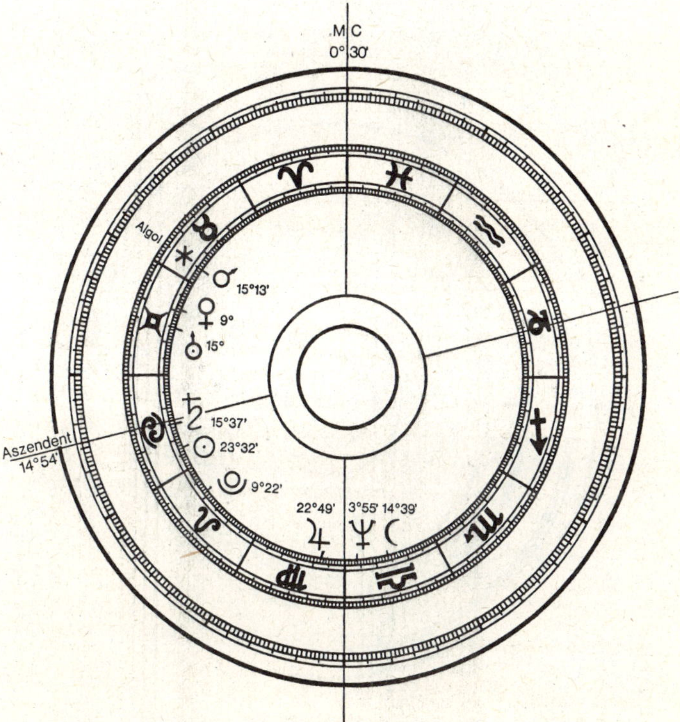

Der erste Atombombenabwurf auf Hiroshima:
6. VIII. 1945, 9.15 Uhr

Uranus als Symbol der Katastrophe befindet sich exakt am Meridian dieses Unglückshoroskops, in Konjunktion mit dem Mars, Pluto bei der Sonne (Gewalt!), Saturn beim Mond – gradgenau! – als Unglückskünder für das Volk (= Mond). Wiederum ist ein »Fixstern des Unglücks«, Aldebaran, beim Mars.

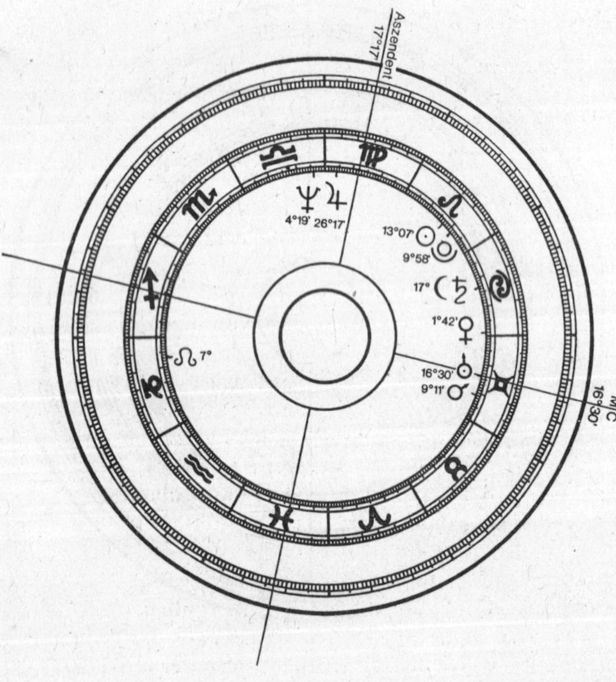

Hinter den Kulissen des Zweiten Weltkriegs

Diktatoren bemächtigen sich der Astrologie
Geheimaufträge der Generalstäbe an führende Astrologen

Der englische Captain Louis de Wohl als Gegenspieler von Karl Ernst Krafft

Kurz nach dem Zweiten Weltkrieg und insbesondere um 1947 erschienen in verschiedenen deutschen Zeitschriften, Illustrierten und Tageszeitungen sensationelle Berichte über die »Geheimarbeit« führender Astrologen bei den Nazis, aber auch beim englischen Generalstab. Die Berichte waren nicht immer seriös, und manches bleibt umstritten.

Immerhin – es gibt eine ganze Reihe von Fakten, die von englischen und amerikanischen Journalisten bestätigt wurden.

Die umstrittene Rolle des Schweizers Karl Ernst Krafft

Krafft war ein Schweizer Statistiker und außerdem ein fähiger Astrologe, der sich besonders der Verifizierung astrologischer Tatbestände durch die Statistik widmete. Seine Fachbücher sind seriös, beweisen eine unerhörte Gründlichkeit und ein eingehendes Wissen um astrologische Zusammenhänge. Viele Jahre hindurch wollte er die Gegner aus dem akademischen Lager durch exakte Nachweise kosmischer Zusammenhänge von der Realität der Gestirnwirkungen auf das Schicksal des Menschen überzeugen. Seinem ursprünglichen Beruf gemäß versuchte er es über nicht abzuleugnende statistische Auswertungen. Auf dem Münchener Astrologenkongreß 1934 berichtete er ausführlich darüber. Seine Schweizer Veröffentlichungen wie etwa das Buch *Astrologie,* in dem er die Erbfaktoren astrologisch begründete, erregten beträchtliches Aufsehen. Bei Kriegsausbruch befand er sich in Deutschland in einem Schwarzwälder Dorf. Da er mit dem Dritten Reich sympathisierte, kam er über einen gewissen Dr. Fesel mit Himmlers Reichssicherheitshauptamt in Verbindung.

Krafft besaß selbstverständlich die Horoskope von Hitler, Himmler, Heß und allen führenden Persönlichkeiten im Nazi-Reich. Ferner hatte er die Nostradamus-Prophezeiungen neu redigiert und einige der mysteriösen Vierzeiler mit dem Aufstieg

Hitlers in Beziehung gebracht. Worauf er bei Goebbels empfangen wurde, dem Kraffts Übersetzung vom »großen Führer vom Lande des Armenius« ausgezeichnet in seine Konzeption paßte. Über diesen Besuch Kraffts bei Goebbels berichtete Hans-Georg Kemnitzer 1951 folgendes:

»Kraffts Besuch wurde auf Befehl von Goebbels streng geheimgehalten. Goebbels begrüßte ihn freundlich, indem er eingangs bemerkte, daß er von dem berühmten Brief an die Adjutantur Hitlers wisse. Krafft erwiderte hierauf, daß er das Schreiben nach bestem astrologischem Wissen abgefaßt und es vor allem auch nur in aufrichtiger Besorgnis um das Leben Hitlers abgesandt habe. Er bedauere es deshalb um so mehr, deswegen hochnotpeinlichen Verhören unterworfen worden zu sein.

Nun deckte Goebbels seine Karten auf. Er versicherte, daß er es persönlich gewesen sei, der Krafft den Klauen der Gestapo wieder entrissen habe. Krafft traten die Tränen in die Augen. Er stammelte Worte des Dankes und meinte, er sei überglücklich, nun endlich wieder arbeiten zu können. Auf diese Bemerkung hatte Goebbels gewartet. ›Was machen Sie denn im Augenblick eigentlich?‹ fragte er ihn, als ob er nicht das mindeste von ihm wisse. Krafft holte das Buch aus seiner Tasche, das später bei der Fotokopist GmbH. in Frankfurt am Main erschienen ist, und begann nun, Goebbels einen kurzen Vortrag über die *Prophéties de Maistre Michel Nostradamus* zu halten, etwa im Sinn der von ihm selbst verfaßten Einführung zu diesen ›Prophezeiungen‹.«

Die Prophezeiungen des Nastradamus

»Später, nachdem wir ihm zum erstenmal begegnet waren und ihn dann allmählich näher kennenlernten, zeigte er uns nicht nur die Fotokopie des Briefes, den er an Hitlers Adjutantur gerichtet hatte, sondern er machte uns auch einen Band der von ihm redigierten Neuausgabe der Nostradamus-Prophezeiungen zum Geschenk. Auf diejenigen Vierzeiler dieses in Altfranzösisch geschriebenen Buches, die Krafft mit Hitler und mit dem ›Dritten Reich‹ in Verbindung brachte, war er besonders stolz. Er entsann sich noch genau seines ersten Besuchs bei Goebbels. Er hatte ein unheimliches Gedächtnis. Und er erzählte uns, daß er Goebbels vor allem auf die Bedeutung seines Lieblingsvierzeilers hingewiesen habe.

Die Gesamtübersetzung, die Krafft im Anschluß an jene Einzelheiten Goebbels vortrug, lautete gemäß Nostradamus, Kapitel V auf Seite 94 des Buches *Jahrhunderte:* ›Er wird Brabant und Flandern, Bruges und Boulogne für Großdeutschland annektieren. Man wird durch Belgien vorstoßen und das französische Fort (Maginotlinie) zurückgewinnen . . .‹

Goebbels verschlug es zunächst den Atem. Der Mann war ihm unheimlich. Dann aber wirkte er auch wiederum komisch, ja fast abstoßend auf ihn mit seinen spindeldürren Händen, in seinem verschlissenen Anzug, mit seinen ungelenken Manieren und in seiner Mitleid erweckenden Hilflosigkeit. ›Ich muß gestehen‹, erklärte ihm darauf Goebbels, ›was Sie mir da auseinandergesetzt haben, hat mich stark beeindruckt. Ich weiß nicht, worauf es zurückzuführen ist, jedenfalls habe ich von diesen Dingen bisher kaum etwas gewußt, geschweige denn etwas gehalten. Wenn Sie mir versprechen, daß Sie schweigen können, will ich Ihnen sagen, weshalb ich Sie künftig unbedingt brauche.‹

Krafft mußte nun Hitlers Horoskop ständig genau überwachen. Sobald sich darin eine Besonderheit zeige, solle er dies unverzüglich zu Papier bringen und ihm durch einen Mittelsmann, den er noch bestimmen werde, auf dem schnellsten Weg übersenden.«

Wie war es zu dieser ersten Begegnung zwischen Krafft und Goebbels gekommen?

Am 2. November 1939 hatte Karl Ernst Krafft einen Brief nach Berlin geschrieben, in dem er mitteilte, daß das Leben Hitlers in den Tagen zwischen dem 7. und 10. November von einer großen Gefahr bedroht sei. Er bat die Adjutantur des Führers und Reichskanzlers, Sicherungsmaßnahmen zu treffen. Diesem Brief wurde keine Bedeutung beigelegt, und er wurde daher auch Hitler nicht zur Kenntnis gegeben.

Am Abend des 8. November 1939, 12 Minuten, nachdem Hitler nach einer kurzen Ansprache das Münchener Bürgerbräu verlassen hatte, explodierte dort eine Bombe, der 20 Menschenleben zum Opfer fielen.

Am Morgen des 9. November 1939 legte einer seiner Adjutanten Hitler den Brief des Astrologen Krafft vor. Daraufhin sprach Hitler mit Goebbels, der sich die weitere Mitarbeit von Krafft sicherte. Der SS-Führer Himmler traute der Prognose von Krafft nicht, sondern hielt ihn für einen Mitwisser des

Münchener Attentatsversuchs und ließ ihn verhaften. Der Propagandaminister Goebbels erreichte schließlich, daß Krafft freigelassen wurde.

Der Gegenspieler von Ernst Krafft: Louis de Wohl

Als Journalist und Romanautor schrieb er unter dem Namen Ludwig von Wohl. Angeblich in Ungarn geboren, lebte er bis 1935 in Deutschland. Er war damals schon Amateurastrologe, das heißt, er betrachtete seine Kenntnisse mehr als Hobby. Nach seiner Ausreise nach England trat er um 1940 in das psychologische Forschungsbüro der englischen Armee ein und erhielt den Rang eines Captains. Da er, wie Dr. Krafft, ebenfalls die genauen Horoskope von Hitler und der übrigen Nazi-Prominenz besaß, beauftragte ihn die britische Regierung, die Planungen der braunen Machthaber, deren »Geheimastrologe« Dr. Krafft Louis de Wohl bekannt war, vorauszuberechnen. Erstmals wurde also von einem Generalstab versucht, mit Hilfe astrologischer Analysen die Schachzüge des gegnerischen Generalstabs, der sich ebenfalls astrologischer Berechnungen bediente, zu durchkreuzen. Wirklich beweiskräftige Fakten über de Wohls Tätigkeit sind nicht durchgesickert, da sein Auftrag streng geheim war. Von Hitler selbst weiß man, daß er von der Astrologie nichts hielt, sie später sogar bekämpfen und »ausrotten« ließ. Hingegen war Heß ein Anhänger astrologischer Thesen, während Goebbels und Himmler sie nur für ihre Zwecke nützten.

SS-Brigadeführer Walter Schellenberg sagte als Zeuge im ersten Nürnberger Kriegsverbrecherprozeß aus, er habe mitten im Krieg ein Horoskop über Deutschland und Hitler eingeholt. Der Astrologe habe zu dem Zweck eigens aus dem Konzentrationslager geholt werden müssen. Das Horoskop habe das Attentat vom 20. Juli 1944 aufgezeigt sowie eine schwere Erkrankung Hitlers im Herbst 1944 und seinen Tod Ende April oder Anfang Mai 1945.

Hans-Georg Kemnitzer veröffentlichte 1951 ein Interview mit Louis de Wohl, in dem ihm dieser Details über Krafft berichtete: »Körperlich etwas schwach, trotz seiner etwa dreißig Jahre von fast knabenhaftem Aussehen, hatte Krafft stets eine Vorliebe und Bewunderung für ›dynamische‹ Persönlichkeiten. Unter seinem früheren Klienten befand sich der inzwischen zum rumänischen Botschafter in England ernannte

M. V. V. Tilea. Anfang 1940 sandte Krafft dem Minister einen Brief durch den diplomatischen Kurierdienst, ein Schreiben, das ich als eines der wichtigsten Dokumente des Krieges bezeichnen möchte. Aus diesem Schreiben geht klar hervor, daß Krafft so sehr unter dem Einfluß der nazistischen Ideologie stand, daß er sich der Morallosigkeit und der Gefahr seiner Gedanken nicht mehr bewußt wurde, die vor allem darin zu erblicken war, als erstklassiger astrologischer Berater Hitler zu ermutigen, das Chaos in Europa heraufzubeschwören. Krafft mußte deshalb bekämpft werden.«

De Wohl sagte über seine eigene Tätigkeit: »Für mich handelte es sich nicht darum, die britische Regierung von der Astrologie zu überzeugen. Es war für meinen Kampf gegen Krafft ausschlaggebend, zumal ich dessen Arbeiten und persönliche Methoden sehr gut kannte, daß Hitler an die Astrologie glaubte. Die astrologischen Grundsätze und Theorien sind in der ganzen Welt gleich. Es war deshalb nicht nur möglich, sondern auch sehr notwendig, zu kontrollieren, welche Ratschläge Hitler voraussichtlich von Krafft erhalten würde. Ich sage ›voraussichtlich‹ statt ›sicher‹, weil im Fall schlechter kosmischer Tendenzen viel von Kraffts Mut abhing, ob er es wagen würde, Hitler die ganze Wahrheit zu sagen oder nicht. Bald ging mir die Arbeit flott von der Hand. Aber all das genügte noch nicht. Es war unerträglich zu wissen, daß ein so gefährlich guter Ratgeber sich in Hitlers Stab befand. Zweifellos konnte er den voraussichtlichen Untergang seines Herrn nicht aufhalten, aber ich fürchtete, er würde den Krieg durch seine Ratschläge, Gefahren zu umgehen, beträchtlich verlängern. Allein dieser Umstand machte es unerläßlich, den Astrologen Krafft auszuschalten.«

In der Zeitschrift *Sie* schrieb Louis de Wohl: »Der Haß Hitlers gegen ›Juden, Freimaurer und Internationalisten‹ war ein gefühlsmäßiger Haß und hat sich trotz Massenmorden und Konzentrationslagern als Mißerfolg erwiesen. Aber der entscheidendste Mißerfolg der ganzen Geschichte, der einer gefühlsmäßigen Handlung zuzuschreiben ist, ereignete sich im Jahr 1940. Hitler hatte seinen Feldzug zeitlich und in anderer Hinsicht perfekt geplant. Das Geopolitische Institut in München arbeitete die Grundzüge aus, während Hitlers astrologischer Berater die zeitliche Planung besorgte. Der polnische Krieg wurde als legaler Feldzug betrachtet, doch waren der Mai und Juni seine große Zeit, und er war sich dessen voll bewußt.

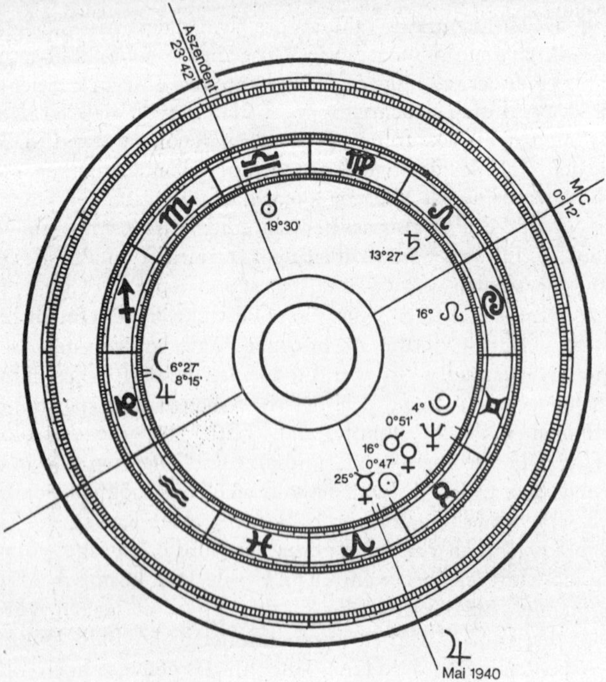

Im Mai 1940 befand sich der Planet Jupiter – von den Alten ›fortuna major‹ genannt – an der gleichen Stelle am Himmel, wo sich zur Zeit von Hitlers Geburt die Sonne befunden hatte. Dies ist nicht nur eine astrologische, sondern auch eine astronomische Tatsache. Astrologisch ausgedrückt ergab also Hitlers Aspekt: ›Jupiter in Verbindung mit der Sonne‹. Die grundsätzliche Bedeutung des Einflusses ist ›Expansion‹. Im Horoskop eines Menschen symbolisiert die Sonne die Persönlichkeit als Ganzes. Jupiter in Verbindung mit der Sonne bedeutet somit ›Expansion im Ganzen‹. Da Hitler sich selbst und damit sein Horoskop als Symbol des deutschen Volkes betrachtete, wählte er diesen Aspekt für den Hauptschlag. Dies war so klar und selbstverständlich, daß kein Astrologe diese Lage übersehen konnte. Hitler griff an. Hier handelte es sich um einen der glücklichsten Aspekte in der Astrologie – man hat ›Glück‹, man hat überall Erfolg, wo Erfolgschancen existieren. Und Hitler hatte Glück. Seine Truppen überrannten Holland und Belgien, zerschmetterten die Maginotlinie, vertrieben die britischen Truppen aus Frankreich und besetzten die Kanalhäfen. Hier kommen wir zum entscheidenden Moment. Der Einfluß Jupiters in Verbindung mit der Sonne hörte Ende Mai auf. Ein fast ebenso guter Aspekt folgte. Jupiter stand nun in einem Winkel von 120 Grad zu der Stelle, wo sich der Mond bei Hitlers Geburt befand. Dies ist wiederum nicht nur eine astrologische, sondern auch eine astronomische und mathematische Tatsache. Ein Winkel von 120 Grad wird in der Astrologie Trigon genannt und ist nach der ›Verbindung‹ der beste Aspekt. Diesmal war der gute Aspekt mit der Mondstellung in Hitlers Horoskop verbunden und nicht mit der Sonnenstellung. Dabei war Hitlers Mondstellung schlecht. Als die ersten Nachtluftangriffe begannen, wußte ich, daß Hitler sein Gleichgewicht zurückgewonnen hatte. Während jener Bombenangriffe arbeitete ich ununterbrochen. Es war für mich eine seltsame Befriedigung, unter der Drohung seiner geflügelten Finger in sein Gehirn hineinzuleuchten. Immer wieder kontrollierte ich, was Krafft dazu zu sagen haben mochte. Schließlich kam ich zu dem Schluß, daß er vor der Periode vom 10. Mai bis zum 5. Juni 1941 keine entscheidenden Operationen anraten konnte. Dann aber würden die astrologischen Aspekte und die Witterung für die Eroberung der britischen Inseln günstig sein, nämlich im Zeitpunkt, da Jupiter in Hitlers Horoskop über Neptun stehen würde. In den letzten Tagen des Monats Mai 1941 griff Hitler zwar eine Insel an und eroberte sie trotz des heldenhaften britischen Widerstands. Es war aber Kreta.

Während des ganzen Winters und bis tief in den Frühling hinein lebte ich Tag und Nacht mit Hitler, Kraffts Gedanken überlegend und seine Berechnungen überprüfend.

Ohne die Lektüre seines Briefs hätte ich nie verstehen können, warum er sich an den Stern eines Mannes band, dem so klar der Untergang bevorstand. Hitler hatte eine weitere Konstellation gemein mit Napoleon I., nämlich jene des Saturn, die im zehnten Sektor seiner Kurve schlecht war. Saturn im zehnten Sektor, in schlechter Stellung und unter schlechten Aspekten bedeutet: ›Tendenz zum Aufstieg auf große Höhe, aber ernste Gefahr eines Niedergangs durch übertriebenen Ehrgeiz und Verwendung falscher Methoden.‹

Dies ist nicht nur meine eigene Deutung. Man kann diese Auslegung in fast jedem astrologischen Lehrbuch in mehr oder weniger ähnlicher Fassung finden. Ich hatte sie schon in vielen

Horoskopen gesehen. Nicht nur Napoleon III. und Oscar Wilde hatten sie wie Hitler. Mit jener Konstellation läßt man sich unter schlechten Aspekten des Saturn zu Handlungen verleiten, die mit einem Mißerfolg enden müssen. Es war, als ob Saturn Hitler auf einen sehr hohen Berg geführt und ihm von dort aus die Welt gezeigt hätte, die, falls er sich zu einem Krieg entschlösse, sein Eigentum würde. Hitler verfiel dieser Verlockung. Er hätte Widerstand leisten können, denn wir werden durch die kosmischen Kräfte beeinflußt, aber nicht kontrolliert. Der menschliche Wille ist innerhalb eines gewissen Rahmens frei. Es geht aus Kraffts Brief klar hervor, daß er erwartete, der Führer werde plötzlich verschwinden, aber auch, daß er hoffte, seine Arbeit würde weitergehen. Die Hauptfrage, die ich Krafft gern gestellt hätte, ist die, ob er wußte, daß jemand fortwährend über seine und Hitlers Schulter blickte.

Jeder Astrologe, der die Sternstellungen des Jahres 1941 bearbeitete, mußte auf den 10. und 11. Mai aufmerksam werden. Es war unmöglich, diese beiden Daten zu ignorieren, denn die Masse der kosmischen Tendenzen, die auf sie konzentriert waren, ließen Außerordentliches vorausahnen.«

Soweit der Bericht de Wohls, insofern er sich auf die Tätigkeit Dr. Kraffts bezieht. Der Gesamtbericht erschien in englischen Zeitungen, 1947 auch in der Berliner Wochenzeitung *Sie* und schließlich im Juli 1960 in der *Neuen Weltschau.* Später wurde jedoch festgestellt, daß sich de Wohl mit der Annahme geirrt hatte, daß der Astrologe Krafft ständiger Berater Hitlers gewesen sei. Er wurde vielmehr am 2. Juni 1941 verhaftet und im Zuge der Heß-Affäre, die mit dem 9. Juni 1941 losbrach und die Verfolgung und Verhaftung sämtlicher bekannter Astrologen in Deutschland zur Folge hatte, ins KZ Buchenwald eingeliefert, wo er am 8. I. 1945 starb. Vorher, 1942, hatte man ihn noch in Sonderhaft ins Propagandaministerium gebracht, vermutlich um ihn mit seinem Wissen und Können für die politische Kriegführung einzusetzen, aber Krafft hatte sich geweigert. Darüber berichtet Louis Mac Neice in seinem Buch *Astrologie* Genaueres.

In vielen Dingen hat de Wohl erheblich geflunkert und sich aufgeplustert. In der Zeitschrift *Astrologische Monatshefte*, Nr. 2/1949, berichtet einer der bekanntesten deutschen Astrologen – Hans Genuit – über Ernst Krafft. Genuit wandte sich 1947 an einen der führenden englischen Astrologen, Dr. Dr. W. J. Tukker, und hatte mit ihm zum Zweck der Rehabilitierung Dr. Kraffts einen umfangreichen Briefwechsel. Dr. Tucker, der die damalige Situation in England genau kannte und Berater prominenter Persönlichkeiten am englischen Hof war, gab eine eindeutige Auskunft über die zwielichtige Persönlichkeit Louis de Wohl. Daß er allerdings im psychologischen Führungsstab im Auftrag der britischen Regierung tätig war, ist ein Faktum. Eine andere Sache ist die Glorifizierung seiner Tätigkeit, die er nach dem Krieg in die Presse lancierte. Was die Tätigkeit Kraffts betrifft, so ist die Verbindung zu den Nazis, die er selbst herstellte beziehungsweise in die Wege leitete, ebenfalls ein Faktum. Als er sich zu weit engagiert hatte, konnte er offenbar nicht mehr zurück; und anläßlich seiner strikten Weigerung, für Goebbels oder Hitler tätig zu sein, verhaftete man ihn. Daß er aber ausgesprochen für Hitlers Kriegführung arbeitete, ist ein Märchen. Louis de Wohl hielt diese Behauptung später aufrecht, obwohl er über Krafft ab 1941 gar nichts mehr

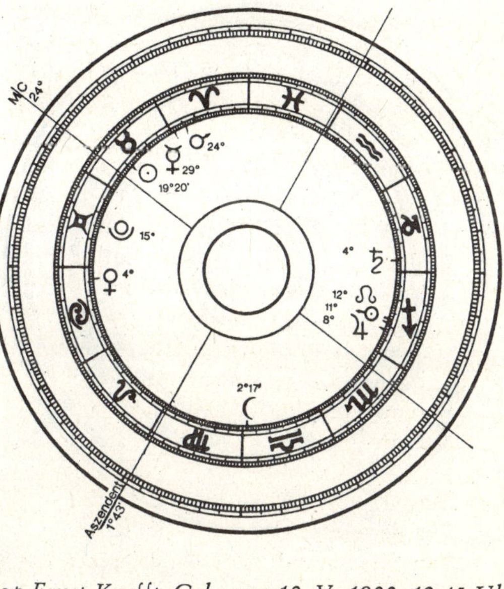

Horoskop Ernst Krafft. Geboren: 10. V. 1900, 12.45 Uhr MEZ, Basel

wußte. Ein anderer astrologischer Forscher, F. C. Goerner/Mannheim, der gemeinsam mit Krafft in Berlin in Haft war, stellte die falschen Behauptungen Louis de Wohls auf einer astrologischen Arbeitstagung richtig.

Was als Tatsache gelten kann, ist der erstmalige Versuch, mit Hilfe astrologischer Berechnungen Kriegseinsätze zu steuern.

Louis de Wohl starb 1961 in Luzern. Sein Horoskop zeigt Merkur und Jupiter im Trigonalaspekt zu Pluto und gleichzeitig zu Mars (dreifaches Trigon im »Luftelement« Wassermann/Zwillinge/Waage). Es ist die Konstellation des Journalisten, des Romanschreibers, aber auch eines Public-Relations-Mannes oder Propagandisten. Mond mit Uranus im Schützen in engster Konjunktion zeigt den Weltreisenden an, aber auch den Abenteurer, denn beide werden von Pluto mit Opposition verletzt. Einer, der Louis de Wohl gut kannte, schrieb über ihn: »Louis de Wohl, der gebürtige Ungar, der deutsche Schriftsteller, der passionierte Engländer, war wirklich das, was man eine interna-

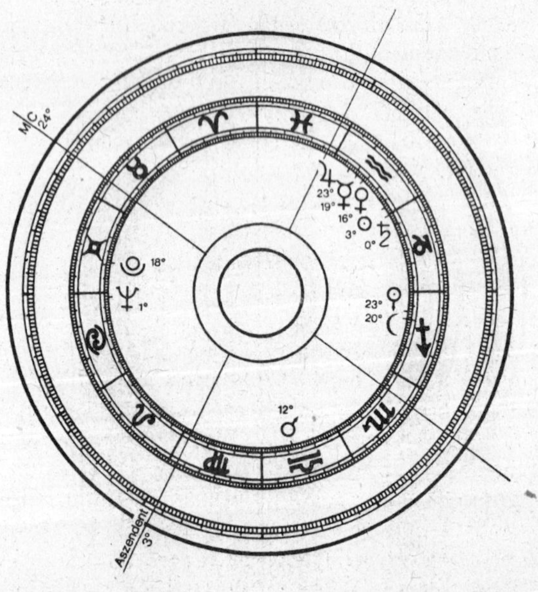

Horoskop Louis de Wohl. Geboren: 24. 1. 1903, 19.17 Uhr (Archiv Troinski)

tionale Figur nennt. Man traf ihn auf Vortragsreisen in Amerika, auf Kreuzfahrten, in einem Kaffeehaus in Wien – immer mit seiner ›Spezialkonstruktion‹ eines Zigarrenkoffers und einer mit Manuskripten gefüllten Diplomatentasche ...«

Das Horoskop Ernst Kraffts (geboren am 10. V. 1900, 12.45 Uhr mittags MEZ, Basel) zeigt den Aszendenten in der Jungfrau, dem Zeichen von Forschung und Wissenschaft, die Sonne im Stier, Merkur mit Mars im Widder: im ganzen eine Konstellation des Bekennermuts und der »Pioniere im Geistigen«. Uranus im philosophischen Zeichen Schütze und im Feld IV befindet sich mit Pluto im Oppositionsaspekt – jenem Aspekt, der vor Entscheidungen des Entweder-Oder stellt und als »Gewaltaspekt« bekannt ist. Höhere Gewalt, Haft und tragisches Schicksal in Verbindung mit Politik und Militär (Gestapo) zeigt sofort der »Schnittpunkt der Gewalt« auf: Sonne in der Halbsumme von Mars zu Pluto. Auch die Direktionen und Transite deuteten einwandfrei auf Kraffts gewaltsamen Tod hin, wie die vorbildlich durchgeführten mathematischen Direktionsberechnungen Hans Genuits beweisen. Man muß ihm restlos zustimmen, wenn er zum Horoskop Kraffts schreibt: »Sein tragischer Tod stimmt nachdenklich und stellt den Glauben an die freie Willensbestimmung des Menschen auf eine harte Probe, denn dieser fähige Astrologe kann unmöglich die kritischen Einflüsse übersehen haben, die sich besonders durch seine Übersiedlung nach Berlin im Jahr 1940 ergaben!«

Daß es an astrologischen Voraussagen über das Schicksal Hitlers und Mussolinis nicht fehlte, zeigen die beiden folgenden Beispiele.

Im Februar 1933 veröffentlichte Professor Gerhard Krüger in der Zeitschrift *Mensch und All* einen Aufsatz, in dem über Hitler folgende Prognose enthalten war: »Eine besondere Note ist Hitlers elevierter Saturn im Löwen, dem Zeichen seines ›Exils‹. Denn dieser Saturn gibt dem Schicksal dieses Mannes ein eigentümliches Gepräge und läßt ihn immer wieder ... Fehlschläge und Enttäuschungen erleben, wenn er eben glaubt, dicht am Ziel zu sein ... Der Beifallsrausch, in den ihn die urteilslose Begeisterung der Massen versetzt, angedeutet in der Mond-Jupiter-Konjunktion im Steinbock, ist es, der Hitler immer und immer wieder in jene Vereinsamung und auf jene schwindlige Höhe treibt, aus der dann zuletzt ... der jähe Sturz in die Tiefe folgt.«

Der international bekannte englische Astrologe Raphael, Herausgeber der englischen Ephemeriden (Gestirnstandsauszüge), brachte in seiner Ephemeris für das Jahr 1927, die schon im Herbst 1926 in London erschien, folgende Vorhersage: »Ein Vergleich der beiden Horoskope Mussolinis und Italiens zeigt Unheil für das Schicksal Italiens. Wir können eine Wiederauferstehung der gepanzerten Faust-, Blut- und Eisenpolitik im Mittelmeer erwarten, und schließlich wird Mussolini seinem Land Krieg, Zusammenbruch und Untergang bringen. Gewisse Erfolge werden ihn wahrscheinlich zur Torheit verlocken, und seine größte Überheblichkeit wird darin bestehen, die Macht Englands und Frankreichs herauszufordern. Er wird ein gewaltsames Ende finden.«

Das programmierte Horoskop – Der Computer als Horoskopmaschine

5 DM, 56 DM, 600 sfr – wieviel wollen Sie ausgeben?

1967 kann als Geburtsjahr des »Computerhoroskops« gelten. Natürlich ist die Sache nicht gerade einfach, aber wir sind dem »individuellen Horoskop« aus dem Automaten schon sehr nahegekommen. Noch muß das Elektronengehirn des IBM-Computers mit Daten gefüttert werden – mit astrologischen natürlich. Dazu bedarf es eines Fachmannes, also eines Astrologen. Beim Pariser Computer war es der französische Prominentenastrologe André Barbault. Er ist in Frankreich bekannt als Herausgeber einer ganzen Serie populärer Tierkreiszeichenbücher, zur Zeit fünfundzwanzig an der Zahl. Er ist 46 Jahre alt und ein guter Geschäftsmann.

Er fand aber noch einen besseren: den gelernten Elektroingenieur Berthier, der im westlichen Pariser Vorort Mesnil-le-Roi eine Kette von hundert Supermärkten und Selbstbedienungsläden mit einem Jahresumsatz von 200 Millionen Franc dirigiert. Seit langem ließ sich Berthier astrologisch beraten. Da begann es eines Tages bei ihm zu klingeln, und er hatte *die* Idee des Jahrhunderts. Warum sollte man den Computer ausschließlich für Marktanalysen, Geschäftsberichte und Umsatzbilanzen füttern. Vielleicht fraß er auch astrologische Daten und spuckte sie als Zukunftsprognosen wieder aus!

Barbault griff den Gedanken auf, zumal er finanziell vielversprechend war. Ein Jahr lang fütterte Barbault das elektronische Gehirn der IBM 360 mit einer Million astrologischer Daten, erarbeitet aus zwanzig Jahren Erfahrung mit Horoskopklienten.

Berthier wußte auch sogleich einen Namen für die neue Horoskopmaschine: Ordinastral! In vierzig Sekunden liest der Großrechner aus den Sternen Charakter und Zukunft gemäß dem Geburtsdatum. Diese Analyse beträgt 150 Zeilen und kostet 56 DM. Zunächst kommt das psychologische Porträt, dann eine Zehnjahresvorschau. Bedeutsame Konstellationen markiert der Computer zusätzlich mit drei Sternen.

Gleich nach der ersten großen Inseratkampagne in ganz Frankreich meldeten sich schon über tausend Horoskopinteressenten. Überwiegend Männer – während es sonst Frauen sind, die die Astrologen interviewen! Daraus schloß Barbault: Dieser Computer macht die Astrologie erst seriös. Als erste Probe aufs Exempel schluckte der Computer die Gebutsdaten de Gaulles und gab folgende Kurzanalyse von sich: »Er ist überspannt, und sein Ich neigt dazu, sich zu übersteigern. Seine Dynamik treibt ihn zur Avantgarde, zum letzten Schrei, zum Außergewöhnlichen, zur Heldentat, zur Herausforderung, zur Raserei, zum Unmöglichen . . .«

Eine andere Variation dieser modernen Horoskopmaschine wurde allerdings schon 1963 in der Schweiz erfunden. Die Züricher Zeitung *Blick* berichtete am 16. Mai 1963 über diesen Vorläufer. Das Schweizer Ehevermittlungsinstitut *Selectron* in Zürich bediente sich seiner als »Heiratsmaschine«, die außer der Partnerauswahl auch noch astrologische Faktoren einschließt.

Dr. R. Michel, der psychologische Berater dieses Instituts, erklärte hierzu: »Ich kann den Einfluß astrologischer Faktoren aus vielen Beispielen aus meiner Praxis belegen! Astrologie ist eine Statistik im Sinn eines Erfahrungsniederschlags durch Jahrtausende.« Die moderne Schweiz fordere zwingend bessere Ehevermittlungsmethoden, da ein Zehntel der in der Schweiz geschlossenen Ehen scheiterten. Und dies deshalb, weil die üblichen Ehe-Institute Methoden verwendeten, die man mit Pfahlbauten im Zeitalter der Wolkenkratzer vergleichen könne. Das Maschinengehirn schluckt die Teste nach den umfangreichen Fragebogen und trifft danach selbständig die Auswahl. Bis zu neun Personen können auf einen Fragesteller ansprechen. Von jedem dieser möglichen Partner bringt die Maschine zusätzlich einen astrologischen Test, der schließlich die Auswahl auf einige wenige reduziert. Wer nach astrologischen Gesichtspunkten nicht zusammenpaßt, wird ausgeschieden. Die Übrigbleibenden werden dann vom Institut zusammengeführt. Das Honorar beträgt allerdings 600 Franken. Neben Europa umfaßt das *Selectron* auch den Nahen Osten. Binnen Jahresfrist will man »weltumspannend« sein!

Im Herbst 1967 setzte der Verlag Gruner und Jahr GmbH & Co. als Herausgeber der Zeitschrift *Constanze* den ersten deutschen Horoskopcomputer in Gang. Das Angebot war konkurrenzlos: »Für 5 DM deutet der Constanze-Computer den Stand der Sterne an Ihrem Geburtstag in bezug auf Liebe, Glück, Beruf, Geld und Gesundheit für das kommende Jahr!« Der Erfolg war überwältigend. Waschkörbeweise gingen die Bestellscheine bei *Constanze* ein. Jedes Horoskop umfaßte drei Seiten Prognosen. Nötig waren außer den Geburtsdaten auch noch Längen- und Breitengrad des Geburtsortes. Es muß gerechterweise gesagt werden, daß die Kurzteste mit den gegebenen astrologischen Fakten übereinstimmten. Natürlich im Rahmen des Möglichen und – dem »Honorar« von 5 DM entsprechend! Zweifellos wäre der Computer die größte Konkurrenz der noch individuell arbeitenden Kartenschlägerinnen beziehungsweise »Planetenschlägerinnen«, die ein Honorar von 10 DM längst als »Trinkgeld« betrachten.

Astrologie im Streitgespräch

Längst ist die Astrologie nicht mehr »tabu«. Es bestehen verschiedene moderne Forschungsgruppen wie etwa jene um Reinhold Ebertin in Aalen oder die Kosmobiosophische Gesellschaft in Hamburg. Das »Bekenntnis zur Astrologie vor dem Mikrophon« wird immer häufiger, seit Rundfunk, Fernsehen und Massenpresse an dem derzeitigen Stand dieses umstrittenen Problems immer heftiger interessiert sind.

Eine der interessantesten Diskussionen ergab sich im Januar 1950, als der Hessische Rundfunk eine Sendung über das Thema »Astrologie, Aberglaube oder Wissenschaft« brachte. Reinhold

Ebertin, Leiter des Arbeitskreises für kosmobiologische Forschung in Aalen, erklärte sich bereit, als Referent und »Anwalt« für die Astrologie zu sprechen. Sein Gesprächspartner und Gegenreferent war der Astronom Gerstenberger, ferner nahmen teil Vertreter der Kirche, unter ihnen der bekannte Jesuitenpater Dr. Ph. Schmidt, und eine Reihe von Ärzten und Journalisten. Die Leitung der Diskussion hatte Dr. Günter Hünecke, der zugab, daß man die Astrologie bei dem breiten Interesse aller Volksschichten heute nicht mehr einfach als »Aberglaube« abtun könne, sondern daß es notwendig sei, sich mit ihr auseinanderzusetzen. Der ausführliche Bericht erschien in der Zeitschrift *Kosmobiologie*, Februar 1950. Hier die wichtigsten Ergebnisse der Diskussion:

Professoren in staatlichen Positionen können keine »Bekenner« sein. Aber es gibt Ausnahmen! Bekenner sind bei uns nur wenige zu finden, obwohl es viele Professoren gibt, die die Astrologie seit 20 Jahren und mehr im stillen betreiben. Es gibt jedoch auch einen Astronomen, der sich nicht nur zur Astrologie bekennt, sondern öffentlich die Auffassung vertritt: Die Astrologie ist unbesiegbar!

Das ist Professor Dr. H. H. Kritzinger. Außerdem gibt es mehrere deutsche Astronomen, die gleichzeitig Astrologen sind, so daß die Astronomische Gesellschaft, die die Astrologie in einer völlig unsachlichen Weise ablehnt, sich bei ihren auf astrologischem Gebiet erfahrenen Mitgliedern hätte erkundigen sollen, bevor sie sich durch ihre Veröffentlichungen die Blöße mangelnder Kenntnis und wissenschaftlicher Unduldsamkeit gab.

Die wahre Astrologie ist so alt wie die Menschheit, und während andere Wissenschaften immer wieder ihre Anschauungen geändert haben und auch heute noch ändern, wird das Urwissen um die Zusammenhänge zwischen Kosmos und Mensch immer bestehen bleiben. Max Gerstenberger lehnte als Astronom selbstverständlich die Astrologie als Wissenschaft ab. Er sagte, daß wohl Ansatzpunkte vorhanden seien, daß die kosmischen Strahlen mit biologischen Vorgängen in Beziehung stünden, doch habe das mit Astrologie nichts zu tun. Die Unwissenschaftlichkeit der Astrologie liege schon darin, daß es verschiedene Systeme gebe, die in ganz verschiedener Richtung arbeiten, jeder Vertreter einer Methode behaupte aber, daß seine Arbeitsweise die richtige sei. Manche Astrologen bezögen alle Planeten bis Pluto, andere wieder nur die bis zum Saturn ein, manche arbeiteten mit »Häusern«, andere wieder nicht. Jedenfalls spreche nichts dafür, daß man die Astrologie als eine Wissenschaft bezeichnen könne. (Die Darlegungen des Redners deckten sich zum großen Teil mit den üblichen Angriffen der Astronomen, die längst bekannt sind.)

In der beginnenden Diskussion mit dem Publikum wurde zunächst die Frage aufgeworfen, wie der Einfluß der Gestirne zu begründen sei. Diese Frage wurde von Ebertin insofern abgelehnt, als der Nachweis der physikalischen Zusammenhänge die Astrophysik angeht. Tatsächlich sind die Erklärungen so mannigfaltig und so vielseitig, daß dieses Thema in einer Diskussion nicht erschöpft werden kann. Es ist zum Beispiel nachgewiesen worden, daß sich im menschlichen Körper Spuren von Metallen befinden, die wie Detektoren wirken können. Die vielen naturwissenschaftlichen Erklärungen können aber heute noch nicht befriedigen, was auch darauf beruht, daß sich die Astrologie im Gegensatz zur kausalen Denkform der heutigen Wissenschaft vorwiegend einer mythisch-symbolischen Denkform bedient. Wenn wir manche Vorgänge noch nicht erklären können, so schließt das eine wissenschaftliche Arbeitsweise nicht aus. Denn auch die Wissenschaft kann nicht alles erklären, auch die Wissenschaft weiß heute noch nicht, was Elektrizität ist, sie kann nicht sagen, warum nach der Formel H_2O zwei Teile Wasserstoff und ein Teil Sauerstoff ausgerechnet Wasser ergeben müssen. Wenn aber die offizielle Wissenschaft nicht alles erklären und beweisen kann, dann sollte man das auch nicht von den Astrologen verlangen.

Ein weiterer Redner aus dem Hörerkreis warf ein, daß die Astrologie wohl sehr alt sei und heute noch mit den gleichen Methoden arbeite wie früher, aber die Wissenschaft entwickele sich fort, und so müsse sich auch die Astrologie weiterentwikkeln.

Ich konnte antworten, daß diese Annahme auf Unkenntnis beruht. Denn auch die Astrologie hat sich fortentwickelt. Zwar sind die Grundanschauungen die gleichen geblieben, aber die Methoden haben sich heute so weit entwickelt, daß sie durchaus als wissenschaftlich zu bezeichnen sind.

Joseph Aumann, der Leiter des Berufsverbandes deutscher Astrologen, äußerte sich zunächst dahingehend, daß er es eigentlich ablehnen müsse, sich als ein seit 25 Jahren überzeugter Astrologe mit einem Astronomen über das Wissensgebiet der Kosmobiologie zu unterhalten. Tatsächlich wird die Astronomie in ihrer Einseitigkeit wohl kaum von einer anderen der naturwissenschaftlichen Disziplinen übertroffen. Mit Recht schrieb Curt Emmerich in der *Neuen Zeitung* vom 18. 1. 1950 in einem Artikel »Über die Autorität der Naturwissenschaft« unter anderem folgendes: »Die Naturwissenschaftler haben selten ihre Autorität auf das beschränkt, wovon sie wirklich etwas verstehen, auf die Naturwissenschaft nämlich.« – »Es wird Zeit, endlich einmal die Grenzen festzustellen, bis zu welchen diese mit nicht mehr als der Kenntnis des physikalischen Bereiches begründete Autorität eigentlich reicht.« Friedrich Deich schrieb an anderer Stelle in der gleichen Zeitung, daß die Naturwissenschaften mehrfach auf induktivem Weg zu einem Schluß kamen, den die Philosophie auf einem ganz anderen Weg bereits gefunden hatte. »Kurzum, es ist zu hoffen, daß Naturwissenschaftler und Geisteswissenschaftler, die bisher in unübertrefflicher Weise aneinander vorbeigeredet haben, zur Verständigung kommen.«

W. Lang ergriff das Wort zu einer Erklärung des Gestirneinflusses, weil der Vertreter der Astronomie äußerte, daß zu dieser Diskussion auch ein Biologe hinzugezogen werden müsse. W. Lang entwickelte folgende Grundgedanken: »Tatsache ist, daß die Erde ein schwingendes Feld besitzt, das unmittelbar von der Sonne abhängt. Das Feld können wir als ›Erdstrom‹ direkt messen; es setzt sich aus verschiedenen Wellenbewegungen zusammen, deren Grundschwingung etwa 0,025 pro Sekunde beträgt. Die Grundschwingung wird meßbar verändert durch den Sonnen- und Mondlauf, sie wird aber auch von den Planeten verändert, zum Beispiel beträgt die tägliche Variation durch Jupiter 19%, Uranus 10%, Neptun 5%! Die Erbmasse kann nicht ausgeschaltet werden, sie gibt die prägungsfähige Materie. Ist die Materie schlecht, kann auch die beste Prägung – das beste Horoskop – nur sehr Mittelmäßiges, eventuell sogar überhaupt nichts ausrichten. Entgegen der allgemeinen Auffassung bin ich der Meinung, daß ein Kind idiotischer Eltern sehr wohl im gleichen Augenblick geboren werden kann wie ein Kind von normalen und gesunden Eltern. Beide haben dann das gleiche Horoskop! Beim Idioten bleibt nichts zu prägen, er bleibt Idiot für sein Leben, anders beim gesunden Kind. Ein gutes Beispiel ist die Epilepsie, sie ist eine Erbkrankheit, doch sind nicht alle Kinder von Epileptikern davon befallen. Wer aber Epilepsie hat, stammt meist – die Generationen sind nicht immer erfaßbar – aus einer kranken Familie. Genauso im Horoskop: Dominante Uranuswinkel findet man fast immer bei Kranken [= Erbmasse + Uranus!], aber noch mehr bei Gesunden [nur Uranus!]; die verschonten Kinder haben dann fast immer Erbmasse ohne Uranus, um im Beispiel zu bleiben. So ist es auch bei den anderen Planeten. Die erbkranken – aber gesunden – Menschen wirken dann als Erbträger, als ›Erbüberträger‹, ohne selbst krank zu sein.

Der zweite Unsicherheitsfaktor im Horoskop ist das persönliche Niveau und das Milieu. Suchen Sie einmal nach ›Mörderaspekten‹, es gibt unglaublich viele bei ganz harmlosen Menschen. Die Großhirnrinde als Sitz unseres Bewußtseins ist dem Hirnstamm übergeordnet, sie dämpft die Urinstinkte der Primitivperson. Bei Massenunternehmungen und im niederen Milieu trifft das nicht mehr zu; hier regiert der Hirnstamm als Vollzugsorgan eines Übergeordneten, außerpersönlichen Willens. Nur so ist zu erklären, daß sonst harmlose Familienväter im Krieg Taten vollbringen konnten, die sie selbst nie für möglich gehalten hätten. Das Tier lebt immer noch in uns!

Aber nicht nur die Großhirnrinde beeinflußt den Hirnstamm, es ist häufig auch der umgekehrte Weg gegeben. Alle Meinungen, Launen, Stimmungen, Infantilismen und sexuellen Irrungen haben hier ihren Ursprung. Die Faktoren können wir im Horoskop meist sehr gut erkennen, vor allem sicher erkennen. Hier wirken sich die Bahnungen des Radix fast rein aus. Darunter fallen auch die Partnerverhältnisse [Scheidungen], Berufslaufbahnen, Finanzen, Freunde usw. Die Primitivperson wirkt entscheidend auf das Bewußtsein und umgekehrt. Werden sich die Astrologen des zugrunde liegenden psychischen Prinzips bewußt, dann werden sie bei weiser Beschränkung doch noch sehr viel, vor allem Treffendes, sagen können.«

Jesuitenpater Dr. Ph. Schmidt fühlte sich verpflichtet, die Stellung der Kirche zur Astrologie darzustellen, und wies darauf hin, daß bereits in der Bibel die Wahrsagerei unter Todesstrafe gestellt sei. Er sagte aber nicht, daß im ersten Paulusbrief an die Korinther, 14; 1, 3, geschrieben steht: »Strebet nach Liebe! Fleißiget euch der geistlichen Gaben, am meisten aber, daß ihr weissagen möget! Wer aber weissaget, der redet den Menschen zur Besserung und zur Ermahnung und zur Tröstung.« Der Astrologe, der wissenschaftlich arbeitet und wirklich aus vollem Herzen bereit ist, seinen Mitmenschen zu helfen, weiß auch, wieviel Segen er stiften kann. Der Kirchenvater Gregor von Nyssa schreibt: »Wie ein Siegel dem Wachs sein Bildnis aufdrückt, so prägen die Strahlen der Gestirnstellung in der Stunde der Empfängnis dem Menschen sein Schicksal auf.« – Thomas von Aquino sagt, daß das Voraussagen zukünftiger Ereignisse, die aus der Stellung der Gestirne hervorgehen müssen, nicht verboten, sondern zulässig ist. Denn »wenn jemand Ereignisse voraussagt, welche der menschliche Geist voraussehen kann, also Dinge, die notwendigerweise oder in der Mehrzahl der Fälle eintreten, so handelt er nicht als Wahrsager, sondern als jemand, der weiß und mutmaßt«. Im kirchlichen Gesetzbuch *Corpus juris canonici* wird die Erforschung der Zukunft nicht als sündhaft bezeichnet, sondern als Versuch, den göttlichen Willen angezeigt zu finden.

Theodor Diekmann wies zunächst die Behauptung des Astronomen Gerstenberger zurück, die Astrologen berücksichtigten Breiten und Deklinationen nicht. Diese Meinung zeige deutlich, daß er nicht richtig in das Gebiet eingedrungen sei. Um die Astrologie zu widerlegen, genüge es keineswegs, sich die Argumente zu eigen zu machen, die Robert Henseling in seinem Buch *Umstrittenes Weltbild* anführt. Der Redner knüpfte dann an eine Bemerkung an, daß man erst seit 300 Jahren von Astronomie sprechen könne. Zur Zeit der Renaissance verschwand der demütige Christ, und der stolze Mensch trat auf, für den der Raum, in dem wir leben, nicht mehr das Reich Gottes hieß, sondern Weltraum. Der theologisch-astrologische Raum wandelte sich in einen mathematisch-astronomischen Raum. Der Redner fragte dann den Astronomen: »Können Sie mit dem Fernrohr und den Spektralapparaten auch das geistige Prinzip entdekken?«

Dazu müssen bestimmt andere Hilfsmittel angewandt werden, die wir zum Teil in der Astrologie für gegeben ansehen. Wir müssen mit wissenschaftlichen Methoden zu forschen suchen, wobei die Beantwortung der Frage, ob die Astrologie eine Hypothese oder eine Wissenschaft sei, zunächst unerheblich ist.

Dr. Nessler, Naturwissenschaftler, führte etwa folgendes aus: Wenn heute eine Diskussion über Wert oder Unwert der Astrologie überhaupt erforderlich ist, so liegt das vor allem darin begründet, daß der letzte Lehrstuhl für Astrologie 1830 mit dem Tod von Professor Pfaff in Erlangen einging. Seitdem gab es in Deutschland keine Lehr- und Forschungsstätte mehr. Es waren aber immer einzelne Forscher, die aus Liebe zur Astrologie sich auf diesem Gebiet weiter forschend betätigt haben und sich auch durch die Verbote in den vergangenen Jahren nicht davon abhalten ließen. Diese Forscher arbeiten heute genau wie jeder andere Wissenschaftler, daß heißt, sie fügen Experiment zu Experiment, Vergleich zu Vergleich, wie es jeder Wissenschaftler tut. Diese Forschungen haben bereits zu sehr beachtlichen Ergebnissen geführt. So ist heute ein Astrologe unter Verwendung dieser Ergebnisse in der Lage, Aufgaben dergestalt zu lösen, daß er unter alleiniger Kenntnis von Geburtstag, Stunde und Ort sowie des Geschlechts zu einem genannten Ereignistag die Natur und Art des Ereignisses mit einer manchmal geradezu frappierenden Genauigkeit prognostizieren kann. Das Bemerkenswerteste hierbei ist noch, daß die Begründung durch die Planetenkonstellationen absolut eindeutig ist.

Der Übersetzer und bekannte astrologische Schriftsteller Erich von Beckerath betonte, daß kein Astrologe den freien Willen leugne, und wies den Jesuitenpater Dr. Ph. Schmidt darauf hin, daß auch Päpste Astrologie getrieben und gefördert haben.

Reinhold Ebertin faßte die Hauptpunkte der Begründung der Astrologie als Wissenschaft wie folgt zusammen:

»Die Astrologie ist das Produkt einer mythisch-symbolischen Denkform. Der Nachweis läßt sich bei den meisten Kulturvölkern in fast allen Erdteilen erbringen. Die astralen Urbilder können durch die Tiefenpsychologie sogar heute noch im hypnotischen Tiefschlaf bewußt werden (Jung, Heyer). Ähnliche astralmythische Vorstellungen lassen sich zum Beispiel über den Saturn erbringen in Europa, Asien (Tibet) und Mittelamerika (Azteken).

Neben einer Astrologie, die nur von Priestern und Gelehrten ausgeübt wurde, entwickelte sich eine Wahrsageastrologie auf mantischer Grundlage, die teils vollkommen in Aberglauben überging. Als in den letzten Jahrhunderten aufgrund veränderter Weltanschauungen und Denkformen die Astrologie als Wissenschaft an den Hochschulen aufgegeben wurde, blieb im Volk die Wahrsageastrologie bestehen, so daß die Wissenschaft selbst schuld ist, wenn sie die Kontrolle über dieses Wissensgebiet verloren hat.

Die wissenschaftliche Astrologie und die Wahrsageastrologie sind Gegensätze, wie sich aus der Überlieferung und zahlreichen Schriften anerkannter Geistesgrößen nachweisen läßt (Paracelsus, Kepler usw.). Die heutige Wissenschaft bedient sich vorwiegend der kausalen Denkform, das heißt, es wird besonderer Wert auf die Zusammenhänge zwischen Ursache und Wirkung gelegt. Der Unterschied zwischen der früheren mythisch-symbolischen und der heutigen kausalen Denkform und andererseits die Auswüchse der Wahrsageastrologie sind die Ursachen, daß man – um mit Kepler zu sprechen – ›das Kind mit dem Bade ausschüttet‹ und die Astrologie überhaupt ablehnt.

Es liegt aber gar kein Grund vor, aufgrund der verschiedenen Denkformen die Astrologie abzulehnen, sondern beide Denkformen können nebeneinander bestehen. Denn auch die heutige Wissenschaft hat erkannt, daß es keineswegs möglich ist, überall kausale Zusammenhänge festzustellen oder einzelne Erscheinungen restlos zu erklären. Die Astrologie arbeitet außerdem mit der Annahme einer Parallelität von zyklischen Erscheinungen. Von einem Zyklus oder Rhythmus spricht man, wenn im Ablauf eines Geschehens eine bestimmte Gliederung oder Wiederholung in gleichen oder ähnlichen Kurven oder Rhythmen zu erkennen ist. Solche Erscheinungen sind auch von der heutigen Wissenschaft anerkannt, da ein Zusammenhang zwischen kosmischen Rhythmen und dem Wetter, den Ernten, Krankheiten und Epidemien, politischen und wirtschaftlichen Vorgängen festgestellt wurde (Mewes, Kritzinger, Hellpach usw.). Kepler hat erkannt, daß die gleiche Gesetzmäßigkeit, die im Makrokosmos herrscht, auch im Mikrokosmos zu finden ist, und die moderne Physik hat festgestellt, daß sogar das Atom dieser »Harmonie der Sphären« entspricht.

Die Astrologie betrachtet den Menschen nicht als ein auf sich gestelltes Einzelwesen, sondern in seinem Verbundensein mit dem Kosmos. Darin geht sie nur einen kleinen Schritt weiter als die heutige Medizin, die den Menschen wieder als Leib-Seele-Einheit betrachtet, also nicht mehr allein von einem Einfluß der Seele auf den Körper und des Körpers auf die Seele spricht, sondern den Menschen als ein Ganzes sieht, wobei jeder Teil in Beziehung zum Ganzen steht. Die Astrologie stellt nun diese Leib-Seele-Einheit des Menschen in Beziehung zum ganzen Kosmos.

Die Astrologie beruht auf Erfahrung und Beobachtung und ist somit eine Erfahrungswissenschaft. Sie verfügt über ein wohlgeordnetes und umfassendes Beziehungs- und Entsprechungssystem, in dem jeder einzelne Faktor im Zusammenhang mit dem Ganzen betrachtet wird. Als Kosmobiologie im Gegensatz zur Wahrsageastrologie versucht sie keineswegs nur Charakter und Schicksal des einzelnen Menschen aus den Sternen zu deuten, sondern zieht auch alle anderen Faktoren wie Umwelt, Vererbung, Klima usw. in Betracht. Sie untersucht, wieweit die Überlieferung heute noch als zutreffend anzusehen ist und arbeitet ebenso wie andere Wissensgebiete mit Statistiken, um festzustellen, mit welchen Möglichkeiten gerechnet werden kann.

Soweit die Astrologie sich mit einer Voraussage befaßt, will sie keineswegs eine unabänderliche Schicksalsprognose geben, sondern sie spricht von Möglichkeiten oder Tendenzen in dem Bewußtsein, daß es eine ganze Reihe von Faktoren gibt, die auf dieser Grundlage nicht erfaßt werden können, und daß schließlich der freie Wille des Menschen auch noch mitspricht.

Es gibt heute eine ganze Reihe von wissenschaftlich anerkannten Persönlichkeiten, die sich mit Astrologie beschäftigen, teils öffentlich, teils im geheimen. Insbesondere Ärzte und Psychologen haben erkannt, daß sie mit Hilfe des Geburtsbildes in ihren Diagnosen klarer sehen. Der Schweizer Psychologe C. G. Jung schreibt in einem persönlichen Brief: »In Fällen von schwierigen psychologischen Diagnosen verschaffte ich mir gewöhnlich ein Horoskop, um einen Blickpunkt mehr von einem gänzlich verschiedenen Winkel zu haben. Ich muß sagen, ich fand sehr oft, daß die astrologischen Angaben mehr Punkte erleuchteten, welche mir sonst unmöglich gewesen wären, zu verstehen. Aus solchen Erfahrungen bildete sich mir die Ansicht, daß die Astrologie von speziellem Interesse für den Psychologen ist, insofern als sie die psychologische Erfahrung in Projektion widerspiegelt.«

Die wissenschaftliche Astrologie oder Kosmobiologie stimmt mit dem Ausspruch Goethes überein: »Der höchste Gedanke, der dem Menschen möglich ist, ist die Schau des gesamten Alls als eines einheitlichen lebendigen Organismus.«

Fast sensationell war auch die dreitägige Astrologie-Tagung der Evangelischen Akademie Tutzing, auf der namhafte Geistliche eine Resolution faßten, nach der Astrologie nicht im Gegensatz zur christlichen Lehre steht. Auch das große Bekenntnis des Benediktinerpaters Prof. Dr. Mohlberg zur wissenschaftlichen Astrologie erregte großes Aufsehen.

Astrologie im Kreuzfeuer der Meinungen

Seit 1950 gelangt das Thema »Astrologie« immer mehr auf die öffentlichen Podien und zunehmend auch in die Diskussionen von Rundfunk und Fernsehen. Sogar gerichtliche Wiedergutmachungsansprüche aus der Zeit der großen Astrologenverfolgungen nach dem Heß-Flug vom 9. Juni 1941 werden nun anerkannt: In München wurde ein Musterprozeß gewonnen und der Geschädigten für geraubte Literatur in der Nazi-Zeit die Summe von 3500 DM zugesprochen. Bekanntlich wurden 1941 alle Astrologen, die einen Namen hatten, von der Gestapo verhaftet, auch wenn ihnen nicht die geringste Schuld nachgewiesen werden konnte. Bücherschränke wurden aufgerissen, Literatur kurzerhand geraubt, obwohl gemäß dem Gesetzbuch Raub und Diebstahl verboten waren. Noch 1953 wurde vom Gericht jede Wiedergutmachung abgelehnt, »weil die Astrologie keine Weltanschauung« sei und nur »weltanschaulich Verfolgte« gesetzlichen Anspruch auf Wiedergutmachung hätten. Im Jahr 1955 wurde dieser Prozeß gewonnen mit der Begründung: »Die Rückerstattungsakten enthalten zahlreiche Bekundungen, die besagen, daß die nach dem Abflug von Heß gegen die Astrologen von höchsten Stellen eingeleitete Aktion eine weltanschaulich-politische war!«

Den Standort der Astrologie stellte ein Hochschullehrer, der ein ausgezeichneter Kenner der Materie war, nämlich Professor Dr. Franz Boll, schon 1917 in seinem Buch *Sternglaube und Sterndeutung* folgendermaßen fest: »Die Astrologie war einmal der Versuch einer Weltauffassung von großem Stil und imposanter Einheitlichkeit, und sie ist in so viele Einzelgebiete eingedrungen, wie es einer universellen Weltanschauung nur immer möglich ist . . .«

Ein leidenschaftlicher und mutiger Bekenner war ferner der Nervenarzt Dr. Lomer, Hannover, der zahlreiche wissenschaftliche Bücher über Astrologie verfaßte und ihre Lehren in der eigenen Praxis bestätigt fand.

1950 erklärte der Erlanger Universitätsprofessor Dr. Schoeps in seiner Schrift *Astrologie, Trugschluß oder Wissenschaft*, er habe den Eindruck gewonnen, daß die um Wissenschaftlichkeit Bemühten in der Minderzahl sind, weil die heutige Astrologie ein Bassin weltanschaulicher Sektierer ist, daß aber doch die Möglichkeit bleibt, mit den um Wissenschaftlichkeit Bemühten einige Fragen zu diskutieren. 1954 nahm der bekannte Raketenforscher Professor Hermann Oberth anläßlich einer Leserzuschrift auf seinen Aufsatz über Astrologie Stellung:

»Sie bezweifeln, daß man aus dem Horoskop eines Menschen Schlüsse auf seinen Charakter ziehen könne, denn dieser hänge, wie Sie ganz richtig schreiben, von seiner Erbanlage, also von seinen Genen ab. Tag und Stunde der Geburt seien dagegen etwas Äußerliches, und beim Stande unseres Wissens ist tatsächlich nicht recht einzusehen, wieso die Stellung der Gestirne bei der Geburt die Gene noch beeinflussen soll, nachdem ihre Natur doch nicht nur seit der Geburt, sondern schon seit der Befruchtung feststeht.

Ich schreibe aber absichtlich: ›. . . beim heutigen Stande unseres Wissens‹, denn die Wissenschaft hat noch nicht ihr letztes Wort gesprochen. Unser physikalisches Weltbild befindet sich gerade heute in vollem Umbruch. (Ich brauche bloß an Einstein und Heisenberg zu erinnern.) Von den Kraftfeldern, den Strahlungen und anderen Dingen, die die Gene beeinflussen können, wissen wir verhältnismäßig wenig. Und von den Erbanlagen und ihren Ursachen wissen wir auch noch nicht alles. So würde, um nur ein einziges Beispiel zu nennen, aus unserer heutigen Vererbungslehre folgen, daß eineiige Zwillinge die gleichen Handlinien haben müßten und daß dabei höchstens rechts und links vertauscht sein könnten, doch ist das im allgemeinen bekanntlich nicht der Fall. Ob das auf astrologische Einflüsse zurückgehen sollte, läßt sich heute nicht entscheiden. Es gibt aber jedenfalls viele Leute, die aufgrund ihrer Beobachtungen von einem solchen Zusammenhang zwischen Sternen, Handlinien und Schicksal überzeugt sind, und sogar die heute als Wissenschaft bereits anerkannte Daktyloskopie oder Lehre von den Fingerabdrücken behauptet, daß aus den Handlinien Rückschlüsse auf den Charakter möglich sind. Andererseits ist aber die Geburtsstunde beinahe das einzige, was bei eineiigen Zwillingen anfangs verschieden ist. Vielleicht gehen also doch von den Sternen solche Einflüsse aus, die zum Beispiel bewirken können, daß Anlagen sichtbar werden, die sonst latent bleiben, das heißt nur bei den Nachkommen wieder erscheinen würden und umgekehrt. Und vielleicht sind die Gene eines Menschen bei der Geburt wirklich besonders empfänglich für solche Einflüsse. Dies sind meines Erachtens Fragen, die man nicht theoretisch, sondern nur durch die Erfahrung und später einmal wohl durch das Experiment beantworten wird.

Aber hiervon abgesehen, möchte ich noch folgendes zu bedenken geben: Selbst wenn die Sterne im Augenblick der Geburt nicht mehr direkt auf die Erbanlage einzuwirken vermögen, so könnte doch zwischen beiden ein indirekter Zusammenhang, eine Art Gleichschaltung bestehen. Das Schicksal eines Menschen hat äußere und innere Ursachen. Wenn zum Beispiel vier Leute zusammen ein Los kaufen, und es gewinnt, so haben alle vier das gleiche äußere Schicksal gehabt. Was sie nun aber mit dem Gewinn anfangen, das wird offenbar in hohem Grade von ›des Schicksals Stern in ihrer Brust‹, von ihren Wünschen und ihrem Charakter, also kurz von ihrer Erbanlage abhängen. Ich zum Beispiel würde, wenn ich mir das leisten könnte, die Berufs- und Erwerbstätigkeit an den Nagel hängen und nur noch für meine Erfindungen, Forschungen und Entdeckungen leben. Ein anderer würde das Geld vielleicht gerade in sein Geschäft stecken, um noch mehr zu arbeiten und zu erwerben. Ein dritter würde auf großem Fuß leben, Gesellschaften geben und Reisen machen, und vielen würde das Geld einfach zwischen den Händen zerrinnen, denn sie hätten nicht die Festigkeit des Willens und die kühle Überlegung, die man braucht, um ein Vermögen zusammenzuhalten, und sie könnten sich der Leute nicht erwehren, die sich an solche Neureiche hängen, um ihnen das Geld aus der Tasche zu locken. Es ist nun wahrscheinlich so, daß die Chromosomen das innere Schicksal bestimmen, während der Einfluß der Sterne, falls ein solcher besteht, mehr äußerer Natur sein dürfte.

Falls es nun aber eine Vorsehung gibt, die einen bestimmten Zweck im Auge hat, wenn sie einen Menschen in die Welt setzt, und wenn die Sterne sein Schicksal beeinflussen, so wäre es eigentlich leicht möglich, daß es die Vorsehung mit dem Zeitpunkt der Empfängnis und der Dauer der Austragung so einrichten könnte, daß Erbanlagen und Schicksalseinflüsse irgendwie zusammenpassen. Ich habe kein Urteil über das von Paul Choisnard behauptete Gesetz von der astralen Erblichkeit. Falls es sich aber bewahrheiten sollte, daß bestimmte Eigentümlichkeiten des Horoskops bei den Nachkommen wiederkehren, so wäre das nicht nur ein Beweis dafür, daß die Astrologie als Wissenschaft ernst zu nehmen ist, sondern geradezu ein Beweis für die Existenz der Vorsehung. Denn daß die Erbanlagen zunächst einmal von den Chromosomen abhängen, das steht wohl fest. Und daß in den Chromosomen selbst und im physischen Vorgang der Befruchtung kein Grund zu finden sein wird, warum

Leute mit diesen Anlagen unter diesem und Leute mit jenen Anlagen unter jenem Stern geboren werden müßten, das dürfte wohl einleuchten. Der statistisch prüfbare Nachweis einer bis ins einzelne Menschenschicksal eingreifenden Vorsehung, wie er sich aus der astralen Erblichkeit ergeben würde, wäre daher gerade in unserer Zeit und für denkende Menschen überaus wertvoll.

Mit diesen Ausführungen ist natürlich noch nicht bewiesen, daß die Astrologie eine ernst zu nehmende Wissenschaft *ist*. Sie zeigen bloß, daß sie es sein *könnte*, aber dies ist auch schon etwas – angesichts der Tatsache, daß sie bisher von der offiziellen Wissenschaft abgelehnt wurde. Ob und wieweit die Astrologie wirklich recht hat, das können lediglich Erfahrung und Statistik lehren.«

An dieser Stelle sei auf die Ausführungen von Dr. med. Brentano auf der Ersten astrologischen Arbeitstagung in Aalen hingewiesen: »Wer heute die Astrologie ›widerlegen‹ will, ohne sich mit den vorliegenden Ergebnissen der astrologischen Erblichkeitsforschung auseinanderzusetzen, und ihnen nicht quantitativ und qualitativ mindestens gleichwertiges Material entgegenstellen kann, muß sich den Vorwurf der Unwissenheit oder der Unwissenschaftlichkeit gefallen lassen.« Der Vortrag von Dr. med. Brentano. *Die Erblichkeit der astronomischen Positionen des Horoskops als wissenschaftliche Beweismethode für die Astrologie* ist enthalten im *Kosmobiologischen Jahrbuch 1950.*

Übrigens ist es Hans Genuit zu verdanken, daß der Zigeunerparagraph, der sogenannte »Gaukeleiparagraph«, aus dem Bayerischen Polizeistrafgesetzbuch vom Jahr 1860 (!) beseitigt wurde.

In seiner damaligen Eigenschaft als Präsident der Kosmobiosophischen Gesellschaft (Hamburg) reichte Hans Genuit eine sehr ausführliche, juristisch untermauerte Eingabe an den Bayerischen Landtag ein, als das neue Bayerische Polizeistrafgesetz verabschiedet werden sollte (in den Sitzungsprotokollen des Landtags vom Jahr 1957 ist dies nachzulesen).

Nach heftigen Diskussionen wurde schließlich die Astrologie aus dem »Gaukeleiparagraphen« ausgeklammert – allerdings erst nach der eindeutigen Drohung, daß die Kosmobiosophische Gesellschaft sofort Klage beim Bundesgerichtshof erheben würde.

Damit wurde endlich das Astrologieverbot, das in den USA, in England und Frankreich seit jeher unbekannt ist, zu Fall gebracht.

Der ominöse Paragraph stammte aus dem Jahr 1860 und hätte somit beinahe sein hundertjähriges Bestehen feiern können. Und dies in einer Zeit, in der Tiefenpsychologie und Traumanalyse längst praktiziert werden!

Wissenschaftlich fundierte Horoskopanalysen können also in Bayern seit 1957 strafrechtlich nicht mehr verfolgt werden.

In seinem Buch *Seelenprobleme der Gegenwart* nimmt der Schweizer Psychologe C. G. Jung zur Astrologie folgendermaßen Stellung:

»Die Versuche des menschlichen Geistes, Typen zu konstruieren und damit Ordnung in das Chaos der Individuen zu bringen, sind – man kann es ruhig sagen – uralt. Den ältesten nachweisbaren Versuch dieser Art hat die dem alten Orient entstammende Astrologie unternommen in den sogenannten Trigonen der vier Elemente Luft, Wasser, Erde, Feuer. Das Trigon der Luft im Horoskop besteht aus den drei sogenannten Luftzodia, nämlich aus Aquarius, Gemini und Libra, das des Feuers aus Aries, Leo und Sagittarius usw., und es ist älteste Auffassung, daß, wer in diesen Trigonen geboren ist, teilhabe an ihrer luftigen oder feurigen Natur und ein dementsprechendes Temperament und Schicksal aufweise. Darum steht die *physiologische* Typologie des Altertums, nämlich die Einteilung in vier humorale Temperamente, in nächstem Zusammenhang mit den noch älteren kosmobiologischen Anschauungen. Was sich früher durch Tierkreisbilder darstellte, wurde nunmehr in der physiologischen Sprache der alten Ärzte ausgedrückt, nämlich durch die Worte phlegmatisch, sanguinisch, cholerisch und melancholisch, welche nichts anderes als Bezeichnungen für die Körpersäfte sind. Wie bekannt, erhielten sich diese Typen mindestens an die 1700 Jahre.

Was aber die astrologische Typologie anbelangt, so steht sie zum Erstaunen der Aufklärung immer noch aufrecht da und erlebt sogar heute eine neue Blüte.«

Christentum und Astrologie

Auf dem vierten Kongreß der »Accademia Universale« (Triest) in Graz vom 13. bis 16. 10. 1955 hielt Dr. Walter A. Koch, Göppingen, ein hochinteressantes Referat über »Christentum und Astrologie«.

Nach einem Hinweis auf die jetzige astrologische Arbeitshypothese, die »kosmobiologische Beziehungstheorie«, und auf die Einheit von Kirche und Astrologie bis ins 17. Jahrhundert – wovon unter anderem Bilder der Sibyllen, des Vergil und des Astrologen Abumasar von Hermann Tom Ring im Schaetzlerpalais in Augsburg zeugen – machte er den Kongreß bekannt mit einem erst 1953 im *Catalogus codicum astrologorum Graecorum* IX, 2, 111 f. veröffentlichten griechischen Traktat eines frühmittelalterlichen Autors über »Vorsehung, freien Willen und Schicksal«. Dieser legt Gedanken des Kirchenvaters Origenes nach der Schrift Philokalia dar, die Gregor von Nyssa, Basilius und Gregor von Nazianz aus dessen Werken ausgezogen haben. Seine Grundgedanken sind etwa folgende:

1. Die Gestirne sind keine Götter, sondern Werkzeuge Gottes. Das Schicksal ist nicht allmächtig. Über dem Schicksal steht Gott.

2. Die Sterne wirken nicht, sondern zeigen nur an. Der Himmel ist die Schrift Gottes. Die Sterne bewirken kein Fatum; die Sternenschrift macht das Schicksal nicht. Im Auftrag Gottes werden die Möglichkeiten des Schicksals von den Gestirnen nur angedeutet.

3. Es gibt keinen Sternenzwang. Das Schicksal ist nicht allmächtig. Die Liebe Gottes triumphiert auch über Schicksals- und Sternenmächte.

4. Nur der Körper, aber nicht der freie Wille ist durch die Sterne beeinflußbar. Die Vernunft erlaubt es dem Menschen, selbständig zu handeln. Der Mensch besitzt Handlungsfreiheit und wird für seine Taten zur Rechenschaft gezogen.

5. Dem Menschen ist ein Entkommen aus dem Unheil durch Opfer, Reue und Buße möglich, damit er der Gnade und der Erlösung teilhaftig werde. Das durch die Sterne angedeutete

Böse kann unter Mitwirkung Gottes durch Streben nach dem Guten, durch Dienst an Gott und durch Gebet abgewendet werden oder zu unserem Besten dienen.

6. Die durch dieselben Sternstellungen angedeuteten Ereignisse und Zustände wirken sich auf den verschiedenen Gebieten des Erdenlebens nach dem Analogieprinzip der Entsprechung aus. Sie richten sich nach den Umständen und gleichen sich bei den verschiedenen Menschen nur in der Tendenz. Die Prognose kann keine absoluten Gewißheiten andeuten, sondern nur relative Möglichkeiten umschreiben.

Astrologie als modernes Massenphänomen

Vor einiger Zeit kam die Astrologie auch im Zeitfunk des Bayerischen Fernsehens zur Sprache. Am 1. 3. 1967 wurde eine Diskussion gesendet zwischen Vertretern der wissenschaftlichen Astrologie, dem Leiter der psychotherapeutischen Forschungsstelle des Max-Planck-Instituts München sowie dem evangelischen Moraltheologen Professor Dr. Wolfgang Trillhaas aus Göttingen und dem katholischen Theologen Professor Dr. Karl Rahner aus München. Professor Matussek führte unter anderem aus: »In der Psychotherapie finden wir eine Reihe von Menschen, die täglich oder zumindest wöchentlich ihre Horoskope, sei es aus der Presse, sei es von privaten Astrologen, studieren. Man kann generell sagen, daß hier eine gewisse Unsicherheit gegenüber der Zukunft liegt. Der Mensch möchte seine Zukunft durch bestimmte konkrete Auskünfte durchsetzt wissen, er möchte also zum Beispiel erfahren, ob in der nächsten Woche Gefahren im Berufs- oder Liebessektor drohen. Das alles sind Sicherheitsmaßnahmen, die es ihm ermöglichen sollen, an das Ungewisse der Zukunft mit einem subjektiven Maß an Sicherheit heranzugehen. Wir kennen Patienten, die die Sache als Witz, als nette Unterhaltung hinstellen, um damit anzudeuten, daß sie mit ihrem Kopf nicht allzu stark an die Horoskope glauben, aber innerlich stellen sie sich doch auf die Auskünfte des Horoskops ein, damit eine gewisse Handhabung des auf den einzelnen Zukommenden möglich ist. Auch wenn das hernach nicht in dem gedachten Sinn eintritt, ist das kein Anlaß, die Horoskoplektüre nicht mehr zu betreiben, sondern man greift immer wieder zum Horoskop, um in einer konkreten Situation die Zukunft in konkreter Form zu wissen. Das Vertrauen dem Horoskop gegenüber basiert also zum großen Teil auf einer Unsicherheit der Zukunft gegenüber.«

»Bezüglich der Willensfreiheit«, so warf der Sprecher ein, »könnte man also sagen, daß es die Aufgabe des Menschen ist, sein Schicksal so zu erleben, daß er eben durch seinen freien Willen, in sich selbst, als Mensch wächst?«

Matussek: »Ja, so kann man sagen. Also jeder von uns hat bestimmte Schicksalssituationen – Heidegger würde sagen Geworfenheiten – zu akzeptieren, also Schicksalsdeterminanten, an denen er nicht schuldig ist, für die er nichts kann – meinetwegen die Tatsache, in welche Familie er hineingeboren wurde, in welche Zeit er hineingeboren wurde, welchem Kollektiv er angehört, welche Erbeigenschaften er mitbekommen hat. Das sind Faktoren, die nicht seiner freien Willensmacht unterstehen. Aber er hat jetzt mit diesen schicksalhaften Faktoren so zu arbeiten, daß eine freie, ichhafte Verfügung dieses Lebenslaufs möglich ist.

Dabei muß man allerdings berücksichtigen, daß der Freiheitsgrad des Verfügenkönnens über schicksalshafte Faktoren verschieden ist. Wir in der Psychotherapie reden von der Stärke des Ichs. Ein starkes Ich ist dadurch gekennzeichnet, daß es mehr Freiheitsgrade zur Verfügung hat, also auch in einer besseren Weise mit schicksalshaften Faktoren umgehen kann als ein schwaches Ich, bei dem die Kausaldeterminanten viel stärker ins Gewicht fallen. Diese Theorie impliziert allerdings auch einen Aspekt, der eine Aufgabe für den Menschen darstellt, nämlich die Aufgabe, zu einer möglichst guten und umfassenden Ich-Entwicklung zu kommen, mit anderen Worten: Wie frei wir sind, ist immer auch ein Produkt, eine Leistung oder das Ergebnis einer Anstrengung des einzelnen, oder noch anders ausgedrückt: Wie unfrei jemand ist, ist auch eine Fähigkeit beziehungsweise eine Unfähigkeit der einzelnen Persönlichkeit. Freiheit und Unfreiheit sind also keine vorgegebenen Faktoren, sondern sind Phänomene, denen der Mensch sich in seinem einzelnen Leben gegenübergestellt sieht und die er im Hinblick auf die Freiheit erweitern oder einengen kann.«

Die abschließende Bilanz des gesamten Podiumgesprächs zwischen Psychologen und Theologen ergab die Feststellung: Die Astrologie kann nicht als Aberglaube abgetan werden, obwohl sie ein gefährliches und belastendes Wissen ist. Trotz der Möglichkeit, aus Planetenkonstellationen den Menschen und den

Ablauf seines Lebens zu bestimmen und zu deuten, bestimmen die Sterne nicht kausal unser Leben. Wir Menschen haben einen freien Willen, der darin liegt, wie wir unser Schicksal annehmen und verarbeiten, in welchem Ausmaß wir als Mensch wachsen und unsere Bestimmung erfüllen.

Wie schwierig die Grenze zwischen völliger Abhängigkeit von astrologischen Voraussagen und selbständigem Handeln oft zu ziehen ist, beweist folgendes Beispiel: Einer der heimlichen Herrscher Hollywoods ist der Astrologe Carrol Righter, dem die meisten großen Filmstars ihr Vertrauen schenken. Er wird nicht nur in privaten Angelegenheiten zu Rate gezogen, sondern auch dann, wenn es darum geht, eine neue Rolle zu übernehmen oder einen Vertrag abzuschließen. Oft schimpfen die Produzenten auf ihn, wenn sie Schwierigkeiten mit ihrem Star haben, weil dieser die Unterzeichnung eines Vertrags hinauszögert bis zu dem Zeitpunkt, den ihnen Carrol Righter nach einer genauen Berechnung als günstig angegeben hat. Righter ist von einem ganzen Stab von Sekretärinnen umgeben und hat vor einiger Zeit einen Mathematiker engagiert, der ihn bei seinen Berechnungen unterstützen soll. – Den Grundstein zu Righters Erfolg legte Marlene Dietrich. Sie erzählte allen, die es hören wollten, daß er ihr einen Unfall, bei dem sie sich das Fußgelenk brach, auf den Tag genau vorausgesagt hatte. Zu den Filmstars, die sich auf Righters Ratschläge verließen, gehörten unter anderem Red Skelton, Fred Astaire, Judy Garland, Deborah Kerr, Elizabeth Taylor und Cary Grant. Auch Hildegard Knef konsultierte ihn während ihres Aufenthalts in Hollywood. Nur Marilyn Monroe zeigte ihm die kalte Schulter. Als er ihr auf einer Party zum erstenmal begegnete, begrüßte er sie mit den Worten: »Ich sehe sofort, daß Sie im Zeichen Zwillinge geboren sind, genauso wie Doris Day und Rosalind Russel.« Marilyn war von diesem Vergleich nicht begeistert und entgegnete: »Ich weiß nicht, von welchen Leuten Sie reden, ich weiß nur, daß ich unter dem gleichen Zeichen geboren bin wie die Königin Viktoria von England.«

An die Grenzübergänge zwischen moderner Technik und Astrologie führt uns der folgende Fall: Amerikas viertgrößter Elektro-Konzern, die Radio Corporation of America (RCA), läßt sich von dem Funkingenieur John H. Nelson voraussagen, wann die internationalen Funkverbindungen gestört werden. Nelson orientiert sich bei seinen Voraussagen, die sich stets als zuverlässig erwiesen haben, am Stand der Planeten. Er ist zu der Überzeugung gelangt, daß das sogenannte Radiowetter – der für den Kurzwellenfunkverkehr entscheidende elektrische Ladungszustand der oberen Erdatmosphäre – von der Planetenkonstellation abhängt.

Zum Abschluß dieses Kapitels sei noch erwähnt, was die Juristen zum Thema Astrologie und zu Horoskopen zu sagen haben.

Ein generelles Verbot des Stellens von Horoskopen gegen Entgelt ist mit dem im Grundgesetz verbürgten Recht auf freie Berufswahl und freie Berufsausübung nicht vereinbar. Das geht aus einem am 4. 11. 1965 gefällten Urteil des Bundesverwaltungsgerichts in Berlin hervor. Die höchsten deutschen Verwaltungsrichter, die über einen Streit eines Bremer Astrologen mit den Behörden der Hansestadt zu entscheiden hatten, stellen aber erhöhte Anforderungen an die persönliche Zuverlässigkeit.

Dem Kläger in diesem Musterprozeß, einem Astrologen, hatten die Behörden von Bremen das Stellen von Horoskopen gegen Entgelt unter Hinweis auf eine bremische Polizeiverordnung verboten. Das Gericht stellte fest, daß für das Stellen von Horoskopen gegen Entgelt die Vorschriften der Gewerbeordnung maßgebend sind, die insbesondere auch die Sachkunde und die persönliche Zuverlässigkeit zur Vorbedingung der Gewerbeerlaubnis machen. Es sei aber zu fragen, welche die anerkannten und daher nachprüfenden Regeln zum Stellen eines Horoskops seien. Der Beruf des Astrologen sei eine typische Beschäftigung. Es scheine nicht möglich, hier das Einhalten »anerkannter Regeln« zu prüfen. Wenn sich aber die Sachkunde der Prüfung und Bewertung entziehe, dann müsse die persönliche Zuverlässigkeit des Astrologen besonders geprüft werden. Das Verbot der Berufsausübung könne nur aufgrund mangelnder persönlicher Zuverlässigkeit verhängt werden. »Die Kunden des Astrologen«, so erklärte das Bundesverwaltungsgericht, »kommen mit hohen Erwartungen zu diesem Mann. Ihn empfinden sie als Helfer und Ratgeber, der sie vor Leid und Unglück bewahren kann. Der Beruf verlangt also eine hohe Gewissenhaftigkeit«.

Literaturverzeichnis

Astro-Analysis, 12 Bände (Widder bis Fische), Goldmann Verlag, München 1978

Barbault, André: *Traité pratique de l'astrologie,* Paris 1961

Bayer, Dr.: *Astrologie ist Wissenschaft,* Baumgartner-Verlag, Warpke-Billerbeck

Boll, Franz: *Sternglaube und Sterndeutung,* Leipzig 1931

Böttcher, Helmuth M.: *Sterne, Schicksal und Propheten,* Bruckmann-Verlag, München 1965

Brunhübner, Fritz: *Pluto, der Planet unserer Zeit,* Schikowski Verlag

Carter, Charles E. O.: *Astro-Psychologisches Lexikon,* Otto Wilhelm Barth-Verlag, München-Weilheim 1930
Astrologische Aspekte, München 1931

Chiron: *Taschen-Lexikon der Astrologie,* Baumgartner-Verlag

Choisnard, Paul: *Langage astrale,* Paris 1928

Ebertin, Reinhold: *Charakter und Schicksal im Kosmogramm,* Ebertin Verlag, Aalen 1950
Kombination der Gestirneinflüsse, Ebertin Verlag, Aalen 1961
Pluto-Entsprechungen zum Weltgeschehen und zum Menschenleben, Ebertin Verlag, Aalen 1965
Kosmo-Psychologie, Ebertin Verlag, Aalen 1966

Ebertin, Reinhold, und Baldur, Dr. E., Aalen/Württ., Sonderprospekt anfordern!

Fankhauser, Alfred: *Das wahre Gesicht der Astrologie,* Zürich 1932

Feerhow, Friedrich: *Astrologie als Grundlage der Heilkunst,* Verlag Hermann Bauer, Freiburg i. Br.

Frickler, Franz: *Ausklänge-Symbole,* Verlag Hermann Bauer, Freiburg i. Br.

Gundel, Wilhelm: *Sternglaube, Sternreligion und Sternorakel,* Leipzig 1933
Astronomie, Astralreligion, Astralmythologie und Astrologie, Heidelberg 1959

Heindel, Max: *Botschaft der Sterne*

Henseling, Robert: *Umstrittenes Weltbild,* Leipzig 1941

Jung, Carl Gustav: *Paracelsica,* Zürich 1942

Kloeckler, H. Frhr. v.: *Astrologie als Erfahrungswissenschaft*, Verlag Emanuel Reinicke, Leipzig 1927
Berufsbegabung und Berufsschicksal, Astra-Verlag, Berlin 1928

Kloeckler, H. Frhr. v.: *Lehrbuch der astrologischen Technik*, Astra-Verlag, Berlin 1956
Grundlagen für die astrologische Deutung, Astra-Verlag, Berlin 1952
Solar-Horoskop, Transite und aktuelle Konstellationen, Astra-Verlag, Berlin 1953

Knappich, Wilhelm: *Der Mensch im Horoskop*, Verlag Moritz Stadler, Villach 1951
Geschichte der Astrologie, Verlag Vittorio Klostermann, Frankfurt am Main 1967

Krafft, Karl-Ernst: *Traité d'astro-biologie*, Paris und Lausanne 1939

Kühr, Karl Erich: *Psychologische Horoskop-Deutung*, Bd. I und II, Wien 1950

Kündig, Heinrich: *Astrologische Prognose*, Ansata Verlag 1976

Leo, Alan: *Astrologische Textbücher*, 5 Bände, Leipzig 1925 bis 1927

Lichtenberger, Johannes: *Geschichte der Prophetie und der Astrologie*, Lübeck–Hamburg 1960

Löhlein, Herbert A.: *Himmlisches Kursbuch*, Verlag Dr. Heilmaier, München, 6. Auflage

Löhlein, Herbert A.: *Standesamt der Sterne*, Verlag Dr. Heilmaier, München, 5. Auflage

Löhlein, Herbert A.: *Angst – ein Bluff der eigenen Seele* – eine praktische Psychologie – Verlag Dr. Heilmaier, München

Löhlein, Herbert A.: *Sternenführer der Liebe*, Langen-Müller-Herbig Verlag, München

Mac Neice, Louis: *Astrologie*, Ullstein Verlag, Berlin 1964

Müller-Freywardt, Dr. med.: *Astrologische Gesundheits-Fibel*

Paris, Ernst Günther: *Der Schlüssel zum Horoskop*, Bd. I

Parm: *Pluto*, Verlag Hans Baumgartner, Warpke-Billerbeck 1952
Ein Blick ins Wassermann-Zeitalter, Verlag Hans Baumgartner, Warpke-Billerbeck 1953

Peuckert, Will Erich: *Astrologie – Geschichte der Geheimwissenschaften*, Stuttgart 1960

Ptolemäus, Claudius: *Tetrabiblos*, Berlin 1923

Pronay, Alexander v.: *Sterne in uns, Die Sterne haben doch recht!, Helfen Horoskope hoffen?, Das große Transit-Buch,* Rohm Verlag

Reinicke, Wolfgang: *Praktische Astrologie,* Ariston Verlag, Genf 1977

Riemann, Fritz: *Lebenshilfe Astrologie,* Pfeiffer Verlag 1977

Ring, Thomas: *Das Sonnensystem – ein Organismus,* Stuttgart 1939
Das Lebewesen im Rhythmus des Weltraums, Stuttgart 1939
Der Mensch im Schicksalsfeld, Stuttgart 1941
Astrologische Menschenkunde, Bauer Verlag
Astrologie ohne Aberglauben, Bauer Verlag
Ausdruck und Richtung der Kräfte, Rascher Verlag, Stuttgart und Zürich 1963

Sakoian/Acker: *Das große Lehrbuch der Astrologie,* Scherz Verlag 1976

Schmitz, Oscar A. H.: *Der Geist der Astrologie,* Hamburg 1937

Schult, Arthur: *Astrosophie,* Bd. I und II, Lorber-Verlag, Turm-Verlag 1970

Schwab, Friedrich: *Sternenmächte und Mensch,* Berlin 1923

Sementowsky-Kurilo, Nikolaus: *Synthetische Horoskop-Deutung,* 5 Bände, Metz-Verlag, Zürich 1950
Astrologische Gesetze, Metz-Verlag, Zürich 1950

Sementowsky-Kurilo, Nikolaus: *Astrologische Prognose,* Metz-Verlag, Zürich 1953
Zeichen am Himmel, Metz-Verlag, Zürich 1953
Gestirn-Tabellen 1890–1950 (Ephemeriden-Werk), Metz-Verlag, Zürich 1953
Das Horoskop, Metz-Verlag, Zürich 1953
Schicksal im Sternspiegel, Artemis-Verlag, Zürich 1966

Sindbad-Weiss: *Bausteine der Astrologie,* 5 Bände, Leipzig 1925–1927

Strauss, Heinz Arthur: *Der Astrologische Gedanke in der deutschen Vergangenheit,* München 1926
Astrologie, München und Berlin 1926

Strauss-Kloebe, Dr.: *Kosmische Bedingtheit der Psyche*
Universum der Astrologie, Rowohlt-Verlag Berlin

Volguine, A.: *Mond-Astrologie,* Verlag Hans Baumgartner, Warpke-Billerbeck 1953

Wachsmuth, Günther: *Kosmische Aspekte von Geburt und Tod*, Anthroposophischer Verlag Dornach, Goetheanum 1974

Wassilko-Serecki, Gräfin: *Wege zur Horoskop-Deutung*, Berlin 1936

Werle, Fritz: *Seelenwelt und Himmelsraum*, Otto Wilhelm Barth-Verlag, München-Planegg 1934
Schicksal und Erdraum, Otto Wilhelm Barth-Verlag, München-Planegg 1935
Vom Wesen der Totalität, Otto Wilhelm Barth-Verlag, München-Planegg 1938

Witte, Alfred: *Regelwerk der Planetenbilder*, Hamburg 1935

Xylander, Ernst v.: *Astrologie*, Origo-Verlag, *Lehrgang der Astrologie*, Zürich 1953

Vom Autor dieses Buches sind folgende weitere Werke erschienen:
Eva und ihre Sterne, Sanssouci-Verlag, Zürich 1964
Himmlisches Kursbuch, Verlag Dr. Heilmaier, München 1966
Standesamt der Sterne, Verlag Dr. Heilmaier, München 1966
Angst – ein Bluff der eigenen Seele – Praktische Psychologie, Verlag Dr. Heilmaier, München 1967

Es erscheinen folgende Bände

Steinbock	(10020)	Krebs	(10026)
Wassermann	(10021)	Löwe	(10027)
Fische	(10022)	Jungfrau	(10028)
Widder	(10023)	Waage	(10029)
Stier	(10024)	Skorpion	(10030)
Zwillinge	(10025)	Schütze	(10031)

Leseprobe

Vorwort zu allen Bänden

VORWORT

Die Kunst der Astro-Analyse

Es genügt nicht, jemanden mit Widder, Stier, Zwilling oder einem der neun anderen Tierkreiszeichen zu charakterisieren. Jeder Mensch ist ein Individuum, eine eigene Persönlichkeit. Man kann ihn nicht mit den Millionen Menschen, die überall in der Welt im gleichen Monat geboren sind, in einen Topf werfen und dann behaupten: Das bist du! So oberflächlich verfährt die Astrologie nicht. Zur Zeit der Geburt wirkten neben der Sonne mehrere andere wichtige planetarische Einflüsse. Gerade diese Einflüsse machen den Unterschied aus und formen, zusammen mit dem Tierkreiszeichen, dieses einmalige Individuum.

Die Astrologen waren sich immer dessen bewußt. Und natürlich auch die große Zahl der Menschen, die gern ihre Charakterbeschreibungen in Büchern, Zeitungen und Zeitschriften lesen. Diese Beschreibungen sind aber, obwohl ihre Grundtendenzen richtig und sie häufig äußerst treffend sind, zu ungenau, um den ernsthaften Horoskopleser völlig zufriedenzustellen.

Um eine größere Genauigkeit, d. h. eine wirklich persönliche Charakteranalyse, zu erreichen, mußte man sich entweder an einen Berufsastrologen wenden oder sich durch eine Unmenge von Zahlen und das astrologische Fachvokabular hindurchfinden. Das galt bis heute. Nun wurde die *Astro-Analyse* entwickelt, um Sie, lieber Leser, mit Ihren persönlichen astrologischen Daten und detaillierten Deutungen auszustatten.

Den Schlüssel zu diesem System stellen die *drei farbigen Planetentabellen dar.* Man kann leicht mit ihnen arbeiten, und die Erläuterungen dazu sind in einfacher, unkomplizierter Sprache abgefaßt. Alles, was Sie wissen müssen, ist Ihre Geburtszeit oder die derjenigen Person, die Sie analysieren wollen. Jede Tabelle ist mit einer klar gegliederten *Anleitung* versehen.

Das Buch ist methodisch aufgebaut. Es enthält viel mehr als Tabellen und ihre Erklärungen. Es beginnt mit einer Einführung in die Astrologie und einer Geschichte der Astrologie von den Anfängen bis zur heutigen Zeit. Es folgt eine kurze, nicht zu komplizierte Darstellung, wie die Astrologie arbeitet. Dies soll dem Laien einen Eindruck vermitteln, was Astrologie eigentlich ist, und ihm helfen, die Astro-Analyse besser zu verstehen.

Danach folgt eine umfassende Beschreibung Ihres Tierkreiszeichens.

Es schließt sich eine der umfangreichsten Abhandlungen, die je dazu veröffentlicht wurden, über das Thema Liebe an; sie erklärt, wie man mit einem Partner, Mann oder Frau, aus dem eigenen oder einem anderen Zeichen zurechtkommen wird.

Weitere Kapitel befassen sich mit den Aussichten für Ihre Gesundheit und Ihren beruflichen Erfolg, wie sich Ihre Geschäftspartner aus den verschiedenen Zeichen verhalten, welche Tierkreiszeichen am besten zueinander passen.

Darauf folgt eine Analyse, wie sich die verschiedenen Tierkreiszeichen als Freunde, in der Elternrolle und als Kinder verhalten. Der zweite Teil des Buches soll Ihnen ermöglichen, mit Hilfe der Astro-Analyse Ihr eigenes Horoskop oder das einer Person, die im gleichen Zeichen geboren ist, zu entwickeln.

Jede Astro-Analyse beginnt mit dem Tierkreiszeichen, das den Grundcharakter bestimmt. Meist ist nur dies bekannt. Um eine persönlichere Aussage treffen zu können, braucht die Astro-Analyse nicht eine, sondern vier astrologische Daten:

1. Das Tierkreiszeichen, *das den Grundcharakter bestimmt.*
2. Die Position der Planeten zur Zeit der Geburt; *sie bestimmt das Verhaltensmuster (rosa* Tabellen).
3. Die günstigen oder ungünstigen Beziehungen der Planeten *zueinander; sie bestimmen Ihre Ansichten und Reaktionen* und zeigen, ob Sie ein starker oder schwacher Widder, Stier usw. sind *(gelbe* Tabellen).
4. Den Aszendenten, das Zeichen, das zur Geburtsstunde am östlichen Horizont aufstieg; *es zeigt, wie Ihre Mitmenschen Sie sehen (graue* Tabellen).

Die Kunst der Astro-Analyse liegt nun in der Synthese aller dieser Daten. Anders gesagt, wenn Sie Ihre zugrunde liegenden Charakterzüge und Möglichkeiten (Tierkreiszeichen), Ihre wahrscheinlichen Verhaltensweisen und die daraus sich ergebenden Risiken und Vorteile (Planeten) zusammen mit dem Vorteil, zu wissen, wie Ihre Mitmenschen Sie sehen (Aszendent), kennen, sind Sie ganz offensichtlich in einer besseren Position, um Ihre Talente richtig zur Geltung bringen, Ihre Fehler vermeiden, Ihre natürlichen Fähigkeiten besser ausschöpfen, größere Harmonie in Ihre Beziehungen zu anderen bringen zu können – kurz, ein reicheres und erfüllteres Leben zu führen.

Sie müssen dann Ihr Heil nicht in seltsamen Weltanschauungen und Doktrinen suchen, oder sich in Drogen und Selbsttäuschungen flüchten. Mit diesem Wissen sind Sie wirklich Sie selbst. Und in dem Maße, wie diese Selbstverwirklichung dauerhaft und tief wird, werden Sie zum Schmied Ihres Glücks, zu einer starken Persönlichkeit und einem wertvollen Individuum in der Gesellschaft.

Zwei Menschen, im gleichen Zeichen geboren, sind nie identisch. Jeder ist zahlreichen Einflüssen, wie z. B. Nationalität, Hautfarbe, Umwelt und ererbter Veranlagung, unterworfen. Die Königstochter und das arme Kind, beide im gleichen Augenblick geboren, jedoch an verschiedenen Orten, im Palast oder im Slumviertel, werden zwar die gleiche Art zu denken und die gleichen emotionalen Verhaltensweisen haben, doch die gänzlich verschiedenen Umstände und prägenden Einflüsse werden das Wesentliche ihres Typus bestimmen.

So wichtig der Grundcharakter, das Tierkreiszeichen, auch ist, es ist nur ein Teil des Ganzen. Die guten oder schlechten Einflüsse der Planeten auf das Zeichen, ihre günstigen oder ungünstigen Konstellationen zueinander und der überaus wichtige Aszendent müssen sehr genau in Betracht gezogen werden.

Mit den anderen Büchern dieser Reihe können Sie Ihre Freunde (oder andere, die vielleicht nicht so »freundlich« sind) »astro-analysieren«. Alles, was Sie dabei wissen müssen, ist Geburtsjahr und -tag. Es wird Ihnen bestimmt Spaß machen und sicher einige Geheimnisse enthüllen.

Sie werden entdecken, wer Ihre wirklichen Freunde sind, und auf wen Sie sich im Beruf verlassen können bzw. auf wen nicht. Der offensichtliche Vorteil, die angeborenen Stärken und Schwächen eines Rivalen zu kennen, muß wohl nicht erst besonders hervorgehoben werden. Sie werden verstehen, warum Ihnen die einen sympathisch sind, die anderen nicht, warum Sie einige Personen des anderen Geschlechts anziehend finden, andere Sie kalt lassen oder sogar abstoßen.

Bei der Astro-Analyse werden Sie häufig finden, daß der Charakter eines Menschen und seine Persönlichkeit nicht zueinander passen. Das wird Ihnen helfen, aggressive und widersprüchliche Verhaltensweisen zu verstehen, die Sie sonst verwirren würden. Mit Ihren neuen Einsichten werden Sie die Beziehung zum Ehegatten, Geschäftspartner, Mitarbeiter, Freund verbessern können – ganz allgemein die Reibungen zwischen Leuten, die miteinander leben oder arbeiten, abbauen. Ihre Kinder können Sie ermutigen, ihre »guten Seiten« weiterzuentwickeln, und sie so in eine Zukunft führen, die weiten Spielraum für ihre natürlichen Fähigkeiten und Möglichkeiten bietet.

Wenn Sie die farbigen Tabellen benutzen, so greifen Sie auf das Wissen einer Gruppe erfahrener Astrologen aus mehreren Ländern zurück. Es dauerte zwei Jahre, um die komplizierten Berechnungen der Planetenbewegungen in einem Zeitraum von 80 Jahren in eine einfache Tabellenform zu bringen, die nicht mit Ziffern und Zahlen arbeitet (außer dem Geburtsdatum).

Zuerst schlagen Sie die *rosa Tabellen* auf. Hier finden Sie die Stellung der zehn Planeten an Ihrem Geburtstag. Sie werden die Sonne (sie wird zu den Planeten gerechnet) in Ihrem Tierkreiszeichen finden und die übrigen neun Planeten in den Zeichen, die sie jeweils durchlaufen. Im Text lesen Sie dann, welche Bedeutung die Stellung eines Planeten (»Der Mond«, »Merkur«, »Venus« usw.) in einem bestimmten Zeichen für Sie hat. Dies ist der erste Schritt.

Denken Sie daran, daß die Sonne nur *ein,* wenn auch der wichtigste Faktor ist. Unsere materielle Existenz hängt völlig von ihr ab, und deshalb bestimmt ihre Position im Tierkreiszeichen den Grundtyp. Aber es gibt ja noch die neun anderen Planeten, deren Position im Horoskop den Grundcharakter des Tierkreiszeichens modifiziert.

Wenn Sie das Kapitel über die Planeten lesen, finden Sie in einer kurzen Einleitung einige erstaunliche Wechselbeziehungen zwischen alten Mythen und nachprüfbaren Tatsachen.

Der Skeptiker soll wissen, daß die moderne Astrologie nicht behauptet, die Planeten selbst bestimmten unser Schicksal. Die Planeten sind nur dynamische Teile des elektromagnetischen Feldes, in dem wir leben – eine wissenschaftliche Tatsache. Ihre Winkelpositionen zur Erde und zueinander, die sich laufend verändern, stehen in enger Beziehung mit bestimmten menschlichen und kosmischen Ereignissen.

Die *gelben Tabellen* zeigen, ob die Aspekte (oder Beziehungen) zwischen Ihren Planeten günstig, ungünstig oder neutral sind. Der Text (»Planetenaspekte«) erläutert die Bedeutung jedes Aspekts. Bei der Bewertung aller Planeteneinflüsse können Sie Ihre Fähigkeit zur Astro-Analyse beweisen. Sie sind herausgefordert, mit Urteilskraft,

Verständnis und Intuition zu einer gültigen Beurteilung einer Person zu kommen.

Denken Sie daran, daß jeder günstige und ungünstige Aspekt durch andere Aspekte verstärkt oder abgeschwächt werden kann. Es ist dieses Hin-und-Hergerissen-Sein in unserer Natur, das uns auf ähnliche Ereignisse verschieden reagieren läßt. Die Konflikte, von denen Sie lesen und die Sie bewerten sollen, machen uns zu solch komplizierten, erstaunlichen und interessanten Persönlichkeiten – zu Individuen.

Der dritte Satz von *Tabellen (grau)* gibt den Aszendenten an, das Tierkreiszeichen, das zum Zeitpunkt der Geburt am östlichen Horizont gerade aufstieg. Der Aszendent hat den größten Einfluß auf die Formung der Persönlichkeit und zeigt, wie Ihre Mitmenschen Sie sehen.

Zur Bestimmung des Aszendenten brauchen Sie die Geburtsstunde. Wenn Sie sie nicht wissen, fragen Sie jemanden, vielleicht einen Verwandten. Falls dies nicht geht, kann die Bestimmung Ihres Aszendenten auch gelingen, wenn Sie die Beschreibungen der Aszendenten-Persönlichkeiten im Anschluß an die Tabellen lesen.

Jeder von uns hat negative Eigenschaften. Niemand ist nur gut. Die Planeteneinwirkungen führen manchmal zu ziemlich schlechten Verhaltensweisen. Aber wir behalten immer unsere Individualität und die Fähigkeit, unseren freien Willen auszuüben. Sie ganz allein beurteilen, welche Züge Ihres Charakters, die dieses Werk enthüllt, betont, geändert oder korrigiert werden müssen. Das Ziel der Astro-Analyse ist nur, die Möglichkeiten und einige Alternativen aufzuzeigen.

Versucht man das Unmögliche möglich zu machen (mit einem Ackergaul kann man einfach kein Pferderennen gewinnen), oder strebt man danach, in einer Rolle Erfolg zu haben, für die man von Natur aus nicht geeignet ist, führt dies nur zu Unzufriedenheit und Frustrationen. Dieses Buch will Ihnen helfen, die in Ihnen schlummernden Fähigkeiten zu erkennen und zu wecken und die Richtung zu weisen, in der Sie am ehesten die Erfüllung Ihres Glücks und Strebens finden werden.

Kurz noch einmal die Schritte zur persönlichen Charakteranalyse:

1. Lesen Sie die Analyse Ihres Tierkreiszeichens.
2. Suchen Sie Ihr Geburtsdatum in der Planetentabelle (rosa) und lesen Sie die zugehörigen Erklärungen.
3. Bestimmen Sie die günstigen oder ungünstigen Planetenaspekte in den gelben Tabellen.
4. Bestimmen Sie in der Aszendententabelle (grau), wie Ihre Mitmenschen Sie sehen.